中南财经政法大学加强和改进大学生思想政治教育工作论文集之十八

中南财经政法大学立德树人系列成果丛书

求是·改革·创新

Qiushi

Gaige

Chuangxin

主　编／陈　狮

副主编／王前哨　范献龙

团结出版社

© 团结出版社，2025 年

图书在版编目（CIP）数据

　求是·改革·创新：中南财经政法大学加强和改进大学生思想政治教育工作论文集之十八 / 陈狮主编；王前哨，范献龙副主编 . -- 北京：团结出版社，2025. 7.
ISBN 978-7-5234-1769-0

　Ⅰ．G641-53
　中国国家版本馆 CIP 数据核字第 2025FM6575 号

策　　划：三仓学术
责任编辑：王宇婷

出　　版：团结出版社
　（北京市东城区东皇城根南街 84 号　邮编：100006）
电　　话：（010）65228880 65244790
网　　址：http://www.tjpress.com
E-mail：zb65244790@vip.163.com
经　　销：全国新华书店
印　　装：武汉鑫佳捷印务有限公司

开　　本：170mm×240mm　　16 开
印　　张：39.25　　　　　　　　　　字　　数：622 千字
版　　次：2025 年 7 月　第 1 版　　印　　次：2025 年 7 月 第 1 次印刷

书　　号：978-7-5234-1769-0
定　　价：198.00 元

中南财经政法大学加强和改进大学生思想政治教育工作论文集之十八

求是·改革·创新

主　编：陈　狮（党委副书记）

副主编：王前哨（党委学生工作部、人民武装部部长）

　　　　范献龙（党委学生工作部、人民武装部副部长）

目　录

思想引领篇

大学生法律素养的现状与提升路径研究　　　　　　　　　　王誉希 /3

社会主义核心价值观与"两个结合"的逻辑理路　　　　　　刘　微 /8

基于"依法治国"视域下大学生法治教育路径探析　　　　　李　鑫 /15

工匠精神融入大学生思想政治教育的价值传播与实践范式　　何　强 /22

新时代法治人才培养机制下大学生理想信念教育研究

　　——以隐性教育为主导的模式探讨　　　　　　　　　　张申鹏 /29

中华优秀传统文化融入大学生思政教育的价值意蕴与路径探析　陈长军 /35

新文科视域下高校外语专业学生思想政治教育路径探究　　　易　涵 /42

观时事 拓眼界 筑牢立德树人基石

　　——以中南财经政法大学经济学院研究生"Mini talk"活动为例

　　　　　　　　　　　　　　　　　　　　岳明泽　朱雅婕 /50

数字化时代背景下大学生思想政治教育供给侧改革路径探究　周思琪 /56

新时代大学生总体国家安全观教育探讨　　　　　　　　　　孟庆红 /62

队伍建设篇

加强专职辅导员队伍建设做实做细高校铸牢中华民族共同体意识工作

于苏甫江·玉山　尼加提·艾买提 /73

新时代研究生导师长效激励机制建构

——基于社会行动理论分析　卫　瑾 /82

新时期高校辅导员思想政治教育：谈心谈话工作的有效路径探究

王前哨 /90

"双一流"建设背景下政法院校辅导员开展学风建设工作的

价值使命、现实困境及实践路径　牛　静 /98

"互联网＋"时代高校辅导员职业道德修养的提升路径研究　刘芳男 /104

高等教育法规视角下辅导员在促进学生权益保护互动机制中的

角色与策略研究　刘杰鑫 /111

以党纪学习教育推动思政课教师师德师风建设路径分析　李梦琴 /120

人工智能时代高校辅导员职业道德修养提升路径研究　钟　唯 /125

高校辅导员法治思维培养及法治化育人工作路径研究　段峄玮 /134

组织育人篇

高校二级分党校在思想政治教育中的创新路径　丰宇瑞 /143

新质生产力视域下高校基层党建工作的创新机制与路径研究　王秋菊 /151

"党建＋思政"：着力推动党建工作与人才培养的深度融合

——以中南财经政法大学中韩新媒体学院学生党支部为例　尤志兵 /157

高校党支部政治功能与组织功能发挥存在的主要问题及优化路径

——基于党内法规实施的视角　吕　瑞　蒋一鸣 /163

"党建 + 学风"模式下高校"一站式"学生社区建设路径探究　江永鑫 /171

数字化赋能高校党组织育人实践路径探究　杨　晨 /179

融媒体视角下构建高校党建"三网"协同育人工作模式研究　张　娇 /186

增强高校院系党组织政治功能路径研究　屈代洲　杨兴永 /193

党的自我革命精神对大学生党员教育的时代价值与实践路径研究

　胡　阳 /199

党建引领激活力，铸魂育人促创新

　——以工商管理学院博士研究生第二党支部为例　姜倩倩 /206

高校组织育人路径创新探索与功能实现　徐一菱 /213

高校院系党组织推动全面从严治党向纵深发展的行政伦理分析

　与责任落实机制研究　康　俊 /221

新形势下高校学生党建工作对辅导员职业道德的促进研究　韩　鹏 /228

管理育人篇

专业硕士学位研究生分类培养模式探索

　——以中南财经政法大学工商管理学院为例　江为民 /237

高校开展国家安全教育的现状及优化路径　李　盛 /244

中外合作办学机构高水平涉外法治人才培养的思想政治教育创新研究

　张向飞 /251

家校协同育人视角下大学生学业表现提升研究　陈孝丁敬 /258

三全育人背景下高校课程思政建设的推动路径　范　媛 /268

部属高校招生来源计划编制优化

　——基于组合优化模型分析　范献龙 /276

中外合作办学背景下"大思政课"建设路径研究　　　　周俊杰 /283

新一轮本科教育教学审核评估视域下教学档案管理的策略　　郝新春 /290

新时代高校涉外法治人才培养路径创新

　　　　——以中南财经政法大学法学院"雏鹰扶持计划"

　　国际化能力提升项目为例　　　　徐金花　杨暄奕　刘佳雯 /297

教育评价改革视域下本科生诚信文化教育路径研究　　　郭小义 /305

新时代高校构建学生综合素质评价体系的路径探究　　　黄　艳 /312

来华留学生 1+3+5 培养体系概述

　　　　——以中南财经政法大学金融学院为例　　　曹宸璐 /320

数字化转型赋能高校资助育人高质量发展

　　　　——以中南财经政法大学为例　　　　　　　谢　吉 /328

新时代大学生综合评价体系研究

　　　　——基于辅导员视角　　　　　　　　　　翟紫薇 /335

大数据视域下高校资助育人精准化研究　　　　　　潘　喆 /343

实践育人篇

新时代高校美育育人模式理论创新与路径研究　　毛丹丹　刘雨昕 /353

我国文化育人的历史考察和发展路向　　　　　　　孙林红 /361

高校志愿服务育人功能的探究

　　　　——以外国语学院"译路同行"志愿服务品牌为例　　李　涛 /368

大学生开展弘扬中华优秀传统文化社会实践的现实困境及完善路径

　　　　　　　　　　　　　　　　　　　　　　杨　柳 /375

实践育人在爱国主义教育中的途径与方法研究

　　　　　　　　　　　胡万松　赵家斌　李欣蔚 /384

"共同缔造"理念对高校志愿服务育人工作的启示 钟开炜 /392

网络育人篇

行政法视角下对大学生网络言论自由的规制

　　——基于智慧教育中"一站式"学生社区建设 王安琪 /401

论网络圈群视域下大学生政治认同的优化路径

　　——基于武汉市大学生问卷调查的实证分析 王　芹　万　雯 /408

智媒时代，高校辅导员新质思想政治工作能力的提升路径 王　沐 /418

社会网络对大学生主观幸福感的影响

　　——生命意义感与抑郁情绪的链式中介作用 包伦娜 /425

高校网络育人的发展溯源、形态呈现及守正创新 朱诚蕾 /437

论高校官方微博、微信公众号功能的异同与互补 余向阳 /444

大数据时代大学生网络思想政治教育的精细化研究 侍夏芳 /451

新时代高校思想政治教育数字化的实践路径研究 周诗琪 /458

"互联网＋"背景下课程思政教学改革研究 南天亮 /466

数字时代下高校思政教育创新路径研究

　　——基于生态系统理论 徐若冰 /473

美育浸润视角下研究生网络思想政治教育的思考与实践

　　——以"中南大经院研会"微信公众平台为例 雷　菁 /482

网络亚文化视域下高校思想政治教育策略探究 潘俊颐 /490

心理育人篇

本科生心理委员培训效果分析 余金聪 /499

具身理论视域下高校体育与心理健康教育融合路径研究

张　迪　潘　鸿 /507

朋辈互助在高校学生心理健康建设中的挑战与完善路径探索　　柯希鹏 /514

"互联网 +"时代下高校心理教师职业道德修养的新要求及提升路径

都城安 /522

发挥主渠道作用：大学生心理健康课程与心理免疫力提升　　何红娟 /530

就业育人篇

高校院系团组织促进高校毕业生高质量就业研究

——基于中南财经政法大学财政税务学院实践的思考

木拉提 · 依不拉音木江 /537

高校重点群体毕业生就业帮扶机制研究　　水晶晶 /544

论大学生生涯发展中的主体性培养　　兰玉娟 /552

高校研究生就业困境与指导路径的研究

——以新闻传播类研究生为例　　邹贤帅 /560

人力资源管理视野下大学生职业生涯规划的发展路径探析　　沈鹏飞 /569

大学生职业生涯规划教育与人才培养质量研究　　易　育　姚　尧 /578

新质生产力发展背景下复合型人才培养与大学生就业　　周　琼　巩震鲁 /586

精准分类培养促研究生高质量就业

——一名专业硕士研究生的生涯指导案例　　赵元元 /593

校企合作背景下高校学生实习权益保护问题研究　　胡牧孜 /600

大学生创新创业在高校教育管理中的定位与发展　　熊　灯　刘大山 /609

思想引领篇

大学生法律素养的现状与提升路径研究

王誉希

（会计学院）

习近平总书记在十九大会议上提出要"坚持全面依法治国"。2020 年底，中共中央印发了《法治社会建设实施纲要（2020 — 2025 年）》，这是全面贯彻习近平法治思想，关于法治社会建设的首个纲要。国家层面的文件颁布，反映出公民法律素养对于构建和谐社会和保障公民权益不可替代的重要性。

大学生是当今社会发展运行的主力军，更是未来国家实现"两个一百年"奋斗目标的建设者。大学生因为心理和认知尚未成熟，容易受到外界刺激产生情绪波动和猎奇心理，可能造成不良后果。所以，唯有提高大学生法律意识，方能从源头解决问题。同时，高校内层出不穷的犯罪案件也在警醒我们，探究大学生法律素养的提升方法能够有效帮助降低大学生犯罪概率。

一、大学生法律素养的基本定义

法律素养是指一个人认识和运用法律的能力[1]，它有三个维度：第一个维度是法律知识，即公民了解并熟知基本的法律文件内容和规定，比如交通规则；第二个维度是法律意识，即公民遇到法律纠纷时，第一时间从法律层面来思考解决办法，即使法律对其行为有否定性评价，该公民依然坚持遵守法律原则；第三个维度是法律信仰，即公民对法律本身抱有崇敬和敬畏之心，将法律作为自身处事和为人的基本准则，融入自身的价值观之中，以此指导一切行为。

大学生法律素养是指高校在校学生对于法律知识的熟悉程度、对运用法律来保障自身权益的认知程度和对法律本身的敬畏程度。大学生法律素养高意味着在校学生能够充分利用课内和课外学习的法律知识来解决自身遇到的事实纠纷和法律纠纷，充分保障自身权益的同时，能够清晰认知法律的边界，将违法的行为和观念扼杀在摇篮里。反之，大学生法律素养低意味着在校学生对我国现有各类法律基本条款一概不知，并且习惯通过不正当手段来解决矛盾纠纷，容易经受他人诱骗而发生违法行为。

二、大学生法律素养的基本现状

（一）大学生缺乏基本法律知识

除法学专业学生，其他专业学生能接触到的法律类课程非常有限。目前，全国高校统一开设的法律类必修公选课是"思想道德修养与法律基础"，而其他法律类选修公选课近几年的开设存在"双降"现象，即法律类公选课的开设门次及选课人数均呈下降趋势。[2]这就导致了在有限的法律类课程中，学生选课的人数一直在下降。同时，本文通过对本校学生发放调查问卷发现，法律类公选课的学习质量不高。学生因为没有专业绩点和考核的压力，上课认真学习知识的同学不到两成、大量学生表示对于基础的法律词条和相关规定比较陌生。

（二）大学生缺乏基本的法律意识

大学生法律意识的缺乏主要体现在两方面：一方面，大学生维权意识淡薄。目前，校园贷、裸贷、电信诈骗等多元化的非法手段层出不穷，因为高利率贷款无法偿还而被迫跳楼自杀的案件每年在各大高校都有发生。大学生在面对自身权益受到侵害的时候，更多的是向家人亲属和朋友倾诉，不会第一时间拿起法律武器保障自身权益，还对维权流程和途径知之甚少，这是学生缺乏基本维权意识的典型表现。另一方面，大学生违法意识淡薄。因为对基本法律知识缺乏了解，大学生容易在不知情的情况下做出违法行为。据中国犯罪学研究会调查，在校大学生犯罪率占青少年犯罪率的比重从1965年的1%骤升至2013年的18%左右，大学生的犯罪率平均每年上升120%。[3]这反映了大学生作为犯罪主体对于法律边界和法律后果的无知。

（三）大学生缺乏基本的法律信仰

当下的大学生多以00后为主，这一批学生大都出生于中国经济高速发展的时代，也是中国高速融入世界文化圈的阶段。他们从小接受多元化的文化熏陶，拥有优越的物质条件，促使他们逐渐形成独特的个人价值观。相较于上一辈，年轻一代更强调自我独特性和新鲜感。这使得他们对于法律的边界感逐渐模糊，甚至有大学生以突破法律界限的方式来作为自己的独特符号，以此来彰显自身的鲜明特点。大学生对于法律本身缺乏敬畏之心使得高校犯罪率节节攀升。

三、大学生提升法律素养的途径

（一）优化法律课程体系 提升教师教学质量

因为高校课堂是学生学习知识和塑造价值观的主阵地，所以提升大学生法律素养的核心在于进一步优化高校课程体系。它共包含三个方面的具体措施。

第一，高校应当着力提升教师队伍专业度。目前，除政法类大学和普通大学的法学专业的学生外，其他学生仅能通过类似"思想道德修养与法律基础"的公选课了解基本的法律相关知识。并且，这类课程的授课教师一般由思政类教师兼任，这就导致了法律板块内容的讲解深度不够，仅浮于表面。要解决这个问题，高校应当重视法律类公选课教师的任命，选择有法学专业背景的教师担任公选课教师，从而确保法律类公选课的专业度和深度。

第二，高校应当增大法律类课程比例。一方面，应当增加类似"思想道德修养与法律基础"这样的公选课在所有必修课程中的占比。例如，从一学期一门课增加为一学期两门课，通过增加授课的频次和课程内容，来提升学生对于基础法律知识的掌握程度。另一方面，高校应当增设多类型的法律课程。例如，开设"中华人民共和国知识产权法"等课程，并将其纳入学生每年的培养方案中，使学生能够深入细致地了解具体法律条款的适用范围和相应规定。

第三，高校应当创新课程模式。高校应充分落实"理论与实践相结合"的原则，探寻符合 00 后大学生特点的新型授课模式，来提升课堂效率和学习成果，具体可以组织以下两种活动：一是教师可以组织"模拟法庭"，邀请学生分别担任法官、律师、被告和原告，通过演绎一场鲜活经典的案例来达到启智润心的效果；二是教师可以组织"行走的课堂"，带领学生前往社区、农村和扶贫地区，为当地居民开展公益普法宣传和法律咨询，学生在培养助人情怀的同时也树立了正确的法律意识和法律信仰。

（二）寻求社会多方合作 搭建高效协同机制

提升学生法律素养不仅需要高校改革教学模式这一内循环，还需要与家庭和社会通力合作，形成外循环，实现内外融合、高效运转，确保成果显著性。

第一，高校需要与家庭建立通畅的信息沟通渠道。原生家庭对于学生价值观、世界观和处事原则都有着不可磨灭的巨大影响。家庭成员是学生的第一任教师，也是终身教师，通过言传身教的方式能够高效地让学生习得法律意识，形成正确的法律信仰。高校应当建立"负责人—家长""班主任—家长""负责人—班主任"的环形格局，确保三方信息沟通及时，教育目标一致。高校和家庭共同努力，提升学生法律素养。

第二，高校应当加强与社会各界力量的合作。社会是学生生活的又一大外部环境，对于提升学生法律素养也具有助推作用。社会各界的公益组织、知名企业、事业单位、各大基地等都能够为大学生提供优质的法律课外实践机会和参观学习的场所。高校可以通过合作的方式充分利用社会资源，将其打造成为"第三课堂"，从而培养学生学以致用、知行合一。

（三）改善法律文化氛围 助力法律素养提升

大学生法律素养的提升是一项复杂的工作[4]，不能仅依靠高校内部机制改革和多方合力，还需要从整体大环境入手，给大学生营造良好的法治环境，从而潜移默化提升学生对法律的敏感度，争做守法、知法和用法的好公民。改善法律文化氛围包含提升校园法律文化和社会文化两个方面。

高校要着力提升校园的法治氛围。通过开设公益讲座、普法讲座，评选文明标兵、法治带头人等荣誉称号，举办案例分享比赛、辩论赛等活动，来激励学生挖掘身边存在的法律事件，并运用自身法律知识来分析和解决事件，从而达到知行合一，知法守法的目的。

国家应当着力提升全社会的法治氛围。法治兴则国家兴，法治强则少年强。第一，各地政府要做好宣传工作。通过培养高素质法学家队伍，宣传中国特色社会主义法治道路、弘扬社会主义法治精神；同时利用好新媒体传播工具，在抖音、快手、B站、微信公众号等大众尤其是大学生接收信息的密集平台，定时定量发布法治宣传内容，对大学生形成包围圈，从而提升法律素养。第二，中央要出台更加细化和操作性强的法治实施方案。通过操作性强的方案来促使法治宣传和法律知识进驻到社区、农村、企业等地方，形成真正的全民普法，营造良好的法治氛围。

参考文献

［1］鲁玉婷．高校学生法律素养提升策略研究［J］．科技资讯，2020，18（15）：227，229.

［2］宗玲．高校法律类公选课开设情况调查及对策分析——以A大学为例［J］．吉林省教育学院学报，2016，32（8）：59-61.

［3］刘光明．浅析大学生犯罪原因与预防［J］．管理观察，2009（7）：106-107.

［4］杨德新，李黎炜．提升大学生法律素养路径探究［J］．法制与社会，2021（2）：10-11.

社会主义核心价值观与"两个结合"的逻辑理路 ①

刘 微

（党委学生工作部、人民武装部）

习近平总书记在庆祝中国共产党成立 100 周年大会上的讲话中，首次提出"坚持把马克思主义基本原理同中国具体实际相结合、同中华优秀传统文化相结合"的重大理论论断。党的二十大报告对"两个结合"又作了进一步阐释，明确指出"把马克思主义思想精髓同中华优秀传统文化精华贯通起来、同人民群众日用而不觉的共同价值观念融通起来。"习近平文化思想把培育和践行社会主义核心价值观作为重要任务，坚持以社会主义核心价值观引领文化建设。坚持把马克思主义基本原理同中国具体实际相结合、同中华优秀传统文化相结合，既是推进马克思主义中国化时代化的根本途径，也是培育和践行社会主义核心价值观的根本途径。新时代新征程上，我们必须重视通过"两个结合"培育和践行社会主义核心价值观，展现新气象新作为。

一、"两个结合"是滋养社会主义核心价值观的肥田沃土

社会主义核心价值观作为维系民族生存的精神纽带，是当代中国价值的最大公约数。社会主义核心价值观之所以能凝聚更为积极主动的精神力量，矢志推进民族复兴伟大事业，是因为它是有根有魂的价值观，是依靠中华优秀传统文化涵养，马克思主义真理力量激活，适应中国具体实际的产物。

（一）"第一个结合"是社会主义核心价值观的魂脉

马克思主义中国化时代化进程伴随我国发展百年征程，历经革命的峥嵘

———————

① 本文获中南财经政法大学中央高校基本科研业务费专项资金（项目编号：2722024DS028）资助。

岁月、建设时期的探索、激荡改革的洗礼。早在战火纷飞之际，以毛泽东同志为代表的中国共产党人结合中国革命进程中的成与败，率先作出回答，提出"马克思主义必须和我国的具体特点相结合并通过一定的民族形式才能实现……要学会把马克思列宁主义的理论应用于中国的具体的环境。"[1]党的七大将"马克思主义基本原理同中国具体实际相结合"这一重大命题载入《关于若干历史问题的决议》，"第一个结合"得以正式形成和确立。从此，"第一个结合"以全新的政治力量，鲜活的文化力量始终贯穿中国发展，助力中华民族不断实现新的飞跃。

"第一个结合"正确处理了马克思主义普遍真理在中国的运用问题，把我国民族的思想水平提到了前所未有的科学高度。我国关于价值观念这一理论命题的思考，在发展实际而逐渐深化认识。从社会主义核心价值体系构建到社会主义核心价值观的提出与凝练，"第一个结合"价值理论系统日渐完善，价值形态日趋成熟。其最根本的理论基因皆可以在马克思主义的基本理论里找寻线索。社会主义核心价值观带有鲜明的"社会主义"形态属性，马克思主义之魂魄显而易见，具体体现在社会主义核心价值观具有科学性、超越性和引领性等几个方面。

（二）"第二个结合"是社会主义核心价值观根脉

"第二个结合"体现了我们党以更高程度的历史自觉、文化自信、思想主动去传承源远流长的中华文明、去开辟马克思主义理论扎根本土的崭新境界。传统文化依靠马克思主义真理力量实现迭代升级，马克思主义真理之树汲取传统文化养分。这种双向交互，满足社会主义核心价值观对于传统文化的滋养与现代性生长的双重需求。

"第二个结合"打牢社会主义核心价值观得以孕育的文化根基。在马克思主义与中华优秀传统文化相结合下，社会主义核心价值观在现代文明建设中扎根中华文脉，价值理念兼具历史与时代基因特质明显。一方面，社会主义核心价值观的框架结构与核心内容可以在"第二个结合"思想中探源。中华优秀传统文化语境下强调要求个人厚植"家国天下"情怀，将"修身、齐家、治国、平天下"作为实现理想抱负的目标。这为社会主义核心价值观划分为个人、社会、国家三个层面进行相应论述，提供框架借鉴。在内容上，中华优秀传统文化、马克思主义的价值主张同样与社会主义核心价值观高度契合。中华优秀传统文化所蕴含的天下大同、协和万邦、和而不同、以和为贵、讲信修睦、与人为善等天下观、社会观、道德观，马克思主义包括"解放全人类""群众是历史的创造者""构建共产主义社会"等主张，皆为社会主义核心价值观涵养提供了丰富的思想养分。另一方面，新时代提出的"两个结合"不是原有文化精粹与理论精华的简单叠加，"结合"更为重要的意义在于创造。"让马克思主义成为中国的，中华优秀传统文化成为现代的，让经由'结合'而形成的新文化成为中国式现代化的文化形态。"[2]二者内在融通和高度契合，促使中华优秀传统文化与马克思主义互相成就。坚持马克思主义的主导地位，在实践的基础上对传统文化进行甄别、补充、拓展、完善，在推动传统文化向现代性文化转型中增强其适应力和感召力，以此创造一个具有新生动力的文化形态，催生新的理论优势、文化优势为社会主义核心价值观提供与时俱进的基本价值遵循。

二、培育和践行社会主义核心价值观是对"两个结合"的守正创新

"两个结合"与社会主义核心价值观之间的逻辑理路，其实质就是守正创新。社会主义核心价值观的生成并非历史的偶然，它顺应马克思主义目标指向、中华优秀传统文化的历史承继与中国具体实际的现实感召而生。作为时代最新理论成果，"两个结合"是巩固和发展社会主义核心价值观的有效途径和科学方法论。社会主义核心价值观的培育和践行同样能反作用于"两个结合"，在守好马克思主义魂脉，维系民族精神命脉，推动中华优秀传统文化创造性转化、创新性发展中支撑构建具备高度文化自信与自豪的中华民族现代文明。

（一）社会主义核心价值观是对"两个结合"的价值立场坚守

习近平总书记在文化传承发展座谈会上的讲话中强调，要"坚守中华文化立场，传承中华文化基因，坚持以社会主义核心价值观引领文化建设，在守正创新中构筑中华文化新气象、激扬中华文明新活力"[2]。价值观构建是

社会文化建设的核心，社会主义核心价值观是人们体悟民族文化传承、感知社会进步，以良好的文明素养与文明风貌应对现代精神文明困境，打牢中华民族共同体的思想文化基础。

第一，社会主义核心价值观是对文化接续固本价值立场的坚守。"一切当代、当下的实际都是以往历史文化的结果，历史文化是当代、当下实际成为可能的根基。"[3]中华民族对文化根基的强调，对文明薪火相传、文化根脉延伸的价值理念秉持，正是中华文明长久不衰的原因所在。社会主义核心价值观所承载的便是在漫长文明史中，中华民族对价值理想、价值规范、价值意义等一系列精神探索，是形塑中国人正确看待人与人、人与社会、人与世界等关系的特有世界观与方法论，是中国人探索独特精神世界所结的精神果实。这既为社会现代化进程中人们摆脱精神萎靡、理想缺失、道德沦丧等价值困境提供了有益的价值资源，又为我国自身文明在新的时代条件下得以存续、发展提供机遇。

第二，社会主义核心价值观是对巩固文化主体性价值立场的坚守。社会主义核心价值观通过思想引领、文化认同等作用，彰显中华民族永续发展的深刻关怀。一方面，社会主义核心价值观统一于社会意识形态。价值观教育可以增强意识形态领域的主导权和话语权，帮助中华民族充分自觉地意识到自身历史文化带有的优越性，增强文化认同，在多样文化中寻找专属自身的文明底色、在与其他文化交流互动时保持文化主动性与自觉性，坚守中华民族精神独立性。另一方面，只有以社会主义核心价值观作为基核，树立价值观的自信，也才能够为文化自信提供基本价值理念的方向指引，夯实中国道路自信的思想先导。当代中国文化建设才能在深厚的文化底蕴与崭新的时代气象相互交织中展现出强大的生命力、凝聚力、感召力。

（二）社会主义核心价值观是对"两个结合"的创新发展

从"第一个结合"到"第二个结合"的接续探索关键在于创新。"两个结合"正是在古今中外融通的意义上，以中国式现代化为实践立足点，为中华民族文化的创新充分提供了发展空间，实现了又一次的思想解放。这使我们能够在更广阔的思想理论和实践创新空间中，以思想积极和文化主动赓续历史文脉、助力文化更新，推动文明升级，积极主动探索面向未来的现代文明形态。

第一，实现中华优秀传统文化的创造性转换与创新性发展。一方面，帮助传统文化实现创造性转化。社会主义核心价值观在吸纳传统文化与之相契合的内容时，就会对其进行区分，筛选，挖掘。结合实际为以往囿于时代和认识的局限但有借鉴价值的内容提供新的生长空间，使中华传统语境下的思想资源超越时空，转换为现代生活中涵养社会主义核心价值观的有益成分。另一方面，帮助传统文化实现创新性发展。如同习近平总书记在文化传承发展座谈会上指出的，"守正才能不迷失自我、不迷失方向，创新才能把握时代、引领时代。"[3]社会主义核心价值观的涵养、传统文化生命力的延续、文化建设的客观规定，都需要中华优秀传统文化适应新时代的发展要求，进行内涵补充、拓展、完善。传统与现代的有机整合，使传统文化以新的精神气质和精神面貌为社会主义价值系统提供合理的文化滋养。

第二，推动构建中华民族现代文明的生成。社会主义核心价值观作为现代社会转型过程中孕育的价值理念，本身就是贯通"两个结合"的先进价值指导理念。以先进价值观为引领，我们在正确对待构建新的文化生命体这一时代命题时，要着眼于历史的纵深演进与文明的源远流长的宏大视域，植根马克思主义文明观找寻新文化生命体的现代意蕴，扎根中华民族五千多年文明积淀凸显新文化生命体的民族特征。中国式现代化道路实践积极以"两个结合"推进中华优秀传统文化，实现生命现代化更新与马克思主义中国化鲜活生命力呈现。立足于中国特有的文化优势与价值优势，去构建一种既能超越传统文明观具有现代性特征的文明观，又相较于西式文明观具有超越性的中华文明新形态。

三、坚持"两个结合"，加强社会主义核心价值观教育

"两个结合"为文化创新开辟了广阔空间，以前所未有的历史自信、价值自觉、思想主动作用于理论、道路和制度各个方面，为新时代社会主义核心价值观教育工作开展提供了发展新思路。价值观教育作为形塑人灵魂、健全人思想的工作，决定社会在思想与精神层面的内核与灵魂。因此，通过更新教育理念、营造教育生态、健全教育机制等来实现核心价值观教育的理路创新，进而将指导中国式现代化、擘画中华民族伟大复兴的价值图景变为美

好现实。

（一）更新社会主义核心价值观教育理念

更新教育理念，要立足"两个结合"接续固本的价值立场。价值观教育理念只有扎根"两个结合"，强调对传统文化与现代精神相互照应，才能在中华优秀传统文化资源的现代化激活与马克思主义时代化崭新力量荟萃中，激发人们内心对价值的渴求。通过中华优秀传统文化、革命文化、社会主义先进文化等系列教育重塑当代精神家园，使当代人重拾对中华民族理想人格的追求、回归中华民族理想价值本源。实现价值观教育对价值知识的单向性教导向对价值本能的自觉追求的转换，个人才能在精神生命的整个发展中得到"我应该怎样"的答案。

（二）营造社会主义核心价值观教育良好生态

在"两个结合"视域下开展的核心价值观教育，要立足"结合"的传承、创新双效应，积极营造培育社会主义核心价值观的良好生态。一方面，教育生态需要依靠中华优秀传统文化的双创发展。以开放包容的心态不断吸收文化双创中能培根铸魂、启智润心的精神养分，通过供给富有灵魂启迪意义的价值教育内容，实现帮助人明晰价值意义。另一方面，价值观教育生态必须打造尊重差异、包容多样的教育环境。教育既要与本民族历史文化相承接，通过富有民族特色和时代气息的思想观念、人文精神和道德规范积极渲染教育生态健康氛围的同时，又要与生命教育相结合，尊重个体差异，鼓励个性发展。让教育对象能够通过自身积极探索、在不断参与体验和理解创造中收获专属自身的生命感悟与价值追求。

（三）健全社会主义核心价值观教育机制

在"两个结合"视域下必须坚持主导价值规范的基本取向，健全社会主义核心价值观教育机制。这一机制为整合不同阶层思想观念、弥合个人价值取向与社会价值导向上的差距、协调传统与现代价值观念矛盾等问题提供原则保障。社会主义核心价值观教育机制的健全，关键在于价值观教育必须回归人民生活实际。要依托文化生活化，潜移默化地培育人的价值理性、唤醒人的价值规则意识；要坚持贯彻实践精神和创新意识，在认识、理解、认同以及实践的系列过程中使广大人民群众普遍接受、真正认同的社会主义核心价值观外化为他们的行为习惯。以此实现硬性机制的软融入，实现大众真正的认同理解。

参考文献

［1］毛泽东. 毛泽东选集：第2卷［M］. 2版. 北京：人民出版社，1991：534.

［2］习近平. 在文化传承发展座谈会上的讲话［J］. 求是，2023（17）.

［3］沈湘平. 坚持把马克思主义基本原理同中华优秀传统文化相结合［J］. 中国高校社会科学，2021（5）：10.

基于"依法治国"视域下
大学生法治教育路径探析

李 鑫

（法学院）

一、问题提出

当前中国正如火如荼开展法治国家的建设，全民普法的要求已经从普及法律常识变为提高整个社会公民的法律素质。从目前我国的政策上来看，从党的十五大开始，我国就在不断加强法治国家建设。党的十五大提出了增强全民的法律意识；党的十六大提出要提高公民的法律素质[1]；党的十七大提出要营造学法守法用法的社会环境[2]。随着步入中国特色社会主义新的篇章，对于如何实现法治国家在党的十九大报告中也有了新指示。由此可见，在新时代背景下中国对于法治建设水平的要求更进一步。

法治国家的建设无法离开严谨的法律条文，也无法离开公正执法的司法机关，更离不开社会公民养成的法治意识和素养。简单来说，公民的法治素质的高低对于我国法治国家能否建成起到了决定性的作用。大学生作为社会公民中的重要群体，在推进法治国家建设中起到了举足轻重的作用。法治意识和素养不是天生的，而是需要通过法治教育来获取的。高校大学生法治教育水平的高低也就成为能否推动建成法治国家的关键因素。截至2024年8月，笔者以"法制教育"为主题关键词，在知网上检索所有相关文献，最终检索结果显示共有17 355篇文献以此为主题。笔者统计了2004年至2024年共20年间每年以"法制教育"为主题发表的文献数量，发现20年间国内学者对"法治教育"研究的广度和深度呈现出不断上升的情形，如图1所示。但是对论文主题细分分析后发现，目前针对大学生法治教育的研究文献数量相对而言还比较少，如图2所示。为了真实了解新时代背景下大学生的法治教育现状，填补新时代背景下"新鲜血液"的数据库，本文通过问卷调研、谈心谈话的形式对高校大学生法治教育现状进行了较为深入的研究，为未来高校法治教育工作的开展提供更好的支持。

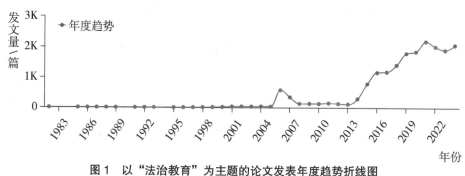

图1　以"法治教育"为主题的论文发表年度趋势折线图

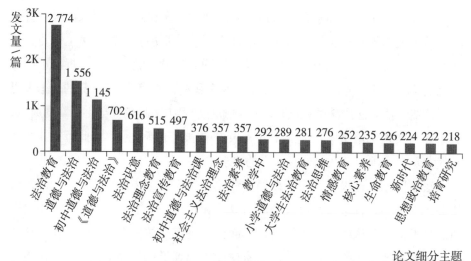

论文细分主题

图2　以"法治教育"为主题的论文细分主题分布柱状图

二、大学生法治教育培育现实困境

当代大学生生长在信息交叠、日新月异的新时代。伴随着社会主义法治社会的不断推进，高校也在法治教育上取得了一定的成绩，但笔者在调研的过程中发现目前高校法治教育依然存在一些问题。本次调研对象均选用中南财经政法大学在校学生，总设计问卷份数共计350份，最终回收有效问卷共计350份，具体问卷调研对象分配见表1。

表 1　调查问卷对象分配表

调查对象专业	人数 / 人	调查对象学历	人数 / 人
法学院学生	80	本科生	250
非法学院学生	270	研究生	100
合计	350	合计	350

（一）大学生法律素质偏低

对于问卷第三题"你对法律知识了解的程度"这一问题，选择"非常了解"的人数为 23 人，选择"比较了解"的人数为 78 人，选择"不太了解"的学生人数为 203 人，选择"完全不了解"的学生人数为 46 人。调研对象对于"法律知识的了解程度"这一问题，选择"不太了解"或者"完全不了解"的人数超过总人数的 70%，具体情况见表 2。

对于问卷第五题"你对法治知识学习的意愿程度"这一问题，选择意愿强烈和比较有意愿的同学共计 63 人，仅只占总人数的 18%。

通过问卷结果可以发现，当前大学生对于法律知识的了解整体上来说较为欠缺，对于法律知识掌握的程度也不够熟悉，法律意识相对而言较为淡薄。与此同时，大学生对于法治知识的学习缺乏主观能动性，大多数的学习来源于课堂学习，对于学习法治知识的意愿程度较低。

表 2　大学生对法律知识了解程度

了解程度	选择人数 / 人	百分比 /%
非常了解	23	6.5
比较了解	78	22.3
不太了解	203	58.0
完全不了解	46	13.2

（二）法治教育形式单一

笔者在与一位非法学院的学生谈心谈话的过程中该学生曾表示：在学校学习法律知识的机会其实比较少，基本是公选课堂或者法律讲座自己感兴趣的话会选择一些学习；上课的老师也基本上就是讲比较枯燥的法律史或者理论课程，感觉学习内容和自己的生活比较脱离，没办法引起共鸣；并且，由于自控能力较差，无法在需要集中精神听课的时间将心力放在汲取知识上。①

　　高校在开展法治教育的时候更多地采取课堂教学形式或者专家讲座，法治教育的形式比较单一化，非法学院的学生基本只能通过选择学校的公选课程来学习自己感兴趣的法律知识。公选课程部分授课老师本就不够重视，不认真备课，上课简单照着课件念知识点，知识点非常抽象深奥难以让学生理解。并且，期末考核方式也不够合理，基本上就是考学生死记硬背，无法提起学生学习法治知识的兴趣点。

（三）法治教育内容不够完善

　　调研过程中笔者发现，除了法学院设置的法治教育内容是比较系统完整的，其他非法学院学生所接受的法治教育基本是非系统化、非连贯性的。选择公选课堂学生的法律基础水平参差不齐，教育的内容也没有因材施教。学校设置的法治教育内容没有针对大学生的实际情况，没有全面涉及与大学生未来息息相关的法律知识。同时，法律教材课本的设置具有滞后性，教材的修订更新速度慢。

（四）法治教育师资队伍薄弱

　　法律条文纷繁复杂，法律知识晦涩难懂，要想让学生在课堂中对新学的法律知识有深刻的了解，需要法律专业非常过硬的老师或者实操经验非常丰富的司法人员进行授课。但是，目前高校的法治教育师资队伍还比较薄弱，对于公共课法律课程的老师并不是实操或者教学经验特别丰富的老师。如果授课老师对于教学内容都一知半解，那难以帮助学生学习法律知识、养成法律思维。

　　问卷调查第八题中对于目前教授法律知识课堂的老师的评价中，选择"非常不满意"的人数有 32 人，选择"不满意"的人数有 141 人，约占总人数的49%。由此可见，学生对于法治教师队伍的满意度较低，认为老师课堂讲授内容与现实需要无法紧密结合，老师教学能力还有待提升，法治教育师资队伍薄弱是一个亟待解决的问题。[3]

---

① 2023 年 10 月 30 日下午，线下访谈对象：2021 级本科生。

三、大学生法治教育路径提升

（一）培养大学生法治教育学习主动性

进入大学后，许多大学生由于无人督促，在学习上比较自由松散。要想提高高校法治教育的水平，必须让学生主动发掘学习法律的乐趣，端正学习法律知识的态度，养成学习法律知识的习惯；明白法律与生活息息相关，不能为了应付考试去机械地背诵相应的知识点，而是要将它当作兴趣与追求。学习法律知识后还要学会在生活中运用法律知识，不能单纯地学习理论内容，要把它们践行到生活实践中，对于学习和生活中的侵权行为要学会拿起法律的武器。当前高校出现过不少起大学生违法行为，究其原因都是大学生不懂法，内心对法律没有崇敬之心而造成的。大学生除了利用课堂学习法律知识以外，还要主动加强自己通过其他渠道学习法律知识的能力，不能仅仅满足于课堂上教授的内容，更要充分利用现代信息网络的便利性，在实例、文献等手段中不断学习法律知识、壮大自身法律素养。大学生要充分发挥主观能动性去自发深入学习法律知识，在学习法律知识上培养自身终生的积极性。高校应引导学生树立正确的法律观念，明确法律在维护社会秩序、保障公民权益方面的重要作用，培养他们的法治精神和法律信仰。

（二）扩展高校法治教育学习形式

优化课程设置，将法律基础作为必修课程纳入大学教育体系，确保每位学生都能接受到系统的法律教育。法治高校的建成绝不仅仅依靠学生课堂理论知识的掌握，也不仅仅看学生背诵法律条文的多少。我们需要培养懂法、守法、用法的学生，我们需要培养的是能够把理论知识运用到生活中去的学生。这就要求我们需要充分发挥第二课堂，组织多样化的法律实践活动，如法律案例分析、模拟审判等，让学生在实践中了解法律的重量，感受法律的力量，增强法律的意识。法治教育不仅仅是理论性的知识，它是需要实践的学科。因此，只有让学生置身于实践中，在实践中学习法律知识，在实践中运用法律知识，才能更好地培养、加深学生的法律素养。[4]模拟法庭让学生更为直观地了解到法律案件的审判及法律法规的运用会让课堂显得更加生动活泼。现代科技手段，如在线课程、法律 APP 等，为学生提供便捷的学习法律知识的途径，并激发他们的学习兴趣。同时，高校依托法学院建立法律援助中心可以给感兴趣的学生更多尝试实践的机会，在实践活动中加深学生对于晦涩难懂的法律条文的理解，真正达到学有所用。

（三）强化法治教育师资队伍建设

首先，需要完善高校法治教师招聘要求，提高法治教育教师的准入门槛，选拔具有扎实法律知识和丰富教学经验的教师，选择一流的专业人才来开展法治教育工作，提高高校法治教育教师门槛。只有专业素养扎实、熟悉法律法规的专家学者才能够成为法律课堂的授课人；只有让懂法的人去教法，才能让学生了解法律，熟悉法律，运用法律。

其次，对于招录进来的高校法治教师团队要提供不断学习和交流的平台，给予团队老师之间相互交流学习的机会，定期组织法治课堂教师学习新知识和当下法律热点，不断将时代热点紧密结合到学生的课程中去。法治教师需要不断学习，不断更新自己的知识储备。

最后，当前高校不乏研究型法律人才，但是理论来源于实践，理论也需要服务实践。鼓励教师参与法律实践，以增强其教学的实践性和针对性。与此同时，吸纳一批司法从业人员进入教师团队，可以提高学生运用法律解决问题的能力。高校可以加强与司法机构之间的合作，不断强化法治教育教师队伍的建设。[5]

四、结语

尽管当前高校法治教育已经取得了一定的成就，但是总体而言还存在较大的提升空间。法治国家的进一步建设离不开高校的基础法治教育普及。因此，高校未来在开展法治教育的过程中要着力培养大学生学习法治知识的主动意识，不断提升高校法治教师队伍的建设，进一步改革创新法治教育课堂形式，切实推动新时代背景下我国高校法治建设迈上一个新的台阶。

参考文献

［1］中央文献研究室．十六大以来重要文献选编：上册［M］．北京：

中央文献出版社，2005.

　　［2］中国共产党第十七次全国代表大会文件汇编［G］．北京：人民出版社，2007.

　　［3］叶军．习近平新时代中国特色社会主义思想指导下高校法治教育的创新发展［J］．法制博览，2020（16）：64–66.

　　［4］李洪福．大学生法治文化培育的主要策略途径思考［J］．边疆经济与文化，2019（7）：75–76.

　　［5］向涵．高校法治教育的现状与对策［J］．科教导刊（中旬刊），2018（5）：1–2.

　　［6］张永波．大学生法治教育的问题与对策［J］．法制与社会，2020（30）：153–154.

　　［7］董晓红．法治信仰：高校法治意识培育的价值共识［J］．安徽理工大学学报（社会科学版），2020，22（5）：6–10.

　　［8］徐华良．新时代高校完善大学生法治教育的路径分析［J］．法制与社会，2020（24）：158–159.

　　［9］袁兴华．依法治国背景下大学生法治素养培育的存在问题及对策［J］．广西教育，2020（27）：22–23.

　　［10］俞旭，周阳．新时代背景下普通高校完善大学生法治教育的路径探析［J］．法制博览，2020（17）：93–94.

　　［11］徐松．新时代高职院校大学生法治教育提升的路径研究［J］．法制博览，2023（27）：151–153.

　　［12］吴云凤．新时代大学生法治意识培育研究［J］．文化创新比较研究，2019，3（6）：185–186，196.

　　［13］王学强．新时代大学生法治素养培育的三重维［J］．职业，2022（4）：37–39.

　　［14］李力，孙楹．高校法治文化建设与高校法治教育实践［J］．教育教学论坛，2017（11）：21–22.

工匠精神融入大学生思想政治教育的价值传播与实践范式 ①

何 强

（工商管理学院）

习近平总书记指出，在长期实践中，我们培育形成了执着专注、精益求精、一丝不苟、追求卓越的工匠精神，工匠精神是以爱国主义为核心的民族精神和以改革创新为核心的时代精神的生动体现。作为一种职业精神，工匠精神属于思想道德范畴。将工匠精神融入大学生思想政治教育契合新时代应用型人才培养的内在要求，有利于高校提升人才培养质量、促进大学生全面发展，培养德智体美劳全面发展的时代新人。

当前，涌现出了《大国工匠》《了不起的匠人》《我在故宫修文物》等优秀文化传媒作品，其所传播的追求卓越、爱岗敬业、勇于创新等优良内涵的工匠精神契合高校思想政治教育的内在要求与发展目标，成为提升思想政治教育价值性、有效性、亲和力的有效载体。因此，将工匠精神与大学生思想政治教育结合起来，探讨工匠精神在大学生思想政治教育中的价值传播与实践范式，是思想政治教育与传播学跨学科的应用型研究课题，具有重要意义。

① 本文系湖北省哲学社会科学研究项目专项任务（高校学生工作品牌）"财经青年社会实践如何服务中国式现代化？——基于'商科青年观察中国'实践行动的考察"（项目编号：23Z249）、湖北省共青团和青少年工作研究课题"荆楚财经青年实践育人共同体推进中国式现代化湖北实践的进路研究"（项目编号：2024TSWSKL060）、中央高校基本科研业务费项目（三全育人）"中国式现代化视角下'新商科实践育人共同体'范式研究——基于'商科青年观察中国'实践行动的考察"（项目编号：2722024DS004）、中南财经政法大学团委青年研究中心第九期课题"工匠精神在大学生思想政治教育中的价值传播与实践范式"（项目编号：TW202318）的阶段性研究成果之一。

一、工匠精神融入大学生思想政治教育的传播价值理路

工匠精神的研究涉及马克思主义理论、文化学、教育学、管理学、编辑出版学、新闻传播学等学科。大多数学者都是从中华优秀传统文化中的工匠文化去理解工匠精神。工匠精神自古有之，伴随着中华民族的历史血脉演变传播。在当代，工匠精神也有着时代赋予的新内涵。有学者提出工匠精神不仅具有爱岗敬业、潜心专注的精神，一丝不苟、精益求精的精神，尊师重道、传承创新的精神等职业技术层面的内涵，还具有社会政治内涵，作为一个值得在全社会弘扬和推广的精神而存在，弘扬工匠精神成为思想建设领域的重要部分。[1]工匠精神是中国共产党人精神谱系之一，也是习近平文化思想的重要部分，将工匠精神融入大学生思想政治教育具有重要的价值意蕴。

工匠精神的传播是由媒体主导、政策引导、公众参与的社会化价值传播活动。将传播学与思想政治教育学科结合起来，从传播的视角研究工匠精神在思想政治教育中的价值逻辑与实现路径，创新其传播主体、传播客体、传播内容、传播渠道、传播效果等环节，有利于拓展思想政治教育的研究视角。工匠精神融入大学生思想政治教育是新时代高等教育的一个重要议题。工匠精神的价值传播有利于赋予大学生思想政治教育以民族品格和文化烙印；有利于为高校培育德智体美劳全面发展的社会主义建设者和接班人的相关研究提供崭新的方向和路径。

研究、弘扬、培育大学生工匠精神，在思想政治教育中创新传播工匠精神，有利于学生培养良好职业道德和思想品质，丰富自身专业知识和提升实践应用能力，提高高校人才培育质量，促进学生全面发展，以更好适应社会发展需要。思想政治教育的价值引领和工匠精神的价值传播融合起来，有利于提高学生综合竞争力，提升其思想政治觉悟、道德文化水平和综合能力，助力其成长为德才兼备、全面发展的时代新人。

二、工匠精神融入大学生思想政治教育的价值传播实践

重提工匠精神后，涌现出了一系列有关工匠精神的传播作品，包括文本传播、图像传播、影像传播等各类型优秀的传播典范案例，其所产生的价值传播效果也受到学界和社会的关注。中央电视台播出《大国工匠》《我在故

宫修文物》等纪录片后，出现了一批针对该纪录片的研究。有学者以叙事学为理论框架分析《大国工匠》，探寻全球化语境下"工匠精神"系列作品通过讲述中国工匠故事所传播的文化意义。[2]此外，近年来，越来越多的学者关注到了高校思政教育与工匠精神传播融合的实现路径。有学者认为，高校工匠精神的传播可以将思政小课堂与实践的大课堂相结合，将语言符号和非语言符号传播相结合。[3]因此，诸多传播作品正积极开展工匠精神的实践教育，在价值传播中将其内化于心、外化于行，深化工匠精神融入思想政治教育的价值性、亲和力、有效性。

（一）以"工匠精神"为传播主题凸显思想政治教育价值性

工匠精神是一种职业道德，是对从业者职业品格的要求，属于思想道德范畴。它所体现的爱岗敬业、精益求精等精神特质与大学生思想政治教育具有内在契合性，即二者都具备价值引领、道德规范、行动指南等功能。[4]将工匠精神融入大学生思想政治教育，是加强和改进新时代大学生思想政治教育的时代诉求，也是思想政治教育价值性的有效路径。目前涌现的工匠精神文化传媒作品，在传播实践中紧紧以"工匠精神"为主题，突出其所蕴含的执着专注、精益求精、一丝不苟、追求卓越的精神内涵，并在传播实践中实现以工匠精神培育社会主义核心价值观的目标。

例如，中央电视台推出的系列纪录片《大国工匠》于2015年5月1日在央视新闻频道开播。该片以各行各业的大国工匠所体现的工匠精神为主题，讲述了不同岗位劳动者用自己的灵巧双手匠心筑梦的故事，其所传达的精益求精、爱岗敬业的工匠精神，正是社会主义核心价值观的重要内涵之一。该片持续多年连续打造、播出。2022年4月29日至5月5日，第九季《大国工匠·匠心报国》在央视综合频道、新闻频道的多档重点栏目播出。在该纪录片的受众群体中，大学生是其主要的受众之一。其所传播的有兴趣、有能力、有格局、有担当、有情怀、有创新的工匠精神主题，对大学生的价值观人生观世界观教育、职业生涯教育、道德品质教育等都产生了较为深远的影响。基于全社会对工匠精神的弘扬，以及工匠精神系列文化作品的传播，从2018年起，由中华全国总工会、中央广播电视总台联合举办的"大国工匠年度人物"评选活动掀起了学习大国工匠、争当工匠人才的热潮。这一活动不仅承载着国家精神文明建设的重要功能，也是大学生思想政治教育的有效载体，发挥了重要的价值引领作用。

（二）以"工匠故事"为叙事主体突出思想政治教育亲和力

讲好中国故事是国家宏大叙事的重要路径，思想政治教育也需要借助讲好中国故事的有效策略来提升其亲和力。工匠精神就必须由工匠故事来承载。工匠故事是中国故事的重要组成部分，也是思想政治教育的重要资源，要传播工匠精神就必须讲好工匠故事，讲好劳模的故事、讲好劳动者的故事、讲好劳动人民的故事。在传播工匠精神的实践中，工匠故事以其典型性、贴近性、人文性、趣味性的特点，自然而然成为叙事的重要主体。蕴藏在中国几千年文化历史中的工匠故事以及新时代的工匠故事，也必将成为国家叙事和思想政治教育叙事的重要载体，以讲事实、讲形象、讲情感、讲道理的方式，将工匠故事所承载的工匠精神深深扎根于学生心底，为中国式现代化建设培育优秀的工匠人才。[5]

例如，热播纪录片《我在故宫修文物》讲述隐藏在故宫的王津、亓昊楠、屈峰、王五胜、王有亮、杨泽华、纪东歌、陈杨等文物修复工作者的故事，以他们的日常工作中的故事传达出"择一事、终一生"的工匠情怀。纪录片把工匠故事讲得细腻、温暖、富有人情味，其独特的叙事手法反映出"修复文物是穿越古今与千百年前进行对话的特殊职业和生命体验"这一系列文物修复者的工匠故事。该纪录片摒弃宏大叙事，而从微观叙事的视角平实地记录了文物修复师的日常，在大学生中掀起了一阵"故宫热"，让大学生从故宫的表面走向故宫的深处，以文物修复师的工匠故事传递着古人和今人的对话，寓远大于绵巧。该纪录片播出后，在视频弹幕网站哔哩哔哩上引起巨大轰动，受到年轻人的热捧，短短几天点击量就超过几十万。正是这样一种传播叙事的方式，能够让大学生所接受、所热爱，较好地提升了思想政治教育的亲和力。

（三）以"工匠文化"为表达视角提升思想政治教育有效性

工匠精神是中国共产党人精神谱系之一，也是习近平文化思想的重要部分。从"工匠"到"工匠故事"，再到"工匠精神""工匠文化"，其实质是一种文化的表征和进路，也是一种文化的凝聚和弘扬。工匠文化，不仅是一种中华优秀传统文化，在新时代更是一种社会主义先进文化，其所关联的劳动文化、实践文化、职业文化等都是中国式现代化建设所需要的文化氛围。工匠精神的传播实践立足于工匠故事，传导的是工匠精神，最终要营造的是工匠文化。工匠文化也是一种表达视角，只有将这种文化营造起来，才能实现思想政治教育的有效性。此外，工匠文化本身蕴含着人的高质量发展的要义。在快速转型的时代，工匠文化所具有的对人的高质量发展的内在价值的追求，这也是大学生思想政治教育的目标，也是提升大学生思想政治教育有效性的重要手段。

近年来，涌现出的诸多文化传媒作品，在社会上营造起了良好的工匠文化氛围。《大国工匠》《我在故宫修文物》《匠心》《工匠精神》《非凡天下》《留住手艺》《了不起的匠人》《中国大能手》《非凡匠心》等传媒作品的陆续播出，让全社会开始重提工匠精神，追寻工匠文化。例如，职业技能竞技真人秀《中国大能手》对工匠精神进行了时代呼唤和生动诠释，在各行各业全社会形成劳动光荣、技能宝贵、创造伟大的良好氛围。而在这种文化氛围的熏陶下，大学生也成为这些文化传媒作品的主要受众，他们通过短视频网站、微博平台、微信平台等新媒体平台参与讨论，主动投身到工匠精神的文化建构之中，逐渐成为工匠精神的践行者、传播者。

三、工匠精神融入大学生思想政治教育的传播创新范式

教育的过程是传播的过程，传播的过程也是教育的过程。工匠精神融入大学生思想政治教育需要构建一套完整的传播策略体系，从传播主体、传播客体、传播内容、传播渠道、传播效果等维度提出传播创新范式。

（一）从传播主体实现工匠精神融入大学生思想政治教育的价值理性

工匠精神融入大学生思想政治教育的传播实践需要从传播主体来激发教育主体的引导作用。在传播实践中，辅导员、思政课教师、专业课教师、管理服务人员等都是工匠精神的传播主体，也是大学生思想政治教育的实施主体，应该主动设置工匠精神教育议题，挖掘工匠精神时代内涵和当代价值，将工匠精神融入大学生思想政治教育之中，将其具有的"执着专注、精益求精、一丝不苟、追求卓越"价值内涵成为大学生思想政治教育的价值理性，以实

现教育的价值功能。

（二）从传播客体运用工匠精神融入大学生思想政治教育的工具理性

工匠精神融入大学生思想政治教育的传播实践需要明确我们传播的客体即传播受众是谁，这也是我们教育的对象，即大学生。在传播实践中，我们要充分了解当代大学生的成长经历、个性特征、时代背景，要熟悉新时代大学生的认知规律、思想规律、行为规律，充分调动大学生认知、接受、培育、弘扬工匠精神的主观能动性，从传播客体的维度运用工匠精神融入大学生思想政治教育的工具理性。这种工具理性应该成为大学生三观养成、思想道德素质习得、职业生涯观塑造的重要工具，也应该成为提升大学生专业能力和综合素质的着力点之一，还应该成为实现德智体美劳全面发展的助推器之一。

（三）从传播内容注重工匠精神融入大学生思想政治教育的内容选择

工匠精神融入大学生思想政治教育的传播实践需要精心进行内容选择，注重在思想政治教育的过程中我们应该讲什么内容、讲什么道理。在传播实践中，我们应该系统化地讲清楚工匠精神的历史演变、时代内涵、当代价值、培养要求、国际比较等内容，还应该从"工匠""工匠故事""工匠精神""工匠文化"的逻辑理路讲清楚为何要重提和弘扬工匠精神。其中，重点是需要精心巧妙地讲好工匠故事，以故事打动学生，以故事提高思想政治教育的价值性、亲和力、有效性。只有面向学生讲好生动的、有趣的、富有价值和人文情怀的工匠故事，选择高质量的传播内容，才能真正在学生之中培育好工匠精神。

（四）从传播渠道优化工匠精神融入大学生思想政治教育的方法运用

工匠精神融入大学生思想政治教育的传播实践受传播渠道的影响，也涉及教育方法的运用。从传播层次来看，人际传播、大众传播、新媒体传播等不同的形式具有不同的传播效果；从互联网媒介的选择来看，抖音、微信、微博、哔哩哔哩等不同的新媒体平台在学生中产生的传播效果也不尽相同；从教育主体对传播渠道的影响来看，辅导员可以从日常思想政治教育中主题班会、谈心谈话、党团日活动、社会实践等第二课堂平台中传播弘扬工匠精神，思政课教师可以从思政课教学、"大思政课"建设的维度融入工匠精神的教学内容，专业课教师可从专业建设、学科发展、职业发展的维度挖掘学科专业和工匠精神的深刻内涵，管理服务人员需要从日常行政管理服务中去体现工匠精神。

（五）从传播效果凸显工匠精神融入大学生思想政治教育的教育价值

工匠精神融入大学生思想政治教育的传播实践最终由传播效果进行反馈，传播效果的正向反馈、负向反馈同样也促进传播策略的调整。工匠精神融入大学生思想政治教育的价值主要体现在思想品质的提高、能力素质的提升、职业选择的影响以及知识范围的拓展等方面。不同的传播主体、传播客体、传播内容、传播渠道会产生不同的传播效果。因此，我们也需要构建一套工匠精神融入大学生思想政治教育的价值评价体系，根据传播效果的反馈来及时调整工匠精神在思想政治教育中的目标、内容、方法等，以期更好地实现教育价值。

参考文献

［1］刘建军，马卿誉，邱安琪. 工匠精神的社会政治内涵［J］. 学校党建与思想教育，2020（11）：8–11.

［2］吴玉兰，何强. 全球化语境下经济传播的重塑与建构——基于《大国工匠》等纪录片的叙事研究［J］. 当代传播，2018（2）：43–46.

［3］韩沛雨. 思想政治教育视域下高校工匠精神的传播路径研究［J］. 法制与社会，2019（26）：182–183.

［4］李芳，何强. 工匠精神融入高校思想政治教育新探［J］. 学校党建与思想教育，2022（16）：65–67.

［5］李晓敏，谭丹. 高职思政课讲好工匠故事的价值意蕴、内容定位及路径选择［J］. 职业教育研究，2024（6）：38–43.

新时代法治人才培养机制下
大学生理想信念教育研究 ①
——以隐性教育为主导的模式探讨

张申鹏

（法学院）

　　作为思想政治教育的核心，理想信念教育在大学生世界观、人生观和价值观的树立过程中具有重要意义。现阶段随着我国改革开放的不断深入，经济发展全球化，思想交融多元化及网络信息技术的高速发展，高校大学生正面临着多种思想的交融和多元价值观念的冲击。传统以"满堂灌"和"一言堂"的显性教育模式正面临着严峻考验，与之相对应的隐性教育在教育方式、教育内容、教育目的和教育主体自主性等都有着独特的优势。鉴于隐性教育在新时期思想政治教育中的优势越发凸显，新时代大学生理想信念教育中更应该积极发挥隐性教育的重要作用，坚持显性教育和隐性教育相统一。

一、理想信念教育的内涵及其重要性

　　理想与信念是两个不同的概念。崇高理想的树立要以信念为基础，是信仰或信念在未来目标及方向上的具体体现。早在 1957 年，毛泽东同志在《关于正确处理人民内部矛盾的问题》中就要求广大青年学生、知识分子和全国人民要树立崇高的理想，脚踏实地为实现美好的理想而奋斗。改革开放以来，各届党和国家领导人都明确了大学生思想政治教育中的核心是坚定理想信念教育。大学生理想信念教育是一个系统培育的过程，重在对大学生世界观、人生观和价值观进行塑造，使大学生清楚地认识社会外部环境，了解自身所

　　① 本文系 2022 年度省教育厅哲学社会科学研究项目"三全育人理论在高校思政实践的转化研究"（项目编号：22G026）阶段性研究成果。

处的位置及优劣势，对自身进行精准定位，从而有针对性地激发自身的潜能，实现自我的社会价值。刘建军从以下角度对习近平总书记关于理想信念的内涵进行梳理：一是坚定真理，坚定马克思主义科学真理；二是坚定信心，对改革开放及社会主义现代化建设充满信心；三是坚定理想，树立中国特色社会主义共同理想，追求共产主义远大理想，为实现中华民族伟大复兴的中国梦而奋斗；四是坚持中国共产党的领导；五是追求高尚的道德情操和精神境界。[1]

习近平总书记指出，理想信念是共产党人精神上的"钙"，没有理想信念或理想信念不坚定，就会导致精神上"缺钙"，要始终将坚定理想信念作为共产党人政治灵魂和精神支柱。理想信念教育作为思想政治教育的核心内容，对大学生崇高理想的构建和坚定信仰的树立具有实际意义。2004 年，中央十六号文件明确指出，加强和改进大学生思想政治教育的指导思想是以理想信念教育为核心，坚持树立正确的世界观、人生观和价值观教育。2017年 2 月，《共青团中央 教育部关于印发〈关于加强和改进新形势下高校共青团思想政治工作的意见〉的通知》（中青联发〔2017〕10 号）指出，把理想信念教育放在首位，强化思想理论教育和价值引领，推进全员、全过程、全方位育人。习近平总书记在党的十九大报告中对青年一代寄予莫大希望，指出青年是国家的未来和希望，青年一代有理想、有本领、有担当，国家就有前途，民族就有希望，才能实现中华民族伟大复兴的中国梦。大学生正处于理想信念树立的关键时期，也是世界观、人生观和价值观生成的关键阶段，只有砥砺意志，坚定信念才能崇高理想，完善品格，迎接挑战，实现自我。习近平总书记在党的二十大报告中强调要推动理想信念教育常态化制度化，持续抓好党史、新中国史、改革开放史、社会主义发展史宣传教育，引导人民知史爱党、知史爱国，不断坚定中国特色社会主义共同理想。理想信念教育是大学生思想政治教育中的重要环节，其重要性和必要性不可小觑，应当完善思想政治工作体系，用社会主义核心价值观铸魂育人。

二、隐性教育的内涵及其重要意义

隐性教育是指在教育过程中，教育者不直接传达教育内容，而是通过隐含的方式对学生进行教育；是个体在自觉自愿的基础上，受到熏陶、感染、激励和示范。隐性教育具有很强的隐蔽性，往往让学生在不知不觉中接受教育，从而达到教育的目的。隐性教育是一种非正式的教育方式，通过隐含的方式对学生进行教育，不直接传达教育内容，教育过程具有无意性、随机性和长期性。隐性教育具有很强的隐蔽性，往往让学生在不知不觉中接受教育；教育内容与教育者没有直接的联系。隐性教育的形式多样，包括日常生活教育、文化传承教育、社会实践活动等。

隐性教育注重培养学生的实践能力、创新精神和社会责任感，有助于学生全面发展。学生通过在实际情境中感受、体验和实践，提高学习兴趣和参与度，从而提高教育效果。隐性教育丰富了教育手段，使教育更加灵活多样，有助于激发学生的学习兴趣和潜能。

隐性教育注重个性化教育，能够满足不同学生的需求，促进教育公平。隐性教育作为一种重要的教育方式，具有丰富的内涵和重要的意义。我们应该充分认识隐性教育的重要性，积极探索和实践隐性教育，以促进学生全面发展，提高教育质量，实现教育公平，为培养具有创新精神、实践能力和良好道德品质的社会主义建设者和接班人做出贡献。

三、大学生理想信念教育的现状

大学生是国家的希望和民族的未来，大学生的理想信念教育和崇高理想的树立是思想政治教育的核心目标和历史使命。总体而言，大学生理想信念教育成果显著，大学生的主流思想是健康向上的，他们有理想有抱负。但大学生群体中也存在着以下问题：部分大学生的政治信仰迷茫、理想信念模糊；也有部分大学生缺失社会责任感和诚信意识；更有部分大学生的价值取向受到扭曲。大学生当前出现的理想信念滑坡、价值观念扭曲等现象使得大学生理想信念教育面临前所未有的困境，新时代法治人才培养存在一些新的挑战亟待解决。当前大学生的理想信念教育主要呈现以下特点。

（一）理想信念教育方式直接、内容单一

理想信念教育主要采用传统"灌输式"教育形式直接宣传教育思想、理论路线、政策方针等，教育目的明确，教育手段单一，授课内容略显枯燥乏味。当下高校理想信念教育只是通过简单的思想内容传达和宣扬，忽视了理想信

念能否深入学生之中、能否深入学生之心等问题。

（二）理想信念教育过程乏味、形式受限

理想信念教育形式主要以集中组织学习或培训等形式开展教育，具有一定的强制性和目的性，教育形式缺乏多样性和吸引力，很难吸引大学生的目光。理想信念教育过程较为简单，没有设置理想的教育环境和营造和谐的氛围，只是通过简单粗暴的灌输形式完成教育过程。

（三）理想信念教育主体缺乏自主性

大学生理想信念教育的主体是大学生，他们在接受理想信念教育时都是教师以单方面灌输的形式进行思想政治教育，主要以被动和应付的形式接受教育，被教育者发挥主观能动性的机会较少，主动融入思想教育的程度不够。

（四）部分思想政治理论课教师政治信仰不坚定

作为主导课堂教育的思想政治理论课教师，坚定的理想信念对于引领学生思想和价值观教育具有重要意义。总体而言，大部分授课教师都具有崇高的信仰，但是也不乏一些信仰模糊，忽视真理而大谈西方文化思想理论和崇洋媚外的教师。

四、隐性教育在大学生理想信念教育中的应用探讨

当前大学生理想信念教育在教育方式、教育形式、教育过程、教育内容、教育主体自主性及思想政治理论课授课教师政治信仰不坚定等方面都遇到瓶颈，理想信念教育面临重大挑战。为了增强理想信念在大学生群体中的涉入度和实效性，新的历史时期必须加强隐性教育在理想信念教育中的实施情况。

隐性教育，顾名思义就是使得受教育者在无意间接受教育信息，这种潜移默化的教育形式使得受教育者在心理上未曾察觉，也不会出现任何排斥的现象。隐性教育坚持以人为本的教育理念，关注教育主体的道德和品质的形成与培养，注重教育主体的价值和信念的回归与重建。

首先，在隐性教育过程中，教育者将教育内容的相关信息隐藏于受教育者的学习生活和社会活动中，使其在尚未察觉的情况下将教育内容内化于心。

整个受教育过程中也没有出现教师与学生的直接对话，教育方式上摒弃了让学生反感的"满堂灌"直输形式，采用灵活多变的形式激发学生兴趣，引导学生融入理想信念教育中来。

其次，隐性教育在教育过程中不限定教育开展的环境与形式，营造轻松愉悦的氛围，通过创设优美的自然环境和人文环境来陶冶学生的情操，用爱的感召升华学生的人格。理想信念教育要从简单的课堂教育中解脱出来，可以通过网络环境进行思想教育的渗透，消除学生对课堂教育的逆反心理，通过占领网络教育阵地的形式实现教育入脑、入心，从而完成教育使命。

再者，隐性教育中教育主体可以充分自主，整个教学过程也不是一成不变的老师讲学生听的模式，学生拥有更多的自主权。他们可以参与教育活动中互动和交流，实现师生之间的真诚对话，也可以自愿选择而非强制地参与教育教学活动。受教育者在发挥自主性的同时，其信心和热情也会相应提高，在没有受限的教育环境中能充分发挥主观能动性，不断追求卓越，在无形中完成理想信念教育。

最后，隐性教育不仅需要大学生的参与，更需要在思想政治教育中发挥重要作用的思想政治老师的引导和示范。思想政治理论课对老师的理论功底要求较高，需要坚定的理想信念作为指导，不能脱离马克思主义的实际，应该根据当前国情实事求是，分析马克思主义中国化的历史逻辑。思想政治理论课的老师理论信仰不能飘摇不定，更应该清楚马克思主义发展的历史沿革和历史逻辑。

五、小结

习近平总书记在中国政法大学考察时指出，在新时代法治人才培养机制下，要坚持中国特色社会主义法治道路，坚持以马克思主义法学思想和中国特色社会主义法治理论为指导，立德树人，德法兼修，培养大批高素质法治人才。法治人才必须拥有坚定的理想信念，没有理想信念就会导致精神上"缺钙"。当下部分大学生就存在理想信念模糊、价值取向扭曲，政治信仰不坚定等现象。此外，大学生理想信念教育在教育方式、教育内容和教育主体自主性等方面也遇到瓶颈，当前理想信念教育面临巨大挑战。新的历史时期下，在思想政治教育中充分利用隐性教育的优势，因材施教，潜教默育，合理增强大学生思想政治教育对新时代法治人才培养显得十分必要。

参考文献

［1］刘建军. 习近平理想信念论述的历史树立与理论阐释［J］. 河海大学学报（哲学社会科学版），2015，17（3）：1–8.

［2］梁琳敏. 新时代高校思想政治教育显性教育与隐性教育相结合研究［D］. 喀什：喀什大学，2023（5）.

［3］黄山山，陈大卫. 基于隐性教育的思政教学现状与对策研究［J］. 职业教育，2023（19）：21–24.

［4］曹金龙. 关于新时代思想政治教育显性教育和隐性教育相统一的思考［J］. 思想理论教育，2019（12）：58–63.

［5］习近平在全国高校思想政治工作会议上强调：把思想政治工作贯穿教育教学全过程，开创我国高等教育事业发展新局面［N］. 人民日报，2016–12–09（1）.

［6］邓建平. 思想政治教育视域中的隐性教育生成研究［J］. 马克思主义研究，2013（2）：143–147.

［7］徐俊川. 论当代90后大学生的理想信念教育［J］. 湖北社会科学，2011（11）：191–193.

［8］周强. 当代大学生理想信念现状及教育对策研究［J］. 福州大学学报（哲学社会科学版），2016（5）：109–112.

［9］王滨，张雪凤. 隐性思想政治教育研究述评［J］. 教育探索，2010（11）：123–125.

［10］段鹏飞. 新时期思想政治教育中隐性教育的必要性及其实现途径［J］. 思想政治教育研究，2009（2）：51–54.

中华优秀传统文化融入大学生思政教育的价值意蕴与路径探析 ①

陈长军

（发展规划与学科建设办公室）

中华优秀传统文化积淀着中华民族上下五千年文化内核和智慧结晶，是华夏儿女得以生生不息、发展壮大的丰厚沃土。随着社会的发展和教育体系的不断完善，大学生思想政治教育工作越来越引起人们的重视。思想政治教育旨在引导大学生树立正确的"三观"，增强社会责任感和使命感，培养爱国主义、集体主义、社会主义的思想意识，锤炼坚定的政治立场和严谨的思维态度，这和中华优秀传统文化的特征属性相辅相成。本文研究如何将中华优秀传统文化融入大学生思想政治教育工作中，丰富思政育人内容，促进立德树人根本任务的落实和大思政格局的构建。

一、中华优秀传统文化概述

（一）中华优秀传统文化的深刻内涵

中华优秀传统文化是中国古代文明的瑰宝，包括儒家、道家、法家、墨家、兵家等多元文化流派。其内涵广泛而深刻，涵盖了道德伦理、文学艺术、礼仪习俗、宗教信仰等方面的内容。中华优秀传统文化强调天人合一、仁爱亲和、礼义廉耻等价值观念，体现了中国人对于人与自然、人与社会、人与神灵之间关系的思考和探索。

（二）中华优秀传统文化的价值观和核心理念

中华优秀传统文化凝聚着丰富的价值观和核心理念，主要表现在以下三

①　本文获中南财经政法大学 2024 年党建理论研究项目（项目编号：DJYJ2024033）资助。

个方面：中华传统核心思想体系、中国传统美德体系、中华人文精神体系。其具体表现为强调仁爱之心，提倡待人宽厚仁慈；强调礼仪之邦，注重人与人之间的礼貌和尊重；强调忠诚和孝道；提倡中庸之道，主张平衡和谐；重视孝道文化，培养家庭观念和责任感；强调仁者爱人、义者正心，倡导宽容与正义；强调诚信为本，倡导诚实守信，培养正直、诚实、可信赖的品格；强调天地人之间的和谐统一，主张人与自然、人与社会之间的和谐关系；注重知行合一，强调知识的实践和应用，倡导勤奋学习、实践探索。

（三）中华优秀传统文化对当代社会的影响

中华优秀传统文化对当代社会的影响是多方面的，不仅有助于传承中华民族的文化基因和精神血脉，也为社会的和谐稳定、文明进步提供了重要的指导和支撑。中华优秀传统文化与现代价值观念的结合与融合，助力着社会建设和文明发展，为构建更加和谐、稳定和繁荣的社会奠定了坚实的文化基础。中华优秀传统文化的价值观念和精神实质，对于塑造人们的道德品质、文化认同和社会行为起着积极的引领和激励作用。同时，中华优秀传统文化也为当代社会提供了应对挑战和困境的智慧和启示，帮助人们更好地应对现实生活中的各种问题和挑战。

二、中华优秀传统文化融入思想政治教育的现实意义和困境

（一）中华优秀传统文化融入思想政治教育的重要性

1. 文化自信和历史传承

传承和弘扬中华优秀传统文化是每一个中华儿女的历史责任，大学生思想政治教育工作也应该走在时代前列，两者之间相辅相成。在全员、全方位、全过程思政育人背景下，传承和弘扬中华优秀传统文化是大学生思想政治教育工作的新载体、新途径。坚持"以文化人、以文育人"，紧紧围绕"德智体美劳全面发展的高层次创新人才"培养目标，增强师生文化自信。

2. 价值观塑造与道德引领

中华优秀传统文化作为中华民族的精神家园和文化灵魂，其价值观在中

国社会中扮演着重要的塑造和道德引领的角色，促进了社会和谐稳定、个体品德提升和文化传统的传承，有助于培养大学生的正确道德观念和积极人生态度。

3. 民族精神与国家认同

中华优秀传统文化是中华民族的精神基因，其中的价值观念、文化符号构成了中国人民的民族认同基础。通过语言、文学、艺术等方面的了解，大学生加深了对自身文化传统的认同感，强化了文化认同的纽带。同时，传统文化作为国家认同的重要组成部分，塑造了中国人民对国家的认同感，促进了国家认同与文化认同的紧密结合，激发了大学生对国家的自豪感和认同感。

4. 思维启迪与智慧启示

中华优秀传统文化中蕴含着丰富的思想智慧和哲学思辨，可以拓展大学生的思维广度和深度，培养批判性思维和创新能力，有助于学生更好地理解世界、认识自我。

（二）现阶段存在的困境

1. 课程建设视域相对较窄

长期以来，在课程建设领域，我国高等教育课程体系被机械化地划分为思政课程、通识课、理论专业课和社会实践课。这种机械的课程体系结构，导致目前在高校教育教学体系中融入中华优秀传统文化时，往往只见树木、不见森林。并且相关研究成果单一、以偏概全，很大程度上弱化了中华优秀传统文化在高等学校课程建设中的整体作用。

2. 教材与中华优秀传统文化融合度不够

基于目前部分高校的融入现状来看，中华优秀传统文化内容往往只是作为附加知识点零散地插入教材建设中，缺少学校层面的顶层设计。教材对传统文化的呈现可能比较片面，只涉及某些方面或特定领域，且零散地分布在教材的不同章节或课程中，无法全面展现中华优秀传统文化的丰富内涵，学生难以形成完整的认知和理解。

3. 教师能力有待提升，教育教学形式单一，跨学科整合困难

部分教师对于中华优秀传统文化的理解和传授能力有限，缺乏系统的专业培训和持续学习，影响了中华优秀传统文化教育的质量和效果。同时，中华优秀传统文化涉及多个学科领域，其重点内容与其他学科知识的整合不足，使传统文化资源无法被充分应用于不同学科的教学和研究中，难以帮助学生建立多维度的知识体系和思维方式，限制了中华优秀传统文化在教学中的深入传播。

4. 部分高校未能有效挖掘和利用中华优秀传统文化资源

部分高校在中华优秀传统文化领域的研究匮乏，缺乏专门的研究机构或研究团队，限制了对中华优秀传统文化资源的深入挖掘和应用。研究机构或团队的缺乏导致未能充分挖掘中华优秀传统文化，且在日常生活中也缺乏丰富多彩的中华优秀传统文化活动，使学生难以亲身体验和感受中华优秀传统文化的魅力，一定程度限制了中华优秀传统文化资源的开发和利用。

5. 大学生对中华优秀传统文化的理解认知程度欠缺

中华优秀传统文化与部分当代社会大学生追求的"潮流"存在一定程度的差异，导致部分学生对中华优秀传统文化缺乏兴趣和认同感，认为其与现代生活脱节，难以感受到其实际意义。大学生接收的信息更多来自当代文化，传统文化在其心目中的地位可能较低。同时，大学生面临着繁重的学业压力和就业竞争，时间精力有限，主动接受传统文化教育的主动性不高。

三、中华优秀传统文化融入大学生思想政治教育的路径探讨

（一）建立常态化融入工作机制

各高校应深入学习贯彻习近平总书记关于教育的重要论述及在文化传承发展座谈会上的重要讲话精神，并结合学校实际，成立相关工作领导小组，强化融入顶层设计。从管理制度、教育教学理念等处着手，将传承和创新优秀文化纳入学校发展总体规划、纳入人才培养方案，围绕建设目标统筹协调、

分层推进。同时，应做到全员、全过程、全方位思政育人，对标教育部关于"中华优秀传统文化传承基地"的相关要求，组织工作专班，结合本校文化特色，进一步挖掘价值内涵，积极申报，以中华优秀传统文化传承基地建设为抓手，进一步激发中华优秀传统文化的生机与活力。

（二）将中华优秀传统文化纳入教育教学体系

高校可以从课程设置、教材编写、师资队伍建设、教育教学评估体系等多方面将中华优秀传统文化元素融入思想政治教育中，充分发挥课堂教学主渠道作用，构建"全方位"教育教学体系。

一是在课程建设上，探明中华优秀传统文化全面融入高校课程体系的具体路径，实现由"+课程"向"课程+"之间的转型升级，破除不同类别课程之间的外在壁垒，将中华优秀传统文化教学由局部延展至整体。增加中华传统文化相关课程，如儒家思想、道家哲学、佛教文化等，通过系统学习传统文化，营造浸泡式教学环境。

二是在教材编写和教学方法上，突出优秀传统文化教育价值，加大融通性教材的编写力度。在教学上创新教学模式，提升学生课堂"抬头率"。

三是强化教师专业队伍建设，加大对教师优秀传统文化的日常培训和学习力度，成立中华优秀传统文化校级研究机构，形成一支对中华优秀传统文化的认知水平高、教学能力强、思维创新的教研型师资队伍。优化本科生班导师和研究生导师制度，引导学生培养正确的文化观念和文化自信，将中华优秀传统文化融入学生的日常学习和生活中。

四是建立科学的评估体系，坚持系统反馈，确保中华优秀传统文化融入大学生思想政治教育落到实处。注重师生评价实效，发现和查找工作中的差距不足，进一步完善改进融入工作。

（三）营造传承优秀传统文化浓厚的氛围

高校是意识形态前沿角力的主阵地，应担负起"引导""塑造"大学生的责任。高校应结合本校的特色，深入挖掘，遴选一批文化内涵丰富、民族特征明显、家国情怀深厚的文化资源，强调本土文化的主体地位，同时兼顾国际视野，对国外经验教训进行辩证扬弃，制定高校个性化中华优秀传统文化教育实施细则，使中华优秀传统文化的教育体系网格更为严密。同时用好中华优秀传统文化资源，将中华优秀传统文化融入党团活动和校园文化活动中，结合非遗文化进校园、歌唱比赛、书法比赛、诗词朗诵会、传统节日庆祝等活动，营造浓厚的中华优秀传统文化学习氛围，为中华优秀传统文化发展做好"环境思政"建设。

（四）借助互联网技术打造中华优秀传统文化思政教育平台

作为一种隐性教育，以中华优秀传统文化为核心的人文教育单纯依靠传统的课堂学习，远不能实现"人文化成"的教学目标。因此，利用互联网技术和移动终端，实现"网络＋传统文化＋思政教育"势在必行。

一是利用科技手段，将中华优秀传统文化资源数字化保存和传播。开发中华优秀传统文化微信小程序、手机 App、网站等平台，利用大数据、人工智能等技术，根据学生的兴趣采取个性化推荐，让学生更有兴趣地通过现代科技手段更便捷地接触和学习传统文化。

二是鼓励学生结合科技创新手段，开展中华优秀传统文化保护与传承的项目，如数字化文物保护、虚拟仿真实验等，促进传统文化在当代科技环境下的创新发展。

三是利用微信、微博、抖音等平台，举办线上传统文化展览、演出和比赛，吸引更多学生的关注和参与，定期收集用户反馈，持续优化功能和内容，提升学习效果。

（五）将传统文化融入大学生社会实践

结合学生综合评价改革和"第二课堂成绩单"等制度，丰富文化内容供给、突出育人效果评价，推进文化育人线上线下融合、课内课外结合、校内校外联动。

一是设计与传统文化相关的社会实践项目，引导学生融入社会实践活动中，将传统文化理念融入实际行动中，培养学生的社会责任感和公益意识。

二是鼓励学生积极参与传统文化的公益活动，如文化遗产保护、乡村文化振兴等。在此过程中，学生"润物细无声"式接受优秀传统文化的洗礼，最终达到夯实学生"文化自信""民族自豪"与"爱国自觉"的最终目的。

四、结语

中华优秀传统文化与大学生思想政治教育的完美融合，是新时代大思政格局下的有效路径。通过将中华优秀传统文化元素融入大学生思想政治教育，可以强化高校学生的文化自信、家国情怀和责任担当，实现文化传承与创新相结合，推动传统文化在高等教育中的发展，培养高素质、有担当、有情怀的新时代青年，为实现中华民族伟大复兴的中国梦贡献力量。

参考文献

［1］习近平．高举中国特色社会主义伟大旗帜 为全面建设社会主义现代化国家而团结奋斗：在中国共产党第二十次全国代表大会上的报告［M］．北京：人民出版社，2022.

［2］冯刚，鲁力．习近平关于中华优秀传统文化重要论述的理论蕴涵［J］．湖南大学学报（社会科学版），2022，36（1）：1–10.

［3］胡萱，胡小君．中华优秀传统文化融入大学生思想政治教育的价值与实现路径［J］．学校党建与思想教育，2022（14）：3.

［4］马抗美，吴优．中华优秀传统文化融入大学生思想政治教育的价值思考与路径探析［J］．贵州民族研究，2023，44（1）：209–214.

［5］刘田甜．中华优秀传统文化融入思政育人场域的高度契合性研究［J］．黑河学院学报，2024，15（7）：116–119.

［6］李国良，周向军．中华优秀传统文化的价值及其实现——基于大学生思想政治教育视域［J］．思想教育研究，2018（9）：91–95.

新文科视域下高校外语专业学生思想政治教育路径探究

易　涵

（外国语学院）

一、新文科背景下高校思想政治教育的定位

2017 年，美国希拉姆学院提出"新文科"的概念，意指"对传统文科进行学科重组"和"文理交叉"。新时代中国高等教育的新使命是以高等教育的高质量发展，服务中国特色社会主义现代化强国的建设，包括新文科建设在内的中国高等教育"四新"学科发展战略是建设社会主义现代化教育强国的保证。

高校思想政治教育是新文科建设强化价值引领、确保立德树人根本任务实现的关键环节。2020 年 11 月 3 日召开的新文科建设工作会议指出，新文科建设要牢牢把握文科教育的价值导向性，坚持立德树人，大力推动中华优秀传统文化创造性转化、创新性发展，培育和践行社会主义核心价值观，为中华民族伟大复兴注入强大精神动力，实现文史哲促人修身铸魂。[1]新文科建设的根本目标是服务社会主义现代化强国建设，推动文科教育创新发展，构建中国特色、世界水平的文科人才培养体系；其最核心的任务是强化价值引领，培养能够担当民族复兴大任的新时代文科人才。[2]新文科人才培养的内涵不止于单一的专业教育范畴，还蕴含着"全人"理念的素质教育。其知识融会问题，首先属于立德树人的世界观问题，是在新文科专业内部无法解决的整体性问题[3]，必须紧密依托并充分发挥高校思想政治教育的引领与支撑作用。

新文科建设理念为高校思想政治教育创新发展提供重要指引。首先，新文科理念倡导的科技赋能，促进思想政治教育智能化革新，催生"科技思政"

新形态；其次，新文科理念凸显跨学科融合创新的知识属性，实现学科间互通交融，促进人的全面发展；最后，新文科强调实践导向，认为实践是思想政治教育回应社会现实问题的任务，推动思想政治教育全方位融入社会实践的新需求。[4]

二、新文科视域下在外语专业开展思想政治教育的价值

在第四届全国高等学校外语教育改革与发展高端论坛上，教育部高等教育司司长吴岩提出"大外语"概念，标志着中国外语教育进入"新时代、新文科、大外语"的历史性发展阶段。"大外语"是新文科的子系统，"大外语"的大，主要体现在高等外语教育规模巨大、使命重大。[5-6]外语学科应遵循新文科的价值导向，将专业知识教育与思想政治教育紧密结合，努力培养出具有家国情怀和国际视野的外语专业人才和复合型外语人才。

（一）思想政治教育是强化学生价值引领的根本保障

作为研究人类文明及其发展的学科领域，文科本质蕴含着对价值意义和判断的探索与追求，题中应有之义就是巩固马克思主义在意识形态领域的指导地位，引导学生做出正确价值判断。[7]新文科建设不仅关注学科知识的交叉融合与创新，更重视价值引领在人才培养中的核心作用，致力于培养"知中国、爱中国、堪当民族复兴重任的新时代文科人才"[8]。作为国际交流的重要桥梁，外语专业学生必须具备坚定的意识形态和政治立场，以及正确的价值观和文化自信，能够深刻理解并认同国家的发展理念和战略，从而在跨文化交流中更加自信、从容地传递中国声音、讲好中国故事。因此，对于外语专业学生，以思想政治教育为途径强化价值引领的作用尤为突出。

（二）思想政治教育是培养外语优秀人才的有力支撑

思想政治素质作为评价人才综合素质的首要标准，直接决定了外语人才的发展方向。一个优秀的外语人才，不仅需要具备扎实的语言功底和专业技能，更需要拥有高尚的品德和坚定的理想信念。并且，思想政治教育有助于学生形成健康的心理和健全的人格。在全球化背景下，外语人才面临更加复杂多变的社会环境和文化冲击，通过思想政治教育培养学生良好的心理素质，

帮助学生建立积极向上的心态，从而使其在外语学习和国际交流中更加自信和从容。此外，思想政治教育能引导学生树立正确的历史观、国家观、民族观，培养学生的家国情怀，增强其民族自豪感和文化自信，从而在国际舞台上更好地展现中国形象、传播中国声音。

（三）思想政治教育是促进外语学科建设的长效动力

新时代，"一带一路"倡议及"构建人类命运共同体"理念不断深入人心，对外语学科的内涵式发展和外语人才的培养指明了新方向、提出了更高要求。中华人民共和国成立70多年来，外语教育的培养目标经历了从强调培养技能型人才到以复合型人才培养为主，再到强调培养多元化人才的转变。然而，当前外语专业教育偏重于语言知识与技能传授的现象仍较为普遍，忽视了对学生跨文化交际能力、国际视野、人文素养及社会责任感的全面培育，思政教育在外语学科中的融入与实施尚显不足。因此，要重视思政教育对外语学科建设的促进作用，使外语专业建设与国家需求和时代发展相吻合，推进外语专业全面建设和创新发展。[9]

三、新文科视域下高校外语专业学生思想政治教育的特殊性

高校思想政治工作的开展受各学科专业影响有着不同特点，其中外语专业学生因受特殊的语言环境和跨文化背景的影响，在专业特点、对象特征等方面有其自身的特殊性。

（一）外语学科的特殊性

从宏观视角审视，外语专业的学科属性和人才培养目标由"技能型"定位向"高素质培养"目标过渡，对外语专业人才素质教育的彰显提高了专业学生的思想政治教育要求。然而，受高校扩招改革等因素的影响，外语专业面临着较为严峻的就业形势。当前，高校在外语专业的教育培养模式上，尚未能完全贴合用人单位的实际需求，给外语专业的学生带来较大的学习与就业压力。从微观层面分析，外语学科根植于西方文化语境中，呈现出多元文化交融的特征。语言作为社会属性的体现，其学习必须置于社会文化系统中进行研究，学生处在现实的国内制度和文化之中，学习的是非现实的西方制

度和文化。[10]这种跨文化的学习体验对于部分自主判断和鉴别能力尚不强的外语专业学生来说，在面对代表外国文化的各式言论时，极易产生自我迷失的困惑。

（二）外语专业学生的特殊性

外语专业的学习特性和专业环境塑造其学生独特的思维方式和性格特征。第一，具有高度的思想开放性和包容性，但也伴随着对本国主流价值观意识的相对淡漠。第二，具备较强的批判精神，但对事物的理解可能较为浅显。外语专业一般班级体量较小，学生有更多机会进行课堂互动和展示，往往乐于且善于表达，易形成较强的批判和质疑精神。但是，由于缺乏目标语言的实践环境，仅以语言为认知载体而并未真正身处其中的学习模式，可能导致对事物的理解不够深刻。第三，具有强烈的自我意识，而集体意识则相对淡化。[11]"00后"在充满爱的成长环境中形成了强烈的自我意识，使他们成为极具个性的一代；同时，他们也是孤独的一代，更倾向于通过网络进行各种形式的社交活动，对现实的感知相对较弱，现实中的集体意识不强。

此外，研究表明，女性在语言方面表现出较高的天赋。以武汉某高校为例，外国语学院近年来女生在学生群体中的占比高达近80%。女生群体在应对学习压力、人际关系及婚恋等多重挑战时，常遭遇心理困扰，对思想政治教育提出新挑战[12]。

四、新文科视域下高校外语专业学生思想政治教育实施路径

（一）加强以历史文化为载体的爱国主义教育

中华优秀传统文化是高校爱国主义教育的重要载体。中华优秀传统文化深植于民族精神的根与魂，不仅承载着中华民族几千年的历史积淀，还蕴含着深邃而丰富的文化底蕴，为爱国主义教育提供了大量鲜活、灵动的素材。中华优秀传统文化传承是新时代高校爱国主义教育的时代主题。2024年1月1日正式生效实施的《中华人民共和国爱国主义教育法》指出，爱国主义教育应当坚持传承和发展中华优秀传统文化，弘扬社会主义核心价值观，推进中国特色社会主义文化建设，坚定文化自信，建设中华民族现代文明。[13]

回顾中华人民共和国成立以来外语教育的发展历程，外语学科始终与国家和民族的现实关切与前途命运紧密相连。外语专业是中西文化思想激烈碰撞的前沿阵地，面临着外语学生思想开放、个性鲜明、价值多元等客观现实。一方面，以历史文化为载体进行爱国主义教育，增强外语人讲好中国故事的使命感。运用中华优秀传统文化"培根铸魂"的力量，对爱国主义精神内涵进行诠释，增强外语学生对党对国家对文化的认同感和自豪感；另一方面，以历史文化为载体进行爱国主义教育，提升外语人跨文化传播的能力。纵观5000多年中华文明史、500多年社会主义史、100多年中国共产党党史、70多年中华人民共和国史和40多年改革开放史，每个阶段都蕴含着不同时代意义的传统文化，深厚的文化软实力是塑造对外传播话语的根本依托，铸就了外语人坚定文化自信的强大底气。

（二）促进思政与专业教育协同育人

2020年6月，教育部印发的《高等学校课程思政建设指导纲要》强调，要紧紧抓住教师队伍主力军、课程建设主战场、课堂教学主渠道，让所有高校、所有教师、所有课程都承担好育人责任，构建全员全程全方位育人大格局，并明确提出"落实立德树人根本任务，必须将价值塑造、知识传授和能力培养三者融为一体、不可割裂"[14]。

在此背景下，外语专业应依托其专业特色和优势，充分发掘并利用外语课程所蕴含的思政教育功能，提升外语人才培养的质量，这也对外语教师提出了更高的要求。根据《高校外语教师专业素养标准》，高校外语教师专业素养包括育人素养、学科素养、教学素养、科研素养、数字素养、学习素养六个方面。其中，育人素养是前四个素养得以形成和呈现的保障，要求教师具有跨文化理解与尊重、教育公平与公正的正确价值观，以及课程思政育人的关键能力。[15]

对于外语课堂，语言教学材料不仅是学科知识的载体，也是社会文化价值与意识形态的载体。在课程教学中，教师在帮助学生提高目的语语言文化知识水平和跨文化交际能力的同时，还应挖掘课程所蕴含的思政教育元素及其所承载的思政教育功能，平衡并消解学生在目的语语言文化习得过程中在意识形态领域可能会受到的负面影响，实现思政教育与外语知识体系教育和能力培养的有机融合。

（三）提升网络思想政治教育话语权

中国互联网络信息中心（CNNIC）发布的《第53次中国互联网络发展状况统计报告》显示，截至2023年12月，中国网民规模达到10.92亿，互联网普及率为77.5%。[16]

随着互联网技术的飞速发展，网络空间已成为信息传播、思想交流和文化碰撞的重要平台，也是意识形态斗争的新阵地。目前，各类思想文化交流碰撞与日俱增，主流媒体边缘化、自媒体盛行，传播内容杂糅、核心价值消解等问题影响着大学生理想信念、道德品质、价值观的构建。而外语专业学生更容易接触西方文化，价值观更容易受到冲击。同时，外语专业女生居多，容易受明星效应、群体效应影响。在复杂网络环境下，面对思政教育工作的新形势和新任务，要充分认识加强网络思政的重要性和紧迫性，把握互联网传播规律、学生专业特点和学生成长规律。既要构建内部心理认同机制，加强学生对我国主流价值观的情感认同，也要构建外部约束机制，如建立学院—班级—宿舍的三级联动监督管理制度，选拔政治立场坚定且群众基础好的班委担任网络信息员。[17]

（四）加强对女大学生群体的人文关怀

加强对女大学生的思想政治教育，有利于培养女大学生健康的人格，指导女大学生走出就业困境，为中国特色社会主义建设事业输送优秀的女性人才。[18]外语专业课程通常涵盖广泛的文学作品和文化研究，其中不乏探讨性别平等、女性主义和女性角色的作品，学生易接触到不同文化中的女性主义运动、女性主义理论和实践，同时具有较强的批判思维，往往对于性别意识更为敏锐。针对外语专业学生普遍存在的性别失衡问题，应积极营造不同性别文化之间互相包容的教育环境，通过构建性别文化对话的桥梁，创造男女同学友好合作交流的机会，增进双方对异性文化的承认、尊重和理解。[19]同时，加强对女大学生群体的身心健康关注和辅导，依托学生组织或社团的力量，将女性特色元素融入校园文化建设中。通过举办特色鲜明的讲座、培训活动以及宣传杰出女性榜样，增强女大学生的自信心和适应力，为其搭建更广阔的发展平台，促使其在实践中不断探索和发现自己的价值和地位。

（五）指导学生做好职业生涯规划教育

受扩招和就业市场的影响，外语专业的就业状况呈现英语就业形势热中有降、小语种就业形势参差不齐、复合型外语人才需求迫切的总体趋势。为此，从低年级培养学生的生涯规划意识，帮助其树立正确的职业观和成才观尤为重要。

第一，要开展以理想信念为核心的就业观教育，帮助学生逐步确立科学择业观、就业观，引导学生将个人理想追求融入现代化国家建设新征程中。职业是大学生参与社会劳动的载体，也是实现人生意义的平台。正如马克思在《青年在选择职业时的考虑》一文中所阐述的，青年要理性看待职业选择中的主体能动性，摆脱追求人生价值的功利主义思想束缚，通过为人类幸福而奋斗的劳动实践来实现自身自由而全面的发展。

第二，要增强学生匹配社会需求的职业能力，引领学生深化专业知识的同时，结合自身兴趣学习第二外语或者探索"外语＋其他专业"的复合学习模式，鼓励学生通过社会实践、实习等形式深入了解就业政策和市场形势，提高社会化能力，在知行合一中增强个人就业竞争力，努力成为高素质、复合型人才。

参考文献

［1］中华人民共和国教育部. 新文科建设工作会在山东大学召开［EB/OL］.（2020-11-03）［2021-01-05］. http://www.moe.gov.cn/jyb_xwfb/gzdt_gzt/s5987/202011/t20201103_498067.html.

［2］祝朝伟. 新文科建设背景下外语专业的"教"与"学"［J］. 当代外语教育，2024（1）：1-11.

［3］黄显中，唐立，程琼. 新文科建设背景下高校思政课立德树人使命探析［J］. 湖南科技学院学报，2024，45（1）：107-111.

［4］李合亮，刘震. 新文科理念下思想政治教育发展的三重维度［J］. 新文科理论与实践，2024（2）：30-37，125.

［5］屈文生. 新文科理念下的新时代高等外语教育意象——以"大外语"等命题为中心［J］. 当代外语研究，2021（4）：82-91.

［6］吴岩. 新使命 大格局 新文科 大外语［J］. 外语教育研究前沿，

2019（2）：3-7，90.

　　［7］王欣，陈凡. 角度、深度和温度——新文科背景下价值引领与外语专业课程思政建设［J］. 外国语文，2021，37（6）：16-22.

　　［8］吴岩. 积势蓄势谋势 识变应变求变——全面推进新文科建设［J］. 新文科教育研究，2021，1（1）：8.

　　［9］常俊跃，李辰超. 发挥外语专业自身特殊优势，促进思政与专业教育深度融合［J］. 外语电化教学，2020（6）：17-22.

　　［10］陈铭. 高校外语专业学生思想政治教育独特性研究［J］. 黑龙江生态工程职业学院学报，2016，29（3）：79-81.

　　［11］宋帅华，周文贤. 新媒体视域下高校外语专业学生思想政治教育路径探究［J］. 黑龙江教师发展学院学报，2022，41（6）：84-87.

　　［12］赵显伟，周娟. 新时期外语专业学生思想政治教育工作方法探究［J］. 湖北经济学院学报（人文社会科学版），2015（9）：129-130.

　　［13］中华人民共和国爱国主义教育法（2023年10月24日第十四届全国人民代表大会常务委员会第六次会议通过）［N］. 人民日报，2023-10-25（5）.

　　［14］中华人民共和国教育部. 教育部关于印发《高等学校课程思政建设指导纲要》的通知：教高［2020］3号［A／OL］.（2020-06-01）［2024-06-08］. http://www.moe.gov.cn/srcsite/A08/s7056/202006/t20200603_462437.html.

　　［15］张虹，徐浩.《高校外语教师专业素养标准》的确立依据及其内涵解读［J］. 外语教育研究前沿，2024，7（2）：20-28.

　　［16］CNNIC. 第53次中国互联网络发展状况统计报告［R］. 北京：中国互联网络信息中心，2024.

　　［17］付晓朦. 互联网时代高校外语专业网络育人的路径和机制研究［J］. 大学，2022（9）：104-107.

　　［18］胡博，王钰. 加强高校女大学生思想政治教育的若干思考［J］. 思想理论教育导刊，2014（3）：110-112.

　　［19］龙安邦. 驳"因性施教"——兼论性别敏感教育［J］. 北京社会科学，2018（3）：22-31.

观时事 拓眼界 筑牢立德树人基石
——以中南财经政法大学经济学院研究生"Mini talk"活动为例

岳明泽[1]　朱雅婕[2]

（1.经济学院；2.国际教育学院）

一、工作背景与总体思路

（一）工作背景

当今社会，信息来源广泛、思想观念多样多变、价值取向活跃多元。随着信息化发展，信息传播途径日益广泛且传播速度极快，为学生了解社会时事热点问题提供了便捷。随着线上线下对时事热点讨论的增多，学生易受到复杂网络文化的冲击。此时，在复杂多元的声音中如何引导学生关注热点时事的同时，可以客观看待时事动态、理性分析、树牢社会主义核心价值观，已成为高校思想政治教育工作当前面临的巨大挑战。习近平总书记针对高校思想政治教育工作曾强调，要因事而化、因时而进、因势而新，要把工作做好、做实、做细、做好，做到心中有数、言之有物、言之成理、言而有信。思政工作者要不断提高自己的工作能力和水平，遵从教书育人、学生成长的规律，按照思想政治工作规律办事，不断提高自己的工作能力和水平。习近平总书记高瞻远瞩，为高校思想政治教育方式的拓展和创新，指出了高校思想政治教育工作的思路。面对困难和挑战，只有深刻把握思想政治教育工作规律，用好用活新机遇，筑牢立德树人的基石，形成铸魂育人的长效机制，思想政治教育工作的质量和水平才能得到有效提升，教育工作的成效才能真正显现。

中南财经政法大学经济学院（以下简称"经济学院"）深入贯彻"三全育人"理念，旨在扎根学生日常生活，将思想政治教育滴灌融入。经济学院遵循学生成长规律和兴趣爱好，坚持育人与育才相统一，以思想政治教育内容为核心，以专业知识内容为主线，以道德理念培养为重点，以落实立德树人根本任务为目的，引导学生在"观时事、拓视野"的同时，更好地为学生提供良好的政治教育培养"知天下事、报国事"的高尚情操，为增强政治思想教育实效，构建政治思想教育新模式。

（二）总体思路

全媒体时代的到来，信息传播途径越发便捷广泛，线上线下对社会时事的讨论一定程度影响着学生对社会和国家的态度以及三观的养成。经济学院从实际出发，着力培养学生关注时事的良好习惯、客观看待时事的思想、理性分析时事的思维，立足现实问题充分运用所学理论知识化解现实难题。每次活动选取探讨主题，以小范围圆桌讨论的形式，活跃气氛，激发学生表达的主动性，引导学生用敏锐的眼光观察社会，用清醒的头脑思考人生，以智慧的力量创造未来。以"四个一"的建设模式为主要体现，贯穿一条主线，架设平台，循序渐进。

"体现一个主旨"：在价值多元化的社会喧哗中，唱响主旋律、引领社会思潮，不断增强学生的政治意识、大局意识、责任意识、底线意识和法律意识。

"贯穿一条主线"：始终把思想教育和政治工作贯穿始终，围绕培育和践行社会主义核心价值观这一教育主线，以学生喜闻乐见、易于接受的方式开展活动。

"搭建一个平台"：不断建设"Mini talk"系列活动平台，使学生与老师、学生与学生之间的思维火花得到更好的碰撞和交融。

"遵循一个目标"：培养学生在生动实践中华民族伟大复兴中国梦中，成为"理想信念坚定、技能过硬、勇于创新创造、矢志拼搏、锤炼高尚品格、奋力放飞梦想"的时代新人。

二、组织实施与成果梳理

（一）组织实施

"Mini talk"活动是经济学院精心打造的"学术品牌"，活动如何落实立德树人目标、是否满足学生当下需求、能否持续发挥影响至关重要。我们围绕主题内容的不同将"Mini talk"划分为以下三种"子类型"。

一是因事而化，精选核心主题，在畅谈时事中引领青年。思想政治教育工作是一项事无巨细的育人工作，要引导学生形成"家事、国事、天下事、事事有牵挂"的认知与习惯。"Mini talk"活动以"学者明星化是不是学术发展的歧途""作为一名中国公民，有哪些人/事让你觉得无比自豪？""两会面对面：政府工作报告解读及热点提案探讨"为主题，引导学生进一步明确自身肩上的责任和使命，坚定政治立场，勇做走在时代前列的奋进者和先行者。

二是因时而进，广泛听取学生需求，在找准时机中走进青年。思想政治教育应顺应时代变化，优化教育内容和方式，深入大学生的思想和生活，既要把握关键的时间节点，关注青年群体的学习、生活和娱乐活动，也需理解时代环境的背景，关注他们的思想意识和心灵变化。"Mini talk"在学生中广泛征集讨论话题，响应学生呼声，开展主题为"内卷是假问题/真问题""大城市和小城市工作机会该如何抉择""'门当户对'的婚恋观对大学生而言已经过时/仍未过时""生活中想做什么事/不想做什么事更重要"系列"Mini talk"活动，把联系社会现实和化解学生困惑结合起来，在学生成长和发展的关键路口和重要节点上，及时就求学、择业、婚恋、融入社会等现实问题与困境提供指导和帮助，讲实话，摆事实，提高服务质量和育人成效。

三是因势而新，拓展网络载体，展现思考成果，在顺应大势中赢得青年。顺势而为、借势而进、借势而起、借势而上，"Mini talk"活动以经济学院官网、"中南大学经院研会"微信公众号、"ZUEL 经院研会"抖音号为基础，构建多维度的宣传体系，师生们在活动中从自己的视角讲述的中国故事、中南大故事、经院故事等内容。活动结束后，学生的延伸思考成果在相关平台积极进行展示，充分运用全媒体时代的多元信息宣传途径，抢占网络思想政治教育高地，在育人全过程中凝聚思想，汇聚优势平台，顺应学生喜好，优化工作方式发放，扎实贯彻落实立德树人根本任务。

（二）成果梳理

经济学院"Mini talk"活动基于提升新时代社科类学生的基本素养——"开口能说，下笔能写"，在组织过程中始终坚持学生主体向度，把目光聚焦在青年学生，搭建平台磨炼学生的逻辑思维能力、完善知识体系、提高写作能力、提升表达能力，取得一系列的成果，具体体现如下。

第一，主动"破圈"，构建主旋律引导平台。思想政治教育要运用学生喜闻乐见的方式，创新优化方式方法，打破学生原有的或者可能被网络等多元化信息影响而形成的认知逻辑和行为方式，促使学生思想认识不断成熟，对育人内容接受度提升，积极进行思想交流，增进育人工作者与学生之间的关系。"Mini talk"活动突破传统思想政治教育的内容和模式，紧跟时事热点，深刻挖掘党建时政、社会民生等学生非常关注的时事热点中包含的丰富思想政治教育资源，积极将党的先进性理论无声融入学生日常活动，推动思想政治教育主体的"供给侧结构性改革"，促进学生在思想政治教育中不断提高政治素质，不断增强政治品质。立德铸魂，打造出有热点、有知识、有深度、有温度的思想政治教育平台。

第二，多维"裂变"，推动育人工作温暖入心。以"Mini talk"为载体开展的思想教育政治工作，围绕学生、关照学生、服务学生，全方位满足学生需求，多途径、多举措守护学生心理健康。遵循学生成长规律，紧贴学生当下可能面临的就业、恋爱、家庭、消费等心理健康热点问题，精心选择相关主题，引导学生树立积极的人生态度，帮助他们正确看待生活中遇到的各种挑战。同时，活动氛围轻松愉快，学生在茶点相伴时卸下心中防线，内容建设亲和力高和针对性强，同龄人畅谈学业、职业、与人交往中的困惑，教师、学生干部积极回应，活动反馈温暖贴心。

第三，共同"发力"，打造长效育人生态。"Mini talk"活动基于"立德树人"根本任务，力图解决思想政治教育与专业课程教育长期脱节问题。一方面，精心挖掘适宜的时事热点，既可以运用专业知识和专业思维去分析，又贴近学生兴趣所向，在保障学生表达欲望的同时，培养和训练学生的科学思维方法和思维能力，引导学生客观深刻地认识社会、理解中国，增强民族自信心和社会责任感；另一方面，挖掘学生未来职业素养和成长阶段的困惑点，着眼人才培养过程中的堵点、难点，贴近学生学习生活和综合素质培养，全方位解决学生问题，培养心理素质强、专业知识硬、思想觉悟高的德智体美劳全面发展的优秀大学生。

三、工作思考与努力方向

科技发展带来的时代进步，使信息传播途径广泛、多元，高校大学生接收的价值信息越发庞杂、碎片、多元，为高校思想政治教育工作提出了巨大挑战。如何面对纷繁复杂的时代信息，如何引导大学生树牢社会主义核心价值观，如何培养学生走出象牙塔、客观看待事物、运用所学理性分析问题，是我们必须面对的思想政治工作任务。面对新情况、新矛盾和新挑战，经济学院思想教育政治工作的开展，必须始终以"国之大者"的胸怀，以立德树人的根本任务为中心，牢记为党育人、为国育才的神圣使命，面对新形势、新矛盾、新挑战，积极推动思想政治工作在实践中不断加强、不断创新。

（一）持续推进"Mini talk"内容改革，拓展宽度与深度

在宽度上，继续加强调查研究，通过定期开展问卷调查、个人访谈形式，广泛征集学生关注的时事热点，及时了解学生困惑与需求，快速优化并调整内容与方式，细分活动主题方向与类别，努力让思想政治教育在学生心中扎根，入心、入脑。

在深度上，依托祖国丰富的历史资源厚植家国情怀，立足学科资源做好经典阐释，引导学生将爱国情、强国志、报国行自觉融入坚持和发展中国特色社会主义事业、建设社会主义现代化强国、实现中华民族伟大复兴的奋斗之中。

（二）注重示范引领，创新时代新人分享平台

活动未来可进一步增加优秀典型专场、基层服务专场、毕业生专场等主题鲜明的时代新人培育专题，邀请各个领域内的优秀代表交流个人经历和发展经验，发挥优秀典型的头雁领航作用，以模范楷模为榜样，引领时代新人的成长。接下来可筹划推出优秀人物专访、优秀观点展评、故事汇等活动平台，充分利用网络育人平台，在学生喜闻乐见的日常生活领域内发声，让党的领导和思想政治教育融入学生思想、生活、学习、工作的点滴之中，以先进思想引领实践困境解决，为他们的人生之路添砖加瓦。

（三）增强跨专业交流，推动思想政治教育工作向纵深发展

当前"Mini talk"活动主要面向经济学院研究生及导师。为拓展专业知识面，融入不同专业的视角和理论阐释将会拓展讨论的深度和广度。在面稳定开展的基础上，可以探索邀请不同学校、不同专业的师生，以及相同专业领域内的社会精英参与活动，在积极推动多校合作、校企合作的同时，拓展

学生看待事物的认识角度和分析问题的全面程度。

参考文献

［1］张冰华，杨红月．"大思政"视域下新时代大学生就业价值观培育路径研究［J］．华北电力大学学报（社会科学版），2024（2）：133-140.

［2］尹洪斌．以河南思政先锋团为抓手不断提升高校思想政治工作成效［J］．河南教育（高教），2024（6）：4-5.

［3］张敏．基于学生社团的高校思想政治教育模式的实践与探索［N］．山西科技报，2023-11-23（B06）.

［4］杨利鹏．新时代大学生思想特点与成长规律研究［J］．大学，2022（4）：144-147.

［5］王彬．新时代辅导员意涵的三重逻辑和价值意蕴［J］．长治学院学报，2023，40（1）：83-89.

［6］王虹又．大学生思想政治教育供需矛盾研究［D］．重庆：西南大学，2023.

［7］李子瑾．"三因理念"融入辅导员就业指导工作的路径探析［J］．公关世界，2023（10）：109-111.

［8］钟雨轩．习近平的青年成才观研究［D］．兰州：西北师范大学，2022.

［9］叶彬强，董子铭，陈晨，等．高校新生入学教育课程化的思考［J］．西部素质教育，2022，8（6）：155-158.

［10］牛瑞芳，常石明．肩负时代重任让青春绽放光芒［J］．人大建设，2021（7）：19-21.

［11］梁军，尹贤彬．研究生"一体两翼"三全育人机制的构建［J］．河南广播电视大学学报，2020，33（3）：81-84.

［12］王俊莉．思想政治教育的四个指向问题［J］．甘肃教育，2019（9）：8-9.

［13］许佳颖．供给侧结构性改革背景下大学生就业问题研究［D］．福州：福建师范大学，2018.

数字化时代背景下大学生思想政治教育
供给侧改革路径探究

周思琪

（文澜学院）

习近平总书记指出："教育数字化是我国开辟教育发展新赛道和塑造教育发展新优势的重要突破口。"数字化时代要素变化快、范围广、影响深，而大学生作为社会中最具活力和创新力的群体，其思维、生活与学习等方方面面都深受辐射。新时代催生新需求，数字化时代对大学生思想政治教育也带来了新的挑战与机遇。传统的思想政治教育已经难以满足大学生活跃思维产生的新要求，出现"供过于求"和"供不应求"的供给不平衡现象。

供给侧改革是经济学范畴的概念，在我国经济进入新常态，面对中等收入陷阱、劳动力老龄化等经济格局深刻变革之时，习近平总书记在 2015 年提出"供给侧结构性改革"政策，旨在"在适度扩大总需求的同时，着力加强供给侧结构性改革"，增加中高端有效供给，以促进经济可持续性发展。彼时经济背景与如今大学生思想政治教育背景具有相似之处，将供给侧改革概念运用到思想政治教育中具有丰富的理论意义和实践价值。在数字化时代背景下，开展大学生思想政治教育供给侧改革也具有一定的重要性和紧迫性。

一、数字化时代大学生思想政治教育现状分析

数字中国建设提质增速，数字化教育已成为大势所趋。现代技术日新月异，大学生的方方面面都悄然改变，传统思想政治教育在新时代大学生面前难免力不从心。教育主体"技能恐慌"、教育内容"庞杂碎片"、教育方法"喧宾夺主"等多方面挑战，日益成为数字化技术赋能思想政治教育的"式微性"力量。[1] 总体而言，数字化时代大学生思想政治教育主要面临思政教育数字资源有待充足、思政教育数字队伍有待专业化和思政教育数字模式有待创新

三方面的问题。

（一）思政教育数字资源有待充足

一是思政教育数字资源总量不足。尽管网络思政建设稳步推进，互联网为思政教育数字资源的获取提供了便利，但针对思政教育的专业系统性强的高质量的数字化资源仍然匮乏，这导致学生在学习过程中获得的思政教育内容深度和广度不够。二是思政教育数字资源有效供给不足。现有的思政教育数字资源较为分散，共享度低，且由于技术、经费等限制，许多资源更新滞后，无法及时反映时代发展和学生需求的变化。

（二）思政教育数字队伍有待专业化

一是思政队伍流动性大。思政教育人才队伍普遍存在注意力不集中、流动性大的问题，很难有时间和精力参加有关数字化专业水平提升的专题培训，甚至数字化技术学习渠道缺乏，这对思想政治教育队伍运用大数据等现代化技术实施教学产生不良影响。二是思政队伍数字教育理念更新速度慢。部分高校教师运用互联网、新媒体和数字信息资源开展思想政治工作的能力较为局限，"有数不会用、不敢用、不善用"的现象比较普遍。[2]此外，有些思政教师还未充分理解数字化时代对思政教育的新要求，缺乏大数据时代视野，甚至排斥数字技术的运用，利用大数据等新技术进行教育的意识不足。

（三）思政教育数字模式有待创新

一是教学方法单一。传统的思政教育模式仍占主导地位，"教师中心"思想根深蒂固，缺少与数字化技术的融合，导致思政工作缺乏互动性和趣味性。教学模式和内容创新不够，未能充分利用数字化时代的优势，如未引入人工智能、ChatGPT等新技术进行教学模式的创新。二是理论学习与实践锻炼联系不够。思政理论学习起到打基础的作用，将理论运用到实际赋予了思政教育源源不断的生命力。但如今思政教育内容过于理论化，贴合新时代大学生的实际案例和应用比较少，导致学生难以将理论知识与实际生活联系起来，有时难以理解课程的现实意义。

二、数字化时代大学生思想政治教育供给侧改革的逻辑必要性

（一）大学生思想政治教育供给侧改革具有强大的理论支撑

数字化时代，大学生思想政治教育出现"供过于求"和"供不应求"的供给不平衡局面。一方面，传统的思想政治教育往往采用"大水漫灌"方式，辐射范围广但精细化不足，部分思政教育者仍未摒除"教师中心"的传统教育模式，提供的思政要素"入耳"但不"入心"；另一方面，思政教育有效供给不足，真正契合时代发展、社会所需和学生热爱的思政要素不够，部分思政教育停留于表面，学生"接收"但不"接受"。这种思政教育的供需不平衡现状与中国经济发展进程中"供给侧结构性改革"政策的提出具有相似背景，两者的逻辑链条可以相互借鉴。

供给侧改革理论在推动经济发展理念转变的同时，也为高校思想政治教育提供了一种新的理论分析视角。[3]改革开放以来，中国经济得到飞速发展，但随着全球化进程下国际经济格局变革、发展中国家中等收入陷阱风险频出与中国人口结构改变，中国经济进入新常态。2015年11月，习近平总书记首次提出了"供给侧结构性改革"的概念，该政策也被写入党的十九大报告。"供给侧结构性改革"强调减少低端无效供给，提高中高端有效供给，通过改革的方式发挥调整结构的作用。该政策的实施，助力中国经济健康向好发展，促进了中国经济结构升级，加速了经济方式优化。

（二）大学生思想政治教育供给侧改革具有丰富的现实依据

一是满足时代需求。数字化新背景下，部分高校管理人员对大数据现代化技术认识不足，对思政教育队伍配置重视不够，导致思政教育人才的数字专业化水平难以满足数字化时代的工作新要求，难以应对工作中带来的新挑战。思政教育队伍应由思政理论授课专任教师和辅导员等多元主体构成，思政教师牢牢把握课堂主阵地，辅导员等将思政教育融入日常生活，两者相辅相成，共同促进学生思想政治水平的提升，满足时代新需求。

二是提升教育质量。新时代高校大学生思想政治教育供给侧改革的实践，旨在通过恰当有效的形式将需要的教育内容传递给受教者，从而实现思想政

治教育的效果，提升思想政治教育的质量。[4]中国发展建设正处于关键时期，但国际形势复杂多变，国内改革发展与稳定安全任务繁重。青年一代将是国家发展的中流砥柱，青年的思想政治教育提质增速具有深刻意义。供给侧改革有助于找到更契合青年发展的思政教育模式，对青年成长成才起到明方向、增动力的重要作用。

三是推动创新发展。任何事物都不是一成不变的，通过改革创新、与时俱进，形成适合实际情况的完善形态。随着大学生思维的转变，传统思想政治教育方式也需要进一步优化升级。供给侧改革为思政教育创新提供了可实施的路径，通过增加有效供给改善思政教育结构，提高思政教育精准度，填补传统"大水漫灌"造成的缺漏，确保思政教育"落得实、落得准"。

三、数字化时代大学生思想政治教育供给侧改革路径探究

实现数字化时代大学生思想政治教育供给侧改革的意义重大，但其实施不是一日之功，需要多主体共同发力、多渠道协同支撑、多方式组合推进。实现大学生思想政治教育供给侧改革最重要的是提高有效供给，减少素材陈旧、内容冗杂、价值浅薄的无效供给，让思政教育在坚持其主要原则和目的的前提下，"教"到学生的心坎儿里面，"育"到学生的人生路上。通过提升供给质量、实现供需精准对接来有效破解当前高校思想政治教育存在的"供需失衡"问题。[5]总体而言，数字化时代大学生思想政治教育供给侧改革主要从增加思政教育数字资源精准供给、提高思政教育数字队伍专业素质、加速思政教育数字模式更新迭代三方面开展。

（一）增加思政教育数字资源精准供给

一是优化思政教育数字资源的内容和结构。利用大数据等现代技术分析了解国家、社会和学生所需，整合升级现有思政教育数字资源，建立共享度高、实用性强的数字化思政教育资源库；充分开发红色微课等在线课程，结合学生特点进行精准化推送，让学生学习广度和深度协同共进；丰富数字思政资源表现形式，除了文字、图片、视频等基础传统素材外，结合当今大学生特点，开发沉浸式演绎、音乐节等新方式，将思政教育贯穿于学生生活学习的全过

程。二是加强师生互动平台建设。利用社交媒体和在线论坛构建高效、便捷的线上师生互动平台，促进师生间的交流和沟通；开发具有实时反馈分析功能的移动应用，定期组织线上和线下活动，增强师生间的了解，拉近彼此距离，构建更和谐全面的新型师生关系，为思政教育潜移默化的浸润提供前提，助力思政教育的开展。

（二）提高思政教育数字队伍专业素质

一是提升思政教育队伍数字化专业水平。加强对思政教育队伍的专题培训，提高其数字化素养和教育技能，提倡并鼓励教师将数字技术运用到教学、工作和与学生交流沟通的各个方面，促进其有机融合，确保他们能够适应数字化时代的教育需求。二是优化思政教育队伍结构。根据数字化时代的特点，优化思政教育队伍的年龄、学历和专业结构，确保队伍具有多样性；思政教育重在日常，应广泛吸纳各方面人才，提高队伍的综合素质和专业能力。三是强化思政教育队伍创新意识，鼓励思政教育队伍积极探索和创新教育模式，利用新技术、新方法提高教育教学效果，推动思政教育的创新发展。

（三）加速思政教育数字模式更新迭代

在数字化时代，科学技术飞速发展，大数据等现代技术对大学生的生活产生巨大影响，新质生产力的提出更是标志着科技发展对社会的变革和创新发挥着显著作用。满足教育对象需求和精准供给的目标取向，需要以大数据技术为支撑的数据治理才能保证其高效运行。[6]思政教育模式不能一成不变，需要结合新形势、新特点进行相应的更新，恰当地用好大数据、互联网、人工智能等现代技术，将让思政工作事半功倍。引入智能辅导系统提升个性化思政教育效果，推广混合式教学和翻转课堂模式提高班级授课成效，利用虚拟现实（VR）和增强现实（AR）技术丰富思政教育手段；同时完善教育评价体系，构建多元化、个性化的教育评价标准，利用大数据技术进行学习行为分析，全面评估学生的学习成果和思政教育效果。

党的二十大将"教育数字化"[7]写入报告，新时代催生新需求，大学生思想政治教育供给侧改革是落实立德树人根本任务、提高人才自主培养质量的有力举措。本文在分析数字化时代大学生思想政治教育现状的前提下，从理论支撑和现实依据两方面阐述大学生思想政治教育供给侧改革的逻辑必要性，最后提出增加思政教育数字资源精准供给、提高思政教育数字队伍专业素质和加速思政教育数字模式更新迭代三方面具体实施路径。数字化时代，科学技术日新月异，大学生思维、生活和学习方式复杂多元，思想政治教育供给侧改革也是大势所趋，其对提升教育教学质量、促进学生成长成才具有重要意义。

但仍然值得注意的是，在进行大学生思想政治教育供给侧改革的同时，必须把握方式方法、坚守原则底线。提高思政教育精准供给需要贴合学生所需，但不能迎合学生所要，不能为了增加学生的接受度而随意降低思政教育理论价值。思政教育仍然要将国家、社会需求放在首位，努力培养更多让党放心、爱国奉献、担当民族复兴大任的时代新人。

参考文献

［1］徐稳，葛世林. 数字化技术赋能思想政治教育的三维探析［J］. 思想教育研究，2023（3）：45-51.

［2］蔡路. 数字赋能高校精准思政研究［J］. 学校党建与思想教育，2022（21）：67-70.

［3］汤涛. 略论供给侧改革视野下高校思想政治教育的协同创新［J］. 学校党建与思想教育，2017（2）：81-84.

［4］何海波. 新时代大学生思想政治教育供给侧改革：动力、内涵及路径［J］. 高校辅导员学刊，2019，11（2）：29-35.

［5］夏永林，陈盼盼. 大数据背景下高校思想政治教育精准供给研究［J］. 西安电子科技大学学报（社会科学版），2022，32（1）：130-135.

［6］邹国振. 需求识别·精准供给·数据治理：网络思想政治教育供给侧改革之道［J］. 湖北社会科学，2019（10）：156-160.

［7］习近平. 高举中国特色社会主义伟大旗帜 为全面建设社会主义现代化国家而团结奋斗：在中国共产党第二十次全国代表大会上的报告［M］. 北京：人民出版社，2022.

新时代大学生总体国家安全观教育探讨

孟庆红

（经济学院）

一、引言

大学是社会后备人才的培养基地，一直为社会源源不断地输送新鲜血液。党的二十大提出，社会主义现代化的宏图盛景是青年成长进步、建功立业的大好机遇。但是，当今世界格局复杂多变，国内外安全问题都日趋严峻，这给我国经济改革和社会稳定带来了巨大挑战。为了更好地去应对国家安全问题，让青年人才成为社会发展主力军，发展和推进新时代大学生总体国家安全观的普及认知具有非常重要的地位。

党的二十大在国家安全方面提出许多战略性安排。我国多次提到要做好国家安全教育工作，将建立和推进大学生总体国家安全观作为一项重要举措纳入教育体系之中。张然[1]认为，总体国家安全观主要表现为安全制度社会全覆盖、以确保国家和人民安全为第一目标、统筹兼顾安全格局。总体国家安全观具有总体性、人民性、科学性和实践性。方正[2]认为，其中最突出的特点是总体性，而人民性是最本质的特征。曹晓飞[3]认为要从三个维度理解大学生总体国家安全观的意义：一是维护新时代社会稳定的需要；二是深化新时代爱国主义教育的要求；三是实现中国梦的抓手。刘芳[4]也明确指出，加强大学生总体国家安全观的教育有利于大学生成才成长，为社会发展和国家安全提供坚实基础。此外，维护大学生总体国家安全观也是新时代赋予大学生的历史使命，各部门应该深刻认识到这一点。[5]

对于当前我国大学生总体国家安全观教育方面存在的问题，蒋彭阳[6]认为主要在于高校教育者的知识储备不多，高校教育具有明显的滞后性，同时互联网作为与大学生群体紧密相关的一把双刃剑，对总体国家安全观教育具有一定的威胁。和思彭[7]则一针见血地指出，目前大学生对总体国家安全观的认识存在误区，高校需要进一步加强教育力度，提高情感认同，提升大学生群体的自觉行动力。何春涛和李景春[8]认为，总体国家安全观教育要以国家安全历史教育、法制教育、爱国主义为核心内容进行开展。刘跃进[9]提到，加强大学生总体国家安全观教育对于国防教育、爱国主义教育、环保教育和人身安全教育都有深远意义。

关于如何提升大学生总体国家安全教育路径，赵庆寺[10]认为，需要明确内在逻辑，达到知识、价值、能力的一体化，规范权利、义务和责任，将总体国家安全观理论的普及作为前提，与实践进行协同。黄溪发[11]认为，要提高教育效果，需要更新教育理念、改进教育方法、加强综合性评价、提升教师队伍专业化水平。

总的来看，大学生总体国家安全观对于维护我国国家安全，促进经济发展和社会稳定具有深远意义，同时对于大学生的成才也有较大意义。但是，目前我国在大学生总体国家安全观的教育方面存在一些问题亟需改进。从现有文献来看，学者基本将问题的根源分析到位，但是对于如何解决这一问题没有实质性解决方案。本文通过调查分析，尝试对这一问题进行解决。

二、总体国家安全观的基础理论

（一）概念界定

1. 国家安全观

国家安全观就是对国家安全的总体观点，是对于国家安全的理解。每个人都有对于国家安全不同的理解，所以国家安全观从本质上来说，具有主观性，是主观意识的产物，不同主体的认识具有差异性。同时，这一认识也会受时代和阶级的不同而呈现多样性。例如，新中国成立初的国家安全观和当今的国家安全观是不同的，国家领导人与普通民众的国家安全观也是不一样的。

2. 总体国家安全观

党的十八大以来，以习近平同志为核心的党中央，将国家安全定为一项重要大事，对国家安全进行了顶层设计和全面部署。在推进国家安全相关事项开展的过程中，不断总结经验，形成了总体国家安全观。总体国家安全观的主要内容就是以人民安全为首要前提，以政治安全为根本，以经济安全为底层支柱，以军事、文化、社会安全为辅助和保障，以国际安全为手段，建设有中国特色的国家安全道路。

（二）总体国家安全观的形成与发展

1. 中华优秀传统文化中关于国家安全的思想

中华民族拥有历史悠久、内容丰富的优秀传统文化，其中不乏许多值得借鉴的国家安全思想。最著名的是出于先秦时期《孟子·告子下》中的名句"生于忧患，死于安乐"，它体现出居安思危的中华优秀传统文化。这一思想对于国家安全也有很强的借鉴意义，只有未雨绸缪才能有备无患。因此，我国在建立中国特色国家安全体系的过程中，必须要提前规划，做好顶层设计和实施方案的规划，不能流于形式。

2. 马克思主义思想中关于国家安全的思想

马克思主义思想中关于国家安全的思想首先体现在对于人的主体性的重视上。马克思认为生命的存在需要维护人的生存安全，人应该以劳动为手段积累生存资料和生产资料，以达到维护自身生存安全的目的。在政治安全方面，马克思认为，要维护国家政治安全需要强有力的专政，社会主义政权的维护需要无产阶级的军队，同时要特别重视意识形态上的统一，还要大力发展经济以夯实物质基础，保障政治安全和文化安全。此外，马克思还强调了国际安全的重要性，认为国家之间要和平交往，减少摩擦实现和平。

3. 马克思主义中国化理论中的国家安全思想

马克思主义中国化理论是马克思主义思想的丰富与发展，对我国国家安全有战略上的指导意义。毛泽东思想立足于当时具体的国内外环境，认为国家安全首先要有一支强大的人民军队，同时要坚持党的领导，充分进行经济建设和文化建设，维护我国经济安全和文化建设，为我国政治安全提供保证。

中国特色社会主义理论体系中也有丰富的国家安全思想。邓小平理论在毛泽东思想的基础上，提出了提升综合国力为主要内容的国家安全观，强调经济的作用。"三个代表"重要思想则根据经济全球化和政治多元化的大背景下提出了互利互惠、平等协作的新安全观，充分强调了科技安全的重要性。科学发展观则在构建和谐世界的基础上进一步提出均衡发展经济、维护经济安全的重要性。进入新时代，以习近平同志为核心的党中央在继承前人理论的基础上进一步创新，与时俱进，提出了适合我国当前发展现状和国际复杂局势的新型安全观——总体国家安全观，并就总体国家安全观进行全面部署，推进我国国家安全体系的建设。

三、新时代大学生总体国家安全观教育实践分析

大学生肩负着维护中国特色国家安全这一重担，他们对于国家安全的认识与践行将主导未来中国特色国家安全体系是否能够建立。教育部于2020年9月颁布的《大中小学国家安全教育指导纲要》，提出对大学生进行国家安全教育的明确规定与指导意见。总体来看，新时代大学生总体国家安全观是将总体国家安全观的理论核心和内涵实质融入到大学生教育过程中，帮助大学生建立科学合理的国家安全观，使总体国家安全观可以成功贯彻到未来的一代建设中国特色社会主义的主力军中。新时代大学生总体国家安全观教育对于我国实现国家安全，建设有中国特色的国家安全体系具有举足轻重的地位。当前我国新时代总体国家安全观教育主要包括基础理论、重要战略、法律法规和责任意识四个方面，围绕国家安全为核心，建立起我国的国家安全教育体系。

（一）新时代大学生总体国家安全观教育的主要内容

1. 基础理论教育

维护国家安全的基础理论教育是整个新时代大学生总体国家安全教育体系的支柱。基础理论教育的目的是让大学生系统掌握总体国家安全观的内容和本质，理解其重要性，以实现大学生在日常生活实践中能有效维护国家安全并带动周围人一起维护国家安全。

2. 重大战略教育

战略是一国基于内外部环境综合做出的国家发展方向的选择。当前，我国一项重大战略是维护我国国家安全。对大学生进行重大战略教育有助于他们在战略层面加深对国家安全的理解，更好地把握总体国家安全观的深刻内涵和深远意义。

3. 法律法规教育

为了更好地贯彻总体国家安全观，我国有关部门推出了多项法律法规。有关总体国家安全观相关法律法规的教育是进行大学生国家安全教育的关键一环，有利于提升大学生对于总体国家安全观的法律法规的认识，加深法律意识，在必要时刻拿起法律武器与损害国家安全的行为作斗争。

4. 责任意识教育

在我国大学生总体国家安全观教育体系中，责任意识的教育是不可或缺的部分。这一教育对于上述三个方面的教育目的的落实具有关键作用，只有具有高度的责任意识才能在实践中积极地去维护国家安全，更好地去贯彻落实总体国家安全观。

（二）新时代大学生总体国家安全观教育存在的问题

尽管新时代大学生总体国家安全教育工作已经在长期的实践中取得了丰富的成果和显著的成就，但是仍然存在一定的问题。

1. 教学体系和评价机制有待完善

新时代大学生总体国家安全观工作的推进不是一步到位的，需要各方协作，在实践中不断总结经验教训，从而形成一套行之有效的教学体系。目前，大部分高校还没有一个专门机构负责新时代大学生总体国家安全观的教育工作的规划，缺乏相应称职的教学部门。此外，对于课程的考核评价往往局限于课程论文与试卷考试等传统考核方式，需要开发更多的考核方式让学生有更多的参与感。

2. 课程内容有待丰富

新时代总体国家安全观内容十分丰富，但目前高校各专业开设的相关课程普遍存在课时少、学分少的问题，导致学生不重视，上课不积极。课时不足还导致教学内容难以丰富。因此，高校需要合理规划，增加相关课时，丰富课程内容，避免内容单一。

3. 师资力量有待强化

很多高校开展大学生总体国家安全观教育都会将国家安全观教学纳入某个政治类课程中，单独开设课程的较少。目前从事国家安全学研究的学者还比较少，相应的教材等教学资料也严重不足，所以目前要重点强化对国家安全学相应师资队伍的培训。

4. 教育途径有待丰富

目前，我国高校在讲授总体国家安全观课程时，大部分限于传统课堂教育，这种教育是以老师单向输出为主，学生参与感低。对此，高校应该结合老师与学生想法，加强教学中的社会调查与实践环节，创新教育途径，提高学生参与感和接受度。

四、加强新时代大学生总体国家安全观教育的对策

新时代要大力推进大学生国家安全观教育，有序落实好以下对策。

（一）坚持党对大学生总体国家安全观教育工作的领导

党是中国特色社会主义事业的领导核心，坚持党对大学生总体国家安全观教育工作的领导，有利于明确主心骨。高校党委应充分发挥号召与组织作用，让各相关机构、教学人员有清晰的奋斗目标，扎实推进高校总体国家安全观的教学体系建设。

（二）制定大学生总体国家安全观教育的长期规划

推进大学生总体国家安全观教育工作是一项需要持之以恒的系统工程，不能急于求成。需要从师资队伍、教材、教案、教学实践环节、考试考核方

式等多方面统筹谋划，使校内外各项教学资源、教学措施能很好的相互配合。

（三）明确大学生总体国家安全观的教育工作的目标

大学生总体国家安全观教育是一项需要长期坚持的工作，各方要团结一致，共同努力。为了让各方更好地协作和配合，要明确大学生总体国家安全观的教育工作的目标，不断创新总体国家安全观的教育教学方式，吸引大学生积极参与课程的学习与思考。

五、结语

进入新时代以来，国内外环境越发复杂多变，为了促进我国社会经济快速健康发展，为我国经济改革创造一个稳定的环境，维护国家安全具有十分重要的意义。这种情况下，党具有前瞻性地提出了总体国家安全观，并全面部署，推进大学生总体国家安全观的教育工作。本文对国家安全观的相关概念和理论进行了研究后，针对我国当前大学生总体国家安全观教育工作的现状进行了分析，发现了一些亟待解决的问题，并针对性地提出了加强大学生总体国家安全观教育的对策。

参考文献

［1］张然．习近平总体国家安全观战略思想探析［J］．思想理论教育导刊，2017（1）：121-132.

［2］方正．总体国家安全观研究评述［J］．重庆三峡学院学报，2019（5）：149-151.

［3］曹晓飞．大学生总体国家安全观教育的战略意义及实现路径［J］．思想理论教育研究，2018（2）：9-11.

［4］刘芳．新时代大学生总体国家安全观教育切入点研究［J］．红河学院学报，2018（3）：44-48.

［5］王琳．大学生总体国家安全观教育主客体的转变和路径的创新［J］．四川文理学院学报，2015（2）：54-90.

［6］蒋彭阳．大学生总体国家安全观教育问题与对策分析［J］．改革

与开放，2019（24）：50-51，54.

［7］和思鹏. 总体国家安全观融入高校思想政治教育调查研究［J］.凯里学院学报，2021（2）：97-99.

［8］何春涛，李景春. 以思想政治教育引领校园文化建设［J］. 教学与管理，2018（33）：43-45.

［9］刘跃进. 以总体国家安全观构建国家安全总体布局［J］. 人民论坛，2017（3）：51-53.

［10］赵庆寺. 新时代高校国家安全教育的理念、逻辑与路径［J］. 思想理论教育，2019（7）：125-127.

［11］黄溪发. 总体国家安全观视域下的高校国家安全教育路径探析［J］. 湖北开放职业学院学报，2020（1）：190-192.

队伍建设篇

加强专职辅导员队伍建设做实做细高校铸牢中华民族共同体意识工作

于苏甫江·玉山[1]　尼加提·艾买提[2]

（1. 党委学生工作部；2. 工商管理学院）

在党的二十大报告中，习近平总书记指出："以铸牢中华民族共同体意识为主线，坚定不移走中国特色解决民族问题的正确道路，坚持和完善民族区域自治制度，加强和改进党的民族工作，全面推进民族团结进步事业。"新时代下，随着鄂疆两地交流的不断深入，越来越多的新疆籍少数民族青年大学生来到湖北省各高校求学和生活。为了做好新疆籍少数民族大学生教育管理工作，不断完善高校铸牢中华民族共同体意识教育体制机制，促进各民族师生交往交流交融，按照上级相关文件要求，湖北省各高校积极加强和巩固新疆籍少数民族专职辅导员（以下简称"专职辅导员"）队伍建设。据统计，2017 年至今，湖北省已有 41 所院校配备了专职辅导员共计 109 人，专职辅导员不断融入高校的工作和生活，并且在开展铸牢中华民族共同体意识教育、学生思想引领、辅导员队伍建设工作等方面发挥着重要作用。为了调研湖北省各高校专职辅导员在鄂期间的融入发展情况和职业素养能力情况，特开展本次调查研究。

一、调查方法

（一）理论支撑

1. "社会融入"理论

在探究专职辅导员在鄂的融入融合情况时，笔者通过阅读大量文献，选择国内学者杨菊华提出的"社会融入"理论作为基础，构建专职辅导员在鄂融合发展的指标体系（表 1）。该体系主要从经济、社会、文化、心理四个维度来制定问卷的具体问题。

表 1   专职辅导员在鄂融入发展指标体系

维度	二级指标	问题设置
经济整合	工作状况	工作强度、工作时间、工作压力、工作评价
	劳动权益	居住条件
	经济条件	收入、购房意愿
社会适应	日常生活	日常外出、出行
	人文举止	言行举止、对本地居民的认可程度
文化习得	文化参与	对湖北文化的认知程度
心理认同	地域认同	归属感
	身份认同	对中华民族共同体意识的认同、职业认同
	留鄂意愿	留鄂倾向、职业发展

2.专职辅导员职业素养定义

在探究专职辅导员的职业素养时，笔者通过预先检索文献，对专职辅导员的教育管理能力进行全面认识与定义。在兼顾了专职辅导员日常思想政治教育工作与日常管理工作能力两个方面的基础上，笔者对专职辅导员的教育管理能力进行了调查与分析。研究初始阶段，笔者将文献资料与访谈资料进行整合，设计关于专职辅导员教育管理能力状况的调查问卷。

（二）调研方法

本文主要运用了定量分析和质性研究的手段收集研究资料和数据，并对这些材料进行研究分析工作。质性研究主要为整个研究提供可供参考和分析的质性数据，收集资料的途径有文献法和访谈法。定量研究部分则使用了问卷量表对专职辅导员进行教育管理能力的测量。

文献法：通过查阅大量有关高校辅导员相关研究，了解辅导员教育管理能力相关的研究现状，并加以分析与整理，为本文提供理论支撑。

访谈法：采用访谈法与10位一线专职辅导员进行沟通交流。事先准备访谈大纲，以自由开放交流的形式开展访谈工作。访谈中需初步调查了解专职辅导员及新疆籍少数民族大学生在教育管理工作中的实际体验。探究专职辅导员教育管理能力现状并分析所面临的挑战与问题。

问卷调查法：通过文献信息与访谈信息的归纳，制作有关专职辅导员在湖北融入发展情况和职业素养现状的调查问卷，并对其信效度进行检验。在湖北省各高校随机联络选取 46 位专职辅导员，获取相关数据。

（三）调研对象

目前，湖北省有 41 所院校配备了专职辅导员共计 109 人。笔者随机选取其中 46 人发放问卷进行调研，问卷的回收率达到了 100%，抽样人数超过三分之一；同时和 10 位一线的专职辅导员进行互动交流，通过自由的交流方式进一步了解专职辅导员的情况，以及自身在湖北融入和发展的现状及存在的困难和问题。

（四）研究设计

本次调研在湖北省各高校随机选取专职辅导员 46 名，通过发放问卷、访谈的方式进行调研。问卷设计分专职辅导员所在高校基本情况、专职辅导员基本情况、专职辅导员职业素养情况、专职辅导员融入发展情况四个部分，见表 2。

表 2　专职辅导员问卷基本维度和题项分布

分类	维度	题项	题型
第一部分	专职辅导员所在高校基本情况	1、2、3、4、5、6、7、8、9、10	单选、文本
第二部分	专职辅导员个人基本情况	11、12、13、14、15、16、17、18、19、20、21、22、23、24、25、26、27、28、29、30、31、32	单选、多选
第三部分	专职辅导员职业素养情况	33、34、35	量表
第四部分	专职辅导员融入发展情况	36、37、38、39、40、41、42、43、44、45、46、47、48、49、50、51、52、53、54、55、56、57、58、59	单选、多选、文本、量表

第一部分调查了专职辅导员所在高校的基本情况，共 10 道题目，包括学校类型、新疆籍少数民族学生人数、学校民族团结进步教育工作建设情况（民族团结教育办公室设立、专职辅导员招录情况、专职辅导员辞职情况）等相关问题。

第二部分围绕专职辅导员个人基本情况，共 22 道题目，主要涉及姓名、年龄、民族、政治状况、职务、职级、结婚状况、辅导员的从业时间、毕业时间、所在岗位、负责少数民族学生人数、科研情况及是否直接带班等。

第三部分通过三组量表的 21 子问题调查了专职辅导员职业素养现状，主要有以下两个维度：①日常学生思想政治教育工作能力；②日常学生管理工作能力。

第四部分调查了专职辅导员在湖北的融入发展情况，共 24 道题，主要有以下四个维度：①经济整合；②社会适应；③文化习得；④心理认同。

二、数据分析

（一）专职辅导员所在高校基本情况分析

由表 3 可知，本次调研的专职辅导员所在院校主要是全国重点高校（45.7%）和公办本科院校（41.3%）；82.6% 的专职辅导员所在院校新疆籍少数民族学生人数超过 100 人；73.9% 的专职辅导员所在院校设立了民族团结教育办公室；67.4% 的专职辅导员所在院校设立了民族团结教育辅导员工作室；47.8% 的专职辅导员所在院校已配齐专职辅导员。

表 3　专职辅导员所在高校基本情况

变量	类别	数量 / 人	占比 /%
高校类型	（全国）重点高校	21	45.7
	公办普通本科院校	19	41.3
	民办本科院校	2	4.3
	公办高职院校	2	4.3
	民办高职院校	2	4.3
新疆籍少数民族学生人数	＜ 100 人	8	17.4
	100 ~ 200 人	6	13
	200 ~ 300 人	16	34.8
	300 ~ 400 人	7	15.2
	≥ 400 人	9	19.6
是否设立民族团结教育办公室	是	34	73.9
	否	12	26.1
是否设立民族团结教育辅导员工作室	是	31	67.4
	否	15	32.6
是否配齐专职辅导员	是	22	47.8
	否	24	52.2

（二）专职辅导员个人基本情况分析

由表 4 可知，专职辅导员主要以青年群体为主（年龄区间主要分布在 20 ~ 40 岁）；民族构成较为单一（维吾尔族为主，占 97.5%）；政治面貌上绝大多数人为中共党员（含预备党员）；以大学本科学历居多（占 56.5%），其次是硕士研究生（占 41.3%）；未婚人数占 54.3%；绝大多数从事辅导员工作时长在 3 年以上。

表 4　专职辅导员个人基本情况

变量	类别	数量 / 人	占比 /%
性别	男	23	50
	女	23	50
年龄	20 ~ 30 岁	28	60.9
	30 ~ 40 岁	18	39.1
民族	维吾尔族	45	97.5
	哈萨克族	1	2.5
政治面貌	中共党员（含预备党员）	43	93.5
	共青团员	2	4.3
	其他	1	2.2
学历情况	大学本科	26	56.5
	硕士研究生	19	41.3
	博士研究生	1	2.2
婚姻情况	未婚	25	54.3
	已婚	21	45.7
从事辅导员工作时间	< 1 年	4	8.7
	1 ~ 3 年	6	13
	3 ~ 5 年	26	56.5
	5 ~ 8 年	10	21.7

（三）专职辅导员职业素养情况分析

通过量化统计专职辅导员职业素养的两个维度（即日常学生思想政治教育工作和日常学生管理工作能力）发现，专职辅导员在谈心谈话（平均值 4.61）、安全稳定（平均值 4.72）、宗教渗透（平均值 4.67）方面能够较好地开展工作，并在特殊时间节点具备前瞻性预判（平均值 4.59）。但是，在开展活动的创新性（平均值 4.13）和学生心理健康教育（平均值 3.91）方面有待进一步加强。

经统计发现，专职辅导员能够较好地组织新疆籍少数民族学生进行入学教育（平均值 4.63），积极培养少数民族学生干部（平均值 4.52），重视对学生的服务质量（平均值 4.7），重视学风建设（平均值 4.63），但是部分专职辅导员较少组织学生参加社会实践活动（平均值 4.24）。

本次调研问卷以中央第五次民族工作会议内容作为知识点，并设置相关问题。数据分析结果显示，76.1% 的专职辅导员能够正确回答相关题目，23.9% 的专职辅导员答错或者遗漏部分正确答案，这说明部分专职辅导员关于铸牢中华民族共同体意识教育的理论学习还有待加强。

本次调研结果说明，专职辅导员具备较好的日常学生思想政治教育工作和日常学生管理工作能力，但是在开展的学生思想政治教育活动的创新性和心理健康教育方面相对不足，有待进一步加强。另外，仅有 37% 的专职辅导员在近 3 年内有科研成果，只有 32.6% 的专职辅导员在校教授课程，说明专职辅导员学术科研能力有待加强。

（四）专职辅导员融入发展情况分析

在经济整合方面，本文将专职辅导员的工作状况、劳动权益、经济条件等二级指标量化为问卷中的具体问题。经统计发现，工作满意度量表的平均值为 3.8，仅有 4.3% 的专职辅导员对于工作的评价为不满意或者非常不满意，年收入超过 10 万元的人数占比达到 67.4%，专职辅导员已在湖北买房或者有购买房屋的意愿占比达 69.6%。由此可见，专职辅导员在湖北的经济整合方面融入情况良好。不过，从工作强度（平均值 4.0）、工作压力（平均值 4.2）、工作时间（82.6% 的人每天超过 8 小时），以及房屋居住面积（50% 的人居住面积小于 50 平方米）来看，经济整合方面的部分条件还有待进一步提升。

在社会适应方面，本文将专职辅导员的日常生活、人文举止等二级指标量化为问卷中的具体问题。经统计发现，97.5% 的专职辅导员结识了湖北本地的朋友，97.8% 的专职辅导员了解所在城市景点、餐厅、大型商场的路线，91.4% 的专职辅导员经常和同事或当地的朋友一起聚餐。由此可见，专职辅导员在社会适应方面具备良好的人际交往能力，且能够掌握当地的出行路线等生活技能。

在文化习得方面，本文将专职辅导员对湖北的文化的认知程度作为二级指标量化为具体问题。经统计发现，100%的专职辅导员能够正确选择湖北的简称，100%的专职辅导员在联想湖北的时候会想到热干面，联想到"周黑鸭""黄鹤楼""三峡大坝"分别占76.1%、78.3%、58.7%。由此可见，专职辅导员对与湖北相关的文化了解情况基本良好。

在心理认同方面，本文将专职辅导员的地域认同、身份认同、留鄂意愿作为二级指标。经统计发现，82.6%的专职辅导员有长期从事学生工作的想法和准备；54.3%的专职辅导员认同或者非常认同"我因为在高校工作而受到更多尊敬"，仅有15.2%的专职辅导员不认同或者非常不认同"我因为在高校工作而受到更多尊敬"；84.7%的专职辅导员非常认同或者认同湖北是自己的第二故乡。由此可见，专职辅导员对自身职业和湖北省有较强的心理认同。

（五）辅导员离职原因分析

数据分析结果显示，仅有4.3%的专职辅导员对工作处于不满意状态。大部分专职辅导员对工作的满意度较高，认为自己在工作中有成就感和获得感，且和同事相处得愉快。但是，从工作时长、工作强度和工作压力来看，专职辅导员存在较大的工作压力。同时调查发现，各高校专职辅导员除了要做好新疆籍学生教育管理工作之外，还要负责西藏籍学生教育管理、学生资助、学生管理、学生思想政治教育等方面的工作内容，较大的工作压力可能成为产生离职想法的因素之一。

大部分专职辅导员热爱学生工作并且有长期从事学生工作的打算，在日常学生管理工作和思想政治教育工作方面能力水平较高，但职业晋升发展存在困难。首先，目前仍有部分高校没有设立民族团结教育办公室（占26.1%），在设立民族团结教育办公室的高校中大部分没有对民族团结教育办公室设立正科级岗位（占67.6%）；其次，仅有15.2%的专职辅导员所在高校允许专职辅导员"转岗"，辅导员工作满三年的专职辅导员人数超过78.2%，但是正科级专职辅导员仅占13%，其中科长仅占8.7%；最后，大部分专职辅导员选择会因为"个人职业发展没有取得进步"而放弃辅导员工作。此外，调研结果显示，32.6%的专职辅导员所在高校存在专职辅导员离职的情况，其离职的主要原因分别是"没有合适的婚配对象""个人职业发展没有进展""收入待遇没有达到预期"。通过访谈，专职辅导员表示，个人职业发展迷茫、婚姻求偶、购房困难、返乡探亲成本高、职责定位不明确、饮食不习惯等都是当前工作生活中面临的困境和问题。

三、对策建议

（一）精益赋能自身理论水平

专职辅导员要做好全体作为少数民族学生思想政治的引领者，高举马克思主义、中国特色社会主义的旗帜，更加重视自身的政治使命和担当，始终严格要求自己，加强理论学习，不断地提高自身的思想境界。在思想政治教育中，做好表率，高举中国特色社会主义伟大旗帜，维护国家和人民的利益；在日常学习工作中，用更多的精力研究、探索针对新疆籍少数民族学生的思想教育、服务管理的规律性问题，真正把"专"的工作做实、做新、做活，履行好维护民族团结、抵御"三股势力"渗透、培养社会主义事业可靠接班人的崇高使命，

（二）精细提升自身科研能力

专职辅导员应当充分利用好教师身份，紧跟民族政策"指挥棒"，加入学校思政课程教师队伍的第一梯队、第一方阵，积极带头学习《中华民族共同体概论》等书籍，注重学深悟透党的创新理论；善用课堂教学"主渠道"，在课堂教学中零时差融入习近平总书记关于加强和改进民族工作的重要思想；发挥好自己在铸牢中华民族共同体意识教育方面的课题申报、论文写作的特色优势，助力学校将铸牢中华民族共同体意识教育融入"大思政课"课程体系建设。

（三）精准培养专职辅导员职业素养

专职辅导员队伍建设重在后期培养，高校首先应当从思想引导入手，鼓励他们将个人发展融入国家需要中，树立正确的职业发展观；应当设立培养专职辅导员的专项计划，注重实效，多向培育，实行"一人一策"，变"大水漫灌"为"精准滴灌"；应当向专职辅导员交任务、压担子，充分锻炼他

们的责任意识和服务意识，增强他们在教育、服务、管理和维护稳定方面的岗位适应能力；应当发挥先进典型的示范和引领作用，交流、推广先进经验，进一步提升专职辅导员队伍建设的科学化水平，培养出更多更好地了解民族文化、获得少数民族学生信赖的专职辅导员。

（四）精心助力专职辅导员融入发展

高校应当重视专职辅导员队伍建设，要树立他们对自身职业的价值认同，满足他们的自我认可；要积极推进专职辅导员队伍的职业化专业化，为他们的发展提供更广阔的平台。此外，专职辅导员大多来自新疆，进入内地工作生活，周围环境发生很大变化，容易产生心理问题，应当高度关注他们的心理健康，给予更多关心帮助他们健康成长。

高校应当坚持严格管理与关心关怀相结合，研究出台专项政策或具体措施，从岗位编制、生活待遇、配套政策等方面搞好统筹，主动帮助专职辅导员解决工作、生活上的困难和问题，在住房、生活、薪酬、职称等方面给予适当倾斜，消除他们的后顾之忧，积极营造拴心留人的良好环境，切实做到以事业留人、以感情留人、以待遇留人，让专职辅导员"进得来、留得住、发展好"。

参考文献

［1］李浩. 浅谈提升高校辅导员素质对大学生思想政治教育的影响［J］. 西部皮革，2016，38（12）：270.

［2］兰海涛，魏星. 高校辅导员素质与能力结构、培养途径［J］. 中国高等教育，2017（5）：3.

［3］刘博. 内地非民族高校新疆少数民族大学生教育管理研究［J］. 科技资讯，2017.

［4］顾明远. 新时代教育发展的指导思想—学习习近平总书记在全国教育大会上的讲话［J］. 北京师范大学学报（社会科学版），2019（1）：5-9.

［5］张琳. 高校民族团结教育的经验、问题及路径［J］. 高校辅导员，2018（6）：18-23.

新时代研究生导师长效激励机制建构 [①]
——基于社会行动理论分析

卫　瑾

（纪委办公室、监察工作部、党委巡察办公室）

党的二十大报告指出，"我们要坚持教育优先发展、科技自立自强、人才引领驱动，加快建设教育强国、科技强国、人才强国……" [1] 这一要求，凸显出了教育质量工作的重要性。作为培养高层次创新人才的重要环节，研究生培养不仅关乎国家的科技发展和人才储备，也直接影响着我国整体实力和国际竞争力的提升。而作为研究生培养的第一责任人，研究生导师的育人目标和行为直接决定着我国高层次拔尖创新人才培养的成效。

行动的"动机"，在于激励。[2] 研究生导师的行动，在很大程度上依赖于学校给予其有效激励。然而，传统的研究生导师激励机制由于多关注于研究生导师取得的科学研究项目和学术成果，而未更多看重其研究生教育教学实绩，导致了研究生导师在研究生培养工作上的积极主动性不尽充分。为此，积极探索并建构起一种注重研究生导师"科学研究 + 教育教学"的长效激励机制，应当成为高校顺应新时代研究生教育改革发展需求，建设"双一流"院校的重要抓手。

一、文献回顾与问题的提出

"研究生导师激励机制"并不是一个新鲜名词。李阿利 [3] 提出，研究生导师激励机制在设计方面存在"重低层次激励而轻高层次激励""重与工作环境有关之激励而轻与工作本身相关之激励""激励措施与工作绩效脱节""激励制度系统性缺位"等缺陷。李希亮 [4] 则结合军队院校的特点与需求，强调

① 本文获中国学位与研究生教育学会研究课题专项资金项目"研究生培养中教学·管理·服务'三位一体'育人保障机制研究"（项目编号：2020MSA29）资助。

研究生导师激励机制的建设应当包括"完善导师推荐选聘机制""建立导师竞争上岗机制""建立导师考评退出机制""完善优秀导师奖励机制""完善反面典型警示机制""建立工作研究激励机制"及"完善信息公开公示机制"在内的七方面内容。

在新时代背景下，研究生导师与研究生之间的权益平衡和双向选择是一个值得重点考虑的问题。特别是在当前高校结构与管理模式变革中，高校更加需要确保研究生导师既能够充分发挥其学术导师的角色作用，又能充分尊重研究生个性化发展需求。这一目标的实现，仅仅依靠一般的行政性约束和考核是远远不够，更多地需要贯彻落实党和国家的指导思想，注重引导和支持，建构起一种既符合学术导师职责要求，又能激发研究生主观能动性和积极性的良性互动长效激励机制。

二、理论框架：帕森斯的社会行动理论

在帕森斯的社会理论视野中，行动是社会现实最基本的单位。构成一个单位行动的基本要素如下：①存在某个行动者；②存在行动目的；③发生于一种情境当中，而这一情境包含行动者无法控制的环境条件和行动者可以发挥控制力的手段两种要素；④存在规范与价值影响着行动者选择达到目的的手段。[5] 据此可以判断，新时代研究生导师长效激励机制的建构本就是高校内部一项合理的、有价值的、符合"社会规范"的"社会行动"，理由如下。

第一，存在行动者。坚持把立德树人作为根本任务，把服务国家作为最高追求，把学科建设作为发展根基。高校必须坚定自己的行动主体地位，始终从实际出发，把党的教育方针落到实处。

第二，存在行动目的。研究生导师长效激励机制的建构，从本质上说就是为了确保能够适应党和国家事业发展需要，培养造就大批德才兼备的高层次人才。从当前的国民教育体系上看，承载这一使命的重要主体自然是研究生教育。

第三，研究生导师长效激励机制的建构有情境背景，且该情境存在矛盾性。一方面，高校在建设发展过程中对于研究生导师是有着"彰显其控制力"的手段的，这种手段主要表现为行政干预；另一方面，高校在环境控制方面

又显得"力不从心",在营造一个公平、公正、物质需求与精神需求相协调的"导师长效激励机制生成环境"方面尚未找到一个行之有效的方法。

第四,存在影响高校选择达到目的的手段的规范与价值。党和国家的相关文件在课程思政教学、"产业(行业)导师设立"、研究生教学成果奖励、优秀学位论文指导教师评选、研究生精品示范课程建设等方面的规定对研究生导师的奖励(激励)有着重要的指导作用。

但是,这项"社会行动"要获得成效,关键在于必须控制好当中的"变量"——主观取向。帕森斯认为,在主观取向中,存在"动机取向"与"价值取向"。相较于动机取向,价值取向是行动者对超越直接功利的道德目标和理想信念的追求,它规定着人们在社会行动中以道德规范和理想信仰去选择目的和手段。高校在研究生导师长效激励机制的建构上是需要将主观取向定格在价值取向这个层级上,也就是要"坚持为党育人、为国育才,全面提高人才自主培养质量,着力造就拔尖创新人才,聚天下英才而用之"[1]。

三、行动方案:新时代研究生导师长效激励机制建构的应有进路

按照帕森斯的社会行动理论,建构新时代研究生导师长效激励机制是否可以真正落到实处,高校需要规范好该行动的"四要素":一是加强行动者——高校——自身建设。二是明确并不断强化行动的目的。这一点虽然存在党和国家官方文件的指示,但高校必须确保行动的"强针对性"。三是着力解决无法有效控制环境条件的现实难题,同时改善对研究生导师的"控制手段",使之"温和化""多元化"。四是以规范和价值将行动者的主观取向"定格"为价值取向。整体上说,这四要素构成了一个整体系统,其内在又存在多个制约子系统。例如,行动目的方面需要考虑到导师个体方面制约因素的影响,社会情境方面需要考虑到导师团体效应、导师与研究生互动障碍、监督与评估体系等方面因素的影响。对于此,高校需要作通盘考量,参考帕森斯社会行动理论逻辑(图1),从而制订出行之有效的行动方案。

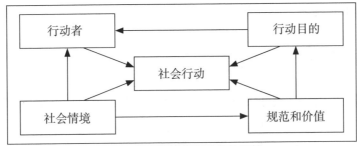

图1　帕森斯社会行动理论逻辑

（一）加强行动者自身建设

高校理应成为贯彻落实党和国家相关政策的坚定"执行者"。因此，高校自身的意识一定要坚定，执行力一定要过强，不能因为"矛盾的普遍存在"而"手忙脚乱"。高校必须加强理论学习，坚持以党的基本理论武装自己，紧紧围绕主要矛盾和矛盾的主要方面，从而带动其他矛盾的解决，做到统筹兼顾。

（二）明确并强化行动的目的

如前所述，相关官方文件已经明确，研究生教育的目的在于适应党和国家事业发展需要，培养造就大批德才兼备的高层次人才。这同样也是新时代研究生导师长效激励机制建构的终极目的，必须加以明确并强化。当然，从短期上说，研究生导师长效激励机制建构的直接目的是充分激发研究生导师的积极主动性，促使其发挥创新性与创造力，助推高校研究生培养质量的提升。那么，就应当采取一系列手段实现这一目标。

1. 健全导师选拔与培养机制

导师选拔应该注重导师的学术背景和研究能力。建立一套科学的选拔制度，包括严格的评审流程和标准，如考察导师的科研成果、教学经验以及学术声誉等。这样可以确保导师具备丰富的学术知识和研究经验，为研究生提供良好的学术指导与帮助。在导师选拔后，应该为导师提供针对性的培养计划。培养计划涵盖导师学术能力的提升、指导研究生的能力、研究生管理与教育等方面。此外，培养计划还应该强调导师与研究生之间的沟通与合作，使导师能够更好地了解研究生的学术需求和困惑，并提供相应的解决办法和指导。

2. 完善导师评价与考核机制

通过建立科学、公正的导师评价与考核机制，可以促进导师的积极性和责任感，提高导师的专业水平和教学质量，并激励导师更好地履行其指导学生的职责。在构建导师评价与考核机制时，有几个关键方面需要重点考虑：一是应注重学术研究贡献的量化评估，可以借鉴其他国家和高校的经验，引入学术影响力评估、学术声誉评价等定量指标，综合考量导师在学术研究方面的表现。二是应充分考虑研究生培养成果，考虑研究生毕业率、毕业生就业率、毕业生科研成果等方面的指标。三是还应充分考虑学术团队建设的贡献。导师通常是一个学术团队的核心成员，他们的工作不仅包括指导研究生，还包括组建和管理学术团队、组织学术交流活动等。

3. 构建导师职称与薪酬激励机制

为了有效激励导师，使之持续为研究生提供高质量的指导和支持，必须建立更加公正、合理的导师职称评定和薪酬激励机制。导师职称的评定应基于导师的学术水平和教学能力。学术水平是导师的核心竞争力，可以通过发表高质量的学术文章、获得科研项目和参与学术会议等方面进行评价。同时，导师还应具备较高的教学能力，包括课堂教学、科研导向与创新能力以及学生指导等方面的评估。导师职称评定应采取多维度、全面评价的方式，确保评价结果的客观准确性。在导师职称评定的基础上，应当根据导师的职称等级和绩效建立起科学合理的薪酬激励机制。当然，导师职称与薪酬激励机制的实施还应注重公平性和透明性。

（三）解决环境控制难题，改善对研究生导师的"控制手段"

必须承认，虽然高校在对研究生导师行为的"管控"手段——行政干预是行之有效的，但是"纯粹"的"行政管理"在多数情况下亦会留下"隐患"，如导师"面服心不服"。因此，高校需要坚持依法治校，致力"德治"与"法治"并行，切实令研究生导师"心服口服"。从环境控制难题的角度上说，导师团队建设与导师合作、导师与研究生互动交流可以作为切入点。

1. 积极打造导师团队合作机制

在研究生教育改革与发展的背景下，导师团队的建设与合作机制扮演着至关重要的角色，它不仅关系到导师个体的发展，更影响到整个团队的协同效能以及研究生培养的质量。合作机制是导师团队发挥协同效应的关键。在团队中建立合作机制，可以促使导师之间互相配合、互相支持，实现资源共享与优势互补。为确保导师团队合作机制的有效运行，高校要加强对导师团队的领导与管理。领导层应制定明确的政策与制度，明确导师团队的目标和任务，明确任务分工与导师责任；针对导师团队的特点，建立科研经费、教学资源等方面的保障机制，为导师团队提供良好的科研和教学环境；同时还应加强对导师团队的激励与奖励，如设立导师团队奖。

2. 加强导师与研究生互动交流机制

研究生导师的角色不仅仅是传授知识、指导学术研究，还应该成为学术引路人和人生导师。高校需要创设条件，促使研究生导师与研究生之间建立起积极、良好的合作关系。应当明确三点工作：一是导师与研究生之间的互动与交流应该是及时和频繁的。导师应该设定固定的交流时间，如每周一次的一对一会议，以确保导师与研究生之间的互动得以顺畅进行。二是导师应该注重与研究生之间的个性化交流，提供适当的指导和支持。三是导师应鼓励研究生积极参与学术活动和学术交流。导师可以帮助研究生选择适合自己研究方向的学术会议或研讨会，并协助其准备学术文章和演讲。同时，导师还应给予研究生足够的支持和鼓励，帮助他们建立良好的学术声誉和人际关系网络。

3. 建立导师长效激励机制的监督与评估体系

导师长效激励机制的监督与评估体系是确保高校能够有效掌控环境"变量"的重要工具。对于该体系的建设，首先，明确监督的具体内容和方式。监督应该包括对导师履行岗位职责的检查，如指导学生进行科研工作和文章写作、开展学术交流和指导学术成果的发表等方面。此外，监督还应关注导师与学生之间的关系是否和谐、是否给予适当的指导和支持等。监督方式可以采取定期检查、师生座谈等形式，同时可以加入匿名调查等方式来获取学生对导师工作满意度的反馈。其次，从多个维度评估考核导师的工作表现。需要重点关注的是，评估的结果应当成为导师绩效的参考依据，用于激励和奖励优秀导师，从而在一定程度上影响到导师的声誉和职业发展，为其提供良好环境体验。最后，设立相应的管理机构和制度。这些机构和制度可以负责制定相关的政策和流程，组织和开展监督与评估工作，并对工作结果进行总结和分析，及时进行调整和改进。

（四）将主观取向"定格"为价值取向，并不断完善规范

客观来说，在研究生导师长效激励机制的建构中，高校的主观取向是不应该向"动机取向"倾斜的。但理想与现实之间往往存在距离，加上"人"（制度的执行者）往往会有局限性，这种倾斜在所难免。因此，新时代研究生导师长效激励机制的建构成形与顺利运行，在本质上要求高校必须将自己的主观取向"定格"在价值取向上，使之超越直接的功利主义。

对于规范方面，国家层面的规范带有一般性、普遍性，高校显然不能直接倚赖国家层面的"宏观"规范。高校需要结合自身实际，加强配套制度规范建设。例如，可以立足于行动目标，建立健全研究生教育奖励制度体系。同时，注重国家层级与高校自身的制度衔接，推动研究生教育奖励制度的"落地"，出台科学完备的"校级"奖励评选制度，构建研究生教育评价信息平台等。

参考文献

［1］习近平. 高举中国特色社会主义伟大旗帜 为全面建设社会主义现代化国家而团结奋斗：在中国共产党第二十次全国代表大会上的报告［M］. 北京：人民出版社，2022.

［2］穆赫菲特，考斯蒂. 积极的力量：成就更高效、更幸福团队的秘密［M］. 谢天，译. 北京：机械工业出版社，2022.

［3］李阿利. 建立研究生导师有效激励机制的系统思考［J］. 学位与研究生教育，2005（10）：5.

［4］李希亮. 军队院校研究生导师激励机制研究［J］. 学位与研究生教育，2019（4）：27–31.

［5］Talcott Parsons. The Structure of Social Action［M］. New York：McGraw–Hill，1937.

［6］Girot E. A., Rickaby C. E. Evaluating the role of mentor for advanced practitioners：an example from community matrons in England［J］. Learning in health and social care，2010，8（1）：1–12.

［7］金永东，李侠. 研究生导师在研究生教育管理中角色转换探索［J］. 思想教育研究，2010（4）：4.

［8］黎玉升. 双因素理论下高校学业导师激励机制构建［J］. 人才资源开发，2021（15）：29–31.

［9］杨雷，张德庆. 新时代研究生导师立德树人长效机制的建立［J］. 黑龙江教育（高教研究与评估），2018（12）：75–76.

新时期高校辅导员思想政治教育：
谈心谈话工作的有效路径探究

王前哨

（党委学生工作部、人民武装部）

在新时期的高校教育环境中，辅导员作为大学生思想政治教育的核心力量，其工作方式和成效直接关系到学生的全面发展和社会的稳定和谐。随着社会的迅猛发展和数字化时代的全面到来，大学生面临着前所未有的思想挑战和机遇，这使得高校辅导员的思想政治教育工作变得尤为重要且复杂。在这一背景下，谈心谈话对于辅导员加强和改进大学生思想政治教育具有不可替代的作用。

当前高校辅导员在谈心谈话工作中仍存在诸多挑战，如谈话内容缺乏深度、谈话方式单一、谈话效果不佳等。这些问题不仅阻碍了辅导员与学生之间的有效沟通，也制约了大学生思想政治教育的深入开展。因此，探究新时期高校辅导员如何通过谈心谈话工作的有效路径，进一步加强和改进大学生思想政治教育，不仅对于提高辅导员工作水平、促进学生全面发展具有重要意义，也是推动高校辅导员工作专业化、科学化发展的迫切需求。

一、新时期高校辅导员思想政治教育的挑战与机遇

（一）面临的挑战

1.数字化时代的冲击与信息过载

随着信息技术的飞速发展，互联网已成为大学生获取信息、交流思想的重要平台。然而，这一变化也为辅导员的谈心谈话工作带来了前所未有的挑战。第一，信息时代的到来使得大学生的思想更加开放多元，他们能够通过各种渠道接触到不同的价值观念和文化形态，这在一定程度上增加了辅导员

把握学生思想动态的难度。辅导员需要花费更多的时间和精力去了解学生的网络行为、关注他们的网络言论，以便及时发现并纠正学生的错误思想倾向。第二，网络空间的匿名性和虚拟性也为辅导员的谈心谈话工作带来了挑战。在网络环境中，学生可能更愿意表达真实想法和情感，但同时也存在言行失范、情绪失控的风险。辅导员需要具备一定的网络素养和危机处理能力，以便在必要时介入并引导学生回归正轨。

2. 学生个体差异与需求多样化的挑战

新时期的大学生群体呈现出更加鲜明的个性特征和多样化的需求。他们来自不同的家庭背景、成长环境和社会阶层，拥有各自独特的价值观、兴趣爱好和生活方式。辅导员需要深入了解每个学生的基本情况，包括他们的性格、兴趣、家庭状况、学业成绩等，以便在谈心谈话过程中做到有的放矢、因材施教。然而，由于辅导员管理的学生数量众多，加之日常事务繁忙，很难做到对每个学生都了如指掌，这在一定程度上影响了谈心谈话工作的针对性和实效性。学生个体差异和需求多样化还可能导致谈心谈话过程中的冲突和矛盾。[1] 例如，在处理学生之间的纠纷时，辅导员需要平衡各方利益、化解矛盾冲突；在面对学生的个性化需求时，辅导员需要在尊重个体差异的同时引导其符合社会规范。这些都对辅导员的沟通能力和协调能力提出了更高要求。

3. 辅导员自身能力与角色定位的挑战

在新时期背景下，辅导员的角色已经从单一的管理者转变为集教育者、服务者、引导者于一体的多元化角色。然而，在实际工作中，一些辅导员仍然习惯于传统的管理模式和工作方式，缺乏对学生主体地位的尊重和对学生成长成才的关注。这种角色定位的模糊和工作职责的不明确可能导致谈心谈话工作的方向偏离和效果不佳。

辅导员还需要面对工作压力和职业倦怠的挑战。由于辅导员管理的学生数量众多且日常事务繁杂，他们往往承受着巨大的工作压力和心理负担。长此以往，他们容易产生职业倦怠感，影响工作积极性和工作效率。[2] 此外，社会对辅导员工作的期望值和认可度也存在差异，这在一定程度上也增加了辅导员的心理负担和职业压力。

（二）迎来的机遇

1. 社会环境变化带来的机遇

随着社会的快速发展和信息技术的不断进步，高校辅导员谈心谈话工作迎来了新的机遇。一方面，国家对高等教育的重视和投入不断增加，为辅导员队伍的建设和发展提供了有力的政策支持和物质保障。这不仅提升了辅导员的社会地位和职业认同感，也为他们开展谈心谈话工作提供了更好的条件和平台。另一方面，社会对大学生思想政治教育的关注度不断提高，家长、学校和社会各界都更加重视学生的全面发展和健康成长。这为辅导员开展谈心谈话工作提供了更广泛的社会基础和更深厚的社会支持。[3]

2. 学生群体特征新发展的机遇

新时期的大学生群体呈现出更加开放、多元和个性化的特征。他们思想活跃，乐于接受新事物，渴望与辅导员进行深入的交流和沟通，这为辅导员开展谈心谈话工作提供了新的机遇。[1]一方面，学生更加主动地寻求与辅导员的交流，他们愿意分享自己的思想、学习和生活情况，这为辅导员了解学生的内心世界和思想动态提供了便利。另一方面，学生的多元化需求也为辅导员开展个性化的谈心谈话工作提供了可能。[4]辅导员可以根据学生的不同需求和特点，制定个性化的谈心谈话方案，提供更加精准和有效的指导和帮助。

3. 辅导员队伍建设加强的机遇

近年来，高校对辅导员队伍的建设和发展给予了高度重视。一方面，高校不断加大对辅导员的培训力度，提升他们的专业素养和综合能力。这使得辅导员在谈心谈话工作中能够更加自如地应对各种复杂情况和问题，提供更加专业和有效的指导和帮助。另一方面，高校还注重辅导员的职业发展和晋升路径规划，为他们提供了更多的发展机会和空间。这激发了辅导员的工作热情和积极性，也提升了他们开展谈心谈话工作的动力和信心。

二、谈心谈话工作在思想政治教育中的作用与功能

（一）沟通作用

谈心谈话是一种深度的沟通方式，它在辅导员与学生之间搭建起一座理解与信任的桥梁。在思想政治教育过程中，有效的沟通是实现教育目标的前提。谈心谈话通过面对面的直接交流，使得辅导员能够深入了解学生的内心世界、思想动态及实际需求。同时，学生也能感受到辅导员的真诚与关怀，从而愿意敞开心扉，分享自己的真实想法和感受。

沟通作用还体现在师生关系的建立上。辅导员通过倾听学生的困惑、关注他们的成长，建立起一种基于尊重和平等的师生关系。这种关系为后续的思想政治教育奠定了坚实的基础，使得教育内容更易于被学生接受和内化。[5]此外，谈心谈话还有助于增强学生的自我表达能力和人际交往能力，为他们未来的社会适应和发展打下良好的基础。

（二）引领作用

谈心谈话在思想政治教育中发挥着重要的引领作用。辅导员通过谈心谈话，可以引导学生树立正确的世界观、人生观和价值观，帮助他们明确人生方向和目标。在谈话过程中，辅导员可以运用自身的专业知识和人生经验，为学生提供有价值的建议和指导，帮助他们解决思想上的困惑和学习生活中的难题。[3]

引领作用还体现在对学生行为规范的塑造上。辅导员通过谈心谈话，可以向学生传达学校的规章制度和社会道德规范，引导学生养成良好的行为习惯和道德品质。同时，辅导员还可以结合社会热点和时事政治，引导学生关注国家大事、关心社会发展，培养他们的社会责任感和公民意识。

（三）疏导作用

在快速变化的社会环境中，大学生面临着来自学业、就业、人际关系等多方面的压力和挑战。这些压力和挑战往往导致他们产生焦虑、抑郁等负面情绪，影响他们的身心健康和学业发展。谈心谈话作为一种心理疏导的有效方式，可以帮助学生缓解压力、释放情绪，保持心理健康。

辅导员在谈心谈话过程中，可以运用心理学知识和技巧，对学生进行情绪疏导和心理调适。他们可以通过倾听、理解、支持等方式，帮助学生减轻心理负担，缓解紧张情绪。同时，辅导员还可以引导学生学会自我调节和情绪管理的方法，提高他们的心理承受能力和应对挑战的能力。

（四）激励功能

谈心谈话还具有显著的激励功能。辅导员通过与学生进行深入的交流和沟通，可以了解他们的优点和长处，发现他们的潜力和价值。在此基础上，辅导员可以运用激励原则，激发学生的内在动力和学习热情，促使他们积极向上、奋发有为。

激励功能可以通过多种形式实现，如目标激励、榜样激励、情感激励等。辅导员可以根据学生的实际情况和需求，制定个性化的激励方案，帮助他们设定明确的目标和计划，并提供必要的支持和帮助。[6]

三、新时期高校辅导员谈心谈话工作的有效路径

（一）构建信任基石：深化倾听与理解，展现尊重与包容

谈心谈话工作的核心在于构建师生之间的信任关系。这要求辅导员在与学生交流时，首先要做到深化倾听与理解。倾听不仅仅是听学生说话，更是听到学生心里的声音，理解他们的困惑、需求和期待。辅导员需要通过积极的倾听，展现对学生的真诚关怀，让学生感受到被重视和被理解。同时，辅导员还要展现尊重与包容的态度。尊重学生的人格、观点和选择，包容他们的不同和差异。[5]这种尊重和包容能够让学生感受到被接纳和理解，从而更加愿意与辅导员进行深入的交流，为谈心谈话工作打下坚实的信任基础。

（二）多元化沟通策略：融合面对面交流、网络沟通与团体辅导

为了适应新时期大学生的沟通习惯和需求，辅导员需要运用多元化的沟通方式。面对面交流是最直接、最即时的沟通方式，能够让学生感受到辅导员的真诚和关怀。辅导员应充分利用这一方式，与学生进行深入的交流和沟通，了解他们的思想动态和实际需求。同时，随着信息技术的发展，网络沟通平台成为大学生常用的交流方式。辅导员应建立网络沟通渠道，以便随时

与学生保持联系，及时解答他们的疑问和困惑。[2]此外，团体辅导和活动也是一种有效的沟通方式，能够让学生在轻松愉快的氛围中敞开心扉，分享彼此的感受和经验。辅导员可以组织各种形式的团体活动，如朋辈讲座、主题班会、小组讨论等，以促进学生的交流和成长。

（三）心理健康教育融合：识别心理问题，提供及时支持

谈心谈话工作与心理健康教育密切相关。辅导员在谈心谈话过程中应关注学生的心理健康状况，及时识别并提供必要的心理支持。这要求辅导员具备充足的心理学基础，以便在谈心谈话过程中敏锐地识别出学生的心理问题。通过观察学生的言行举止、情绪变化等，辅导员可以初步判断学生是否存在心理困扰或障碍。[6]对于存在心理问题的学生，辅导员应及时提供心理支持，包括倾听学生的诉说、提供情感支持、给予积极的反馈和建议等。必要时，辅导员还可以引导学生寻求专业的心理咨询或治疗，帮助他们走出心理困境。

（四）强化专业能力培养：专业知识与实践技能并重

辅导员的专业能力是谈心谈话工作的重要保障。为了提升谈心谈话的效果，高校应加强对辅导员的专业能力培养。这包括专业知识培训和实践技能提升两个方面。专业知识培训是提升辅导员谈心谈话能力的基础。高校应定期组织辅导员参加心理学、教育学、社会学等相关领域的知识培训，让他们不断更新自己的知识结构，提高谈心谈话的专业水平。同时，实践技能提升也是必不可少的。高校可以为辅导员提供实践机会，如参与学生心理咨询、组织团体活动等，让他们在实践中不断锻炼和提高自己的谈心谈话能力。通过专业知识与实践技能的并重培养，辅导员可以更加有效地开展谈心谈话工作，为学生的健康成长和全面发展提供有力的支持。

四、高校辅导员谈心谈话工作的建议

（一）深化谈心谈话工作的内涵理解，强化其在辅导员工作中的核心地位

谈心谈话不仅仅是简单的师生交流，它更是一种深度的情感沟通、思想

引导和心灵触碰。辅导员应充分认识到谈心谈话在了解学生思想动态、解决学生实际问题、引导学生健康成长方面的重要作用。为此，高校应加强对辅导员的培训，使其深刻理解谈心谈话工作的内涵与价值，明确其在辅导员工作中的核心地位。同时，辅导员自身也应不断反思与总结，提升对谈心谈话工作的认识与重视程度，将其视为一项长期而艰巨的任务，投入足够的时间和精力。[7]

在实施过程中，辅导员应注重与学生的情感交流，通过倾听、理解、共鸣等方式，与学生建立深厚的情感联系。同时，辅导员还应注重引导学生表达自己的想法和感受，鼓励学生分享自己的经历和困惑，从而更全面地了解学生的内心世界。[4]通过这种方式，辅导员可以更加准确地把握学生的思想动态和心理需求，为后续的思想政治教育和心理健康辅导提供有力的支持。

（二）完善谈心谈话工作的机制建设，确保其规范性与持续性

为了确保谈心谈话工作的有效实施，高校应完善相关的机制建设。首先，应建立明确的谈心谈话工作规范和流程，包括谈心谈话的时间安排、地点选择、话题引导等方面，以确保每次谈心谈话都能有序进行。其次，应建立谈心谈话工作的反馈与评估机制，通过定期收集学生、同行及上级的反馈意见，对谈心谈话工作的效果进行评估和改进。[8]最后，还应建立谈心谈话工作的激励机制，对在谈心谈话工作中表现突出的辅导员给予表彰和奖励，以激发其工作热情和积极性。

（三）创新谈心谈话工作的方式方法，提高其针对性和实效性

在新时期，学生的需求和特点都在不断变化，因此辅导员需要不断创新谈心谈话工作的方式方法。首先，辅导员可以运用现代科技手段，如社交媒体、在线聊天工具等，与学生进行更加便捷和高效的沟通。其次，辅导员可以借鉴心理咨询、职业规划等领域的专业方法和技术，丰富谈心谈话的内容和形式。[2]例如，可以引入心理咨询中的倾听技术、情绪管理策略等，帮助学生更好地处理情感问题和心理压力。最后，辅导员还可以结合学生的兴趣爱好和关注点，开展主题式的谈心谈话活动，如围绕热门电影、社会热点等话题进行讨论和交流，以增强谈心谈话的吸引力和感染力。

（四）注重辅导员队伍的专业化发展，提升谈心谈话工作的整体水平

辅导员队伍的专业化发展是提升谈心谈话工作整体水平的关键。高校应加大对辅导员队伍的培训力度，提供系统的专业知识和技能培训。培训内容可以包括心理学、教育学、社会学等相关学科的理论知识，以及谈心谈话技巧、沟通技巧、情绪管理等方面的实践技能。同时，高校还应鼓励辅导员进行学术研究和实践探索，将理论与实践相结合，不断提升自身的专业素养和实践能力。[5] 此外，高校还可以建立辅导员之间的交流与合作平台，定期举办经验分享会、案例分析会等活动，促进辅导员之间的互相学习和共同成长。通过这些措施的实施，可以不断提升辅导员队伍的整体素质和能力水平，为谈心谈话工作的有效开展提供有力的人才保障。

参考文献

［1］朱昱熹．新媒体视野下高校辅导员谈心谈话工作路径探究［J］．高校辅导员，2016（2）：4.

［2］黄荷昱．高校辅导员工作中的谈心谈话的作用探新［J］．高教学刊，2019（13）：4.

［3］张华天．辅导员与学生谈心工作是开展学生思想教育的有效途径［J］．科技资讯，2015，13（27）：137-138.

［4］袁源，高敏．基于心理咨询视角的辅导员谈心谈话工作实效提升研究［J］．思想教育研究，2017（4）：5.

［5］张春伟．高校辅导员谈心谈话工作研究与实践［J］．沈阳大学学报（社会科学版），2013，15（5）：3.

［6］汪俊斐．高校辅导员谈心谈话工作标准化探析［J］．吉林省教育学院学报，2024，40（6）：1-6.

［7］李竹．高校辅导员高质量开展谈心谈话的思考［J］．公关世界，2024（10）：104-106.

［8］王戈弋．高校辅导员队伍软实力提升的途径——基于辅导员谈心谈话技能的探讨［J］．职教论坛，2016（20）：3.

"双一流"建设背景下政法院校辅导员开展学风建设工作的价值使命、现实困境及实践路径 ①

牛 静

（法学院）

党的二十大报告中对教育、科技、人才进行了"三位一体"的系统谋划部署，并明确提出要"全面提高人才自主培养质量，着力造就拔尖创新人才，聚天下英才而用之"[1]。习近平总书记强调："要根据科技发展新趋势，优化高等学校学科设置、人才培养模式，为发展新质生产力、推动高质量发展培养急需人才。"[2]

政法院校是国家培养法治人才的主阵地，在新时代国家经济建设、科技发展和社会进步中起着重要的作用。作为新时代我国高等教育建设的引领性、标志性工程，新一轮"双一流"（即世界一流大学和一流学科）建设正不断推进。深入研究"双一流"建设背景下政法院校辅导员如何更好地开展学风建设工作，对于培养高级法治人才，推进建设教育强国具有重要意义。如何把握政法院校学风建设的重要性、找准当前问题症结、探索解决问题的渠道，是新时代政法院校辅导员开展学风建设的工作重点。

一、"双一流"建设背景下政法院校辅导员开展学风建设工作的价值使命

（一）培养国家所需高素质政法人才的坚强保障

教育兴则国家兴，教育强则国家强。立足于新时代，党和国家事业发展

---

① 本文系湖北省 2023 年度省教育厅哲学社会科学研究项目（高校学生工作品牌）"华中地区高校'一站式'学生社区综合管理模式育人成效评价与优化路径研究"（项目编号：23Z434）的阶段性研究成果之一。

对高等教育的需要、对创新人才的需要比以往任何时候都更为迫切。从国际环境来看，全球范围内新一轮科技革命和产业变革正在加速兴起，科技竞争和人才竞争日益激烈。从国家层面看，随着我国参与国际事务愈加深入，我国在全球治理中的地位愈发重要，对法治人才的培养也提出了更高的要求。

政法院校辅导员应不断强化政治自觉和责任意识，牢固树立"为党育人、为国育才"的使命担当，从教育、科技、人才"三位一体"的视角来深刻认识和主动谋划学风建设工作，以高度的责任感和使命感回答好"培养什么人、怎样培养人、为谁培养人"这一重大命题；同时应深刻认识到全面依法治国方略背景下自身所肩负的重大使命，深刻认识到培养德法兼修的法治人才的重要战略意义，为国家、社会培养具有爱国情怀、法治信仰、创新能力的高素质法治人才。

学生在校期间是其法治信仰培育和养成的关键阶段，强化学生的理论基础和法律思维能力尤为重要。政法院校应以优质的学风推动学生法学理论知识学习与法律实践能力养成相结合，从而引导学生成为具备扎实法学根底的法治人才，为国家重大发展战略和社会发展贡献力量。

（二）推动"双一流"政法院校建设的先决条件

学风是大学精神的集中体现，是立德树人的本质要求。学科建设与发展情况是政法院校的办学特色与根本优势所在，是人才培养的基础。近年来，党和国家统筹推进"双一流"建设，对高校的学科建设与育人成效提出了更高的要求。政法院校"双一流"建设要以产出一流学术成果和育人成果作为必要条件。当前，政法院校在"双一流"建设过程中人才培养的类型、结构与国家经济社会发展匹配度亟待提高。因此，将学风建设作为"双一流"建设背景下一流人才培养的发力点，涵养求实创新、脚踏实地的学风，为政法院校培养一流政法人才与创新型人才提供教育保障，从而能够推动学生在实践中不断提升创新能力，加快政法院校学科发展，为国家经济社会发展输送参与者和建设者。

（三）促进政法院校学生成长发展的有力抓手

在以往的学生培养模式中，高校教学主要以提供统一化、标准化的知识讲授为主，对于因学生的差异性、特色化而导致的学习效果不佳、综合素质分化问题未给予足够的重视。新时代大学生都是"信息巨人"，信息资源搜集获取能力较强，但由于社会经验较少而导致理性判断不足，在成长发展过程中会遇到各式各样的学业困难和发展瓶颈。加强政法院校学风建设工作，充分凝聚管理、服务等育人合力，对政法学子开展群体性、个体性的全方位学习发展服务和指导，引导学生树立正确的学习观念、坚守学术道德规范，能够有效地解决学生的实际困难，提高学生思想水平、政治觉悟、道德品质，引导学生聚焦学习主业，强化培养学生的知识运用能力、辩证思维能力、法律事务能力、创新能力等，推动学生成长为德才兼备、全面发展的新时代法治人才。

二、"双一流"建设背景下政法院校辅导员开展学风建设工作的现实困境

（一）组织体系不完备，支撑力量单薄

学风建设是一项系统性工程，需要全校各部门通力合作、相互配合，更需要全体师生积极参与。学风建设作为辅导员工作九大职责中的一项，是辅导员育人工作的重要一环。但从目前政法院校辅导员开展学风建设工作情况来看，辅导员对所带学生专业的培养计划、培养目标、课程设置等还有待进一步熟悉；对学生的学业困难、课程学习方法的指导存在浅尝辄止现象，对于班级学习氛围的营造流于形式较多；同时对班级导师、校内外资源的调动力量有限，现有学风建设工作的开展缺乏指导性和规范性。

（二）供需匹配不充分，个性服务不足

大学阶段是学生价值观形成的重要时期。在这一时期，学生对周围环境、遇到的困难认识和思考还不够深入，呈现出较为明显的思想观念多元化特征。不论是日常的学业帮扶还是职业生涯规划，每个学生的需求都存在较大差异，个性化需求较多，这也为辅导员开展学风建设工作带来了新的困难和挑战。部分学生在遇到学业困难时羞于求助或不知如何求助且信息差导致信息获取不足、资源了解不充分。还有部分学生有着更高、更全面的发展需求，但因资源有限而无法获取更为针对性的个性化指导。因此，辅导员应针对学生的不同需求、不同类型进行有针对性的需求调研，并立足于学生最真实的诉求提供个性化、全方位、订单式的学业指导和生涯规划服务，帮助学生明确自

身发展目标并制定切实可行的"生涯路线图"。

（三）学生目标不明确，发展动力欠缺

在政法院校学生群体中，部分学生成长目标与发展规划不够清晰明确，在"卷"与"躺"中摇摆不定，投入专业课程学习的时间不多，对自我约束不够。总体来看，政法院校学生大多具有强烈的自我意识和个人价值标准，较为注重个人价值的实现程度以及自我效能感、获得感是否及时得到满足，但自主学习意识有待进一步强化。习惯于中学的学习模式，部分学生进入大学后未能及时调整角色和定位，因缺乏老师、家长的日常监督，存在学习态度不端正、学习方式不当等现象，甚至部分学生存在一定的精致利己化倾向。

三、"双一流"建设背景下政法院校辅导员开展学风建设工作的实践路径

（一）健全工作体系，提高辅导员学风建设工作精准性

精准掌握学生群体需求与个体需求是辅导员开展学风建设工作的大前提。只有了解学生在不同阶段的不同学业发展需求，搭建起覆盖学生不同群体的学业发展服务体系，才能实现辅导员学风建设工作由"大水漫灌"到"精准滴灌"的模式转变。

首先，辅导员应不断完善学业帮扶体系。辅导员应充分了解、熟悉所在专业的学生培养方案、学科特色及发展前景，引导学生对所学专业建立专业兴趣和专业自信。精准摸排学生学分修读情况，对于存在学业困难、挂科较多的学生要做到时时心中有数。分群体开展学业帮扶，重点关注民族学生、需心理高关怀学生、港澳台学生等，针对专业基础薄弱的同学开展学业帮扶，打牢学习基础。

其次，辅导员应主动构建能力提升体系。学生从入学到毕业，每一阶段都有不同的能力发展需求。尤其相较于综合性院校，政法院校的学生职业定位意识更强、学科专业认同度更高，专业的实践性也更强。辅导员要把握关键契机和重要时间节点，从入学到毕业，从大一的"适应课题"、大二的"学业发展"到大三的"实践锤炼"、大四的"生涯养成"，引导学生明确自身优势，强化青年学子的思维能力、表达能力和对法律事实的分析能力，最终实现理

论与实践的有机结合。

最后，辅导员应积极搭建发展引领体系。充分发挥典型榜样的引领示范作用，组朋辈小导师等团队，深入各个班级开展学风建设和学业交流活动，发挥朋辈效应。另外，辅导员应积极主动邀请学科竞赛、模拟法庭等相关领域的资源进入班级和年级，为学生的多元化、创新化发展搭建平台。

（二）完善制度机制，提高辅导员学风建设工作科学性

辅导员在开展日常工作时，应着力完善学业发展帮扶的配套制度机制，为各项工作的开展提供有力支撑。

首先，辅导员应完善健全学生评价体系。明确评价考核的导向，满足新时代大学生全面发展的价值取向，引导学生树立正确的学习观念，合理看待得与失。以科学的评价标准引导学生聚焦学习主业，引导学生潜心向学。建立健全学业预警机制，常态化、长效化地开展学业监督和帮扶。

其次，辅导员应充实多元化学业发展工作队伍。积极联动班级导师、专业课老师、优秀校友、学生志愿者等群体，组建专业化、多元化的帮扶工作队伍，开展各类培训、辅导活动，为不同群体的学生提供特色化定制服务。

最后，辅导员应建立多元主体的评价体系。学风建设工作效果如何、学生是否真正受益，辅导员应将受众评价作为改进工作的重要指向。学生从受众角度出发，其参与度与认可度可以作为学风建设工作机制是否科学、活动是否适用的重要参考，也有利于辅导员不断完善学风建设工作思路和方法。

（三）丰富工作载体，提高辅导员学风建设工作创新性

辅导员应精准捕捉学生的动态变化和现实需求，将学风建设工作常做常新。

首先，辅导员应充分依托校院两级学习发展中心平台。近年来，国内高校陆续设立校级大学生学习发展中心，并以学院为单位推进院级学习发展中心建设工作，旨在为大学生提供更加优质的学业发展服务。辅导员可以立足校、院两级学习发展中心平台，通过整合学习资源为学生提供更加系统化、专业化的学习发展指导。

其次，辅导员应创新学业发展活动形式。充分利用校内公共空间，开辟学习交流场地，常态化开展班导师下午茶、导师见面会等活动，畅通师生交

流渠道。开展"学风建设月"系列活动，引导学生形成年级学风公约，营造良好学习氛围。

最后，辅导员应发挥新媒体阵地作用。结合当下大学生善于依托信息化进行学习的新特点，辅导员应主动利用小红书、抖音、微信等平台，学习用"青言青语""网言网语"来建立和学生的连接点，及时为学生推送各类学业辅导等活动信息，推动学生学习资源共享，实现教师、学生线下、线上互动不断线，营造全覆盖、全联动的学习氛围。

参考文献

［1］习近平. 高举中国特色社会主义伟大旗帜 为全面建设社会主义现代化国家而团结奋斗——在中国共产党第二十次全国代表大会上的报告（2022年10月16日）［M］. 北京：人民出版社，2022.

［2］习近平. 发展新质生产力是推动高质量发展的内在要求和重要着力点［J］. 求是，2024（11）.

［3］徐江虹. 规训赋能高校学风建设探究［J］. 学校党建与思想教育，2022（21）：78-81.

［4］刘洋溪，杨臣. 典型模范人物引领高校学风建设研究［J］. 学校党建与思想教育，2021（14）：35-37.

［5］窦雅琴. 论高校生涯教育与学风建设的有效互动［J］. 学校党建与思想教育，2020（16）：83-85.

［6］王蕊. 关于加强新时代高校学风建设的思考［J］. 学校党建与思想教育，2020（1）：87-89.

［7］李璟璐，王道明. 朋辈榜样促进高校学风建设的实践探索［J］. 学校党建与思想教育，2019（10）：65-67.

［8］刘男，刘昕雨，李伟嘉. 学生管理工作队伍视角下学风建设长效机制探究［J］. 高教探索，2016（S1）：179-180.

［9］温娟，王纪平. 高校辅导员在学风建设中作用的发挥［J］. 山西农业大学学报（社会科学版），2013，12（4）：386-388.

［10］徐晓宁. 论辅导员在学风建设中的主导作用［J］. 学校党建与思想教育，2012（12）：74-75.

"互联网 +" 时代高校辅导员职业道德修养的提升路径研究

刘芳男

（新闻与文化传播学院）

从古至今，教育对社会发展和文化传承都起到极其重要的推动作用。作为教育事业中的重要角色，教师是立教之本、兴教之源，他们肩负使命与职责，为国家培育堪当民族复兴重任的时代新人。高校辅导员作为开展大学生思想政治教育的重要力量，其职业道德修养直接关系到大学生的成长成才和高校的稳定发展。在"互联网 +"时代，碎片化信息传播迅速、交流方式多样、价值观念多元，这些都对高校辅导员的职业道德修养提出了更高的要求。

一、"互联网 +"时代高校辅导员提升职业道德修养的重要性

"互联网 +"时代的到来，将互联网深入融合到社会的各个领域，高等教育也不例外。时代对传统高等教育发展模式进行着冲击。高校辅导员拥有教师和管理者的双重身份，作为大学生思想政治教育和日常管理工作的重要力量，是日常与大学生接触最为密切、最熟悉的老师，其职业道德修养面临着新的机遇和挑战。他们的言谈举止影响着大学思政教育的工作实效，对塑造学生正确的世界观、人生观、价值观发挥着重要作用。提升职业道德修养不仅是辅导员个人职业发展的需要，更是为党育人、为国育才的必然要求。

（一）构建更加和谐良好的师生关系

"互联网 +"时代让信息能够在瞬间传遍全球，学生获取信息的渠道更加丰富，海量信息的涌入正悄无声息地改变着他们的生活和社交方式，让他们的思想和行为也变得开放和多元化。然而，网络信息良莠不齐、真假难辨，且学生在网络上的言论和行为容易受到外界因素的影响。这对他们的价值观

和判断力构成了巨大挑战，需要高校辅导员加以正确引导。高校辅导员只有具备较高的职业道德修养，在面对繁杂信息时保持正确的判断，才能更好地引导学生辨别真伪、善恶。

高校辅导员大多是充满活力的新一代青年人，他们乐于学习和接受新鲜事物，通过网络能快速了解当下学生所感兴趣的热门话题。互联网平台也让师生之间的沟通与互动更加多样和便捷。良好的职业道德修养有助于增强高校辅导员在学生中的影响力和公信力，更好地了解学生需求，帮助他们解决问题和困惑，成为学生成长路上的良师益友。

（二）构建高素质的高校思政工作队伍

高校辅导员作为高校思想政治队伍建设的重要成员，在思想上要紧跟党的步伐，努力提高政治素养，坚定政治立场，深刻领会党的教育方针政策，深入学习贯彻习近平总书记系列重要讲话及文件精神，引导学生坚定理想信念，努力成为堪当民族复兴重任的时代新人；在专业上要紧跟时代步伐，积累扎实的思想政治教育专业知识和相关学科知识，能够运用科学的方法去应对学生工作中的实际问题；在生活中做到诚实守信，以身作则，成为学生们道德行为的楷模。"互联网+"时代，提升高校辅导员的职业道德修养更加有助于促进高校思政队伍的建设，更好地践行"三全育人"理念。[1]

（三）构建实效性更优的高校思想政治教育工作形态

适应"互联网+"时代新的教育模式和手段。"互联网+"教育要求高校辅导员熟练掌握网络技术，创新工作方法。良好的职业道德修养能够促使高校辅导员积极主动地学习和应用新技术，提升工作效率和质量。

有效应对学生思想行为的多元化。面对学生在网络环境中呈现出的多元化思想和行为，高校辅导员只有不断提高自身的职业道德修养，才能以包容、开放、理解、负责的育人态度与学生进行沟通交流，引导他们健康成长。

春风化雨，润物无声。高校辅导员的职业道德修养水平，也在无形中影响着大学生对思想政治教育的接受程度。具备良好职业道德修养的高校辅导员能够赢得学生的尊重与信任，使思想政治教育工作更加深入人心，取得实效。

二、"互联网 +"时代对高校辅导员职业道德修养提出的新要求

　　教育是国之大计、党之大计。教育作为一种培养人的活动，本身就是一种道德的活动，教师从事的职业是一个道德的事业。[2]对于高校辅导员而言，加强教师职业道德修养不仅是加强师德师风建设的要求，也是立德树人的基本要求。高校辅导员长期工作在学生一线，对学生的情况最为熟悉，是陪伴学生整个大学四年的老师。他们经常走访宿舍、深入课堂、召开班会、开展心理辅导等，言谈举止对于学生的社会化发展有着潜移默化的影响。所以，高校辅导员唯有提高自身的职业道德修养水平，才能培养出敢想敢为又善作善成的时代新人。

（一）要求高校辅导员须具备更高的信息素养

　　互联网上点击搜索关键字，所有相关信息一目了然。信息爆炸式增长的时代，高校辅导员需要具备敏锐的信息意识，能够快速准确地筛选、分析和运用有价值的信息；同时熟知网络技术的新变化和特点，能够熟练运用新媒体手段和互联网工具，更全面地开展思想政治教育工作。

（二）要求高校辅导员创新工作模式

　　互联网带来了新的教育理念和方法，高校辅导员需要不断创新工作思路和方式，将互联网与思想政治教育深度融合，以满足学生多样化的需求。

（三）要求高校辅导员坚守职业道德底线

　　网络环境复杂多变，高校辅导员要在海量信息中保持清醒的头脑，坚守职业道德底线，不传播不良信息，不做有损学生利益和学校声誉的事情。

（四）要求高校辅导员塑造正面积极的网络形象

　　"互联网 +"时代所带来的变化巨大，让学生还没有进入大学就能在网上搜索到高校的相关信息，包括培养方案、课程大纲以及有关辅导员的评价等。因此，高校辅导员要更加注重职业形象的维护，时刻注意自己的言谈举止在网络中会对学生产生的重要影响，以及自身行为在网上舆论传播后对高

校辅导员职业形象的评价；要树立良好正面的网络形象，引导学生正确使用网络。

三、"互联网＋"时代高校辅导员职业道德修养的提升路径

当前随着时代特征的变迁，各行各业的信息都相较以往变得更加公开和透明。部分高校辅导员在职业道德修养上也出现了一些问题，具体如下。

信息过载与筛选困难。互联网带来了海量信息，高校辅导员可能难以筛选出有价值、准确和适合学生的内容，导致在教育引导学生时出现偏差或误导。

网络交流方式影响沟通效果。高校辅导员过度依赖网络沟通，可能使面对面交流的能力下降，难以捕捉学生的细微情感变化和真实需求，影响辅导的深度和质量。

网络不实言论的误导。网络上存在一些不良言论和价值观，高校辅导员如果自身缺乏坚定的职业道德信念，容易受到影响，从而在教育工作中传递不正确的观念。

工作与生活界限变得模糊。互联网使得工作随时可以介入生活，导致高校辅导员难以平衡工作和个人生活，长期处于工作状态，产生职业倦怠，影响职业道德的坚守。

技术快速更新迭代带来的压力。高校辅导员对新的互联网技术和应用掌握不足，可能导致在运用网络工具开展工作时效率低下，进而影响工作热情和职业成就感。

隐私保护意识不足。高校辅导员在利用互联网收集和处理学生信息时，可能因疏忽或缺乏相关知识导致学生隐私泄露，违背职业道德。

网络舆情应对能力不足。高校辅导员面对网络上突发的与学生相关的舆情事件，缺乏有效的应对策略和技巧，不能及时引导舆论，维护学生利益和学校形象。

（一）高校辅导员不断加强自我学习与反思

"互联网＋"时代的到来，让高校辅导员在开展工作时面临新的挑战和

机遇，为了更好地对学生负责，需要不断加强自我学习，定期对自身工作进行反思，总结经验教训，发现不足及时改正，提升自己工作的职业化、专业化水平，努力向专家化发展。

高校辅导员应主动学习思想政治教育理论、法律法规、心理学、教育学等相关知识，不断丰富自己的知识体系，积极主动地学习和应用新技术，运用互联网技术开展思想政治教育工作，提升工作效率和质量，提高自身的综合素质。

高校辅导员应利用好网络学习资源，利用空余时间参加网络培训，自主学习职业道德规范和相关法律法规，拓宽视野，增强职业认同感和责任感；遇到学生突发事件时，用法治思维去应对和处理，维护好学生和老师的权益，在学生需要帮助时提供法律救济。

高校辅导员应利用社交媒体平台、在线课程等渠道，与学生建立密切的联系，及时了解学生的思想动态和需求，积极参与学生的网络活动，如网络社团、线上主题班会等，增强与学生的互动和信任；在年级建立官方QQ群，发布权威通知和重要活动信息、随时线上关注学生课堂到勤率等，为学生提供正确的思想引领和价值导向；同时通过网络与家长建立良好的互动沟通渠道，为构建家校联合育人机制架起桥梁。

高校辅导员应以平等、尊重、关爱的态度与学生进行网络交流，引导学生树立正确的价值观和道德观，时刻关心重点关注学生动态，为学生提供了更有针对性的帮助和指导，让学生感受到温暖和归属感。

（二）定期开展有关高校辅导员职业道德修养的专题培训与研讨

高校应定期组织辅导员参加互联网技术应用、网络思想政治教育等方面的培训，提高辅导员的专业技能；同时定期举办职业道德专题的研讨活动，邀请专家学者开展讲座进行指导，分享先进的工作理念和方法，结合实际工作遇到的困难进行案例分析，共同探讨解决工作中遇到的道德难题。此外，高校应不断丰富培训形式，以走访交流的实践方式，组织带领辅导员前往兄弟院校，开展行业内的交流活动，与其他高校的辅导员相互学习、取长补短。最后，高校应多鼓励辅导员参加相关学术会议，了解最新研究成果和实践经验，为提升职业道德修养提供理论支持。

（三）建立健全高校辅导员职业道德修养的监督与评价机制

高校应制定科学合理的辅导员职业道德评价指标体系，将互联网工作表现纳入评价范畴。每学期末，高校通过学生网上匿名评价、同行互评和领导评价等多维度评价相结合的方式，对辅导员的工作进行全面考核。

建立奖惩机制。对于在网络工作中表现出色的高校辅导员，学校给予表彰；对于存在问题的高校辅导员，学校及时进行提醒、核实并督促整改。

建立健全监督机制。制定详细的辅导员职业道德评价标准，对辅导员在网络中的言行进行监督，明确高校辅导员在网络环境中的行为规范。

（四）营造良好的工作环境

高校要营造尊重辅导员、支持辅导员工作的良好氛围，加大对辅导员工作的支持力度，提供必要的硬件设施和技术保障，改善辅导员的工作条件；多关心辅导员的成长发展，为其提供晋升渠道和职业发展空间，激发辅导员提升职业道德修养的积极性和主动性；同时联合各部门一起，共同加强校园网络文化建设，营造积极向上的网络氛围，倡导良好的职业道德风尚，使辅导员在潜移默化中受到熏陶和感染，也为辅导员开展网络思政工作创造有利的环境。

（五）增强高校辅导员的服务意识与奉献精神

"互联网+"时代，学生用互联网记录和分享生活的点滴，也在网络上表达个人的观点。高校辅导员的一言一行都被网络所放大，稍不注意自己的言谈举止和聊天记录就会被学生上传至网上。因此，高校辅导员更要时刻牢记自己的使命和责任，以服务学生为宗旨，用实际行动和温暖话语去关心关爱学生，以情感人，以理服人，更好地为大学生的成长成才保驾护航，在工作中用自己的实际行动诠释职业道德的内涵。

四、结语

"互联网+"时代为高校教育带来了前所未有的变革，也对高校辅导员的职业道德修养提出了更高的要求和挑战。本文针对当前高校辅导员职业道德修养中出现的一些问题进行分析和探究，提出相应的提升路径，帮助提升高校辅导员的职业道德修养和工作能力，使其更好地适应时代发展的需求，为促进学生成长与发展，落实立德树人根本任务贡献力量，从而更好地推动高校高质量发展。

参考文献

［1］曹望兰. "互联网+"时代高校辅导员职业道德修养的提升路径［J］. 鄂州大学学报，2023（9）：30-32.

［2］李太平. 高等学校教师职业道德修养［M］. 武汉：长江出版社，2017.

［3］陈鸿铭. 高等教育法规视野下的高校教师职业能力提升路径探析［J］. 科教导刊，2021（19）：54-56.

［4］周后璋，王子钧，罗明亮. 高校辅导员职业道德修养中存在的问题及对策——基于"互联网+"视域下的研究［J］. 教育教学论坛，2020（24）：23-24.

高等教育法规视角下辅导员在促进学生权益保护互动机制中的角色与策略研究

刘杰鑫

（信息工程学院）

一、引言

随着中国高等教育的快速发展，学生权益保护已成为高校管理的重要议题之一。《中华人民共和国高等教育法》等法规为学生权益的保护提供了法律依据和制度保障。然而在实际操作中，如何将法律法规的精神与高校管理实践相结合，确保学生权益的有效维护，仍然面临诸多挑战。在这一过程中，辅导员作为高校管理的基层执行者，扮演着至关重要的角色。

辅导员不仅是学生日常生活和学业发展的引导者，更是维护学生合法权益的重要保障者。张硕[1]认为高等教育法规为辅导员工作提供了明确的法律依据和制度保障，有助于规范辅导员的工作行为，提升工作效果；同时，他还发现，辅导员应加强对高等教育法规的学习和理解，以更好地履行其职责。陈心园[2]从高等教育法规的定义与案例出发，探讨高校青年辅导员如何践行高等教育法规，并提出完善相应的高等教育法规建议。吕书扬[3]通过深入研究现行高等教育法规体系，分析了青年教师在实践中所面临的问题，并提出了相关建议和对策，旨在提升他们在践行高等教育法规方面的能力和水平，为高等教育的可持续发展贡献力量。崔璐璐[4]通过回顾西班牙残疾人教育法律制度的发展历程，了解了西班牙残疾人高等教育法律制度的发展现状及存在的问题。张育华[5]通过研究发现高校在落实高等教育法规的过程中主要在政策不完善、落实不彻底和监督机制尚未成熟几个方面存在不足。

综合当前的研究，辅导员在落实高等教育法规、保护学生权益方面的作用尚未得到充分发挥，且在具体操作中存在策略不清、执行不力等问题。因此，深入探讨高等教育法规视角下辅导员在促进学生权益保护互动机制中的角色与策略，具有重要的理论和实践意义。

本文旨在通过系统分析辅导员在这一领域的工作实际，提出优化辅导员工作策略的建议，以期为进一步完善高校学生权益保护机制提供参考。这不仅有助于提升辅导员的专业素养和工作效率，也为构建和谐的高校管理环境、推动法治校园建设提供了新的思路和方向。

二、高等教育法规的基本原则下高校及辅导员角色

（一）高校落实高等教育法规的基本原则

1. 依法治校原则

依法治校是指高校管理和决策必须依据国家法律法规进行，确保学校的运作符合法律规定。这一原则要求高校制定和实施的各项规章制度都要有法律依据，并且与上位法保持一致。

在实际工作中，高校在制定学生管理条例时，必须参照《中华人民共和国高等教育法》及相关法规，确保条例内容符合法律规范。例如，学校制定的考试作弊处理规定必须依据国家法律，不能擅自增加惩罚措施。

2. 公平公正原则

公平公正是指高校在处理学生事务时，必须秉持客观、公平和公正的态度，确保每个学生在校期间享有平等的权利和机会。高校应避免歧视或不公平对待学生的行为。

在实际工作中，学校在学生奖学金评选过程中必须制定透明、公正的评选标准，确保所有符合条件的学生都有平等的机会竞争，并且评选过程公开透明，接受监督。

3. 学生权利保护原则

学生权利保护原则要求高校尊重和保护学生的合法权益，包括受教育权、参与学校管理的权利、隐私权等。高校应建立相应的机制，确保学生在合法

权益受到侵害时能够及时获得救济。

在实际工作中，学生因某门课程的成绩不公正而提出申诉，学校必须按照规定的程序受理并进行调查，保障学生的申诉权利。

4. 协商与民主参与原则

协商与民主参与原则要求高校应鼓励学生参与学校管理和决策过程，通过协商和民主的方式解决学生与学校之间的矛盾。学生会和其他学生组织的存在和运作应得到法律的保障和支持。

在实际工作中，学校在制定涉及学生切身利益的规定（如住宿管理、学费调整等）时，应通过座谈会、问卷调查等形式听取学生意见，并根据反馈进行调整。

（二）高等教育法规对辅导员的影响

1. 依法治校原则对辅导员的影响

辅导员在日常工作中必须熟悉并遵循高等教育法规及相关法律法规，确保自己在处理学生事务时的行为合法合规。辅导员应当在学生遇到法律问题时提供正确的法律指导，避免因法律知识不足而导致的错误处理。这种合法合规的指导不仅能帮助学生维护自己的权益，还能增强学生对学校管理的信任感，降低学生与学校之间的冲突。

2. 公平公正原则对辅导员的影响

辅导员在评估、指导学生时，必须保持公平公正，避免主观偏见，确保所有学生在学业、奖惩、活动参与等方面享有平等的机会。公平公正的工作方法有助于辅导员树立威信，赢得学生的尊重与信任，促进和谐的师生关系。

3. 学生权利保护原则对辅导员的影响

辅导员在工作中应积极维护学生的合法权益，及时处理和报告侵权行为，帮助学生运用法律手段维护自己的权利。这种保护措施有助于提升学生的安全感，增强学校的法律意识，并为其他学生树立法律维权的榜样。

4. 协商与民主参与原则对辅导员的影响

辅导员需要发挥沟通桥梁作用，鼓励和引导学生参与学校的民主决策过程，并及时将学生的合理诉求反馈给校方。辅导员应帮助学生了解学校的管理机制，增强其参与管理的主动性。通过民主协商，辅导员能有效化解师生矛盾，推动学校决策的合理化，提高学生对学校管理的满意度。

高等教育法规的基本原则对辅导员的工作有着深远的影响，辅导员通过熟悉并应用这些原则，不仅能够有效促进学生权益的保护，还能推动高校依法治校，促进学生全面发展。

三、高等教育法规下学生权益保护案例及分析

（一）案例背景

通过资料收集，选取一个实际学生权益保护案例进行研究。

某高校 2014 级研究生李华（化名），在 2015 年因个人原因未经请假连续两周未参加学校教学活动，学校依据相关规定给予其退学处理。然而，李华在退学后并未及时办理相关手续，也未提供档案邮寄地址，导致其学籍档案一直留存在学校未被寄出。多年后，李华因工作需要急需学籍档案，却发现档案已遗失，遂向学校提出申诉，要求找回档案。接到学校转办的申诉后，辅导员张老师（化名）第一时间与李华取得联系，耐心听取其诉求，并详细询问了档案遗失的具体情况。张老师通过有效的沟通，平复了李华焦急的情绪，并承诺会尽全力帮助其找回档案。张老师立即查阅了高等教育法规及相关学校规章制度，明确了学校在档案管理方面的责任和义务，以及学生档案遗失后的处理流程。张老师先联系了学校档案管理部门，了解档案遗失的可能原因及补救措施。随后，张老师又通过学校官网、档案馆等多渠道，查询到了李华在原本科阶段及本校学习期间的相关学籍信息。由于李华的情况涉及两所学校，张老师还积极与原本科学校取得联系，协调调取李华的高考录取信息、毕业生登记表等关键材料。经过不懈努力，张老师终于搜集齐全了李华的所有学籍档案材料，并按照学校规定进行了重新整理和密封。考虑到李华急需档案，张老师还协助其办理了档案邮寄手续，确保档案能够安全、

及时地送达李华所在单位。

（二）案例分析

在此案例中，辅导员张老师充分发挥了其在学生权益保护中的重要作用。他不仅是学生与学校之间的桥梁，更是学生权益的坚定维护者。张老师通过深入学习高等教育法规，明确了学校在档案管理方面的责任，为学生提供了有力的法律支持。同时，他积极协调各方资源，克服重重困难，最终成功帮助李华找回了遗失的学籍档案，切实维护了学生的合法权益。

此外，该案例还体现了辅导员在应对复杂问题时所展现出的专业素养和责任心。张老师不仅关注问题的解决结果，更注重在过程中给予学生充分的情感支持和心理疏导，体现了辅导员作为学生成长成才的知心朋友和引路人的角色定位。

（三）辅导员在学生权益保护中的作用与角色定位

1. 法规宣传与解读

辅导员作为学校与学生之间的桥梁，承担着向学生宣传高等教育法规及相关学校规章制度的责任。他们通过日常的教育管理活动，将复杂的法规条文转化为易于学生理解的语言，帮助学生明确自己的权利和义务，增强学生的法律意识。

2. 信息沟通与反馈

在案例中，辅导员张老师及时与李华沟通，了解其诉求，并反馈处理进展，有效建立了学生与学校之间的信息沟通渠道。这种双向沟通机制有助于及时发现问题、解决问题，减少误解和冲突，保障学生的合法权益。

3. 问题协调与解决

当学生遇到涉及高等教育法规的权益问题时，辅导员往往成为协调各方资源、推动问题解决的关键人物。他们利用自身的专业知识和工作经验，积极协调学校内部各部门以及外部相关机构，为学生争取合法权益，提供必要的支持和帮助。

4. 情绪安抚与心理疏导

在处理学生权益问题时，辅导员还扮演着情绪安抚和心理疏导的角色。他们通过耐心倾听、理解学生的感受，帮助学生缓解焦虑、恐惧等负面情绪，增强学生的心理韧性，使其能够积极面对问题并寻求解决方案。

5. 法规执行与监督

辅导员在促进学生权益保护的同时，也承担着监督高等教育法规执行的责任。他们通过日常管理和监督，确保学校各项规章制度的落实，防止违规行为的发生，维护学校的正常秩序和学生的合法权益。

通过上述案例的分析，辅导员在促进高等教育法规与学生权益保护互动机制中发挥着至关重要的作用。他们不仅是法规的宣传者、信息的沟通者、问题的协调者，更是学生权益的守护者。通过他们的努力，可以构建更加和谐、稳定、有序的校园环境，为学生的成长成才提供有力保障。

四、建议与展望

将高等教育法规与辅导员的实践相融合以更有效地保护学生权益，是一个涉及法律理解、实践操作与人文关怀的综合性过程。

（一）高等教育法规视角下辅导员落实学生权益保护的建议

1. 提高辅导员的法律意识和专业能力

辅导员需要具备基本的法律知识，特别是与学生权益相关的高等教育法规。通过系统的培训、法律知识讲座、案例研讨等方式，提升辅导员的法律素养。辅导员应明确了解国家相关法律法规的规定，尤其是《中华人民共和国高等教育法》等，以确保在实际工作中做出合法合理的决策，具体措施如下。

（1）定期组织法律法规的培训，帮助辅导员了解最新的法律动态。

（2）设置专门的法律咨询服务，提供法律援助和咨询，帮助辅导员应对学生维权问题。

（3）鼓励辅导员考取与学生事务管理相关的职业资格证书，提升专业性。

2. 建立完善的学生权益保护机制

辅导员应积极推动学校建立或完善保障学生权益的制度和流程，如学生申诉机制、心理援助机制、学术监督机制等。在实际操作中，辅导员应当协助学生合理运用这些机制，确保学生在遇到问题时可以得到公平的处理，具体措施如下。

（1）建立学生权益保护的申诉渠道，确保学生的申诉得到及时、公正的处理。

（2）辅导员在学生权益保护机制中充当"调解人"的角色，协助学生通过合法渠道解决问题。

（3）定期对学生权益保护机制进行评估和改进，结合辅导员的反馈与实际案例进行调整。

3. 加强沟通，积极解决学生纠纷

辅导员是学生与学校管理层的桥梁，他们应充分发挥沟通和协调作用。在日常工作中，辅导员应密切关注学生的需求和利益，及时处理可能出现的学生纠纷或权益争端，具体措施如下。

（1）建立常态化的辅导员与学生沟通机制，定期举行班会、座谈会，了解学生的想法与需求。

（2）当学生权益受到侵犯时，辅导员应及时介入，了解事件经过，调解双方矛盾，并向学校相关部门反馈。

（3）辅导员应确保学生知晓和了解学校的相关规章制度，引导学生理性维权。

4. 依法依规处理学生管理事务

辅导员在执行学生管理事务时，必须遵守高等教育法规的相关规定，确保每一项决策和行动都有法可依、合法合规。特别是在学籍处理、学术纪律、违纪处分等涉及学生切身利益的事务中，辅导员必须确保程序的合法性和正当性，具体措施如下。

（1）在涉及学生管理的重大决策（如学籍处理、违纪处分等）时，辅导员需严格按照法律法规和学校规定的程序操作。

（2）对于学生的不当行为或违纪情况，辅导员应首先从法律和教育角度进行疏导和教育，而不是单纯的惩罚。

（3）遇到特殊情况时，辅导员应积极向法律专业人士寻求帮助，确保处理过程符合法规要求。

5. 关注特殊群体，提供个性化帮助

高校中往往存在一些特殊群体的学生，如家庭经济困难学生、心理问题学生、少数民族学生等，这些群体在权益保护方面往往面临更多的挑战。辅导员应在遵守法规的前提下，为这些群体提供个性化的支持与帮助，具体措施如下。

（1）针对不同学生群体的特殊需求，辅导员应制定个性化的工作计划，关注他们的权益。

（2）辅导员可以通过心理辅导、经济援助、文化关怀等方式，确保这些特殊群体的学生权益不受侵犯。

（3）学校应为辅导员提供相应的资源和支持，使他们能够更好地服务特殊群体学生。

6. 推动法规与实践的互动反馈机制

法规的有效实施不仅依赖于辅导员的执行，更依赖于法规和实践之间的互动。辅导员在执行高等教育法规时，可能会发现法规在具体实践中的不足或与现实脱节的地方。因此，辅导员应及时反馈工作中的问题，推动法规的改进和完善，具体措施如下。

（1）建立辅导员的意见反馈机制，及时向学校或相关立法机构反映在学生权益保护工作中遇到的实际问题。

（2）鼓励辅导员参与法规的研究和讨论，为高等教育法规的制定和修订提供实践依据。

（3）定期总结实践中的案例，通过实际案例的讨论与分析，不断提升辅导员运用法规保护学生权益的能力。

（二）未来研究方向展望

1. 多样化案例研究

建议未来研究可基于更广泛的案例，涵盖不同类型高校的不同情况。

2. 学生反馈机制的研究

探讨建立学生反馈机制，以更好地评估辅导员在权益保护中的角色效能。

3. 法规与辅导员策略的持续优化

建议持续研究如何优化高等教育法规与辅导员策略的互动，以应对不断变化的高校环境和学生需求。

参考文献

［1］张硕．论高等教育法规对辅导员工作的指导作用［J］．法制博览，2019（5）：292.

［2］陈心园，顾英．高校青年辅导员如何践行高等教育法规［J］．贵州农机化，2024（2）：36-38，42.

［3］吕书扬．新时代青年教师践行高等教育法规的路径探究［C］//河南省民办教育协会．2024年高等教育发展论坛论文集：下册．海口经济学院，2024：3.

［4］崔璐璐．西班牙残疾人高等教育法改革特点及启示［C］//河南省民办教育协会．2024高等教育发展论坛暨思政研讨会论文集：上册．江西师范大学教育学院，2024：2.

［5］张育华，薛祝缘，钱育林．新形势下高校青年教师践行高等教育法规新思路［J］．品位·经典，2022（18）：96-97，106.

以党纪学习教育推动思政课教师师德师风建设路径分析

李梦琴

（纪委办公室、监察工作部、党委巡察办公室）

开展党纪学习教育是以习近平同志为核心的党中央做出的重大决策部署，是加强党的纪律建设、推动全面从严治党向纵深发展的重要举措。高校思政课作为立德树人的关键课程，其教师的师德师风建设直接关系到人才培养的质量与方向。党纪学习教育作为加强党员队伍建设和提升党员干部政治素养的重要途径，对于思政课教师而言，不仅是政治要求，更是提升师德师风、强化责任担当的必然选择。本文旨在探讨如何通过党纪学习教育有效推动思政课教师师德师风建设，分析其影响机制，剖析现状，探索推动路径，以期为新时代思政课教师队伍的全面发展提供参考。

一、党纪学习教育对思政课教师师德师风的影响机制

（一）以党纪学习教育强化思政课教师政治引领

党纪学习教育是锤炼党性、坚定信仰、砥砺品行的关键环节，是思想的"净化器"，帮助清除思想上的"灰尘"，帮助党员在复杂多变的社会环境中保持清醒头脑，坚守信仰高地。

为党育人、为国育才是思政课教师的重要使命，这就要求高校思政课教师必须坚定政治信仰，不断提高政治判断力、政治领悟力、政治执行力，善于从政治上看待问题、讲解问题，在大是大非面前永远保持政治清醒。思政课教师通过深入学习纪律处分条例可以更好地理解党的理论和路线方针政策，树立正确的世界观、人生观和价值观，确保在思想上始终同党中央保持高度一致，坚定共产主义远大理想和中国特色社会主义共同理想，站稳政治

立场，在培养学生的过程中坚守政治底线。

（二）以党纪学习教育提升思政课教师道德情操

党的纪律是思政课老师修养品德最基础的要求，只有坚守遵规守纪的底线，才有可能在师德师风方面做出表率。学高为师，德高为范，师德师风是教师素质的核心内容。习近平总书记强调"合格的老师首先应该是道德上的合格者，好老师首先应该是以德施教、以德立身的楷模"。培养高素质思政课教师队伍，要求广大思政课教师必须努力加强自我修养，陶冶道德情操。

梳理教育部近些年通报的师德失范的案例，不少通报中都指出"道德败坏"的问题。事实表明，教师如果在道德上出了问题，必然导致师德沦丧，也必然违纪违法。现实也一再证明，在形形色色的诱惑面前，道德定力强的人往往能够坚定地越过陷阱。

思政课教师应以党纪学习教育为契机，用党规党纪校正思想和行动，增强道德定力，自觉抵制错误、腐朽思想侵蚀，勤掸"思想尘"、多思"贪欲害"、常破"心中贼"，学习党纪的过程便是思政课教师提高党性修养、道德情操的过程。

（三）以党纪学习教育强化思政课教师自律意识

汉代班固曾说："教者，效也。上为之，下效之。"教师主要就是依靠自己的思想、言行和专业素养，以示范的方式去影响学生。这就要求教师必须具有更高的行为规范和要求，必须身先士卒，以身作则、言传身教，榜样示范。教师的自律不仅仅影响自己的师德，更加关系到立德树人根本任务，关系到教学生做什么样的人。

思政课教师要求学生做到的，自己必须先带头做到；要求学生不做的，自己一定不要去做。思政课教师应学习党的纪律，汲取其中的"营养精华"，进一步明确日常言行的衡量标尺，清楚明白什么不该做，什么不能做；在学习中坚定信仰、坚守本心，提高自我标准，用严的纪律加强自我约束；在守纪律讲规矩上作表率，在严以自律上当标兵；遇到模糊地带主动后撤一步，以做得最好的标准，确保自身正、自身硬、自身廉，为学生做自律自省的好典范。

二、思政课教师师德师风建设现状分析

党和国家对思政课教师队伍的建设高度重视，习近平总书记就曾多次做出指示："要着力建设一支政治强、情怀深、思维新、视野广、自律严、人格正的思政课教师队伍。"全国各高校积极开展师德师风建设工作，组织学习、教育和监督工作，大力弘扬教育家精神，认真落实"四有"好老师和"四个引路人"的具体规定，并且取得了一定的成绩。绝大部分思政课教师都具备坚定的政治信仰，忠诚于党和人民的教育事业，都能自觉以习近平新时代中国特色社会主义思想铸魂育人，将正确的世界观、人生观、价值观传递给学生，以仁爱之心尊重、理解、关心学生。但是，在复杂的社会背景下，思政课教师的师德师风建设仍存在着有待改善和加强的方面。

一是，少数思政课教师立德树人的使命感和责任感还有待加强，个人的自律性有待提升。相对比与其他专业课教师，思政课教师收入偏低，社会上不良金钱观、物质欲对某些意志不坚定的思政课教师产生了影响，使得其对自身专业发展感到茫然，教书育人的主动性受到影响，立德树人责任感欠缺。有部分思政课教师并非思政专业出身，专业所限，他们对于思政课教师特有的政治素养还不够敏感，有一些甚至意识不到政治素养是他们最基本、最重要的师德师风要求。这些思政课教师可以在课堂讲好专业知识，但在工作生活中面对立场不坚、态度暧昧，甚至在面对不实谣言、错误的言行时不运用专业知识积极发声。

二是，有的高校虽然制定了师德师风建设工作方案，但是还缺乏具体的执行机制和方法，还没有具体的教育、激励、宣传、考核和监督机制。在学校组织的教师培训多为业务和科研能力培训，忽视了对教师师德师风的专门培训，对教师伦理道德、工作规范的教育还需要进一步加强。没有将思政课教师的教育培训与普通专业教师的教育培训区分开来。"重技能、轻师德"的观念依然存在，对师德师风建设的考评内容和方法还是过于空洞单一，没有将教师的专业水平考核和师德师风考核真正结合起来。如何在思政课教师的绩效考核、奖惩评价中展现师德师风的重要性和关键作用还需要进一步明确。

三是，校园内的思政课教师师德师风建设文化还需要加强。校园内的

师德师风建设氛围还不够浓厚，宣传还不够有力有效。校内媒体平台师德师风建设宣传主体还是以专业教师居多，很少将思政课教师作为师德师风建设主体。

三、党纪学习教育推动思政课教师师德师风建设的路径探索

一是，思政课教师要发挥主动性，自觉以党纪学习教育提升自我素养。思政课教师要将党纪学习作为一项重要的政治任务，自觉抓好个人自学，结合习近平总书记对高校思政课建设做出的重要指示，紧密联系个人工作实际，融会贯通开展学习。思政课教师在学习中准确掌握其中的内涵要义和实践要求，深入思考和领悟敬畏党纪国法的深刻内涵，了解思政课教学和日常生活中能够产生有益影响和造成不利危害的各种行为，不断提升以辩证唯物主义和历史唯物主义观察、解决和解读现实问题的能力，主动反对各种不利于党和国家发展的言论。同时，思政课教师要用好课堂主渠道，思考党纪学习在思政教学中的运用，充分挖掘、讲好思政课程中的党性教育和党纪学习元素，培养学生纪律意识、弘扬廉洁文化。

二是，要坚持以案说德、以案说纪，强化思政课教师底线思维。高校要整合高校教师，尤其是思政课教师违纪违法典型案例，编印违纪违法、师德失范案例集，深刻剖析典型案例，引导思政课教师清楚党的政治纪律、课堂的教学纪律以及生活中的行为规范，用实际案例为思政课教师划清底线，让思政课教师受警醒、知敬畏。

三是，高校应加强组织领导，建立系统的教育培训、宣传引导、考核评价体系。高校应成立专门机构负责思政课教师师德师风建设工作，明确职责分工，加强统筹协调，确保各项措施得到有效落实。将党纪学习教育纳入思政课教师培训体系，结合思政课特点，采用案例教学、情景模拟、在线学习等多种方式，通过支部学习、网络培训、专题辅导等形成定期学习、交流研讨的常态化机制，用教师喜欢的方式，有针对性地开展教育培训，确保每位教师都能及时、系统地接受党纪教育。充分运用校内外主流媒体，通过新闻报道、专题采访以及刊发阐释文章的方式，深入宣传思政课教师强化党纪学习教育的重要意义，及时宣传报道党纪学习教育融入思政课程的特色亮点，

深入挖掘先进典型和优秀事迹，及时做好宣传，激励教师学先进、赶先进、当先进。高校应将党纪学习教育与关系教育强国建设的重大课题紧密结合起来，纳入思政课教师考核评价体系，激励教师积极参与学习教育。

四、结论与展望

以党纪学习教育推动思政课教师师德师风建设是一项系统工程，需要高校、教师和社会各界的共同努力。本文通过分析党纪学习教育对师德师风的影响机制，剖析现状，探索推动路径，为新时代思政课教师队伍的全面发展提供了有益参考。未来，笔者会继续深化研究，不断创新方式方法推动师德师风建设取得更大成效。

参考文献

［1］秦梓涵. 以党纪学习教育推动思政课教师师德师风建设论析［N］. 山西科技报，2024-07-16（A06）.

［2］王晓盛. 新时代师范类院校思政课教师师德师风建设的底蕴和现状探析［J］. 现代商贸工业，2024，45（6）：119-121.

［3］李文峰. 新时代高校思想政治理论课教师师德师风建设存在的问题及对策研究［J］. 中共太原市委党校学报，2022（3）：75-77.

人工智能时代高校辅导员职业道德修养提升路径研究

钟 唯

（财政税务学院）

一、引言

（一）研究背景

随着人工智能技术的快速发展，教育领域正经历着一场深刻的变革。高校辅导员作为高校学生教育和管理的重要力量，其职业道德修养不仅直接影响到学生的价值观形成和行为习惯的培养，也关系到高校教育的整体质量和效果。然而，当前高校辅导员的职业道德修养在某些方面仍存在不足，亟须提升。因此，探讨人工智能时代高校辅导员职业道德修养的提升路径，具有重要的理论和实践意义。

（二）研究目的与意义

本文旨在深入分析人工智能时代高校辅导员职业道德修养的现状，揭示其面临的主要问题和挑战，并在此基础上提出切实可行的提升路径。通过对职业道德教育、技术素养提升和伦理意识教育等方面的系统研究，本文力图为高校辅导员职业道德修养的提升提供理论指导和实践参考。这不仅有助于丰富相关领域的学术研究，也为高校教育质量的提升提供支持。

（三）研究内容与结构安排

本文将采用文献综述、理论分析等方法，探讨人工智能时代高校辅导员职业道德修养的重要性及其提升路径。本文研究内容主要包括分析当前辅导员职业道德修养的现状，提出职业道德教育、技术素养提升和伦理意识教育的具体措施，并总结研究结论，对未来的研究方向提出展望。

二、人工智能时代高校辅导员职业道德修养的重要性

（一）职业道德修养的定义与内涵

1. 职业道德的基本概念深化

职业道德，作为社会道德体系中的一个重要分支，其内涵远不止于简单的行为规范和道德准则的罗列。它深刻体现了某一职业领域内从业人员应秉持的价值观、职业操守以及行业精神，是职业文化与精神风貌的集中展现。对于高校辅导员而言，职业道德修养不仅是对外在行为规范的遵循，更是内在道德品质与职业精神的自我锤炼与提升。它要求高校辅导员在复杂多变的教育环境中，始终坚守教育初心，以高尚的师德师风引领学生健康成长，促进校园文化的和谐繁荣。

具体而言，高校辅导员的职业道德修养涉及对学生个体差异的尊重与理解、对教育规律的深刻把握与运用、对育人工作的热爱与投入等多个方面。它要求高校辅导员具备敏锐的洞察力，能够及时发现并引导学生解决成长中的困惑；具备广博的知识储备，能够为学生提供专业且全面的指导；具备高度的责任感，能够始终将学生的成长成才放在首位，为学生的全面发展保驾护航。

2. 职业道德核心价值的丰富内涵

（1）诚信：作为职业道德的基石，诚信不仅体现在高校辅导员与学生的日常交流中保持真实、不欺骗，更在于对承诺的坚守与践行。高校辅导员需通过自身言行向学生传递诚信的重要性，引导学生树立正确的价值观，营造诚实守信的校园氛围。

（2）公正：在处理学生事务时，公正不仅意味着遵循公平原则，不偏袒任何一方，还要求高校辅导员具备敏锐的洞察力和判断力，能够客观、全面地了解事情真相，做出公正合理的决策。同时，公正也意味着对学生个体差异的尊重，能够根据不同学生的特点和需求，提供个性化的指导与帮助。

（3）责任：高校辅导员的责任意识不仅体现在对学生学业、生活的关心与指导上，更在于对学生思想品德、心理健康等全方位发展的关注与引导。高校辅导员需将学生的成长视为己任，勇于担当，敢于负责，为学生的全面发展倾注心血与智慧。

（4）奉献：奉献精神是高校辅导员职业道德修养的最高境界。它要求高校辅导员超越个人得失，将学生的利益置于首位，甘愿为学生的成长成才付出辛勤劳动与无私奉献。高校辅导员需将个人的职业发展与学生的成长紧密结合，以学生的成功为自己的最大荣耀，不断追求教育事业的卓越与完美。

（二）高校辅导员职业道德修养的现状分析

1. 当前高校辅导员职业道德修养的普遍状况

当前，高校辅导员群体普遍展现出较高的职业道德素养，他们不仅承担着传授知识、指导学业的重任，更在学生的思想品德、心理健康、职业规划等多方面发挥着不可替代的作用。大多数高校辅导员能够秉持教育初心，以高度的责任感和使命感投身工作，认真履行教育和管理学生的双重职责。他们通过日常的沟通交流、个性化的辅导关怀以及公正无私的问题处理方式，赢得了学生的信赖与尊重，成为学生成长道路上的重要引路人。

然而，在肯定成绩的同时，我们也不得不正视当前高校辅导员职业道德修养方面存在的一些不足。随着社会经济的快速发展和教育改革的不断深入，学生群体的多元化、个性化特征日益明显，这对高校辅导员的职业道德修养提出了更高的要求。部分高校辅导员在繁忙的工作中可能忽视了对学生的深入关怀，导致在处理学生问题时显得较为机械或缺乏情感投入；同时，也有个别高校辅导员在处理学生事务时未能充分遵循公正原则，影响了学生的公平感与信任度。这些问题不仅损害了高校辅导员的职业形象，也对学生身心的健康成长产生了不利影响。

2. 存在的问题与挑战——人工智能时代的视角

进入人工智能时代，高校辅导员的职业道德修养面临着前所未有的挑战与机遇。

首先，技术的飞速发展要求高校辅导员必须不断提升自身的技术素养，以便更好地应用人工智能等现代科技手段辅助教育管理和学生服务。这要求辅导员不仅要掌握基本的技术操作，更要深入理解技术背后的伦理原则和社会影响，确保技术应用的合理性和正当性。

其次，人工智能技术的广泛应用也带来了一系列伦理问题，如数据隐私保护、算法偏见等。高校辅导员在处理涉及学生信息的数据分析、行为预测等事务时，必须严格遵守相关法律法规和伦理规范，确保学生权益不受侵害。这要求高校辅导员具备更强的伦理意识和责任感，能够在复杂的技术环境中做出正确的道德判断。

最后，人工智能时代的到来加剧了社会对高校辅导员职业道德修养的期望与关注。在信息高度透明、舆论传播迅速的背景下，任何一起涉及高校辅导员职业道德的事件都可能迅速引起社会关注并产生广泛影响。因此，高校辅导员需要更加注重自身形象的塑造和维护，不断提升自身的职业道德水平和社会责任感，以赢得社会的广泛认可和尊重。

综上所述，人工智能时代的高校辅导员职业道德修养既面临诸多挑战也蕴含着巨大机遇。高校辅导员只有不断提升自身的综合素质和职业道德水平，才能更好地适应时代发展要求和学生成长需求，为学生的全面发展和高校教育的长远发展贡献自己的力量。

（三）人工智能时代对高校辅导员职业道德修养的新要求

1. 技术素养的提升需求

在人工智能时代，高校辅导员需要具备一定的技术素养，以适应教育技术的发展。这不仅包括对人工智能技术的基本了解，还涉及如何将这些技术有效地应用于教育和管理中。高校辅导员需要掌握相关的技术知识，提升自身的技术应用能力，以更好地服务于学生。同时，高校辅导员还需要关注技术发展带来的伦理问题，如数据隐私保护、算法公正性等，确保技术应用的合理性和安全性。

2. 伦理意识的增强需求

伦理意识是高校辅导员职业道德修养的重要组成部分。在人工智能时代，伦理问题变得更加复杂和突出。高校辅导员需要具备强烈的伦理意识，能够在处理学生事务时，始终坚持伦理原则和道德规范。例如，在利用人工智能技术进行学生管理时，高校辅导员需要考虑数据的隐私保护和使用合理性，避免侵犯学生的合法权益。此外，高校辅导员还需要关注人工智能技术可能带来的社会问题，如就业问题、社会公平等，积极参与相关的伦理讨论和决策。

综上所述，人工智能时代对高校辅导员职业道德修养提出了更高的要求。高校辅导员需要不断提升自身的职业道德修养，以适应时代的发展和教育的需求。这不仅有助于提升高校辅导员自身的职业形象，也对学生的健康成长和高校教育的长远发展具有重要意义。

三、人工智能时代高校辅导员职业道德修养提升的路径

在人工智能时代，高校辅导员的职业道德修养不仅关系到个人的职业发展，更关系到整个教育系统的健康发展。面对新的技术挑战和伦理问题，高校辅导员需要通过多方面的努力，不断提升自身的职业道德修养。本节将从加强职业道德教育、提升技术素养、加强伦理意识教育以及构建支持系统四个方面，探讨人工智能时代高校辅导员职业道德修养提升的具体路径。

（一）加强职业道德教育

1. 课程设置与教学内容的优化

职业道德教育是高校辅导员职业道德修养提升的基础。当前，许多高校已经将职业道德教育纳入高校辅导员的培训体系，但课程设置和教学内容仍有很大的优化空间。第一，课程内容应涵盖职业道德的基本概念、核心价值以及在实际工作中的运用。第二，教学方法应注重理论与实践相结合，通过案例分析、角色扮演等方式，增强高校辅导员对职业道德的理解和应用能力。例如，可以通过模拟学生管理中的道德困境，让高校辅导员在实际操作中体验职业道德的重要性。

2. 职业道德教育的实践方式创新

除了传统的课堂教学，职业道德教育的实践方式也需要创新。可以通过组织高校辅导员参与社区服务、志愿服务等活动，让高校辅导员在实践中体

验和践行职业道德。同时，鼓励高校辅导员参与学术研讨、行业交流等活动，拓宽视野，提升职业道德修养。此外，利用现代信息技术，如在线课程、远程教育等，为高校辅导员提供灵活多样的学习方式，也是职业道德教育实践方式创新的重要途径。

（二）提升技术素养

1. 人工智能技术的学习与应用

在人工智能时代，技术素养成为高校辅导员必备的能力之一。高校辅导员需要掌握人工智能技术的基本知识，了解其在教育领域的应用，如智能教学辅助系统、学生行为分析等。通过学习人工智能技术，高校辅导员可以更好地利用这些技术辅助学生管理，提高工作效率。同时，高校辅导员还应关注人工智能技术带来的伦理问题，如数据隐私保护、算法歧视等，确保技术应用的合理性和公正性。

2. 技术伦理的教育与培养

技术伦理是人工智能时代高校辅导员职业道德修养的重要组成部分。高校辅导员需要具备技术伦理意识，在技术应用中坚守道德底线。通过开设技术伦理相关课程，引导高校辅导员思考技术发展与人类社会的关系，培养他们的伦理判断能力。同时，鼓励高校辅导员参与技术伦理的讨论和研究，提升他们的技术伦理素养。例如，可以通过组织技术伦理研讨会，让高校辅导员就人工智能技术在教育中的应用及其可能带来的伦理问题进行深入探讨。

（三）加强伦理意识教育

1. 伦理案例分析与讨论

伦理意识教育是高校辅导员职业道德修养提升的关键。通过伦理案例分析与讨论，高校辅导员可以更深入地理解伦理原则和道德规范。案例分析应涵盖教育领域的各种伦理问题，如学术不端、学生隐私保护等。通过分析这些案例，高校辅导员可以学习如何在实际工作中处理伦理问题，提升他们的伦理决策能力。同时，鼓励高校辅导员分享自己的经验和见解，促进相互学习和交流。

2. 伦理决策能力的提升

伦理决策能力是高校辅导员在面对伦理问题时做出正确判断和选择的能力。提升高校辅导员的伦理决策能力，需要从多方面入手。第一，加强伦理教育，让高校辅导员了解伦理原则和道德规范，培养他们的伦理意识。第二，通过模拟训练、角色扮演等方式，让高校辅导员在实践中锻炼伦理决策能力。第三，鼓励高校辅导员参与伦理决策的讨论和研究，提升他们的伦理判断力和决策力。例如，可以通过组织伦理决策工作坊，让高校辅导员就具体的伦理问题进行讨论和决策，锻炼他们的伦理决策能力。

（四）构建支持系统

1. 高校政策与制度的支持

构建支持系统是高校辅导员职业道德修养提升的重要保障。高校应制定和完善相关政策和制度，为高校辅导员职业道德修养的提升提供支持。例如，高校可以设立职业道德教育基金，支持高校辅导员参加职业道德培训和学术研讨。同时，高校应建立健全的职业道德考核和激励机制，鼓励高校辅导员不断提升职业道德修养。此外，高校还应加强与社会的联系，促进校企合作，为高校辅导员提供更多的实践机会和资源。

2. 社会资源的整合与利用

社会资源的整合与利用是高校辅导员职业道德修养提升的重要途径。高校应积极与社会各界合作，整合和利用各种社会资源，为高校辅导员职业道德修养的提升提供支持。例如，高校可以与企业、社会组织等合作，开展职业道德教育项目，提供实践机会。同时，高校应加强与媒体的合作，利用媒体平台宣传职业道德的重要性，提升社会对高校辅导员职业道德修养的重视。此外，高校还应鼓励高校辅导员参与社会服务和志愿服务，通过服务社会，提升他们的职业道德修养。

人工智能时代高校辅导员职业道德修养的提升是一个系统工程，需要从职业道德教育、技术素养提升、伦理意识教育以及构建支持系统等多个方面入手。通过加强职业道德教育，提升技术素养，加强伦理意识教育，构建支持系统，高校辅导员可以不断提升自身的职业道德修养，更好地适应人工智能时代的教育需求，为学生的健康成长和高校教育的长远发展做出更大的贡献。

在人工智能时代，高校辅导员的职业道德修养对于提升教育质量和促进学生全面发展具有至关重要的作用。本文通过对高校辅导员职业道德修养的现状及其在人工智能时代所面临的挑战进行深入分析，明确指出职业道德修养是高校辅导员职业行为的核心，影响着学生的价值观和行为习惯。为此，本文提出几点建议：第一，高校应加强职业道德教育，优化课程设置和教学方法，提升高校辅导员的职业道德意识；第二，重视技术素养的提升，通过培训和实践，增强高校辅导员对人工智能技术的理解和应用能力；第三，加强伦理意识教育，通过案例分析和模拟训练，提升高校辅导员的伦理决策能力；第四，构建支持系统，通过政策支持和资源整合，为高校辅导员职业道德修养的提升提供保障。这些措施的实施将有助于提升高校辅导员的职业道德修养，促进高校教育的整体发展。

尽管本文对人工智能时代高校辅导员职业道德修养的提升路径进行了初步探讨，但仍有许多问题值得进一步研究。未来的研究可以深入探讨不同类型高校辅导员职业道德修养的差异性，分析不同教育阶段辅导员职业道德修养的特点和需求；研究人工智能技术在高校辅导员职业道德教育中的应用效果，探索技术与教育的深度融合；关注高校辅导员职业道德修养对高校教育质量的影响，分析其在教育改革和创新中的作用。通过不断的研究和探索，可以为高校辅导员职业道德修养的提升提供更多的理论支持和实践指导。

参考文献

［1］李敏，陶磊. 新时代高校辅导员职业素养结构模型与提升路径研究［J］. 江苏高教，2023（12）：110-115.

［2］孙志飞. 高校辅导员学生信任度调查及其风险应对——基于国内200余所高校的实证研究［J］. 高教探索，2023（3）：40-47.

［3］陶鹏，贾永堂．高校优秀辅导员的职业角色及能力素养略探［J］．学校党建与思想教育，2023（9）：88-90．

［4］赵秀娟，张明志．论高校辅导员职业价值的逻辑意蕴与实践观照［J］．思想教育研究，2023（3）：133-138．

［5］卓越，张绪冰．高校辅导员运用数字技术开展大学生思想政治工作探究［J］．学校党建与思想教育，2022（23）：91-93．

［6］何文举．高校辅导员素质能力提升的路径——评《新时代高校学习型辅导员队伍建设研究》［J］．社会科学家，2021（9）：164．

［7］张剑．高校辅导员核心素养的提升路径及分析［J］．食品研究与开发，2021，42（14）：249．

［8］温德志．新时代高校辅导员队伍建设的新内涵［J］．食品研究与开发，2020，41（23）：241．

［9］张丹，邓卓明．新时代高校辅导员新媒体素养提升探究［J］．学校党建与思想教育，2020（18）：64-66．

［10］杜长冲．新媒体时代辅导员职业素质的提升［J］．中学政治教学参考，2019（27）：97．

高校辅导员法治思维培养
及法治化育人工作路径研究

段峰玮

（财政税务学院）

在依法治国背景下，高校辅导员作为学生工作的主导者，在学生管理与服务、法治教育与宣传、校园法治文化建设、校园危机事件应对等工作中应知法、懂法、守法。这有助于提升教育工作的规范性和科学性，对于推进依法治校具有重要意义。因此，高校辅导员在学生思想政治教育中要加强法治思维培养，善于运用法治思维，并将其融入法治教育，切实保障学生权益，维护校园秩序，在构建法治化、规范化的学校管理体系工作中贡献智慧与力量。本文主要针对高校辅导员法治素养现状、法治思维培养、法治化育人工作路径等方面进行简要分析，旨在从高校辅导员视角切实推进依法治校建设。

一、高校辅导员法治素养现状分析

依法治校是高校贯彻落实依法治国的重要体现，高校担负着为党和国家培养人才的重要使命。因此，学生在高校的培养过程必须充分体现依法治校。高校辅导员是学生思想政治教育的主导者。新形势下，随着高校辅导员队伍建设趋于职业化、专业化，高校辅导员专业知识、职业素养等方面要求也随之提高；法治意识同样需要逐渐增强，在日常工作中要严格遵循法律法规。高校辅导员的法治思维和法治化工作方法有助于营造公平公正的校园环境，在推进依法治校的过程中具有重要作用。

然而如今高校辅导员专业背景不局限于思想政治教育、法学等专业，不同专业学科背景的高校辅导员多样性的专业可以极大程度地与学生所学专业匹配，但法治知识掌握程度存在显著差异。例如，部分理工类专业背景高校辅导员缺乏系统的法律知识学习，导致其对法律知识的掌握不够全面，法律素养有待提高，在工作中不能很好地使用法治思维处理学生实际问题。[1]有些高校辅导员在工作中缺乏责任心，处理工作时不按规矩、随心所欲，不能维护好学生权益，这也是高校辅导员法治素养不够高的表现。

如今 05 后大学生思维活跃，对于法律意识也在不断提升，学生的法治需求也随着社会的发展不断增加。所以，高校辅导员在面对日益复杂的学生工作时要具备法治实践能力和规范化的工作方法。顺应时代形势以及工作要求，高校辅导员必须加强自身法治素养，将法治思维融入思想政治教育工作，促进学生工作规范化、制度化，在运用法治思维助力学生成长成才过程中不断践行依法治校的要求。

二、高校辅导员法治思维的科学内涵

高校辅导员在学生思想政治教育和日常事务管理中充分运用法治思维。只有理解法治思维的科学内涵，才能谈法治教育的具体实施方法。[2]因此，高校辅导员要充分学习国家法律法规及校纪校规，了解学生成长过程中涉及的法律知识，在处理学生事务时能按照规定有理有据地解决实际问题。法治思维的主要体现为"四个意识"。

第一，规则意识。"没有规矩，不成方圆。"高校辅导员在育人工作中要把握工作方法，用规章制度指导自己的工作开展，而不是依据主观情感和个人经验来判断。例如，学生违纪行为的处理要依据校规中规定的内容执行，而不是"一拍脑袋"就随便处理，应该始终坚持有理有据、符合规则规范。

第二，程序意识。很多高校辅导员在工作开展中更注意结果公正，但往往忽略了程序公正。高校辅导员在开展与学生利益相关的奖助学金评定、贫困生评议、推优入党等工作时遵守相关程序，同时将程序公开透明，不得"暗箱操作"。

第三，权利义务意识。部分学生打着维权的幌子钻规则的漏洞，实际上是混淆了权利和义务。高校辅导员在工作中要让学生明白权利与义务的关系，尽管学生在校期间享受教育权等诸多权利，但也要履行公民的基本义务，避免学生以维权为理由做出违法违规的行为举动。[3]

第四，证据意识。在处理学生矛盾、冲突时，高校辅导员只有充分调查事件原因、经过，并根据证据判断，才能正确发挥调解者的角色，树立正面、威严的教师形象。此外，在学生工作中，高校辅导员要注意工作留痕，做好工作记录，针对特别情况，还要留存照片、音频、视频等材料，学生有异议时可以提供证据证明工作合规合理，降低工作风险，这也是辅导员自我保护的必要意识。

三、高校辅导员法治思维的培养方法

（一）完善学生全过程培养管理办法

提升高校辅导员法治素养、运用法治思维处理学生工作的根本是要建立完善的高校辅导员工作办法，为高校辅导员处理学生工作提供依据。在现实工作中，高校辅导员能依据国家出台的法律法规及相关政策、学校学生管理办法、校纪校规等内容处理多数日常事务，但仍有少部分工作并无法律依据支撑，存在较大的自主性。此时，高校应根据办学性质、学生情况等确立、完善相应的学生工作办法，给予高校辅导员工作开展的指导具有重要意义。例如，在入党积极分子的遴选的过程中高校辅导员应该以什么标准、什么流程开展工作，后续又以什么样的方式对入党积极分子进行培养、考核，这都需要更为完整的制度或方法作为工作开展的支撑。因此，高校相关部门应从学生入学到毕业整个过程中涉及的学习、生活、校园活动、奖助学金评定、学生干部选拔、党员发展等方面制定具体的工作流程和办法。这有助于高校辅导员充分运用法治思维、根据管理办法进行学生在校期间全程的培养管理，促进高校学生工作逐步向规范化、制度化方向发展。

（二）加强高校辅导员法律相关知识培训

当前高校辅导员的学历要求为硕士以上学历，但多数高校辅导员的招聘录用过程中并未限定其应具有思想政治教育、法学相关专业教育背景，所以多数高校辅导员缺乏法律知识的系统学习。因此，高校在高校辅导员入职后要集中开展岗前培训，邀请法学专家教授、警察、律师等专业人士系统讲解国家法律法规及相关专业知识。[4]并根据高校学生工作实际情况，了解常见的大学生违法行为及相应处罚办法，培养高校辅导员具有应对盗窃、打架斗殴、校园贷、伤害事故等学生危机事件的法律常识。

高校要加强新老高校辅导员间的交流，通过"导师制"培养新入职高校辅导员，形成"传、帮、带"的职业发展模式。有经验的高校辅导员分享自己在处理学生危机事件时的经验，重点通过校园案例培养新入职的高校辅导员在工作中加强法治思维，在发生法律纠纷时充分维护学校及学生的权益。

（三）建立高校辅导员法治工作考核体系

高校要注重对于高校辅导员工作的考核，尤其是能否正确运用法治思维开展学生工作；重点考察高校辅导员在学生日常事务处理中能否严格遵守法律法规，依据校纪校规教育学生。高校应督促高校辅导员在履行工作职责过程中，将法治思维充分融入实际工作，依法维护学校和学生权益，并在思想政治教育中融入法治教育，推动学生法治素养的提升。对于工作中不能依法履职或有失道德规范的高校辅导员，学校要及时批评教育，必要时采取一定的惩罚措施，并加强高校辅导员法治化育人技能培训。

学生评价也是考核高校辅导员工作的重要环节。在考核中，通过匿名调查、问卷填写、学生座谈会等途径全面考量在学生视角下的高校辅导员开展学生工作时是否规范、是否符合程序，是否遵循教师道德规范。建立起全面的考核评价体系有助于进一步促使高校辅导员在工作中认真负责、依法履职。

四、高校辅导员法治化育人工作路径

（一）以思想政治教育为主要阵地，全面提升学生法治素养

高校辅导员法治思维最重要的体现就是在育人工作中深入开展法治教育，培养学生法治素养、提升学生思想道德水平。以思想政治教育为主阵地，在学生培养的各个环节充分融入高校辅导员的法治思维。

传统的思政课堂作为基础的法治教育平台，主要通过教师讲授的形式向同学们普及国家法律法规，且讲授的内容抽象，较难调动起学生的学习热情。高校辅导员在开展思政教育的过程时要充分考虑学生的学习情况，探索学生喜闻乐见的教学方式，通过具体的案例分析、课堂研讨增强普法过程的趣味性，结合学生所处的不同学习阶段，加强关注学生感兴趣的法律法规，如针

对大四学生要重点讲解实习、就业相关的劳动法等。高校辅导员要善于利用学习强国、青年大学习等网络思政教育平台等，引导学生探索社会热点事件背后蕴含的法律知识。近年来校园电信诈骗案件高发，诈骗手段繁多，学生一旦没有法律意识，便会陷入犯罪分子设下的刷单返利、虚假网贷、虚假征信等圈套中，造成巨大财产损失。因此，高校辅导员开展学生法治素养提升工作，也要善于将防范电信诈骗教育、校园安全教育等工作重点与之结合，切实引导学生运用法治思维保护自身安全。除此之外，第二课堂也是开展法治教育的重要阵地，高校辅导员要善于用好第二课堂，结合法律知识竞赛、情景剧、辩论赛、模拟法庭等实践活动[5]，在学生中营造知法、守法、用法的良好氛围，全面加强学生对于法律的敬畏，引导其在日常生活中遵守法律法规，并学会运用法律知识维护自身权益。

（二）以网络思政教育为重要引擎，深入强化法治教育实效

随着互联网的不断发展，运用网络媒体平台开展网络思政教育已经成为高校思想政治教育的重要途径之一。高校辅导员要充分把握新形势下的网络思政教育模式，将网络的独特优势与法治教育相结合，不断提升学生法治素养；借助微信公众号、视频号、微博、抖音、小红书等学生组织自媒体平台，搭建网络教育宣传窗口，创新教学内容与形式，发布普法小故事、法律知识解读、法律维权案例等内容，充分宣传国家法律法规，引导学生增强对法律知识的自主学习。

当前是信息爆炸的时代，高校学生思想尚未成熟，很容易受到网络不良内容的侵蚀。同时高校里存在一些思维活跃、想法激进的学生，遇到问题不主动解决，而在网络上肆意吐槽，借助网络上言论匿名的特点，打着言论自由的旗号，发言内容"放飞自我"，充满着不文明、不负责任的言论，不断在法律的边缘探索。因此，高校辅导员要重视网络思想政治教育，关注学生思想动态，及时作出相应举措，规范学生网络行为，加强道德教育。例如，在面对网络舆情信息时，高校辅导员应教育学生保持理性、客观的态度，不传播谣言；在重大政治问题上，不轻易发表观点，保持正确的政治立场。总之，高校辅导员要重点向学生普及网络言论发表涉及的法律规范，教育学生正确、合理使用网络，发表网络言论时要遵守法律法规，营造风清气正、健康的网

络环境。

（三）以学生事务管理为强力抓手，严格规范育人工作程序

学生的日常事务管理是高校辅导员用好法治思维的重要环节，在处理学生工作时要始终秉持公平公正公开的原则，严格规范好工作流程。高校辅导员在面对学生利益相关的工作时切忌根据个人喜好、个人心情来处理，避免在学生面前树立没有责任心、不公平、随心所欲等不良教师形象。高校辅导员必须在工作中严格按照校规校纪及相关规定流程处理各项工作，在学生干部选拔、入党积极分子遴选、奖助学金评定等工作中要充分体现程序意识，做好规则办法的公开和解释、评选过程的公平和透明、评选结果的公示和异议处理，全流程要有理有据、尽职尽责，充分运用法治思维，防止工作中错误的发生。

在工作中，高校辅导员还应注重吸纳学生群体的意见，尊重学生意见的表达，充分发挥民主决策对育人工作的推动作用。例如，在各项评比中，高校辅导员应听取学生的意见，这有助于完善评选流程；在家庭困难学生认定中，不仅要依据学生提供的证明材料，还要广泛走访学生群体，听取学生的意见进行综合考量，这利于辅导员探索更为严谨的工作方法。此外，高校辅导员在工作中要始终不断学习法律知识，在与学生谈心谈话等日常法治教育中，能针对学生关心的问题，提供法律层面的解答，同时树立起知法、守法、用法的良好教师形象，恪守道德规范，潜移默化中提升育人效果，实现法治与德治的相统一。

高校辅导员法治思维的培养及法治化育人工作路径研究是涉及多方面因素的系统工程，是贯彻依法治国与依法治校的切实需要，也是高校辅导员队伍专业化、职业化发展的必然要求。高校辅导员工作实践中需要具备法治思维，加强法律知识培训，树立法律意识，在思想政治教育工作中加强法治能力实践，自觉运用法律法规实施学生管理工作，大力推进依法治校的进程，为国家和社会培养更多高素质的人才。

参考文献

［1］黄艳，徐梅. 依法治校背景下应用型本科院校辅导员法治素养提

升研究［J］．和田师范专科学校学报，2021，40（1）：27-32．

　　［2］刘贝民．依法治校背景下高校辅导员法治思维培养研究［J］．智库时代，2020（8）：260-261．

　　［3］陈慧枫．公共危机视域下辅导员法治思维养成对大学生思政教育的提升探究［J］．湖北开放职业学院学报，2022，35（4）：78-80．

　　［4］翁振淞．全面推进依法治国形势下高校辅导员法治思维培养研究［J］．开封教育学院学报，2018，38（12）：208-209．

　　［5］郭若昕．高校辅导员工作法治化路径研究［J］．当代教育实践与教学研究，2020（14）：139-141．

组织育人篇

高校二级分党校在思想政治教育中的创新路径①

丰宇瑞

（统计与数学学院）

高校肩负着培养德智体美劳全面发展的社会主义事业建设者和接班人的重任，但全球化进程的加速和社会的快速发展使得高校思想政治教育面临着前所未有的挑战和机遇。在中央党校建校 90 周年庆祝大会上，习近平总书记第一次创造性地提出并深刻阐述了"为党育才、为党献策"的党校初心。在这样的背景下，高校二级分党校作为高校思想政治教育的重要组成部分，其作用和影响力日益凸显。

高校二级分党校是高校党建工作的重要平台，也是深化学生思想政治教育的关键环节。二级分党校要坚持用习近平新时代中国特色社会主义思想铸魂育人，要牢牢把握党校"为党"这个要点，突出"育才"这个重点，破解"献策"这个难点，通过系统的理论学习和实践活动，帮助学生树立正确的世界观、人生观和价值观。然而，随着时代的发展，传统的教育模式和内容已难以完全适应新时代学生的需求和特点。因此，探索二级分党校在思想政治教育中的创新路径，成为当前高校党建和思想政治教育工作的重要课题。

本文旨在深入分析高校二级分党校在思想政治教育中的现状，探讨其在新时代背景下的创新路径，以期为提升高校思想政治教育的实效性和吸引力提供理论支持和实践指导。通过研究，我们希望能够找到更加符合时代要求、更加贴近学生实际、更加有效的教育方法和策略来强化党校姓"党"意识，推动高校思想政治教育工作不断向前发展，从而为实现中华民族伟大复兴的中国梦贡献力量。

---

① 本文获中南财经政法大学 2024 年度党建理论研究项目（项目编号：DJYJ2024024）资助。

一、高校二级分党校的现状分析

（一）高校二级分党校的定义与功能

高校二级分党校，作为高校党建工作的重要组成部分，其核心任务是加强和改进学生党员的思想政治教育，提高学生党员的党性修养和政治素质。[1]二级分党校通常由高校党委领导、二级分党委组织面向学生党员和入党积极分子开展教育培训活动，其功能主要包括以下几个方面。

第一，理论学习。系统的课程学习帮助学生党员深入理解马克思主义基本原理，掌握中国特色社会主义理论体系，增强政治理论素养。

第二，党性教育。高校二级分党校要强化政治功能，履行政治责任，保证教学科研管理等各项任务完成；通过组织生活会、主题党日等活动，加强学生党员的党性锻炼，提高其政治觉悟和组织纪律性。

第三，实践活动。除了理论学习，高校二级分党校还要结合社会实践、志愿服务等形式，引导学生党员将理论知识应用于实践，培养其社会责任感和服务意识。

（二）当前高校二级分党校在思想政治教育中的作用

高校二级分党校是全面加强大学生思想政治工作的有效途径，肩负着对青年大学生党员进行教育培训的重要任务。二级分党校的作用主要表现在思想引领和教育上，通过入党教育培训加强对大学生的思想引导，帮助他们提高政治觉悟，深化对党的路线方针政策的理解和认同，从而坚定理想信念。此外，二级分党校还致力于培养政治素质高、业务能力强的学生骨干，这些骨干在学生群体中发挥着带头作用，促进了良好的学习和工作氛围的形成。加强党性教育是二级分党校的另一个重要作用，通过集中学习、纪律培训、警示教育等方式，解决学生对党规党纪的不了解和不掌握问题，提高学生的党性修养和政治素质。总体而言，高校二级分党校在学生思想政治教育中发挥着不可替代的作用，通过系统的教育培训和实践，使学生成为为中华民族伟大复兴而奋斗的青年一代。

（三）当前高校二级分党校建设存在的问题与挑战

尽管二级分党校在高校思想政治教育中扮演着重要角色，但在实际运作过程中，其作用和影响力尚未得到充分发挥[2]，面临着一系列的挑战和问题。

首先，在发挥思想引领作用时动力不足。在一些高校中，二级分党校的定位不够清晰，其功能和目标与高校其他教育机构存在重叠，导致资源配置和教育活动的重复。同时，二级分党校的教育内容和形式相对传统，缺乏创新，难以吸引学生的兴趣和参与。课程设置往往偏重于理论灌输，忽视了学生的实际需求和兴趣点。

其次，在思想政治教育中的作用有待提升。由于师资力量和教学资源的限制，二级分党校的课程质量和教学效果参差不齐。部分教师缺乏足够的政治理论素养和教学经验，影响了教育质量。这会进一步导致学生对二级分党校的认识和参与度不高，缺乏主动性和积极性。部分学生认为二级分党校的教育内容与自己的学习和生活脱节，缺乏实际意义。

最后，还要应对新时代的挑战。随着新时代学生的特点和需求的变化，二级分党校需要不断更新教育内容和方法，构建更加开放和多元的教育平台。然而，这一过程面临着如何与时俱进、如何创新教育模式的挑战。

二、创新路径的理论基础

（一）马克思主义理论指导

我党开展思想政治工作的根本指导思想是马克思主义理论。马克思、恩格斯等经典作家关于人的全面发展、社会意识形态等方面的论述，不仅为我们提供了科学的世界观和方法论，而且为分析和解决实际问题提供了理论工具。在高校二级分党校的思想政治教育中，我们应坚持人的全面发展观，注重培养学生的批判性思维和创新能力，促进学生个性的自由发展。例如，利用马克思主义理论帮助学生党员树立科学的世界观，理解社会发展的规律，掌握分析和解决问题的科学方法。同时，马克思主义强调理论与实践的统一，二级分党校应当引导学生党员将理论知识应用于实际，通过实践活动深化对理论的理解。此外，马克思主义理论具有强烈的批判性和创新性，培养学生党员的批判性思维和创新能力是高校思想政治教育一项重要任务，要鼓励他们在实践中不断探索和创新。

（二）中国特色社会主义理论体系

中国特色社会主义理论体系包括邓小平理论、"三个代表"重要思想、科学发展观、习近平新时代中国特色社会主义思想等，是对马克思列宁主义、毛泽东思想的继承和发展，是指导中国发展进步的科学理论。邓小平理论强调解放思想、实事求是，为二级分党校提供了改革创新的思想；"三个代表"重要思想强调党要始终代表中国先进社会生产力的发展要求、代表中国先进文化的前进方向、代表中国最广大人民的根本利益，为二级分党校提供了服务人民的宗旨；科学发展观强调以人为本、全面协调可持续发展，为二级分党校提供了科学发展的理念；习近平新时代中国特色社会主义思想强调坚持和发展中国特色社会主义，为二级分党校提供了新时代的行动指南。

（三）新时代党的建设总要求

全面从严治党，不断提高党的建设质量是新时代党的建设总要求。这一要求对二级分党校的教育工作提出了新的标准和要求。第一，高校二级分党校要以政治建设为统领，把党的思想建设、组织建设、作风建设、纪律建设、制度建设贯穿其中，确保党校教育活动始终沿着正确的政治方向前进，提高党的创造力、凝聚力和战斗力。第二，高校二级分党校应当注重提高教育质量，创新教育方法，丰富教育内容，确保教育活动贴近学生实际，满足学生需求。

通过深入理解和运用这些理论基础，二级分党校可以更好地把握思想政治教育的方向和重点，探索出更加符合时代要求和学生需求的创新路径。

三、创新路径的实践探索

（一）课程内容创新：结合时事热点与学员实际需求

党校学习的教学内容在思想政治教育中占据核心地位，其创新是提升思政教育质量的关键。为了确保教学内容的先进性和实效性，首先需要将马克思主义基本原理与中国的具体实际相结合。这意味着教学内容不仅要包含马克思主义的经典理论，还要结合中国的历史、文化、经济和政治现实，让学员能够深刻理解马克思主义的中国化进程和中国特色社会主义的丰富内涵。

其次，党校学习的教学内容的创新需要紧跟时代步伐，将国家的重大政策、社会热点问题以及科技发展等最新动态融入教学。这样不仅能够提高学员的时效性认识，还能够增强他们对国家发展和社会变化的敏感度。例如，围绕国家的发展战略、科技创新、环境保护等议题，设计相关的活动和讨论，可以使学员能够从多角度理解和分析这些问题。

此外，教学内容创新的一个重要方面是培养学生的国际视野。在全球化的背景下，思想政治教育不仅要关注国内的发展，还要关注国际环境的变化。引入全球化背景下的思想政治教育内容，如国际政治经济关系、全球治理、跨文化交流等，可以使党校学员更好地理解和适应国际环境，培养他们的全球竞争力。

（二）教学方法创新：运用现代教育技术与互动式教学

传统的讲授法在知识传授上虽然具有一定的效果，但往往难以充分激发学员的主动性和创造性。例如，在课堂教学中采用讲座形式对学员进行灌输式教育，这大大削弱了党校教育的互动性和学员多样化的学习需求。我们可以通过创新教学方法来引导学员进行深入思考。例如，可以采用案例教学法，通过分析具体案例，引导学员学会如何运用理论知识，增强学习的针对性和实用性，提高学员的实践能力和批判性思维。此外，翻转课堂、角色扮演等方法让学员在体验中学习，增强思政教育的趣味性和实践性，也能有效地提高学员的参与度和学习兴趣。

当前，以移动互联网、人工智能、5G、大数据等为代表的新一代信息技术方兴未艾，我们可以探索信息化技术与党校教育的深度融合，积极宣传党的创新理论，提升思政教育质量。这样，通过采用多样化的教学方法，可以有效地激发学员的学习兴趣，助力党校事业不断发展，从而提升思想政治教育的质量和效果。

（三）教学评价创新：多维度全面考察学员学习过程

传统的教学评价模式主要侧重于量化的成果评估，即以学生的考试成绩为主要评价指标。然而，这种模式往往忽略了对学生学习过程的深入考察，导致无法全面反映学生的认知发展和技能掌握情况，难以全面评估学员的综合素养和学习成效。为了克服这一局限性，创新的教学评价体系应当将过程评价与结果评价相结合，实现对学员学习过程的全面考察。过程评价可以通过多种方式实施，例如，通过观察学员在课堂上的参与度、在小组讨论中的表现、社会实践完成质量等方面，来评估学员的学习态度和能力。此外，引入自我评价和同伴互评机制，不仅能够增强评价的互动性，还能够提高评价的客观性和公正性。同时，利用信息技术手段，如在线测试、学习管理系统等，可以更加便捷地收集和分析评价数据，这样不仅能够提升评价的科学性和精确性，还能依据学员对当前党的理论成果的掌握程度来为思政教育的课程设计和教学内容提供精准的指导。

（四）师资建设创新：提升教师政治素养与教学能力

教师是教育创新的主体，师资队伍是影响教育质量的关键因素，加强师资队伍建设是实现教育创新不可或缺的一环。在高校二级分党校的师资构成中，主要力量来自马克思主义学院的专职教师以及各二级党组织的教师党员骨干。对于专注于马克思主义理论的教师而言，在面向学生党员授课时，必须根据党员的不同类别和年级层次，精心设计教学内容，确保所讲授的知识既符合学员的认知水平，又能够引起他们的兴趣和共鸣。对于非马克思主义专业的教师，定期参与思想政治教育相关的培训和研讨活动是提升其政治理论素养和教学能力的有效途径。通过这些活动，授课教师不仅能够深化对党的理论成果的理解，还能够学到最新的教学理念和方法，促进课程思政水平的提升。

此外，还可以邀请校外的专家学者、行业领袖等参与党校教学活动。这些来自不同领域的专业人士能够为学员提供多元化的视角和最新的行业动态，从而增强学员的实践能力和创新思维。通过这种多元化的教学模式，不仅能够提升教师的思政教学水平，还能够激发学员的学习热情，为培养具有国际视野和社会责任感的高素质人才奠定坚实的基础。

（五）实践活动创新：结合线上学习与线下实践

随着信息技术的发展，使得党校教学形式的创新成为可能。线上教学平台的出现，打破了时间和空间的限制，为学员提供了更加灵活和便捷的学习方式[3]。高校二级分党校应积极探索线上学习平台的建立，让党校学员可以根据自己的时间安排，随时随地通过网络平台进行学习，有针对性地学习相关难点和时事热点。这不仅提高了学习的灵活性，也更加容易获取学习资源。

实践是检验真理的唯一标准。高校党校要特别加强对线下教学活动的设置，如小组讨论、红色参观、实地考察等，让学员走出教室，亲身参与到实践活动中去。这些活动既能加深学员对党的历史及理论知识的理解，还能够在实践中锻炼观察能力、分析能力，可以大幅提升学生党员的综合素质和实际操作能力。

线上线下教学相结合，形成混合式教学模式，能够充分发挥各自的优势，实现党校教学效果的最大化。

四、创新路径的保障机制

（一）组织保障：加强二级分党校的组织建设与管理

为了确保思想政治教育创新路径的有效实施，高校二级分党校必须构建一个强有力的组织领导和管理机制。

第一，这一机制的建立要明确各级党组织和领导干部在思想政治教育中的具体责任。这意味着，从校党委到二级分党校，每个层级都需要有明确的职责分工。可以成立专门负责思想政治教育的组织和领导工作小组，确保教育工作得到充分的重视和支持，同时还能够促进不同层级和部门之间的沟通与协作。

第二，定期对二级分党校的教育工作进行监督检查，是确保教育内容和方法符合党的要求和学员需求的重要手段。这种监督检查可以通过多种方式进行，包括但不限于问卷调查、访谈、观察和评估。通过这些方式，可以收集到学员和教师的反馈意见，及时发现和解决党校教育过程中的问题，帮助二级分党校不断优化教育内容和方法，提高思政教育的质量和效果。

（二）制度保障：完善相关政策与制度支持

为了确保思政教育的创新路径得到有效实施，二级分党校必须构建一个全面而高效的管理体系，包括对教学、师资和学生管理的系统化组织，以确保教育活动的有序进行。一方面，制定相关政策为教育创新提供必要的支持和保障，如资金投入和政策倾斜等；另一方面，在激发教师和学员的积极性方面，建立有效的激励与约束机制至关重要，如通过设立教学奖项、增加科研经费等激励措施，可以鼓励教师积极参与党校教学创新。此外，建立健全的考核评价体系，对教师和学员的表现进行定期评估，以确保思政教育质量和效果。

总而言之，二级分党校作为高校内部重要的思想政治教育平台，研究其在新形势下的创新路径有助于推动高校党校教育与时俱进，能够更好地服务于立德树人的根本任务，对于提升高校思想政治教育的实效性、推动高校党的建设工作具有重要的理论和实践意义。

参考文献

［1］王晓蕾，谢新然. 以加强二级党校建设促进大学生政治认同［J］. 吉林省教育学院学报，2020，36（9）：4.

［2］张谦益，吴浩，王雅清，等. 新形势下高校二级学院分党校建设研究［J］. 科教导刊，2020（27）：2.

［3］翁琳源，杨磊. 新时代高校二级党校多维育人模式建设探索［J］. 时代报告，2023（3）：14-16.

新质生产力视域下高校基层党建工作的
创新机制与路径研究 [①]

王秋菊

（中韩新媒体学院）

2024 年 1 月 31 日，习近平总书记在中共中央政治局第十一次集体学习时强调，要加快发展新质生产力，扎实推进高质量发展。新质生产力特点是创新，关键在质优。2024 年 3 月 5 日，李强总理在作政府工作报告时强调，要"大力推进现代化产业体系建设，加快发展新质生产力"。新质生产力与传统生产力有质的区别，是对传统生产方式的颠覆性变革，要求在劳动者、劳动资料、劳动对象及其优化组合上全面创新，实现生产力驱动方式、作用方式、表现方式的全方位变革。

党的二十大报告中明确提出："把基层党组织建设成为有效实现党的领导的坚强战斗堡垒。"高校是为党育人、为国育才的主阵地，应该将党的建设摆在首要位置，创新高校基层党建工作机制和形式，激发基层党组织内生动力。新质生产力作为一种高科技、高效能、高质量的先进生产力质态，对促进教育、科技、人才三位一体总布局构建发挥关键作用，也对高校基层党建工作的创新发展起着促进作用。面对新形势、新任务，如何促进高校基层党建工作在劳动者、劳动资料、劳动对象及其优化组合上全面创新，实现高校基本党建工作的颠覆性变革，是全面提升高校基层党建工作精细化、科学化、智能化和落实立德树人根本任务的时代要求。

① 本文获中南财经政法大学中央高校基本科研业务费专项资金项目"'一融双高'视域下高校学生党支部组织育人的实现路径研究"（项目编号：2722024DS014）资助。

一、新质生产力视域下高校基层党建工作创新的研究价值和研究现状

（一）研究价值

《教育部思想政治工作司 2023 年工作要点》提出："用好高校党建基础数据统计分析平台、高校党建工作联络机制信息化平台，持续提升高校党建工作科学化水平。"[1]新质生产力作为先进生产力的具体体现形式，是马克思主义生产力理论的中国创新和实践，是科技创新交叉融合突破所产生的根本性成果。新质生产力强调以科技创新为引擎。在新质生产力视域下探索研究高校基层党建工作，具有很强的时代性和新颖性。

第一，理论研究价值。新质生产力是新出概念，数字党建是发展趋势。在新质生产力视域下探究高校基层党建工作是新时代高校党建高质量发展的必然趋势。本文针对当前工作困境，从劳动者、劳动资料和劳动对象三个方面拓展了新的研究视角，有助于推动学术上基层党建研究的系统性和完整性。

第二，现实实践价值。本文契合科技发展迅猛的当下高校基层党建工作如何迎势而变、乘势而为的发展方向，解决现实生活中高校基层党建工作存在的问题，为高校基层党建工作现实发展创新提供参考，促进高校党的建设与高等教育事业发展深度融合。[2]

（二）研究现状

1. 关于新质生产力的研究

"新质"就是"新的质态、新的形态、新的形式"、新质生产力是更高质量的、更高效率的、更现代化的生产力，其落脚点在于生产力水平之高度发展。习近平总书记指出，新质生产力是创新起主导作用，摆脱传统经济增长方式、生产力发展路径，具有高科技、高效能、高质量特征，符合新发展理念的先进生产力质态。新质生产力是以劳动者、劳动资料、劳动对象及其优化组合的跃升为基本内涵，特点是创新，关键在质优，本质是先进生产力。当前，由于新质生产力一词提出时间还较为短暂，相关研究还较少。

2. 关于高校基层党建工作的创新研究

在知网以"高校基层党建工作创新研究"为关键词进行搜索，共检索到215篇学术期刊，主要是有两个方面：一方面是从现实状况出发，探究当下高校基层党建工作的问题和创新工作路径。例如，毛建平[3]通过分析高校人才培养与基层党建工作的内在逻辑、特点和理论依据，指出当前高校基层党建存在组织结构凝固化、组织生活生活化等问题，需在理论武装、管理服务、组织基础和活动载体等方面创新工作路径。另一方面是在"互联网+"背景下，围绕高校基层党建工作创新的必要性、困境和实现路径展开研究。例如，高霞[4]利用文献调研和案例分析相结合的方法，针对高校党建面临的挑战，提出应充分利用"互联网+"技术强化信息化手段、推进数字化转型等方面创新工作路径。

二、新质生产力视域下高校基层党建工作创新的现实困境

（一）基于科技发展新趋势，高校基层党建工作创新过程中存在思维困境

人才是发展新质生产力的关键，是科技强国建设的重要基础和保障。当前，部分高校存在建设数字党建平台仅停留在技术工程上，并没有深入思考建设的目的与意义；部分高校基层党建工作者由于年龄、专业、业务等因素，开展党务工作仍采用传统工作思维和工作模式，缺乏创新转型的认同感和敏感度，无法形成系统的数字党建工作思维。高校基层党建工作体系缺乏一批数字意识强、善用数据、善治网络的人才队伍，这使得高校基层党建创新过程中缺少强有力的抓手。因此，在新质生产力视域下，高校党务工作者面临的传统与创新的思维冲突与博弈是阻滞数字技术与党建工作融合融通的关键因素之一。[5]

（二）基于智慧信息化建设，高校基层党建工作创新过程中存在技术困境

发展新质生产力，必须进一步全面深化改革。面对信息化时代的强劲浪

潮，高质量推进高校党建信息化建设是高校更好地适应教育改革，永葆党的先进性的必然要求。创新高校基层党建工作，也必须全面紧跟互联网、大数据、云计算、人工智能等新技术发展。在新质生产力视域下，当前各高校都在大力建设集党建管理、教育、服务、数据分析全要素平台。然而，受算法、技术、平台等限制，全面的一体化数字化平台建设还不完善。

（三）基于颠覆性科技创新，高校基层党建工作创新过程中存在现实困境

新质生产力是科技创新在其中发挥主导作用的生产力。信息化时代，网络信息技术日新月异，全面融入社会生产生活，影响着国家发展和社会稳定。新时代党员需主动适应新质生产力发展趋势，提升自身数字素养，增强利用科学技术推进各项工作的本领。但由于当前信息科技发展较快，较多党员存在"本领恐慌"问题，这使得高校在创新基层党建工作过程中较难开展新举措、落实新办法。

三、新质生产力视域下高校基层党建工作的创新机制与路径

劳动者、劳动资料、劳动对象以及科学技术、管理等要素，是生产力形成过程中不可或缺的。只有生产力诸要素实现高效协同，才能迸发出更强大的生产力。在高校基层党建工作中，基层党务工作者是劳动者，工作平台是生产资料，高校党员同志是劳动对象。在新质生产力视域下，需推动基层党务工作者更新工作理念，成为新劳动者；搭建数字化"一站式"党建工作平台，创建新劳动资料；转变党员同志的传统观念，成为新劳动对象。三者协同跃升，引领创造新的高校基层党建工作新生态。[6]

（一）以新劳动者为关键点，更新基层党务工作人员理念，搭建数字党建人才梯队

新质生产力的"新"，体现在新劳动者、新劳动资料和新劳动对象等多个维度。在新质生产力视域下，当人工智能、大数据、算法等成为劳动资料时，对劳动者的综合素质提出了更高的要求，催生新劳动者出现。

在新质生产力视域下，高校基层党务工作者不单只面临传统的工作，更多的是信息化劳动、创新劳动。这时，其需要转变工作理念，树立创新工作思维，解决好"本领恐慌"问题，真正成为运用现代传媒新手段新方法处理党建工作的行家里手。因此，高校基层党建需解决"懂党建的不懂技术、懂技术的不懂党建"的劳动者问题，以及建设新型党建工作劳动者队伍，促进高校基层党建工作创新发展问题。

（二）以新生产资料为突破口，打造智慧党建"一站式"平台，提高基层党建工作效能

在新质生产力视域下，传统的劳动工具发生颠覆性变化，呈现数智化融合发展的趋势。新劳动工具具有虚拟与真实交织共在性，既包括智能化综合性数字信息平台，也包括算法、人工智能等。但因技术、人员等各方面限制，当前部分高校基层党建信息化建设还不完善，缺乏系统思维和顶层设计。建设智慧党建"一站式"平台，将数字技术优势与党建政治优势充分融合，破除工作难题，创新高校基层党建工作机制，是新时代高校党建落实全面从严治党，实现立德树人，为党育人、为国育才的必然要求。

在新质生产力视域下，高校应着力破除党建信息化困境，整合现有育人资源，打造信息化平台，提高基层党建科学化水平。[7]

（三）以新劳动对象为着力点，实施"三赋能三提升"工程，提高党员入网懂网用网能力

随着新质生产力中劳动者、劳动资料、劳动对象的发展变化，会带来新业态、新模式，形成驱动发展的新动能新优势。在高校基层党建工作创新发展的过程中，伴随着党务工作者的数字思维转变、数智化党建平台的搭建，将会带来新的党建工作模式，促使党员发生转变，进而促进高校基层党建工作创新性发展。[8]

在新质生产力视域下，新时代党员需要入网、懂网、用网，重视加强对互联网知识和新科学技术的学习，摆脱传统思想观念的束缚和眼界、知识等方面的限制，积极主动使用网络学习党的理论知识，推动高校基层党建工作跃上新台阶。因此，高校基层党建工作应在党的组织管理、党员教育以及党

的服务形式三个方面实施"三赋能三提升"工程，提高党员通过互联网组织群众、宣传群众、引导群众、服务群众的本领。[9]

参考文献

［1］教育部思想政治工作司2023年工作要点［EB/OL］．（2023-02-21）［2024-10-24］．http://www.moe.gov.cn/s78/A12/gongzuo/yaodian/202302/t20230221_1046541.html.

［2］张珹，刘宏伟．新时代高校基层党建品牌化建设的实践探索［J］．学校党建与思想教育，2024（12）：32-34.

［3］毛建平．高校基层党建工作创新性研究［J］．学校党建与思想教育，2021（8）：35-37.

［4］高霞．"互联网+"背景下高校党建创新路径探究［J］．新闻研究导刊，2023，14（6）：155-157.

［5］韩雪峰．基于协同理论的高校院系"党建+"工作模式探究［J］．中国教育学刊，2023（12）：153.

［6］丁玉峰．数字赋能高校基层党建提质增效的实践限度与路径优化［J］．学校党建与思想教育，2024（8）：27-29，38.

［7］卜春梅，孙智．构建高质量的高校院系党建工作体系［J］．中国高等教育，2023（20）：54-56.

［8］王培，陶楚歌，张洺绮．百年来高校基层党组织建设的发展历程与经验启示［J］．学校党建与思想教育，2023（16）：27-30，69.

［9］邓建平，范紫婴．新时代高校党建工作创新实践路径探索［J］．中国高等教育，2023（8）：36-38.

［10］王燕．"数字化转型"背景下高校党建新形态探析［J］．思想政治教育研究，2022，38（6）：128-132.

［11］刘佳．高校数智化党建的价值图景、实践限度及优化路径［J］．思想理论教育，2022（11）：80-85.

［12］李向东．新时代高校党建高质量发展的实践探索［J］．学校党建与思想教育，2022（15）：47-49.

"党建 + 思政"：着力推动党建工作与人才培养的深度融合 [①]

——以中南财经政法大学中韩新媒体学院学生党支部为例

尤志兵

（中韩新媒体学院）

中南财经政法大学中韩新媒体学院学生党支部（以下简称"学生党支部"）由来自电影学、动画两个艺术专业的 50 余名党员组成。学生党支部始终坚持以习近平新时代中国特色社会主义思想为指导，深入学习贯彻党的二十大和二十届二中、三中全会精神，紧紧围绕新时代党建工作和思政工作重点任务，依托学院党建工作优势和学科专业优势，确立了以"党建引领学生思想政治工作发展"的工作方针，积极推进党建工作与人才培养的融合探索，着力构建"党建 + 思政"的多元化实践教育路径和"党建 + 思政"的多维度人才培养模式。在实际工作中，学生党支部通过建立"一个中心"（晨星学坊）、"两个抓手"（课程思政和学科竞赛）、"三支队伍"（志愿服务队、社会实践队、就业网格员）的多元化的实践教育路径，不断推进党员实践教育与思想引领、课程思政、学科竞赛和社会服务融合的多维度人才培养模式，促进学生思想政治与专业水平的双提升，全面推进"三全育人"工作的落细落实。

一、"党建 + 思政"的融合工作思路

（一）打造"党建 + 思政"多元化实践教育路径

学生党支部基于学院电影学和动画两个艺术专业学科特点，坚持围绕中心、服务大局，积极推动党建工作与学院立德树人根本任务相结合，提升学生的政

① 本文获中南财经政法大学中央高校基本科研业务费专项资金项目"'一融双高'视域下高校学生党支部组织育人的实现路径研究"（项目编号：2722024DS014）资助。

治能力，加强学生的政治洗礼和专业实践，促进党建、思政工作的多样化，探索党建、思政教育的可视化；通过建设"一个中心、两个抓手、三支队伍"，培养具有中国精神、世界胸怀、为社会主义建设而作出贡献的艺术创作人才。

（二）创新"党建 + 思政"多维度人才培养模式

学生党支部聚焦学院的专业优势与办学特色，积极探索新时代党建工作与人才培养的创新模式，以学科教育、竞赛科研、实践服务、项目攻关、文化弘扬等为抓手，全面发挥党员先锋模范作用，加强党员教育管理服务水平，建立"传帮带"协调育人机制，探索"党建 + 思政"多维度人才培养模式，培养一批思想觉悟高、专业知识强、工作能力突出的先进典范，助力德智体美劳全面发展的社会主义建设者和接班人的培育。

二、"党建 + 思政"的融合实践路径

（一）将党员实践教育与思想引领深度融合，以实际行动弘扬社会主义先进文化

深入学习习近平新时代中国特色社会主义思想，坚持读原著、学原文、悟原理，引导学生党员以理论滋养初心、以理论引领使命。在实际工作过程中，要强化党员的思想引领，开展党员学习贯彻党的二十大和全国教育大会等重要会议精神的学习心得交流，将"五史"、中华优秀传统文化融入学生党员的日常生活与文化价值理念之中，不断提升党员同志的政治素养和政治理论水平；要发挥支部委员会示范引领作用，采取支部委员会上党课、研讨交流、主题宣讲等方式，切实增强理论深度、实践力度、情感温度，把学习成果转化为政治自觉、思想自觉和行动自觉；要重视学生专业知识与专业实践的融合培养，促进学生理论与能力双提升，鼓励学生运用新媒体、新技术等平台和工具，宣传和弘扬社会主义核心价值观，让大学生扮演好思想宣传和教育的主客体双重角色；还要结合学院中外合作办学的特殊情况，加强学生赴韩期间的管理和教育工作，通过理论学习、座谈研讨、实践活动和艺术创作等形式，不断提高海外交流学生对祖国的政治认同、思想认同和情感认同，确保党员教育、培养工作不断线、出实效。引导学生党员在多元的文化环境中

坚定中国特色社会主义道路自信、理论自信、制度自信、文化自信，将个人梦想融入"中国梦"，致力于将他们培养成为社会主义合格建设者和可靠接班人。

（二）将党员实践教育与课程思政深度融合，推进政治理论与专业能力全面提升

习近平总书记在全国高校思想政治工作会议上强调，"提升思想政治教育亲和力和针对性，满足学生成长发展需求和期待，其他各门课都要守好一段渠、种好责任田，使各类课程与思想政治理论课同向同行，形成协同效应。"进入新时代，在"大思政"教育环境的影响下，学生党支部工作要做到因事而化、因时而进、因势而新，积极参与、协助教师开展课程思政和思政课程建设，适时在课堂教学、作品设计、课外实践、课程考核等环节融入"四史"和社会主义核心价值观等内容。在具体实施过程中，要建立"党委领导、学工出题、教师配合、党员带头和学生参与"的协同方式，以实践性较强的课程为切入口（如摄影基础、数字图像技术、影视剪辑和动画设计等），充分挖掘课程中的思政育人元素，充分激发学生自我教育、自我管理和自我服务意识；此外，要发挥好重大节日、纪念活动和革命英雄先烈故事等的涵育功能，结合时事政治和重大时间节点积极开展诸如红色主题读书会、爱国电影赏析、红色故事分享会等多元丰富的课堂主题活动。引导学生党员真正把爱国之情、强国之志转化为开启全面建设社会主义现代化国家新征程、夺取新时代中国特色社会主义伟大胜利的自觉行动中来。

（三）将党员实践教育与学科竞赛深度融合，充分发挥专业项目和可视化作品的产出优势

专业学科竞赛、创新创业竞赛和学术科研活动等是促进学生专业学习、理论研究、成果转化和创新能力的有效途径。在专业学科竞赛中，要紧扣赛事主题方向，积极融入党员实践教育元素，以赛促练、以赛促学，推动学生思想政治素质与专业素质同建设、双提升；在创新创业竞赛中，要鼓励学生积极参加"创青春""互联网＋"等比赛，引导学生将专业优势与实践教育相结合，形成党员实践教育与竞赛育人合力，进而打造教育学生、接轨社会、服务人民的新项目和新品牌；在学术科研活动中，要突出社会主义核心价值

观的引领，将红色基因教育与专业所长相结合，运用专业技术推动红色文化的理论学习与研究，创新学术科研的思想引领和价值引领；在各类大小电影节、艺术节平台上，要积极发挥党员实践教育与竞赛科研的融合优势，将红色题材的四格漫画、红色故事等主题海报以及主旋律微电影等作为创作的首选题材，增加党员实践教育的各类成果。此外，学院还要积极组织举办诸如"镜头中的英雄""我为英雄画幅像"等主题的艺术类思政竞赛活动，进一步引导党员同志们筑牢思想觉悟、传承红色基因、展现青春力量，弘扬爱国爱校精神。

（四）将党员实践教育与社会服务深度融合，强化学生党员为民服务的意识和本领

以习近平新时代中国特色社会主义思想为指导，从学习力、组织力、创新力和育人力四个方面着力，深入推进党员实践教育与社会服务的有机融合。通过搭建各类服务团队，进一步锤炼学生党员的实践能力和服务意识，增强学生党员的示范性、辐射性，增强党员群体的"传帮带"先锋模范作用，增强学生党支部的战斗力和凝聚力。在实际工作过程中，通过组建三支队伍（志愿服务队、社会实践队、就业网格员），强化学生党支部工作与社会、学校和学院工作的融合，推动立德树人根本任务在学生党支部落小落细。通过举办"晨星引路""青春使者"等系列专题活动，发挥榜样力量，从专业学习、生涯规划、科研竞赛和就业指导等方面为各年级学生分享经验，增长技能；通过寒假、暑假的社会实践和志愿服务，发挥党员先锋模范作用，落细落实"我为群众"办实事工作要求，激励党员同志们进一步走近社会、了解社会，时刻牢记肩负的伟大责任和历史使命；通过组建"就业网格员队伍"，在摸排、掌握学生就业动态、动向的同时，进一步精细、精准的就业指导、帮扶等服务。

三、"党建＋思政"的融合实践成果

（一）创办"晨星学坊"学习发展中心，实现"学业赋能""学业增能"和"学业强能"的党员服务引领计划

立足学生党支部，以党建带团建的形式，成立学院学习发展中心"晨星

学坊"，充分发挥学生的"传帮带"作用，营造优良学习氛围。"晨星学坊"自成立以来，累计组织或协助组织开展"声入人心"党员理论大讲堂两期、"艺起共进"系列活动 10 余场，在学院营造优良学风、考风；联合其他学院学习发展中心组织"四六级帮扶培训"活动 5 场，着力提升学生外语水平；针对毕业年级开展推免生面试培训、就业推进大会和校园招聘会等 10 余次，着力提升毕业生求职就业能力，促进高质量就业；组织新生交流会、考研经验交流分析会、推免经验交流会等活动 10 余场，发挥朋辈作用，建立互助学习模式；组织毕业作品展、艺术作品展等活动 6 场，营造优良交流学习氛围，助力学生产出高质量艺术作品；还积极协助各年级辅导员开展"助困、培优、拔尖"系列培养工程 10 余次，加强学风建设，营造学习氛围，培养学生优良学风。

（二）依托课程思政、科研竞赛两个抓手，推进学生艺术教育与课程思政同向同行

在课程思政方面，学生党支部积极探索"党建＋思政"的人才培养模式，促进艺术教育与课程思政同向同行，深入挖掘艺术专业学科的思政育人元素和优势。学生党支部党员共参与或协助 8 位专业教师进行课程思政和思政课程建设，帮助 10 余位专业教师进行慕课、微课和宣传片拍摄和制作，为学院课程思政建设贡献专业力量。在学科竞赛方面，学院积极指导、鼓励学生参加"互联网＋"、创青春、大广赛和廉政文化作品大赛等活动，学生先后获得"互联网＋"大学生创新创业大赛国家级金奖和铜奖各 1 项、"挑战杯"大学生创业计划竞赛国家级银奖和铜奖各 1 项，本年度累计获得国家级奖项 18 项，省级及以上奖项 30 余项，促进学生思政教育与艺术教育的双丰收。

（三）完成志愿服务队、社会实践队、就业网格员"三位一体"建设，创新学生党建工作与人才培养新模式

着眼大学生志愿服务与社会实践工作，是全过程、全方位将学生实践教育落到实处的重要保障。学生党支部不断提升学生的社会服务意识和能力，相继组建"艺中南"志愿服务队、"中韩赣南"社会实践队和就业网格员等队伍。"艺中南"志愿服务队已连续两年为花山街橘园、竹园等七个社区进行美育教育和服务，深受社区家长和小朋友的喜欢和好评；"中韩赣南社会

实践队"赴赣南革命老区,发挥专业优势开展红色资源数字化学习调研之行,实践成果丰硕,曾获评湖北省"优秀实践团队";"就业网格员"队伍连续两年协助毕业年级辅导员开展就业摸排、信息推送等服务,助力学院学生高质量就业。三支队伍培养出的学生事迹突出、屡创佳绩,多名学生荣获学校"文澜奖学金"(校长奖学金),1名学生凭借其各类社会服务经历获评"湖北省大学生自强之星"荣誉称号,1名学生获得"人民网奖学金"。

中韩新媒体学院学生党支部积极围绕中心、服务大局,将提升支委班子整体实力作为着力点,将提升"三会一课"质量作为切入点,将提升战斗力和组织力作为落脚点,充分发挥"一个支部,一个堡垒"的先锋模范带头作用。接下来,学生党支部将继续坚持党员教育与学院落实立德树人任务相结合、与创新人才培养相融合,促进党员思想政治素质和专业知识技能双提升。积极推进政治建设、质量攻坚、组织带动、工作带动、榜样带动、队伍带动、服务育人等七方面工作,确保支部建设"七个有力",不断增强支部战斗力、感召力和凝聚力,助力学院人才培养模式改革和学校"双一流"建设。

参考文献

[1]人民网.让青春在不懈奋斗中绽放绚丽之花[EB/OL].(2022-04-22)[2024-12-28].http://opinion.people.com.cn/n1/2021/0422/c1003-32084275.html.

[2]中共中央,国务院.中共中央国务院发出《关于进一步加强和改进大学生思想政治教育的意见》[A/OL].(2020-08-25)[2024-12-28].http://www.moe.gov.cn/jyb_xwfb/gzdt_gzdt/moe_1485/tnull_3939.html.

[3]中华人民共和国中央人民政府.让青春在奉献中焕发绚丽光彩——习近平总书记关于青年工作重要论述综述[EB/OL].(2021-05-03)[2024-12-28].https://www.gov.cn/xinwen/2021-05-03/content_5604566.htm.

[4]王管.伟大建党精神融入大学生思想政治教育的理论审思和实践路向[J].国家教育行政学院学报,2021(11):46-52.

高校党支部政治功能与组织功能发挥存在的主要问题及优化路径①
——基于党内法规实施的视角

吕　瑞　蒋一鸣

（国家治理学院）

法治是人类文明进步的基本标志，是治国理政的基本方式。党的十八大以来，我们党以前所未有的力度全面推进依法治国，坚持依法治国、制度治党有机统一，在历史上首次将党内法规体系与国家法律体系并列，把"形成完善的党内法规体系"纳入全面依法治国的总目标，并在实践中探索形成了"1+4"为基本框架的党内法规制度体系，即在党章之下分为党的组织法规制度、党的领导法规制度、党的自身建设法规制度、党的监督保障法规制度建设四个板块，推动依规治党功能充分彰显，管党治党效能全面释放，全面从严治党向纵深推进，为高校加强和改进党的领导、巩固拓展党支部政治功能和组织功能提供了基本遵循。本文通过对照相关党内法规的要求，结合当前高校党支部建设实际，总结提炼高校党支部政治功能与组织功能发挥存在的主要问题和基本成因，进而探寻加强高校党支部政治功能与组织功能提升的基本路径。

一、高校党支部政治功能与组织功能发挥存在的主要问题

（一）政治功能发挥方面的问题

1.政治引领不够有力，宣传贯彻党的教育方针存在不足

政治引领是高校党支部履行职责的重要支点，高校党支部的基本任务是

---

①　本文获中南财经政法大学 2024 年度党建理论研究项目"党规之治赋能高校党支部政治功能与组织功能提升的路径研究"（项目编号：DJYJ2024014）资助。

监督党的教育方针贯彻落实，巩固马克思主义在高校意识形态领域的指导地位，加强思想政治引领，筑牢学生理想信念根基，落实立德树人根本任务，保证教学科研管理各项任务完成。在实践中，高校党支部面临着政治引领不够有力，对贯彻落实党的教育方针政策上存在局限等情况，具体表现为党员的政治引领能力不够突出、政治理论学习常态化长效化制度机制存在不足、政治宣传和政治执行创新度不够。部分党员缺乏政治责任感，不积极参与党内政治活动，也直接影响党支部政治引领作用的发挥和党的政治建设。

2.政治教育形式单一，政治教育内容缺乏针对性

高校党支部的政治教育主要是发挥"传声器"的作用，即对高校党支部师生进行思想引领，巩固马克思主义的指导地位，对党的路线方针政策进行教育宣传，不断学习和贯彻党的创新理论成果，引导广大师生成为党的理论的学习者、传播者和实践者。在开展学习教育活动时，政治教育面临着形式单一、内容缺乏针对性以及效果不显著等问题。在政治教育形式上，高校党支部理论学习活动形式单一，以传统的课堂或者会议形式为主，缺乏形式上的创新；在政治教育内容上，高校党支部往往参照上级党组织下发的学习文件来组织党支部宣传教育活动，内容没有师生身份特征或者与高校实际情况结合度不高；在政治教育效果上，政治教育未能广泛调动党员师生的兴趣与积极性，没有发挥出理论学习在实践中的指导作用。[1]

3.政治监督存在缺位，党内政治生活不够规范

政治监督是加强和规范党内政治生活的必要手段，有助于提升高校党建工作的科学化水平。高校党支部开展政治监督主要是围绕党员干部是否坚守政治信仰、是否把准政治方向以及是否用党的创新理论武装头脑等一系列问题进行监督考评，确保党内各项规定和要求能够得到有效执行。政治监督机制缺位，高校党员干部在学习、生活和工作上的监督考察难以落实到位。在学习上，许多党员干部没有学习党和国家的最新理论成果，对于党内法规的思想认知比较陌生；在生活中，缺乏遵规执规的思想自觉与行动自觉，未能发挥好先锋模范作用；在工作上，理论与实践存在脱节，不能利用理论指导实践。

（二）组织功能发挥方面的问题

1.组织生活不规范，党建制度执行不到位

组织生活是高校党支部的基本职能。高校党支部的组织生活作为党思想教育和组织管理的重要环节，必须凸显其政治性，首要任务是提高师生党员的政治觉悟。高校党支部在组织设置上存在不规范的问题；有些党支部党员人数严重超标，有些党支部设置及撤销随意性较强；部分党支部日常活动形式，主要以开展党日活动、推选入党积极分子、听取入党积极分子的思想汇报以及发展预备党员、预备党员转正等形式为主，党建活动形式单一、内容单薄。[2]在实践中，甚至存在部分高校党支部"三会一课"制度执行不到位，党建工作监督考核不到位，导致组织生活存在内容形式创新不足、师生参与度低以及民主氛围不浓厚等问题。

2.党员干部素质参差不齐，党员队伍教育存在薄弱环节

高校党支部作为师生党员教育和培养基地，担负着培育和发展党员的重任。党员发展和管理工作指的是入党申请人在递交入党申请书直至入党后所经历的流程与管理工作。这些步骤已经在架构设计上最大限度地对入党人选严加筛查和考核，但在实际操作中各环节仍然存在薄弱点。入党后缺乏连贯的继续教育和考察，会对党支部建设造成负面影响。在党员队伍方面，部分党支部书记及职位领导班子履职本领存在短板，制约了党组织政治功能和组织功能发挥。在各级党组织中，书记是第一责任人，也是全体党员的"领头羊"，发挥着示范引领带头作用。如果党组织的核心领导团队不能发挥引领作用，整个党支部的活力和战斗力都会受到限制。[3]

3.组织生活形式和内容单一，考核与评价机制不完善

进入新时代以来，传统的组织生活形式难以吸引党员的兴趣，高校党员学习新知识的方式呈现出多元化与个性化的特点，这对高校党支部组织生活形式与内容提出了更高的要求。部分党支部未能敏锐地察觉到这一形势变化，仍按图索骥，"三会一课"常见于读文件、听报告等缺乏创新性的活动，党支部活动的内容和形式单一，甚至存在同化现象，不能充分地调动党员学习的兴趣和积极性，使其投入组织生活。[4]考评与评价机制不完善也是组织功能所面临的一大问题。由于缺乏考评与评价机制，导致党支部在组织生活的过程中出现主题不明确、缺乏政治思想性和内容质量不高等问题。

二、高校党支部政治功能与组织功能发挥不足的原因分析

近年来，为加强基层党组织建设，先后制定《中国共产党支部工作条例（试行）》《中国共产党普通高等学校基层组织工作条例》《中国共产党党员教育管理工作条例》等重要党内法规，为巩固拓展高校党支部政治功能和组织功能提供了基本遵循。通过对照党内法规制度要求，观察相关党内法规在高校的运行状态，发现高校党支部政治功能和组织功能发挥存在以下问题。

（一）学习贯彻落实党内法规不到位

党内法规对于高校党建具有根本的规范功能，但实践中部分党组织和党员干部对党内法规的重视程度不够，结合实际运用转化不够，以至于制度建设与治理效能很难实现转化融合。党的二十大以来，党内法规制度建设迈出新步伐，为强化"两个维护"提供了坚实制度保证。但在实践过程中，却面临着对党规之治重视程度不够的问题。高校开展党规教育过于机械，往往以文本照转文本、以文件落实文件、以会议贯彻会议的形式学习党内法规，不能理解党规背后所蕴含的意义，以至于在贯彻落实过程中运用得十分死板，严重影响党内法规治理效能的发挥。

（二）党员干部党内法规执行能力不足

作为基层党组织，高校党支部应发挥政治核心和战斗堡垒的作用。目前，高校党支部面临的一大窘境就是党员干部存在能力素质上的参差不齐，需要加强党支部班子的队伍建设。党内法规的执行离不开各级党务工作者，其执行能力和执行素养关系到党内法规治理效能。

一是部分党员干部党规意识不强，对党规的认识存在一定的偏差，不能看到党规对于高校党支部的领导与建设的重要作用，无法将党规与实际的工作进行结合。

二是部分党员干部态度消极，在工作中没有将党内法规作为约束自身行

为的标尺，缺乏执行党内各项规章制度的主动意愿和思想自觉。

三是部分党员干部能力存在不足，尽管有些党务工作者具备浓厚的执规意识，但由于主体执规能力的欠缺，未能深入研习党内法规运行的基本逻辑，致使执规过程中出现生搬硬套、机械主义等一系列问题。

（三）党内法规执行监督考核机制不健全

监督考评是为了加强和规范党内政治生活，提升党建工作科学化水平，《关于新形势下党内政治生活的若干准则》明确要求构建党内政治生活的责任监督考评机制。各级党组织可从增强政治性、时代性、原则性、战斗性目标入手，充分发挥组织监督职能；上级党组织将落实"地方党委主导、基层党委主体、党支部主心骨、党员主人翁"职责为要，科学构建责任监督考评体系。部分高校基层党支部监督和考核机制建设滞后，缺乏规范化管理和贯彻执行，不能根据高校实际情况构建考评体系，阻碍了党支部政治功能和组织功能的充分发挥。一些党支部开展工作只是为了完成上级党组织所交代下来的任务，对开展支部制度建设的积极性不高，对自身发展没有明确方向，致使党员职责不明确，党内政治生活内容缺乏针对性。

三、党规之治赋能高校党支部政治功能和组织功能的提升路径

（一）强化党内法规学习，推动党内法规学习教育常态化

加强党内法规学习，要强化师生党员党内法规意识，加强党内法规监督检查和警示教育，引导师生党员深刻理解和严格遵守党的章程和规范，确保党内法规得到严格贯彻执行。高校党支部要将党内法规学习贯穿于党员队伍教育管理全过程，教育引导师生党员开展习惯式学习、碎片式学习和研究式学习，通过不断积累、巩固和应用知识，使学习成为一种习惯，成为一种能力，成为一种力量，帮助党员群体铸牢理想信念。

一是要构建党规学习教育长效机制。定期组织开展党内法规学习活动，通过理论学习与实际工作相结合，提高党员对党内法规的认知和理解，可探索建立学习档案，跟踪党员学习情况，倡导个人自觉学习和定期交流，形成习惯化的学习机制，不断提高党内政治生活质量和水平。

二是要创新党内法规学习教育形式。数字媒体的蓬勃发展，引发了学习方式的大变革，碎片化阅读已逐步成为学习的主要方式，利用碎片化时间进行学习也是提升自我的有效途径。高校党支部可以通过建设党建网站、微信公众号等线上平台，定期推送党内法规学习教育资料和案例分析等内容，将学习党内法规融入日常工作和学习。

三是要深化党内法规理论研究。学习党内法规不能只停留在表面，还应该深入学习，探讨其背后所存在的原理。党员干部要通过学习、实践和研究来提升理论水平和工作能力，要积极响应党的号召，将研究式学习作为一种常态化的方式，贯穿于日常工作与学习中。[5]

（二）强化党内法规执行，将支部运行全面纳入制度轨道

法律的生命力在于实施，法律的权威也在于实施。当前党内法规运行的中心逐步由制定转向实施，如何抓好党内法规的贯彻执行，不断巩固拓展高校党支部政治功能和组织功能，是高校加强基层党支部建设的关键。要切实增强党内法规执行效能，贯彻落实"制度治党"理念，使党的制度优势转化为治理效能，形成制度化、法治化、民主化相统一的政党治理态势，推动高校党支部运行机制向纵深发展。[6]

首先，要将党章党规学习纳入制度轨道，树立党章党规的权威。党章党规明确了党员的权利和义务，规范了党员的行为准则。要健全党内法规执行的监督检查机制等方式，提高党员对党章党规的理解和执行能力，不断加强党员干部党纪党规意识的培养，提升广大师生学习、尊重、遵守、执行、维护、监督制度的积极性、自觉性和坚定性。

其次，要将党支部组织活动的职能纳入制度轨道，构建党的领导、执行、监督为一体的制度框架；要制定并完善内部执行体系的工作章程和规范，明确职责、义务和权利，规范党内事务管理和运行机制；要加强党支部干部队伍的培训和教育，不断提高党员干部的政治素质和业务能力，强化党支部执规队伍的建设；要加强党风廉政建设，严格组织纪律和政治纪律执行，反对和惩处各种违纪违法行为等一系列手段，营造风清气正的政治生态。

最后，要将执行机制适应性纳入制度轨道，在制度刚性与执行适应性之间找寻平衡。"制度治党"强调刚性约束，要求党的一切组织和全体党员必

须在法规制度范围内来进行，按照制度的程序和规范来完成。党内法规中存在大量原则性的条款，内容有一定的模糊性，一味地遵从法条规定，容易诱生出执行机械化、死板化等一系列问题。要探究党内法规背后所蕴含的理念，结合党支部工作实际进行创新，促使制度刚性与执行适应性达成平衡。

（三）强化党内法规监督，健全依规治党考核评价机制

强化党内法规监督，既要加强对党支部工作的监督，也要科学制定考核评价指标体系，对党支部工作进行全面客观公正评价。党内监督要依据党章党规，坚持党的基本理论、基本路线、基本纲领，也要遵循科学民主、程序公正、事实准确、程序正确的原则，注重思想监督、政治监督、组织监督、纪律监督、民主监督相结合，充分发挥党委统一领导和专门机关监督协调作用。考核评价具有优化资源配置、提升党支部工作质量的作用，能够激励党员积极参与党建活动，不断锐意进取，推动党支部的创新发展。制定党支部依规治党监督考核评价体系，要遵循合法合规、务实管用的基本原则，创造性开展执规考评活动。

首先，要对高校党建工作的实际情况和特点进行充分调研，只有深入了解党建工作的实际需求和问题，才能科学选取评价指标，确保评价体系的准确性和可行性。

其次，要遵循科学性和可操作性原则，使其能够全面反映高校党支部工作的各个方面，不能忽视某一方面的重要性。

再次，评价指标也应具有可操作性，即能够量化和衡量，方便对党支部工作评估和比较。

最后，还应充分考虑党支部工作的特点和目标。不同高校党支部有着不同的发展阶段和任务，在制定考核评价指标体系时，应根据实际情况进行差异化设计，确保指标与目标的一致性和适应性。

参考文献

［1］胡家豪. 新时代增强高校学生党支部政治功能研究［D］. 西安：西安电子科技大学，2023.

［2］卢军霞，刘翔．高校学生党支部组织生活有效性研究［J］．思想教育研究，2012（9）：50-53．

［3］陈浩瑜．新时代增强高校党支部政治功能和组织功能的路径探究［J］．社科纵横，2023，38（6）：142-146．

［4］孙国栋，王兆良．新时代高校学生党支部组织力提升的政治意蕴［J］．思想理论教育导刊，2019（9）：137-140．

［5］肖述剑．党内政治生活质量提升的六大机制［J］．学习与实践，2017（5）：35-42．

［6］王春来．新时代中国共产党制度治党的理论与实践研究［D］．长春：东北师范大学，2021．

"党建＋学风"模式下高校"一站式"学生社区建设路径探究

江永鑫

（金融学院）

党的二十届三中全会强调，教育、科技、人才是中国式现代化的基础性、战略性支撑。在党建引领背景下，如何推动教育、科技、人才三者有机结合，成为高校新的使命和要求。而全面推进高校"一站式"学生社区建设正是实现党建引领下教育、科技、人才三者有机结合的重要抓手。近年来，全国各地高校把"一站式"学生社区建设作为学习贯彻习近平新时代中国特色社会主义思想主题教育的重要实践，其核心在于坚持和加强党的全面领导，把党建下沉至学生社区，充分发挥党建的政治、思想、行为等方面的引领作用，让"红色"元素贯穿学生发展的全流程，推动思想政治工作落实落细，打通思想政治工作的"最后一公里"。同时，优良的学风是高校的立校之本，直接影响到学校的办学质量和社会声誉。对于学生而言，学习是学生的天职和使命，具有良好的学风建设也是学生学习发展的基石。因此，将"党建＋学风"赋能高校"一站式"学生社区建设，将进一步提升其针对性和实用性。

一、高校"一站式"学生社区概述

高校"一站式"学生社区综合管理模式建设工作是深入学习贯彻习近平总书记关于教育的重要论述，适应新形势新情况、加强高校党的建设和思想政治工作的重要体制创新[1]。高校"一站式"学生社区是建立在学生密切聚集地，如宿舍等，探索组织育人、协同育人、管理育人、服务育人等创新机制，推动学生所需、所用、所想的项目和单位进驻学生社区，实现引领力量、管理力量、服务力量等多种力量的汇合，致力于打造集党团教育、学业辅导、朋辈交流、生活服务等项目为一体的集约化、规模化、便捷化学生社区。

我国高校"一站式"学生社区从 2019 年的 10 所试高学校，发展到 2022 年的 1 447 所各类学校，实现了数量的大步迈进，取得了显著的成果。目前高校"一站式"学生社区表现出以下三大阵地特征。

一是学生成长的新场地。高校"一站式"学生社区融合了党团教育、学业辅导、朋辈交流、生活服务等与学生密切相关的项目，形成了学生全面发展的育人环境。它不仅提供了与学生密切相关的生活服务，还能借助党建平台加强学生思想引领，对学生的世界观、人生观、价值观形成和行为习惯的养成产生积极影响。

二是管理服务的新载体。高校"一站式"学生社区体现了"以学生为核心"的教育理念，实现从过去学生办事以部门为核心向以学生为核心的观念转变，精简学生事务，提高学生办事的效率。同时，智能化建设改造和优化升级了学生事务流程，为学生提供更为优质且个性的服务。

三是三全育人的新平台。"三全育人"强调全员、全过程、全方位育人。高校"一站式"学生社区将资源和人员下沉到学生聚集区，通过开展各类教育教学活动，形成了覆盖学生从入学到毕业的全程育人链条，促进了学生在不同成长阶段的全面发展。

二、高校"一站式"学生社区建设中存在的问题

（一）教育资源尚未形成合力

目前，高校"一站式"学生社区建设中所包含的党团教育、学业辅导、朋辈交流、生活服务等项目涉及高校的教学部门、学工部门、后勤部门以及学院等多主体。通常，高校"一站式"学生社区建设是以学工部门和学院为主导，但学工部门和学院本身事务繁杂，难以投入足够精力去对接多个部门，导致各部门之间难以形成有效的合力。分散的管理方式若难以整合，则会降低高校"一站式"学生社区的育人效果。同时，目前党建引领与学风建设存在脱节现象。党建工作在学生思想政治引领方面起着重要的作用，但是与学生学风建设活动联系并不紧密，无法发挥党建引领对学生学习态度和学风建

设方面的改进作用。

（二）学风建设活动效果不佳

学风建设活动效果不佳主要体现在以下两方面。

一是学生的学习动力不足。虽然"党建＋学风"模式是高校"一站式"学生社区的一种创新，党建引领可以激发学生的内在学习动力和学习热情，但是受大学本身的学习方式和学生自身主观因素等影响，如果缺乏有效的激励机制和保障措施，部分学生可能依然缺乏明确的学习动力和学习目标。

二是学习氛围不浓厚。不同于初高中的班级教学，大学学习更加强调学生的自主意识。因此，学风建设的不断完善需要良好的学习氛围作为支撑。目前高校"一站式"学生社区存在不同学院、不同专业、不同年级的学生，彼此之间存在交流的障碍，影响了良好学习氛围的形成。

（三）党建引领作用发挥不充分

目前，部分高校社区基层党组织建设尚不完善，基层党组织架构尚不完整，同时存在学生社区基层党组织党员管理问题，这导致基层党组织在学风建设中的引领作用难以充分发挥。此外，部分高校的党建活动形式较为单一，缺乏创新性和吸引力，存在形式化、过程化、表面化等问题，不能很好将党建引领与学生学风建设密切联系在一起，难以激发学生的参与热情，从而影响党建活动在学风建设中的实际效果。

三、"党建＋学风"赋能高校"一站式"学生社区建设的内生价值

（一）强化党建引领作用，提升思想政治工作水平

"党建＋学风"赋能高校"一站式"学生社区建设，将党建工作深入学生聚集区，丰富了原先依靠学院、专业、班级为单位的固有党建模式，贯通了横向纵向的党建矩阵，实现了党建工作对于学生日常生活的全覆盖，进一步加强了高校的党建引领作用。学生社区相当于学生事务管理的毛细血管，通过强化"党建＋学风"赋能高校"一站式"学生社区建设，将思想政治工

作深入学生实际生活、走入学生实际所需、贴近学生实际所想，极大程度提升了高校的思想政治工作水平，有助于推动高校思政工作的系统化和精细化发展。

（二）促进学风建设，优化育人环境

学风是高校的灵魂，是衡量教育质量的重要指标之一。"党建＋学风"赋能高校"一站式"学生社区建设，进一步丰富其内涵。通过党员伴学、朋辈辅导、党员先锋寝室、党员经验分享、主题党日活动、红色论坛等丰富的党建引领活动，充分发挥党员的先锋模范作用，践行党员为人民服务的宗旨，助力形成具有"红色"韵味的学风氛围。大学生党员作为朋辈间的先锋力量，可结合社区实际情况和学生实际需求，开展多样性、针对性、特色性的系列学风建设活动，有效提高学生学习的热情和积极性，优化育人环境。

（三）提升学生自我管理、自我服务能力

高校"一站式"学生社区以学生为主体，注重学生的主观能动性发挥，强调学生的主体作用，鼓励发挥学生的自我管理、自我服务、自我教育的作用。"党建＋学风"赋能高校"一站式"学生社区建设，鼓励学生成立管理委员会，积极开展社区自治管理，从设备采购、课程安排、人员协调、物资维护等方面，充分发挥学生的主体作用。学生在参与自我管理、自我服务、自我教育的过程中，不仅锻炼了区组织能力和协调能力，还激发了内在的使命感和责任感，这种自我管理和服务的实践为学生未来的成长和发展奠定了坚实的基础。

（四）推动"三全育人"格局的形成

高校"一站式"学生社区作为高校育人的重要阵地，也是全员育人、全程育人、全方位育人的"三全育人"格局的重要体现。高校"一站式"学生社区所涉及的党团教育、学业辅导、朋辈交流、生活服务等事务，融合了学校各个部门和学院等多方力量。同时，学校也可积极动员校外力量参与学生的培养，如举办企业面对面、红色招聘会等活动，扩充育人实力。同时，将学风建设与思想政治教育、心理健康教育、职业生涯规划等紧密结合，实现育人的全面性和系统性。此外，高校"一站式"学生社区作为学生日常学习生活的补充场所，将教育融入学生日常生活的方方面面，体现了全程育人的

理念。

（五）创新人才培养模式，提升人才培养质量

"党建＋学风"赋能高校"一站式"学生社区建设，进一步丰富了高校"一站式"学生社区内涵和实质。党建引领作为思想政治工作的重要内容，需要通过载体来体现其价值。通过党员的身体力行，发挥带头作用，将党建引领和党员的示范作用落实落细。此外，通过高校"一站式"学生社区里面的思想启学、同育拓学、朋辈伴学、多元促学、同育拓学、榜样领学，学生将理论知识与实践相结合，提升了综合素质和创新能力。社区内的学业支持体系、心理辅导站等配套设施，为学生提供了全方位的成长支持，有效提升了人才培养质量。

四、"党建＋学风"赋能高校"一站式"学生社区建设的建设路径

（一）强化党建引领，明确建设方向

坚持和加强党的全面领导是"党建＋学风"模式下高校"一站式"学生社区建设的根本所在。要充分发挥党建在高校"一站式"学生社区和学生群体中的政治引领、思想引领、组织引领、制度引领、作风引领的重要作用，构建良好的政治生态，明确建设目标，将党建下沉至学生社区，确保"党建＋学风"模式下高校"一站式"学生社区建设方向的准确性。此外，高校"一站式"学生社区可成立功能性党支部，通过党支部委员会或党支部书记的选举产生，确保党组织的健全和高效运转，明确党支部的工作职责，包括思想引领、党员教育管理、服务学生等。注重高校"一站式"学生社区红色氛围的营造，将党旗、党徽、入党誓词等元素融入社区建设中，营造浓厚的党建氛围，通过组织各种形式的党建活动，如红色观影、理论学习、经验交流等，进一步提升学生的政治觉悟和思想认识。

（二）学风建设为核心，提升学习成效

高校"一站式"学生社区的服务主体是学生，而学生首要任务即为学习，

因此应把学风建设作为核心建设工程。"党建＋学风"模式是从更宽的维度和更高的层面看待学习问题。

一是榜样领学。党员作为同群人的榜样，发挥学生党员的先锋模范作用，积极开展跨年级的学业帮扶工作，通过"一对多"或者"多对多"等模式，围绕学生密切关注的学业问题和发展问题，形成良好学习氛围和互助机制，助力学习效果的提升。

二是朋辈伴学。组建朋辈伴学党员讲师团，结合学生在日常学习的痛点、难点、堵点，针对学科课程开展定制预约班、特色补习班、系统复习班、朋辈复习班等特色课次，以朋辈视角，陪伴学生学习，增强学风建设工作的广度、深度和温度。

三是同育拓学。由学院牵头，积极对接行业导师，邀请行业、企业等人员在高校"一站式"学生社区开展校企共建活动，如简历修改、企业论坛、共建党日活动和企业高管圆桌会议等形式，拉近学生与外界的距离，实现校企共育新时代人才。

四是班导引学。高校"一站式"学生社区积极邀请校内外优秀教师作为社区指导老师，围绕竞赛指导、学习辅导、生涯规划等话题，为学生提供全面的帮助，提升高校"一站式"学生社区的专业化水平。

（三）融合"党建＋学风"，实现协同育人

高校"一站式"学生社区将党建和学风建设紧密结合，助力协同育人大格局形成。党组织的思想引领和学风建设的具体实践，共同推动学生社区的全面发展。学校党委组织部、学工部、后勤部和学院等主体，可结合学风建设需求，协力开展如"党员先锋寝室""优秀宿舍评比"等特色的党建活动，发挥党员先锋模范作用，引导学生向榜样学习，引导学生树立正确的世界观、人生观和价值观。此外，完善和建立健全评价机制。对在党建引领和学风建设系列工作中具有突出表现的个人和集体给予表彰和奖励，通过树立典型的人物和事迹，激发学生发挥个人主观能动性，推动高校"一站式"学生社区建设的持续深入建设。

（四）完善服务体系，满足学生多元化需求

高校"一站式"学生社区具有管理和服务的双重功能，学校应整合校内

外资源，完善包括学业辅导、心理疏导、生活服务等多样化的服务资源，为学生提供全方位的支持和服务；同时积极引入多元主体参与社区管理，如学生自我管理组织、社会公益组织和企业等多元主体参与社区的管理和治理，实现育人资源的有效流通，共同推动社区的全面发展。可以参考居民小区的网格化管理模式，以学院、专业、宿舍楼为单位进行网格化管理，设立"党员责任区""党员先锋岗"，调动党员、入党积极分子等多方力量，确保服务的全覆盖。

五、结语

在新时代的背景下，"党建＋学风"模式为高校"一站式"学生社区建设提供了全新的视角和动力。高校借助"一站式"学生社区，将党建工作、思想政治工作与学风建设工作深度融入，助力推动学风建设工作的持续优化，有助于营造积极向上的学习氛围。"党建＋学风"模式不仅是对传统高校学生管理工作的一种创新与探索，也进一步巩固了"以学生为核心理念"的教育模式。

未来，"党建＋学风"赋能高校"一站式"学生社区建设应持续深化内涵、拓展外延，不断创新服务形式和内容，满足学生日益增长的多样化、个性化需求，为培养具有崇高理想信念、具备扎实学识和社会责任感的高素质人才奠定坚实的基础。

参考文献

［1］中华人民共和国教育部. 教育部召开高校"一站式"学生社区综合管理模式建设工作推进会［EB/OL］. （2023-03-27）［2024-08-30］. http://www.moe.gov.cn/jyb_xwfb/gzdt_gzdt/moe_1485/202303/t20230327_1052950.html.

［2］李伯群. 新时代高校赋能"一站式"学生社区高质量发展育人路径探析［J］. 武夷学院报，2024，43（8）：94-98.

［3］王鹏，刘践丰. 高校党建引领下"一站式"学生社区建设路径探索［J］. 北京教育（高教），2024（8）：52-54.

［4］毕昌喜．党建引领视阈下的高校"一站式"学生社区建设理路探赜［J］．北京教育（高教），2024（8）：55-57.

［5］纪红妍．党建引领下高职院校"一站式"学生社区建设模式探究［J］．现代商贸工业，2024，45（16）：141-143.

［6］许贝红．"五育融合"背景下高校学风建设的内涵意蕴与科学建构［J］．现代商贸工业，2024，45（16）：54-56.

［7］蒋闰蕾，成盼攀．功能型党支部在高校"一站式"学生社区建设中的应用价值和发展展望［J］．西部学刊，2024（14）：91-94.

［8］唐成志．高校学生党员培养融入一站式学生社区建设的路径研究［J］．办公室业务，2024（13）：134-136.

［9］秦向伟，李娜，刘涛，等．荣誉与榜样：对于大学生学习动力和学风建设的影响研究［J］．产业与科技论坛，2024，23（13）：92-94.

［10］侯远利．"一站式"学生社区党建前沿阵地构筑实施策略［J］．四川劳动保障，2024（6）：65-66.

［11］寇丹阳，李中华，郝佳彤．红色文化融入医学生学风建设研究［J］．中国医学伦理学，2024，37（6）：657-662.

［12］臧丹，荆鹏．高校"一站式"学生社区建设的模式探索——以东北师范大学寝室党员工作站为例［J］．黑龙江教育（高教研究与评估），2024（5）：98-100.

［13］薛星莉．高校"一站式"党员工作站对学风建设的思想政治引领作用探讨［J］．中国军转民，2024（8）：151-152.

［14］常芬．三全育人理念下高校学风建设研究——以武汉某高校为例［J］．现代商贸工业，2024，45（10）：238-240.

数字化赋能高校党组织育人实践路径探究 [1]

杨 晨

（信息工程学院）

随着教育数字化战略的进一步推进，新媒体深度融入生产生活，大众传媒日益普及，作为高新技术成果代表的自然语言处理工具也逐步广泛应用。这一系列随着时代浪潮应运而生的爆炸式数据现象对高校党的建设、思想政治工作和育人实践产生了巨大影响。信息技术赋予高校党组织育人更加鲜明的时代特征和不容忽视的风险挑战。

高校党组织育人，即依托高校党的各级组织，以党的建设为统领，协同校内其他组织部门，积极开展正能量传播和主流价值引领，发挥育人合力，践行立德树人理念，以实现培养时代新人目标任务的育人实践。习近平总书记指出，要"高度重视人工智能对教育的深刻影响，积极推动人工智能和教育深度融合，促进教育变革创新"。[1] 高校基层党组织育人实践也必须从传统育人方式中精准凝练出与数字化相融合的切入点，正确面对前沿技术带来的变革与创新，深刻剖析目前党组织育人存在的问题与不足，科学谋划育人模式数字化转型，结合教育规律不断丰富育人形式，创新育人载体，积极探索"智慧党建"的可行路径，全面提升高校基层党组织育人实效。

一、高校党组织育人的价值导向

（一）功能与目标

高校党委肩负领导意识形态工作和思想政治工作的重要职责。高校各级党组织更要向学校党委看齐，在育人过程中强化思想引领，筑牢意识形态阵

① 本文获中南财经政法大学中央高校基本科研业务费专项资金项目"教育数字化视域下高校思想政治教育转型评价及路径探究"（项目编号：2722024DS019）资助。

地。充分凝聚行政管理、群团组织、学术组织和师生党员等群体的力量，积极参与人才培养全过程，形成育人合力。通过组织开展形式多样的学习教育和实践活动，弘扬和践行社会主义核心价值观，充分利用网络平台和新媒体空间，不断拓宽育人渠道，创新工作方式方法。努力营造初心坚定、尊师重教、崇智尚学的育人环境，为党和国家培养更多更好的时代新人。

（二）内容与方法

强化党的建设和人才培养是高校党组织育人的应有之义，高校党委、院（系）级单位党组织、师生党支部育人都必须把理想信念教育放在首位，以实际行动回答好教育的根本问题，落实立德树人根本任务。具体来说，就是要从坚持党建引领，注重榜样示范，严格行为规范，优化资源整合等方面着手，淬炼师生坚强党性。将理想信念教育融入师生管理、服务和教育等思想政治教育工作全过程，以丰富多元的形式和渠道组织开展师生党员干部系统学习培训，做细做实师生思想政治教育工作，真正把高校各级党组织建设成为能够有效稳定办学方向、积极传播党的理论成果、扩大组织生活覆盖面、实现教育管理科学治理的坚强战斗堡垒。

二、数字化转型面临的问题与挑战

（一）现实需求与时代价值中的发展困境

1.高校党组织育人现状

随着教育数字化战略的推进，高校党组织育人理念逐步向个性化学习和终身学习转型，传统的线下党建活动逐步向线上线下混合式教育、云参与等形式创新，为虚拟教育环境转换、育人资源开放共享提供了更广阔的空间，这也对广大师生在信息技术应用水平上提出了更高要求。数字时代推动高校教育现代化进程不断加速，高校党组织也亟待重塑育人理念，创新工作方法，充分利用数字化技术实现重要信息全面集成，搭建系统化的平台，科学规范数据分析，对师生党员进行精准画像，从而达到严把政治关口，规范党员教育管理，培养党性坚强拔尖创新人才的育人实效。

2. 高校数字化建设现状

作为数字中国战略的重要内容，数字化建设备受高校重视，各部门也广泛参与落实。校园网络基础设施快速提档升级，数据管理和算力平台建设不断完善，在线课程、线上展馆、数字教材等更加开放共享，物联网广泛应用，智慧校园建设日趋智能有序，网络平台监管与安全防护更加严格规范，师生数字素养明显提升，高水平国际交流与合作更加频繁，教育评价体系更加科学多元。然而，传统育人模式下，高校各教育主体和业务部门之间的工作协同性不够好，分散掌握的信息集成度不够高，对应的师生评价体系科学性不够强，数字化在党的建设和育人实践上的应用还不够广泛。

（二）思想感召与技术融合下的数字悬浮

1. 思想政治教育内容更加多元

高校各级党组织所有育人功能的实现都要以坚持党的领导、把稳政治方向为前提，以思想引领强化党组织对师生奋发向上的感召力和渗透力，这也是加强党的领导、提升思政工作质效、促进高质量内涵式发展的基础。数字时代更加丰富了思想政治教育的内涵意蕴。在思想政治教育革新的过程中，要更加注重提升师生对全媒体信息进行真伪判断、是非甄别和信息筛选的能力，规范网络平台资源正确使用，维护网络安全。将党组织育人实践与跨文化、跨学科国际交流合作紧密结合，打造和参与多元化、高层次的国际交流合作项目，进一步拓宽党组织育人的国际视野。

2. 数字至上工作理念更加突显

数字化教育实现了"云端"教学，冲破了传统育人方式时间和空间的限制，满足了个性化学习需求，积累了师生成长数字化评价与反馈，能够进一步提高教育效率、节约教育成本、提升育人质量，拥有依托高新技术生成的天然优势。党组织育人的思想政治教育人文因素复杂，底蕴深厚，数字化与党组织育人实践如何深度融合，应当经过科学设计和深度调研，找到精准的切入点，而不是将数字技术的形式简单附加在党组织育人的各项活动和学习内容上。如果盲目追求最新技术，毫无疑问会弱化育人要素中的人文意蕴，造成过度量化的现象。

（三）党组织建设与业务工作间的融合壁垒

1. 党支部标准化规范化建设不扎实

党支部是党组织建设的基础单元，其建设水平直接决定了战斗堡垒作用、党员先锋模范作用的发挥效能，以及育人成效的优劣。当前，高校师生党支部建设标准化、规范化程度还未达到标准，党组织育人的根基建设还要进一步加强。部分支部党组织设置不够规范、党内政治生活不够严肃、党建活动参与度不够高、决策程序不够透明、党员教育管理不够严格、党员发展质量不够高、联系师生不够紧密、党建工作与学术科研等脱节、学习活动形式单一、党内关怀不够及时、党内监督机制不够完善、不能充分利用信息化手段提升学习效率等现象时有发生，党支部建设水平离有效支撑党组织育人数字化转型的要求还有差距。

2."一融双高"建设水平参差不齐

高校"一融双高"的建设目的是实现党建工作与教育事业的互融互促和高质量发展。随着近年来新时代高校党建"双创"工作的开展，有许多院校和党组织入选其中，为全国高校各级党组织构建高质量党建工作体系、积极创新党建工作模式、培育特色党建工作品牌、起到了良好的引领带动作用。然而，还有部分院校和党组织对"一融双高"工作理念理解得不够深入，责任落实存在薄弱环节，没有充分发挥教师党支部"双带头人"、优秀学生骨干的"关键少数"作用，信息化程度不够高，党建与业务工作深度融合工作局面尚未打开，影响党组织建设全面进步全面过硬。

三、数字化赋能高校党组织育人的实践路径

（一）适应新理念——凝聚思想共识，助力"一融双高"建设

1. 注重党建引领，提高思想认识

对标对表"五个到位""七个有力"的建设要求和党内先进模范，培树"互联网＋党建"及"特色专业特色＋党建"工作理念，引导师生深刻理解和把

握党组织育人和数字化的重要意义，全面提升师生"一融双高"的思想认识和本领能力。持续强化校院党委的集中统一领导，加强人才梯队建设，发挥"双带头人""头雁效应"和党员模范带头作用，提高党员参与学习实践的主动性，凝练推广专业特色和拔尖创新人才培养模式优秀经验做法和成果积累，全面增强党支部标准化规范化建设。

2. 融合优势特色，促进全员参与

进一步打破学科壁垒，加强交流合作，开展新形势下智慧党建实践探索经验和成果（如党建大数据平台、微信小程序开发设计等）。借助信息化、智能化和数字化的技术，将高校专业特色、师资和技术红利充分应用于党建工作中，深入推动教育数字化转型。充分发挥高校各级党组织的政治功能，将党的建设、专业知识传授和思想政治教育相融合，坚持统筹推进，努力打造各单位协同联动、师生党员广泛参与、育人环节深度渗透的工作局面，充分彰显组织育人实效，为高校"双一流"建设和教育现代化提供有力支撑。

（二）拓展新渠道——依托技术赋能，搭建协同育人平台

1. 创新育人模式，推动数字升级

坚持党建引领现代化教育，重点围绕高校专业设置和学科发展规划，充分发挥学科优势，彰显学科特色，依托现有教学设备、新文科和新工科实验室等资源，深入挖掘教育教学中的思政元素，依托信息技术推进党组织育人实践数字化转型与智能化升级。通过在线教学、场景模拟、红色教育资源共享、微党课专题、支部"云共建"等党组织育人实践模式创新，进一步拓展党组织育人的数据驱动，通过技术连接重构育人结构和生态系统，实现个性化学习支持和正确价值引领普及。

2. 注重空间拓展，促进平台建设

当前，我们正在经历信息化技术引领的教育变革，算法和算力主导的智能智控，以及自媒体的发展延伸迫切需要高校党组织育人重构育人生态，强化数据集成和资源共享。覆盖党建引领、支部建设、组织生活、党员发展、校园活动、网络文化、学生管理、成长数据和管理服务等功能的"智慧党建"

平台建设，成为高校党组织育人功能实现的智能基座现实需要，也为高校师生坚守意识形态阵地、讲好中国故事、赓续红色血脉提供了数字空间。党务能力培训提升，教育教学资源共享、师生协作互助也可以通过智慧平台建设实现。

（三）适应新主体——强化队伍建设，激发智慧党建活力

1. 坚持协同育人，提升育人实效

广泛发动力量，深入贯通"十大育人体系"，把高校党组织建设、学科发展、人才培养等工作，与数字化教育、卓越工程师培养、乡村振兴等国家战略需求以及学校"双一流"建设标准紧密结合起来。通过党组织建设、党内组织生活和专业学习、实习实训等，启发学生融通思维，培育一批具有较强创新精神和党建工作实践能力的学生团队骨干。协同各类育人主体，开展有组织的科研，聚焦人工智能等国家战略急需领域，促进产学合作，推进人才国际交流，为教育现代化提供强大动力。

2. 提供发展支持，提升数字素养

充分利用专任教师自身专业知识结构好、学术科研素质高、逻辑思维能力强等优势，立足教师自身发展和团队建设，建设具有高水平数字素养的教师队伍。进一步推动教师党支部活动与学科建设、教学科研等业务工作的深度融合，促进数字技术背景下立体知识体系传授、学生高阶能力培养，深化产教融合、科教融汇。创新数字化教学目标和工作理念，持续深化智慧教育人才梯队专项培养，充分运用数字化教学资源，持续推动"智慧党建"和智慧教育工作，打造科教兴国新业态。

（四）探索新机制——优化资源配置，强化组织育人保障

1. 健全运行机制，优化资源整合

强化数字技术融入党组织育人的顶层设计，加大数字化建设投入，建立健全管理服务制度，为高校各级党组织建设和活动数字化提供坚强政策支持与监督保障。全面整合党的建设、数字化水平、师生成长发展、思想政治教育等各项指标，依托党组织育人实效和工作实际数据分析，构建更加科学、

系统的党组织、师生个人考核评价和激励机制，实现党建工作智能化管理。深入挖掘思政元素，充分运用互联网技术和新媒体平台整合优质教育资源，依托现有软硬件设备，积极开展线上微党课、党校培训、支部生活和红色线上展馆云参观等活动，利用算法优势，为师生党员精准提供学习资源和信息推送，切实提升育人实效。

2. 注重网络安全，强化隐私保障

正确看待信息技术发展对传统党组织育人方式产生的"双刃剑"作用，时刻警惕纷繁复杂的海量信息对高校党务工作者、日常思想政治教育行政管理人员（辅导员、班主任等）和专任教师等育人主体及学生群体带来的影响。加强网络安全防护，严格对各类智慧党建平台的监管，建立健全网络安全机制和舆情应对处理机制，防止师生党员在网络平台发布不当言论、传播不良信息。注重数据信息安全，规范第三方用户网络服务，对学生工作、教务、科研、党务、财务等部门所掌控的师生信息实行全链条隐私保护，实行加密存储，强化用户身份认证，限制访问权限，营造健康向上的数字化环境。

参考文献

［1］中共中央党史和文献研究院．习近平关于网络强国论述摘编［M］．北京：中央文献出版社，2021：165-166.

［2］习近平．高举中国特色社会主义伟大旗帜为全面建设社会主义现代化国家而团结奋斗——在中国共产党第二十次全国代表大会上的报告［N］．人民日报，2022-10-26（1）.

［3］曹军，王磊．新发展理念视域下高校党建高质量发展研究［J］．高教学刊，2024，10（21）：115-119，124.

［4］杜成煜．新时代高校组织协同育人研究［D］．福州：福建师范大学，2023.

［5］焦立涛．人工智能赋能大学生思想政治教育研究［D］．济南：山东师范大学，2023.

［6］孟启．高校党组织育人的现实考察与提升路径［D］．杭州：杭州电子科技大学，2023.

融媒体视角下构建高校党建
"三网"协同育人工作模式研究 ①

张　娇

（新闻与文化传播学院）

在深入推进高等教育内涵式发展进程的背景下，面对媒介融合的迅猛发展态势，在高校基层党建工作中实现融媒体技术赋能效果最大化，探索协同育人工作创新实践路径，具有极其深刻的学术价值和实践意义。本文试从探讨如何针对数字化智慧化媒介技术赋能最大化、造强信息化党建工作队伍、搭建数智化共育平台、打破党建工作共建与资源互享壁垒等问题入手，分析优化搭建模式的价值内涵，并结合实证尝试创新路径探索，提出具备一定实操性的应对策略。

一、融媒体视角下构建高校党建协同育人工作模式的价值内涵

习近平总书记指出："要运用新媒体新技术使工作活起来，推动思想政治工作传统优势同信息技术高度融合，增强时代感和吸引力。"但已有研究对基层党建工作协同育人的界定较为笼统宽泛，且大多处于理论分析与精神拓展层面，具体到党建与融媒体有机融合的制式化举措则更为欠缺，对实践的指导性不强。

从理论意义上来看，新媒体技术的广泛应用使人际交互模式由原来的单向一元性转变为多向多元性，信息茧房被打破，主体权威被弱化，彻底打破高校党建工作者向教育管理对象单向输出的管理格局。同时，网络空间所具有的虚拟性和隐蔽性加大了对高校青年的网络行为规范的管理难度，对师生

---

①　本文系 2023 年度湖北省教育厅哲学社会科学研究项目（项目编号：23Z425）的阶段性研究成果。

党员思想引领和文化影响的难度也随之加剧。虽然当前基层党建工作中的网络媒体应用框架已基本搭建到位，运行机制相对完整，但仍存在党建网络平台未能充分发挥作用、宣传内容辐射范围相对狭窄、教育资源整合效果欠佳、缺乏技术专业型网维人才、风险防御体系有待系统性完善等问题。因此，从媒介融合视角研究如何优化高校基层党建协同育人工作模式，既关系到全面提升高校青年思想政治素养，也利于推动高校基层党建工作与时俱进。

从实践意义上来看，高校要实现"育人为本"的总体目标，必须充分调动各方力量，协同推进。站在高校层面，由于学生党支部规模庞大，学生党员数量众多等诸多客观原因，高校较难实现对学生党员群体的统一教育管理。教师党员的主要精力大多放在课堂教学和科研提升方面，对结合专业特色和教学优势，发挥教师党员的示范带头作用，以高质量教职工党支部建设引领高质量学生党支部建设的思考方面还较为欠缺。站在院系层面，尤其是中小型规模的学院，因缺乏系统教育资源，较难独自开展党校等教学培训，事务性工作又占据了基层师生党支部较多的时间精力，导致师生党员在自我教育、管理、服务、监督等方面的作用发挥较为薄弱，从而给日常党建工作带来更大的难度。

二、优化工作模式的路径探索

在融媒体时代，若要进一步激发师生青年的文化内涵和理想信念，增强其自我发展的内驱力和持续力，必须先突破思维定式和传统经验的束缚，主动适配青年求新求异求变的思维模式，并充分整合优秀专业教师、政工干部、学生骨干和校友等人力资源，创新"校内＋校外""线上＋线下""课内＋课外"等多维互动方式，拓展微课堂、微研学、微直播等渠道资源，通过在真实学习工作场景中开展"田园党建"，对理论设想作出实践论证，据此总结提出科学性强、普适度高的实践方案，最终形成党建"三网"协同育人常态化工作模式。

（一）搭建"人网"：精准育人＋造强队伍

高校青年成长在数智经济全球化的时代背景下，具有更加鲜明的代际特征。因此，针对青年群体开展党建工作首先须换位思考，努力探求其行为模式和现实诉求背后的深层逻辑，从而精确定位、动态施策，做到"入心"；同时整合各种资源，着力提升党建工作专业化信息化程度，引导青年提升正确处理内在需求与现实矛盾的能力，从根本上适配自身内涵式成长的实际诉求，做到"入脑"。

1. 精准适配受教群体

当代青年无论从自我发展还是对待外界事物方面都具有更加开阔的眼界、开放的思维和个性的价值追求。因此，通过数智技术及时掌握青年思想动态，研判针对党内外先进分子做好培育的短板弱项和困难瓶颈，有助于推动将"发现问题—解决问题"的单向一维工作模式，转变为"发现问题—关联问题"的双向多维工作模式，深度融合党建教育和服务，切实提升育人实效。具体到操作层面，可以以青年需求为导向，立足学科优势特色，分年级、分专业、分群体为党内外优秀青年干部制定针对性培养方案。尤其要注重契合青年更倾向于沉浸式、快节奏、互动性强的体验需求，通过"行走的党课"、主题视频拍摄和 H5 制作、党建活动网络直播等青年师生喜闻乐见的形式，推出主题鲜明、内涵丰富、活泼生动的优质党建实践活动，从"坐下来"到"走出去"，全面激发受教主体的学习主动性和内驱力。

2. 高效整合教育资源

师生党支部作为高校基层党建工作的基础组成部分，是保障党组织面向全校师生党员以及群众服务的重要抓手和主要支点。其中，教职工党支部兼具教育、管理、服务、监督等综合职能，发挥着党组织团结联系高校师生的沟通桥梁作用；学生党支部作为发挥学生党员先锋模范作用的组织阵地，是营造积极向上校园氛围的主要依托。促进两者教学相长、协同发展，是实现党建育人实效的重要保障和有效途径。

一是"合"，即整合高校各部门内部思政教育管理相关的人力、设备、场地、技术支持等软硬件资源，尤其应注重从专业课教师、学工部、宣传部、团委、心理健康教育中心、一线辅导员、党务工作者、师生党员干部中吸纳选育精兵强将，为优化完善集统筹协调、教学管理、融媒宣传、舆情分析、服务保障等功能于一体的融媒体党建育人体系提供专业化的技术支持和人才保障，形成多方联动、协同发力的工作氛围。

二是"能"，即在师生党支部中邀请政治站位高、专业能力强，以及熟悉网络技术应用和语言特点的师生青年党员，加入专（兼）职党建网管工作队伍。通过定期开展专题培训、技术指导等，做好跟进学习最新媒体资讯和技术，合理利用数智技术，提升自身新媒体运用能力，夯实业务基础，提升队伍的业务能力和专业素养。

三是"专"，即发动相关领域专家、思政课专业教师、职能部门业务骨干、一线辅导员先进典范等，通过成立并培育以学生积极分子为受教对象的网络育人工作室，组织网络思政大讲堂、社会热点网络主题研讨等网络党建主题活动，积极培育形成教学实力雄厚、专业技能扎实、工作职能多样的专（兼）职党建教育工作队伍。

四是"通"，即在前期搭建好基础数据调研和意见收集反馈通道，跟进了解青年较为关注的领域，梳理工作推进过程中的卡点堵点、痛点、难点，再结合现有教学资源，总结实践工作中的成功经验，定向发力，将心理学、社会学、政治学、管理学、经济学、法学等综合学科知识融入党建教学实践，优化党建育人课程设置，构建兼具学术性、创新性、科学性、实践性的党建育人理论知识体系，尽可能消除教育主体之间、教育者和被教育者之间的沟通屏障和观念壁垒，加快建立互动互融的育人"同心圆"。

五是"防"，即着力打造新型高校党建网络监管队伍，积极遴选吸纳政治可靠、业务能力强的新闻采编员、数据分析员、舆情应对员、平台运维员等专业人才，加强网络内容生成和融媒体平台运维的专业度，优化完善网络舆情监测、预警和处置机制，守好融媒体时代意识形态斗争的主阵地和最前沿，为党建育人工作提供坚实牢固的阵地依托。

（二）打造"天网"：整合平台＋打磨品牌

如何以数智媒体为载体，提升管网用网治网水平，使网络这个最大变量变成助力党的事业发展的最大增量，以帮助高校青年提升甄别井喷式信息流的能力，引导青年通过"自律"而非"他律"实现自我成长教育，助推基层党组织通过打磨党建工作品牌实现与受教育者的逻辑契合，从而始终牢守网络育人的全新阵地和关键领域，既是顺应信息时代发展的重点，也是深化高校党建育人实效的难点。

1. 因时而进，融合媒介

我们从工作实践中了解到，高校青年更倾向于通过网络渠道进行信息传递，通过视频采编、图文结合的方式开展实践活动，通过 AI 人工智能、大数据、云计算等新技术进行学术研究。此外，虽然当代高校青年的文化自信和理性爱国意识逐渐增强，盲目崇拜和攀比的现象有所改善，但由于其仍处在心智尚未完全成熟的成长阶段，且数字化虚拟空间使沟通双方在交流时可以有所保留，甚至重构自我，表情化、个性化的信息传达方式也易造成传受双方的理解偏差，不能有效正面反馈，这些客观情况并不利于教育者准确把握受教群体的实际状态和需求，也在一定程度上降低了党建工作的深度。因此，跟进运用融合媒体技术，推动党建工作平台和品牌建设提质增效，实现育人效率和效果双提升，是当前和长期需要面对的难题。

一是立足本校育人侧重，通过搭建网、端、微、屏、播等全媒体平台，整合腾讯会议、雨课堂、党建育人"金课"等各类线上平台和教育终端，组成网媒运维团队，安排专人分层分级负责典型案例收集及大数据分析等工作，打破针对青年实行党建教育管理的时空障碍，持续打造一体化、一站式的网络党建育人终端。

二是针对党建实践中较常碰到的受教主体配合度不高、积极性不够、实效性不强等问题，可以从明确教育对象的主体地位，强化主人翁意识，巩固打造施教和受教双方主体间的"信任圈"入手。首先调整以单向性输出、强制性要求、任务性安排为主的传统工作方式，建立信息收集反馈平台，畅通监督管理渠道，比如在酝酿阶段即对活动选题、开展形式、辐射范围、结果运用等内容广泛征集受众的意见和建议，必要时可安排受教主体全程参与策划、组织、推进、总结各环节工作，最大程度地确保听到真心话、发现真问题、问题有效解决、建议及时回应、监督公开透明。同时，织牢涵盖官方网站、工作群组、公众号等在内的党建网络宣传矩阵，及时做好任务分解、分析研判、分类梳理、总结固化，并第一时间向受教主体反馈进程安排和实际效果，逐步形成完整高效的工作闭环和问题解决链，充分激发受教主体配合推动工作开展的主观能动性，提升其获得感、参与感、荣誉感，完成"信任圈"闭环。

三是精准把握数智媒体时代党管宣传的新要求。事实证明，近年来的许多重大公共事件都是通过网络发酵转化为具有一定影响力的危机事件，这种虚拟网络和现实社会的呼应是全媒体时代社会舆论形成的规律。为增强危机识别能力，在潜伏期即做好媒体应对准备，把握好黄金时机，可以建立网络危机识别和发言监管系统。在识别到危机之后及时分析研判，运用已有的传播效果最快速、覆盖面最广的网络信息沟通平台，在危机处置的"黄金4小时"内第一时间占据意识形态阵地，以直观的、人性化的方式向师生传达事件的即时信息、采取的措施及进展情况，尽可能减少信息沟通环节和信息噪声，消除由于信息的不确定性和不对称性可能造成的误解甚至是恐慌，遏制谣言滋生，提升公信力，为党管宣传、党管意识形态打下良好的公众基础。

2. 因势而新，打磨品牌

具体到操作层面，可以按照党建实践活动各环节的地位、作用和相互之间的内在联系，结合学科特色和专业优势，对青年党员的教育培训和实践能力训练工作进行系统的整体设计，使课堂教学与创新党建实践活动有机融合，打造并不断打磨符合青年成长发展特点的党建活动品牌，最终形成科学化、制式化的党建实践育人体系。例如，新闻传播类院校可以通过发挥青年教师的示范带头作用，抓住年轻人所感兴趣的"视频短剧""直播金课"之类的小众赛道，选取契合当下最新时事政策背景的主题，以青年更乐于接受且轻松易懂的拍摄和演绎手法，去宣传解读党的创新理论，让青年师生党员共同参与活动创作的全过程，鼓励学生党员利用好课堂教育扩展延伸的"第二课堂"，指导其主动将理论知识转化为实践成果，最大程度激发学生党员的自主创造力，提升学习实践力，营造积极的创新学习氛围。

（三）夯实"地网"：紧盯导向＋完善制度

加快推进高校教育管理机制改革的步伐，需要一整套科学系统的顶层设计作为制度支撑，具体可从明确党建育人理念、梳理问题短板、设计解决方案、优化落实机制等方面入手，同时注重充分发挥部门间的联动效应，促进教育与服务共同渗透，通过综合考量组织结构、评估反馈、制度规范等各方面因素，完善制度结构，健全工作闭环设计。但在党建实践中仍然存在传统制度不尽合理、现有制度不尽完善、新老制度交替衔接不畅的问题，导致受教群体日益增长的多样化、个性化需求与不充分的制度建设间的冲突明显，对象认同度不高、参与性不强的境遇亟待改善。特别自 2020 年以后，从线上授课、复学返工、课程优化等方面暴露出来的问题，都需有配套的顶层设计提供制度遵循和落实保障。而"一网信息采集＋多维需求分析＋多元资源整合"不仅适用于指导工作实践，对于完善常态化长效化制度机制建设，也是最为直接有效的途径。

一是盯问题导向，搭建策略模型。受教群体对价值体系的正向认同以及对制度规范的积极转化，直接决定着针对这一群体开展工作的难易程度。从这个意义上讲，反映出的问题正是其需求的外化显现，解决问题的本质其实就是需求管理。那么，解决制约党建育人过程中的各种堵点、痛点、难点的过程也就变成发现梳理问题、剖析分解问题，最后到精准解决问题的过程，其实质既是方法论也是实践论。具体而言，通过整合信息收集反馈平台，搭建合适的数据分析模型，梳理在检视整改中发现的问题、在工作推进过程中暴露的问题、师生党员和群众反馈的问题等；普遍现象和共性问题从制度层面补齐短板漏洞，结合从以往工作实践中总结提炼出的好经验好做法，进一步搭建形成管理沟通策略模型，做好及时反馈和动态调整，最终落脚到固化长效制度机制。

二是盯目标导向，细化落实举措。具体可按"近细远粗""弥补差距"的基本思路，首先明确阶段性育人目标，然后通过查找主客体差距，分析主客观需求，进而从目标任务、资源配置、时间安排、组织架构、问题预案、监督评估等方面细化具体工作方案和任务分解，搭建可行性方案模型，细化具体落实举措。

参考文献

［1］中华人民共和国教育部，中共中央组织部，中共中央宣传部. 教育部等八部门文件关于加快构建高校思想政治工作体系的意见：教思政［2020］1号［A/OL］. （2020-04-28）［2024-08-08］. http://www.moe.gov.cn/srcsite/A12/moe_1407/s253/202005/t20200511_452697.html.

［2］中华人民共和国教育部. 教育部关于印发《教育信息化2.0行动计划》的通知：教技〔2018〕6号［A/OL］. （2018-04-18）［2024-08-08］. http://www.moe.gov.cn/srcsite/A16/s3342/201804/t20180425_334188.html.

增强高校院系党组织政治功能路径研究 ①

屈代洲　杨兴永

（党委组织部）

高校院系党组织在高校党的基层组织架构中处于承上启下的关键位置[1]，是高校落实管党治党和办学治校主体责任的关键枢纽和关键载体，直接关系到党的各项决策部署在高校的有效贯彻，关系到立德树人根本任务和"四个服务"使命的有效落实。

党的二十大对基层党组织建设提出了新要求，强调要增强党组织政治功能和组织功能。对于高校院系党组织而言，政治功能是其最核心、最重要的功能。[2]面对新形势、新任务、新要求，深入探索增强高校院系党组织政治功能的有效路径，是高校亟待研究和解决的理论问题、现实问题。

一、增强高校院系党组织政治功能的应然逻辑

高校院系党组织既要在学校党委的统一领导下，推动上级党组织的各项决策部署和"校之要事"的落地落实、见行见效，又要充分发挥主体作用，有效落实教学、科研、管理、服务等工作。因此，在建设教育强国的新征程上，增强高校院系党组织的政治功能具有十分重要的意义。

（一）增强高校院系党组织政治功能是坚持和加强党的全面领导的必然要求

办好中国的事情关键在党，办好中国的大学关键在坚持和加强党的全面领导。增强高校院系党组织政治功能，进一步强化党的政治领导，把院系党

① 本文系中南财经政法大学 2024 年中央高校基本科研业务费项目（"三全育人"、思政课程与课程思政）"新时代高校基层党组织育人体系研究"（项目编号：2722024DS001）阶段性研究成果。

组织建设成为坚持党的全面领导、维护意识形态安全的坚强战斗堡垒。把党的领导贯穿办学治院、教书育人全过程、各方面，才能带动师生坚定不移听党话、跟党走，确保高校始终全面贯彻党的教育方针，始终践行"四个服务"的办学根本，始终筑牢高质量发展的根基。

（二）增强高校院系党组织政治功能是落实立德树人根本任务的必然要求

增强高校院系党组织政治功能，进一步坚持和发展马克思主义的指导地位，把贯彻落实党中央决策部署具体化到人才培养、学科建设、有组织科研、思想政治引领等实际工作中，对于高校坚持不懈用习近平新时代中国特色社会主义思想铸魂育人，凝聚各类育人主体力量形成"三全育人"合力，引导青年学生立报国强国大志向。

（三）增强高校院系党组织政治功能是促进院系高质量发展的必然要求

随着高校二级管理体制改革的不断深入推进，高校管理重心下移成为不可逆转的趋势，院系越来越需要承担更多的职责和使命。增强高校院系党组织政治功能，不断提高院系党组织谋划发展、引领发展、凝聚发展的能力，充分发挥好党员先锋模范作用，是始终将党中央决策部署作为推动高质量发展的具体行动和有力抓手的重要保证；同时也是更好凝聚共识、激发动力，把改革发展稳定的各项任务落到基层、落到实处的有力保证。

二、高校院系党组织政治功能发挥存在的问题

近年来，全面从严治党向纵深发展、向基层延伸持续推进，特别是教育部党组统一部署的"学习·诊断·建设"行动推进实施以来，高校党组织政治建设不断加强，院系党组织的政治功能持续提升。但根据文献梳理和工作调研情况来看，高校院系党组织政治建设还存在一些薄弱环节。

（一）政治责任落实尚有差距

在部分高校院系层面的多个治理主体中，党组织在带头落实全面从严治

党的政治责任方面还有差距。有的院系党组织虽然能够抓好主责主业,但在干部队伍建设、教师队伍建设等重要问题上未充分发挥政治引领、政治把关和监督保障作用;有的院系党组织在抓长远发展规划和重大工作部署方面,还存在"落地难"的问题;有的院系党组织对意识形态工作的极端重要性的认识和把握还不够全面牢固,阵地失守偶有发生。

(二)基层党建推进不够均衡

标准化规范化建设还存在短板,战斗堡垒作用发挥得不够充分。有的院系党组织书记抓基层党建工作不够主动、办法不多,能力本领还有不足;有的高校院系党政领导班子建设存在断层现象;有的高校教师担任党支部书记积极性不高,"双带头人"教师党支部书记作用发挥不够平衡;有的高校院系党组织对抓党建和业务工作深度融合的重视不够,"两张皮"现象和"自转为主"的情况还不同程度存在。

(三)思想政治引领不够有力

有的院系党组织理论学习坚持问题导向和成效导向仍然不够有力,未能准确把握国家战略导向,未能将国家重要成就转化为育人资源;有的高校院系党组织对学生党员、入党积极分子的思想政治理论教育抓得比较好,但是对普通学生的思想政治理论教育还不够频繁、缺乏针对性,尤其是入党启蒙教育还有不足。高层次人才、优秀青年教师发展党员力度还不够,教师思政工作存在薄弱环节。少数教师纪律观念淡薄,有时没有将探索性的学术问题和严肃的政治问题有机统一。

三、增强高校院系党组织政治功能的有效路径

针对存在的问题,高校院系党组织要增强政治功能,必须系统集成、整体推进,在加强党的政治领导、压实政治责任、强化政治把关、加强思想政治引领等方面持续发力。

(一)全面加强党的领导

要始终坚持"四个服务"鲜明导向,把牢社会主义办学方向,切实把党

的全面领导贯穿办学治院、教书育人全过程各方向。要严格落实"第一议题"制度，坚持在重大事项谋划、重点工作部署和重要政策制定前，系统学习习近平新时代中国特色社会主义思想，自觉对标对表，及时校准偏差，确保党中央和上级党组织各项决策部署在院系落地生根、开花结果。要以组织力提升为重点，有效提升组织体系建设整体效能，不断强化基层党组织战斗堡垒作用和党员先锋模范作用，切实激活院系党建工作"神经末梢"。要把领导班子自身建设作为院系党建工作重点任务之首，严肃党内政治生活，认真贯彻执行民主集中制。要加强对统一战线和群团组织的领导，构建完善党、政、群、学四类治理主体良性互动的治理体系。

（二）健全完善责任体系

要突出抓党建工作首责主责，压实基层党建工作领导责任、党员领导干部联系基层党组织制度、党建目标责任管理、基层党组织书记述职评议考核等责任机制，健全完善"述职、考核、激励、问责"四位一体责任体系。要坚持"书记抓、抓书记"，强化院系党组织书记第一责任人意识，推动院系党组织书记切实担负起政治责任；要推动院系党政领导班子双向任职全覆盖，探索建立学院党政共同负责制，不断增强领导班子整体功能，共同承担好把方向、定目标、谋战略、作决策、推落实、促发展的职责使命。要坚持层层传导压力，把责任压下去，传导给班子成员，压给党支部书记，着力构建纵向到底、横向到边的责任体系，形成一级抓一级、层层抓落实的工作格局，着力以责任落实推动任务落实。

（三）严格落实政治把关

要坚持将院系党组织作为院系治理体系的"主心骨"，在制度设计和事权授予中，将院系党组织参与政治把关环节有机嵌入。要切实加强院系党政班子及成员的政治能力训练和政治实践历练，修"内功"、强"筋骨"，不断提高"政治三力"，强化忧患意识和底线思维，切实增强推动高质量发展本领、服务师生本领、防范化解风险本领，着力以高度的政治责任感做好把关定向工作。要严格执行"两项议事规则"，切实把好教学科研管理等重大事项中的政治关，重点发挥好院系党委会会议前置把关作用。要把"两项议事规则"执行情况纳入政治巡察、纳入党建工作考核和书记述职评议考核重点内容,加强日常监督检查力度。要坚持马克思主义在意识形态领域的指导地位,加强对意识形态阵地的建设和管理,做好各类突发事件和舆情的应对和处置。

(四)强化思想政治引领

要强化政治引领,充分发挥思想政治工作"生命线"作用,全面统筹教育教学各环节、人才培养各方面的育人资源和育人力量,强化院系党组织在人才培养方案制定、学科专业优化升级、科研实践、特色文化育人等领域的顶层设计和实施统筹,不断提升创新人才培养自主能力。要坚持质量导向,按照学科专业设置师生纵向党支部,实施"党建+课程思政""党建+科研平台"等工作模式,促进党建工作和教学科研工作有机融合。要严格落实理论学习中心组学习制度、党的组织生活制度,抓实抓牢党员教育培训工作,切实推动党员干部学在先、做表率。要深入推进实施"立德树人工程",抓住课堂主阵地、用好教学主渠道,充分发挥课程思政和思政课程的教育功能和育人优势。要加快推进"一站式"学生社区建设,用好用活校园红色文化资源,创新网络思政教育。要实施高层次人才、青年人才发展党员专项行动,推行师德师风和教师思政专项计划,牢牢把握意识形态工作领导权,引导师生坚定拥护"两个确立"、坚决做到"两个维护"。

(五)引领保障事业发展

要提高政治站位,把推动高质量发展作为首要政治责任,深入行业、地方和师生调研,进一步明确院系发展定位,彰显办学特色,破解改革发展难题,完善治理体系,形成高质量发展的实现路径和创新举措。要在服务国家战略上做文章,注重将党的组织功能延伸到学科建设全过程、全方位,坚持发挥好党建工作在教学科研创新价值链中的方向引领、精神塑造、服务保障作用。要坚持"走出去"到行业、地方开展形式多样的党建结对共建和联学联建活动,引入优质资源推动学科专业升级、人才联合培养、联合科研攻关等工作。要选优配强党支部书记,切实发挥好教师支部书记的"双带头人"作用,不断完善党员作用发挥的制度机制,引导师生党员在攻坚克难的重要关头冲在前、干在先，在日常教学科研、管理服务、学习生活和师德师风建设中亮身份、立标尺。要完善党建促发展成效考核结果运用机制，将党建和思政工作成效作为"双一流"建设成效评价、学科专业评估、职称评聘、教学科研成果评比等工作的重要指标。

参考文献

［1］陈秋生．高校院系党组织政治功能的核心要义及实现路径［J］．思想理论教育，2020（10）：5.

［2］刘稳丰，王广林．高校院系党组织政治功能探析［J］．思想理论教育，2018（4）：4.

［3］景一宏，葛维建，徐雪峰，等．高校基层党组织政治功能提升探赜［J］．学校党建与思想教育：下，2018（9）：3.

［4］程静．高校院（系）党组织强化政治功能研究［J］．思想政治课研究，2019（6）．

［5］舒刚．高校基层党组织政治功能的价值内蕴与优化路径［J］．中国高等教育，2020.

［6］吴毅，刘素贞．新时代增强高校院系党组织政治功能路径研究［J］．思想理论教育，2023（5）：81–85.

［7］邓卫．增强高校基层党组织政治功能和组织功能以高质量党建引领学校高质量发展［J］．国家教育行政学院学报，2023（7）．

［8］刘永平，孙铭，朱晓施，等．提升高校基层党组织政治功能的路径探析［J］．辽宁工业大学学报（社会科学版），2024（4）．

党的自我革命精神对大学生党员教育的时代价值与实践路径研究

胡　阳

（纪委办公室、监察工作部、党委巡察办公室）

一、引言

党的自我革命精神，作为中国共产党历经百年风雨而愈发坚韧不拔的内在动力，是确保党始终保持先进性和纯洁性的关键所在。它不仅仅是一种精神追求，更是一种实践行动，体现为勇于自我净化、自我完善、自我革新、自我提高的坚定决心和不懈努力。在党面临各种挑战和考验时，这种精神激励着全党敢于直面问题，不回避、不掩饰，以刮骨疗毒的勇气和壮士断腕的决心，坚决清除一切侵蚀党的健康肌体的病毒，确保党始终成为中国特色社会主义事业的坚强领导核心。这种彻底的自我革命精神，是党百年奋斗历程中锤炼出的最鲜明的品格，对大学生党员党性教育具有宝贵的时代价值。

对于新时代的大学生党员而言，党的自我革命精神不仅是历史的传承，更是现实的指引。在这个信息爆炸、价值多元的时代，大学生党员面临着前所未有的诱惑和挑战，如何坚定理想信念、增强党性修养、强化责任担当，成为一个亟待解决的问题。新时代大学生党员党性教育必须紧跟时代步伐，注重实效性和针对性，从伟大自我革命精神中汲取丰厚营养，坚定其理想信念，增强其党性修养，强化其责任担当，使其严守纪律规矩，不断提升自我思想政治素质和党性修养水平，成为党的事业忠诚干净担当的高素质后备人才。

二、理论基础与概念界定

（一）党的自我革命精神

党的自我革命精神，是指党在领导人民进行革命、建设和改革的过程中，始终保持谦虚谨慎、不骄不躁的作风，勇于承认错误、纠正错误，不断进行自我净化、自我完善、自我革新、自我提高的精神状态和实践活动。这种精神是党永葆青春活力的强大支撑，是确保党始终走在时代前列、永葆先进性和纯洁性的重要法宝。党的自我革命精神有着深厚的历史渊源。从党的成立之初，党就深刻认识到自身建设的重要性，不断探索和实践自我革命的道路。在长期的革命、建设和改革过程中，党积累了丰富的自我革命经验，形成了独具特色的自我革命精神。这种精神不仅贯穿于党的奋斗历程，也体现在党的理论创新和实践探索中。党的自我革命精神的核心要素包括勇于承认错误、敢于坚持真理、善于自我修复和自我提升等。这些要素相互关联、相互促进，共同构成了党的自我革命精神的丰富内涵。在新时代，党的自我革命精神表现为更加坚定的理想信念、更加严格的组织纪律、更加高效的自我修复机制，能够为中国特色社会主义事业提供强大的精神动力和政治保证。

（二）大学生党员党性教育

大学生党员作为青年中的先锋队，不仅是学术探索的勇士，更是信仰坚定的践行者。大学生党员党性教育，是高等教育体系中不可或缺的一环，它旨在深化大学生党员对党的认识，强化其政治信仰与理想信念，促进其全面发展。这一教育过程，不仅关乎党员个人的成长与进步，更直接影响到党的队伍建设和事业的持续发展。党性教育通过系统的理论学习、生动的实践锻炼和严格的组织生活，引导大学生党员深入学习党的历史、理论和路线方针政策，深刻理解党的性质、宗旨和使命。它要求大学生党员在思想上同党中央保持高度一致，行动上积极践行党的群众路线，勇于担当时代赋予的责任与使命。在此过程中，党性教育还注重培养大学生党员的道德品质和社会责任感，通过榜样引领、案例剖析等方式，激发他们内心的正能量，引导他们树立正确的世界观、人生观和价值观，成为有理想、有道德、有文化、有纪律的新时代青年。在面对复杂多变的社会环境时，他们能够以更加坚定的立场、更加敏锐的眼光、更加宽广的胸怀去认识和解决问题，展现出新时代青年的责任与担当。

（三）两者之间的关联

党的自我革命精神与大学生党员党性教育之间存在着深刻的内在关联。自我革命精神是党的鲜明品格和最大优势，它要求党始终保持自我净化、自我完善、自我革新、自我提高的能力，不断适应时代变化，永葆生机活力。大学生党员作为党的未来和希望，其党性教育必须融入党的自我革命精神。这种精神不仅是对历史经验的深刻总结，更是对新时代党员要求的集中体现。在党性教育中，通过讲述党的自我革命历程，分析党在不同历史时期如何勇于自我革新、不断前进，可以激发大学生党员对党的认同感和归属感，增强他们的历史使命感和责任感。同时，党性教育也需引导大学生党员树立自我革命的意识和勇气。面对复杂多变的国内外形势和日益繁重的改革发展任务，大学生党员必须时刻保持清醒头脑，勇于正视自身存在的问题和不足，敢于刀刃向内、自我革新。因此，党的自我革命精神与大学生党员党性教育紧密相连、相互促进。只有将自我革命精神贯穿于党性教育的全过程之中，才能够培养出更多具有坚定信仰、勇于担当、敢于斗争的新时代大学生党员。同时，这也将为党的事业注入新的活力和动力，推动党在新时代的伟大征程中不断取得新的胜利。

三、党的自我革命精神对大学生党员教育的时代价值

党的自我革命精神对大学生党员教育具有重要的时代价值。它不仅有助于坚定大学生党员的理想信念和政治素养，还有助于提升他们的党性修养和责任担当意识，更有助于培养他们的创新思维和实践能力，并树立榜样作用引领社会风尚。

（一）坚定理想信念，强化政治素养

自我革命精神是党的鲜明品格和最大优势，它要求党始终保持自我净化、自我完善、自我革新、自我提高的能力。大学生党员作为党的青年生力军，通过学习党的自我革命精神，能够更加坚定共产主义理想信念，增强对中国特色社会主义道路自信、理论自信、制度自信、文化自信。这种坚定的理想信念和强烈的政治素养，是他们在未来工作和学习中抵御各种风险和挑战的坚实基石。

（二）提升党性修养，增强责任担当

党性修养是党员素质的重要组成部分，也是党员区别于普通群众的重要

标志。通过党性教育，大学生党员能够深刻理解党的性质、宗旨和使命，增强党性观念和组织纪律性。同时，自我革命精神鼓励党员勇于自我批评、敢于担当责任。这种精神将引导大学生党员在学习和生活中不断反思自己的言行举止，努力做到言行一致、表里如一，以实际行动践行党的宗旨和使命。

（三）培养创新思维，推动自我革新

自我革命精神不仅仅是对错误的纠正和改进，更是一种勇于创新、敢于突破的精神。在当今这个日新月异的时代，大学生党员需要具备创新思维和创新能力，以适应社会的发展和变化。通过学习党的自我革命精神，他们可以更加清晰地认识到创新的重要性，敢于挑战传统观念和方法，积极探索新的思路和途径，为推动个人成长和社会进步贡献自己的力量。

（四）树立榜样作用，引领社会风尚

大学生党员作为青年中的佼佼者，他们的言行举止对社会具有重要的示范作用。通过学习党的自我革命精神，大学生党员可以树立更加高尚的道德品质和更加优良的行为作风，成为广大青年学习的榜样。他们将以自己的实际行动影响和带动周围的人，共同营造风清气正的社会风尚。

（五）加强实践能力，服务社会大众

自我革命精神不仅仅是一种精神追求，更是一种实践行动。大学生党员需要将自我革命精神融入社会实践，通过参与志愿服务等活动，深入了解社会、关注民生、服务大众。在实践中，他们将不断提升自己的综合素质和实践能力，为将来更好地服务社会、报效祖国打下坚实的基础。

四、党的自我革命精神融入大学生党员党性教育的路径探索

党的自我革命精神，作为新时代党的建设的重要指引，对于培养具有高度政治觉悟、坚定理想信念和强烈社会责任感的大学生党员具有深远意义。将这一精神融入大学生党员教育，不仅是加强党的建设的重要举措，也是提升大学生党员综合素质、促进其全面发展的关键路径，需要我们从多个方面入手，如通过深化理论学习、强化实践锻炼、完善制度建设、营造文化氛围、

创新方法手段等路径的有机结合和相互促进，有效地提升大学生党员的综合素质和党性修养，为培养新时代合格的共产党员奠定坚实的基础。

（一）深化理论学习，筑牢思想根基

理论学习是大学生党员教育的首要任务。应将党的自我革命精神作为思政课、党课等理论教学的核心内容。通过系统讲解、专题研讨、案例分析等多种形式，大学生党员深刻理解自我革命精神的内涵、意义和实践要求。同时，鼓励大学生党员自主学习党的历史、党的理论和路线方针政策，增强道路自信、理论自信、制度自信、文化自信，为践行自我革命精神奠定坚实的思想基础。

（二）强化实践锻炼，提升党性修养

实践是检验真理的唯一标准，也是锤炼党性的重要途径。应构建以志愿服务、社会实践、红色教育等为载体的实践锻炼体系，让大学生党员在实践中感受党的自我革命精神的实际意义和价值。通过参与社区服务、支教扶贫、环保宣传等志愿服务活动，大学生党员可以亲身体验为人民服务的艰辛与荣耀；通过参观革命遗址、纪念馆、博物馆等红色教育基地，他们可以更加直观地了解党的历史和革命精神，增强对党的认同感和归属感。这些实践活动不仅能够提升大学生党员的党性修养，还能激发他们的社会责任感和使命感。

（三）完善制度建设，确保长效发展

制度建设是保障大学生党员教育持续健康发展的关键。应完善大学生党员教育管理制度，建立健全自我监督、自我净化、自我完善的机制。通过制定科学合理的学习计划、考核标准和激励约束机制，大学生党员能够持续深入地学习党的理论和路线方针政策，不断提高自身的政治素质和业务能力。同时，加强对大学生党员的监督管理，及时发现和纠正他们在思想、学习、工作等方面的问题和不足，确保他们始终保持共产党员的先进性和纯洁性。

（四）营造文化氛围，增强认同感和归属感

校园文化是大学生党员教育的重要载体。应营造以党的自我革命精神为核心的校园文化氛围，通过宣传引导、文化活动、环境布置等多种方式，让

这一精神渗透到校园的每一个角落。通过举办主题演讲比赛、征文比赛、文艺会演等文化活动，大学生党员能够激发对党的自我革命精神的兴趣和热情；通过在校园内设置宣传标语、展板等环境布置，营造浓厚的文化氛围，让大学生党员在潜移默化中接受熏陶和感染。这些举措有助于增强大学生党员对党的自我革命精神的认同感和归属感，使他们在思想上更加坚定、行动上更加自觉。

（五）创新方法手段，提升教育实效

一是融合线上线下教育，充分利用线上线下教育资源，实现教育手段的融合创新。通过线上学习平台提供丰富的学习资源和便捷的学习方式；通过线下实践活动提供真实的学习场景和深入的学习体验。线上线下相结合的教育方式将提升大学生党员教育的实效性和吸引力。

二是引入案例教学。通过引入生动具体的案例教学方式，大学生党员能够直观地了解党的自我革命精神的实践应用及其成效。通过案例分析、讨论交流等形式引导大学生党员深入思考和理解这一精神的内涵和价值所在。

三是加强师生互动交流，在教育过程中注重师生间的互动交流。通过组织座谈会、讨论会等形式促进师生之间的思想碰撞和观点交流；通过教师的引导和学生的积极参与形成共同探讨、共同进步的良好氛围。

五、结语

在新时代背景下，持续深化党的自我革命精神与大学生党员党性教育的融合，具有更加重要的意义。一方面，这是应对国内外复杂形势的迫切需要。当前，世界正处于百年未有之大变局中，我国正处于实现中华民族伟大复兴的关键时期。面对各种风险和挑战，只有不断加强党的建设，特别是加强大学生党员的党性教育，才能确保党始终成为中国特色社会主义事业的坚强领导核心，并后继有人。而党的自我革命精神正是加强党性教育、提升党员素质的重要抓手。另一方面，这是培养德智体美劳全面发展的社会主义建设者和接班人的必然要求。新时代对人才的要求更加全面和多样，不仅要求具备扎实的专业知识和技能，更要求具备良好的道德品质、健康的身心素质、高

尚的审美情操和勤劳的实践精神。而党的自我革命精神所蕴含的勇于担当、敢于创新、善于自我批评等品质，正是新时代人才所应具备的重要素质。因此，将党的自我革命精神融入大学生党员党性教育之中，有助于培养出一批批德才兼备、全面发展的社会主义建设者和接班人。党的自我革命精神对于大学生党员党性教育具有不可估量的重要价值。在新时代背景下，我们必须持续深化这一精神与党性教育的融合，通过不断创新教育方式方法、完善教育制度体系、营造良好教育氛围等措施，努力培养出一批批忠诚干净担当的高素质大学生党员队伍，为全面建设社会主义现代化国家、实现中华民族伟大复兴的中国梦贡献力量。

参考文献

［1］刘旭，王铭，戴金洋．论自我革命精神对当代青年党员思想政治教育的现实价值［J］．现代商贸工业，2024，45（14）：156-158．

［2］俞晓婷．中国共产党自我革命精神的育人功能及其实现［J］．学校党建与思想教育，2024（11）：47-50．

［3］程智鹏．党的自我革命精神融入高校思政课教学的多维度论析［J］．党史文苑，2024（5）：70-72．

［4］张峰玮，王明春．自我革命精神融入高校青年马克思主义者培养探赜［J］．内蒙古农业大学学报（社会科学版），2024，26（2）：50-55．

［5］茹国礼．自我革命精神的生成逻辑、时代价值与实践进路［J］．创造，2024，32（2）：41-44，52．

［6］王立华，谷思雨．党的自我革命精神融入高校思政课教学的视角及实现途径［J］．学校党建与思想教育，2023（20）：49-51．

［7］闫长丽，井琳．党的自我革命精神引领青年成长的路径探析［J］．长春大学学报，2023，33（9）：88-93．

［8］王明春，赵怡捷．自我革命精神融入大学生党员教育探究［J］．东华理工大学学报（社会科学版），2023，42（4）：372-376．

党建引领激活力，铸魂育人促创新①
——以工商管理学院博士研究生第二党支部为例

姜倩倩

（工商管理学院）

深入实施"时代新人铸魂工程"是高校面向加快建设教育强国，实现为党育人、为国育才的内涵。高校学生党支部承担着组织、引领、凝聚和服务学生党员、学生群众的重要责任，是铸魂育人事业坚强政治保证和组织保证，是培养时代新人、实现科教兴国的有力保障。当前，研究生教育总体呈现扩招趋势，研究生党员占比较高。积极创新研究生支部建设，以高质量党建引领学生高质量深度培育，是实现第二个百年奋斗目标、培养堪当民族复兴重任的时代新人的必然要求。

一、铸魂育人的内涵

习近平总书记提出，要坚持不懈用新时代中国特色社会主义思想铸魂育人，着力加强社会主义核心价值观教育，引导学生树立坚定的理想信念，永远听党话、跟党走，矢志奉献国家和人民。时代新人铸魂工程的内核在于培养堪当民族复兴重任的时代新人，是党和国家在新时代的人才战略工程，是确保党和国家事业发展后继有人的基础工程。[1]

二、党建引领铸魂育人

铸魂育人要增强当代青年对马克思主义的信仰、对中国特色社会主义的信念、对实现中华民族伟大复兴中国梦的信心，要以实现中华民族伟大复兴的

① 本文获中南财经政法大学 2024 年度中央高校基本科研业务费项目（项目编号：31514110815）资助。

中国梦为根本指引[2]，以厚植家国情怀、践行"强国有我"目标为引领，坚定不移听党话、跟党走，传承好弘扬好以伟大建党精神为源头的中国共产党人精神谱系，践行"有理想、敢担当、能吃苦、肯奋斗"的时代要求，将知与行的足迹刻在祖国大地上，肩负起强国建设、民族复兴的时代重任。

因此，围绕服务"为谁培养人、培养什么人、怎样培养人"这一根本问题，通过支部建设，努力培养一支党性修养和科研能力强，具有科研报国情怀的党员队伍是铸魂育人的重要任务。通过赋能"人才链"、激活"创新链"，深化"产业链"，形成党的建设与中国式现代化"互融共进、互促发展"的良好格局。

三、工商管理学院博士研究生第二党支部建设的实践探索

工商管理学院博士研究生第二党支部（以下简称"研究生党支部"）在实践中探索形成了以政治引领为主线，以制度和宣传为抓手，打造三个工程的"123"党建育人模式，通过"党建＋思想领航""党建＋知行合一""党建＋科研创新"三维协同，在教育党员、管理党员、监督党员、组织师生、宣传师生、凝聚师生、服务师生等方面持续发力，将铸魂育人融入党建工作，全员、全方位、全过程力争打造党员"心中有党，心中有民，心中有责；支部敢于亮招牌，敢于亮承诺，敢于亮作为"的新时代"三有三亮"学生党支部。

（一）坚持一条主线

思想是行动的先导，理论是实践的指南。时代新人培育要增强青年对马克思主义的信仰、对中国特色社会主义的信念、对实现中华民族伟大复兴中国梦的信心，不断坚定青年的信仰、信念、信心，坚持不懈用习近平新时代中国特色社会主义思想凝心铸魂，自觉做共产主义远大理想和中国特色社会主义共同理想的坚定信仰者和忠实实践者。

研究生党支部始终把握政治引领这一工作主线，以坚持理论学习为党支部建设的根本方向，以学深悟透、融会贯通、真信笃行党的创新理论为切入点，积极开展学习贯彻习近平新时代中国特色社会主义思想主题教育及支部建设，深刻领会中国式现代化的中国特色、本质要求和重大意义，通过以学铸魂、以学增智、以学正风、以学促干让主题教育总要求落地生根，凝聚奋进新征程磅

磋力量；立足中国式现代化，坚持"筑根基、守制度、抓创新、树典型、强品牌"的总体思路，对标"七个有力"建设标准开展实践探索；引导党员牢固增强"四个意识"、坚定"四个自信"、做到"两个维护"，始终做政治上的"明白人"；严格落实"三会一课"、专题组织生活会和民主评议党员等组织生活制度，确保党的组织生活严肃、认真，不断强化党员意识和党性观念[3]；紧紧抓住基层组织建设的"纲"和"本"，突出政治功能，发挥专业优势，将专业特色与"传承红色基因，赓续红色血脉"有机融合，坚持强基固本筑牢红色堡垒、求真务实开展红色教育；积极引导党员立足自身，把个人理想追求融入时代发展；落实"立德树人"根本任务，培养内外兼修的科研型博士研究生党员，为中国式现代化建设培养创新人才。

（二）用好两个抓手

第一，以制度为抓手。高校学生党员的培养质量是影响党员队伍建设的重要因素，关系到党员队伍整体建设。严格党员发展流程管理，建立从入口到出口的全链条，强化质量提升和监督机制，激励党员认真学习党的先进理论，盘活不同类型资源，提升党员参与度与收获度，将党建和实践、学术等工作相联系，做好新时代党员培育工作。不断提升学生党员的发展质量，提高学生党员队伍整体素质，为其肩负起新时代的历史使命奠定基础。

第二，用"数字党建"助推支部建设高质量发展计划。在全国"智慧党建"推动下，互联网正逐渐成为高校党建工作的创新驱动力，尤其是在延伸党建触角、拓展党建载体、激发党建活力等方面发挥着天然的技术优势。[4]研究生党支部充分利用微信公众号等宣传阵地，让党建工作向"数字化转型"，通过"聚焦热点""今日博学""时代楷模"等栏目打造思想宣传的前沿阵地，通过"品牌党建"栏目宣传科研党建理论及社会实践成果，通过"榜样力量""就业先锋"等广泛宣传党员先进典型等，用"数字党建"助推党建工作和人才培养高质量发展。

（三）打造三个工程

围绕"党建+思想领航""党建+知行合一"和"党建+科研创新"三个维度，打造"红色引航""知行合一""科研党建"工程。

1. 红色引航工程

研究生党支部结合地区和院校实际，发掘一批具有积极向上思想内容、开拓创新时代精神、奉献事业价值情怀的"红色文化"，厚植本土"红色资源"，传播"红色信仰"和"红色家风"，以党的创新理论把基层党组织和党员武装起来、统一起来，不断凝聚起信仰的力量、组织的力量。

（1）承红色基因，培育时代新人。为继承和发扬党的光荣传统和优良作风，研究生党支部切实抓好党史学习教育，充分发掘红色经典作品背后的故事与精神，以滋养、陶冶和丰盈广大师生的内心，鼓励大家学党史、传精神、跟党走，为实现民族复兴奋发图强。研究生党支部通过组织开展红色经典书籍的读书，观看系列红色电影、红色经典歌曲传唱，品读革命先烈的红色家书等活动，教育引导党员干部铭记革命历史、继承革命精神、传承红色基因，始终保持理论上清醒和政治上坚定，做到在任何时候任何情况下都坚持理想信念不动摇、革命意志不涣散、奋斗精神不懈怠，始终坚守共产党人的精神追求和政治本色；通过朗诵合唱等文艺活动形式，展现当代博士昂扬向上的新风貌。

（2）传递红色薪火，赓续精神血脉。研究生党支部充分利用校内外红色教育基地资源，讲好红色故事，传承红色基因，厚植爱国爱党爱校之情。研究生党支部通过有计划地组织红色教育基地参观活动，如参观中央农民运动讲习所、毛泽东旧居纪念馆、中共"五大"开幕式旧址、武昌起义门旧址、八七会议会址、中山舰博物馆等，讲活历史故事，用活红色资源。

2. 知行合一工程

研究生党支部坚持理论和实践相结合，注重在实践中学真知、悟真谛，加强磨炼、增长本领。研究生党支部鼓励博士生党员在厚实思想积淀中强动能，沉下身子、耐住性子。坚持学习有深度，学理论要深、学业务要精、学政策要透；坚持学习有厚度，注重点滴积累与日常养成，做到学中干、干中学；坚持学习有宽度，注重在工作实践中广泛涉猎、学新知新，不断拓展升华，夯实马克思主义理论功底，丰富专业知识储备，注重道德情操修养，以过硬的素质能力立身为旗、做好表率。

为倡导学以致用、崇尚实践，以知促行、以行促知，于实处用力，将社会主义核心价值观内化为精神追求，外化于自觉行动，研究生党支部通过打造"知行合一"工程，把思想政治教育融入社会实践、志愿服务、学习生活，引导党员干部"受教育、长才干、做贡献"。党员积极参加社区党建联建志愿服务活动，深入下沉社区，积极开展"我为群众办实事"活动；与钟祥市胡集镇邹市村委会结对共建，解读乡村振兴政策解读报告，帮助当地蔬菜产业进行品牌建设。

3. 科研党建工程

研究生党支部作为党的基层组织的重要组成部分，建设综合素质高、战斗力强、辐射范围广的学生党支部，把党旗插在学生学习科研第一线。以党建引领高等院校学生学习科研的导向，不仅事关基层党建工作成效，也事关培养社会主义合格建设者和可靠接班人的根本问题。因此，研究生党支部以党建旗帜为引领，将管理和教育融入日常的学习科研中，鼓舞党员勇攀科研高峰，打造具有高水平的，能够为企业、行业、产业发展提供专业化指导建议的学生党支部。研究生党支部通过打造"科研党建"工程，加强高校党建活动与科学研究相结合，培育富有创造力的学生党支部，实现党建与科研"双核"协进、双融双促。

（1）促科研，创一流。研究生党支部依托每月主题党日活动，结合党员各自专业，开展"专业报告汇报会"。立足博士研究生的学术优势，结合学院学科特色，充分发挥党建引领作用，全体博士研究生认真领会中央经济全会工作精神，从"稳外贸""稳投资""稳企业""稳产业结构""保障供应链稳定""巩固拓展脱贫攻坚成果""确保乡村振兴"七个方面潜心研究，提出积极有利的经济政策，着力为全面建设社会主义现代化国家贡献科研力量。

（2）学专业，明社情。研究生党支部以"致知力行，踵事增华"为主题，开展政府政策解读活动。该活动立足我国国情，分别从国际贸易学、农业经济学、产业经济学、土地资源管理、旅游管理、公司管理、技术经济与管理等专业视角，解读地区发展政策及战略，以深化全体党员同志对国情社情民情的认识，从宏观视角出发，发现社会问题，助力科研创新。

（3）做调研，学真知。研究生党支部与教师党支部联动开展"学科＋党建"

融合的系列调研活动。调研活动中，教师党员与学生党员一起学习习近平新时代中国特色社会主义思想和党的路线方针政策、开展大讨论，将党建活动与专业调研相结合，以激发同学们的学习热情，切实让党员学出信仰、学出忠诚、学出担当、学出本领、学出成效，引领带动党员自觉投身学校改革发展稳定大局。

（4）深结对，共党建。为响应"把论文写在祖国大地上"的学术号召，研究生党支部以"结对共建聚合力，党建引领促科研"为目标，以导师科研项目为依托，将学生党员融入教工支部，深入实地开展调研活动。通过教师党员学术研究、专业实践教学、学生人才培养与党建活动深度融合，切实做到将党建活动立于田间地头、把党员教育放在农家巷陌、把党员服务做在贫困山乡，师生合力共同丰富党建科研品牌。

四、工商管理学院博士研究生党支部铸魂育人的思考

在"123"党建育人模式指导下，研究生党支部成员深度参与结对导师的国家级、省级各类课题 50 余项，主持参与校级课题 30 余项，在 CSSCI 及以上级别期刊发表论文近 60 篇，共荣获国家级、省部级、校级各项荣誉 60 余项。

（一）筑牢信仰之基

对马克思主义的信仰、对社会主义和共产主义的信念，是共产党人的政治灵魂，是共产党人经受住任何考验的精神支柱。[5]坚定党员的理想信念和提高党员的政治素质是铸魂育人工程的重要要求。研究生党支部可以通过拓展学习的深度和广度，在理论学习时结合最新时事政治，解读最新的国内国际形势；在树立先进典型时结合专业背景，瞄准专业前沿形势，通过多元化的学习坚定理想信念[6]。

（二）提升科研水平

研究生党支部建设最终落脚点是把党的先进性教育理论应用于科学研究领域，发挥研究生党支部在组织动员、宣传引导等方面的优势作用，搭建科研学术活动平台依托学科、专业特色优势，并结合党在新时期的任务要求，形成高水平科研成果，实现党建与科研相融合，推动党员在研究中自觉、坚

定地体现和坚持党的先进性，践行科研报国理念。

（三）创新建设理念

研究生党支部积极开拓新媒体阵地，增强党支部学习生活的密切交流、增强研究生互动性，随时掌握研究生党员思想动态，将党建和思想政治工作同信息技术高度融合，将分散的党支部构筑成坚强有力的战斗堡垒。研究生党支部通过网络平台促进党建工作高速运转，通过网络育人阵地扩大支部影响力、凝聚力，推动优秀党员及优秀支部的示范作用，形成一批可复制、可推广的工作经验，从而全面提升基层党建工作的质量。

参考文献

［1］廖宇婧．论时代新人培育的内容构成［J］．学校党建与思想教育，2023（20）：68–71．

［2］郑芳．科学把握新时代育人工作的核心内容［J］．党建，2021（10）：34–35．

［3］张浩兴．"全国党建工作样板支部"建设的探索与实践［J］．哈尔滨职业技术学院学报，2022（5）：113–115．

［4］张雪萌，王明生．数字赋能高校党建高质量发展的实践路径［J］．中国高等教育，2023（11）：32–35．

［5］习近平．紧紧围绕坚持和发展中国特色社会主义 学习宣传贯彻党的十八大精神［M］．北京：人民出版社，2012．

［6］周文娜，贵一琦，李汉初，等．博士研究生党建工作创新机制研究［J］．东南大学学报（哲学社会科学版），2022，24（S2）：48–51．

［7］侯坤，许静波．深刻把握思政课"讲道理"的本质要求［J］．奋斗，2023（2）：46–48．

［8］刘三宝．新媒体时代高校意识形态安全防控机制构建研究［D］．武汉：华中师范大学，2023．

高校组织育人路径创新探索与功能实现①

徐一菱

（工商管理学院）

高校组织作为高校开展各项工作的关键阵地，是落实高校"三全育人"工作的重要抓手。《高校思想政治工作质量提升工程实施纲要》对"组织育人"的基本定义、工作内容和目标要求进行了界定，提出要把组织建设和教育引领结合起来，强化高校组织的育人职责，将思想政治教育贯穿高校的各项事业、工作和活动中；为培养担当民族复兴大任的时代新人，促进高等教育高质量发展，为推进强国建设、实现民族复兴伟业提供有力支撑。本文以中南财经政法大学工商管理学院为例，通过在研究生群体内探索建立"一链三轴双环"的组织育人路径（以红色文化"一链"驱动，辅导员、导师、朋辈"三轴"同向发力，形成以基层党支部为核心"内环"、研究生会为保障"外环"的双环传动育人路径），精准发力、协同配合，确保育人活动与研究生需求紧密结合，建立更加开放、多元、协同的一体化分层育人体系。

一、高校组织育人工作的内涵

2017 年 2 月，《共青团中央 教育部关于印发〈关于加强和改进新形势下高校共青团思想政治工作的意见〉的通知》（中青联发〔2017〕10 号），将组织育人纳入"七大"育人体系之中。同年 12 月，《教育部关于印发〈高校思想政治工作质量提升工程实施纲要〉的通知》（教党〔2017〕62 号）提出，构建"十大"育人体系的工作任务。系统构建和发展"组织育人"体系，对

① 本文获中南财经政法大学 2024 年中央高校基本科研业务费专项资金"'一链三轴双环'：高校组织育人的路径创新探索与研究"（项目编号：2722024DS009）、中南财经政法大学 2024 年度党建理论研究项目"教育数字化背景下'一站式'学生社区党组织建设路径研究"（项目编号：DJYJ2024018）资助。

于促进高校思想政治工作创新发展至关重要。

国内外学者高度关注高校组织育人体系和育人路径的构建，这些研究共同为高校育人工作提供了理论支撑和实践指导，当前研究主要聚焦"组织育人"基层党支部和学生组织的功能发挥和建设。高校组织育人是指将育人过程依托于组织进行，具体表现形式是通过在党支部、班级、学生会等形式的集体中，按照一定的目标举办活动将特定的价值观念、思想理论、道德规范潜移默化地融入其中，直接或间接地影响学生的世界观、人生观和价值观。高校组织根据功能定位不同可划分显性和隐性育人组织。[1]显性育人组织如基层党组织，隐性育人组织如研究生会。高校党支部作为党在高校工作中的"神经末梢"，是落实立德树人根本任务的关键基础、基本单元和核心力量。[2]

在组织育人具体实践中，高校的各个组织紧密相连，工作不能简单"切割"。因此，"组织育人"不能仅聚焦某一组织的功能建设和发挥，而需要进行"组织育人"的路径创新探索，将高校各个组织围绕同一个目标和统一工作要求，打造成一个一体化、整体性的育人机制，更好服务"三全育人"综合改革。但是，目前关于组织育人协同性的研究还比较少见。本文以中南财经政法大学工商管理学院为例，通过探索建立"一链三轴双环"的组织协同育人工作模型，确保高校组织育人工作的系统性与连贯性、时代性与创新性、核心引领与多元参与、层次分明与功能互补，形成一个高效协同的育人体系。

二、高校组织育人工作面临的挑战

在新时代背景下，高校组织育人工作作为高等教育的重要组成部分，肩负着培养社会主义建设者和接班人的重要使命。随着社会的快速发展，高校组织育人工作也面临着新的挑战。

（一）价值观多元化与网络环境的挑战

随着全球化和信息化的快速发展，高校学生接触到的价值观日益多元化。如何引领广大研究生明是非、知真伪，自觉听党话、跟党走，成为高校育人工作的重点。此外，互联网和新媒体的普及为高校育人工作提供了新的平台，但同时也带来了信息过载和网络依赖等问题。高校需要加强网络素养教育，引导学生健康、理性地使用网络，同时利用信息技术创新教育手段，提高教育的吸引力和实效性。

（二）个性化教育需求与共性教育的挑战

高校学生党支部、学生会和班级承担着不同的功能属性。在当前社会多元化和青年个性化需求日益增长的背景下，如何确保组织在保持政治引领的同时，又能积极回应青年学生的多元需求，是构建育人体系需要解决的问题。[3] 传统的管理模式往往强调统一性和标准化，但当代学生群体的需求日益多样化和个性化。如何在管理模式上实现从单一性向多元性的转变，以满足不同学生的成长需求，是当前高校组织育人面临的一大挑战。

（三）资源配置与利用的转变困境

随着互联网技术的应用，学生活动的资源获取渠道和利用方式发生了变化。高校党团和班级组织在资源配置上依赖于上级组织，其如何向自主性转变，构建一个更加开放和多元的资源配置体系，是提升育人体系教育效果的关键。这需要高校创新组织育人体系整合校内外资源，构建一个更加稳定和高效的资源支持体系，以更好满足学生成长需求。

三、新时代背景下高校组织育人路径构建

"一链三轴双环"组织育人路径是一种创新的高校育人模式，它以红色文化为驱动力（一链），通过辅导员、导师、朋辈三方面的协同作用（三轴），以及基层党支部和研究生会的内外双环联动（双环），打造理论课堂、实践课堂、宣传课堂三大课堂，进一步激发"师生共学共讲"的学习热情、搭建"校—地—企"社会实践平台、构建以"微课堂"为核心的宣传矩阵，做到多元参与、知行合一、宣传有力。

通过探索党支部与研究生会的联合育人模式，可以丰富和完善现有的育人理论，特别是在组织育人、协同育人方面的理论与实践。这种模式的探索有助于构建一个更加系统、全面、高效的育人体系，为高校育人工作提供新的理论支撑和实践路径。两者的协同联合可以实现资源共享、优势互补，优化高校组织育人培养路径，更好地提升组织育人质量、发挥育人功能。

在本模型中，基层党支部注重抓理论、抓先进、抓平时，发挥党员群体在理论学习、行为示范等各方面的模范带头作用；研究生会抓实践、抓群众、抓两季，让研究生自主在新生入学季、毕业季开展相关活动，实现基层党支部和研究生会两大组织协同育人；辅导员、导师和朋辈深入参与、认真指导、热情服务，做到全员全过程全方位育人。

（一）激发师生共学共讲热情，打造一体化育人支撑体系

党支部和研究生会邀请辅导员、导师和朋辈通过共学共讲党史帮助党支部成员和广大青年群体成长为"有理想、能吃苦、敢担当、肯奉献"的时代新人；以"名师授+现场听+榜样讲"的方式营造"全员共学+分享互学+交流研学"的氛围，推动红色文化入脑入心，让思政教育走深走实。

（二）搭建"校—地—企"实践平台，完善一体化分类实践供给体系

党支部联合研究生会构建从入学到毕业的全过程实践育人平台，不同阶段设置不同侧重主体，覆盖多种活动类型，引导研究生参加符合所在学习阶段特点和需求的实践活动。学院通过引导研究生深入开展乡村行社会实践、党建社区联建、校企合作共建等多类型活动，并形成多篇调研报告。

（三）打造"微党课"品牌，健全一体化育人宣传矩阵

学院通过组织党支部和研究生会以"红色文化"为主题拍摄微党课，结合学院学科专业特点讲述中国故事，传播中国声音，构建"学院官网+微信公众号+视频号"宣传矩阵，打造"商科青年说"微党课、"红色研学"VLOG宣传品牌，让思政教育更"接地气"。

四、"一链三轴双环"高校组织育人实施路径

（一）师生共学共讲，打造理论课堂，做到多元参与

1. 开展"党史宣讲宣传"活动

在学院党委领导和基层党支部的组织下，由思政专家教授、辅导员、学

生党员组成"党史宣讲团",以学习、研究、宣传党的重要思想、先进理论和党史为主要任务,紧密联系00后大学生的思想实际,引导广大青年学生深入、系统地学习党的光辉历史和伟大成就,进一步坚定对党的信念和信心,激发研究生的报国热情,厚植爱国主义情怀,讲好、传播好新时代青年奋斗和中国发展的故事。

2. 开展"商科青年说"微党课展评活动

党支部将支部全体党员、发展对象、入党积极分子统一进行分组(每组5～7人),分工负责文案撰写、党课讲述、视频拍摄、视频录制和视频剪辑工作,分别从"回顾百年党史""书写中国印记""厚植爱农情怀""中国对外开放的三个阶段"四个主题录制微党课。以青春之声讲述中国故事,将内容改造得更适应融媒体传播特点,用受众听得懂、记得住、受鼓舞的平实话语进行表述,使内容既有"高大上"的站位与格局,也有"接地气"的风格和态度,弘扬主旋律、传播正能量。

3. 开展"邀请导师同上一堂思政课"活动

"邀请导师同上一堂思政课"活动自 2021 年 9 月开办以来,已经成为学院的一项特色学生思政品牌活动,至今已举办 5 期。师生同上专题思政课不仅能将专业教育与思想政治教育有机融合,有效建立导师协同育人机制,还是学院贯彻落实五育并举之"以德研商"理念的有效举措。通过师生同上思政课,不断引领学生做有理想、敢担当、能吃苦、肯奋斗的新时代好青年,让青春在全面建设社会主义现代化国家的火热实践中绽放绚丽之花。

(二)"校—地—企"合作,打造实践课堂,做到知行合一

1. 打造"校企联学共建"品牌

学院针对不同研究生层次开展个性教育。研一开展理想信念和国情社情教育,侧重专业行业深入,辅导员、专业导师带领党支部利用学校资源开展党史校史学习,每月联系企业进行党支部联建共建活动,让学生深入了解就业政策、行业发展趋势和就业单位招聘导向,帮助学生树立正确的世界观、

人生观、价值观。学院通过开展"党建社区联建""校企联学共建"系列活动，深入社区开展党史学习教育活动20余次，产学研基地参访10余次，促进党建与业务工作的深度融合、双向提升；通过活动联办、工作联动、发展联抓的形式，提升党支部育人功能。

2. 开展"脚步丈量乡村 青春献礼祖国"实践活动

研二围绕乡村振兴等社会发展战略和社会热点需求开展专项实践。学院通过鼓励党员带头参与、研究生会发动宣传，组织开展"脚步丈量乡村 青春献礼祖国"实践活动，形成20余篇实践报告、10节乡村振兴微党课、30余篇主题征文等各类文字及视频成果，传播红色正能量，助力美丽乡村建设，进而引导研究生了解社会、深入社会，自觉服务社会，将个人理想融入党和国家的伟大事业中，胸怀"国之大者"。

3. 开展"两季志愿服务"活动

毕业季、迎新季，学院研究生会围绕"促进师生融乐、激活校园创意"的主旨，开展新生入学教育、毕业生离校教育活动，组织开展新生适应、就业帮扶、学业帮助等方面的志愿服务活动。在研究生日常学习生活中，研究生会牵头组织开展高质量的智育、体育、美育、劳育资源供给，增长才干、强身健体、塑造心灵、磨砺意志，让校园文化成为促进五育融通的重要载体，成为服务学生全面发展的重要平台。

（三）构建宣传矩阵，打造宣传课堂，做到宣传有力

学院打造"微党课＋传统宣传矩阵"的"1+N"宣传新矩阵。

1. 以"微视频"为主阵地，形成品牌认知度

随着微博、微信和社交网站等新媒体技术的广泛应用，网络理论传播呈现出微型化趋势，主要表现为内容的碎片化、受众的分众化和传播形式的全媒体化。[4]为适应这种变化，理论宣传需要提供简短、精炼、高质量的内容，以满足不同用户的需求。为了有效传播习近平新时代中国特色社会主义思想和红色文化，我们学院在研究生党建和研究生会的微信公众号上均推出了"微

视频"栏目。这些视频以学生的视角和理解为切入点，通过生动的叙事方式，将理论与生活紧密结合，使理论宣传更加贴近学生的实际生活。这样的方法不仅增强了理论的直观性和感染力，而且提高了党的创新理论的传播效果，确保了理论传播能够覆盖到每一个角落。

2. 通过新媒体平台宣传"理论课堂""实践课堂"

为推广"理论课堂"和"实践课堂"，学院通过微信公众号等新媒体平台及传统媒介进行宣传。利用微信群、公众号文章和官网通知等线上渠道，及时分享基层党支部和研究生会举办的各类"理论课堂"和"实践课堂"活动及相关活动信息。通过利用主题班会和展板等传统线下媒介，进一步扩大宣传的覆盖面和辐射度。线下渠道的稳定性和线上渠道的即时性，可以让活动的影响力得以延续，也确保了信息的快速传播。

3. 通过优秀学生党员、优秀学生干部、优秀学子励志成长成才事迹征集分享会，发挥朋辈示范引领力

这些活动旨在将立德树人的根本任务贯穿于整个育人过程，鼓励学生积极承担社会责任并付诸行动。通过挖掘和宣传身边人的感人事迹，引导学生对标先进，形成积极的激励效应，从而在学生群体中树立起一批值得学习的榜样，发挥"一个党员一面旗"的作用，引导学生对标争优，形成激励效应。

五、结语

高校组织育人路径的创新探索与功能实现，是新时代高等教育高质量发展的必然要求。以中南财经政法大学工商管理学院为例，通过构建"一链三轴双环"的育人模式，即通过红色文化的核心驱动、辅导员、导师和朋辈的协同作用，以及基层党支部与研究生会的内外双环联动，建立一个开放、多元、协同的一体化育人体系。未来，高校应继续深化组织育人路径的探索与实践，不断优化资源配置，创新教育模式，为培养担当民族复兴大任的时代新人贡献力量，推动高等教育事业迈向新台阶。

参考文献

［1］朱爱胜. 论高校组织育人工作体系的建构［J］. 学校党建与思想教育，2022（4）：91-93.

［2］胡吉芬，刘明. 高校党支部组织育人机制的构建［J］. 学校党建与思想教育，2021（20）：47-49.

［3］曹军，任惠兰. 新时代高校党团和班级组织育人共同体构建：逻辑、挑战和路径［J］. 上海理工大学学报（社会科学版），2024，46（1）：71-76.

［4］周艳. 网络理论传播创新形式探索——以宣讲家网为例［J］. 新闻论坛，2018（3）：62-64.

高校院系党组织推动全面从严治党向纵深发展的行政伦理分析与责任落实机制研究①

康 俊

（新闻与文化传播学院）

2024 年 1 月，习近平总书记在二十届中央纪委三次全会上进一步指出要推动全面从严治党向纵深发展。同年 2 月，新修订的《中国共产党巡视工作条例》（以下简称《巡视工作条例》）指出，"巡视工作是上级党组织对下级党组织履行党的领导职能责任的政治监督"，根本任务是做到"两个维护"，丰富完善了巡视工作原则，突出人民立场与问题导向，对于促进全面从严治党向基层延伸、完善基层治理具有重要的政治意义和实践意义。

一、全面从严治党向纵深发展的院系治理机遇

（一）垂范院系管党治党的巡察工作体制

《巡视工作条例》规定了巡视工作在党中央集中统一领导下，实行党组织分级负责、巡视机构组织实施，进一步明确了开展巡视工作党委（党组）及其所设巡视工作领导小组、巡视工作领导小组办公室、巡视组四级组织机构的主要职责，并着重强调了党组织主要负责人承担巡视工作第一责任人责任。

在抓巡察工作条线中，各层级党组织及其机构职责体现了政策过程理论各环节要素，展示了在院系党组织治理中可以建立政策议程、形成政策方案、做出政策决定、进行政策执行与评估的组织架设和权责贯通体制，以向上、

① 本文系中南财经政法大学 2024 年度党建理论研究项目"高校院系党组织推动全面从严治党向纵深发展的行政伦理分析与责任落实机制研究"（项目编号：DJYJ2024022）的阶段性研究成果。

平行及向下的明确行为指向，对基层权力运行的行政决策、执行与控制具有普遍的指导意义。公共政策是由政府机构和官员制定，体现在政治系统和特定环境下的活动方式和活动过程，表达行为和目的，反映实际所做的事情和效果。公共政策在形式上包括法律规章、行政命令、政府首脑的书面或口头声明、指示及行动计划与策略等。如今，随着党内法规体系的建立健全，政策过程理论不断融入党内治理，党内各项管理实践不断向基层规范。

党的巡视巡察工作明确了各责任主体工作流程中应做出的行为事项，将请示报告制度具体化为行为要求。工作流程遵循依规依纪依法、衔接有序、协调贯通、务实高效、责任明确的原则。工作开展要以党章党规党纪为准绳；要了解工作的任务书、路线图时序表，按各步骤先后次序、时间限定推进；健全完善并严格执行协作制度机制；突出精简、务实、管用、高效；要厘清主客体关系、配置职权职责、划分权限边界、确立行为模式、明确方式步骤，实现工作任务的具体化、清单化，解决谁来干、干什么、怎么干的问题。[1]

党的巡视巡察工作引导党组织及个人依规行事，强化政治领导，提高政治意识与行政水平。例如在《巡视工作条例》中，行政决策的行为范畴涉及贯彻落实、研究部署、按照权限制定、审定；行政执行的行为范畴涉及实施、推动、协调、办理、移交、反馈；行政控制行为范畴涉及定期听取、报告、指导。其中，党委定期听取巡视巡察工作汇报行为的制度安排，为党组织主要负责人承担巡视工作第一责任人责任提供保障，克服了行政信息由下至上传递的渠道阻塞，为决策行为提供支撑，推进形成党内抓落实由主要领导靠前指挥、带动一层一层抓落实的基层治理新局面。《巡视工作条例》还明确了各责任主体工作承转中应撰写的党政机关文稿，给出了规范业务管理，加强基层治理的工具选择。从实践看，工作文稿主要可以划分为规划计划类、方案类、报告类、反馈类、整改类五种类型。[1]例如，《巡视工作条例》从上至下提及的党中央关于巡视工作的决策部署和习近平总书记关于巡视工作的重要指示要求及各层级对应上级的具体决策、工作部署，党内法规和规范性文件，工作规划、年度计划和阶段任务安排，工作情况汇报，理论研究、政策调研、制度建设、信息化建设成果，巡视情况与意见建议，巡视发现的问题和问题线索。

（二）凸显人民立场与问题导向的巡察工作机制

新修订的《巡视工作条例》新增了"坚持人民立场、贯彻群众路线""坚持问题导向、发扬斗争精神"的工作原则，进一步明确了巡察工作应当坚守政治监督定位，明确基层巡察"四个聚焦"，综合运用与其他监督贯通协调的各项机制，同向发力，同题共答，找准真问题，真解决问题。

巡察突出人民立场，在院系党组织层面将组织监督与人民监督相贯通，请院系师生帮助纠正党的方针政策落实过程中的偏差，以反映问题唤起师生主体性，以解决问题增进师生获得感，将全面从严治党向纵深发展的有形覆盖推进为有效覆盖。坚持问题导向，破解了熟人社会的影响，释放了管党治党严的总基调，结合立行立改、边巡边查、多种巡察灵活组合的创新强化举措，切实推动了基层政治监督的具体化、精准化、常态化。坚守政治监督定位，巡察通过聚焦党中央决策部署在基层落实情况、群众身边腐败和不正之风问题、基层党组织和党员队伍建设、巡察整改和成果运用等的监督检查，围绕2021年中央巡视指出的高等教育"六个问题"，切实推动院系党组织中党的领导弱化、"一岗双责"意识淡薄、党建与业务"两张皮"等共性问题的解决，找出群众关心与反映强烈的突出问题等堵塞梗阻，切实发挥巡视巡察的利剑震慑作用。

充分用好巡察在基层推动改革、促进发展的利器功能，激活院系党组织的组织力，向着抓党建就是抓生产力、抓党建就是抓高质量发展的治理格局演进。

二、全面从严治党向纵深发展的院系治理现状与困境

（一）高校院系党组织治理现状

2021年4月修订发布的《中国共产党普通高等学校基层组织工作条例》（以下简称《高校基层组织工作条例》）为高校党建工作提供了根本遵循，并在领导和保障中单列一条明确将高校党的建设和思想政治工作情况纳入巡视巡察，以主要职责明确高校党组织各层级工作定位及侧重点，以巡视巡察作为机制贯通闭环，构建了院系党建工作助推改革发展的制度体系。

在院系党组织机构设置上，学院党委下设党支部的建立应与教学、科研、管理、服务等相对应，也可以依托重大项目组、科研平台或者学生社区等设置师生党支部。将党支部建在教学、科研、管理、服务这条线上体现了党组织以党的先进性保障高校成熟管理机制高质量运行。重大项目组、科研平台与学生社区是教育回答时代之问的重要创新载体，在该领域谋划设置党支部凸显了党坚持问题导向的立场观点，以及推动攻克时代难题的政治决心与本色。

参照《高校基层组织工作条例》规定，结合院系治理实际，在高校院系党组织领导下，参与学院治理的主体可分为如下集体与个人。集体层面有学院党委、学院纪委、教职工党支部、学生党支部、学院行政、学术委员会、教学指导委员会、学院教代会、学院工会、学院团学组织。个人层面有学院党政领导班子成员、担任系主任或导师组长等教学管理职务的专任教师、从事业务条线管理服务的专职思政教辅人员、不承担院内具体管理责任的专任教师，以及学生群体。

在院系党组织主要职责上，《高校基层组织工作条例》明确了院系党组织和党支部的主要职责，在着重强调院系层面党组织与党支部分级传导压力和齐抓共管师德师风专项工作的基础上，着力凸显了政治把关与协调保障作用。学院党委通过党委会前置把关重要事项的机制，充分体现了党组织对学院作为教育事业属性的政治领导。在客观上达到了支持行政服务学科高速发展的体制基础上，以时刻准备着的问题解决意识彰显全面从严治党在教育领域的政治担当，确保办学治院各具体环节不脱离群众，在办学方向和师生员工切身利益等事项上随时纠正偏差。

严格落实《高校基层组织工作条例》可以充分发挥院系党组织的组织力，激活支部的战斗堡垒作用，凝聚服务广大师生团结于院系党组织周围，共同高质量做好院系日常教研管理，在不断解决具体问题的进程中稳步推进高校院系基层治理的改革发展。

（二）高校院系党组织治理困境

统筹谋划党建促进中心工作的横向机制贯通不充分，未达到党建工作与业务工作同谋划、同部署、同推进、同考核。基层治理层面存在党务工作被当作党建工作来抓，高校院系党组织治理也一定程度存在类似问题。党务工作一般由党的组织部门、宣传部门组织考核，包括基层党组织建设、党员管理、指导各单位进行台账制度建设、检查各单位组织生活情况、指导基层党支部党员发展工作等，属于党的业务工作，事务属性较强，以明确的达标规定为导向，非党的建设全部工作。[2] 党建工作一般应由党委与行政共同主导的中心工作，以问题解决模式为特征，过程表现为党建嵌入中心工作推进的全过程，在保证决策不偏离党的路线方针政策的同时，协调多方资源保障敦促解决。在院系治理层面还存在行政解决学科发展瓶颈进程中向党委商议以获得支持的内驱力不足、教学科研任务依托支部战斗堡垒和党员模范践行的组织优势运用不充分、党建工作考核与各业务条线工作考核体系关联度低、党建工作的红色引擎作用未得到高效开发等问题。

分层分类压实管党治党责任的纵向传导机制不协调，未建立起清晰合理、运转高效、到人到事的责任链条。党的十八大以来，一系列党内法规制度明确和细化了主体责任、监督责任的具体内容，从制度上压紧压实了管党治党责任。例如，明确了党委全面从严治党主体责任，明确各级纪委的监督责任，明确党委书记第一责任人责任，明确领导班子成员的管党治党责任。结合全面从严治党向纵深发展的最新要求，放置于高校基层治理则具象为推动解决一个个具体问题。这些细节多源自一线的党员、干部在从事教学、科研、管理与服务的过程中的体悟。但限于基层事务性工作繁杂，一些有价值的体悟未能及时总结梳理成为系统的建设性意见，或提出的工作权责优化举措未能合理纳入院系治理的政策议程，从而导致院系党组织较难有效承接担负起学校中心任务细分推进过程中下放的责任。一定程度上暴露了院系基层治理的权责贯通不协调，时常表现为复杂问题交由具体个人全责落实的无力困境，最终导致具体个人被迫通过形式上的履职留痕以达到尽责规责的形式主义后果。多数工作尚无条件保障政策执行后的评估与反馈，总结梳理提升的重要工作环节被略去。究其原因，可能是近年来高校基层院系中心工作日趋复杂化，依靠个人努力或单一业务条线发力难以攻克，院系党组织优化现有资源配置的领导机制未有效建立；也可能由于院系党组织推动完成院系中心任务的必备资源不足，存在总体上的权责不相匹配的客观困境。

三、高校院系党组织推动全面从严治党的行政伦理分析与责任落实机制

（一）行政伦理分析

行政伦理是指参与行政管理活动的主体"在行使公共权力进行公共政策制定、公共事务管理、公共服务提供的活动和过程中所应遵循的总体伦理准则和规范，以及所应确立和坚持的道德价值取向"。[3]行政伦理在规范化表现形式上体现为主观伦理意识、习俗化的伦理规则和制度化的伦理法则，通过行政道德实践形成闭环，持续发挥着激励、引导、调节、认识功能。

行政伦理由行政组织伦理与行政个体伦理构成，以其显示的行政实施群体及个人状态，决定性地影响公民对国家认同、对政府的信任。从心理学角度，习俗与制度作为外在的道德他律，要起到约束和控制的作用必须通过社会化的过程转化为行政实施者的心理观念、道德标准、价值倾向，形成心理的内在准则。这种行政伦理意识产生的内化过程，有效地将行政约束硬规则传递给行政行为实施者而发挥作用，也称"道德自律的形成"。

在当下高校院系党组织推进全面从严治党面临的困境可以从行政伦理层面寻求解决途径。不断修订完善、新增颁布的党内法规制度文件已将党内优秀管党治党智力成果制度化为指导基层治理的价值导向、行为规范与管理范式。例如，体现习近平新时代中国特色社会主义思想的立场观点方法的"六个必须坚持"，其中强调的必须坚持人民至上、问题导向、系统观念，对克服党建工作党务化、责任链条不清晰等问题提供了价值导向。再如，《巡视工作条例》提供的党委抓巡视巡察工作落实的体制机制也为院系党委嵌入学科发展业务工作提供助推范式。当下，高校院系党组织推动全面从严治党向纵深发展的关键点在于，如何将党的创新理论中体现的行政伦理规范转化为参与院系治理各主体的行动自觉。

（二）责任落实机制

提高党的政治理论学习质效，确保院系党组织及参与院系治理的各主体不断自觉用党的创新理论武装头脑，认真学习体悟习近平新时代中国特色社

会主义思想的世界观、方法论和贯穿其中的立场观点，将之内化为行政伦理意识与道德实践自觉，转化为提升个人政治能力、思维能力、实践能力的强大思想武器，不断引导、调节个体行为，从主观层面唤起党员教师干部应怀有的道德自觉及应秉持的行动自觉。

切实保障党员权利，充分发扬党内民主，为发挥党员先锋模范作用提供贯通高效的体制机制。院系党组织严格落实《高校基层组织工作条例》《中国共产党党员权利保障条例》等党内法规的具体要求，将坚持人民立场与问题导向作为党建工作提升的发力点，加强党务公开，通过调查研究了解制约学科发展的基层堵塞梗阻，听取并采纳党员个人对细节问题的建设性意见，并将行之有效的方案建议纳入院系治理的政策议程，以参与式管理激活支部的战斗堡垒作用。

规范院系党组织内部治理的政策议程循环，以党政公文沉淀办学治院的行政伦理遵循，以提升党委会、党政联席会议事决策质效为统领，对上会议题提出充分调查研究前置程序的要求，规范学院各条线日常事务管理、教学科研中心任务及维稳处突等；治理进程中应采用的文稿形式，用附任务书、路线图时序表的工作方案等文稿督促参与院系治理各主体通力完成具体工作的评估与反馈，以做好"后半篇"文章的行政自觉与政治担当不断优化工作方案；提升组织与个人的工作水平，找准责任链条中各层级各阶段各主体的权责边界与全局性意义，形成衔接有序、协调贯通、精准定责的治理机制。

参考文献

［1］巡视工作文稿/中央巡视工作领导小组办公室［M］．北京：中国方正出版社，2022.

［2］杨华．县乡中国：县域治理现代化［M］．北京：中国人民大学出版社，2022.

［3］王云萍．公共行政伦理学论纲［M］．北京：社会科学文献出版社，2018.

新形势下高校学生党建工作
对辅导员职业道德的促进研究

韩　鹏

（财政税务学院）

一、引言

在新形势下，高校学生党建工作不仅关注理论学习，还注重将理论与实践紧密结合。这种结合体现在理论课程与实践活动的互动上，使学生能够在实际行动中体验和理解理论知识的应用。通过创新活动形式，如模拟党组织的运行、开展实地调研、组织社会服务等，党建工作不仅提升了学生的政治觉悟和组织能力，还极大地促进了他们综合素质的全面发展，包括帮助学生在实践中锻炼领导能力、沟通能力和团队合作精神等。

辅导员作为学生思想政治教育的主力军和日常事务管理的直接推动者，承担着组织策划、思想引导和服务支持等多重角色。在这些角色中，辅导员不仅要具备扎实的政治理论基础，还需要具备出色的组织协调能力和服务意识。他们的职业道德水平直接影响到学生的成长和发展。职业道德能够促进辅导员在工作中更好地发挥作用，从而影响学生的价值观和行为习惯。因此，研究新形势下高校学生党建工作如何促进辅导员职业道德，不仅对提升辅导员的职业素养具有实际意义，也为优化学生党建工作提供了理论支持。这一研究将有助于在实践中不断完善辅导员的职业道德教育，进一步推动学生全面发展和高校的整体进步。

二、新形势下高校学生党建工作现状

（一）政策支持

在当前的政策环境中，党和国家对教育及思想政治工作给予了前所未有的关注与重视。中共中央及教育部相继出台了《中国共产党普通高等学校基层组织工作条例》《普通高等学校学生党建工作标准》等文件，为高校学生党建工作提供了明确的政策指引。这些政策不仅详细阐述了高校党建工作的目标和任务，还提供了具有可操作性的实施依据，使得高校在推进学生党建工作时有章可循。[1]政策的支持为高校提供了必要的资源保障，同时也明确了各级教育机构在党建工作中的职责和目标，推动了学生思想政治教育进一步规范化和制度化。

（二）组织形式

高校学生党建工作涵盖了学生党支部的建设、党员的发展、教育培训等多个方面。近年来，为了适应新时代的要求，许多高校探索了多种党建活动形式，尤其是在2023年教育部提出的"一融双高"政策背景下，各高校将党建工作更加紧密地融入教学、科研和文化等各方面，形成了党建与教学相互促进的良好局面。这种创新的组织形式不仅提升了学生对党建工作的参与度，还增强了党组织的服务能力，推动了党建工作的质量提升。此外，高校通过开设专题讲座、组织主题活动等形式，使党建工作更加贴近学生的实际需求和兴趣点，从而提高了党建工作的影响力和实效性。

（三）面临的挑战

尽管高校学生党建工作在政策支持和组织形式上取得了一定的进展，但在实际操作中仍面临多重挑战。一方面，部分学生对党建工作存在一定的抵触情绪，对党的理论知识掌握和理解不够深入；另一方面，"00后"和"05后"学生具有较强的个性化特点和多样化的思想观念，这使得统一思想和价值观念变得更加困难。此外，一些高校的党建活动创新不足，传统形式的活动无法有效吸引学生参与。这些挑战要求高校在开展学生党建工作时，必须不断探索新的方法和形式，以提高学生的参与度和党建工作的实际效果。

三、辅导员职业道德的内涵与要求

（一）职业道德的核心要素

辅导员职业道德的核心要素包括责任心、诚信、公正和尊重。这些要素共同构建了辅导员在学生教育和管理中的道德基础,确保他们能够有效履行职责,为学生提供优质的支持和指导。

责任心是辅导员职业道德的首要要素。辅导员需要对学生的成长和发展负责,认真对待每一个学生的问题和需求,尽心尽力对学生提供帮助。唯有具备责任心才能促使辅导员积极主动,关注关心学生的心理健康、学业进展和个人发展,及时解决他们面临的困难。

诚信是辅导员职业道德的核心。辅导员在工作中应保持真实和透明,诚实对待学生和同事,遵循道德和法律规范。诚信不仅体现在言行一致上,还包括对学生的承诺和信息的准确传递,避免虚假和误导。[2]

辅导员在处理学生事务时必须保持客观和公平公正。辅导员应平等对待每一位学生,不能因个人喜好或学生背景差异而偏袒或歧视,确保每位学生都能在公平的环境中获得支持和机会。

尊重是辅导员与学生互动的基本原则。辅导员应尊重学生的个性和意见,理解和包容他们的差异,建立良好的沟通渠道,营造积极、和谐的关系氛围。

(二)职业道德的重要性

辅导员职业道德在高校学生工作中至关重要。作为学生的直接指导者和支持者,辅导员不仅负责学生的思想政治教育、心理辅导、学业指导,还在塑造学生价值观和行为规范方面起着关键作用。职业道德为辅导员提供了行为准则,确保他们在处理学生问题时具备公平、公正、尊重和诚信的态度。

首先,职业道德帮助辅导员树立正确的价值观念,确保他们在面对学生的困惑和挑战时,能够以公正和尊重的方式提供帮助,避免个人情感干扰,维护学生的合法权益。

其次,职业道德有助于建立辅导员与学生之间的信任关系,使学生在遇到问题时更愿意寻求帮助,促进他们的全面发展。[3]

最后,职业道德还影响到辅导员的专业素养和工作效率。具备职业道德的辅导员会不断提升自身能力,更新教育理念,适应时代变化,从而更好地服务于学生和学校。

四、学生党建工作对辅导员职业道德的促进作用

（一）增强责任感

在学生党建工作中，辅导员不仅需要承担组织和策划活动的职责，还要深度参与到学生的思想政治教育中。这种参与使辅导员对学生的成长和发展有了更深刻的认识，明确了自己在引导和帮助学生方面的关键作用。随着责任感的增强，辅导员在工作中会更加用心，努力将每一项任务做到最好，不仅关注学生的学业成绩，还关注他们的心理健康和思想动态。这种责任感的提升使辅导员在处理各种学生问题时更加细致和有耐心，同时也促进了他们对职业道德的自我要求和规范。

（二）树立榜样作用

辅导员在参与党建活动时，通过自身的行为和表现展示了党员应有的品质，如诚实守信、公正公平、乐于助人等。这些品质不仅体现在日常工作中，还通过组织的各类活动传递给学生。辅导员的言谈举止，尤其是在面对困难和挑战时的态度，会对学生产生积极的示范效应。通过这种榜样作用，辅导员能够有效引导学生树立正确的价值观和行为规范，从而促进学生的全面发展。同时，辅导员自身也在这一过程中不断提升个人的职业道德水平，以更高的标准要求自己，成为学生学习和模仿的对象。

（三）提升服务意识

在学生党建工作中，辅导员需要与学生进行深入的交流，了解他们的思想动态、需求和问题。这种服务意识的提升不仅体现在对学生问题的及时回应和帮助上，还包括为学生提供个性化的指导和支持。辅导员通过组织各种形式的活动和提供实质性的帮助，增强了对学生需求的敏感性和应对能力。通过这种互动，辅导员在工作中逐渐形成了以学生为中心的服务理念，更加关注学生的成长需求和实际困难，提升了对学生的全方位支持和服务质量，也加强了自身在职业道德方面的责任感。

（四）强化纪律观念

学生党建工作要求辅导员严格遵守相关的规章制度，并保持高标准的工

作作风。在参与党建活动时，辅导员必须严格按照党组织的要求进行工作，维护组织的纪律性和规范性。这种规范化的工作流程不仅要求辅导员在日常工作中保持高水平的自律，还促进了他们对纪律和规则的尊重和重视。在此过程中，辅导员也逐渐养成了严谨的工作习惯和高度的职业责任感，提升了对职业道德和规范的认识和遵循。同时，强化的纪律观念也有助于辅导员在处理各种事务时保持公平公正，避免个人偏见和随意性。

（五）促进自我反思和成长

在参与学生党建工作的过程中，辅导员需要不断进行自我评估和反思，以总结经验和发现问题。这种自我反思不仅涉及对工作的具体实施效果的分析，还包括对个人职业道德和工作方式的审视。通过不断反思，辅导员能够识别自己的不足之处，制定改进计划，并在实际工作中加以调整和提升。这种自我反思的过程推动了辅导员个人的成长，使他们在不断改进中提升职业技能和道德水平。此外，辅导员在这一过程中也能够获得更多的自我认知，从而增强自身的职业素养和应对各种挑战的能力。

五、问题与对策

（一）问题分析

在学生党建工作中，辅导员面临着多方面的挑战，这些挑战不仅影响工作效果，还可能对职业道德和工作积极性产生负面影响。

首先，工作压力是辅导员面临的主要问题之一。学生党建工作通常需要协调多方资源，组织各种活动，确保活动的有效性和参与度，这些都可能使辅导员感到压力巨大。[4]尤其是在资源不足的情况下，辅导员不仅需要解决实际问题，还要应对来自学生和上级的期望，这种压力可能导致职业倦怠，进而影响职业道德的保持。

其次，资源不足也是一个显著问题。许多高校在学生党建工作中面临资金和人力资源的限制，辅导员常常需要在有限的资源下完成高标准的工作任务。资源的短缺不仅影响活动的质量，也可能让辅导员感到力不从心，降低他们对工作的投入和热情。

最后，活动效果不佳也是辅导员常遇到的挑战。在组织和实施党建活动时，辅导员可能会遇到参与度不高或活动效果不明显的情况，这种情况不仅影响活动的整体效果，也可能导致辅导员对自己工作的质疑。效果不佳可能让辅导员感到挫败，从而影响他们的工作积极性和职业道德提升。

面对这些挑战，辅导员需要不断调整工作策略，寻找解决方案，并在实践中保持积极的态度。只有通过有效的应对措施，才能够克服这些困难，保持高水平的职业道德，并继续为学生的发展提供优质的支持。

（二）对策建议

为了应对学生党建工作中的挑战，辅导员可以采取以下对策来提升职业道德和工作积极性。

首先，针对工作压力，辅导员应当学会合理安排工作时间，制定切实可行的工作计划，避免因超负荷工作而产生倦怠感。同时，定期进行自我反思和调整，寻求上级和同事的支持，共同解决问题。

其次，针对资源不足的问题，辅导员可以通过创新和资源整合来提高工作效率。例如，利用校内外资源，寻求企业或社会组织的合作，增加活动资金和物资支持。同时，辅导员应当加强与相关部门的沟通，争取更多的支持和资源。[5] 为了改善活动效果，辅导员需要在活动策划阶段充分调研学生需求，确保活动内容的针对性和实效性。

最后，辅导员还可以通过多种形式的宣传和动员，提升学生的参与度和兴趣，确保活动的成功举办。通过收集反馈并进行及时调整，可以不断优化活动方案，提高整体效果。

综合来看，辅导员应当通过有效的压力管理、资源优化和活动改进措施，不断提升工作质量，保持积极的职业态度。[6] 这不仅能促进个人的职业道德水平，也能推动学生党建工作更加高效地开展。

六、结论

在新形势下，高校学生党建工作对于促进辅导员的职业道德扮演了至关重要的角色。通过增强辅导员的责任感，学生党建工作有效地树立了优秀的职业榜样，提升了服务意识，强化了纪律观念，并促进了自我反思。这些措施不仅有助于提高辅导员的职业道德水平，还对学生的全面发展产生了积极影响。然而，实际操作中仍然面临诸多挑战，如资源配置不足、活动开展效果不佳等问题。解决这些挑战需要通过创新措施和制度完善来推动进步。展望未来，应进一步强化学生党建工作的策略，持续推动辅导员职业道德的提升，为高校思想政治工作注入新的活力，从而更好地服务于学生成长和学校发展。

参考文献

［1］张强. 高校辅导员在学生党建工作中的思考［J］. 中外企业文化，2022（4）：214-215.

［2］陈洁. 新形势下高校辅导员专业素养研究——基于西安市未央区高校辅导员专业素养现状调查［J］. 知识窗（教师版），2024（2）：72-74.

［3］沈琳. 学生党建工作与思想政治教育教学协同创新［J］. 山西财经大学学报，2022（S2）：103-105.

［4］邓耀辉. 辅导员在高校基层党建工作中的作用研究［J］. 教育教学论坛，2020（21）：28-29.

［5］冯雯雯. 高校学生党建中辅导员的角色融入——基于辅导员兼任学生党支部书记的视角［J］. 高校辅导员学刊，2020，12（5）：61-65.

［6］齐锋. 高校辅导员做好学生党建工作的对策研究［J］. 文化创新比较研究，2019，3（28）：15-16.

管理育人篇

专业硕士学位研究生分类培养模式探索

——以中南财经政法大学工商管理学院为例

江为民

（工商管理学院）

为深入贯彻落实习近平总书记对研究生教育工作的重要指示精神和国省研究生教育会议精神，中南财经政法大学工商管理学院积极响应《教育部关于深入推进学术学位与专业学位研究生教育分类发展的意见》（教研〔2023〕2号）等文件要求，致力于满足硕士研究生教育的新形势、新需求，不断提升人才培养质量。工商管理学院国际商务、资产评估和农业硕士等专业硕士学位探索和实践了具有鲜明特色的分类培养模式。

一、优化研究生培养结构，构建特色鲜明的培养模式

自2010年国务院学位委员会第27次会议审议通过金融硕士等19种硕士专业学位设置方案以来，中南财经政法大学工商管理学院（以下简称"工商管理学院"）积极响应，于2011年开始招收专业硕士，包括国际商务、资产评估和农业专业硕士。多年来，工商管理学院始终紧跟时代步伐，紧密结合国家发展需求和行业需求，形成了学硕专硕学生人数比为5∶7的均衡结构，不断探索和创新培养模式。作为全国最大的财经政法人才培养基地之一，工商管理学院逐步形成了"办特色、创一流"的办学理念，以及与之相适应的"创新性、融通型、国际化"的人才培养特色模式。依托学校和学院的学科优势，工商管理学院围绕"经法管"融通人才培养模式，从专业设置、课程建设、学术平台、实践教学基地、实习项目五个方面打造了"五位一体"的创新性融通型国际化特色人才培养体系。

（一）国际商务专业硕士

国际商务专业硕士学位授权点的建设坚持党建引领地位，以习近平新时

代中国特色社会主义思想为指导，侧重于研究对外直接投资、"一带一路"区域价值链与跨国公司治理，培养了一批适应国际经济竞争和国家发展需要的新型国际商务人才，通晓现代商务专业知识与实践技能，具备国际视野、高端商务能力的创新型、复合型精英，专业建设取得长足发展。

本学位授权点师资队伍实力雄厚，建有湖北省重点人文社科研究基地"WTO与湖北发展研究中心"及省级智库"中国（湖北）自由贸易试验区研究院"。本学位授权点拥有稳定的合作导师队伍以及完善的学科建设平台，导师研究项目众多，均有学生参与，为学生提供了丰富的科研平台和机会。

本学位授权点建设有"经贸中南""经济贸易系Seminar""文献分享会"和与日本东北大学联合成立的"RCEP与空间经济联合研究中心"，定期邀请国内外学者、企事业精英来校举办各类讲座，不定期组织学生参加职业素养等各类社会实践活动，以增进各类实践知识与技能。与此同时，工商管理学院高度重视学术交流研讨，积极承办中国留美经济学会2023年年会；重视案例开发，大力发展院企共建产学融合，在公认的中国工商管理案例高水平成果中，已有两篇案例入选第十四届"全国百篇优秀管理案例"一般项目和微案例，展现学院长期以来持续案例库建设和学科综合实力。

此外，本学位授权点采取多种方式提供研究生参与实践教学相关制度保证。

一是从整体上设计联合培养机制。本学位授权点目前已形成了研究生暑期社会实践、研究生创新项目、院企"产学研基地"三位一体的实践平台，立足当前社会发展需求，注重学生实践能力的培养。

二是通过双导师制落实社会实践。在二年级期间，学生可在研究生暑期社会实践、研究生创新项目、院企"产学研基地"三类平台中任选其一，并由本校73位专业导师和所聘请的多位校外导师联合指导，以集中调研或分散实习的方式开展社会实践。

三是从严管理学生实践与考核。本学位授权点在培养方案中明确要求研究生毕业前必须具有不少于半年的社会实践经历，并提交符合要求的社会实践报告，作为毕业的条件之一。专业实践增强了学生们的实践能力，有助于实现"产学研"一体化。

（二）资产评估专业硕士

资产评估专业硕士学位授权点立足国家治理能力提升和市场经济深化发展对资产评估人才的重大需求，坚持立德树人根本任务，培养专业技能与职业精神并重、经法管融通的资产评估领域高层次、应用型人才。本学位授权点率先成立了高校资产评估所，为师生提供了广阔的实践平台。

本专业授权点的教师团队成员参与国际评估准则制定，起草中国评估准则，主编多本与专业相关教材；开发了"互联网企业估值"慕课，并获国家一流在线课程；承担全国资产评估硕士研究生在线示范课程"资产评估理论与管理"和"无形资产评估"的建设；承担了中国资产评估协会多项无形资产评估领域青年研究项目和重大研究课题"十四五时期健全我国知识产权评估体系研究"。

经过多年建设，本学位授权点形成了企业价值评估与无形资产评估两个研究方向。

（三）农业专业硕士

农业硕士专业学位授权点紧扣"三农"工作，弘扬农本精神，培养具有"三农"情怀和全球视野的复合型、融通型、应用型人才。本学位授权点坚持党建引领人才培养，将"育心"与"铸才"有机结合，"育心"着眼于"成人"教育，"铸才"着眼于"成才"教育；将思政育人贯穿在课堂教学、实践调研、学术研究全过程，引导研究生进一步理解中国"三农"问题、乡村振兴战略、农业强国建设的独特性和重要性，厚植学生的家国情怀、乡土情怀。

本学位授权点依托湖北省高校"荆楚卓越人才"协同育人计划项目（卓越农林人才计划）、湖北省研究生工作站、湖北省党建研究重点课题，将党建工作和"三农"问题研究相结合，围绕乡村振兴、农业强国建设、生态文明建设等主题，坚持每年带领本专业硕士学位研究生奔赴全国各地农村地区开展大规模田野调查，积极推动田野实践育人。通过教学活动、网站宣传、学术论坛等多种路径，本学位授权点向学生传播以农民利益为最高价值导向的专业知识，引导学生自觉投入乡村振兴和农业强国建设的实践探索中。

本学位授权点拥有一支学术地位高、学历层次优、实践能力强的"复合型"

（学术—实践）双导师队伍。导师组成员既有校内跨专业且理论功底深厚的专职导师，也有来自农业农村管理部门、农业科研和金融机构、农业企业等单位实践经验丰富的合作导师。专职导师和合作导师相互配合，优势互补，形成一支强有力的导师团队。在培养过程中，本学位授权点贯彻国家的教育方针，坚持立德树人、德技并修，将校内专职导师的学术研究与校外合作导师的实践特长有机结合；要求学生既掌握前沿理论和研究方法，又聚焦农业农村发展实际问题，将所学理论知识运用到实践中。同时，突出学校经法管学科融通特色和学院 AMBA、BGA 认证优势，在课程设置上注重不同学科交叉融合，使学生能够熟练运用不同学科的分析视角、方法和工具，增强学生专业技能。

二、强化案例教学与实践应用，提升学生综合素养

工商管理学院高度重视管理案例的开发与教学工作，以管理案例研究中心为依托，每年专项拨款资助教师积极参与原创教学案例的开发与应用工作，获得突出成果。

近 5 年，工商管理学院共推荐 45 项案例参评"全国百篇优秀管理案例"。其中，23 项入选中国管理案例共享中心案例库；1 项入选毅伟商学院案例库；1 项入选工商管理国际案例库；6 项获评全国百优案例；2 项入选教育部学位与研究生教育发展中心主题案例征集项目；1 项入选首届"全国管理案例教学精品课"；1 项获第五届清华大学经管学院"卓越开发者"案例大奖赛二等奖；1 项获首届国际商务专业学位研究生数字经济与贸易案例竞赛教学型案例二等奖；1 项获中国专业学位案例中心 2023 年"走出去"主题案例立项；1 项获中国工商管理国际案例库评选的 2023 年度全国案例教师铜牌榜。

三、搭建多样化竞赛平台，激发学生创新潜能

工商管理学院高度重视竞赛指导工作，通过组建经验丰富、富有创新精神的竞赛指导团队，深入研究各类竞赛特点，为学生提供精准、有效的指导。在培养学生团队协作能力和创新思维的同时，工商管理学院积极与各大赛事组织方建立合作关系，为学生创造更多参赛机会。在国际商务领域的竞赛中，

学生队伍在"在商言商"商务谈判比赛、全国 MIB 创新创业精英挑战赛等大型比赛中多次斩获一、二等奖项。在第二届国际商务专业学位研究生案例竞赛中，工商管理学院学生更是荣获了研究型案例一等奖和教学型案例三等奖。在资产评估领域的竞赛中，工商管理学院学生同样表现出色，积极参与由中评协举办的各项竞赛，如第四届"中企华杯"全国高校资产评估专业研究生知识竞赛和"中和杯"全国资产评估研究生案例大赛，并获得了显著成绩。其中，在"中企华杯"竞赛中获得优秀奖，在"中和杯"竞赛中荣获一等奖。此外，工商管理学院学生还在其他多个领域的竞赛中取得了优异成绩，如"学四史，忆峥嵘"知识竞赛、ERP 沙盘模拟对抗赛等。这些奖项不仅展示了学生的专业能力和创新思维，也充分证明了工商管理学院竞赛指导工作的有效性和成果。

四、深化与企业的产教融合，培育创新实践人才

工商管理学院始终将实践教学基地作为培育人才的关键，致力于为学生打造一个安全、专业、先进的实践环境。通过产教融合模式，工商管理学院积极引入与本学位授权点相关行业的校外导师，全面提升学生的实践能力。工商管理学院已聘任 287 位校外行业导师，他们不仅深度参与研究生的教学、实践和论文指导，还开设讲座、建立实践基地，以行业前沿视角反哺课堂教学。工商管理学院积极与各大知名企业建立合作关系，打造了 70 多个"产学研基地""研究生创新教育基地"，通过校企合作、产教融合的方式，为学生提供广阔的实践平台和前沿的行业指导。

工商管理学院明确要求研究生在毕业前至少完成半年的社会实践，并提交实践报告作为毕业条件，确保学生能将理论知识与实践相结合，实现"产学研"一体化。为鼓励学生积极探索，工商管理学院设立了实践创新项目，每项资助 2 000 元，同时导师也通过科研项目引导学生参与实践调研，并提供经费支持，形成多维度的实践支持体系。

五、创新招生工作机制，落实分类选拔人才

工商管理学院在研究生招生选拔机制上进行了全面的改革和创新，致力

于构建一套既符合学术要求又贴近行业需求的招生体系。特别是在 2024 年 3 月的工商管理学院专业硕士招生复试中，学院采取了突破性的尝试，首次引入了行业专家参与硕士招生复试面试环节，这一创新举措旨在更好地适应不同类型研究生的培养目标和生源特征。

行业专家的参与，不仅为学生提供了一个展示自己才能的平台，更重要的是，他们能够从行业实际需求的角度出发，对学生的表达能力、综合素质以及对专业理解的深度进行全面而深入的评估。这种选拔方式不仅有助于学生更好地了解行业趋势和用人需求，还能够为工商管理学院选拔出更具潜力和实力的优秀研究生。

通过行业专家的参与，工商管理学院招生选拔机制更加完善，更具针对性和实效性。工商管理学院期望通过这一改革，能够选拔并培育出更多符合行业实际需求的高素质人才，为学生未来的学习生涯和职业发展提供坚实的方向支持。

此外，为了更好地满足不同类型研究生的培养需求，工商管理学院还将继续完善和优化招生选拔机制。例如，工商管理学院将进一步加强与行业、企业的合作，建立更加紧密的合作关系，共同制定招生计划和培养方案；同时，工商管理学院也将不断完善课程体系和教学方法，注重实践教学环节，提高学生的实践能力和职业素养。

通过不断改革和创新，工商管理学院的研究生招生选拔机制将更加成熟和完善，能够更好地适应社会和行业的需求，为培养更多高素质、有创新精神和实践能力的研究生做出更大的贡献。

工商管理学院在专业硕士学位研究生分类培养模式的探索道路上已初见成效。通过优化培养结构、强化案例教学与实践应用、深化产教融合、搭建多样化竞赛平台等多维度举措，工商管理学院不仅提升了学生的综合素养和创新能力，更在多个领域的竞赛中屡获殊荣，充分证明了其分类培养模式的科学性和实效性。未来，工商管理学院将继续深化分类培养模式的探索与实践，为培养更多具有创新精神和实践能力的高素质人才贡献智慧和力量，助力国家和社会的发展。

参考文献

［1］新华社．习近平对研究生教育工作作出重要指示强调：适应党和国家事业发展需要 培养造就大批德才兼备的高层次人才［EB/OL］．（2020-07-29）［2024-08-31］．https://news.youth.cn/sz/202007/t20200729_12429636.htm.

［2］中华人民共和国教育部．教育部关于深入推进学术学位与专业学位研究生教育分类发展的意见：教研〔2023〕2号［A/OL］．（2023-11-30）［2024-08-31］．http://www.moe.gov.cn/srcsite/A22/moe_826/202312/t20231218_1095043.html.

［3］吕浩然，宋亚伟．"以赛促学，以赛促教"理念下专业型硕士学位研究生培养模式探索［J］．西部素质教育，2023，9（6）：81-84.

［4］焦晋峰，刘佳敏，樊丽轩，等．面向地方经济发展的专业型硕士学位研究生培养模式探索［J］．高等建筑教育，2023，32（3）：114-121.

［5］中华人民共和国教育部．西南财经大学积极探索科学学位硕士研究生分类培养新模式［EB/OL］．（2009-06-09）［2024-08-31］．http://www.moe.gov.cn/jyb_xwfb/s6192/s133/s209/201004/t20100419_87739.html.

［6］中华人民共和国教育部.让学术更学术、让专业更专业——清华大学研究生教育分类发展的实践探索［EB/OL］．（2023-12-19）［2024-08-31］．http://www.moe.gov.cn/fbh/live/2023/55658/dxjy/202312/t20231219_1095141.html.

［7］中华人民共和国教育部．北京师范大学积极推进研究生分类培养模式改革［EB/OL］．（2020-10-16）［2024-08-31］．http://www.moe.gov.cn/jyb_xwfb/s6192/s133/s139/202010/t20201016_495020.html.

高校开展国家安全教育的现状及优化路径 ①

李 盛

（党委办公室、学校办公室、督察办公室、法律事务部）

党的二十大报告强调，"国家安全是民族复兴的根基，社会稳定是国家强盛的前提，必须坚定不移贯彻总体国家安全观，把维护国家安全贯穿党和国家工作各方面全过程，确保国家安全和社会稳定"。党的二十届三中全会通过的《中共中央关于进一步全面深化改革 推进中国式现代化的决定》明确指出，"国家安全是中国式现代化行稳致远的重要基础。必须全面贯彻总体国家安全观，完善维护国家安全体制机制，实现高质量发展和高水平安全良性互动，切实保障国家长治久安"。

总体国家安全观丰富了国家安全的内涵和外延，是推进国家治理体系和治理能力现代化的重大理论成果，是指导新时期国家安全工作的纲领性思想。[1] 维护国家安全是全社会共同的责任，特别是高校承担着立德树人的根本任务，应当成为国家安全教育工作的前沿阵地，引导师生身体力行做国家安全的坚定维护者和忠诚捍卫者。

一、高校开展安全教育的基本情况

《中华人民共和国国家安全法》明确规定，"机关、人民团体、企业事业组织和其他社会组织应当对本单位的人员进行维护国家安全的教育。"2020年，教育部印发《大中小学国家安全教育指导纲要》，指导大中小学系统、规范、科学地开展国家安全教育，系统推进国家安全教育进课程、进教材、进校园，全面增强大中小学生的国家安全意识，提升维护国家安全能力，为培养社会

---

① 本文系 2023 年中央高校基本科研业务费中南财经政法大学科研培育与全员育人专项高教管理研究项目"高校应急管理体系和能力现代化建设研究"（项目编号：2722023DG007）的研究成果。

主义合格建设者和可靠接班人打下坚实基础。

　　总体来说，各高校深刻认识国家安全教育的重要性，结合学校实际，明确学校办公室、保卫部门、学工部门、宣传部门等负责学校国家安全教育工作，在国家安全教育日等重要时间节点积极推进相关工作，不断丰富宣传教育形式。国家安全的理念日益深入人心，师生维护国家安全的意识不断增强。

　　根据对湖北高校的调查显示，各高校开展国家安全宣传教育的常用方式包括主题班会、线下平台（展板展示、标语宣传）、线上平台（视频播放、公众号推送、网页特刊等方式）、理论中心组学习、应急演练、主题党日活动、专题培训，比例依次为89.16%、79.52%、68.67%、67.47%、66.27%、63.86%、61.45%（图1）。各高校国家安全教育内容主要有典型案例、理论常识、政策解读、法律条文，比例分别为93.98%、85.54%、73.49%、72.29%（图2）。57.83%的高校将国家安全相关内容纳入思政理论课教学，60.24%的高校将国家安全相关内容纳入形势政策课内容。设有国家安全教育类社团的高校占比21.69%。72.29%的高校建立制度化、定期化的国家安全教育方案。就国家安全教育重点对象来看，选择机要保密岗位、党政管理干部、关键核心技术研发岗位、科研管理岗位的占比均超过90%，分别为96.39%、95.18%、90.36%、90.36%（图3）。

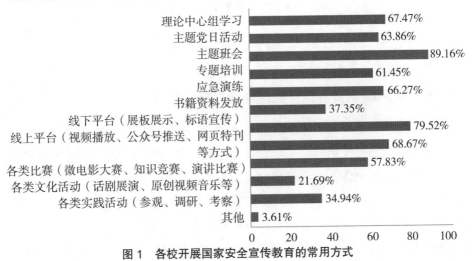

图1　各校开展国家安全宣传教育的常用方式

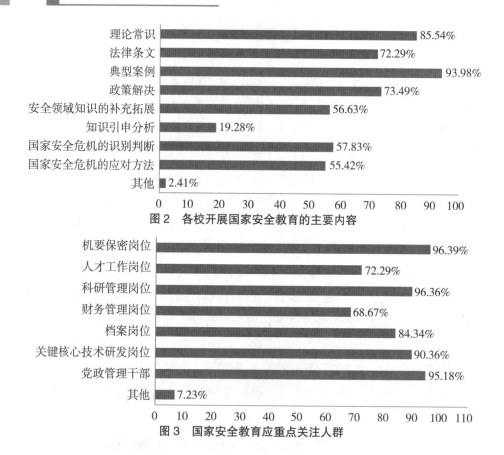

图 2　各校开展国家安全教育的主要内容

图 3　国家安全教育应重点关注人群

二、高校开展国家安全教育存在的问题

（一）对国家安全教育整体规划和推进有待加强

一是国家安全教育工作督导体系不健全。《大中小学国家安全教育指导纲要》是目前高校开展国家安全教育的指导性文件明确规定，"把国家安全教育纳入教育督导体系，明确督导办法。各级教育督导部门要组织开展国家安全教育督导，着重检查教育实效。"但自上而下的督导检查机制尚不健全，相应督导办法尚未出台。虽然大部分高校建立了制度化、定期化的国家安全教育方案，但对师生关于国家安全的学习效果评估和掌握不足，仅 34.94% 的高校对师生学习情况有全面的摸底调查与研究评估。

二是缺乏分层分类的针对性指导。51.81% 的高校认为缺少开展国家安全教育的针对性指导。在保密、科技、国家安全等具体领域的安全问题在高校可能存在的风险，如何对不同群体开展有效教育引导等方面，相关部门指导不够。教育部门对不同类型、不同办学层次高校相关课程开设、学分设置、教学大纲等方面，缺少细化的指导意见。目前，国家安全教育纳入课程思政和思政课程未实现全覆盖。同时，部分高校反映上级部门提供的高质量视频、图文宣传资料等偏少，案例具体情节部分阐述不够详细具体，教育的震撼性、警示性有待进一步强化。

三是国家安全教育常态化推进不足。目前，国家安全教育开展集中在全国国家安全教育日前后。在全国国家安全教育日，各高校掀起学习宣传贯彻总体国家安全观的热潮，各大媒体聚焦，形成一定的宣传阵势，有较大社会影响力。但全民国家安全教育日一过，热度骤减。宣传教育工作缺乏经常性、计划性。而国家安全教育不应流于形式、走过场。62.65% 的高校认为缺乏长期化的宣传教育方案，在常态化的教育举措上要加强。受访高校均认为需要重点关注国家安全教育日的宣传教育，同时认为在开学、两会等重要会议期间、保密宣传月、相关案件通报或报道后等时间节点都应重点把握，分别为72.29%、72.29%、67.47% 和 61.45%。

（二）教育内容滞后于国家安全形势

一是国家安全所涉领域没有实现全覆盖。总体国家安全观包括五大要素和五对关系，涵盖政治安全、国土安全、军事安全、经济安全、文化安全、社会安全、科技安全、网络安全、生态安全、资源安全、核安全、海外利益安全，以及太空、深海、极地、生物等不断拓展的新型领域安全，内涵丰富。59.04% 的高校反映目前开展的国家安全教育并未实现所涉领域的全覆盖，以传统安全领域为主，导致师生对国家安全的理解片面化，对国家安全教育的紧迫感认识不强。

二是内容深度和拓展广度不够。大部分高校的国家安全教育内容以理论常识、法律条文、典型案例、政策解读等为主，安全领域知识的补充拓展、知识引申分析、国家安全危机的识别判断、国家安全危机的应对方法等相关内容宣传不够。对国家安全宣传教育内容的深层次挖掘不足，引发深入思考、提高问题解决能力等方面有待加强。

（三）宣传教育方式与学生需求不契合

开展的宣传教育形式不够丰富，主题班会、展板展示、标语宣传等是最常用的方式，难以调动青年学生的积极性，也难以激发情感认同和价值认同。话剧展演、原创视频音乐等各类文化活动，参观、调研、考察等各类实践活动都占比不高。67.47%的高校反映针对性开展分层分类教育不多、形式不够新颖，吸引力有待提升。

（四）国家安全教育相关社团以及基地场馆类资源稀缺

调查显示，仅21.69%受访高校有国家安全教育类社团，19.28%受访高校建有相关宣传教育基地及场馆。

三、高校加强国家安全教育的优化路径

新的发展环境下，国际国内形势更为复杂，国家安全的内涵与外延也进一步扩展，这些都为高校国家安全教育提出了更高的要求。针对上述不足，应当多措并举推动国家安全教育在高校走深做实，切实维护教育领域安全稳定。

一是加强资源统筹整合。2023年在教育部、公安部指导下，相关网络平台面向全国高校师生推出"千万师生同上一堂国家安全教育课"，取得了良好成效。建议教育、国家安全、公安、科学技术等相关部门进一步加强合作联动，结合各领域最新动态和安全形势，从与高校师生切身利益密切相关的角度以案例分析、法条讲解、网络短剧等方式，开发形式更为丰富、语言更为鲜活的教育资源。加强典型案例教育，特别要注重发挥高校领域相关案例的警示作用。统筹加强校地合作，发挥高校学科优势、师资优势，组建由专任教师、党政管理干部、专兼职辅导员、学生骨干等构成的安全宣讲团，在学校开展分层分类宣讲的同时，深入乡镇、社区，普及相关法律知识，营造国家安全人人有责、人人可为的浓厚氛围。高校要深化与实务部门合作，在智库建设、课题研究、师资交流、实务培训等方面开展深度合作，为国家安全部门等定制人才。

二是压实国家安全教育责任。坚持和加强党对国家安全教育工作的领导，

高校要在上级部门的指导下构建"党委领导、部门协同、全员参与"的国家安全教育工作格局，把国家安全教育作为学校安全稳定工作以及思政工作的重要组成部分，定期专题研究、部署推进。明确思政课教师、专兼职辅导员等在国家安全教育中的职责和定位。制定完善长期化的宣传教育方案，并稳步推进落实。及时评估教育效果，调整相应工作举措，确保国家安全教育取得实效。

三是健全"横到边、纵到底"的全员培训体系。坚持让教育者先受教育，健全"横到边、纵到底"的全员培训体系，提升教育工作者整体国家安全知识储备和素养，把国家安全教育融入人才培养全过程、各方面。将国家安全教育的学习内容在纳入两级理论学习中心组学习、支部主题党日、团日活动的基础上，纳入党校培训、各级各类干部培训和思政课教师、专兼职辅导员培训等，尤其注重机要保密岗位、科研管理岗位、关键核心技术研发岗位等人员的培训，发挥领导干部"头雁效应"，坚持先学一步、学深一层。有针对性开展《中华人民共和国国家安全法》《中华人民共和国数据安全法》《中华人民共和国网络安全法》《中华人民共和国保守国家秘密法》等法律法规的普法活动，提升全员国家安全意识。

四是筑牢课堂教学主阵地。高校根据实际情况开设不同内容、不同类型、不同层次的国家安全教育课程。国家安全内涵丰富，涉及多学科、各领域。高校应在将国家安全专题作为思政理论课、形势政策课重要内容的基础上，纳入"课程思政"建设，将国家安全知识融入专业知识讲授，对学生进行总体国家安全观教育。对于有相关学科基础和师资的高校，则可开设专业必修课、专业选修课、公共选修课、公共必修课等，引导学生主动运用所学知识分析国家安全问题，着力强化学生国家安全知识运用。同时，各类各高校可以打通校际壁垒，推进学科交叉融合，加强国家安全类课程的共建共享。

五是推动国家安全教育全域传播。新一代大学生成长于互联网时代，互联网是他们获取信息、发表观点、社交娱乐等的重要渠道。目前，自上而下的宣传教育顺应大学生的学习生活习惯和个性心理特征，以线上线下相结合的方式进行。例如，教育部指导中国高等教育学会保卫学专业委员会、全国高校思想政治工作网，邀请知名高校相关领域专家录制11门网络公开课，通过全国高校思想政治工作网、中国大学生在线媒体矩阵发布，适应了网络宣传教育的新形势。但据《中国记者》进行的"青年人媒体使用情况问卷调查"[2]分析报告数据显示，"微信公众号"依然是青年群体在社交平台接触主流媒体的最主要渠道，微博、抖音、快手、B站等社交平台在信息传播、教育引导中的影响不可小觑。因此，国家安全教育在深耕内容的同时，要通过青年学生青睐的渠道、平台发布兼顾深度与趣味的内容，吸引学生参与、引发学生思考，让国家安全教育从"指尖"到"心间"。

六是数字赋能国家安全教育。在大力推进教育数字化战略行动的背景下，国家安全教育也应朝着更创新、更智慧、更现代的方向发展。加大国家安全宣传教育及场馆的建设力度，加强资源的统筹开发和利用。通过现代技术，升级改造基地场馆，丰富内容数字化呈现形式；运用互动多媒体、实操演练、VR、动感5D影院、声光电特效等数字化高科技手段，增加智能化的交互体验，提升趣味性。通过综合运用三维数字扫描等信息技术手段，将各类安全教育资源、素材进行整合，建设云场馆、推出云展览，通过全景漫游式的3D展示，让国家安全教育资源最大程度开发利用，提升师生维护国家安全的能力水平，引导全社会、每个公民都肩负起维护国家安全的重要责任。

致谢

感谢新闻与文化传播学院2022级研究生周珊屹对本文问卷数据统计的贡献。

参考文献

［1］《总体国家安全观干部读本》编委会. 总体国家安全观干部读本［M］. 北京：人民出版社，2016：28-29.

［2］申琰. 青年人媒体使用情况问卷调查［EB/OL］.（2022-006-21）［2024-08-31］. https://mp.weixin.qq.com/s/TzR_UO7pVSqN7Nwm81NeKg.

［3］孙留萍. 新时代高校总体国家安全观教育的价值、困境和对策［J］. 山西高等学校社会科学学报，2022，34（2）：64-68.

［4］李景瑜，王宇航. 推动总体国家安全观教育在高校落地生根［J］. 人民论坛，2021（10）：106.

中外合作办学机构高水平涉外法治人才培养的思想政治教育创新研究①

张向飞

（法与经济学院）

党的十八大以来，我国高度重视涉外法治人才培养工作，习近平总书记多次强调要坚持德才兼备的高素质法治人才培养工作队伍，也提出"早日培养出一批政治立场坚定、专业素质过硬、通晓国际规则、精通涉外法律实务的涉外法治人才"[1]的人才培养目标，这为法学教育、法律人才培养提供了根本的遵循。统筹推进国内法治和涉外法治是习近平法治思想的重要组成部分，是面对世界百年未有之大变局和中华民族伟大复兴战略全局的重要法治道路，是全面推进依法治国和中国式现代化进程的重要法治途径。2023年2月，中共中央办公厅、国务院办公厅印发的《关于加强新时代法学教育和法学理论研究的意见》再次提出涉外法治人才培养的重要性。涉外法治人才的培养在涉外法治建设中具有先导性、基础性、战略性的地位和作用[2]，因此，在教育对外开放和现代化法治人才培养的格局下，催生了高层次、复合型、专业化涉外法治人才培养的需求。

高水平涉外法治人才契合了全球化趋势和教育对外开放的格局。在教育对外开放的背景下，中外合作办学成为我国高等教育开放的新趋势、新窗口和新平台。法学类的中外合作办学机构如何链接自身优势和国际化优势加强

① 本文系湖北省教育厅哲学社会科学专项任务项目（新时期教育对外开放）"中国式现代化进程中高校中外合作办学涉外法治人才培养思想政治教育创新研究"（项目编号：24Z330）、湖北省共青团和青少年工作研究课题"中外合作办学模式下团员青年思想政治教育的价值引领与话语表达研究"（项目编号：2024TSWSKL104）、中央高校基本科研业务费项目（三全育人）"中外合作办学模式下研究生思想政治教育的价值引领与话语表达研究"（项目编号：2722024DS008）、中南财经政法大学党建理论研究项目"中外合作办学模式下学生党建与思想政治教育工作协同创新研究"（项目编号：DJYJ2024015）的阶段性研究成果之一。

高水平涉外法治人才培养，也成为重要的使命任务。目前的中外合作办学机构涉外法治人才培养，面临着统筹涉外法治人才与国内法治人才培养的问题和统筹专业法治教育和思想政治教育的问题。因此，我们在中外合作办学机构涉外法治人才培养中开展思想政治教育需要融合专业教育与思政教育、融合第一课堂和第二课堂、融合课程思政和思政课程，把握时代脉搏、紧贴国家战略需求，实现中外合作办学机构高水平涉外法治人才培养思想政治教育的守正与创新。

一、中外合作办学机构涉外法治人才培养的"两个统筹"

法学教育的国际化蕴含涉外法治人才队伍培养的应有之义，也是高等教育国际化、本土化、多元化的融合之意。[3]中外合作办学机构成为我国高等教育对外开放的重要阵地之后，法学教育也趁势探索中外合作办学法律人才培养，涉外法治人才培养也顺理成章成为中外合作办学法学教育的重要突破口和支撑点。但目前中外合作办学机构涉外法治人才培养中也面临着"两个统筹"的新问题和新挑战。

（一）统筹涉外法治人才与国内法治人才培养的问题

"坚持统筹推进国内法治和涉外法治"，是习近平法治思想的重要组成部分，对新时代推进全面依法治国具有重要意义。[4]我们应该重视涉外法治人才培养的战略意义，将其作为统筹涉外法治建设和国内法治建设的工作重心。中外合作办学机构具有本土化办学的环境优势和国际化办学的资源优势，如何将本土化与国际化深入统筹融合起来，是目前教育对外开放人才培养探索的重点和难点。在法学教育的国际化实践中，中外合作办学机构也面临着统筹涉外法治人才和国内法治人才培养的问题，在培养目标、课程体系、实践实训、毕业要求等各个环节中都需要注重统筹涉外与国内的问题，也需要注重涉外法治人才培养目标中实现国际化、复合型、精英式的德才兼备的法律人才培养。

（二）统筹专业法治教育与思想政治教育的问题

习近平总书记在二十届中共中央政治局第十次集体学习时强调："要加

强坚持立德树人、德法兼修，加强学科建设，办好法学教育。""德法兼修"法治人才培养模式是习近平法治思想的重要组成部分[5]，这就要求我们在法学教育中既要坚持专业法治教育加强学科建设，更要重视思想政治教育加强法律人才培养。中外合作办学机构因其办学模式的特殊性、办学目标的高标准、办学资源的高水平等特点，更需要统筹好专业教育和思想政治教育，也需要注重思想政治教育的守正与创新。中外合作办学机构涉外法治人才培养既需要在专业法治教育中培养"法"的人才，也需要在思想政治教育中培养"德"的人才，统筹专业法治教育和思想政治教育，融合"德"与"法"，培养"德法兼修"的高水平涉外法治人才。

二、中外合作办学机构涉外法治人才培养思想政治教育的"三个融合"

习近平总书记强调："法治人才培养上不去，法治领域不能人才辈出，全面依法治国就不可能做好。"[6]政治过硬、本领过强是法治人才培养的关键指标，德法兼修是法治人才培养的重要目标。中外合作办学机构涉外法治人才培养中思想政治教育面临重专业教育轻思政教育、重第一课堂轻第二课堂、重课程思政轻思政课程的问题，因此，以"三个融合"加强中外合作办学机构涉外法治人才培养的思想政治教育势在必行。

（一）融合专业教育与思政教育

"本领过强"需要深厚的专业教育为支撑，通过专业教育培养具备国际化法律事务能力的涉外法治人才；"政治过硬"则更需要具有坚实的思想政治教育，通过思政教育培养具备国际视野、思想政治坚定的本土化涉外法治人才。

中外合作办学机构因其办学具有特殊性，学生容易受到多元文化价值的冲击，特别是国际化的法学教育体系让学生接触到全世界各个国家的法律体系和法学视野。因此，需要培养学生具备坚定的中国立场，培养具有中国特色社会主义法治立场的涉外法律人才。这就需要我们在人才培养方案的顶层设计中融合专业教育与思政教育，合理安排课程体系、培养体系、考评体系；在教师队伍建设上也需要既注重法学专业教师队伍，又要打造一支中外合作办学的思想政治教育工作队伍，形成完善的中外合作办学思想政治教育理论武装体系、学科教学体系、日常教育体系、管理服务体系、安全稳定体系、队伍建设体系和评估督导体系；在人才培养中既注重国际法律事务能力培养，也注重思想道德素质锻造，培养又红又专、德才兼备、德法兼修的涉外法治人才。

（二）融合第一课堂和第二课堂

第二课堂与第一课堂共同构成高校人才培养的育人共同体，特别是在思想政治教育工作中开展的第二课堂实践活动是对第一课堂的有效延伸和补充，具有第一课堂无法替代的功能。[7]

我国高校目前培养涉外法治人才面临教学模式重理论轻实践，重第一课堂轻第二课堂的问题。特别是在中外合作办学机构涉外法治人才培养的实践过程中，目前各个高校已经探索出较为有效的以课程教学为主的第一课堂体系。但是，涉外法治实务实践为主的第二课堂体系还不够完善，存在第二课堂较为缺失的情况。因此，在中外合作办学机构涉外法治人才培养的思想政治教育工作中，要以第一课堂为关键，以第二课堂为支撑，融合第一课程和第二课堂的作用，既重视理论教学，又重视实践锻炼，推动实践教学全程化、实体化、常态化贯穿于法治人才培养的始终，实现知识教学与实践教学、人才培养和社会需求的有机契合。以第一课堂与第二课堂的融合，实现新时代法治人才培养"德法兼修、教学相长、教研互动、通专并举、虚实结合、内外协同"[8]的培养模式，实现法学专业教育与法学实务教育的结合。

（三）融合思政课程与课程思政

长期以来，高校思想政治教育存在独自为战的局面，思想政治教育与专业课教育存在断档的局面未能根本改变，思想政治理论课还未能充分激发出其针对性、亲和力和有效性，专业课程教育未能和思想政治教育有机融合。因此，近年来课程思政的理念应运而生，通过构建思想政治理论课、综合素养课程、专业课程三位一体的高校思政课程体系[9]，提升人才培养的实效，真正把思想政治教育在课程教学中落到实处。

思政课程和课程思政在目标上具有共同性、功能上具有一致性、内容上具有契合性、价值上具有评价性。因此，中外合作办学机构涉外法治人才培养的思想政治教育工作中更应该注重融合思政课程和课程思政。在人才培养方案和课程教学体系中设计出符合中外合作特色、涉外法治人才培养要求的思政课程体系和课程思政大纲，引领学生在专业法治教育中正确认识中国特色和国际比较、正确认识中国和世界发展大势、正确认识时代责任和历史使命、正确认识远大抱负和脚踏实地，以思政课程和课程思政的同向同行来实现中外合作办学机构涉外法治人才培养的课程教学协同效应，真正提升课程育人的价值效能。

三、中外合作办学机构高水平涉外法治人才培养思想政治教育的"四个创新"

涉外法治人才培养是一项综合性系统工程[10]，需要以"高水平"为目标，坚持立场、统筹推进，提升涉外法治人才培养质量。中外合作办学机构涉外法治人才培养面临着"两个统筹"的问题与挑战，这就要求其思想政治教育工作必须厘清和明确"三个融合"的重要性。中外合作办学机构要实现高水平涉外法治人才培养思想政治教育质量提升可以坚持"四个创新"。

（一）创新坚持以习近平法治思想为指导

习近平法治思想是习近平新时代中国特色社会主义思想的重要组成部分，是新时代全面推进依法治国的重要遵循和理论指南，对于全面依法治国各环节都具有指导意义。[11]"坚持统筹国内法治与涉外法治"是习近平法治思想的重要观点，习近平总书记系列重要讲话对涉外法治人才培养提供了重要的指导。习近平法治思想对推进法学教育高质量发展，推进涉外法治人才高水平培养具有重要意义。中外合作办学机构高水平涉外法治人才培养要坚持中国立场，就必须坚持以习近平法治思想为指导，将习近平总书记对涉外法治工作的重要论述贯穿在人才培养的全过程、全链条、全体系，发挥中外办学优势创新涉外法治人才培养方式，努力培养造就一批涉外法治人才后备力量。

（二）创新联动资源实现中外高水平协同培养

中外合作办学是培养具有国际竞争力人才的重要载体，因其"在地国际化"的优势成为高等教育对外开放的新范式，通过提供国际化师资、国际化课程、国际化教材、国际化实习实训等诸多全球高水平资源以及学生在地就读的优势，为学生打造了一个高质量的国际教育平台。[12]中外合作办学机构高水平涉外法治人才培养能够为学生提供全球优质的法学教育资源，立足"中外"和"涉外"的办学基点，联动国内外涉外法治人才教育资源优势，通过高水平课程建设、高质量教学提升、高起点实习实践平台等资源的供给，实现中外高水平的协同培养体系，为涉外法治人才培养提供坚实的资源保障。

（三）创新打造多元平台提升涉外法治实务技能

涉外法治人才培养需要注重法治人才的实践能力，强化涉外法治实践训练。中外合作办学机构应该发挥中外资源合作优势，联动国际组织、知名律所、重要法务部门、涉外企业等建设长效化实习实践基地，在涉外领域如国际贸易、国际商事、知识产权、司法鉴定、法律查明、争议解决、人工智能、税务审计等全链条的涉外法律服务业共建一批多元平台，尤其可以重点培育一批世界一流的国际商事仲裁机构、商事调解机构和涉外律师事务所。[13]在思想政治教育中要引导学生将理论学习和实践锻炼结合起来，将第一课堂和第二课堂结合，注重学生实践能力锻炼和考评，让学生积极投身涉外法治实践之中。

（四）创新融通多维能力培养德法兼修涉外法治人才

涉外法治人才培养要注重融通多维能力培养的德法兼修的涉外法治人才，要坚持立德树人，坚持中国立场和全球视野，厚植家国情怀，强化中国特色社会主义法治的理论素养和价值取向，强化中国特色社会主义法治人才的实践融通能力。中外合作办学机构的高水平涉外法治人才培养要注重在思想政治教育过程中提升能力素养和能力特征，在能力素养上需要具备法律素养、政治素养、外语素养、文化素养、创新素养等素质，在能力特征上需要具备国际化、本土化、高层次、复合型、专业化等要求。需要培养一大批高水平德法兼修的涉外法治人才来全面贯彻习近平法治思想、全面推进依法治国、服务构建新发展格局、推进中国式现代化进程。

参考文献

［1］张文显. 习近平法治思想的理论体系［J］. 法制与社会发展，2021，27（1）：5-54.

［2］黄进. 完善法学学科体系，创新涉外法治人才培养机制［J］. 国际法研究，2020（3）：7-10.

［3］杜承铭，柯静嘉. 论涉外法治人才国际化培养模式之创新［J］. 现代大学教育，2017（1）：85-92，113.

［4］刘仁山. 坚持统筹推进国内法治和涉外法治［J］. 荆楚法学，2021（1）：19-34.

［5］梁平. 新时代"德法兼修"法治人才培养——基于习近平法治思想的时代意蕴［J］. 湖北社会科学，2021（2）：27-32.

［6］王晔，李学仁. 习近平在中国政法大学考察时强调立德树人德法兼修抓好法治人才培养励志勤学刻苦磨炼促进青年成长进步［N］. 人民日报，2017-05-04（1）.

［7］彭巧胤，谢相勋. 再论第二课堂与第一课堂的关系［J］. 学校党建与思想教育，2011（14）：45-46.

［8］黄进. 新时代高素质法治人才培养的路径［J］. 中国大学教学，2019（6）：20-26.

［9］高德毅，宗爱东. 从思政课程到课程思政：从战略高度构建高校思想政治教育课程体系［J］. 中国高等教育，2017（1）：43-46.

［10］王辉. 论涉外法治人才培养：理念澄清与实施原则［J］. 中国高等教育，2024（2）：24-28.

［11］周叶中. 习近平法治思想的丰富理论内涵和重大现实意义［J］. 国家治理，2024（12）：17-22.

［12］周锦. "在地国际化"视域下中外合作办学人才培养模式创新与实践［J］. 教育国际交流，2024（3）：21-25.

［13］黄惠康. 破解法学教育困局 加强高素质涉外法治人才培养［J］. 中国高等教育，2024（2）：18-23.

家校协同育人视角下大学生学业表现
提升研究

陈孝丁敬

（信息工程学院）

　　家校协同近年来逐渐受到国家政策和高校实践、理论研究的关注。家庭与学校作为影响包括专业知识、实践技能、思维能力等在内的学业表现的重要因素，二者协同提升大学学业表现势在必行。这既是个人发展的重要需求和国家发展的必然要求，也是提升学业表现的有效举措和家校双方的核心诉求。然而家校协同育人中的关键角色，即家长、学校和学生三者，在提升学业表现过程中仍存在问题。这些问题可以通过转变观念、创新形式、丰富内容、全员参与等多种手段推动家校协同提升大学生学业表现。

一、家校协同提升大学生学业表现研究现状

（一）关于大学生学业的相关研究

　　目前，国内关于大学生学业研究从内容上可以分为学业情况的研究、学业影响因素的研究和学业对其他方面的影响研究。其中，前两者基本落脚于如何进一步提升大学生学业质量。

　　从具体研究内容来看，学业情况的研究包括学业倦怠、学业拖延、学业投入、学业压力、学业成绩等。多位学者对大学生学业倦怠情况进行了调查分析，发现有较大比例的大学生存在着不同程度的学业倦怠和学业拖延。马雅菊[1]分析认为性别、生源地、专业及年级对大学生的学业倦怠有一定的影响；胡琼等人[2]利用教育数据挖掘技术对在线学业拖延进行识别，对学业拖延倾向进行客观判断；郭建鹏等人[3]基于311所本科高等学校的学情调查对大学生学习投入的影响机制与模型进行了研究，发现学习投入受到学校的认

同感和归属感、学习环境感知和学业自我概念影响；季靖[4]对北京某高校本科生学业成绩变化进行了实证研究，发现成绩变动在学期间具有差异性，在不同专业、不同学期、不同课程类别之间具有显著性差异；田澜、向领[5]围绕学业压力的界定、功能、压力源结构、发展特点、缓解策略等内容对相关研究成果进行梳理。同时，国内学者又对不同群体的学业进行了深入研究，包括少数民族学生、经济困难学生、高职院校学生、理科生、医学生、残障学生等。

现有研究成果认为大学生学业受多方面因素影响，关于学业影响因素的研究是目前相关研究中论文数量最多的方向。影响因素可以细分为内因和外因两大方面，或直接或通过其他因素为中介影响学业表现。内在因素包括学习动机、心理特征、专业认同、课外活动参与等对于学业的影响。例如，于倩等人[6]认为学生学习动机对学业成就没有直接正向影响，而是通过学习参与对学业成就产生影响；高秀梅[7]调查发现心理控制为内控特征者学业成绩高于外控特征者；汪润泉[8]认为专业认同对大学生的学业表现有显著的正向作用，但随着年级升高其正向作用逐步递减；熊艳青、牛新春[9]通过分析得出兼职和学业成绩存在较弱冲突效应。外在因素又可分为家庭、院校、社会等方面，包括家庭背景、宿舍班级、课堂教学、网络等。童星[10]研究发现家庭背景对大学生学业表现有中等程度的正向促进作用；宋晓东、周建涛[11]认为班集体内各因素中班级管理和权威建立是影响学生成绩的最重要因素，从时间维度来看大学生在刚入学的一至两年内对班集体的依赖程度较强；李玉珍、王喜贵[12]认为大学教师的教学策略是影响学生学业不良的显著因素；张陆等人[13]发现早期测量的网络成瘾能够预测后来测量的总体学业压力。

学业对其他方面的影响研究主要集中在学业对于就业创业、职业发展等方面的影响，个别学者也对学业和恋爱之间的关系进行了研究。任国升、付鸿彦[14]通过问卷调查进行实证分析，验证了学业成就和创业能力之间存在正向且积极的关系，并且探明了创业自我效能感在学业成就与创业能力之间起到中介的作用；王悠扬、高隽[15]发现大学生学业－恋爱领域存在双向即时和长时压力溢出现象。

（二）关于高校家校协同育人的相关研究

目前，关于家校合作和协同育人的研究以中小学阶段为主；关于高校家校协同育人的研究成果相对较少，主要包括家校协同育人的现状和困难研究、改进策略研究，部分学者对某地区或者某大学的情况进行了调查研究和数据分析。吕叙杰等人[16]对武汉8所院校家校合作育人现状进行调查，发现高校家校合作较中小学趋弱，家、校、生育人理念存在错位，合作方式、渠道和内容单一，家校合作缺乏系统性；李大庆[17]提出以打造家校共同体作为高校协同育人的新模式。

除此之外，国内学者还对家校协同育人的具体领域进行了细致研究，主要聚焦于心理健康教育与心理危机干预，个别学者还对家校协同思想政治教育进行了研究。冯蓉、吴悦悦[18]对高校心理育人家校社协同的挑战和路径进行了研究，认为划清教育与服务、校内与校外、校内与校外三对关系的边界是面临的挑战；吴冉等人[19]通过案例分析，总结出高校心理危机干预中家校沟通困境来源于家庭、学校和学生三方；张勇志[20]提出"家校E体"大学生云思政联合培养体系，以解决传统家校联合思政教育中存在的各种问题，促进学生身心的全面发展，培育其健全人格。

二、家校协同提升大学生学业表现的必要性

（一）大学生学业表现提升既是个人发展的重要需求，也是国家发展的必然要求

进入大学意味着新的学习阶段的开始，学习依然是大学生最核心的任务。学业表现一定程度上影响未来职业发展、个人成长甚至是家庭生活水平。近年来互联网快速发展，给大学生的学习和生活带来便利之余，也给大学生的学习投入和学习效率带来一定负面影响。同时，受疫情、国际形势等客观因素影响，就业形势日益严峻，如何提升学业表现、提升个人竞争力是大学生重点关注的问题。学业也是大学生压力和迷茫的主要来源，是影响心理健康的主要因素。2017年发布的《中国大学生成长白皮书》提出，学业是目前大学生十大困惑主题之首；《2022年大学生心理健康状况调查报告》显示，大

学生最主要的压力来自"学业负担重"。因此，解决学业问题、提升学业表现也是大学生身心健康发展的必然要求。

大学生学业表现的提升同样对于国家发展意义重大。习近平总书记在党的二十大报告中明确指出，"教育、科技、人才是全面建设社会主义现代化国家的基础性、战略性支撑"，并提到"人才是第一资源""全面提高人才自主培养质量"。不仅个人和家庭重视学生学业，国家层面同样给予高度重视。高校的首要职责就是人才培养，其培养质量的核心衡量指标之一即为学生学业表现。国家和社会对于人才的要求越来越高，因此提升大学生学业表现更是题中之义。

（二）家校协同既是提升学业表现的有效举措，也是家校双方的核心诉求

习近平总书记在2018年全国教育大会上明确指出："办好教育事业，家庭、学校、政府、社会都有责任。"[21]影响学生学业表现的因素具有一定的复杂性，家庭和学校是其中能够直接影响学业表现的重要影响因素，包括家庭教育背景、经济水平和社会地位、家庭文化活动参与、家庭文化氛围、学校学习环境、教学方式、朋辈关系等。同时，这两者还会分别通过影响学习投入、学习动机等个体因素间接影响学生学业表现，两者协同对于学生学业表现产生更大的积极影响。

高等教育的根本任务是培养人才，学校不断提升培养质量的过程中需要融合最大程度的力量。党的二十大报告提出要健全学校家庭社会育人机制，家长是共同育人体系中不可或缺的角色。随着孩子进入新的学习阶段，家长会存在无所适从的心态，需要平台和契机去帮助自己调整，期待学校能够提供家庭教育指导和组织家长培训。除此之外，还有部分家长希望能够为高校人才培养贡献自己的力量，参与到制定人才培养方案、提供实习实践机会中来。

三、家校协同提升大学生学业表现存在的问题

近年来，高校中家校协同逐渐普及并发挥出了更大的作用，但就提升学

业表现来说仍存在一定的问题。

（一）家长对于家校协同提升学业的认知不足

大学生家长对于大学阶段如何进行家校沟通和协作缺乏准确的认知，不知道学生进入大学后是否应该与学校保持联系，不知道通过何种方式、以什么频次与学校、老师进行沟通。部分家长存在学生进入大学后自己应该"全身而退"，"相较于中小学校，家长参与家校合作的动力和意愿较低"[16]，存在"把孩子交给学校"或者"孩子自己对自己负责"的心态。一份对武汉8所部（委）属高校的调查中显示，除掉"空间相隔遥远"这一客观因素外，造成家校合作不畅的原因还在于缺少合作意识。部分家长延续高中、初中的惯性思维，在家校协同过程中存在"过度参与"，"随时监控孩子的一举一动，希望孩子的所有行为都在其掌控之中的心态和行为，国际上对此戏称为'直升机父母'"[17]。

同时在学生进入大学后，家长对待学生学业问题的认知也存在影响家校协同育人效果的因素，或者完全不再关注学业情况，或者依然以高中时对待学生学习的态度，或者因为对于大学学习缺乏了解而无从下手。

（二）学校与家长的协同机制亟待完善

家校协同缺乏整体规划，沟通方式和参与角色较为单一：主要通过电话联系，其次通过家访；沟通时以辅导员等一线学生工作者与家长沟通为主。协同过程主要是学校单向输出学生个人情况为主，包括学业、生活表现、心理健康情况、违纪违规情况等。同时，无论是从实践还是从理论研究来看，目前大学家校协同更多关注心理健康领域，尤其是威胁到学生人身安全的心理问题。除了学生个人情况的沟通外，高校面向学生家长这一群体的交流与宣传，更多停留在大学入学前的招生阶段，在学生进入大学后则缺乏系统的沟通机制，较少开展关于大学情况的介绍和沟通。家长对于目前大学培养方式、上课形式、考核要求、专业发展与应用、就业升学等学业相关内容缺乏认知，难以参与并帮助提升学业表现。家校沟通的方式和内容均存在可优化的空间，只有在沟通顺畅、交流有效的基础上协同育人才可发挥最大效果。

（三）学生对于家校协同存在抗拒心理

学生作为家校协同中的重要一环，其关于家校沟通的态度也会对家校协同育人的效果产生重大影响。学生对家校协同，特别是家校就学业问题进行沟通存在一定的抵触心理，既觉得学校告知家长成绩"侵犯"了个人隐私，也觉得家长在大学阶段不应该再对自己的学习进行管束，因此可能存在不告知、不如实告知家长学校相关通知与要求的情况。这样的心理和行为会进一步加剧家校协同的阻力。在这份对武汉 8 所部（委）属高校的调查中显示，30.34% 的学生认为高中毕业后家长的教育责任已终止，大学生在遇到学业问题时首选的求助对象是朋辈而非家长或学校的老师。[16]

四、家校协同提升大学生学业表现的策略

（一）家长转变观念，积极支持关心，与学生共同进步

孩子进入新的学习阶段，家长首先可以转变自己对待学生学业和家校协作的心态和观念，不应该再像高中阶段一样参与度过高，事无巨细插手孩子的学习和生活，详细过问每一节课、每一场考试的情况；也不应矫枉过正，参与度过低，"一刀切"地完全放手，完全不再过问学生的学业情况，不再与学校进行沟通交流，而应该以合理适度的方式参与到孩子的人生新阶段中来，以平等的方式和主动的姿态参与到家校协同中来。

除此之外，大学阶段的学习压力与迷茫与初高中有所不同，学生的心智有所提升但又不足以独自应对所有的压力和困难，因而会出现心理问题。家长可以积极表达对于学生学业的支持和理解，以平视的姿态去关心、关注学生的学习和生活，对其取得的学业进步给予肯定；在其遇到学习困难时进行鼓励，成为学生的"朋友"，缓解学生可能在学业困难时产生抗拒与父母沟通的情绪，为学生提供家庭所不可替代的支持作用。

大学生的家长同样需要和孩子共同适应新阶段的学习和生活，通过与老师沟通、参与学校交流分享会、浏览学校各类宣传平台等直接和间接的家校沟通形式，积极了解学生大学的培养和学习情况、所学专业的发展和应用情况，逐渐形成适合家庭的家生沟通方式、家校协同方式。党的二十大报告提

出"建设全民终身学习的学习型社会、学习型大国",除了了解大学的相关情况,家长自己积极主动学习的态度和行为也有助于家庭形成良好的学习氛围,潜移默化中对学生的学业表现产生积极影响。

（二）学校创新协同渠道，丰富交流内容，号召全员参与

随着互联网技术的发展,目前有多种技术和平台可供学校用于与家长的沟通与协作。除了官方网站外,学校还可以通过公众号、短视频、线上会议工具等喜闻乐见、容易被接受的平台面向家长进行信息的传递和交流,"为家长提供学习平台,开展家长课堂、家校合作论坛等活动"[16],以便其更好理解学校的工作和大学阶段的学习,更加直接传递学校的要求和信息,方便学校了解学生家庭的真实诉求和建议,最大范围地引导家长参与到家校协同中来。

除了积极与家长沟通学生本人的学业、生活、心理等情况外,针对大学生家长对大学整体情况不了解的困境,学校还可以进行大学培养方式、上课形式、考核要求、专业发展与应用、就业升学等方面内容的普及与交流,针对不同学科、不同年级的家长确定不同的协同方向,将家校协同推进到新阶段。一般大学开学时,各学院、各部门都会制作面向新生的相关宣传资料,如学生管理相关的要求、教学教务等方面的内容,其实也可以将其受众扩大至家长,建议家长和学生一起了解,甚至"邀请有条件的家长共同参与培养方案修订、课程教学、社会实践、学生日常管理等学校事务中来"[23]。

目前家校协同相关工作主要是辅导员等一线学生工作者为主导,由辅导员、班主任等角色直接与家长沟通。进入大学阶段,学生基本已经成人,逐渐形成独立的意识和强烈的自尊心,学校在家校协同中还应该尊重并发挥学生的作用,以学生为桥梁。同时还应该号召导师、专业任课老师、各级领导等角色也可以从不同角度和层级参与进家校协同工作中来,最大程度发挥全员育人的实效,帮助家长了解学生情况和学校情况,交流促进学生学业进步的建议。

参考文献

[1] 马雅菊. 关于大学生学业倦怠状况的调查与分析 [J]. 教育探

索，2014（3）：144–145.

［2］胡琼，姜强，赵蔚. 基于数据挖掘的在线学业拖延精准识别及干预实证研究［J］. 现代远距离教育，2022（3）：46–54.

［3］郭建鹏，刘公园，杨凌燕. 大学生学习投入的影响机制与模型——基于311所本科高等学校的学情调查［J］. 教育研究，2021，42（8）：104–115.

［4］季靖. 大学生学业成绩变化的实证研究——基于北京某高校的考察［J］. 教育学术月刊，2018（2）：71–80.

［5］田澜，向领. 大学生学业压力研究综述［J］. 江苏高教，2010（4）：64–67.

［6］于倩，刘金兰，赵远. 大学生学习动机对学习参与及学业成就的影响研究［J］. 大连理工大学学报（社会科学版），2018，39（6）：100–106.

［7］高秀梅. 大学生心理控制源的特征及其对学业成绩的影响［J］. 高教探索，2021（9）：63–66.

［8］汪润泉. 专业认同对大学生学业表现的影响研究［J］. 教育现代化，2020，7（24）：179–182.

［9］熊艳青，牛新春. 大学生兼职影响其学业成绩吗？——来自元分析的证据［J］. 复旦教育论坛，2022，20（1）：62–70.

［10］童星. 家庭背景会影响大学生的学业表现吗?———基于国内外41项定量研究的元分析［J］. 南京师大学报（社会科学版），2020（5）：49–59.

［11］宋晓东，周建涛. 高校班集体对大学生学业成就影响的实证研究［J］. 黑龙江高教研究，2014（5）：61–63.

［12］李玉珍，王喜贵. 大学教师的教学策略与学生学业不良的相关性调查研究［J］. 内蒙古师范大学学报（教育科学版），2011，24（3）：107–109.

［13］张陆，孙山，游志麒. 网络成瘾对大学生学业压力的影响：睡眠质量与自我控制的中介作用［J］. 心理发展与教育，2024，40（2）：279–287.

［14］任国升，付鸿彦. 大学生学业成就对创业能力影响的实证研究［J］. 河北大学学报（哲学社会科学版），2017，42（4）：134-143.

［15］王悠扬，高隽. 鱼和熊掌可否兼得：大学生学业-恋爱压力溢出及影响机制［J］. 中国临床心理学杂志，2024，32（4）：730-736，743.

［16］吕叙杰，王阳阳，杨若尘，等. 高校家校合作的现状与对策研究——基于武汉8所部（委）属高校的实证分析［J］. 教育理论与实践，2022，42（18）：13-17.

［17］李大庆. 家校共同体：高校协同育人模式研究［J］. 学校党建与思想教育，2016（24）：8-10.

［18］冯蓉，吴悦悦. 高校心理育人家校社协同的现实挑战与实践路径［J］. 学校党建与思想教育，2024（8）：84-86.

［19］吴冉，王宇景，陈江媛. 高校心理危机干预中家校沟通的困境与应对［J］. 中国学校卫生，2017，38（1）：106-108.

［20］张勇志. "家校E体"大学生云思政联合培养体系研究［J］. 黑龙江社会科学，2024（4）：84-87.

［21］习近平在全国教育大会上强调 坚持中国特色社会主义教育发展道路 培养德智体美劳全面发展的社会主义建设者和接班人［N］. 人民日报，2018-09-11.

［22］刘翠兰. 高校家校合作中应注意的几个问题［J］. 当代教育科学，2015（19）：60-61.

［23］沈丽，夏晋. 教育治理现代化视角下家校合作价值的实现［J］. 教学与管理，2021（24）：42-44.

［24］丁国勇，贺斌. 高校学生学业表现影响因素的实证研究［J］. 黑龙江高教研究，2020，38（10）：145-151.

［25］陆瑾，夏骄雄. 高校中家校合作教育的策略研究［J］. 中国青年政治学院学报，2008（5）：117-120.

［26］史秋衡. 国家大学生学情发展研究［M］. 厦门：厦门大学出版社，2020.

［27］粟晏. 高校校家互动的现状、原因及对策研究［J］. 教育与职

业，2011（18）：173-175.

［28］汪雅霜，金欣然．促进抑或阻碍：家校合作活动与家长学业参与——基于CEPS数据的实证分析［J］．终身教育研究，2024，35（2）：12-20.

［29］徐蕾，郭智芳．高校家校合作育人新模式的构建［J］．思想教育研究，2012（2）：93-95.

［30］张和平，刘永存，吴贤华，等．家校合作对学业表现的影响——学习投入的中介作用［J］．教育学术月刊，2020（1）：3-11.

［31］赵页．"高校—家庭—社会"协同育人中的职责定位与实践优化［J］．中共福建省委党校（福建行政学院）学报，2022（5）：146-151.

三全育人背景下高校课程思政建设的推动路径 ①

范　媛

（团委）

习近平总书记在全国高校思想政治工作会议上强调，要坚持把立德树人作为教育的中心环节，把思想政治工作贯穿教育教学全过程，实现全员育人、全过程育人、全方位育人。[1]三全育人背景下，在教书育人、教材编写、课程设计、科学研究等过程中，充分落实好"课程思政"。这充分表明任何课程教学蕴含德育功能，各门课程教学的首要任务是立德树人。[2]"课程思政"强调充分发挥各门课程的德育功能，运用思政思维，提炼各门专业课程中蕴含的文化基因和育人范式，并将培养其理想信念、道德品质、文化素养的概念化育人理念转化为具体化、生动化的有效教学载体。然而在全面推进课程思政机制的过程中，因为专业课程协同育人的格局构建不完善，课程思政的建设未能充分发挥育人效果。故需要在"三全育人"大思政工作格局中，对课程思政建设的必要性、潜在问题以及可执行、可复制、可推广的工作模式等根本性问题进行研究，不断加强实施效果。

一、课程思政建设的必然性

（一）社会主义现代化发展对新课堂提出的新要求

随着全球化时代的到来，"互联网+"的影响渗透在生活、学习各方面，信息传播形式由自上而下的、封闭式的单向输出，变为去中心化的、多源的、

① 本文系中南财经政法大学中央高校基本科研业务费专项资金资助项目"'一融双高'视域下高校学生党支部组织育人的实现路径研究"（项目编号：2722024DS014）的研究成果。

扁平化的双向互动，学生获取的知识结构与内容更加开放、多元。教师传授知识的重要性、唯一性及可能性在降低，学生知识建构的自主性显著增强。[3]应对于此，思政教育的教育形态急需革新，开展领域急需拓展，育人功能急需健全。准确识变、科学应变、主动求变，推进思政教育工作理念的时代性、提升工作内容的创新性、增强工作方法的科学性，使得课程思政工程在推进中、实践中更具有思想性、创造性和时代性。思政课的育人功能性降低后，在专业课课堂上发挥价值引领的作用功能就变得尤为重要。课程思政教育为坚持中国特色社会主义办学方向和要求提供思想保障，确保办学立场坚定。让各类课堂都充分发挥育人主渠道作用，是社会主义现代化发展进程中对新课堂提出的新要求。

（二）促成教师教书育人本质与职责的回归

党的二十大报告指出："全面贯彻党的教育方针，落实立德树人根本任务，培养德智体美劳全面发展的社会主义建设者和接班人。"社会主义办学方向要求教师的教学目标应蕴含社会主义意识形态的价值追求。思政课教师的首要职责就是做好思政教育，不断坚定学生的马克思主义信仰、坚定社会主义和共产主义信念，其为显性教育。[4]综合素质课教师的主要任务是引导学生实现人文与科学、精神与物质、事实与价值、个体内在与外在社会之间的融通，构建起完整的精神世界。

但归其本质，教师不能只做传授书本知识的教书匠，而要成为塑造学生品格、品行、品味的"大先生"。教师的育人本质是立德树人，通过强化课程思政引导，使学生进一步坚定"四个自信"，树立正确的世界观、人生观、价值观，内化社会主义核心价值体系，并转化为拥护党和国家、建设中国特色社会主义的前进动力和实际行动。本质的回归要求教师在教学过程中应实现知识传播与价值引领的双重目的。

（三）解决思政孤岛困境的需要

从思政课程到课程思政，是教育理性的回归。然而，近代受科技工具主义和功利主义思潮的影响，人文科学、自然科学以及社会科学之间产生了巨大的间隔，学科之间出现了互信缺失、观点抵牾、效果互消的现象，课程育人的效果被弱化，育人目标整体性被异化，思政教育仅依托思政课程推进，出现了思政孤岛的困境。

为解决思政孤岛问题，应摈弃现有教育理念的弊端，充分发挥好课程思政在遵循课程自身逻辑体系的前提下对其固有德育资源进行的内涵式开发，加快课程育人价值的回归，推动促进学科良性互动交融。树立三全育人理念，深入挖掘各类课程蕴含的育人资源和价值范式，促进良性互动，回归育人本质，实现育人功能全贯通、全呈现，实现教育合力。

二、课程思政建设过程中存在的问题

（一）课程与思政教育功能脱节

"培养德智体美劳全面发展的社会主义合格建设者和可靠接班人。"《中国教育现代化2035》明确，要发展中国特色世界一流水平的高等教育，要"全面落实立德树人根本任务，广泛开展理想信念教育，厚植爱国主义情怀，加强品德修养，增长知识见识，培养奋斗精神，不断提高学生思想水平、政治觉悟、道德品质、文化素养、增强综合素质"[5]。

思政理论课是思政教育的显性课程，通过整合教材、系统、社会资源，讲好马克思主义思想、习近平新时代中国特色社会主义思想，引导学生立德成才、立志成人。专业课程作为思政教育的隐性课程，将思政教育内容有机融入课程专业内容中，通过讲授专业课程中隐含的价值范式和文化基因，启智润心，铸魂育人。但很多专业教师备课中仅准备专业相关知识，未提炼其中蕴含的育人理念；授课中未将专业内容与社会主义核心价值观相结合，致使课程与思政隔断，教书与育人脱节。究其原因，一方面教师自身不愿承担课程思政的责任，认为课程应保持其科学性；另一方面，当前高校课程思政建设中忽视了创造外在动力并激发内在动力促进教师开展课程思政，缺少针对性、长效性、发展性的培训机制、评价机制、激励机制以及保障机制。

（二）课程思政教育元素的挖掘不够准确

有些思政教育元素挖掘忽视其与课程本身之间的逻辑性、契合度、关联性，浅尝辄止、浮于表面；有些思政教育元素挖掘"泛思政化"，只讲价值引领而不讲知识传授和能力培养。习近平总书记指出："好的思政工作应该像盐，但不能光吃盐，最好的方式是将盐溶解到各种食物中自然而然地吸收。"

挖掘思政教育元素需视课而异、与时俱进、因材施教，不能"一刀切"[6]。要保持好专业课的特色和学术性，处理好正确政治方向、价值取向和学术导向的关系。但凡符合课程思政育人导向的，符合中国特色社会主义现实目标的都可挖掘、可延展、可创新；同时，也要充分利用现有的思政基础条件，包括以习近平新时代中国特色社会主义思想，马克思主义中国化系列成果，博大精深的优秀传统文化，在革命、建设、改革中积累的先进文化成果等。

（三）课程思政建设协同不足

一是知识传授与价值引领协同不足。实现培育大学生成长成才的目标，需要知识传授、能力培养和价值引领三者互相促进、协调贯通。但现阶段，高校课程育人目标、教师讲授仍以就业为导向，重知识传授、轻价值引领，重技能培养、轻思想教育，造成知识传授、能力培养和价值引领割裂，阻碍价值引领对大学生成长成才的作用发挥。

二是不同课堂间协同作用发挥不足。当下课程思政作用的有效发挥，要将第一课堂、第二课堂、第三课堂协调配合、互相支撑。当前，三种形式大多处于各自为政、各司其职的状态。课堂上学习的知识没有在实践中得到充分的运用、落地，第三课堂传授的内容也未将价值引领的作用发挥到最大。三种形式都有较大的改善空间。

三、构建课程思政育人格局实施路径

（一）加强组织领导，协同推进课程思政育人大格局

为构建"大思政"育人格局，充分发挥课程思政的育人作用，需要在高校党组织领导下，不断系统化教学内容、多样化教学方法手段、完善化教学课堂监督管理体系、科学化合理化教学评价、整合协调师资力量等多方面的共同努力。[7]

现有课程育人体系存在立意不明、职责不清、资源调动不全面的问题，高校应加强课程思政建设的组织领导，协同推进育人大格局。根据学校特色

制定工作方案，健全工作机制，强化党委领导，将课程思政建设摆上重要议程，领导干部要统筹规划并解决实际问题。推动教务部门不断细化课程思政实施细则，做好监督、管理、服务、改进等工作。将课程思政要求融入培养方案、教学大纲、质量考核体系，倾斜资源，推进整体化、体系化、专业化。学院是推进课程思政有效落实的中坚力量，要引导基层教学组织发挥作用；建设以内容为重点，以学生为核心，以教法为手段的课程思政集体教研制度；激发团队合力，凝聚集体智慧，提升教学效果。

强化宣传导向，选出一批课程思政教学名师和团队，提炼典型经验，挖掘教学案例，形成宣传系列，在互联网平台推广，为育人效果提供参考。设置专项选题支持课程思政研究，在教研教改项目结项、优秀项目评选中优先支持课程思政效果突出的。建设课程思政示范专业，遴选有基础、思政元素充足的专业，打造示范专业，形成教学案例，营造"课程门门有思政，教师人人讲育人"的氛围。

（二）强化学科专业特点，分类推进课程思政建设

自然科学、人文科学与社会科学在课程内容上存在本质的差别，在开展课程思政的过程中，要根据不同学科专业特点和育人目标，明确专业课程的课程思政建设主要内容是建设所需、育人所要，建设一批能发挥实效、让学生们终身受益的课程思政示范系列课程。

学校要根据不同的学科专业特点，有针对性地修订人才培养方案。课程教学大纲须挖掘、充实本门课程的思政教育资源和素质教育资源，并全面落实到课程内容、教学设计、教学方法、考核评价等要素中。[9] 在落实课程思政的课程建设中，需要结合"全程育人"理念，在学生的不同成长阶段，有重点有偏向地开展课程思政。在大一时期，通过强力建设公共基础课，培养学生思想道德修养、人文素养品格、科学研究精神、宪法法治意识、国家安全意识和学习认知能力；在大二、大三时期，强化专业素养是重点，可以通过大力发展专业课程思政建设，培养学生经世济民、德法兼修、求真务实、诚信服务、改革创新等职业素养；在大四时期，要充分挖掘实践课的育人元素，引导学生将爱国情、强国志、报国行融入个人职业选择和实习实践行动中，在实践中增长智慧才干，在艰苦奋斗中锤炼意志品质。

（三）以育人实效为指标，提高高校教师队伍素质

提高教师队伍素质的关键是要把好入口关，习近平总书记在北京大学师生座谈会上的讲话中指出："人才培养，关键在教师。教师队伍素质直接决定着大学办学能力和水平。"三全育人背景下，教师作为全员中的关键环节，要凝心聚力、齐心协力、同向发力。[10]要凝聚内生的动力自觉自愿地去做，不断提高课程思政建设的水平；要激发工作活力开拓进取，不断深化课程思政的内涵。

在教师岗位聘用方面，严把政治入口关，坚持标准，保证质量。将立德树人作为岗位评聘的根本要义，对于学术能力强，但世界观、人生观、价值观不符合社会主义和共产主义信仰的应聘人员，采取一票否决制。[11]人事部门要围绕这个标准来制定岗位评聘标准，用人单位要围绕这个标准来考核面试应聘人员。教育者应先受教育，好的教师要具有高尚的道德品质、崇高的政治觉悟、坚定的理想信念，有信仰的老师才能教育出有信仰的学生。因此，提高教师队伍素质首先要提高教师的政治素养，坚定其理想信念，坚定其马克思主义信仰。

在教师综合素质提高方面，一是要组织广大教师积极参加以课程思政为主要内容的各级各类专题学习，鼓励支持各级各类高层次人才示范带头开展课程思政，广大教师通过教学观摩、教学竞赛、教学研讨等活动，提升"课程思政"教学能力。二是要全面培育教师的思政教育意识。高校教师要认识到教学应着力加强知识传授与价值引领相统一、教育指导理论性与实践性相同步、课程内容统一性与多样性相协调、授课灌输性和启发性相统筹，将育人的职责理念在学科教师队伍中深入人心，达成共识。

（四）以立德树人为根本，构建激发动力的长效机制

落实考核机制，要以课程育人为目标导向，以学生成长成才为需求，根据教育形势的发展、学校的实际情况以及课程的基础内容，形成一套科学有效的课程思政教育教学质量考核评价体系。[12]

首先，明确高校课程思政协同创新评价机制，以"立德树人"为根本。其次，评价机制的内容要具有科学性与长效性，确保思政教育元素与时俱进，

指引长期发展。最后，评价机制的方法要具有发展性，从学生需求出发，调研并追踪学生成长，避免急功近利。

围绕三全育人理念，评价机制应落实于全员、全程、全方位。把教师参与课程思政教学改革情况和课程思政效果作为教师考核评价、岗位聘用、评选奖励、选拔培训的重要依据；将学院推进课程思政教育教学改革成效纳入学院绩效考核评价，形成以学院党委统一领导，学院各部门齐抓共管的局面[13]。贯彻全程评价机制，统筹教师、教材、教学、教法和教标，把思政教育贯彻教育教学全过程。构建全方位评价机制，在课程评价、竞赛中设置"价值引领"观测点，完善教学质量体系，强化德育融入教学各环节。

参考文献

［1］习近平在全国高校思想政治工作会议上强调把思想政治工作贯穿教育教学全过程，开创我国高等教育事业发展新局面［N］．人民日报，2016-12-09．

［2］习近平．用新时代中国特色社会主义思想铸魂育人 贯彻党的教育方针落实立德树人根本任务［N］．人民日报，2019-03-19．

［3］汤苗苗，董美娟．高校课程思政建设存在的问题及对策［J］．学校党建与思想教育，2020（22）：54-55，70．

［4］朱飞．高校课程思政的价值澄明与进路选择［J］．思想理论教育，2019（8）：67-72．

［5］李波．协同理论视角下高校课程思政建设的有效路径研究［J］．黑龙江教育（理论与实践），2023（3）：67-69．

［6］新华社．中共中央、国务院印发《中国教育现代化2035》［EB/OL］．（2019-02-23）［2023-03-20］．http://www.moe.gov.cn/jyb_xwfb/gzdt_gzdt/201902/t20190223_370857.html．

［7］许家烨．论课程思政实施中德育元素的挖掘［J］．思想理论教育，2021（1）：70-74．

［8］委华，张俊宗．新时代高等教育课程思政的理论基础［J］．中国高等教育，2020（9）：19-21．

［9］于歆杰．合五为一连通课程思政建设的最后一公里［J］．中国大学教学，2021（8）：28-34，41.

［10］陈磊，沈扬，黄波．课程思政建设的价值方向、现实困境及其实践超越［J］．学校党建与思想教育，2020（14）：51-53.

［11］杨秀萍．课程思政与思政课程协同育人：前提、途径与机制［J］．黑龙江高教研究，2021，39（12）：87-91.

［12］陆道坤．课程思政推行中若干核心问题及解决思路——基于专业课程思政的探讨［J］．思想理论教育，2018（3）：64-69.

［13］张振芝，赵亮．《法学概论》课程思政建设的优势、价值与路径［J］．高校辅导员，2023（2）：54-59.

部属高校招生来源计划编制优化 [①]

——基于组合优化模型分析

范献龙

（党委学生工作部、人民武装部）

一流的生源是"双一流"建设的重要前提。招生是学校各项事业发展的基础。招生来源计划编制是一项专业的工作，虽然有原则性的基本要求规范，但是不同的组合策略将直接影响到高校的生源质量。虽然招生工作者普遍认识到招生来源计划编制的重要性，但当前尚未形成成熟的研究。因此，目前迫切需要对这一问题的研究。

一、国家考试招生制度改革的历程

对于部属高校而言，招生计划编制虽有一定的学校自主权，但也有上级主管部门的规定，计划编制是优化学校生源质量的一项重要举措。研究招生计划编制优化首先要系统梳理我国高等学校招生考试制度的改革历程。

1977 年 10 月 12 日，国务院批转教育部《关于 1977 年高等学校招生工作的意见》，正式恢复了高等学校招生统一考试制度。1983 年提出"定向招生，定向分配"的方法。1985 年，开始允许招收自费生，由国家"统包"的招生制度，变成国家计划招生和国家调节招生并存的"双轨制"。1985 年以后，高考改革将理科 7 门、文科 6 门减为"3+2"共 5 门；上海则实行"3+1"方案。1989 年 8 月，国家教委决定将标准化考试逐步在全国推行。1997 年，中国高等教育试行并轨招生，高校学费开始增加。1999 年，教育部开始推行"3+X"科目考试方案。1999 年，高考扩招步伐正式启动。2003 年，北大、清华等

① 本文系中国高等教育学会 2023 年度高等教育科学研究规划课题"新高考改革研究"课题"部属高校招生来源计划编制优化——基于组合优化模型分"（课题号：23ZK0401）的研究成果。

22 所高校被赋予 5% 的自主招生权。2006 年，自主招生的高校已扩大到 53 所；同年，在北京、上海两地试行高考自主命题后，高考考场上共有 15 个版本的高考试卷。2008 年，上海、北京两市继湖南、江苏、浙江之后，也实行高考平行志愿的投档录取方式。考生可以填报几个平行的学校，然后按"分数优先、遵循志愿"的原则录取。[1]2014 年 9 月，国务院发布考试招生制度改革意见，文理科将不分科；总成绩由统一高考的语文、数学、外语 3 个科目成绩和高中学业水平考试 3 个科目成绩组成；外语科目提供两次考试机会；计入总成绩的高中学业水平考试科目，由考生根据报考高校要求和自身特长，在思想政治、历史、地理、物理、化学、生物等科目中自主选择；2015 年起取消体育、艺术特长生加分项；部属高校公开招生分配办法；上海、浙江于 2014 年试点，2017 年全面推进。2022 年 9 月 15 日，教育部召开新闻发布会，全国 29 个省份已启动高考综合改革。其中，前三批的 14 个省份的新高考改革已平稳落地，以安徽、江西、广西为代表的第四批 7 省区和以河南、山西、云南为代表的第五批 8 省区新高考改革也分别将于 2024 年和 2025 年落地。

在新的考试招生制度下，高考科目由文理分科的"套餐制"变为学生自主选择的"自助餐制"；志愿填报由以"学校"为单位变为以"专业（类）+ 学校"为单位。新高考改革，进一步增加了学生的自主选择权，考生及家长由对"学校的选择"逐渐转成了对"专业的选择"。"读一个好专业"成为考生和家长的首选，高校本科招生来源计划编制对生源质量的影响更加凸显。

二、部属高校招生来源计划编制优化模型的建立

习近平总书记指出："随着信息技术和人类生产生活交汇融合，互联网快速普及，全球数据呈现爆发增长、海量集聚的特点，对经济发展、社会治理、国家管理、人民生活都产生了重大影响。"[2]高校招生来源计划编制优化的核心问题是在保证各生源省（区、市）招生总人数基本不变的前提下，寻求招生专业投放、各专业文理计划数的最优组合策略，从而实现录取平均分和投档线分数最高的结果。据此，可以将其抽象为组合优化模型中的背包问题，借鉴数学模型和往年录取数据进行运算，从而得出最优解。

（一）模型假设

虽然部属高校在教育部下达的年度招生计划内，按照教育部分省（区、市）分专业招生计划编制和管理工作要求，可以根据国家经济社会发展需要、结合自身办学条件、毕业生就业情况和各省（区、市）的生源情况、历年招生计划等因素，科学、合理地编制各生源省（区、市）招生来源计划。但是各生源省（区、市）的招生总计划基本会保持不变，仅有不超过学校招生总计划1%的预留计划在录取时实际做计划调整，因该部分调节不属于来源计划编制阶段的内容，本文未将预留计划纳入研究范围。

因此，可以通过专家调查法确立高校招生来源计划编制的构成要素和模型假设。针对这一问题，模型假设如下。

（1）各生源省（区、市）的招生来源计划数保持不变。

（2）各考生的志愿填报相互独立。

（3）生源质量的评价标准多样。本文采用录取平均分来衡量，因此代表生源质量平均水平。因为招生计划总数一定，所以用录取分数总和转化为生源质量水平。

（二）模型建立

以"背包问题"为基础建立组合优化模型，具体如下。

问题描述：在某一本科招生生源省（区、市），有 n 个招生专业；第 i 个招生专业的计划数为 w_i，录取分数为 c_i；每个专业都有固定的计划数上限 n_i；招生计划总数限制为 a_n 时，如何分配招生专业和计划数，使得录取分数总和最大。

按招生专业单位录取分数 $\dfrac{c_i}{w_i}$ 从小到大将招生专业重新排序，满足 $\dfrac{c_1}{w_1} \leq \dfrac{c_2}{w_2} \leq \cdots \leq \dfrac{c_i}{w_i}$。设可编制的 n 个招生专业划分为 n 个阶段。

状态变量 s_k：表示用于编制第 1 个招生专业至第 k 个招生专业的总计划数。

决策变量 x_k：第 k 个招生专业编进去的计划数。

状态转移方程：$s_k = s_{k-1} + x_k w_k$。

目标函数：
$$\begin{cases} f_k(s_k) = max \sum_{i=1}^{n} c_i x_i = max\{c_k x_k + f_{k-1}(s_k - x_k w_k)\}, 2 \leq k \leq n \\ f_1(s_1) = max c_1 x_1, k = 1 \end{cases}。$$

约束条件：
$$\begin{cases} \sum_{i=1}^{n} w_i x_i \leq a \\ 0 \leq x_i \leq n_i, (i = 1, 2, \cdots, n) \end{cases}。$$

（三）模型求解

根据学校近几年在各生源省（区、市）招生来源计划投放情况和招生录取生源质量数据进行计算，$f_n(a)$ 最大时对应的策略即为理论上的最优来源计划编制方案。并在实践运用中，对该方案加以校正和进一步优化，以期切实提升高校本科招生生源质量。

三、高校本科招生质量提升的路径

高校本科招生质量提升既是一个理论问题，又是一个实践问题。"我们不但要提出任务，而且要解决完成任务的方法问题。"[3] 高校招生来源计划编制是一个动态调整的过程，高校生源质量更是受学校学科实力、社会导向、行业发展形势、招生宣传、计划调整等多个因素影响。高校本科招生的核心是提升生源质量。在新高考改革和教育综合改革的持续推进之下，高校生源竞争愈发激烈，高校应着力从下面三个方面进行提升。

（一）聚势赋能，双轮驱动，努力实现学科建设新突破

"打铁还须自身硬。"学科实力是学校招生、就业工作的根本，人才培养质量是招生宣传和学生就业的底气。近年来，考生和家长对学科实力的关注度显著提升。学校必须紧紧抓住新一轮教育评价综合改革的有利态势，结合国家"新文科"建设的发展大势和学校改革与发展"十四五"战略规划，坚持需求导向、目标导向、特色导向，全力强化关键学科、努力发展特色学科，坚持"创新"和"质量"双轮驱动。

一是要抓创新。抓创新就是抓发展，谋创新就是谋未来。要打破院（系）之间、学科之间、专业之间的壁垒，共同加大对人工智能、金融科技、区块链、

大数据、云计算、"互联网＋"等新技术、新领域的探索，充分挖掘传统学科的新元素，大力培育、发展较为年轻、潜力明显的新兴学科群，不断提升学科专业热度。建构跨院（系）、跨学科、跨专业的协同育人机制，破解"学科发展不平衡、发展动力不足、国际影响力不足"的短板，形成亮点突出、多学科交叉融合、协调互动的学科发展态势，不断提升学校学科影响力和硬实力。

二是要抓质量。必须把专业作为人才培养的基本单元，把课程培养作为人才培养的核心要素，进一步修订完善人才培养方案，科学定位人才培养目标，强化价值引领、提升学术内涵、丰富形式载体、创新方法手段，建设专业"金课"，健全完善一流人才培养体系，不断提升学校人才自主培养能力和培养质量。要打造校内外互补、专兼结合的就业指导教师队伍，全面加强就业指导，提升就业服务效能，健全完善分阶段、全覆盖、高质量的大学生生涯规划与就业指导体系，为学生提供个性化指导和精细化服务。让一流的生源高高兴兴的走进来，让一流的毕业生风风光光地走出去。

（二）应势而动，彰显特色，着力打造人才培养新高地

随着新高考改革的深入推进，考生及家长对"学校的选择"逐渐转成了对"专业的选择"。"读一个好专业"成为考生和家长的首选。高校专业选考科目设置、报考基本单元等也面临全方面、全链条式变革，进一步加剧学校各专业之间的分化，甚至关系部分冷门或弱势专业的生死存亡。面对严峻的"生源竞争"形势，学校要牢固树立全校一盘棋的理念，将招生、培养、就业的联动机制落实落地，把生源质量作为学校争创一流的重要抓手，坚持"特色求发展，特色显优势"，着力谋划专业设置新布局，倾力彰显人才培养特色。

一是要动态调整专业设置，适应考生需求和经济社会发展需要。到2025年，全国29个省份将完成新高考综合改革，以安徽、江西、广西为代表的"院校＋专业组"模式给学校招生带来了两难选择。学校将热门专业与冷门专业打包成组，走"优带劣"的路子，一定程度上保护了冷门专业。然而，为了保住一些专业的生源，甚至是为了保住一些老师的饭碗，部分不适应考生需求和经济社会发展需要的专业调剂率高、录取分数低，严重拖累学校生源质

量。甚至少数专业出现征集志愿现象，引发媒体炒作，十分影响学校社会声誉。要充分考虑考生意愿和经济社会发展需要，重点结合专业调剂率、专业就业率，适时优化专业组设置，动态调整专业招生计划。

二是要试点贯通培养模式，凸显育人特色。学校应试点本硕贯通或本硕博贯通培养试验班，扩大实验班在考生、家长群体中的影响力；大力实施双学位、主辅修、微专业、实验班等复合型人才培养模式，切实建强拔尖创新人才培养项目。

（三）乘势而上，强化考核，合力构建互促联动新格局

招生宣传不是走一走、讲一讲就能吸引生源，学生就业更不是抓一抓、放一放就能取得效果。要将学校一流学科、一流专业、一流课程向生源高中、用人单位讲透讲明、宣讲推介到位，从而吸引一流生源、实现一流就业、造就一流人才。形成以高质量培养促进高质量就业、以高质量就业吸引高质量生源、以高质量生源推动人才培养质量持续提高的"招、培、就"良性循环联动机制。用一流的人才培养质量助力高质量就业，用高质量就业吸纳一流的生源，以更优质的生源助力学校一流学科建设，形成"入口旺、培养棒、出口畅"的良性循环。

一是坚持"互促联动"。招生、就业绝不是一两个部门的事，学校的每一个单位、每一名师生员工都是行走的校园名片、都是招生、就业的第一责任人。要加强协调联动，增强共同体意识。招生部门要主动谋划、动员组建招生宣传队伍，构建"全区域覆盖、全人员参与、全方位呈现、全时段服务"的招生宣传新格局，不断完善"一院一省一区"分工包干负责制。各学院要主动参与招生宣传，注重跨学院、跨学科、跨专业的分工合作，既注重全方位地介绍学校办学情况，也多角度地呈现各自专业特色。

二是要坚持"平战结合"。既要善谋长远，强化日常与生源高中的密切联系，常态化选派专家学者走进高中讲专业，打赢生源质量"持久战"；也要精准发力，掌握高考志愿填报"杀手锏"，讲清高考招生政策，讲透学校学科特色。

参考文献

［1］王辉，孙海波，李晓勇，等．考试招生制度改革这十年［J］．中国考试，2022（10）：1–12.

［2］中共中央宣传部．习近平新闻思想讲义：2018年版［M］．北京：人民出版社，2018：156.

［3］中共中央毛泽东选集出版委员会．毛泽东选集：第1卷［M］．北京：人民出版社，1991：139.

中外合作办学背景下"大思政课"建设路径研究①

周俊杰

（法与经济学院）

进入新时代以来，党中央高度重视教育对外开放工作。2018 年 9 月，习近平总书记在全国教育大会上提出："要扩大教育开放，同世界一流资源开展高水平合作办学。"2023 年 5 月，在中央政治局第五次集中学习时，习近平总书记指出，要完善教育对外开放战略策略，统筹做好"引进来"和"走出去"两篇大文章，有效利用世界一流教育资源和创新要素，使我国成为具有强大影响力的世界重要教育中心。在这一背景下，中外合作办学进入快速发展期，截至 2022 年底，经教育部批准和备案的各层次中外合作办学机构和项目近 2 300 个，其中本科以上机构和项目近 1 200 个，在校生约 50 万人。中外合作办学作为教育国际合作与交流的重要载体，是引进国外优质资源办学、培养国际化人才的有效方式，也是推动教育对外开放高质量、内涵式发展的必要举措，在教育对外开放中承担着重要的任务和使命。中外合作办学模式在拓宽人才培养途径、提升人才培养质量、满足人民群众日益多样化国际化教育需求、增强我国高等教育的国际竞争力和推进教育强国建设等方面，发挥了积极作用。

中外合作办学领域的广大师生身处教育对外开放前沿，在汲取海外先进教育理念和优质教育资源的同时，也直接面临着不同地域文化和价值观的冲突、多样化教育理念和差异化知识体系的交融。在跨国界、跨文化的复杂教育环境下，如果缺乏有针对性的教育和引导，处于价值观形成关键时期的青年学生的思想和行为将可能产生混乱。因此，如何基于"大思政课"体系通

① 本文系湖北省教育厅 2023 年哲学社会科学研究项目"中外合作办学思想政治工作体系构建研究"（项目编号：23Z731）的阶段性研究成果。

过扎实有效思想政治工作来正确引导学生，在中西方思想与价值观的碰撞中弘扬社会主义核心价值观，培育和提高学生的道德构建能力，是中外合作办学落实立德树人根本任务必须面对的现实问题。

2021年3月6日，习近平总书记在两会期间提出了"大思政课"的理念："思政课不仅应该在课堂上讲，也应该在社会生活中来讲。""大思政课"的建设理念为中外合作办学思政课提出了明确要求，也为其改革创新提供了实践范式。基于此，在中外合作办学背景下建设好"大思政课"，打造高水平的"大思政课"体系，坚持"为党育人、为国育才"，引领大学生正确认识世界和中国发展大势，正确认识中国特色和国际比较，具有重要的现实意义。

一、中外合作办学模式下建设"大思政课"体系的必要性

（一）落实立德树人根本任务的客观要求

党的二十大报告提出："育人的根本在于立德。全面贯彻党的教育方针，落实立德树人根本任务，培养德智体美劳全面发展的社会主义建设者和接班人。"落实立德树人根本任务，是中外合作办学事业坚持社会主义办学方向；扎根中国大地办学的应然要求，也是提升中外合作办学水平、建设教育强国的实然选择。中外合作办学在新时代新征程上，要全面推进"大思政课"体系建设，持续推进时代新人铸魂工程，引导学生树立正确的人生目标与价值追求。这不仅是落实立德树人根本任务的战略举措，也是全面提高人才培养质量的重要任务。

（二）中外合作办学提质增效的现实需要

党的二十大报告指出："当前，世界百年未有之大变局加速演进，新一轮科技革命和产业变革深入发展。同时，世纪疫情影响深远，逆全球化思潮抬头，单边主义、保护主义明显上升，世界经济复苏乏力，局部冲突和动荡频发，全球性问题加剧，世界进入新的动荡变革期。"在这一背景下，作为合作最为深入、合作程度最高的教育对外交流形式，中外合作办学也面临着前所未有的新问题、新挑战。以更高质量的中外合作办学推动高质量教育体系建设，为教育强国建设激活力、增动力已然成为中外合作办学的新课题。

作为扎根中国大地的中外合作办学机构，只有在坚持党对中外合作办学全面领导的基础上筑牢意识形态领域的坚强防线，才能实现高质量发展的目标。因此，只有有的放矢地推进"大思政课"体系建设，方能实现中外合作办学的行稳致远，全面推进落实"大思政课"体系建设是新时代赋予中外合作办学机构的光荣使命和工作要求。

（三）培养高素质国际化人才的必然选择

随着中国日益走近世界舞台中央，中国与世界的联系愈加紧密。中国需要更多具有国际视野与家国情怀的国际化人才，在国际舞台讲好中国故事、传播好中国声音、传达好中国方案，帮助提升中国的软实力与塑造中国的国家形象。中外合作办学作为我国高等教育对外开放的试验田，肩负着培养能够参与国际竞争、具备国际胜任力的新时代人才的重要使命。而高素质国际化人才的培养离不开思想政治教育的引领，只有通过完善的"大思政课"体系，坚持在课堂和实践中不断强化社会主义核心价值观的精神养成，才能筑牢学生的家国情怀，培养有理想、有本领、有担当的高质量国际化人才。

二、中外合作办学"大思政课"体系建设面临的现实困境

（一）特殊的运行机制使"大思政课"的引领作用有待提升

与国内高校实行党委领导下的校长负责制不同，《中华人民共和国中外合作办学条例》规定，中外合作办学体制下理事会或联合管理委员会为最高决策机构。在这一模式下，党组织对合作办学工作的全面领导缺乏政策支持，在合作办学中的重大决策部署讨论中的地位相对弱化，管大局把方向保落实的作用难以充分发挥，特别是在教学管理、教师引进、教材把关和学生思想政治教育等办学关键环节的话语权不够。《关于加强高校中外合作办学党的建设工作的通知》（中组发〔2017〕13号）中提出的党的建设同步谋划、党的组织同步设置、党的工作同步开展的"三同步"要求难以落实落细。如何切实发挥党组织的政治核心功能，加强党建工作对中外合作办学的引领作用，建设"大思政课"体系面临诸多挑战。

（二）多元的文化环境使意识形态领域的管控更为复杂

目前，中外合作办学的师资以外方派出为主，辅以部分具有海外留学经历的中国籍教师，多元文化背景的特点显著，而长期海外学习工作的经历使得其意识形态多元化的特征十分明显。并且，为引进海外优质教育资源，中外合作办学所开设的课程和使用的教材多由海外引进，存在较大的中外文化思想差异。在教学活动中，外方的价值观、宗教观、意识形态等方方面面会潜移默化渗透至学生或是中方的教职员工。就中方学生而言，多数家庭条件较好，并有继续赴海外深造的意愿，且自我意识较强，有批判精神但缺乏批判思维，缺乏自觉抵制西方意识形态侵袭的内生动力。如何通过"大思政课"体系牢牢把握意识形态主导权与话语权，确保中外合作办学沿着健康、有序、正确的方向发展的任务艰巨。

（三）繁重的学业压力使学生思政工作的开展面临挑战

《中华人民共和国中外合作办学条例》要求，引进外方课程不少于三分之一。相比传统模式，中外合作办学学生的课业压力明显增加，学生须在强化外语学习的基础上，同时学好中方专业课程和引入的外语教学的共建课程，而且学生多定有继续海外深造的目标，基于跨文化交流能力的综合素质要求也使得学生要投入更多的时间和精力。加之"2+2"或"3+1"学制，学生在国内的学习时间也被压缩，客观上导致其系统参加思政课程学习和实践活动的难度较大，传统的思政课教学很难取得实质性效果。同时，由于对引进课程的消化吸收不够，对外籍教师也无法实现有效引导，也导致该部分课程难以实现课程思政的功效。再加之中外合作办学往往采取"双校园"模式，学生多数都会有去合作院校交流学习的阶段，如何有效实现学生交流学习阶段的思想政治教育存在诸多困难。在文化交融、观念碰撞的复杂背景下，如何提升中外合作办学模式下"大思政课"教育的有效性和针对性亟待探索新方法。

三、中外合作办学背景下"大思政课"的建设路径

（一）优化顶层设计，凝聚"大思政课"建设共识

坚持党的领导是中外合作办学高校为中国特色社会主义建设培养高素质

优秀人才的基础和前提。中外合作办学高校应深入学习贯彻《关于加强高校中外合作办学党的建设工作的通知》（中组发〔2017〕13号）等文件精神，加强中外合作办学的顶层设计，从制度层面合理有效地向合作方传递中方办学理念和育人要求，消除外方对"大思政课"的认知误区，充分挖掘国际普遍认同的育人元素，促进中外双方树立协同育人目标、达成协同育人共识，从而营造有利于中外合作办持续健康发展的"大思政课"体系建设氛围。

（二）强化使命担当，提升"大思政课"建设政治自觉

中外合作办学教育者应以心系"国之大者"的政治自觉守牢意识形态阵地，要用强化"一岗双责"的政治担当落实意识形态责任，坚决守好阵地、管好队伍、抓好工作。

一是要充分重视中外合作办学的多元文化背景的客观存在，在唱响"主旋律"的同时，包容"多重唱"。"主旋律"即要坚持放眼世界与中国特色的统一，要在办学方向、办学理念、发展路径与机制体制等方面始终坚持中国特色；"多重唱"即要善于学习借鉴不同国家的先进教育模式，广泛吸纳其优秀先进教育理念、教学方法。

二是要建立并严格执行引进课程大纲和引进教材审核、随堂听课、教学评价反馈、讲座论坛审批等制度，确保课堂讲授有纪律、公开言论守规矩执行到位；并组织中方教师团队做好外方课程的消化吸收工作，提炼好其中积极正向的课程思政元素，科学解决多样化思潮的交锋，始终牢牢把握意识形态主导权与话语权。

（三）构建协同机制，打造多层次思政育人共同体

首先，应推动育人主体从"单打"向"联动"转变，构建联动育人共同体。中外合作办学主体应提高政治站位，加强统筹规划，完善教学组织，从制定培养方案伊始就细致梳理中外方课程体系架构，找准"大思政课"程建设的切入点，做好"大思政课"的整体规划，确保"大思政课"有机融入培养方案；同时，落实好参与中外合作办学思政课程教师的集体备课工作机制，不断提高他们对中外合作办学思政课教学特殊性的认识，激发他们创新教学方式方法的主动性，不断提升思政课程在中外合作办学领域的有效性。中外合作办

学的管理人员也要主动融入"大思政课"教学的工作中，及时与任课教师沟通反馈思政课程的教学效果，结合学生的学习生活实际就完善思政课教学提出优化建议，建立有效的联动育人机制，从而使得每一位中外合作办学机构的教育者和管理者都成为"大思政课"体系的参与者和建设者，将思政育人工作落地落细。

其次，要实现课程思政中的思政元素从"嵌入"向"融入"转变，打造更具针对性的课程思政体系。要改变传统的课程思政就是思政元素与专业知识简单叠加或生硬嵌入的一般认知，引导专业课教师坚持价值引领与知识传授同向同行。要站在国之大者的高度从学科定位、专业特点、课程目标三个层面深入分析梳理其中所蕴含的思政元素，进而从教材编写中阐释好思政元素，教案制定中融入好思政元素、教学组织中准确切入思政元素，实现思政元素与专业知识的有机融合。对于引进的外方专业课，也要组织中方教师在吸收融入的基础上，提炼其中具有普遍认同度的育人元素，引导学生在比较借鉴的过程中树立正确的价值追求，提升对课程思政的认可度和接受度。

最后，要坚持"三全育人"的基本理念，着力搭建最广泛的协同育人平台。一是要在求取最大公约数的基础上引导外方积极加入到协同育人工作中，同频共振，营造良好的育人氛围。二是充分发挥课程实训、专业实习、社会实践、创新创业实践、出国（境）访学等多种形式的育人功能，促进第二、三课堂与第一课堂深度结合，使思政教育立足但不拘泥于课堂，依托但不囿于课程教学，将显性教育与隐性教育有机结合，构建更加立体生动的"大思政课"体系。

参考文献

［1］崔博．"互联网+"影响下中外合作办学大学生思想政治教育存在问题与对策研究［M］．北京：中国旅游出版社，2020.

［2］苗绘．中外合作办学条件下大学生思想政治教育体系构建略论［J］．学校党建与思想教育，2018（2）：69-70.

［3］刘志杰．中外合作办学院校课程思政建设的困境与对策研究［J］．教育科学，2022（9）：52-57.

［4］熊晓轶，肖瑶，赵惠娟. 课程思政融入中外合作办学项目人才培养工作的路径探索［J］. 教育教学论坛，2020（46）：90–92.

［5］朱彦彦，赵加强. 中外合作办学与课程思政协同育人的发展进路［J］. 河南师范大学学报（哲学社会科学版），2022（9）：144–149.

［6］孙英，梁涌，张也. 中外合作办学高校思政课建设略论［J］. 学校党建与思想教育，2020（23）：64–67.

新一轮本科教育教学审核评估视域下
教学档案管理的策略 ①

郝新春

（教务部）

评估是国际高等教育领域保障高校办学水平和人才培养质量的重要机制。[1] 教育部于 2021 年 1 月印发《普通高等学校本科教育教学审核评估实施方案（2021—2025 年）》（以下简称《审核评估方案》），在全国高校启动新一轮本科教育教学审核评估。这是在总结水平评估（2003—2008 年）和审核评估（2013—2018 年）丰富经验的基础上，根据新时代我国高等教育发展转段面临的新形势而进行的政策与制度创新，能够促进高等教育高质量、内涵式发展，全面提高本科教育的教育教学质量，发挥高等教育的龙头作用。

与上一轮评估相比，新一轮本科教育教学审核评估有鲜明的特色，即分类评估、分级负责、建改结合、"两线评估"[1]。尤其是分类评估，结合高校的实际情况和发展建设方向，为不同类型的高校提供了"两类四种"评估方案，并分别编制了评估指标体系。各个高校结合自身定位，选择相应的评估类型，各取所需，各安其位。两类评估考察侧重不同：第一类审核评估重点考察世界一流大学所必备的质量保障能力及本科教育教学综合改革举措和成效；第二类审核评估重点考察高校本科人才培养目标定位、资源条件、培养过程、学生发展、教学成效等。在评估中，不论定位是世界一流的高校，还是以培养学术性人才为主的高校，或者是培养应用型人才为主的高校，又或是第一次参加审核评估的高校，评估专家调阅教学档案都是必选项。

---

① 本文系中南财经政法大学思想政治教育研究与高教管理研究项目"督导评估育人功效的实现路径探究——基于'三全育人'的视角"（项目编号：2722021DQ009）的研究成果。

一、教学档案建设与审核评估的互动关系

高校教学档案是在教学运行过程中产生形成的具有参考和保存价值的重要资料，一般具有不同保存形式，如文字、图片、音频、视频等。教学档案是对教学活动的记载，通过对教学档案的分析和研究，可以对未来改进教学和提高教学质量提供现实依据和决策基础。教学档案是评估的重要支撑材料。加强教学档案的建设与管理，构建完整、系统的教学档案对做好新一轮审核评估具有重要意义。

（一）教学档案是审核评估的坚实基石

教学档案的形成过程，是教学运行中师生互动的结果，主要包括教学文件、教务档案、教师业务档案、学生学习档案等过程性与终结性的材料。在审核评估中，专家须调阅大量的学校材料，将这些材料与评估指标体系进行定性定量分析，可以获得学校本科教育教学工作的全貌。其中，绝大部分材料为教学档案，由此可见教学档案在本科教学评估中的重要作用。一套完整、规范、系统的教学档案不仅能体现出学校的教学管理水平和质量，更能保障学校顺利通过审核评估。

（二）审核评估是教学档案建设的助推器

审核评估是对高校教学工作全方面的诊断，要求高校对教学档案进行规范化管理。在线上线下评估过程中，教学管理人员和教师需要依据评估要求提供全面的支撑材料，评估专家会对教学档案的完整性、规范性和质量进行审查。这就为高校提供了及时、准确发现问题的契机，促进高校根据审核评估的标准，对教学档案管理中存在的问题进行全面梳理并及时解决，增强教学档案管理的规范性、专业性，进一步完善教学档案管理体系，发挥审核评估"以评促建、以评促改、以评促管、以评促强"的作用。

二、教学档案管理的挑战与困境

新一轮审核评估紧扣本科教育教学改革主线，坚持立德树人，强化学生中心，突出目标导向，强调持续改进，对促进高校高质量内涵式发展具有重

要意义。但各高校在教学档案建设中仍存在一些问题和困境。

（一）认识不足：**教学档案建设的弱项**

经过前两轮教学评估，本科教学在人才培养中的核心地位进一步夯实，高校亦愈发重视本科教学，教学档案规范化管理理应成为工作常态。但长期以来，有的高校教师存在重科研、轻教学的情况，忙于科研工作，对教学缺乏必要的投入；有的高校教师存在重教学过程、轻档案建设的情况，认为教学任务已经完成了，教学档案可有可无，对归档工作持抵触态度。

当前，我国高等教育已进入普及化阶段，在校生人数不断增加，教学运行日益规范，随之产生的教学档案逐步增加，教学档案管理工作量也日益增大。部分高校将主要精力放在专业、课程、教材等基本教学建设上，在一定程度上忽视了教学档案建设工作。教学档案涉及的内容庞杂，从培养方案、教学计划到教学大纲、课程考核，再到实习实践、毕业论文，若对教学档案建设工作的必要性和重要性缺乏足够的重视，各项教学档案资料则难以有效收集，影响教学秩序的有序进行。

（二）制度缺失：**教学档案管理的短板**

教学档案产生源头具有多样性，既有学校层面，也有学院层面，更有师生个体层面。这就要求教学档案须根据培养过程进行逻辑分类，产生档案的各个层级需做好衔接和沟通。因此，教学档案应坚持分级建设与管理的原则。然而，现阶段不少高校教学档案管理水平与本科教学的迅速发展不相适应。

一是档案管理体制不健全，未建立完善、系统的管理制度。一般学校层面会有管理制度，但学院层面普遍缺失，且未将档案管理工作纳入日常教学管理工作，常常在检查前或档案需要利用时才进行。

二是档案管理部门、教务管理部门、教学单位之间未做到有效协同联动。管理部门对教学单位缺乏有效的指导，对需要存档的教学档案内容和标准缺乏明确要求。教学单位即使进行了档案管理，也常常存在缺乏规范性、标准化等问题。有的材料没有及时归档，到评估自查时才发现有缺失，与审核评估"无需做特定整理""切忌突击整理和弄虚作假"的要求相脱离。

（三）数字化滞后：教学档案建设的瓶颈

目前在教学档案建设与管理中，高校仍多采用纸质归档。但教学运行过程复杂，会产生大量教学档案，尤其是课程考核、毕业论文等材料。即使纸质档案能够真实反映教学运行过程，这些材料也常常因为过于占用空间，仅保存数年时间。且有的学校（学院）办公用房紧张，缺乏专门、规范的档案室，教学档案材料的安全性难以保障。

近年来，随着信息化、数字化在高等教育领域的广泛、深入运用，线上教学、线上线下混合式教学、辅助教学平台、信息平台共享等已成为常态。在这些过程中必然会产生大量的电子材料，这对传统的教学档案建设与管理方式产生了新的要求。数字化档案资源建设标准为何、与纸质档案如何有效衔接、数字资源的安全性和保密性如何保障、网络安全风险如何防范，这些都是教学档案数字化建设过程中亟须解决的问题。

三、审核评估下完善教学档案管理的建议

新一轮审核评估重视教学档案和自评报告支撑材料的重要性，并强调教学档案要"按学校日常管理规定存放"，根据所支撑的二级指标材料索引。支撑材料包括"管理文件、教学资料、学生学习档案、各类记录性材料、合作协议或其他佐证材料等"[2]。因此，教学档案的建设与管理应遵循系统化、规范化的原则，把工作做在平时，确保档案的完整性、准确性和可利用性。

（一）增强教学档案管理工作思想意识

1. 提高思想认识

教学档案的收集、整理、归档，都需要管理人员和专任教师的共同完成。只有从思想上认识到教学档案工作的重要性，才会从行动上积极落实。高校在迎接审核评估、开展自评自建过程中，要向教师不断宣贯教学档案管理工作的重要性，提升全体教职工的档案管理意识，使档案管理常态化的理念深入人心，而不是为了审核评估才进行教学材料归档，为档案工作顺利进行提供思想支撑。

2. 加强队伍建设

教学档案管理是一项专业性很强的工作。高校应按照强素质、增能力的标准，建设一支政治素质高、业务能力强的教学档案管理队伍。在高校各教学单位，很难配备专职教学档案管理人员，一般均为教学秘书兼任。教学档案建设与管理就成为教学秘书的工作职责。教学管理部门和教学单位均要明确教学秘书岗位职责，加强培训与指导，与学校组织人事部门共同制定科学合理的岗位绩效考核与职务晋升办法，畅通其职业发展道路，增强教学秘书的岗位认同感，稳定教学管理队伍，促进高校教学管理工作的规范有序运行。

（二）优化教学档案管理工作体制机制

1. 建立并完善教学档案管理体系

教学档案是一个复杂的整体，客观上要求高校建立符合自身工作实际的管理体系。档案管理部门需加强教学档案管理的统筹规划，强化对教学档案建设与管理的指导，可围绕教学档案的分类、范围、目录、期限等方面开展专业性培训。教学管理部门对教学档案建设与管理进行具体的工作安排，包括明确归档范围、细化档案标准和要求、推进档案建设、检查与考核等。教学单位应细化教学档案管理工作，安排高素质人员开展档案建设与管理工作，及时对教学档案进行整理和收录。专任教师对产生的教学档案要及时、完整、规范归档。教学档案管理涉及的层级多，要明确每一层级的工作职责，加强工作联动。

2. 建立科学规范的教学档案管理制度

高校应充分发挥规章管理制度的指导和规范作用，制定切实可行的教学档案管理工作实施办法，进一步明确教学档案范围和要求，使各级各类教学档案建档规范、归档及时、利用便利，变运动式管理为日常化管理，切实提高教学档案管理工作的实效性，使之制度化、规范化、常态化，在各类教学评估工作中发挥更加重要的作用。

教学档案归档范围见表1。

表 1 教学档案归档范围

档案类别	档案内容
教学规划	培养方案修订指导意见
	各专业人才全程培养方案
	人才培养模式改革相关材料
	教学管理规章制度
教学基本建设	新增（撤销）专业的申报材料及批复
	国家级、省级一流专业、课程的申报材料及批复
	"马工程"教材、国家规划教材、特色教材、数字化教材等有关材料和获奖名单
	实习实践基地协议等有关材料
	实验室建设规划、统计报表等
	国家级、省级教研室等基层教学组织、教学团队的申报材料及批复
教学运行过程	学期课程表
	学生课程考核材料
	学生违纪舞弊处理材料
	学生实习报告
	学生毕业论文（涉及）
	学生成绩单
	本科学历学位名册
质量保障能力	各培养环节质量标准
	质量监控队伍
	自我评估相关材料
其他	重要宣传、总结材料

（三）提高教学档案管理数字化水平

1. 建立教学档案数据库

结合高校教学实际，多源头产生的档案既有纸质的，也有电子的。因此，一方面需要对纸质教学档案材料进行电子转化，另一方面需要加强对电子档案的存储与利用。高校需要建立相应的教学档案信息管理平台或资源共享平台，把所有教学档案进行统一的汇总和整理，按档案类别、档案内容、档案形式等建立一套完善的学校、学院两级教学档案数据库，设置相应权限，实现教学管理部门、教学单位、教师随时查阅教学档案，促进资源共享，提高教学档案的利用率。

2. 完善数字化建设支撑

将教学档案数字化纳入教学工作和档案工作的发展规划中，从制度、人员、经费等方面为教学档案数字化建设提供必要的支持和保障。

在制度层面，如前文所述，要将教学档案数字化纳入教学档案建设与管理制度的重要方面，提供制度保障，并对纸质档案扫描、图像处理与存储、目录建库、数据挂接等环节进行流程优化。

在人员层面，要确保教学档案数字化所需要的教学管理人员、档案管理人员、信息技术人员等多类专业人员到位，并通过沟通协调形成工作合力。

在经费方面，要对数字化过程中所需的资源数据库建设、系统平台采购、校园网建设等提供必要的保障。

同时，在教学档案数字化过程中，还需特别注意数字化资源的安全性。要提高校园网络和服务器、系统平台的安全性，也要加强对相关人员的网络安全教育，增强安全意识，提高防范网络危险的能力。

参考文献

［1］别敦荣. 新一轮普通高校本科教育教学审核评估方案的特点、特色和亮点［J］. 中国高教研究，2021（3）：7.

［2］中华人民共和国教育部教育质量评估中心. 普通高等学校本科教育教学审核评估（2021—2025年）工作指南［M］. 北京：高等教育出版社，2022.

［3］吴世明，向禹. 基于本科审核评估的院（系）教学档案管理体系的重构［J］. 资源信息与工程，2019，34（5）：128-130.

新时代高校涉外法治人才培养路径创新
——以中南财经政法大学法学院"雏鹰扶持计划"国际化能力提升项目为例

徐金花　杨暄奕　刘佳雯

（法学院）

一、党和国家高度重视涉外法治人才培养

党中央历来高度重视全面依法治国，党的二十大报告更是首次专章论述、专门部署法治建设，明确强调统筹推进国内法治和涉外法治。解决国际争端和维护国家利益是涉外法治建设及工作的重要目标，这就需要大量的高素质涉外法治人才。同时，党的二十大报告亦强调了"全面提升人才自主培养质量"的必要性，要着力培育一批能在高水平对外开放格局中有效维护国家主权、安全及发展利益的涉外法治专业人才。在党的二十大精神及国家相关政策的指导下，全国各级各部门全方位推动涉外法治人才培养，高校也将涉外法治人才的培养作为重点工作。

党和国家关于涉外法治人才培养政策发展沿革如图 1 所示。

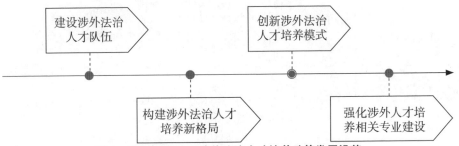

图 1　党和国家关于涉外法治人才培养政策发展沿革

党和国家关于涉外法治人才培养的法律法规政策见表 1。

表 1　党和国家关于涉外法治人才培养的法律法规政策

文件名	发布机关	培养目标	效力级别	发布时间
《关于实施卓越法律人才教育培养计划的若干意见》	教育部、中共中央政法委员会	培养创造一批信念执着、品德优良、知识丰富、本领过硬的高素质法律人才	党内法规制度	2011 年 12 月
《中共中央关于全面推进依法治国若干重大问题的决定》	党的十八届四中全会	推动中国特色社会主义法治理论进教材课堂进头脑，建设通晓国际法律规则、善于处理涉外法律事务的涉外法治人才队伍	党内法规制度	2014 年 10 月
《关于发展涉外法律服务业的意见》	司法部、外交部、商务部、国务院法制办公室	建立一支通晓国际规则、具有世界眼光和国际视野的高素质涉外法律服务队伍；加快培养通晓国际规则、善于处理涉外法律事务的涉外法律人才	部门规范性文件	2016 年 12 月
《关于建设德法兼修实施卓越法治人才教育培养计划 2.0 的意见》	教育部、中共中央政法委员会	培养造就一大批宪法法律信仰者、公平正义的捍卫者、法治建设的实施者、法治进程的推进者、法治文明的传承者，为全面依法治国奠定坚实基础	部门规范性文件	2018 年 9 月
《关于加快推进公共法律服务体系建设的意见》	中共中央办公厅、国务院办公厅	要积极为国家重大经贸活动和全方位对外开放提供法律服务，发展壮大涉外法律服务队伍，加快培养涉外律师领军人才，建立涉外律师人才库	部门规范性文件	2019 年 7 月
《中共中央关于坚持和完善中国特色社会主义制度推进国家治理体系和治理能力现代化若干重大问题的决定》	党的十九届四中全会	加强涉外法治工作，建立涉外工作法务制度，加强国际法研究和运用，提高涉外工作法治化水平	会议决定	2019 年 10 月
《法治中国建设规划（2020—2035 年）》	中共中央委员会	加大涉外法治人才培养力度，创新涉外法治人才培养模式。建立健全法学教育、法学研究工作者和法治实践工作者之间双向交流机制	部门规范性文件	2021 年 1 月
《中华人民共和国国民经济与社会发展第十四个五年规划和 2035 年远景目标纲要》	第十三届全国人民代表大会第四次会议	在"全面推进依法治国"章节提出，"加强涉外法治体系建设，加强涉外法律人才培养"	会议决议	2021 年 3 月
《中华人民共和国对外关系法》	第十四届全国人民代表大会常务委员会第三次会议	《中华人民共和国对外关系法》是我国发展对外关系的基础性法律依据和总章程	法律	2023 年 7 月

　　"一带一路"建设、全球治理和涉外法治建设、人类命运共同体构建需要大量的高层次涉外法治人才。加大涉外法治人才培养力度、加快培养进程、增加培养数量、提升涉外法治人才素质是为中国走向国际舞台中央提供坚实人才保障的关键路径。因此,党和国务院、教育部、外交部、司法部、商务部等国家部门高度重视涉外法治人才的培养,在全面依法治国体系、"十四五"规划和法治中国建设规划等党内法规制度、部门规范性文件、法律中,对涉外法治人才培养及涉外法律服务建设的目标方向,做出了明确指示。

二、高校培养涉外法治人才的路径选择

　　贯彻落实党和国家关于涉外法治人才培养的方针政策,高校在培养涉外法治人才的路径选择上,应着重立足于人才培养"供给侧",提升涉外法治人才的培养理论,以提升我国法治与综合实力的国际竞争力。[1]理论研究表明,目前我国高校培养涉外法治人才主要从培养方向定位、课程体系建设、培养方式创新等方面进行。

　　第一,"法学+外语+N"复合型培养。高校根据自身类型、学科优势与地理位置等特色与优势,如区分综合性涉外人才培养和专业领域涉外人才培养[2],或根据区分服务地域、法律语言等进行定位[3],推动学科融合,培养复合型人才。复合型人才既体现在"法学+语言"上,高校可根据自身情况加入小语种教学,以适应"一带一路"建设[4];也体现在高校可以通过双专业双学位培养机制,加强与金融、管理、网络新媒体、生物技术、公共卫生等专业的融合。

　　第二,完善"国际法+思政类"课程体系。提高国际法学科在必修课程中的地位,完善配套选修课程。此外,高校还应强化思政课程的建设,坚持中国本位的人才培养立场,培养涉外法治人才的正确政治立场、法治自信、家国天下情怀。[5]

　　第三,创新"实践+互动+X"培养机制。高校教学与时俱进,重点关注涉外法治的重点领域、新兴领域的现实问题。通过引入"法律诊所"、模拟法庭等方式进行实践性教学,并配备实践性教师队伍。同时,加大联动培养模式,整合校内外资源。一方面,与国际高水平大学交流合作,通过交换

学习、学分互认以及国内外深造渠道等方面，打造"国内 – 海外合作培养"机制。[6]另一方面，加强政府机构与事务部门的协同合作，打破院校和社会之间的体制壁垒，将涉外实务部门的高质量实践教学资源引进法学院校。[7]

三、国内高校涉外法治人才培养具体实践

（一）知名高校重视加强顶层设计

各高校在教育实践中为推动涉外法治人才培养不断创新培养模式、加强校方 +X 主体合作。北京大学、中国人民大学、上海交通大学、复旦大学、厦门大学、武汉大学、中国政法大学七所高校在涉外法治人才培养实践方面有共性举措。

高校关于涉外法治人才培养的具体实践见表 2。

表 2　高校关于涉外法治人才培养的具体实践

现有尝试	代表院校	具体内容
"法学 +N"项目	中国人民大学、武汉大学、中国政法大学等	整合校内资源或开展校际合作，为学生提供"法学 + 语言、经贸、社会"等学习机会
联合培养项目	清华大学、北京大学、中国政法大学等	与国外知名院校合作，开设多样出国交换项目、游学项目等，促进涉外法治人才交换
特色实践课程	北京大学、厦门大学、上海交通大学等	利用校友资源，开设如律师或外国学者讲授法律事务等特色课程

第一，开设"多样化"出国出境交流交换、游学项目，促进涉外法治人才交流"国际化"。例如，中国人民大学创设了更多的涉外交换项目，包括交换项目、学位项目、暑假游学项目、海外实习项目，为学生今后的学业和职业规划提供了更为广阔的交流平台，有针对性地提升学生的专业能力和国际化水平。

第二，培养"法学 +N"复合型涉外人才。例如，法学与语言学学科融合，金融、外贸与涉外法治的学科融合，这响应时代大背景的需求，可以培养更具竞争力的人才。

第三，开设特色涉外法律实践课程。充分发挥高校优势，利用校友、企业、政府等资源，如律师或外国学者讲授法律事务课程等。

（二）各高校充分发挥典型示范作用

为了更好地提高法科学子涉外法律事务的能力，包括语言能力、思辨能力、专业沟通表达能力、理论结合实践能力等，加强学生对跨国事务、国际形势的了解，培养看待问题的国际视野，各高校创新开设特色项目发挥典型示范作用。

第一，开创"涉外法治语言人才"项目。2023 年北京大学启动该项目，旨在培养学生具备扎实的专业语言基础，使其对所学语言国家的法律能有较为全面的了解，成为"有家国情怀、有全球视野、有专业本领，精通国别法的复合型法治人才"。同时，北京大学同厦门大学在 2022 推进了"北大－众达中国全球化与法治人才培养计划"的实施，开展跨境法律律师实务课程。该课程采取"上下午集中授课、一学期八个主题"的特色安排，使学生接触最前沿的法律实务领域，加深学生对国际律所律师专业知识的理解。

第二，开创涉外法律高级人才培训项目。中国政法大学国际法学院聘请中国政法大学国际法学院、对外经济贸易大学、最高人民法院、商务部、外交部、国资委、国家市场监督管理总局、中国国际贸易仲裁委员会、中国海事仲裁委员会以及其他大学的长期从事国际商法研究的著名专家授课。课程内容包括宏观课堂教学、经典案例分析、热点专题研讨、涉外法律高峰论坛、实地学习考察等，全方面地提高涉外学子法学能力。除此之外，中国政法大学同西南政法大学、商务部条法司以及中国法学会 WTO 法研究会共同主办"中国 WTO 模拟法庭"比赛。该竞赛模拟了 WTO 争端解决机制专家组程序，旨在让高校学子深入掌握并灵活运用 WTO 规则，进而发掘并培养未来能够在 WTO 谈判及争端解决领域发挥作用的专业人才。

第三，开展跨国界法律事务研究。复旦大学在涉外人才的培养聚焦于学科融合，推动以国际金融法为核心的跨国界法律事务研究。依托复旦大学国际法中心、WTO 中心，聚集近二十位院内专家学者，对相关法律问题进行阐明，为外交部、中国人民银行、中国证监会等中央政府机构以及有关国际组织和机构提供高端咨询。

第四，共建涉外法治人才海外教育培养基地。上海交通大学凯原法学院与英国杜伦大学法学院签约共建涉外法治人才海外教育培养基地，配合涉外法治人才培养计划,提升涉外法治人才教学质量。此外,上海交通大学设立"汇菁领英——徐汇区涉外法律服务人才培训班",从法律实务出发,围绕仲裁制度、法律文书、英语写作等专题,采取课堂教学、案例分析、小组讨论等教学形式,旨在全面提升律师涉外法律服务能力。

第五,新增国际法本科专业。武汉大学主办"天达共和杯"涉外模拟法庭邀请赛,以促进法科学生涉外法律实务能力的提升,发现、培养涉外法律人才。武汉大学制定专门的涉外法治人才培养方案,新增国际法本科专业,对国内法课程进行适当精简、合并,系统性开设涉外法、国际法和国别法课程,加大涉外法治实务、实训课程的比重。武汉大学贯彻学校的通识教育改革,设置专门的跨学科选修课程模块,灵活运用双学位与辅修机制,加快培育网络空间国际法、国际卫生法、国际环境法、国际体育法等特色与优势学科。

上述知名高校的做法紧紧围绕国家发展需要,紧扣跟随时代发展潮流,紧密结合院校优势特色,目的在于加快培养精通国际规则,擅长处理涉外法律实务的涉外法律人才,构建一支通晓国际规则、具备全球视野和国际洞察力的高素质涉外法律服务队伍。

四、涉外法治人才培养国际化能力提升项目

中南财经政治大学法学院"雏鹰扶持计划"是法学一流学科建设基金下的子基金,其资金主要用于经学校、学院组织选拔的短期实习、冬夏令营,为期三个月以上的交换生项目、访问学者项目,国外攻读学位三种类型的资助。该基金旨在深入推进学院国际化办学进程,培养具有国际视野和国际竞争力的高素质人才,加快推进涉外法治人才培养进程。

为保障子基金合理规范执行,制定该基金《法学院"雏鹰扶持计划"子基金管理使用实施细则》。该细则对申请条件、资助类型、资助金额、遴选程序、遴选标准、资助发放和跟踪管理七项内容做了明确规定。其附则列明了30所国境外院校,结合基金宗旨和学校情况进行了一类和二类区分,其中一类10所,二类20所。根据细则规定,"雏鹰扶持计划"每年开展一次遴选工作,每年开展上、下半年两次奖助发放工作。

自2018年启动遴选开始至2022年,"雏鹰扶持计划"五年累计申请231人,

累计资助 157 人，资助总金额约 950 万元。资助学生按学历层次分，本科生 122 人，研究生 35 人；按资助类型分，冬、夏令营 8 人，访问学者 14 人，交换生 18 人，攻读学位 117 人。2018 年至今，七次累计发放 542 万余元，帮助百余名学生更好地在国境外学习生活。

"雏鹰扶持计划"项目执行情况良好，获得了受助学生和有意向出国出境深造学生的广泛好评，帮助学生实现了"走出去"学习深造、比较研究、拓展国际视野。受助学生每年通过校友总会向捐赠校友单位反馈在外的学习生活情况并表达谢意。他们还通过线上线下交流，为有意向出国出境深造的学生提供指导和帮助，如语言备考和申请流程。"雏鹰扶持计划"项目切实培养了学生感恩意识、传承精神和国际化水平，为我国培养了一批信念执着、品德优良、知识丰富、本领过硬的高素质涉外法律人才。

五、结语

当前，我国仍然存在大量的高层次涉外人才缺口。未来，高校尤其是政法类院校在培养涉外法治人才过程中，应注重国际性、复合型、实践类；培养学生卓越的跨文化交流能力与国际法思维，使学生掌握国际关系、国际法、外国法、外语等知识，游刃有余地进行跨文化交流；培养学生具有"法律 +"专业知识储备；培养学生具有出色的对外法律实务技能，能够真刀实枪地处理国际事务。这就需要高校从"课程"走出去，设立国际法本科专业，完善国际法课程体系；从"高校"走出去，打破人才培养壁垒，建立"政产学研"协同育人机制；从"国内"走出去，打造国际协同育人平台，实现人才的对外开放。

参考文献

［1］黄惠康．破解法学教育困局，加强高素质涉外法治人才培养 ［J］．中国高等教育，2024（2）：18–23.

［2］杜焕芳．涉外法治专业人才培养的顶层设计及实现路径 ［J］．中国大学教学，2020（6）：22–30.

［3］王辉．论涉外法治人才培养：理念澄清与实施原则 ［J］．中国高

等教育，2024（2）：24-28.

[4]郭雳. 创新涉外卓越法治人才培养模式［J］. 国家教育行政学院学报，2020（12）：38-45.

[5]王辉. 论涉外法治人才培养：理念澄清与实施原则［J］. 中国高等教育，2024（2）：24-28.

[6]杜焕芳. 涉外法治专业人才培养的顶层设计及实现路径［J］. 中国大学教学，2020（6）：22-30.

[7]黄进. 完善法学学科体系，创新涉外法治人才培养机制［J］. 国际法研究，2020（3）：7-10.

教育评价改革视域下
本科生诚信文化教育路径研究 [①]

郭小义

（党委学生工作部、人民武装部）

一、背景与问题

（一）教育评价改革的时代背景

习近平总书记指出："要根据科技发展新趋势，优化高等学校学科设置、人才培养模式，为发展新质生产力、推动高质量发展培养急需人才。"如何提高教育能力和水平、推动学生全面发展、为发展新质生产力提供人才支撑，成为国内高校的一项重要的任务。

2020年，中共中央、国务院印发《深化新时代教育评价改革总体方案》（以下简称《总体方案》），明确提出要促进学生德智体美劳全面发展，树立科学成才观念，改变用分数给学生贴标签的做法，完善综合素质评价体系。《总体方案》充分体现了学生评价改革在人才培养中的战略地位和重要性。因此，深入落实《总体方案》，推动教育评价改革，建立多元化、全面化的评价体系，是高校培养高水平科技人才的重要途径。

"深化学生综合评价改革"作为"教育指挥棒"，其目的在于扭转不科学的教育评价体系，将"分，分，学生的命根"转变为"以德为先，能力为重"，强调对学生综合素质的考察。"德育"的好坏，直接影响高校精神文明建设和文化软实力。在这一背景下，诚信作为个人品德的核心组成部分，

---

① 本文系中央高校基本科研业务费项目"数字化教育背景下高校学生综合评价路径研究"（项目编号：2722024DS029）的阶段性研究成果之一。

其教育意义愈发凸显。诚信不仅是个体立身之本，也是社会和谐进步的基石。对于本科生而言，培养诚信意识和形成诚信行为习惯，是成为德智体美劳全面发展人才的必备条件。

（二）本科生诚信文化教育现状与挑战

在外部层面，社会环境对诚信教育的负面影响也不容忽视。诚信是中华传统美德，但是在利益驱使下，社会上出现了许多诚信缺失现象，如造假、欺诈、作弊等，对大学生的诚信观念构成了冲击。此外，互联网的快速发展使得外部信息日新月异，学生正处于价值观形成和确定时期，在信息爆炸的时代，部分学生缺乏判断力，易受网络不良信息影响，对诚信的价值认识不足，易产生投机取巧的心理。

在内部层面，当前本科生诚信文化教育中主要存在教育内容与方式单一、评价体系中诚信板块缺失、校园诚信文化不浓厚等问题。首先，诚信教育内容与方式单一。许多高校的诚信教育还停留在授课阶段，缺乏实践环节和情境模拟，难以让学生在实践中深刻理解诚信的内涵与价值，更难将其内化为自身诚信原则。其次，评价体系中诚信板块的缺失。在教育评价体系中，诚信往往没有被作为明确的评价因素纳入其中，导致学生在面对诱惑时倾向于忽视诚信原则。最后，校园诚信文化氛围不浓厚。部分高校对诚信文化的建设重视不够，未能将诚信教育贯穿到办学治校各个环节，在高校精神文明建设中对诚信教育的凸显还不够明显。

二、思路与理念

（一）注重目标重塑：从"知识本位"到"德能并重"

在教育评价改革的浪潮中，本科生诚信文化教育的首要任务是重塑教育目标，实现从"知识本位"向"德能并重"的转变。传统教育往往注重于成绩、成果的定量考核，忽视对学生道德品质的培养，尤其是诚信品质的塑造。在新的评价体系下，教育目标应明确将诚信教育置于与专业知识教育同等重要的位置，旨在培养既具备深厚专业知识，又拥有高尚品格的复合型人才。

诚信教育的目标应涵盖三个层面：一是认知层面。诚信教育应使学生深刻理解诚信的内涵、价值与重要性，形成正确的诚信价值观。二是情感层面。诚信教育应激发学生对诚信的认同感与崇尚感，培养诚信情感。三是实践层面。诚信教育应引导学生将诚信理念转化为实际行动，形成诚信行为习惯，成为诚信的践行者与传播者。

（二）注重内容创新：融合理论与实践，构建多维度课程体系

教育内容的创新是本科生诚信文化教育路径的关键。在教育评价改革的背景下，诚信教育内容应超越传统的德育范畴，融合理论与实践，构建多维度、多层次的课程体系。

一方面，理论课程应涵盖诚信基础理论、诚信案例分析、诚信法律法规等内容，通过系统讲授与讨论交流相结合的方式，加深学生对诚信的理性认识。另一方面，要拓展诚信教育渠道，如开展诚信主题的诚信故事会、诚信志愿服务、诚信实践项目等，让学生在实践中遵守规则、践行诚信，增强诚信教育的实效性与感染力。

与此同时，课程内容还应注重跨学科融合，将诚信教育融入专业课程之中，如经济学课程中的商业伦理、法学课程中的法律诚信原则等，使诚信教育成为贯穿学生学习全过程的重要组成部分，形成"全员育人、全过程育人、全方位育人"的格局。

（三）注重方法创新：多元化、情境化、个性化教学

教育方法的革新是提升本科生诚信文化教育效果的重要保障。在教育评价改革的推动下，诚信教育应积极探索多维度、多情境、多层次的教学方法，以满足学生的个性化需求，激发其学习兴趣与主动性。

多维度教学意味着采用讲座、研讨、案例分析、翻转课堂等多种教学形式，以及线上线下相结合的教学模式，为学生提供丰富多样的学习体验。多情境教学则强调创设贴近学生生活实际的诚信情境，如模拟商业谈判中的诚信决策、学术研究中的诚信挑战等，让学生在具体情境中思考、讨论、抉择，从而深化对诚信的理解与认同。多层次教学则要求关注学生的个体差异，根据学生的兴趣、特长与需求，提供定制化的学习路径与指导，帮助学生发现自身在诚信方面的优势与不足，促进其个性化发展。

还应充分发挥数字化优势，利用大数据、人工智能等工具，为诚信教育提供新的思路。例如，在综合评价系统前端接入诚信教育数据库，收集、分析学生诚信行为数据，为学生提供个性化的反馈与建议，并为综合评价提供数据源；利用虚拟现实技术，如一站式学生社区中的 VR 设备，创建沉浸式诚信教育场景，增强学生的情感体验与参与度。

三、做法与实践

（一）调查背景与方法

随着教育评价改革的深入推进，诚信文化作为培养学生综合素质的重要组成部分，日益受到社会各界的关注。

本文设计了一份包含多个问题的问卷，针对本科在校生进行了广泛的调查。本文旨在通过问卷调查的方式，了解本科生对诚信文化的认知程度、个人诚信行为的实践情况以及对诚信教育的期望，从而全面了解本科生对诚信文化的理解和实践情况，为制定更有效的诚信文化教育路径提供实证依据。

（二）数据整理与分析

通过对回收的问卷进行仔细整理，得到了以下关键数据（表 1）。

表 1　教育评价改革视域下本科生诚信文化教育路径研究问卷各选项比例表

问题编号	选项 A 比例	选项 B 比例	选项 C 比例	选项 D 比例
问题 1（诚信文化认知）	0.334 9	0.315 8	0.325 3	0.024 0
问题 2（个人诚信行为）	0.197 4	0.302 0	0.207 0	0.293 6
问题 3（对诚信教育的期望）	0.247 9	0.304 6	0.432 7	0.014 9

对数据进行分析，具体如下。

对每个问题，计算所有选项回答值的标准差。问题 3 的标准差最大，为 0.174 8，说明问题 1 的选项回答值差异相对较大；问题 2 的标准差最小，为 0.055 4，说明问题 2 的选项回答值差异相对较小。

（三）问卷调查结果

诚信文化认知：问题 1 的问卷结果显示，本科生对诚信文化的认知呈现多元化。这可能是受到了不同专业背景、家庭文化、成长经历、受教育经历等因素的影响，导致他们对诚信文化的理解有所不同。因此，在诚信教育中，需要注重个体差异性，做到因材施教，针对不同学生的特点进行有针对性的引导和教育。

个人诚信行为：问题 2 的问卷结果显示，较多本科生在诚信行为上表现出较高的自觉性。然而，有部分学生可能存在作弊的诚信缺失的行为。说明在诚信教育中不仅要注重知识的传授，更要加强实践教育，如通过案例研讨、情境模拟等方式，让学生在实践中体会诚信的重要性，并形成良好的诚信习惯。

对诚信教育的期望：问题 3 的结果反映了本科生对诚信教育的期望。他们希望学校能够加强多方面联动，创新方式和载体，丰富诚信文化课程内容和活动，营造诚实守信的校风学风。

四、成效与展望

在教育评价改革视域下，本科生诚信文化教育的路径研究不仅关乎学生个体的道德成长，更是高等教育质量提升与社会文明进步的基石。基于前文的数据分析结果，本部分将从四个维度深入探讨诚信文化教育的成效、存在的问题以及未来的发展方向，旨在为构建更加完善、高效的诚信教育评价体系提供理论与实践指导。

（一）诚信文化教育成效初显，但仍需深化内涵建设

数据分析结果显示，大部分本科生对诚信文化持有正面认知，认为其在个人成长中占据重要地位。这一积极态度反映出近年来高校在诚信文化教育方面取得的初步成效，有效提升了学生的诚信意识。然而，值得注意的是，学生对诚信文化的了解程度呈现出差异化特征。部分学生对诚信的内涵、价值及实践要求理解不深，甚至存在认知偏差。这表明，当前的诚信文化教育虽已初见成效，但在深化内涵建设方面仍有较大提升空间。未来，高校应紧扣学生需求，开发诚信教育新渠道，如拓展第二课堂，开展诚信案例研讨、诚信演讲比赛、诚信警示教育或在社区打造诚信文化角等形式，让学生更加深刻理解诚信的实质，做到"诚于中、形于外"。

（二）个人诚信行为表现良好，但需强化实践养成机制

调查数据显示，多数本科生在日常生活中能够坚守诚信原则，较少出现作弊等不诚信行为，这体现了诚信文化教育的积极影响。然而，也有部分学生反映，在面对学业压力、就业竞争等利益冲突时，会面临道德困境，甚至有个别学生承认有过向利益妥协的行为。这一现象揭示了诚信行为教育的复杂性与挑战性，即理论学习并不等同于行为习惯的养成。因此，高校需进一步强化实践养成机制，通过设立诚信奖学金、个人诚信画像、诚信承诺制度等具体措施，将诚信行为与学生奖学金评定、荣誉获取等挂钩，引导学生遵守诚信准则。同时，应从个人心理特质出发，有针对性地进行压力疏导，帮助增强自我约束能力，确保在面临抉择时做出正确选择。

（三）诚信教育体系亟待完善，需构建全方位协同机制

数据分析还反映出，学生对诚信教育的期望呈现出多元化趋势，他们不仅希望学校能提供丰富的课程资源，还期待有更多实践机会和社会参与平台。为此，高校应将诚信教育纳入学校总体发展规划和年度规则计划，健全配套制度，实现理论教学与实践活动的有机结合。一方面，要加强顶层设计，优化课程设置，引入跨学科视角，挖掘课程诚信文化元素，将诚信教育融入专业课程；另一方面，要加强与政府部门、企事业单位、社会组织的合作，共同开发诚信教育实践项目，让学生在社会实践中深化对诚信的理解，并将实践结果纳入增值评价。同时，应充分利信息技术手段，如建立在线诚信教育平台，拓宽教育渠道，构建监督体系，提高教育效果。

（四）展望未来：构建以诚信为核心的教育评价新生态

教育评价改革是推动诚信文化教育深入发展的关键环节。当前，随着教育评价体系的不断完善，以学分为基础的量化评价正逐步向全面、增值、发展性评价转变。在这一背景下，应将诚信作为衡量学生综合素质的重要指标之一，纳入教育评价体系的各个层面，形成以学生为中心，注重过程评价、胜任力评价的诚信教育评价新生态。具体而言，应精准把握评价对象特质，尊重个体差异，建立科学合理的诚信评价机制；同时，要完善评价结果的反馈与运用机制，将诚信评价结果与奖学金评定、保研推荐、就业推荐等挂钩，

形成有效的激励与约束机制。

参考文献

［1］黄艳丽，杨葛君，吴涛，等．新时代教育评价改革背景下大学生评价的困境与突破逻辑［J］．中国教育技术装备，2024（4）：6-11.

［2］万紫蝶，王振华．高校开展诚信感恩教育的必要性与重要性研究［J］．才智，2024（32）：49-52.

［3］沙迪，高晶，刘佳旭，等．学院制学生社区管理模式下大学生诚信价值观培育路径研究［J］．当代教研论丛，2024，10（9）：118-120.

［4］吴帅．教育评价改革背景下地方高校理工科大学生"第二课堂"功能提升路径研究——以盐城师范学院为例［J］．公关世界，2022（10）：51-52.

新时代高校构建学生综合素质评价体系的路径探究 ①

黄 艳

（党委学生工作部、人民武装部）

2020 年，中共中央、国务院印发实施《深化新时代教育评价改革总体方案》，提出要创新德智体美劳过程性评价办法，健全综合评价，充分利用信息技术，提高教育评价的科学性、专业性、客观性。2024 年 9 月 1 日，《求是》第 17 期发表了习近平总书记的重要文章《培养德智体美劳全面发展的社会主义建设者和接班人》。文章提到："要努力构建德智体美劳全面培养的教育体系，形成更高水平的人才培养体系。"这为高校构建学生综合素质评价体系提供了指导思想，高校应贯彻社会主义办学方向，落实立德树人根本任务，推动学生全面发展，科学构建学生综合素质评价体系，充分发挥"指挥棒"作用。

一、高校构建学生综合素质评价体系的重要意义

（一）理论意义

1. 丰富学生综合评价理论研究成果

新时代学生个性特征显著发展，但我国目前的学生评价仍保留传统学生评价的"分数"至上特征，无法满足学生成长发展需求，不利于高质量人才培养。而对科学评价体系的研究尚处于起步阶段，理论成果不够丰富充实，未形成系统的理论体系。本文将在一定程度上丰富高校学生综合评价领域的

---

① 本文系中央高校基本科研业务费项目"数字化教育背景下高校学生综合评价路径研究"（项目编号：2722024DS029）；湖北省 2023 年度省教育厅哲学社会科学研究项目（高校学生工作品牌）"华中地区高校'一站式'学生社区综合管理模式育人成效评价与优化路径研究"（项目编号：23Z434）的阶段性研究成果之一。

力量研究成果。

2. 为高校学生综合素质评价体系设计提供理论借鉴

学生综合评价是人才培养中的重要环节。如何科学评价学生综合素质，充分发挥"指挥棒"作用，真正做到"以评促学"，让学生评价改革助力人才培养工程，是学生评价改革的重要任务。我们必须承认的是，当前的教育实践仍然有高校存在"唯分数""重结构轻过程"等现象，且尚未找到解决问题的出口。本文结合高校"第二课程成绩单"制度探索实践路径，可为其他高校开展相关研究和工作实践提供理论借鉴。

（二）实践意义

1. 高校落实立德树人根本任务的制度保障

教育是国之大计、党之大计，承担着立德树人的根本任务。党的十八大以来，习近平总书记从党和国家的总体布局出发，多次就如何贯彻落实立德树人根本任务发表重要讲话，并作出相关指示批示。而高校立德树人根本任务的核心在于培养德智体美劳全面发展的社会主义建设者和接班人。学生综合素质评价体系的核心内容包括思想道德、学业水平、身心健康、艺术审美和劳动实践等多个方面。通过科学、全面的评价体系，高校能够更好地引导学生全面发展，培养具有高尚品德、扎实知识和强实践能力的人才。

2. 高校落实教育评价改革方案的必然举措

根据《深化新时代教育评价改革总体方案》和相关文件要求，高校学生评价改革的重要任务可归纳为三个方面。

一是优化学生评价体系，推动学生德智体美劳全面发展。德育优先、注重能力、全面提升学生综合素质，摒弃以分数单一衡量学生的方式，创新德智体美劳全过程的评价模式，逐步健全综合素质评价体系。

二是创新评价工具，利用现代信息技术手段，如人工智能和大数据，对学生各学年的学习情况进行全过程纵向评价，同时对德智体美劳全方面进行横向评价。

三是完善评价结果应用，充分发挥导向、评估、诊断和调节作用。

高校在构建综合素质评价体系时，落实以上重要任务，深入贯彻教育评价改革的相关要求。

3. 高校提高人才培养质量的有效支撑

高校的核心任务是人才培养，"培养什么样的人"是贯穿高校各个工作环节的重要问题。科学的学生评价体系有助于满足学生个性化、多元化成长发展需求，激发学生学习潜能，推动多元智能发展。多维度、多主体的培养过程和评价方式，为全面提升学生的综合素质和促进学生的全面发展提供有力支持。这不仅有利于学生在校期间树立正确的学习目标，对于学生培养良好的学习习惯和终身学习的能力亦有帮助。

二、高校学生综合素质评价体系的实践现状

（一）仍偏重传统学生评价

虽然高校在设计评价体系时会将很多与学生相关的因素都考虑在内，但涉及不深，在实际操作过程中仍然主要依赖于学生考试成绩以及各种奖项成果。这导致评价内容单一片面，对于创新精神、实践能力、心理素质、行为习惯等综合性评价相对忽视，难以全面反映学生的综合素质和能力。

（二）教育引导功能未能有效发挥

学生综合素质评价体系的建立除了对学生阶段性发展情况做出评价以外，对接下来学生有针对性地调整目标、关注个人成长有着重要指导作用。但实现情况却是因测评体系构建难、观测指标赋值难、客观公正打分难、结果科学运用难等原因，教育引导作用无法充分发挥。

（三）过于强调量化评价方法

大多数高校现行的学生综合素质评价仍有"对一切进行量化评价"的情况。即使有涉及定性评价，最终也都以量化评价方式体现，且量化评价的标准不一定合理。量化评价方法有其独特的优势，不但能够将抽象的情况和现象以数据的方式直观地呈现出来，而且多数情况下这种以数据也具有较高的

可信度和科学性，但是仅仅依靠这一种单一的方法却是不可行的。

（四）"以德为先"体现不足

德育目标是高校思想政治教育的核心，"以德为先"是高校学生评价改革的重要任务和目标。但目前高校对于学生评价改革中的德育目标理解不够全面，评价体系中的评价指标较为单一，主要集中在学生政治素养、思想政治觉悟、道德品质等方面，对于社会责任感等其他方面的涉及不够全面。德育评价的方法较多使用问卷调查法、指标打分法等，案例分析法、实地观察法等方法运用较少。

（五）评价结果运用较为单一

学生综合评价结果运用是学生综合素质评价的重要一环，是对评价结果育人价值的挖掘和发挥。将评价结果应用于实际教育教学和人才培养过程中，有助于推动学校素质教育深入发展，助力人才培养高质量发展。但因受到人员因素、评价自身因素、环境因素等影响，评价结果的运用也面临困难。学生对于评价结果的关注偏向于功利性，即是否对评奖评优、入党等个人发展有利，并不是其鉴定、导向或激励功能。

（六）配套体系设计不完善

高校学生综合素质评价需要有系统的评价体系和完善的制度措施作为保障，且参与人员的分工协作也是评价制度落实落地的重要影响因素。配套体系设计不够完善主要体现在评价内容与指标体系科学性不强、评价主体与方法单一化、评价程序与过程简单化处理等方面。部分高校学生综合素质评价体系可操作性仍有待加强，以获得更加客观真实的评价结果。

三、结合"第二课堂成绩单"制度的路径探索

（一）可行性分析

1.评价指标可融通

《共青团中央 教育部关于印发〈关于在高校实施共青团"第二课堂成绩

单"制度的意见〉的通知》（中青联发〔2018〕5 号）指出，要紧紧围绕思想素质养成、政治觉悟提升、文艺体育项目、志愿公益服务、创新创业创造、实践实习实训、技能特长培养等内容设计课程项目体系。实现第二课堂与第一课堂互动互融、互补互促。[1]而学生综合素质评价体系的评价指标需满足科学评价学生德智体美劳各方面的表现，引导学生全面发展。两者在评价指标的设计上可以德智体美劳"五育"并举为指导方向，实现评价指标的融通。

2. 基础数据可共享

高校构建"第二课堂成绩单"制度，通过系统记录和评价学生课外活动参与情况和结果，包括科研竞赛、创新创业、志愿服务、社会实践等多方面。这些数据不仅是"第二课堂成绩单"的客观记录，也为学校评价学生综合素质提供了数据支撑。

3. 评价标准可互鉴

虽然"第二课堂成绩单"和学生综合素质评价的目标各有侧重。前者重在过程记录，形成学生第二课堂画像；后者重在评价，以评促学。但对于评价指标的赋分标准，二者也可相互借鉴参考。相同的评价标准、不同的计算和结果呈现方式更便于学生接受一致的教育引导，并对个人成长有着多元化的认知和理解。

4. 促进发展可互助

"第二课堂成绩单"制度更多是鼓励学生积极参加第二课堂项目；学生综合素质评价则多运用于学生学年鉴定、评奖评优、入党推优等过程中。两者的结合能使二者相互推动，互为助力，充分发挥引导教育作用，促进学生全面发展。

（二）学生综合评价体系设计总体思路

总体思路总结为"五个结合"，即"第一课堂"与"第二课堂"相结合、评价与倡导相结合、评价与奖励相结合、学工与团委相结合、要求与特色相结合。

评价体系的设计是在梳理上级文件要求和重点任务的前提下，结合高校实际；以科学运用"第二课堂成绩单"平台数据，给辅导员和学生减负为目标。学生通过一个系统即可生成个人"第二课堂成绩单"及综合素质评价基础数据；辅导员通过一次审核，即可对项目确定赋分，学生综合素质评价得分根据高校具体评价办法确定德智体美劳版块得分及学年总体得分。

（三）落实评价改革要求的设计思考

1. 改进结果评价

改进结果评价主要体现在对德智体美劳版块的权重优化，如将第一课堂成绩和德育版块权重提高。

2. 强化过程评价

强化过程评价主要体现在"第二课堂成绩单"中对学生学习过程记录数据的采用及对学生纯参与活动的认可和赋分。

3. 探索增值评价

探索增值评价主要体现在对评价结果的最终运用，如在奖学金评选办法中增设学习进步奖、综合素质进步奖等奖项。

4. 健全综合评价

健全综合评价体现在过程与结果评价相结合以及定量与定性评价相结合两方面。在定性评价方面，设置德育评价部分，由学院制定细则，结合学生实际情况评议计分。计分实行减分制，最高分根据高校实际情况设置，最低分0分。受到处分的学生，德育评价为0分；未受处分但存在其他违纪或不当行为的学生，学院根据细则扣分。德育评价部分与奖学金评选办法联动。对德育评价部分得分低于6分的学生，取消其评奖评优资格。

5. 完善评价结果运用

学生综合素质评价对所有普通全日制在校本科生实现全覆盖，可将评价结果作为学年评奖评优和学年鉴定等过程。注重引导辅导员和学生本人，重视评价结果对于成长的引导作用，综合发挥结果的导向、鉴定、诊断、调控和改进作用。

（四）评价体系设计中需要思考的其他问题

面向辅导员和学生的调查问卷以及个别访谈结果显示，以下五个方面的问题受到普遍关注。

1. 第一课堂成绩界定

第一课堂成绩界定的问题有两个：一个是第一课堂成绩是否取加权平均成绩；另一个是所有课程性质（必修、限选和任选）的课程成绩是否都参与计算。调研发现，对于第一个问题，大多数高校无论是成绩单还是学生学年成绩排名均使用加权平均成绩。对于第二问题，部分师生提出将任选课纳入计算是不合理的。对此，高校可根据学校具体情况，与教务部沟通协商确定。

2. 德育评价实施

这部分的意见相对统一，绝大多数师生赞成德育评价采取纪实评议的方式，实行减分制。该设置给学院学生管理提供了强有力的抓手。但大部分师生希望学校能提供一个参考的德育负向清单，学院以此为依据来制定学院德育评价负向清单。

3. 学院测评细则

绝大多数师生表示高校学生综合素质评价不能全校"一把尺子量到底"，需要体现学院差异。建议学校统筹，制定实施办法，提供指导意见。学院制定测评细则，更好地体现学院学科特色和管理特色，充分发挥教育引导作用。

4. 评价系统设计

几乎所有师生对学生综合素质评价系统与"第二课堂成绩单"系统共用基础数据，减少师生多次录入认证负担的设计思考表示赞同。同时，对于系统操作设计上，大多数师生提出希望尽可能简化流程，操作设计需更人性化的建议。

5. 评价结果呈现

调研中，师生均表现出对评价结果的呈现形式很在意。90% 以上的师生表示希望不要用等级形式体现结果，且学生本人系统中能看到的结果与最终进入学生个人档案的结果在具体内容、个人位次等方面的精确程度、详细程度应该有差异。

四、结语

综上所述，新时代高校学生综合素质评价体系的构建意义重大，是落实立德树人根本任务的重要制度保障。虽然探索过程中难免遇到各种问题和阻碍，但通过分析，我们也发现，高校可结合"第二课堂成绩单"等制度探索可能的实现路径。

参考文献

［1］中国共产主义青年团中央委员会，中华人民共和国教育部. 共青团中央 教育部关于印发《关于在高校实施共青团"第二课堂成绩单"制度的意见》的通知：（中青联发［2018］5号）［Z］. 2018-06-22.

［2］吴玲倩. 本科高校学生评教指标体系的构建及应用研究［D］. 兰州：兰州财经大学，2019.

［3］陆宝萍. 高校学生综合素质评价体系的构建方法研究［J］. 教育教学论坛，2023（32）：158-161.

［4］殷金桃. 构建高校学生综合素质评价体系的路径探究［J］. 吉林省教育学院学报，2024，40（4）：134-138.

［5］夏怡新，朱斌. 构建高校学生综合素质评价体系的思考［J］. 教育探索，2003（8）：53-54.

［6］刘骏，高向东. 基于高校第二课堂学分系统的学生综合素质评价研究［J］. 思想理论教育，2022（9）：106-111.

来华留学生 1+3+5 培养体系概述

——以中南财经政法大学金融学院为例

曹宸璐

（金融学院）

近年来，我国经济实力、国际地位及影响力不断提升。高等教育事业也进入了发展快车道，呈现更高水平、更高层次、更高质量的发展态势。作为世界上最重要的"人才环流"接纳国之一，我国来华留学事业逐步从追求规模发展到提质增效阶段。2020 年 6 月，《教育部等八部门关于加快和扩大新时代教育对外开放的意见》（教思政〔2020〕1 号）强调，做强"留学中国"品牌是重点任务。党的二十大报告指出，坚守中华文化立场，提炼展示中华文明的精神标识和文化精髓，加快构建中国话语和中国叙事体系，讲好中国故事、传播好中国声音，展现可信、可爱、可敬的中国形象。国家旨在通过文化交流和国际传播，提升国家文化软实力，促进世界对中国文化的理解和认同，进而在国际舞台上树立一个积极、正面的国家形象，增进与世界各国人民的相互理解和友谊。

中南财经政法大学金融学院（以下简称"金融学院"）在来华留学生培养中，坚持以"立德树人"为核心，构建文化命运共同体为导向，将中国传统文化融入来华留学思想教育，鼓励来华留学生认识中国、了解中国。增进来华留学生对中国的认知和理解，有效发挥文化育人功能，促进来华留学教育的提质增效和内涵式发展。

一、整体目标

（一）探索中国文化

金融学院鼓励来华留学生熟悉中国历史、地理、社会、经济等中国国情和文化基本知识，了解中国政治制度和外交政策，理解中国社会主流价值观和公共道德观念，形成良好的法治观念和道德意识。在来华留学生课堂中，授课教师会将中国历史、地理、社会、经济等中国国情融入专业课教育中。在导学相处中，导师发挥主导作用，带学生参观武汉文化古迹，走入百姓生活，感受中华民族人文风情。在日常生活与学生活动中，行政老师会积极引导来华留学生认识中国，融入学校校园生活，接纳中国的生活方式。

（二）提升汉语水平

大多数来华留学生来自母语非英语国家，其中大多数来华留学生英语水平一般、汉语水平较差。来华留学生来到中国学习，与本国同学交流用母语，与他国同学、中国教师、中国教学管理人员交流用简单英语或汉语，口头交流较多。还有一些来华留学生，虽然能用汉语进行日常与一般性的学科专业交流，但是在阅读学科专业文献还是非常吃力，汉语进行学位论文写作也是难上加难。金融学院长期鼓励来华留学生不断提升汉语水平，积极参加学校汉语水平考试，达到学校的汉语水平考试要求；鼓励学生在日常学习、活动中、生活中使用汉语交流；鼓励选择英文授课的来华留学生使用英语完成本学科、专业的学习和研究任务，并坚持锻炼使用英语从事本专业相关科研工作的能力；鼓励选择中文授课的来华留学生在口语方面使用中文的同时，尽可能阅读国内文献，不断增加汉语听说读写的能力；还鼓励来华留学生积极参加导师师门组会，融入国内学业学习生活中。

（三）培育综合素养

金融学院不仅注重思想政治素质和职业道德的培养，更致力于构建坚实的理论基础，培养学生系统掌握并熟练运用金融学专业的方法和技能，以适应全球化金融市场的需求。金融学院鼓励来华留学生精通至少一门外语，这不仅能够增强他们的国际交流能力，也能提高他们在金融领域内进行深入研究和有效沟通的能力。此外，金融学院特别强调创业能力和应用研究能力的培养，旨在激发来华留学生的创新思维和解决实际问题的能力。金融学院还鼓励来华留学生参加国内外银行、证券、保险等金融机构以及综合经济管理部门等企事业单位的实践，参加导师课题实践，致力将来华留学生培养成为能够适应复杂金融环境、具备高层次专业素养的国际金融人才。

二、三大抓手

（一）全员育人

金融学院设立了"优秀来华留学生奖学金"和"中南财经政法大学留学生中华文化教育基金"等各种层次的奖学金和教育基金，开展了来华留学生汉语大赛、中外师生迎新春联欢会等文化活动，为来华留学生提供全方位的关爱与支持。

在学院层面，金融学院致力于确保来华留学生导师组具有专业性和高度关怀度。通过优化导师组结构，定期组织交流和培训，提高导师组对来华留学生的重视度及专业程度。导师们提供个性化指导，不仅关注来华留学生的学业进展，也关心其心理健康。金融学院辅导员们制定来华留学生成长档案，用心记录来华留学生的成长轨迹，在帮助来华留学生完成学业学习的同时，让他们感受到中国人热情的关怀。

（二）五育并举

金融学院注重培养来华留学生的品德、智力、体魄、美感和劳动技能。

在德育方面，金融学院强化道德教育，将道德教育融入日常教学中和生活中。虽然来华留学生来自不同的国家，文化存在差异性，但我们还是努力让他们了解中国文化，弘扬中华民族传统美德，弘扬社会主义核心价值观。

在智育方面，金融学院根据来华留学生的个性化特点，导学共同制定培养计划和个性化学业规划。金融学院定期开展各项技能全英文培训班，让来华留学生掌握并熟练运用金融学专业相关方法和技能。

在体育方面，金融学院对来华留学生一视同仁，鼓励来华留学生积极参加学院的各项学生比赛，促进学生进行体育锻炼，帮助学生融入国内教育，融入学院集体中。

在美育方面，金融学院定期举办中华民族传统文化活动，培养来华留学生中华传统审美情感。

在劳育方面，金融学院鼓励来华留学生参与社会实践，提升他们的劳动技能。

（三）全流程育人

全流程育人确保来华留学生在整个学习生涯中得到全面关照。

在招生阶段，金融学院定期召开来华留学生招生宣讲会，详细介绍学院师资、培养方案、培养优势。

在培养过程中，金融学院不断完善来华留学生培养方案，加强实践环节，以提高其综合素质；设立专职留学生工作老师，解答留学生培养、学位等相关问题，确保学业顺利。金融学院还制定来华留学生就业指导计划，倡导全院教师为来华留学生提供就业机会，助力他们成功步入职场。

毕业后，金融学院导师组、研工办会保持与来华留学生校友的联系，做好学院来华留学生校友服务工作。

三、五大提升举措

（一）强化师资队伍

金融学院重视来华留学生师资队伍建设。来华留学生导师师资力量雄厚，学科名家荟萃，拥有多名国内外知名博导以及多位副教授导师，科研团队壮大。截至目前，金融学院来华留学生导师组共计 32 名老师（14 名教授、11 名副教授和 6 名讲师，1 名行政工作老师）参与来华留学生授课、学术指导、培养和学位工作。在参与来华留学生指导的老师中，海外博士学位的占比 48%，有海外访学经历的占比 100%。每位来华留学生导师组教师在国内外核心期刊发表论文数篇，且都有主持或参与国家科研项目经验。雄厚的师资力量为来华留学生的培养奠定了坚实的基础。教师们面对来自世界各地，不同国家、不同文化背景的留学生，拥有海外访学经历的老师们注重跨文化沟通能力的培养，熟悉国外的教学方法和考试方式，结合我国学科发展情况以及教育理念，更能针对外国学生的特点进行教学。

（二）优化培养体系

1. 培养方案优化：制定特色课程，强调个性培养

在优化培养方案方面，金融学院着力打造来华留学生博士和硕士特色课程，以满足不同层次留学生的需求。特色课程将充分结合国际金融领域最新发展趋势，引入前沿知识和研究方向。为培养学生的个性化需求，金融学院建立灵活的选修课程制度，来华留学生可根据个人兴趣和职业规划自由选择相关课程。通过与行业合作，金融学院提供实地调研、行业案例分析等实践

课程，使来华留学生在学术研究的同时获得实际操作经验。与此同时，金融学院建立国际化的导师团队，为来华留学生提供更多学术指导和职业规划支持，确保每位学生在留学生涯中都能实现全面发展。

2.课程设置优化：完善课程结构，提高教学质量

在课程设置方面，金融学院全面优化课程结构，精简重复内容，强调理论与实践相结合，设置金融学专业基础课、技能操作课程、中国经济学相关课程；鼓励授课教师采用多元化的教学手段，如案例教学、实验课程等，提高课程的趣味性和实用性；增加互动性强的讨论课、研讨会等形式，激发来华留学生学习兴趣；通过引入国际一流教材，加强与国外高校的学科交流，不断更新教学内容，确保课程紧跟国际金融前沿。

3.学位流程优化：定期评估过程，加强学术指导

为优化学位过程，金融学院建立定期评估机制。学术委员会通过对来华留学生的学术表现进行评估，为其提供个性化的学术辅导。金融学院长期邀请国内外知名学者开设全英文讲座，定期软件应用系列讲座，为来华留学生提供学术写作辅导、研究方法和技能培训。金融学院开展定期开展学术报告会和学术沙龙，搭建来华留学生展示研究成果和交流学术观点的平台，促进留学生间的学术互动，帮助来华留学生提升研究水平和写作水平。金融学院通过导师指导和学术交流，培养来华留学生具备国际竞争力的学术背景。

4.网站信息优化：完善网站内容，便捷信息获取

在英文网站建设方面，金融学院注重提升来华留学生信息获取效率。通过创建学院英文网站，改进网站结构、实时更新校园动态、学术讲座、通知等信息，使来华留学生能够更方便、快捷地获取学校相关政策、课程信息、活动通知等信息。建设全英文导航系统，为不同语言背景的留学生提供更友好的浏览体验，确保留学生始终了解学校最新发展动态。

（三）加强导学互动

1.迎新启航：构建导学桥梁

金融学院致力为来华留学生与导师搭建沟通交流平台，推动导学深度互

动，营造良好的育人氛围。为使来华留学生新生尽快熟悉校园环境、融入学习生活，金融学院在学年伊始定期举办新生导师见面会，所有来华留学生、留学生导师相聚一堂。见面会详细介绍来华留学生的培养方案及学业进程中的各个重要时间节点，详细介绍每位来华留学生导师科研方向，以及详细介绍来华留学生学习情况、研究方向或者研究兴趣。此外，见面会也是新生了解学院资源、校园文化和学术氛围的良好机会，为新生提供了一个展示自我、建立联系的平台。金融学院通过这一活动，不仅帮助新生快速融入学术社区，更激发了他们对学术探索的热情和对未来学习生活的期待。

2. 团建促融：共建师生情谊

为了加强导学之间的联系，促进不同文化背景的来华留学生之间的交流与理解，金融学院定期举办形式多样的团建活动。篮球赛、户外徒步、文化沙龙等活动不仅丰富了师生的课余生活，也为大家提供了一个轻松愉快的交流环境。通过这些活动，师生可以在非正式的场合中相互了解，分享经验，增进友谊。此外，金融学院鼓励师生多组建导学活动，鼓励来华留学生参加导师团队的科研、日常师门活动，在团队合作中学习相互尊重、沟通协调和解决问题的能力。这些活动有助于增强来华留学生的参与感和归属感，培养来华留学生的团队精神，同时也让导师更好地了解学生的个性和需求，为个性化教学和指导提供支持。

（四）提升科研能力

1. 信息导航：专题培训引导资源获取

为进一步加强来华留学生对图书馆资源和服务的了解，提升学生学习科研效率，金融学院定期邀请图书馆专业技术老师举办图书馆资源访问与使用专题讲座。在专题讲座上，老师使用全英文简要介绍图书馆的概况及各项服务，包括图书借阅及归还方式、如何利用图书馆数据库、跟留学生密切相关的借书制度、荐购途径、研究生慕课；详细介绍了 Refinitiv Eikon 与 Datastream 英文数据库的使用方法，并为大家演示具体操作步骤，帮助留学生掌握关键的学术资源获取技能。

2. 数据分析：学术沙龙促进研究交流

金融学院定期开展来华留学生学术沙龙活动。学术沙龙活动邀请学院发表优秀成果的国内外博士生进行论文写作技巧分享、数据库使用技能分享、收集数据技能分享；大力促进了中外学生间的学术交流，增强了学生们的查找、收集数据能力，提高了学术科研能力，为培养具有全球竞争力的高素质创新型学术人才，搭建了开放、多元的学术交流平台。这些沙龙不仅促进了中外学生之间的学术交流，也显著提升了学生的数据分析和科研能力，为培养具有全球视野的创新型学术人才打下了坚实基础。

3. 技术前沿：系列讲座拓展学术视野

金融学院定期开展机器学习系列讲座，邀请知名教授为留学生讲授金融领域的机器学习和计量经济学知识。讲座内容从机器学习的基本概念到在金融领域的具体应用，对比分析了机器学习与传统计量经济学的不同，并介绍了机器学习中的常用算法和函数。通过实际案例，展示了机器学习技术在金融分析中的创新应用，为留学生开拓了新的学术视野。

4. 经验共享：跨院系交流共谋培养创新

金融学院长期与兄弟院系之间关于来华留学招生及培养问题展开深入交流与分享。积极向兄弟院校交流学习，不断创新和完善招生工作方式方法，不断丰富来华留学生培养特色，提高来华留学生培养质量，共同推动来华留学生教育的发展。

（五）丰富文化交流

为了弘扬和传播中华传统文化，加强国际文化交流，金融学院定期举办文化交流活动来增强留学生的文化素养，弘扬中国传统文化。

金融学院在端午节期间开展以"粽情端午，欢聚一堂"为主题的文化活动，来华留学生通过亲手包粽子和手工制作端午香囊，真切地感受中国端午节的民俗传统和文化内涵。

金融学院还在中秋节期间举办了"明月寄相思、月饼传情谊"的来华留学生中秋节主题活动。中秋活动让留学生感受到中国传统文化的魅力，培养其对中国文化的兴趣，同时也促进他们更好地融入校园生活，丰富其课余文化生活。学院举办中国传统文化活动不仅让留学生们体验了中国传统民俗活动、了解了中国传统文化，感受到中国传统文化的魅力，还增进了来华留学生之间的交流与互动，加深了师生间的情谊，营造了良好的校园文化氛围，为培养全面发展的高素质人才搭建桥梁、穿引纽带。

四、工作成效

截至目前，金融学院来华留学生硕士、博士基本能够按时顺利完成学业毕业，顺利拿到双证。多名来华留学生博士在校期间发表多篇英文期刊高水平论文，硕果累累。个别毕业生进入斯坦福大学顶尖科学家名单。大多数博士毕业生就职海外高校，少部分博士生继续在海内外知名学位就读博士后。大多数硕士毕业生继续在国内外知名高校深造，少部分在中国大型企业海外分公司就职，如华为、小米、京东等海外分公司。校内在读部分学院留学生在各方面表现出色，获评学术中南一等奖等校内奖项。

参考文献

［1］姜丽萍，庞震. 21世纪20年来华留学生人才培养：回顾与展望［J］. 天津师范大学学报（社会科学版），2023（1）：31-37.

［2］马彬彬，李祖超. 高校来华留学生"趋同管理"培养模式探析［J］. 黑龙江高教研究，2021，39（1）：62-65.

［3］梁婧，尚长春，朱彬. "一带一路"倡议下校企合作培养经管类来华留学生的模式探究——以巴基斯坦为例［J］. 商展经济，2022（18）：130-134.

［4］肖建国，李永贤. 研究生"三全"育人模式及其实践路径优化研究［J］. 学位与研究生教育，2021（6）：42-47.

［5］张启钱. "三全育人"视阈下研究生思想政治工作路径探究［J］. 江苏高教，2021（3）：109-112.

［6］陈君楣，陈森霖. 来华留学生文化传播人才培养路径探索［J］. 教育评论，2021（11）：35-39.

数字化转型赋能高校资助育人高质量发展[①]

——以中南财经政法大学为例

谢　吉

（党委学生工作部、人民武装部）

从 2006 年各高校成立学生资助管理中心，高校资助工作已发展 18 年。随着大数据、人工智能等技术的不断更新，数字技术深刻改变社会、经济、政治、教育等领域的运行机制。学生资助是一项重要的民生工程、育人工程，推动其数字化转型是现实工作需要、人才培养需要、未来发展需要。本文立足中南财经政法大学实际情况，充分整合校内外资源，探索建立集队伍建设、业务管理、智慧服务、数据应用、综合评价为一体的学生资助数字平台，促进多元协同、数据共享，以服务促管理，最终形成有"中南大"特色高质量发展的资助治理体系，促使受助学生成长成才。

"资助工作高质量发展"是党的二十大以来资助战线一直追求的目标，但对于什么是资助工作的"高质量发展"一直没有一个定论。笔者结合十年的资助工作经验，立足时代新人的特点，提出资助工作的数字化转型本身就是"资助工作高质量发展"的内涵之一。新时代学生更加青睐移动化、数字化、可视化的管理模式，数字化转型后的资助有助于加强资助工作与学生的粘性，更好地服务师生，从而更好地培育时代新人。

一、目前资助数字化存在的问题

中南财经政法大学每年家庭经济困难本科学生 3 千余名，占本科生人数的比重超过 15%。家庭经济困难学生受家庭经济条件和成长环境影响，在特

---

①　本文系中南财经政法大学中央高校基本科研业务费科研培育与全员育人专项"'三全育人'项目"（项目编号：2722024DS023）研究成果。

长培养、沟通表达、创新思维等方面有所不足，表现出敏感、内向、自卑以及人际交往能力较弱等性格特征。"内向型"的性格让这部分学生较难主动求助，需要我们借助信息化的手段来识别和研判他们的需求。但目前涉及学生各项数据要么收集不完整，要么存在"信息孤岛"，数据运用分析能力也亟待提升。

（一）学生资助数据治理与质量提升

学生管理数据目前存在着数据海量，但各系统不相兼容，形成"信息孤岛"。加强数据治理需要统一数据格式，加强系统接口标准化建设，优化统一数据管理平台。针对资助数据，建立学生资助数据资源目录，开展数据治理与质量提升专项行动，定期督办及时清除"垃圾数据""僵尸数据""异常数据"等，进一步提升系统数据的完整性、准确性、一致性、及时性和可用性。

（二）学生资助数据分析能力与水平亟待提高

根据学生资助业务管理平台汇聚的学生资助数据，从学期、业务等多个维度，生成学生资助数据分析报告、分析简报等，为全校各部门提供资助数据服务。同时，融合全校各管理部门和学生培养单位的多方数据，创新应用手段，拓展数字化服务场景，让数字动起来、用起来、活起来。

（三）网络安全和数据安全保障

安全既是防线，更是底线。工作做得再好，安全出了问题，一切成果都归零。近年来，国家相继出台了一系列网络安全相关法律法规和政策制度（以"三法一条例"为代表，即《中华人民共和国数据安全法》《中华人民共和国网络安全法》《中华人民共和国个人信息保护法》和《关键信息基础设施保护条例》）。资助系统作为学校信息系统的一员，存储海量跟学生密切相关的数据。资助工作者需提高网络安全责任意识、落实网络安全行为规范、切实提升网络安全防范能力，保护资助数据安全。

二、研究学生资助数字化转型的意义

伴随着学生资助从保障型向发展型转变，推进学生资助数字化转型升级，是深入贯彻党的二十大精神、切实落实国家教育数字化战略行动的必然要求，也是推动学生资助工作提档升级的重要举措。探索建立资助数字化平台，有利于提升资助育人工作实效，提升人才培养质量，实现精准化、结构化、内涵化，帮助更多家庭经济困难学生实现自我发展，享有出彩人生。

（一）探索学生资助数字化转型，是落实"国家教育数字化战略行动"的重要举措。

教育数字化是数字中国战略的重要组成部分，也是中国式教育现代化的重要引擎。"推进教育数字化"被写入党的二十大报告，体现出教育数字化对推进教育公平、提升教育质量，办好人民满意的教育的重要意义；也是党中央赋予教育在全面建设社会主义现代化国家中新的使命任务。教育部党组高度重视教育信息化建设和数字化转型，把教育数字化、信息化作为教育发展的战略制高点，作为建设教育强国、办好人民满意的教育的重要举措。2022年，教育部正式启动实施了国家教育数字化战略行动计划，提出了"需求牵引、应用为王、服务至上"的工作原则，上线运行了国家智慧教育平台，相继召开了世界教育数字大会、高等教育和职业教育数字化国际论坛等，聚焦数字中国，把数字资源的发展改革潜力运用到教育改革中。可以说，教育数字化作为"数字中国战略"的重要组成部分，是贯彻落实国家各大战略，是科教兴国、人才强国、创新驱动发展的重要先手棋。

（二）探索学生资助数字化转型，是推动学生资助工作高质量发展的内在需求。

学生资助事关民生，事关公平，是老百姓最关心的事情。不仅如此，它还事关教育事业发展和教育现代化，始终受到党中央的高度重视和亲切关怀。"完善覆盖全学段学生资助体系"是党的二十大明确提出的教育发展目标。这是党的代表大会上连续四次对学生资助工作作出专门部署，从"提高水平"到"健全制度"再到"完善体系"，体现出了党中央对学生资助事业的持续关心和高度重视，也是全面脱贫攻坚任务完成后对学生资助提出的新要求。经过多年努力，我国已建立起部、省、市、县、校五级学生资助管理机构和队伍体系；建立起覆盖学前教育至研究生教育阶段的国家学生资助政策体系，国家级资助项目达 28 个，地方政府、学校和社会资助项目超过万余项；建设起全国统一的学生资助信息管理系统。站在数字中国的新起点，如何革新理念推动学生资助工作全面适应中国式现代化建设的需要，进一步把学生资助这项党的惠民政策落好落细落准，在信息化基础上接续提升学生资助管理网络化、数字化和智能化水平，是当前亟待研究和解决的现实问题。

（三）探索学生资助数字化转型，有助于服务学生成长培育时代新人。

习近平总书记多次在讲话中强调，要坚持不懈用新时代中国特色社会主义思想铸魂育人，着力加强社会主义核心价值观教育，引导学生树立坚定的理想信念，永远听党话、跟党走，矢志奉献国家和人民。

学生资助数字化，既是学生管理方式的改变，也是育人手段的更新。新时代下，学生工作更应该以学生喜闻乐见的方式呈现。探索学生资助数字化转型，把经济上的帮扶与能力上的帮扶、意志上的帮扶结合起来，依托国家资助、学校奖助、社会捐助、学生自助"四位一体"的全员全方位资助体系，构建物质帮扶、道德浸润、能力拓展、精神激励有效融合的资助育人长效机制，从而实现无偿与有偿、显性与隐性帮扶的有机融合，形成"解困—育人—成才—回馈"的良性循环，着力培养受助学生自强自立、诚实守信、甘于奉献、勇于担当的良好品质，助力学生成长成才，培育全面发展、堪担重任的时代新人。

三、学生资助数字化转型的内涵

中南财经政法大学针对目前学生资助信息化建设中存在的诸如系统稳定性不够、功能性有待优化、智慧化程度不足等问题，将数字技术运用于资助育人全过程，利用数字化促进精准认定，发掘学生需求实现个性化资助，开展持续跟踪实现动态管理，进行科学评价形成良性循环，打造学生资助数字平台。新平台将数字化思维运用于学生思想引领、素养提升、职业发展、心理疏导等全方面的帮扶，培育德智体美劳全面发展的时代新人，具体包含综合评价平台、数据应用平台、队伍建设平台、业务管理平台、智慧资助平台五大体系的学生资助数字化平台。

（一）队伍建设，提升数字化素养

学生资助数智化建设需要一支既具备资助工作经验、学生工作经验，同时又具有数字化素养和本领的人才队伍。一方面要明确队伍主体，资助数字化转型需要多元主体共同合作、协调推进，学生资助管理人员、学生工作者、信息化建设专业人员等都应该是参与主体。另一方面要加强对参与主体的培训，引导队伍充分认识资助数字化转型的必然性和重要性，提升资助队伍数字素养和技能，建立数字思维，共同参与资助数智化平台建设，运用好系统功能，充分挖掘资助数据价值。

（二）需求牵引，建设业务管理平台

建设涵盖综合测评模块、奖学金模块、勤工助学模块、家庭经济困难认定模块、助学金模块、困难补助模块、学费减免模块、绿色通道模块等八大模块的电脑端和移动端双应用一站式线上服务平台和资助业务管理平台，适配师生使用习惯，实现资助业务线上办理、一键审批，真正实现数据多跑路、师生少跑腿，夯实资助工作基础，提高资助管理效能。

（三）服务至上，打造智慧资助平台

应用数字化技术，精准识别资助对象。利用人工智能以及大数据等现代化数字技术，综合考虑学生家庭所在地、家庭成员工作及收入、学校所在地物价水平、学生消费数据等，分项设置指标权重，建构识别模型，由系统为每个学生提供一个建议"困难程度"，解决家庭经济困难认定工作中的虚假困难识别及真实困难覆盖等问题，精准识别需要资助的学生，找准资助对象。

通过大数据分析，挖掘学生隐匿需求。实时采集学生在校学习生活信息，分析家庭经济困难学生与普通学生消费结构的差异，及时掌握学生隐匿性成长需求。根据这些信息，创新资助形式、丰富资助内涵，有针对性地给困难学生提供更多隐形资助、学习支持、就业支持、发展支持、兴趣培养支持等，促进学生全面成长，提升资助育人成效。

（四）数据赋能，打造数据应用平台

建设学生资助画像平台，集中展示学生个体在校期间学习情况、获奖情况、受助情况等，客观反映学生成长趋势，学校资助育人效果，确保学生资助内容、标准与受助需求相适应，为学生精准配置资助资源。

建设校级资助综合数据分析平台，综合展示、分析学校年度奖助项目设立、资金使用、奖助结构等情况，学院资助政策落实和资金使用情况以及不同年度之间的趋势变化等，为学校资助政策的制定、奖助资源的合理分配提供科学依据。

（五）量化评估，打造综合评价平台

关注受助对象个人成长，在学生画像基础上，对其发展轨迹进行过程性动态跟踪，建立科学的指标体系，分德育、体育、智育、劳育、美育五个维度对学生进行综合评价，形成评价报告，反馈当前资助育人工作效果，为进一步完善制度设计、改善工作方法提供科学依据。

从队伍建设平台、业务管理平台到智慧资助平台、数据应用平台和综合评价平台，本文系统地梳理学生资助数字化平台的内涵，不仅涉及最开始包含精准认定、精准识别、精准赋能的业务管理平台，最重要的是将如何运用好海量的资助数据，赋能资助工作高质量发展，助力时代新人铸魂工程做了细致地说明。通过运用大数据等技术服务精准资助，开展隐形资助；实现数据的可视化，建设资助图像平台，加强数据分析和困难预警，便于及时调整资助名单和资助内容；利用数字化技术对受助学生进行综合评价，追踪资助效能。

学生资助工作是实现社会公平、保障教育公平的重要举措，是党的宗旨使命的重要体现，对于阻断贫困代际传递，加强教育现代化、建设人力资源强国意义重大。进入新的发展阶段，高校学生资助工作被赋予了新的使命和内涵，由"扶困"转为"扶困"与"扶智""扶志"相结合。探索建立资助数字化平台，有利于提升资助育人工作实效，实现精准化、结构化、内涵化，帮助更多家庭经济困难学生实现自我发展，享有出彩人生，具有较高社会效益。

参考文献

［1］甘诺，王翔. 我国贫困大学生研究回顾与展望（1994—2020年）

［J］．江苏高教，2021（5）：62-67．

［2］张媛．高校家庭经济困难学生资助政策实施效果研究［J］．扬州大学学报（高教研究版），2019，23（2）：103-107．

［3］陈博旺，晋家洪，冯力．高校学生贫困资助的政策逻辑、实践困境及其突破路径［J］．黑龙江高教研究，2021，39（10）：29-34．

［4］蒋松．教育数字化背景下思想政治理论课教学资源库建设初探［J］．思想理论教育，2024（1）：77-82．

［5］陈亮，叶明裕．数字赋能高等教育现代化的内在逻辑与高质量立德树人路径［J］．中国远程教育，2024（7）：1-14．

［6］王茜，大数据背景下高校资助育人工作模式重塑［J］．湖北开放职业学院学报，2023，36（7）：141-142，145．

［7］刘阳，陈克文．大数据背景下高校学生资助信息化管理工作研究［J］．中国新通信，2021，23（23）：24-25．

［8］姜庆华，钱修萍．数据驱动高校资助育人精准化：动因、阻碍与实践进路——基于江苏省学生资助申请平台建设与研究［J］．职业技术教育，2021，42（18）：37-41．

［9］易桂姣．运用大数据构建高校贫困生精准资助体系［J］．学校党建与思想教育，2020（22）：28-30．

［10］邝洪波，高国伟．新时代高校资助育人精准化工作探究［J］．学校党建与思想教育，2021（2）：66-67，89．

新时代大学生综合评价体系研究
——基于辅导员视角

翟紫薇

（财政税务学院）

一、引言

随着全球化和信息化的深入发展，知识经济时代已经到来，社会对人才的需求发生了深刻变化。高等教育作为培养高素质人才的主阵地，其评价体系必须适应新时代的发展需求。然而，传统的大学生评价体系往往过于注重学术成绩，忽视学生实践能力、创新能力等多方面的素质，难以全面反映学生的综合素质和个性特征。因此，构建新时代大学生综合评价体系，促进学生全面而有个性地发展，成为当前高等教育改革的重要任务。

大学生综合评价体系不仅是教育评价领域的一项重要课题，更是推动高等教育改革与发展的重要驱动力，为高校教育教学改革提供了有力抓手。全面而科学的评价体系还能增强社会对学生能力的认可度，为学生未来的职业发展奠定坚实基础，助力国家人才战略的实施。一个科学、全面、公正且符合时代要求的大学生综合评价体系，对于提升高等教育质量以及推动社会进步具有重要意义。

二、当前大学生综合评价体系现状分析

（一）评价体系存在的主要问题

1. 评价指标单一

当前大学生评价体系主要以成绩为核心指标，忽视了学生在实践、创新、

团队合作等方面的表现。新时代教育评价改革的总体思路正朝着"综合素质评价"转变，单一化的评价指标不能全面反映学生的综合素质和个性特征，难以适应新时代对高素质人才的要求。[1]学术成绩虽然重要，但并不能完全代表学生的能力和潜力。很多学生可能在学术上表现平平，但在实践、创新等方面却有着出色的表现，单一的评价指标容易导致对人才的误判和浪费。

2. 评价方法僵化

传统的评价方法主要采用量化考核的方式，通过分数、等级等量化指标来评价学生的表现，这种方法虽然具有客观性和可比性，但忽视了学生成长过程中的动态变化和个体差异。质性评价方法在评价体系中的缺失导致难以捕捉到学生的创新思维、实践能力等非量化素质的表现。此外，过度依赖量化评价还可能导致学生的应试心理加重，影响学生的全面发展。

3. 评价体系缺乏系统性

当前大学生评价体系往往缺乏系统性思维，评价指标之间缺乏关联性和权重比例。这导致评价结果难以形成有机整体，各个部分之间缺乏协调性和一致性，难以全面反映学生的综合素质。例如，学术成绩好的学生可能在实践活动中表现不佳；而实践能力强的学生可能在学术成绩上并不突出。这种矛盾的评价结果容易让学生感到困惑和挫败。

4. 评价结果利用不足

当前大学生评价体系中的评价结果往往只是作为奖学金评定、评优评先等活动的依据，而未能有效反馈给学生本人和社会用人单位。这导致评价结果的价值未能得到充分发挥。对于学生来说，缺乏针对性的反馈和指导难以帮助他们明确自己的优势和不足并制定个性化的发展计划；对于社会用人单位来说，缺乏全面、客观的人才评价依据难以做出准确的人才选拔和任用决策。

（二）辅导员在评价体系中的角色与现状

1. 辅导员在评价体系中的角色

辅导员作为大学生日常管理和思想政治教育的重要力量，在评价体系中扮演着不可或缺的角色。辅导员承担着评价标准制定参与者的角色，参与或协助制定学生综合素质的评价标准，确保评价标准能够全面、客观地反映学生的实际情况。由于辅导员直接参与学生的日常管理和教育工作，对学生的思想动态、学业表现、实践能力等方面有着深入的了解，因此是重要的评价主体之一，其评价意见对学生综合素质的评定具有重要影响。在评价过程中，辅导员负责监督评价工作的公正性和客观性，确保评价结果的准确性和可信度，还需关注评价过程中的每一个环节，及时纠正可能出现的偏差和问题。评价结束后，辅导员应及时向学生反馈评价结果，与学生进行深入的交流和分析，帮助学生了解自己的优点和不足，制定个人发展计划，促进学生的全面发展。

2. 辅导员在评价体系中的现状

随着高等教育改革的不断深入和大学生综合素质评价体系的不断完善，辅导员在评价体系中的角色定位逐渐清晰，他们不再是单一的管理者或教育者，而是集多重角色于一身的综合评价者。为了适应评价体系的要求，辅导员不断提升自身专业素养，积极参加各种培训和学习活动，掌握先进的评价理念和方法，提高自身评价水平和能力。然而，辅导员在评价体系中也面临着诸多挑战。一方面，学生群体的多样性和复杂性增加了评价工作的难度；另一方面，评价标准的多样性和不确定性也对辅导员的评价能力提出了更高的要求。为了更好地履行在评价体系中的职责，辅导员需要得到更多的支持和资源。这包括政策上的支持、经费上的保障以及技术上的支撑等。只有这样，辅导员才能更好地发挥在评价体系中的作用，为学生的全面发展做出更大的贡献。

三、新时代大学生综合评价体系构建策略

（一）构建多维度的评价指标

1. 德育评价

德育评价主要关注学生的思想品德、道德素质和社会责任感等方面的表现，具体包括但不限于学生的政治态度、价值观、诚信意识、社会责任感，以及参与志愿服务、社会实践等活动的情况。例如，辅导员通过日常行为观察、

问卷调查、师生评价以及社会实践报告等方式收集相关数据和信息，同时结合主题班会、道德讲堂等活动加强学生的思想政治教育和道德品质培养。

2. 学业评价

在坚持学术成绩的基础上引入过程性评价机制。辅导员应关注学生课堂参与度、作业完成情况以及项目实践等方面的表现，同时鼓励学生参与科研项目和创新创业活动提升自己的学术素养和实践能力。具体可以采用量化考核与质性评价相结合的方式：量化考核主要依据学生的考试成绩和学分绩点；质性评价则通过教师评价、同伴评价以及自我评价等方式来评估学生的学习态度、学习方法和创新能力等方面的表现。

3. 能力评价

能力评价更加注重学生的实践能力和创新能力的培养与评价，具体包括学生的专业技能、团队协作能力、问题解决能力以及创新创业能力等方面的表现。辅导员可通过实习实训、技能竞赛、创新创业项目以及社会实践等方式为学生提供展示自己能力的平台，同时建立科学的评价标准和方法对学生的能力进行客观评价并给予反馈指导。例如，辅导员可以采用项目评价法、案例分析法以及角色扮演法等质性评价方法对学生的能力进行深入评估。

4. 身心素质评价

辅导员不但需要关注和提高学生个人能力，还应关注学生的身体健康和心理健康状况。身心素质评价主要包含学生的体质状况、运动能力、心理素质以及应对压力的能力等方面的表现。辅导员通过定期开展体质测试、心理健康调查以及体育、美育活动等方式了解学生的身心素质状况，同时引入专业的心理测评工具对学生的心理健康状况进行量化评估。此外，辅导员应加强体育、美学教育和心理健康教育提升学生的身体素质和心理素质水平。

（二）采用多样化的评价方法

1. 量化评价与质性评价相结合

量化评价与质性评价的有机结合能够提升评价的深度和精准度，形成更加全面客观的评价结果。量化评价通过明确的评分标准和量化指标,可直观反映出学生的优势领域和不足之处。但单纯的量化评价容易导致学生陷入"分数漩涡",产生动力缺失、习得性无助等消极影响。[2]而质性评价侧重于对学生行为、态度等方面的深入描述和分析,可以更准确地判断其综合素质和发展潜力。例如,在评价学生的学术能力时,可以通过论文发表情况等量化指标来反映其学术成果,也可以通过阅读研究报告、参与学术讨论等方式来深入了解学生学术兴趣、思维方式和研究能力。又如,在评价学生的团队合作能力时,可以通过量化指标(如团队项目完成情况、成员互评得分等)来反映其在团队中的贡献;同时,也可以通过观察其团队表现等方式来深入了解其团队合作精神和沟通能力。

2. 静态评价与动态评价相结合

将静态评价与动态评价相结合,既关注学生的当前表现又关注其成长过程和发展趋势,为教育决策提供更有价值的参考。一方面,静态评价提供了学生在特定时期内的具体表现和成果,为学生自我认知和定位提供了依据;另一方面,动态评价则揭示了学生在成长过程中的变化和发展趋势,为学生制定未来规划和发展目标提供了参考。这种结合有助于促进学生自我反思和持续改进。在实际工作中,我们可以采取多种方式来融合静态评价与动态评价。例如,建立学生成长档案袋,记录学生在学习过程中的点滴进步和成就;定期进行学生自评和互评活动,让学生反思自己的学习过程和成长经历[3];引入第三方评价机构或专家,对学生的综合素质进行定期评估和反馈等。这些措施的实施将有助于我们更准确地把握学生的综合素质和发展潜力,为他们的全面发展和终身发展奠定坚实的基础。

(三)强化评价结果的反馈与利用

1. 及时反馈评价结果

辅导员应根据不同情境和学生偏好灵活选择反馈结果通知的渠道,将评价结果及时反馈给学生本人,帮助他们明确自己的优势和不足并制定个性化的发展计划;同时,加强与学生的沟通交流,根据现有技术支持,采用面对面沟通、电子邮件、内部平台公告等多种渠道。此外，辅导员还可以将评价结果以报告的形式呈现给学生和家长，以便他们更好地了解学生的表现和发展情况，更好地发挥家校合力育人作用。

2. 提供针对性指导

辅导员应根据学生的评价结果提供针对性的发展建议和指导，帮助学生提升综合素质和竞争力。例如对于学术成绩优秀的学生，辅导员可以鼓励他们参与科研项目和创新创业活动提升自己的学术素养和实践能力；对于实践能力强的学生，则可以引导他们参与社会实践和志愿服务等活动，培养他们的社会责任感和团队协作能力[4]。辅导员应切实为提升学生能力提供必要的资源支持，必要时可建立跟踪评估机制，定期回顾改进计划的执行情况，评估改进效果，及时调整指导方案。

3. 优化教育教学

辅导员应将评价结果作为调整教育教学的重要参考依据，推动教学内容方法的改革与创新。辅导员应定期对评价体系进行回顾和反思，收集学生反馈，评估其有效性和适用性，及时进行调整和优化。辅导员应根据评价结果分析学生的学习需求和特点，调整教学内容和方法，注重培养学生的创新精神和实践能力；同时，加强师资队伍建设提高教师的教学水平和评价能力确保评价工作的顺利进行。将评价结果与学校的长期发展战略目标紧密结合，确保评价体系始终服务于学校的长期发展目标。

（四）强化辅导员在评价体系中的作用

辅导员作为大学生成长道路上的重要引路人和评价体系的执行者，其角色与作用的强化对于提升评价体系的科学性和公正性至关重要。从辅导员自身工作出发，有以下几点优化建议。

1. 深化自我认知与专业发展

辅导员应紧跟教育评价改革的前沿动态，提升自身理论水平，明确自身在评价体系中的职责，确保全面、深入地参与到学生的评价过程中；制定详细的辅导员评价工作指南，包括信息收集、评价实施、结果反馈等环节，确保评价工作的规范性和有效性；还应积极与学生沟通，深入了解学生需求，成为学生成长道路上的知心朋友和坚强后盾。

2. 提升专业素养与评价能力

辅导员应不断学习新的评价理念和方法，如心理学、教育测量与评价、数据分析等，以提升自己的专业素养和评价技能。通过参与专业培训、学术交流等方式，掌握先进的评价工具和技术，提高评价结果的准确性和可信度；同时，注重培养自己的沟通能力和人文关怀，以更好地与学生建立信任关系，收集真实有效的评价信息。

3. 创新评价方式与方法

辅导员应勇于尝试和创新评价方式与方法，结合学生实际情况，灵活运用多种评价手段，如观察记录、访谈交流、项目评价等，全面、客观地评价学生的综合素质。通过引入质性评价、动态评价等先进方法，更加细致地描绘学生的成长轨迹，发现学生的潜力和不足，为学生个性化发展提供有力支持。

4. 强化结果反馈与利用

辅导员应重视评价结果的反馈与利用，及时将评价结果传达给学生，并与学生进行深入交流和分析，帮助学生了解自己的优势和不足，制定个性化的发展计划；同时，积极与学校相关部门沟通合作，将评价结果作为教育教学改革的重要参考依据，推动学校教育教学质量的提升。此外，辅导员还应关注社会对人才的需求变化，为学生提供有针对性的就业指导和发展建议。

四、结语

新时代大学生综合评价体系的构建与实施，是响应社会对多元化、创新型人才培养需求的实际行动，需坚持多维度的评价指标构建，采用多样化的评价方法，以更加科学有效地评价学生的表现和发展。同时，还应强化评价结果的反馈与利用，确保能够及时准确地反馈给学生本人和社会用人单位，为学生个性化发展提供有力支持，也为高校教育教学改革和社会人才选拔提供重要参考。在这个过程中，辅导员不仅是评价体系的执行者，更是学生成长道路上的引导者和支持者。

展望未来，新时代大学生综合评价体系的实施将面临更多的挑战和机遇，需要不断总结经验、优化完善，确保评价体系始终与时俱进。同时，还需要加强高校与社会、家庭等各方面的联系与合作，形成合力，共同推动教育评价改革向纵深发展。只有这样，才能更好地培养出更多符合社会需要的高素质人才，为国家的繁荣富强和民族的伟大复兴贡献力量。

参考文献

［1］王鹂，牛小萌．基于"第二课堂成绩单"制度的大学生综合素质评价体系建设实践探索［J］．北京教育（德育），2024（4）：80-83．

［2］胡艳婷．平庸的优秀：大学生量化评价中"分数至上"现象研究［J］．中国青年研究，2023（12）：102-111．

［3］杨振芳．大学生课程学习过程性评价的现状、问题与对策［J］．教育与考试，2021（4）：90-96．

［4］肖妮，冀志宏．"三全育人"视域下大学生思想道德素质评价体系内容构建与实施路径研究［J］．公关世界，2024（6）：134-136．

大数据视域下高校资助育人精准化研究 ①

潘 喆

（党委学生工作部、人民武装部）

资助工作是高等教育管理的重要组成部分，事关社会公平、教育公平。做好学生资助是建设现代化教育强国、科技强国、人才强国的必然要求。党的十八大以来党和国家高度重视学生资助工作，我国各级各类教育的学生资助政策从资助对象、资助范围、资助力度到资助内涵，均实现了质的飞跃。2021 年 7 月 1 日，习近平总书记在庆祝建党百年大会上宣告："我们实现了第一个百年奋斗目标，在中华大地上全面建成了小康社会，历史性地解决了绝对贫困问题。"随着脱贫攻坚战的全面胜利和小康社会的全面建成，绝对贫困问题基本解决，相对贫困将长期存在。进入新时代，人民群众对于教育公平的期待从量的满足转为质的提升，对学生资助工作的期盼也从"有学上"转为"上好学"。传统单一的物质资助已经无法满足人民群众对高质量教育的期待。高校资助工作的内容重点已经从"保障型的经济帮扶"转变为满足不同发展需要的"发展型资助"。如何一体化推进"保障型资助"和"发展型资助"，切实提高学生资助工作科学化水平，从"大水漫灌"到实现"精准滴灌"成为高校学生资助工作思考的重要课题。

随着大数据、人工智能等技术的不断更新，数字技术深刻改变社会、经济、政治、教育等领域的运行机制。高校作为社会中思想最活跃、知识最丰富的前沿阵地，其教学、管理、服务等功能必然受到大数据浪潮影响。大数据作为新时代处理工作的全新工具为学生资助的精准化提供了新的方法、路径和手段，不仅便利了工作开展，提升了工作的效率和效果，更是未来资助工作的重要发展方向。

---

① 本文获中南财经政法大学中央高校基本科研业务费专项资金项目（项目编号：2722024DS023）资助。

一、精准资助的基本内涵

消除贫困、改善民生、逐步实现共同富裕，是我们党伟大的历史使命，也是社会主义的本质要求。党的十八大以来，党中央高度重视脱贫攻坚工作，习近平总书记在 2013 年 11 月在湖南省湘西州十八洞村考察时首次提出"精准扶贫"概念，强调"六个精准"（即扶持对象精准、项目安排精准、资金使用精准、措施到户精准、因村派人精准、脱贫成效精准）。扶贫必扶智，教育扶贫是彻底稳定脱贫的重要推手。2020 年全国教育工作会议明确提出，打赢教育脱贫攻坚战要聚焦核心问题、聚焦主战场、聚焦困难群体。困难学生资助贵在"精准"，提高学生认定、预算分配、资助标准等精准化水平是关键。《教育部等八部门关于加快构建高校思想政治工作体系的意见》（教思政〔2020〕1 号）指出，要完善精准资助育人。精准认定家庭经济困难学生，健全四级资助认定工作机制，完善档案、动态管理。建设发展型资助体系，加大家庭经济困难学生能力素养培育力度。这一系列重要论述和文件精神，既强调了精准资助的重要性，也对如何实现精准资助提供了指导。

高校精准资助指的是在"奖、助、贷、勤、补、免"资助体系基础上，以"精准扶贫"为指导思想，通过科学有效的方式对家庭经济困难学生进行精确识别、精确帮扶、精确管理从而实现资助对象精准、资助形式精准、资助效果精准。要落实精准资助要求，不是仅仅局限于资助某一环节，而是要贯穿学生资助的全过程，具体从困难学生的认定，到接受资助，再到资助成效的体现，都应体现精准资助的要求。

二、高校资助工作存在的问题

随着资助政策的不断完善，资助力度的不断加大，我国高校资助工作取得了显著成效，已建立起国家资助、学校奖助、社会捐助、学生自助四位一体的发展型资助体系。然而，在实践过程中仍存在以下问题。

（一）资助队伍建设薄弱

一是，高校资助专职工作人员配备不足，流动性较大。2006 年，《教育部关于进一步加强高等学校学生资助工作机构建设的通知》（教人〔2006〕6

号）要求各高校成立专门的学生资助管理中心，并在原则上按学校全日制普通本专科生、研究生在校生规模 1 ：2 500 的比例配备专职工作人员。这一举措明确了高校参与学生资助的主体，进　步规范了资助工作的管理和组织。但是从现实情况来看，虽然高校设置了专门的学生资助管理部门，但是绝大多数没有足额配备资助专职工作人员，有的高校资助部门专职工作人员甚至只有 1 人。不仅如此，资助专职工作人员流动性也较大，经常发生人员变动。资助工作是一项政策性较强的工作，涉及的群体多、环节多、内容多、情况多、部门多，需要工作人员具有较强综合素质和处理问题、应对问题的经验，人员配备不足和流动性过大使得资助工作面临较大挑战。

二是，资助工作协同性不足。学生资助工作涉及"奖、助、贷、勤、补、免"等多项内容，涉及政府、社会团体、银行、学校、学生、家庭等多个主体。要做好学生资助工作，离不开各主体的配合和协同。然而现实工作中，各主体之间并未形成较好合力。具体体现在以下 3 点：①学生资助工作社会支持不够。绝大多数高校的资助资金主要来源还是财政拨款和学校事业收入资金，社会捐赠项目较少。②家校联系不紧密。学校对学生家庭实际情况缺乏了解，学生家庭对困难学生的支持力度也不够。③各部门参与度不足。资助工作主体局限于资助工作人员和学院辅导员，其他职能部门参与度不够，没有形成资助育人的有效合力。

（二）资助对象不够精准

目前高校开展家庭经济困难认定工作，主要通过四级评议的方式进行，即班级评议小组开展民主评议、院级资助工作组进行审核、学生资助管理中心具体组织管理、校级学生资助工作领导小组领导监督家庭经济困难学生认定工作。

传统的认定方式不能适应新形势下资助工作需求。一方面，认定对象的家庭经济情况真假难分辨。《教育部关于取消一批证明事项的通知》（教政法函〔2019〕12 号）明确要求，高校学生申请资助时需由家庭所在乡、镇或街道民政部门对学生家庭经济情况予以证明的环节，改为申请人书面承诺。在开展家庭经济困难认定工作时，学校学院对学生家庭经济状况的判断缺乏客观材料支持，往往依据学生填写的《家庭经济情况调查表》信息，信息的真实性和准确性难以分辨。另一方面，认定标准难统一。因地区经济社会发展水平不均衡，不同地区的收入水平不一致、人均GDP有差别，对于困难的标准难以统一界定，给认定工作带来挑战。最后，有部分学生因自尊心等原因，存在各种顾虑，无法正确认识家庭经济困难认定工作，存在实际困难但是又不愿意申请入库，导致无法获得资助等问题。

（三）需求满足不够精准

随着资助力度的不断加大，各级资助政策的不断完善，已经从制度上实现"不让一个学生因家庭经济困难而失学"。我国学生资助重点已经从"一个都不能少"转为"一个都不能落"。各地、各校也在落实各项保障型资助的基础上探索尝试开展各种发展型资助。

然而，从资助主体来看，家庭经济困难学生情况比较复杂。不同学生面临的问题不一样，有的是经济问题、有的是学业问题、有的是发展问题、有的是心理问题。资助育人工作对这些学生的需求了解不够，缺乏因人施策、具体问题具体分析。从资助内容来看，各类助学贷款、助学金、奖学金、勤工助学等经济资助仍然占主体，对家庭经济困难学生个体能力发展、心理帮扶、人文关怀等方面的针对性支持较少。从育人导向来看，资助工作最终目的是实现育人，对于受助对象思想引领、意识形态教育、道德培育、社会责任教育等方面不够，其功效发挥不足。

（四）效果评估不够精准

国家和高校每年投入大量资金开展资助工作，保障家庭经济困难学生获得公平受教育权利，享有出彩人生。这样一些资金、人力、物力的投入产生了多大效果缺乏客观有效评估。保障型资助是不是真正实现了"应助尽助"，是否存在不困难学生获得了资助而实际困难学生没有获得资助情况。发展型资助在多大程度上满足了学生成长成才的需求，帮助学生实现了怎样的目标和进步。激励型资助是否真正发挥了激励引导作用，促进学生刻苦学习、自我完善，实现德智体美劳全面发展。缺乏有效客观评估不仅无法对学生发展情况做出精准判断，更导致了评价结果不完善、信息反馈不及时，难以为后续改善资助资源分配、实施精准资助、优化资助体系、丰富资助内容、提升资助内涵等提供反馈支持。

三、大数据视域下精准资助路径构建

（一）运用大数据等手段，加强精准识别

资助对象的精准是资助工作开展的前提和基础，回答了"资助谁"的问题。资助对象的精准主要取决于家庭经济困难认定工作的精准。大数据和人工智能的发展，为开展精准认定提供了新的技术和方法。

首先，大数据可以帮助明确家庭经济困难认定标准。从学生入学开始，学校可以收集全校学生的基础信息，运用大数据聚类算法等对数据进行处理、计算、筛选出符合家庭经济困难标准的指标数据。

其次，大数据可以辅助家庭经济困难认定。学校可以通过大数据平台收集学生在校期间食堂消费、网购、上网、在校表现等多行为数据，计算出学生是否符合家庭经济困难特征，从而验证民主评议结果，识别出异常困难学生群体。

最后，大数据还能实现困难预警。对于一些实际困难但又没有申请家庭经济困难认定的学生，学校通过大数据行为分析可以有效识别消费明显低于平均水平的学生，依据平台反馈对学生进行动态入库处理或者开展各类隐性资助。

（二）以精准需求为核心，加强精准供给

大数据为高校精准掌握学生需求提供了技术支持，使得差异化资助的实现成为可能。

一是学校可以运用大数据手段汇总整合学生信息，在此基础上对学生进行分类管理，为不同类型学生设定不同需求"标签"，如需要经济资助学生、需要心理支持学生、需要学习帮扶学生、需要发展支持学生等，然后根据需求分类进行精准施策，制定相关资助政策，拓宽资助渠道。

二是可以利用大数据精准定位受助学生，根据受助学生特点进行精准指导，对不同需求学生开展心理辅导、学业帮扶、就业指导等。

三是运用大数据协助在各环节进行精准引领，如在奖学金、助学金评选

等环节加强学生感恩教育、责任教育，在勤工助学等环节加强学生劳动教育、励志教育，在助学金贷款等环节加强学生诚信教育，在社会实践等环节加强回馈教育等。

（三）搭建资助育人平台，促进精准协同

学生资助工作是一项系统工程，需要家、校、社联动，学校各职能部门、党政干部、资助工作者、专任教师、学生骨干等各主体联动建立全员育人格局。高校应该充分运用大数据手段，搭建资助育人平台，整合育人资源与力量，形成育人合力。

一是加强资助工作队伍建设，特别是要提升资助队伍数字化素养。不仅要能熟练使用、操作信息系统，精准、高效完成工作，更重要的是要具备数字化思维，懂得运用数据、发挥数据价值。

二是建立奖学金、助学金、助学贷款、勤工助学金、困难补助、学费减免、日常消费、课程学习、行为表现等信息化集成平台，实现数据的开放、共享。通过对全校各部门数据的采集，可以更精准开展资助。同时，全校各部门也可以通过不同类型数据掌握学生情况，推动教育教学和管理方面的改革。

三是搭建家、校、社联动平台，实现校内外一体化贯通、网上网下一体化推进。家长可以通过线上平台了解学生在校学业状况、行为表现、思想情绪等，学校可以更好与家长联动发挥家庭的支持性作用。同时，通过线上平台，学校可以将社会资源引入校园，更有效拓宽资助资金来源，开展校企人才联合培养等。

（四）建立跟踪反馈机制，实现精准评估

在大数据视域下，高校还可以实现资助工作的客观、量化评估。一方面，学校可以建立校院两级资助数据平台，实现数据的集成。学校可以迅速掌握全年设立了哪些资助项目、资金使用情况如何，学院资助资源的分配情况和使用情况等。这些数据为学校改善资助资源分配、优化资助项目供给提供了决策支持。另一方面，学校可以挖掘、分析学生多项行为产生的数据，构建学生思想道德表现、学习科研、活动参与、创新创业、社会实践、志愿服务等方面的多维度精准行为画像，记录学生个体成长过程，评估全校学生学习

发展状态，客观地发现学生在思想、学习、生活中的显性、隐性问题，了解学生在成长轨迹中体现的发展规律和趋势。通过学生个体画像，可以有效掌握学生受助情况、成长轨迹、资助效果等，为精准施策、改进资助工作提供了支持借鉴。

参考文献

［1］李妍．大数据背景下基于学生"行为画像"的高校精准资助模型研究［J］．南昌师范学院学报，2023，44（3）：86-89，104．

［2］陈敏锋，马幸飞．大数据视域下高校精准资助的价值意蕴与实现路径［J］．吉林工程技术师范学院学报，2023，39（8）：37-40．

［3］杨帆．多元模式视角下高校精准资助政策实施困境与对策研究［D］．北京：北京化工大学，2022．

［4］郑海燕，李艳．高校"五维一体"精准化资助育人体系构建研究［J］．重庆广播电视大学学报，2021，33（3）：17-21．

［5］罗梦婷．高校家庭经济困难学生精准资助的现实困境及未来进路［J］．延边教育学院学报，2023，37（5）：28-31．

［6］程智龙，胡世怡，郝晓红．精准思政视域下高校资助育人的三维向度［J］．煤炭高等教育，2022，40（5）：99-104．

［7］白荣耀．精准思政视域下高校资助育人质量提升研究［J］．内江师范学院学报，2022，37（7）：101-105．

［8］孙宏发．精准资助背景下学生资助育人体系构建路径［J］．当代教育与文化，2023，15（4）：106-112．

［9］苏扬婧，李波．新时代高校资助育人精准化工作研究［J］．就业与保障，2023（9）：157-159．

［10］王培，易倩倩，李胜男．新时代精准扶贫视域下学生资助育人工作研究［J］．就业与保障，2024（1）：82-84．

实践育人篇

新时代高校美育育人模式理论创新
与路径研究 ①

毛丹丹　刘雨昕

（哲学院）

在"思想政治课程教师座谈会"上，习近平总书记指出，用新时代中国特色社会主义思想铸魂育人，贯彻党的教育方针，落实立德树人的根本任务。"三全育人"综合改革的推进，要求高校育人工作做到在贯彻传统育人制度的基础上，更加重视全员育人、全过程育人、全方位育人的作用。站在新的历史起点上，高校育人工作将面临一些新的挑战。群众追求商业化利益趋向的加深、主流审美的扭曲等社会现状也深刻影响着高校学生的人生观、价值观与世界观。作为德智体美劳中的重要一环，美育建设成为高校追求立德树人教育理念的重要环节。美学教学通过引导学生对各种艺术现象进行了解和深入探索，帮助年轻一代通过正确地认识世界与改造世界来塑造完善的人格。高校美育旨在以美怡情、以美引真、以美导善，从而做到以美育人，完善人格塑造，提升精神境界，提高学生的审美能力与综合素质。[1]将中华优秀传统文化与学校传统风尚融入高校美育实践，通过美育提升高校学生的审美价值、人文素养、思想政治信念，使美育植根于校园文化的土壤，将"美学基因"植入思政育人的全过程，让立德树人"润物无声"。[2]基于此，本文以优秀经典美学思想为理论基础，以美育与人格塑造融合为切入点，探讨新时代高校美育的价值作用与建设路径，致力于新时代高校教育模式的完善与创新。

一、美育与人格塑造的内涵与历史基础

美学以其丰富的学科内涵、独特的人文关怀和充沛的情感体验，体现了

---

① 本文系中南财经政法大学团委青年研究中心第九期课题（项目编号：TW202313）的研究成果。

人对自身完整性、自由性、超越性的渴望和对美的不懈追求。美学是哲学学科中非常重要的一个分支，与探讨人与世界的关系紧密相关。除了作为知识理论被传授外，美学更为突出的价值是它给予人的超越性和非功利性的审美诉求在人的自我丰富完善中所担负的重要使命。叶朗[3]认为，美学是对于人生、对于生命、对于文化、对于存在的理论思考。美学不仅要传授一门理论知识，也要进行必要的审美教育，提升学生的人格和思想品行的境界。美学是以美育人最终达到以美完人，其在兼有对理论完善与思想提升的双重作用的同时，也在实践中指导人类以审美的角度认识世界和改造世界。

美育是建立在美学理论基础之上的教育方式。《关于全面加强和改进新时代学校美育工作的意见》界定美育的内涵为，"美育是审美教育、情操教育、心灵教育，也是丰富想象力和培养创新意识的教育，能提升审美素养、陶冶情操、温润心灵、激发创新创造活力。"

人格是指个体在对人、对事、对己等方面的社会适应中行为上的内部倾向性和心理特征，表现为能力、气质、性格、需要、动机、兴趣、理想、价值观和体质等方面的整合，是具有动力一致性和连续性的自我，是个体在社会化过程中形成的独特的身心组织。整体性、稳定性、独特性和社会性是人格的基本特征。健全完善的人格需要的是后天环境的影响与改造。

作为育人工作的重要组成部分与社会大众文化形成的基础，美育通过其内在的教育方式使得人格塑造的过程予以实现，这在中国具有悠久的历史渊源与学术传统。[4]

（一）古代中国的美学美育：以封建教化为目的的延伸

古代中国的美学美育思想可以追溯到春秋战国时期，其早期形态是先秦两汉古籍所载的"先王乐教"。"礼""乐""诗"通过其内容的传播承担着社会教化和个人人格塑造的美育功能。其中，最具代表性的美学教学就属孔子的教学方式，即通过审美的手段来培养完善的人格。"子曰'兴于诗，立于礼，成于乐'"（《论语·泰伯》）孔子强调通过诗礼乐三种形式来指导个体不同阶段的为人处世，将其作为政治手段与社会伦理的外化，旨在培养出一种超功利的审美精神。随着古代封建王朝的延续，儒家最初的美育思想在融合了道家禅宗以及魏晋时期传入中国的佛教思想之后，衍生出了一套内容更加丰富，外化形式更加多样的中国传统美育思想体系，成为中国古代哲学、美学、伦理学、文艺学、美学等多个学科价值观念的综合体现。[5]

中国古代美学很少对其自身作概念的抽象和提炼以作理论呈现，而更多地重视其现世作用和对人与社会和谐境界的积极作用。例如，其体现出来的对"中庸"的追求以及"天人合一"的思想境界，都具有非常浓厚的美育思想的特征。

（二）中国近现代的美学美育：建立在西方美学理论上的中国化发展

伴随着西方美学理论的传入以及近现代思想的传播，以蔡元培、王国维等近代美学代表人物在西方美学理论的基础上先后对美学美育提出了新见解。

蔡元培一方面追随康德的二元论先验唯心主义美学，认为美感具有脱离现象世界，接触于实体世界的所谓"超轶"作用；另一方面，认为美感具有培养情操，改良社会的现实主义作用。因此，蔡元培将美学教育同其他"四育"分离开来，认为其具有教育的极大功效；同时，利用美学破除了在当时文明未完全开化的社会中仍存在的封建迷信与宗教崇拜。[6]

王国维则是对德国美学美育思想进行"中国式"改造。王国维从叔本华的"无生主义"出发，融入了老庄哲学中的"出世"理念，提出了"生生主义"，认为审美可以作为通常之人的解脱状态，审美的最终指归是人的内心。同时，王国维在席勒对于审美的社会作用的基础上，对美育的实施举措进行了更为现实和清醒的倡议，将美育的实施植根于中华优秀传统文化，使其更加适应于当时半殖民地半封建的中国社会现实，从而起到文明开化作用。

现当代中国的美学教育随着社会发展不断向前进步。1980 年，国内举行第一次全国美学会议，讨论了"德智体美"四育的关系，阐明了美育的任务与内容，强调了美育在培养人才方面的重要作用。1999 年以后，美育被列入教育方针并始终作为人才培养的重要目标被一以贯之。

二、美学在教育中对人格塑造的重要作用与实践模式

为探求美学对提升大学生审美能力的实效性，王鑫[7]围绕美学教学三个

方面的内涵，即理论传承、审美教育和智慧提升展开，考察了美学教学效果、审美能力的提升以及智慧境界的提高途径。将美学理论与审美实践相结合、教学内容与审美训练相结合、提升学生人格素养和培养学生审美境界相结合，可视为有效的途径之选。

美学给人以智慧、提升人生品格可以从两方面理解。一是审美具有超越性，能够超越日常生活的刻板和平庸，超越工具理性的束缚，帮助人寻找到诗意的生活世界，体会到人生真正的幸福与欢愉；二是审美精神就如同哲学思想一般，是自由、和谐和独立的精神，影响着主体为人处世的活动[8]。

因而，高校既要夯实自身的美学理论基底，也要能够对当下的审美现象保持敏锐的判断力和感受力。高校紧密结合美学理论和审美实践，使学生能够在理论和实践的双重世界中获得审美能力和思想水平的提升。[9]高校应该形成并完善一种以中华优秀传统文化和校园文化为载体[10]，以美学教育为抓手的精神文化教育体系，更多地给学生提供精神性的引导与体验。这种精神性的东西应当是大学校园智慧最重要的内容。美学恰恰能够实现这一点，因此这应该是美学融入各方面育人活动进行完善的非常重要的一个原因。

美学教育有着对于大学生成长、成才的积极价值。健康良好的人生观、世界观、价值观，是一个人成长成才的充分条件，也是大学生走出校园、走上社会的必经之路。大学生正处在步入社会的关键关口，风华正茂，对一切有着饱满的热情。引导大学生在思想上认识美、欣赏美，才能使其在行动上发现美，爱护美、创造美。在大学校园中营造一种尊重美、鼓励美的校园文化氛围，能够潜移默化地影响大学生的言行举止，使其自觉成为美的拥护者、美的创造者。

在高校中也有有关剧场美学的育人探讨。其立基于"哲学"与"艺术"之间的同一性，以"哲学－艺术"观念的建构为契机，将"剧场"艺术创作的基本思路与方法，搭造"哲学剧场"情景，邀请学生以身心"浸没"其间的方式在学习中塑造身心。"哲学剧场"实践是一项综合性极强的工程。它包括文本选择、解读，以及对作品的改编与剧场转化。在这种实践中引导学生在选题、材料厘清的过程中展开自己对事件、问题、观念的深度反思。坚持作品思想内蕴的高尚、深刻，展陈形态之审美格调的典雅、端方。在将文本的核心观念和加以形象化表达的剧场表演过程中，调动学生的创造性激发其想象力，在深层次上强化品行和思政素质。

三、面向人格塑造的新时代高校美育理论启示

（一）强调感性与理性的统一

席勒提出的美育理论强调感性与理性的统一，通过美育活动，个体的感性活动与理性活动能够相联系并达到和谐统一，从而使个体得到全方面的发展。正如席勒所言："通过艺术教育培养人们感性力量的整体达到尽可能的和谐，达到自由境界。"在日常学生工作中，通过挖掘美育的强大力量，用艺术来补全人格的完整性，帮助学生树立审美意识，用审美的眼光来协调感性与理性，以促进自身与他人、自然、社会的和谐共处。

（二）注重审美能力的培养

当代美学理论强调审美能力的重要性，认为审美能力是一种与情感密切相关的内在德性，关系到个体的外在表达与内在素养。高校美育应致力于培养学生的审美能力，使他们具备把握客观世界美的能力，进而形塑丰富的内心与高尚纯洁的人格，具有自身的内在德性。

（三）倡导多元文化的融合

文化具有多样性。在全球化背景下，高校美育应立足于不同民族的美学观念与多元审美，倡导多元文化的融合与交流。通过引入不同国家和地区的优秀艺术作品和审美理念，拓宽学生的审美视野，培养他们的跨文化交流能力和国际视野。

四、面向人格塑造的新时代高校美育实践建设路径

（一）宽领域：课内外相结合的美学教学教育体系建设

在高校培养计划中充分设立美学教学的相关课程，其表现为"美学＋课程教育"的施行模式。对高校内普遍专业的学生，高校应开设美学公共教育

通识课程，将美学教育与高等教育课程相融合，其课程内容既包括艺术理论知识的习得，也包括艺术技能的掌握；对哲学专业方向的学生，不断丰富美学课程的内容与授课形式，既教授基础性教材，又设立结合不同学科特点的应用性课程，如广告美学、音乐美学、电影美学等。通过美学知识对高校课程的渗透与影响，传播中华优秀传统文化，推动高校美育教育改革，构建德智体美劳全面发展的教育体系与培养方针。

针对课外的美学教学活动，采用"美学＋科研实践/团学活动"的实践模式，开展美学科研实践与团学活动。将"艺"的研究与社会生活相融合，不仅挖掘学生的思维与兴趣，提供可供思考的美学实践与理论，为学生未来从事社会工作提供美的指导。同时，借助第二课堂相关社团等课外活动的开展，营造良好的校园美育环境。该理念一方面贯彻以学生为本，旨在优化学生的美学、美育活动体验；同时，融"美"的品格于具体的专业研究中也凸显了专业水平也彰显人文关怀，进而探索提升高校学生创新能力。将课内学术与专业元素融入校外社会实践中，有助于建设更加全面、更加系统、更加高效的实践育人体系。

（二）多主体：美学教育师资队伍的管理与扩充

高校美育与人格塑造的融合发展需要师资队伍与社会力量的共同支持与相互配合。

首先，加强美学教学的专业师资队伍建设，承担高校美学专业、高校美育公共课课程以及高校美育课外活动的教学任务，同时在教学活动中要注重学生美学理论与美学应用实践能力的综合提升。

其次，在高校师资思政管理模式中融入美育思想。采用"美学＋高教管理"的模式形式，融美学理念于当前的高校教育及行政管理之中，凸显以学生为本的"善"的管理，克服行政化、科层化给学生带来的压迫感、抵触感。通过开展定期的"聚焦式慰藉"切实关心学生的学习与生活窘境。同时，创建"学生与领导面对面"等方式，使学生对高校管理增进情感与认可，更好地将育人活动与体制推动落地，并在试错中进行调试最终构建体系化的管理与育人模式。

（三）全方位：美育制度体制机制的守正创新

新时代高校美学育人体制机制既要传承优秀的历史经验，也要立足国内国际新环境与新政策，时代的新要求与新发展。

首先，在理论层面，推动美育理论研究的突破，将美育同中国特色高校实践以及教育理念结合起来，对传统的美育理念进行解释与解构，对新时代的美育思想进行扬弃与发展，用马克思主义唯物史观与辩证法的视角对待美育理念。在理论层面通过科学研究形成专著、教材、论文或调研报告、案例分析报告等形式的成果，系统阐述新发展的美育观念的理论观点、实践应用和研究方法，为学术界提供新的思考和启示，为教育工作者和研究者提供全面的参考和指导，推动美育工作时代化、大众化和制度化发展，为"大美育"的环境建设构建理论基础。

其次，在实践层面，注重美育方式形式的全方位突破与创新。新时代美育工作要运用高校学生喜闻乐见的形式开展，重视校内美学空间的打造与建设，同时利用好社会资源与社会条件支持高校美育工作的开展进步，积极拓展校外美育资源，在有关部门的带头下与校外美育资源实现联通。在注重校内美育工作效果的同时，也要兼顾高校美育工作带来的社会影响，使其推动社会经济的发展，造福于良好社会风貌的形成与社会文明程度的提升。

五、结语

美学教育无论是在过去、现在还是未来，都是人格塑造、教育发展、社会进步中至关重要的一环。美育在本身具有深厚的现实内涵与历史积淀之上仍随着时代的发展而不断发展。新时代高校美育要立足美育的核心要义，继承和弘扬中华优秀传统美育思想，以人格塑造为切入点，在高校美学教育实践中构建好美学与育人的关系，抓好高校美育建设，做到将优秀传统的美学理论与美育思想运用到课内外培养方案、师资队伍的建设与美育制度体制机制的守正创新之中，探索新时代高校美育工作的高校模式与特色，为落实立德树人的教育任务发挥重要作用。[11]

参考文献

［1］刘坚平．德艺双馨　敢为人先——论湖南艺术职业学院"非遗"育人的三重美学价值［J］．艺海，2021（6）：24-27．

［2］李新市．马克思主义美学视野下的思想政治工作及其育人功能［J］．哈尔滨市委党校学报，2011（4）：27-29．

［3］叶朗．胸中之竹［M］．合肥：安徽教育出版社，1998：319．

［4］史冰川，景宇琨，胡康林．新时代高校美育与人格塑造的辩证关系及建设路径［J］．美术教育研究，2024（10）：67-69．

［5］祁海文．论中国古代美育思想的起源与产生［J］．上海师范大学学报（哲学社会科学版），2006，35（16）．

［6］赵国俊，王红彦．试论康德美学对蔡元培美学美育思想的影响［J］．山西高等学校社会科学学报，2000，10（12）．

［7］王鑫．美学教学对提升大学生审美能力的实效性分析［J］．美育学刊，2012，3（2）：41-46．

［8］宋建申．美学维度大庆精神育人实践研究［C］//黑龙江省高等教育学会2016年学术年会暨理事工作会论文集：下册，2016：553-558．

［9］尹力．教学美学的基本理论问题探讨［J］．教育评论，1997（2）：25-27．

［10］罗玉洁，王思琳．中国优秀传统文化融入高校思政教学——基于美学教育的视角［J］．智库时代，2020（2）：173-174．

［11］张文杰．以美怡情，以美导善——美学美育课程对大学生人格境界提升的重要作用［J］．滁州学院学报，2010，12（4）：8-10．

我国文化育人的历史考察和发展路向[①]

孙林红

（新闻与文化传播学院）

文化是一个国家、一个民族的灵魂。文化兴国运兴，文化强民族强。在中华民族伟大复兴的征程中，文化育人始终扮演着至关重要的角色。它不仅是传承和弘扬民族精神的载体，更是塑造社会主义核心价值观、培养时代新人的重要途径。本文通过梳理我国不同历史时期文化育人理念、方法和实践是如何随着社会变迁而发展的，探讨文化育人的发展趋势。

一、新民主主义革命时期

新民主主义革命时期文化育人目的主要在于政权的生存和发展。[1]其核心是将马克思主义与中国具体国情相结合，以无产阶级社会主义思想为领导进行的反帝反封建的、民族的、科学的、人民大众的新文化和新教育[2]，形成具有中国特色的革命文化教育模式。这一时期文化教育目标是要把一个被旧文化统治因而愚昧落后的中国，变为一个被新文化统治因而文明先进的中国。"一切奴化的、封建主义的和法西斯主义的文化和教育，应当采取适当的坚决的步骤，加以扫除。"[3]"中华人民共和国的文化教育为新民主主义的，即民族的、科学的、大众的文化教育。人民政府的文化教育工作，应以提高人民文化水平，培养国家建设人才，肃清封建的、买办的、法西斯主义的思想，发展为人民服务的思想为主要任务。"[4]这一时期的文化教育具有三大特性，即民族性、科学性和大众性。

文化育人方式包括建立文化教育的组织机构、发展普通教育、开展干部教

① 本文获中南财经政法大学中央高校基本科研业务费专项"产教融合视域下高校就业育人研究——基于共同体理论"（项目编号：2722022BQ026）、中国高等教育学会 2022 年度高等教育科学研究规划课题"时代新人视域下高校文化育人体系构建研究"（项目编号 22FD0215）资助。

育、重视妇女教育、开展扫盲识字运动等，具体如下：毛泽东在第二次全国苏维埃代表大会上提出，苏维埃文化教育的总方针是"用共产主义的精神来教育广大劳苦民众"，这使教育与劳动联系起来，提高民众的文化水平；创办湖南自修大学、上海大学、湘江学校等干部学校，培养了大批革命干部，为新民主主义教育奠定了实践基础；建立抗日民主根据地的高等学校，如中国人民抗日军政大学等，在抗日民主根据地大力发展文化教育事业，为广大人民群众服务，向农民子女开门；兴办人民教育事业，开展群众性的文化教育运动，各地普遍开展了以扫盲为主的文化教育运动，采取多种形式，如夜校、半日学校、露天学校等提高工农大众的文化水平和阶级觉悟。

文化育人成效在于对建设中华民族新文化、新教育的成功探索，不仅推动马克思主义中国化的进程，为新中国的文化育人积累了丰厚的经验，而且对党的文化教育事业形成精神指引，为新民主主义革命的胜利奠定了坚实的思想文化基础。[5]但由于国际形势和国内革命战争的影响，育人成效存在局限性。

二、社会主义革命建设时期

中华人民共和国成立后，确立了"教育为无产阶级政治服务，教育与生产劳动相结合"的教育方针，明确了教育的社会主义方向。这一时期，文化育人主要围绕培养红专人才，促进社会主义文化建设和发展的目标展开，通过建设社会主义文化，提高人民群众的文化水平和科学水平。

文化育人方式包括开设高校政治理论课程、推进政治理论课与专业课的结合[6]；学习宣传马克思主义理论，树立马克思主义主流意识形态地位[7]；重视教师队伍建设，提高教师的政治素养和业务能力注重讲述革命英雄事迹，挖掘革命文化的精神内核。

首先，我国在这一时期进行了教育体制的改革，建立了适应社会主义建设需要的教育体系，包括普通教育、职业教育、成人教育等。1951 年，政务院颁布了《关于改革学制的决定》，确立了新中国第一个学制，这一学制一直沿用至今。1961—1963 年，我国制定《高校六十条》《中学五十条》《小学四十条》，明确了大中小学教育的任务和培养目标，开始形成比较完整的国民教育体系。[8]

其次，发展高等教育。1952 年，为了适应社会主义建设的需要，我国对高等教育机构进行了大规模的院系调整，以培养工业建设人才和师资为重点，重点发展了工科院校，培养了大量的专业技术人才，以满足国家工业化和现代化建设的需要。[9]

最后，提出"教育与生产劳动相结合"的教育方针。1958 年，《中共中央、国务院关于教育工作的指示》指出，教育应为无产阶级政治服务，与生产劳动相结合，培养有社会主义觉悟的有文化的劳动者，鼓励学生和知识分子参与到技术革新和科学实验中，将理论知识与生产实践相结合，组织知识分子和文艺工作者深入农村、工厂，通过文化下乡活动，传播社会主义先进文化。建立各种教育基地，如革命历史博物馆、科技馆等，作为青少年教育和学习的重要场所。鼓励文艺创作，特别是那些能够反映社会主义建设和人民群众生活的作品，用以教育和鼓舞人民。

在这一过程中，中国共产党不仅提出了思想政治教育的文化育人思想，而且通过不断摸索和前行，形成了独具特色的思想政治教育文化模式。[10]同时，还解放和发展了民众的求知欲，开启了全民学习的历史；并充分调动了广大知识分子的积极性，更大限度地发挥其文化创造力，有效地促进了社会主义文化的快速发展，实现了意识形态的成功转型，马克思主义理论、毛泽东思想已经成为意识形态领域的主导[11]。但也存在着较为明显不足和困境，存在过急过快的倾向，对资产阶级的全盘否定和排除，束缚了我们对人类文明先进成果的有效吸收。

三、改革开放和社会主义现代化时期

改革开放以来，中国共产党始终从建设中国特色社会主义事业的整体布局去思考社会主义文化建设，提出了建设有中国特色社会主义文化理论，强调文化建设的战略地位。党的十一届三中全会以来，以邓小平为核心的党的第二代领导集体开始从建设有中国特色社会主义的整体布局去思考社会主义文化建设问题。1979 年 10 月，在中国文学艺术工作者第四次代表大会上，邓小平发表了热情洋溢的祝词，强调指出："我们要在建设高度物质文明的

同时，提高全民族的科学文化水平，发展高尚的丰富多彩的文化生活，建设高度的社会主义精神文明。"[12]以江泽民同志为核心的党的第三代中央领导集体，在继承和发展邓小平关于社会主义精神文明建设理论的基础上，结合时代发展的新要求，提出了建设有中国特色社会主义文化理论。2000年，江泽民提出了"三个代表"重要思想，把党的建设与中国特色社会主义的文化建设紧密联系起来。中国共产党在这一时期的文化育人主要是以培育时代新人、建设社会主义精神文明和社会主义核心价值体系为目标，主张大力建设社会主义核心价值体系，发挥以文化人的推动作用，加强对未成年人和大学生的思想道德建设，引导他们形成社会主义核心价值观。

这一时期文化育人具体举措包括：深化文化体制改革，完善扶持公益性文化事业、发展文化产业、鼓励文化创新的政策，营造有利于出精品、出人才、出效益的环境。

同时，我们需要注意到这一阶段的红色资源育人功能在传播、认同、内化环节中遭遇到的困境，存在教育主体建设成效低、教育客体接受红色文化自主性弱、教育介体缺乏中介性、教育环境建设亟待加强等方面的培育困境。[13]

四、中国特色社会主义新时代

党的十八大以来，以习近平同志为核心的党中央统筹"两个大局"，将文化建设放在"五位一体"总体布局的重要位置，不断产生有关文化建设的新论述。对于文化的具体内容有了更为明确的界定："源自于中华民族五千多年文明历史所孕育的中华优秀传统文化，熔铸于党领导人民在革命、建设、改革中创造的革命文化和社会主义先进文化，植根于中国特色社会主义伟大实践"，发展中国特色社会主义文化，要"以马克思主义为指导，坚守中华文化立场"[14]。在文化育人的过程中，党和国家主要以马克思主义为意识形态前提，不断书写马克思主义中国化时代化新篇章；以社会主义核心价值观为精神引领，以中华优秀传统文化、革命文化和社会主义先进文化为文化资源。

文化育人的目标也得到了更为具体地阐释。党的十九届四中全会指出，

"新时代的教育工作以凝聚人心、完善人格、开发人力、培育人才、造福人民为目标，强调以社会主义先进文化凝聚育人力量"，明确了发展社会主义先进文化、广泛凝聚人民精神力量的重要性，是国家治理体系和治理能力现代化的深厚支撑。[15]与此同时，党不断就"文化育人"进行自觉化的思考，将"文化育人"与"文化建设"紧密结合。习近平总书记在多个场合强调，要"兴文化，育新人"，文化育人目标从"社会主义建设者和接班人"到"时代新人"。

文化育人的方式日益多元。新时代的文化育人工作，不仅关注知识的传授，更重视价值观的塑造和人格的培养，旨在培养担当民族复兴大任的时代新人。习近平总书记强调，"努力用中华民族创造的一切精神财富来以文化人、以文育人"[16]，其中蕴含的是潜移默化的文化力量。《中国教育现代化2035》提出了发展中国特色世界先进水平的优质教育，全面落实立德树人根本任务，弘扬劳动精神，强化实践动手能力、合作能力、创新能力的培养。注重对中华优秀传统文化的弘扬与发展，强调中华优秀传统文化教育在提升文化自信中的重要性，推动创造性转化和创新性发展，形成中国式现代化的文化形态结合时代发展。实施素质教育，注重学生德智体美劳全面发展，培养学生的创新精神和实践能力，促进学生个性发展和特长培养。强化实践育人，通过社会实践、志愿服务、科技创新等活动，让学生在实践中学习和成长。促进国际交流与合作，加强与世界各国的教育交流，拓宽学生的国际视野，培养具有全球竞争力的人才。结合时代发展，利用现代信息技术，鼓励引导网络文化创作生产，新时代鼓励文化单位和网民依托网络平台进行文化创作表达，推出更多优秀的网络文化产品，发展积极健康的网络文化，推动文化产业发展，提供丰富的文化产品和服务，满足人民群众日益增长的精神文化需求。

尤其是在高校思政建设中，文化育人的重要地位日益凸显。2016年，习近平在全国高校思想政治工作会议上强调，高校立身之本在于立德树人，"要把立德树人作为中心环节，把思想政治工作贯穿教育教学全过程，要更加注重以文化人、以文育人。"[17]文化育人是新时代加强和改进思想政治教育的必然选择和应有之义，是对高校思想政治教育文化蕴含的深刻把握，是对高校思想政治教育文化力量的有效运用，同时也是对高校思想政治教育内生动力的积极探索。[18]文化育人能够帮助大学生坚定理想信念、提升精神气质、增强文化自信。[19]但对于高校文化育人也还存在着形式化、表面化、碎片化，课程设置缺乏系统性、校园文化建设缺乏传统文化内涵、中华优秀传统文化融入思想政治教育缺乏方法和路径等问题。[20]

历史经验可以为现代教育提供宝贵的借鉴，帮助教育者更好地进行文化育人的实践。基于对我国文化育人历史发展路径的梳理，可以看到文化育人是一项系统工程。我国在继承中华优秀传统文化的基础上，还应该积极创新文化育人手段和形式，使文化教育既有深厚的历史底蕴，又有时代感和前瞻性。这需要家庭、学校、社会和国家各层面的共同努力，深化文化与教育的融合，推动文化育人向更深层次发展。

参考文献

［1］方晓东．试论毛泽东对中国共产党新民主主义文化教育纲领的贡献［C］//中央宣传部，中央党校，中央文献研究室，等．毛泽东与当代中国-全国纪念毛泽东同志诞辰110周年学术研讨会论文集：上．中央教育科学研究所教育理论研究部，2003：12.

［2］张要超．中华苏维埃共和国时期的文化教育研究［D］．长春：吉林大学，2013.

［3］毛泽东．毛泽东同志论教育工作［M］．北京：人民教育出版社，2000.

［4］何东昌．中华人民共和国重要教育文献（1949—1975）［M］．海口：海南出版社，1998.

［5］李璞．新民主主义革命时期中国共产党文化教育政策研究［D］．镇江：江苏大学，2022.

［6］洪娟．新中国成立以来革命文化融入高校思政课的历史回顾与当代思考［D］．福州：福建农林大学，2023.

［7］徐志翔．新中国成立初期文化教育建设与改造的历史审视［J］．河南师范大学学报（哲学社会科学版），2020，47（4）：92-99.

［8］张力．新中国70年教育事业的辉煌历程［J］．云南教育（视界时

政版），2019（10）：8-11.

［9］刘复兴. 1949—2019教育跨越式发展的70年［J］. 今日教育，2019（Z1）：8-11.

［10］赵志业. 建国以来思想政治教育文化育人思想及育人模式探究［J］. 未来与发展，2015，39（4）：71-74.

［11］徐志翔. 新中国成立初期文化教育建设与改造的历史审视［J］. 河南师范大学学报（哲学社会科学版），2020，47（4）：92-99.

［12］邓小平. 邓小平文选：第二卷［M］. 2版. 北京：人民出版社，1994.

［13］都轶群. 红色文化育人功能培育研究［D］. 大连：辽宁师范大学，2021.

［14］中共中央党史和文献研究. 十九大以来重要文献选编：上［M］. 北京：中央文献出版社，2019：30.

［15］以社会主义先进文化凝聚育人力量——四论深入学习贯彻党的十九届四中全会精神［N］. 中国教育报，2019-11-12.

［16］中共中央文献研究室. 习近平关于社会主义文化建设论述摘编［M］. 北京：中央文献出版社，2017：140.

［17］习近平在全国高校思想政治工作会议上强调：把思想政治工作贯穿教育教学全过程开创我国高等教育事业发展新局面［N］. 人民日报，2016-12-09.

［18］冯刚. 改革开放以来高校思想政治教育发展史［M］. 北京：人民出版社，2018.

［19］刘燕，李楠. 新时代高校红色文化育人的价值意蕴、现实困境及优化路径［J］. 国家教育行政学院学报，2023（2）：89-95.

［20］赵曙光. 中华优秀传统文化育人的价值省思［J］. 黑龙江高教研究，2019（6）：133-136.

高校志愿服务育人功能的探究

——以外国语学院"译路同行"志愿服务品牌为例

李　涛

（外国语学院）

2018 年 9 月，习近平总书记在全国教育大会上指出，要努力构建德智体美劳全面培养的教育体系，形成更高水平的人才培养体系。要把立德树人融入思想道德教育、文化知识教育、社会实践教育各环节。

2021 年 9 月，习近平总书记在北京外国语大学迎来八十华诞之际，给北外的老教授们回信中指出："深化中外交流，增进各国人民友谊，推动构建人类命运共同体，讲好中国故事，需要大批外语人才，外语院校大有可为。"

2024 年 4 月 12 日，中共中央办公厅、国务院办公厅发布《关于健全新时代志愿服务体系的意见》，提出要坚持以习近平新时代中国特色社会主义思想为指导，深入贯彻党的二十大和党的二十届二中全会精神，坚持党的领导，坚持人民至上，坚持价值引领，坚持系统观念，坚持实践育人，坚持务实创新，培育和践行社会主义核心价值观，弘扬奉献、友爱、互助、进步的志愿精神，健全适应新时代要求、具有中国特色的志愿服务体系，推动建设人人有责、人人尽责、人人享有的社会治理共同体，凝聚广大人民群众为以中国式现代化全面推进强国建设、民族复兴伟业而团结奋斗。

共青团中央《关于推进青年志愿服务工作改革发展的意见》（中青发〔2018〕3 号）提出，在参与志愿服务中加强对青少年的思想引导。将中国特色社会主义、中国梦学习宣传教育融入志愿服务实践，创新工作形式，丰富活动内容，引导广大青少年坚定理想信念，培育和践行社会主义核心价值观。

高校以"立德树人"为根本任务，其中实践育人是一个重要环节。志愿服务活动当前在全中国各大高校有效进行，已经融入到大学生人才培养体系。高校和学院根据自身校院规模、专业特色、地理位置等情况，开展各种志愿活动，达到实践育人的效果。通过文献搜索以及高校交流等渠道，笔者了解到全国各大高校志愿活动开展主要涉及与社区联系的志愿活动，如普法宣传、关心孤寡老人；也有与贫困地区联系开展的爱心帮扶，如支教和线上帮扶等。

中南财经政法大学外国语学院在组织学生开展志愿活动过程中，紧紧结合习近平总书记一系列针对外语人才培养和定位的指示。以及学校在乡村振兴和对口帮扶活动中的总体安排，不断完善志愿活动方案，改进志愿活动内容，提升志愿活动效果，逐步探索出以"译路同行"志愿服务品牌建设为抓手，通过外语志愿帮扶将思想引领和专业能力提升融入实践活动中，从而助力国家乡村振兴战略。学院"译路同行"志愿服务活动品牌建设初见成效。

一、"译路同行"志愿服务品牌

自 2020 年以来，学院加强对各志愿活动的指导，凝练特色，突出成效，整合力量，逐步打造"译路同行"志愿服务品牌。品牌理念是"发挥语言专长、传递中南声音、助力西部教育、服务乡村振兴"，品牌活动如下。

（一）培育多语讲解志愿服务队

"译路同行"多语讲解志愿服务队筹建于 2023 年 3 月，由 4 名各类语种指导教师、36 名学生构成，致力于提高外语学子的政治素养、实践能力和组织协调能力，主要对接学校校史馆、中国货币金融历史博物馆等机构提供多语种志愿翻译和讲解活动。

自成立以来，数次参加校史馆外语志愿讲解活动。学生通过活动，充分锻炼其外语表达能力以及对学校这一所红色大学发展历史的深入了解，也让学生得到思想政治教育。

（二）搭建翻译工作坊

"译路同行"翻译工作坊成立于 2022 年 6 月，目前共集结 33 名成员，主要承担学校英文主页维护任务。工作坊将课堂教学理论与课外专业实践相结合，提升学生专业能力。目前完成了数万字学校主页翻译任务，用外语传递中南财经政法大学的声音。

（三）助力西部教育和乡村振兴

2019 级英语专业本科生 A 同学，在校期间积极组织并参加"译路同行"志愿服务队面向贵州省沿河县某中学的线上支教服务活动，该活动至今依然在每年寒暑假进行。每年组织都面向学院学生招募新的志愿者，通过团队传帮带和培训，让越来越多的外语学子能发挥语言优势，为沿河的学生英语水平提升贡献一份力量。

志愿队的骨干成员 B 同学发起的"云岭小学堂"项目，是利用寒暑假，针对云南省梁河县留守儿童开展英语、美术、音乐等培训帮扶活动。该项目荣获省部级荣誉，该同学获得国家级荣誉。

2023 年春季学期，学院向学校对口帮扶的云南省盐津县派出首名保研的优秀学生、俄语专业 H 同学，在普洱镇箭坝小学开展为期三个月的英语教学，受到当地师生、家长的一致好评。

2023 年秋季学期，学院再次派遣保研的优秀学子、商务英语专业 J 同学来到箭坝小学，接续英语课程教学，继续为盐津县贡献力量。

2023 年 10 月 19 日，面向盐津县椅子小学的线上英语课堂"四点半课堂"启动。2022 级入党积极分子 M 同学组建的学生教学团队开始授课，每周四下午四点半准时通过线上平台进行，帮助椅子小学的同学们提高英语水平。

2022 年 6 月，2019 级 A 同学在学院支持下，招募来自外国语学院、中韩新媒体学院和新闻与文化传播学院相关专业学生作为成员，依托各专业优势，组建翻译与配音、摄影与后期、运营与推广的志愿服务团队，暑假期间在武汉市周边的乡村景点如云雾山、木兰胜天等地开展拍摄活动，通过双语译配的形式，制作多语种的乡村文旅宣传视频，投放到 tiktok、Facebook 等外文平台上，助力国家乡村振兴战略。此外，团队还发挥专业优势，承接张家界旅游宣传片的外语翻译配音等工作，在外文媒体上取得了良好的宣传效果。

二、典型案例

学校和学院通过对以上活动的指导和支持，志愿活动取得一定社会效应，也锻炼了学生综合能力，"译路同行"志愿活动品牌建设初见成效。在各项活动开展过程中，涌现出 B 同学、H 同学和 J 同学等先进典型，带动学院其他同学积极参与志愿活动，实践育人取得较好效果。

案例1：B同学完成本科学业，返回云南的家乡，考上家乡选调生，在基层工作，为家乡建设贡献力量。

B同学的经历生动地诠释了志愿活动塑造学生理想所起到的作用。在B同学还在家乡上高一的时候，中南财经政法大学的一个暑期志愿服务团队到该地开展活动，并进入B同学的学校。从此，B同学的内心打开了一扇窗，她目睹志愿活动在身边产生的重要影响，并立志考上中南财经政法大学，希望有朝一日也能以中南财经政法大学的学生名义为家乡的留守儿童做一点有意义的事情。高中三年，B同学都抱着这样的信念努力学习，功夫不负有心人，2020年她成功考入中南财经政法大学英语专业。在校期间，她很快加入了志愿服务组织，积极参加各项志愿活动，发起"云岭小学堂"项目，带领团队成员暑期来家乡开展志愿活动，发挥英语专长，帮助留守学生培训英语等课程。随着活动持续进行，B同学看到了项目对家乡的小朋友带来的变化，也立志毕业后返乡为家乡服务。本科四年，B同学学习成绩优秀，多次获得各种奖学金和荣誉，终于在毕业前以选调生的身份考回家乡。

通过志愿活动，让更多参与活动的学生了解中国乡村和贫困地区，增强国情认识，在学生心中种下"走向基层，走向人民需要的地方"的种子。

案例2：H同学是第一个吃螃蟹的人。2023年4月份，学院遴选首批赴盐津支教学生时，来自湖北省恩施山区的她义无反顾地报名，也得到家长的全力支持。谈起缘由，H同学表示因为家境不好，求学之路也收到很多人的帮助，有机会的时候也希望自己能帮助别人。

从2023年4月到当地箭坝村小学担任英语教师，承担小学三年级的教学任务，到7月结束支教生活，在这支教的三个月时间，H同学吃住在学校，与学生们朝夕相处。课堂上她是令人尊敬而富有亲和力的老师；在生活中，她是学生们的大姐姐，关注着每一个学生的喜怒哀乐。这段支教经历，让H同学深刻感受到乡村振兴战略的重要性和学校扎实推进对盐津帮扶工作的意义。"进一步提升乡村地区的教育质量是非常重要的，因为教育能够培养人才，一个地区有人才，才有希望，人才是这个地区发展的源泉。我们学校对当地的帮扶，系统精准，正在开花结果，有幸成为其中的一份子，我深感自豪。"

案例3：J同学2023年10月主动报名参加对口帮扶盐津线下支教活动。她在箭坝村小学担任英语教师，负责四年级的英语教学，因为学过美术，她还负责全校的美术教学。通过图文结合搭配一些小游戏，J同学的英语课堂深受学生的喜欢。每次考试，还会给学生发奖品来奖励成绩优秀或取得进步的学生。让她感到自豪的是，上学期期末考试，她教的四年级同学英语成绩是全镇第一，并且有两位同学考了一百分。J同学非常感谢有机会能为当地同学的成长贡献力量，通过这次支教活动，也增强了自己的家国情怀，希望以后能通过其他渠道为乡村地区和西部地区的教育事业贡献力量。

三、志愿服务的实践育人功能

通过上文对"译路同行"品牌和典型案例介绍，可以充分展现志愿服务作为实践育人的重要组成内容，是三全育人的有效形式之一，对落实"立德树人"根本任务意义重大。志愿服务的育人功能主要体现在以下三个方面。

（一）价值引领功能

"读万卷书不如行万里路。"志愿活动将价值引领覆盖到活动的各个环节。从活动前期，对活动目的、意义的了解，对活动帮扶地区经济和社会发展情况的熟悉；到人员招募工作和活动开展前的培训；再到参与活动中产生的影响都体现了价值引领。学生增强了对中国国情社情的了解，通过理论培训掌握了志愿活动的基本内涵，了解了通过志愿活动能产生的价值等。

（二）网络辐射功能

各项活动带动学院形成良好的志愿服务氛围，先后涌现出上文的先进典型。学生都以这些先进典型为榜样，参与志愿服务的学生增多。很多学生热情高涨地加入各种不同的志愿服务团队，通过自己的实际行动，为各项志愿活动贡献力量。

（三）能力提升功能

志愿活动充分发挥学院专业优势，在培训环节、活动组织和开展等环节，充分锻炼学生沟通能力、组织协调能力。积极将所学专业知识应用在活动中，提升学生综合能力，也真正为帮扶地区学生英语教育事业贡献一份力量，助力乡村振兴。

四、志愿服务品牌建设经验

"译路同行"志愿服务品牌建设在学校关怀与学院党委领导下，积极学习其他高校的经验，结合校情院情，逐步探索出外语类志愿服务活动行之有效的做法。

（一）认真学习和领会上级精神、找准活动定位和方向

习近平总书记系列重要讲话，对实践育人、对外语院校和外语人才的努力方向做出了重要指示，国家相关部门对志愿活动体系建设以及实践育人等方面有相关政策指导。学校和学院在制定志愿活动和实践育人活动方案时，立足校情院情，吃透上级精神，充分发挥志愿活动的育人效果，将专业学习和志愿活动结合起来，最终达到三全育人效果，促进学生综合能力提升。此外，在拟定活动具体方案时，需要做长远规划，从远处思考，从小处着手，坚持长期主义，通过不断努力，逐渐取得活动效果。避免因提前谋划不足、急功近利的思想、妄图短期内取得成效，或者因短期内无明显成效而不断变更活动方案。

（二）搭建志愿服务工作体系

关于志愿服务，各级各部门都先后出台相关文件支持活动开展。在积极领会各级文件精神基础上，学院应在开展相关活动前，提前谋划，整体布局，密切与学校党委组织部、党委宣传部、党委学生工作部、人事部、党委学生工作部等部门联系，寻求学校层面支持，构建"学校＋学院"的志愿服务工作体系。

（三）坚持以学生为主体

志愿活动坚持以学生为主体，以院校为主导，通过专业教师参与指导、汇集专业教师、思想政治辅导员等老师力量，充分发挥学生主观能动性，以推动理论与实践结合，提升学生综合素养为目标，通过项目策划、人员招募、活动培训、活动开展和监测、活动反馈与总结等全流程管理和组织，确保活动的政治方向和活动效果。既要让参与的学生满意，有收获感；又要让受助对象满意和有收获感，而不是片面追求一方满意的效果。在此过程中，院校通过项目实施，逐步建立一套行之有效的活动组织和监测反馈流程。

例如，线上支教项目，通过学院先期与对方沟通，明确了解对方英语师资力量不足的现状及对英语高水平教学资源的需求；学院及时组织志愿者招募，通过英语听说读写等方面成绩，进行筛选，然后重点考查学生英语授课水平，确定志愿者名单。在学院教学经验丰富的专业教师的指导下，对志愿者进行授课水平培训，提升志愿者授课能力；另外，根据受助班级学生的英语水平的情况，志愿者团队在专业教师的指导下，认真准备授课课件内容。在每一次授课结束后，志愿者团队及时总结课堂上学生反馈情况，调整授课方式，以期达到最好的授课效果。

同样，在"翻译工作坊"等团队完成志愿工作的过程中，也体现了人员招募的遴选、项目实施前培训、项目中的全方位监控和项目完成后总结等流程。

五、反思

通过"译路同行"志愿活动品牌建设，以及全国各大高校开展志愿活动中取得的成效，可以肯定志愿活动有很强的实践育人功能，是搭建"三全育人"体系的必要环节，结合"译路同行"志愿活动品牌建设，有以下三点反思。

（1）志愿活动开展必须牢牢结合各院校实际，避免过度同质化和追求短期成效。

（2）志愿活动发挥实践育人功能必须结合专业学习，发挥学生专业特色，提升学生专业能力。

（3）志愿活动开展必须加强人员遴选和培训环节，以确保活动成效。

参考文献

［1］新华社. 中共中央办公厅 国务院办公厅关于健全新时代志愿服务体系的意见［EB/OL］.（2024-04-12）［2024-08-18］. https://www.gov.cn/gongbao/2024/issue_11326/202405/content_6949619.html.

［2］共青团中央. 共青团中央关于印发《关于推进青年志愿服务工作改革发展的意见》的通知：中青发〔2018]3号［A/OL］.（2018-03-12）［2024-11-19］. https://lgqn.sdut.edu.cn/2024/0222/c11793a509473/page.htm.

大学生开展弘扬中华优秀传统文化社会实践的现实困境及完善路径 ①

杨　柳

（会计学院）

在全球化的浪潮下，文化多元化格局日益凸显，成为推动世界文化繁荣与发展的重要动力。在此背景下，中华优秀传统文化的弘扬与传承不仅关乎民族文化的根与魂，更是增强民族文化自信、维护世界文明多样性的战略举措。党的二十大报告指出，要继续坚持"发展社会主义先进文化，弘扬革命文化，传承中华优秀传统文化，满足人民日益增长的精神文化需求"，旨在让中华文化展现出永久魅力和时代风采。大学生群体，作为社会发展的生力军与文化传承的关键一环，是推动文化传承与创新的重要力量，其对于中华优秀传统文化的认知、理解与践行，对于国家的长远发展具有不可估量的价值。通过积极参与社会实践活动，大学生能够亲身体验传统文化的魅力，深化对其内涵的理解，从而在更广阔的社会舞台上成为文化传承与创新的积极倡导者与践行者。

一、大学生开展弘扬中华优秀传统文化社会实践的重要意义

在传承与弘扬中华优秀传统文化的伟大事业中，大学生群体扮演着举足轻重的角色。作为国家的未来与民族的希望，大学生不仅承载着传承文化基因的使命与责任，还具备通过创新实践推动文化发展的潜力与能力。高校教育作为培养大学生文化素养与传承意识的重要阵地，其重要性不言而喻。而社会实践活动则为大学生提供了将理论知识转化为实际行动、深入体验与理解中华优秀传统文化的宝贵机会。大学生开展弘扬中华优秀传统文化社会实

---

① 本文系中南财经政法大学团委青年研究中心项目（项目编号：TW202321）的阶段性研究成果。

践意义重大。

（一）增强文化自信，促进文化传承与创新

通过亲身参与和体验中华优秀传统文化的实践活动，大学生能够更直观地感受到中华文化的博大精深和独特魅力，从而增强对本土文化的认同感和自豪感，形成坚定的文化自信。这种文化自信是民族精神的基石，是推动国家文化软实力提升的重要力量。同时，他们的参与为传统文化的传承注入了新的活力。在实践中，大学生不仅能够学习传统技艺、了解历史故事，还能结合现代元素进行文化创新，使传统文化以更加新颖、多元的形式呈现给世人，促进文化的活态传承与创新发展。

（二）提升综合素质，增强社会责任感

弘扬中华优秀传统文化的社会实践，要求大学生具备扎实的专业知识、良好的沟通能力和团队协作精神。这一过程中，大学生能够锻炼自己的组织能力、协调能力、创新能力以及解决问题的能力，全面提升个人综合素质，为未来的职业生涯打下坚实基础。通过社会实践，大学生能够深入了解社会现实，认识到自己在文化传承中的责任和使命。他们会意识到，作为新时代的青年，有责任将中华优秀传统文化发扬光大，为构建和谐社会、推动文化繁荣贡献力量。这种责任感的增强，有助于激发大学生的爱国情怀和社会担当精神。

（三）促进文化交流与互鉴

在全球化的今天，文化交流与互鉴日益频繁。大学生在弘扬中华优秀传统文化的同时，也能够将中国文化介绍给世界，增进不同文化之间的理解和尊重。这种跨文化的交流有助于构建人类命运共同体，推动世界文化的多样性和繁荣。一方面，无论通过学术研讨会、文化交流节、艺术展览，还是利用互联网和新媒体平台进行文化传播，大学生都能以独特的视角和创新的方式，向世界展示中华文化的独特魅力和深厚底蕴。另一方面，大学生在文化交流中扮演着桥梁和纽带的角色。他们具备较好的外语沟通能力和跨文化交际能力，能够跨越语言和文化的障碍，与不同国家和地区的人们进行深入交

流。在交流中，大学生不仅能够传播中华文化的优秀元素，也能吸收和借鉴其他文化的精髓，实现文化的双向交流和互鉴。

二、大学生开展弘扬中华优秀传统文化社会实践的现状与困境

（一）开展现状

在大学生开展弘扬中华优秀传统文化社会实践的积极态势中，我们可以看到多个层面上的蓬勃发展与显著成效。这些不仅体现在活动的广度与深度上，更在于其对大学生个人成长、社会文化传承以及国际文化交流等方面的深远影响。

1. 政策导向与机制创新

国家重视弘扬中华优秀传统文化，通过一系列具体政策的出台，为大学生社会实践提供了坚实的政策保障。这些政策不仅明确了传统文化教育的重要性，还鼓励高校创新教育模式，将传统文化融入日常教学和社会实践之中。同时，政府、学校和社会各界共同构建了多元参与、协同推进的工作机制，为大学生提供了丰富的实践平台和资源支持。

2. 活动形式与内容的丰富多样

随着对传统文化认识的不断深入，大学生社会实践的形式和内容也日益丰富多样。从传统的文化调研、非遗传承体验，到结合现代科技手段的数字文化展示、线上文化交流等，这些活动不仅让大学生亲身体验到传统文化的魅力，还激发了他们的创新思维和创造力。同时，一些高校还通过举办文化节、文化论坛等形式，搭建起学生与社会、企业、研究机构等多元主体交流合作的桥梁，促进了传统文化的传承与发展。

3. 学生参与热情高涨

在政策的引导和社会氛围的熏陶下，越来越多的大学生开始积极投身于弘扬中华优秀传统文化的社会实践之中。他们利用假期时间回到家乡，深入田间地头、古镇老街，通过实地考察、访谈调研等方式，了解家乡的文化底

蕴和历史变迁。这种亲身参与的方式不仅让大学生对传统文化有了更加直观和深入的认识，还增强了他们的文化自觉和自信。同时，一些大学生还自发组织起文化志愿服务团队，为传统文化的传承与发展贡献自己的力量。

4. 实践成果显著且影响深远

大学生在社会实践中取得的丰硕成果不仅体现在调研报告、文化产品等具体成果上，更在于其对个人成长、社会文化传承以及国际文化交流等方面的深远影响。通过实践，大学生不仅积累了丰富的实践经验和社会阅历，还培养了他们的创新精神和实践能力。同时，他们的实践成果也为传统文化的传承与发展注入了新的活力，推动了传统文化的活态传承和创新发展。此外，一些优秀的实践项目还吸引了国际社会的关注和赞誉，为中华文化的国际传播和交流搭建了桥梁。

（二）现实困境

在大学生开展弘扬中华优秀传统文化社会实践的过程中，尽管取得了诸多积极成果，但仍面临着一系列挑战，这些挑战复杂多样，涉及教育资源、学生认知、实践深度以及社会支持等多个层面。

1. 教育资源分布不均与质量差异

教育资源在地区、高校之间的分布存在显著差异。一些高校，特别是位于经济发达地区和历史文化名城的高校，拥有较为丰富的传统文化教育资源和师资力量，能够为学生提供更加系统和深入的传统文化教育。然而，在一些偏远地区或资源相对匮乏的高校，传统文化教育资源相对匮乏，难以满足学生的需求。这种资源分布的不均衡，不仅限制了部分学生的传统文化学习机会，也影响了整体传统文化教育的质量和效果。

2. 学生认知差异与兴趣缺乏

当代大学生成长于一个多元文化交融的时代，他们的价值观和兴趣爱好呈现出多样化的特点。虽然有一部分学生对传统文化充满兴趣和热情，但也有相当一部分学生对传统文化的认知和了解相对有限，甚至存在偏见和误解。

这种认知差异和兴趣缺乏，使得一些学生在参与弘扬传统文化的社会实践时缺乏主动性和积极性，难以真正投入其中并取得实质性的成果。

3. 实践深度不足与形式化倾向

部分大学生在参与社会实践时，可能只是停留在表面层次的了解和体验上，缺乏对传统文化的深入思考和挖掘。他们可能只是简单地参观古迹、参与节日庆祝等活动，而没有真正深入到传统文化的内涵和价值中去。这种实践深度的不足，不仅难以形成具有深度和广度的文化产品，也难以真正达到弘扬传统文化的目的。同时，一些实践活动可能存在形式化倾向，过分追求表面的热闹和轰动效应，而忽视了实践的本质和意义。

4. 社会支持不足与协同机制缺失

社会支持的不足也是制约大学生弘扬传统文化社会实践的一个重要因素。虽然社会各界对传统文化的传承与发展表示支持，但在实际操作中仍面临诸多困难和挑战。一些传统文化项目缺乏必要的资金、技术和政策支持，难以持续开展下去。同时，由于不同部门、机构之间缺乏有效的协同机制和合作平台，导致传统文化资源难以得到充分利用和有效整合。这种社会支持的不足和协同机制的缺失，不仅影响了传统文化项目的实施效果，也制约了大学生社会实践的深入开展。

三、大学生开展弘扬中华优秀传统文化社会实践的完善路径

（一）外部环境：构建全方位支持体系以促进文化传承

1. 强化文化教育与宣传

可以通过媒体融合传播、公益广告投放以及利用文化名人效应来激发大众参与文化传承的热情，为传统文化的可持续发展奠定坚实的群众基础。可以将电视、广播、报纸等传统媒体与互联网、社交媒体等新媒体相结合，推出系列专题节目、纪录片、微电影等，讲述中华优秀传统文化的历史故事、人物传奇和艺术成就；还可以在公共场所、交通枢纽等高人流量区域投放关

于传统文化保护与传承的公益广告，提升公众对传统文化的关注度和认识度；邀请文化名人、学者、艺术家等作为传统文化的传播使者，通过讲座、访谈、直播等形式，分享他们对传统文化的理解和感悟，引领社会风尚。以此来广泛普及传统文化知识，提高全民族的文化素养和审美水平，增强社会对传统文化的认同感和自豪感，形成积极向上的社会文化氛围。

2.搭建实践与资源共享平台

要为大学生提供丰富的实践机会和资源支持，促进他们在实践中深入理解和传承传统文化。可以与高校、企业、社区等合作，建立一批集学习、实践、研究于一体的传统文化实践基地，如非物质文化遗产传承基地、传统手工艺体验馆等；还可以利用云计算、大数据等现代信息技术手段，建立传统文化资源数据库和在线学习平台，实现资源的开放共享和高效利用。由此来推动社会各界共同参与文化传承事业，形成全社会共同关注、支持和参与的良好局面，促进传统文化的活态传承和创新发展。

3.政策引导与创新激励机制

要激发社会各界参与传统文化传承的热情和动力，推动传统文化的繁荣发展。政府可出台相关扶持政策，如税收减免、资金补贴、项目资助等，鼓励和支持企事业单位、社会组织和个人参与传统文化的保护与传承工作；建立传统文化保护与传承专项基金，用于支持传统文化研究、教育、传播、保护等项目的实施；并对在传统文化传承中做出突出贡献的单位和个人给予表彰和奖励，树立典型示范，激发社会各界的积极性和创造力。

（二）高校内部：深化教育体系，促进文化传承与创新

1.课程体系与教学内容的丰富与优化

通过开设专门课程，帮助学生建立全面的传统文化知识体系，提升文化素养和人文精神，确保每位学生都能接受到系统的传统文化教育。鼓励各学科教师将传统文化元素融入专业课程教学中，促进学科交叉融合，拓宽学生的学术视野和创新能力，使传统文化教育渗透到各个学科领域。在教学实践

环节，增加实地考察、文化体验、项目研究等实践教学环节，如组织学生参观博物馆、古迹遗址，参与非物质文化遗产传承人的工作坊等，让学生在实践中感受传统文化的魅力，增强学生的实践能力和团队协作能力。

2. 校企合作与产学研一体化

促进学校与社会的紧密联系，实现资源共享和优势互补。可以通过建立校企合作基地，与相关企业、文化机构建立长期合作关系，共同建立传统文化研究与实践基地，为学生提供实习实训机会，提升学生的实践能力和创新能力，同时为企业提供人才支持和智力支持；还可开展产学研合作项目，围绕传统文化的保护与传承、创新与发展等主题，与企业、科研机构合作开展科研项目，推动传统文化的现代化转型和产业化发展；还可以通过邀请行业专家进校园，请文化产业的领军人物、非物质文化遗产传承人等进校园开展讲座、工作坊等活动，分享他们的经验和见解，拓宽学生的视野和思路。

3. 完善项目指导与评价体系

一方面，可以设立专项指导教师团队，组建由校内外专家、学者、非物质文化遗产传承人等组成的专项指导教师队伍，为学生提供专业、系统的指导。指导教师定期参与项目进展评估，提供个性化建议，帮助学生解决实践中遇到的问题。另一方面，要建立多元化评价体系，采用过程评价与结果评价相结合的方式，关注学生在实践过程中的学习态度、创新能力、团队协作能力等方面的表现。引入第三方评价机构如社区代表参与评价，确保评价的客观性和公正性。同时，设立优秀项目展示与表彰机制，激励学生积极参与并追求卓越。

（三）学生自身：主动探索与实践，成为文化传承的使者

1. 深化自主学习与研究能力

学生应充分利用图书馆资源及网络平台，广泛阅读并深入研究中华优秀传统文化的经典著作与历史文献，以期深刻把握其精髓与内在意蕴。主动参与学校或社团组织的学术论坛、读书沙龙等活动，与同窗共探传统文化之现

代意义与价值，促进思想碰撞与学术交流。同时，在导师悉心指导下，择取个人兴趣浓厚的传统文化领域进行深入研究，撰写学术论文或研究报告，为传统文化的传承与创新贡献智慧与力量。此举旨在全面提升学生的学术素养与研究能力，为其未来的学术道路奠定坚实基础。同时，增强学生的文化自信与民族认同感，激发其传承与弘扬传统文化的历史使命感与社会责任感。

2. 积极参与实践，践行文化传承

通过实践活动促使学生将理论知识转化为实践能力，提升其创新思维与实践能力。可以利用课余时间投身志愿服务，如参与文化遗产保护、文化普及等志愿服务项目，将传统文化带入乡村、校园，为文化的传承与普及贡献力量；还可自主策划创新项目，结合个人专业兴趣，自主策划并实施与传统文化相关的创新项目，如举办传统文化摄影展、手工艺创新设计竞赛等，展现传统文化的新风貌与新活力，增强学生的社会责任感与公民意识，使其成为文化传承的积极推动者与践行者。

3. 创新传播方式，拓宽文化影响力

借助新媒体的广泛传播力，有效扩大传统文化的影响范围与受众群体。利用新媒体矩阵，发布传统文化相关的短视频、图文、直播等内容，吸引公众关注与参与。可以融合所学专业知识，设计并推出富含传统文化元素的文创产品，通过创新传播方式使传统文化更加贴近现代生活与审美需求，增强其吸引力与感染力；还可以积极与国内外高校、文化机构建立合作关系，举办文化沙龙、国际文化节等活动，促进不同文化间的交流与互鉴，推动中华优秀传统文化的国际传播，提升国家文化软实力与国际影响力。

参考文献

［1］王前军，卞学为. 以中华优秀传统文化培育理工类大学生社会主义核心价值观［J］. 教书育人（高教论坛），2022（24）：56-60.

［2］赵家豪，李伊洁，林壕源，等. 基于中华优秀传统文化传承的大学生暑期社会实践调查研究［J］. 文化创新比较研究，2022，6（18）：137-140.

［3］雷赐涛．中华优秀传统文化在大学生思想政治教育中的应用研究——以学生党员为例［J］．山西青年，2020（14）：177，179．

［4］林为湘．新时代大学生社会实践的意义及路径选择［J］．广西教育，2020（15）：4-5．

［5］邱汉豪，游小彤，幸家乐，等．当代大学生社会实践视域下的中华优秀传统文化的传播与发展路径研究［J］．智库时代，2020（9）：292-293，296．

［6］孙楠，霍礼俊，高志超，等．大学生社会实践模式创新研究与实践［J］．创新创业理论研究与实践，2024，7（1）：189-191．

实践育人在爱国主义教育中的途径
与方法研究

胡万松　赵家斌　李欣蔚

（党委学生工作部、人民武装部）

一、爱国主义实践教育的现状

（一）爱国主义教育在高校思政教育的重要地位

爱国主义是中华民族伟大民族精神的核心，是中华民族生生不息、薪火相传的动力源泉和精神血脉。每个时代都会涌现出一群爱国主义者，他们高擎火炬，勇担使命，完成历史赋予的阶段性任务。广大青年学生就是这样一股朝气蓬勃，敢为人先的"青春力量"。因此，弘扬爱国主义精神，加强爱国主义教育，有助于青年学生将个人理想与国家梦想紧密结合，在挥洒青春汗水的奋斗中与时代同频共振，获得对自我的认同感和成就感。

广大青年学生是国之未来，民族之希望。青年学生的思想基础和认知能力决定着国家发展未来的方向。我国在义务教育阶段就已大力普及爱国主义教育，在每个学生心中埋下爱国主义的种子。而在高校加强的爱国主义思政教育，是在学生心智发展趋于成熟、能够独立思考的时期深入了解爱国主义精神，理解并赞同爱国主义，使之成为一种信仰，一种凝聚中华儿女勠力同心的伟大向心力。

（二）实践育人理念

实践的观点是马克思主义认识论的基本观点，马克思主义辩证唯物主义坚持"实践是检验真理的唯一标准"。仅有理论、缺少实践的学习过程是不完整、不全面、不深入的。明朝思想家王守仁提出"知行合一"思想，同样说明实践的重要作用。但由于生产力发展水平和基本国情的条件限制，我国教育面临着"重理论，轻实践"的境况，饱受"应试教育"诟病。随着时代发展，教育理念也在不断革新，教育部等有关部门连续出台相关意见，加强指导高校实践育人工作，已经取得一定成果，形成了相对丰富的理论体系。

（三）各高校及组织团体开展的爱国主义实践教育

1. 依托红色遗迹遗址等文化资源的参观学习实践教育

"以史为鉴，可以知兴替"。党史、国史教育在高校实践育人工作中必不可少。中南财经政法大学在军事理论实践课中融入"溯红色基因实践活动"，引导学生参观武汉市红色景点；西安交通大学党支部与学生会组织参观陕甘边革命根据地照金纪念馆；华东师范大学校研会民族文化部举办沪上"红色文化之旅"活动，在旅途中重温党的发展历程、缅怀革命先烈事迹……

此类参观学习实践活动，充分利用本土红色文化资源，带给学生沉浸式体验，使学生更加直观感受到浓郁的红色氛围。爱国主义不再仅是书面教条，而是一块饱经战火的城砖、一件磨损的朴素旧衣、一段心血澎湃的英雄事迹，唤起学生心中的爱国主义。

2. 扶贫支教志愿活动及日常社会公益实践

2020年是全面建成小康社会和打赢脱贫攻坚战的关键之年。在脱贫攻坚的道路上，有一群身影不可忽视。北京师范大学白鸽青年志愿者协会的"梦想课程"支教团五年踏遍八个省市，在城市和乡村的中小学挥洒青春、激情，将知识、理想和光明撒播到"希望的原野"；由共青团中央、教育部、财政部、人力资源和社会保障部联合组织实施的"大学生志愿服务西部计划"，提出"到西部去，到基层去，到祖国最需要的地方去"的口号，鼓励大学生为国家建设贡献一份力量。

思想扶贫、教育扶贫是解决贫困的根本思路。从"输血"到"造血"，青年大学生发挥所学，将个人价值的实现融入祖国扶贫事业，在奉献中践行爱国主义，用青春唤起乡村生机活力，给祖国增添青春力量。

3. 发挥专业所长的社会实践调研

"培养什么样的人才"一直是高校育人的重要问题。新时代培养人才，既要有向科技文明巅峰发出冲击的勇气，又要有脚踏实地倾听底层声音的情怀。中国人民大学开展"千人百村"社会调研活动，深度扎根中国大地，密切关注基层民生，构筑实践育人的新高地。

"脚下沾了多少泥土，心中就沉淀着多少真情。"对青年学生来说，走出象牙塔的世界格外真实和触动。社会调研实践活动对丰富学生认知，引发学生思考具有重要启发作用，使广大青年学生发挥所学，为百姓解决实际问题，提出建设性意见，真正尽到为人民谋幸福的责任担当。

4. 主题纪念日、文艺汇演、演讲比赛等多形式爱国主义主题教育

为普及爱国主义教育，使爱国主义精神融入生活、深入人心，我国设立了一系列主题纪念日，如3月5日学雷锋日、辛亥革命纪念日、一二·九运动纪念日、南京大屠杀死难者国家公祭日等。同时，各高校及单位积极举办以爱国主义为主题的文艺汇演，如五四晚会、国庆联欢等。

爱国主题文娱纪念活动扩大了爱国主义教育的受众范围，降低参与门槛，真正辐射到日常生活，营造出一种团结奋进、积极向上的红色文化氛围，有助于爱国主义精神的传播发展。

5. 对现有爱国主义实践教育的总体评价

现有的爱国主义实践教育在形式上已具备多样化的特点，但普及程度有待提高。部分活动项目缺乏连续性，具有区域限制性。实践活动缺乏固定专业的指导和途径。

二、实践育人在爱国主义教育中的途径

联系爱国主义实践教育目前开展情况，依靠数字化信息技术，融合网络传媒新思路，紧贴新时代青年学生成长生活习惯，探索研究爱国主义实践教育途径。

（一）依托网络平台和社交软件搭建交互实践通道

第 44 次《中国互联网络发展状况统计报告》数据显示，截至 2019 年上半年，我国网民规模达 8.54 亿人，互联网普及率达 61.2%，我国网民的每周人均上网时间为 27.9 小时，移动互联网的使用持续深化。在此背景下，实践育人工作也应作出相应调整，紧跟时代发展趋势。

微信、微博、哔哩哔哩、抖音、央视频等社交平台或视频平台，是青年学生日常生活中高度聚集、深入使用的手机软件，是青年人了解时事要闻、进行休闲娱乐活动的一个窗口。不少高校和组织团体登录平台，注册相关账号，但其影响和传播力度并不理想，实践育人的效果大打折扣。

通过网络途径进行爱国主义实践育人，应在以下方面完善突破。

（1）发布图文、视频内容节奏紧快，内容流畅有新意，避免长篇累牍、千篇一律；专业知识解读深入浅出，通俗易懂；善于以小见大，避免内容空洞，华而不实。

（2）组建专人维护团队，保证更新频率和质量，做好互动工作，及时查看私信留言及意见反馈，并根据合理建议做出调整，不断完善。

（3）使用多平台同步推广，增大辐射范围，贴近青年学生日常生活。

（二）利用本地红色文化资源开展爱国主义实践教育

博物馆、名人故居、纪念碑等红色文化资源是每个地区宝贵的精神财富，具有其本来的吸引力。高校对接当地红色文化资源，在宣传角度和教育成果方面都是"1+1>2"的双赢合作，对校园文化建设也有积极的影响。因此，各地高校及共青团组织应大力推进结合本地红色文化资源，创新党团活动形式，开展爱国主义实践教育。同时，加快推进博物馆等文化展馆数字化建设，开设数字技术创意展厅，使用虚拟现实技术将红色文化资源接入移动终端，增强学生的兴趣。

（三）将爱国主义实践教育融入校园休闲生活

爱国主义思政教育本质是一种文化熏陶，加强对青年学生爱国主义思想主题教育，重在开垦一片以爱国主义为内核的红色精神土壤。校园是学生进行学习生活、休闲活动的主要场所，校园风气文化对个人性格品质的养成有着极为重要的影响。因此，着力打造积极向上的校园文化氛围，将爱国主义精神通过校园文化传递，是使爱国主义实践教育常态化的一条重要途径。

高校团组织应积极开展团日活动和文体活动，丰富实践形式，如观看爱国主义教育主题影片、学唱红色歌曲、举办爱国主义主题晚会、诗词歌会等。繁荣丰富的校园文化生活能够锻炼学生意志品质，培养其完整独立的人格，在实践中体会爱国主义精神的内涵和外延。

（四）开展青年志愿活动和社会公益活动

为祖国和人民无私奉献是爱国主义精神的重要内容，这种奉献精神来源于日常生活的点滴积聚。参与青年志愿活动和社会公益活动，能够帮助学生建立"献出爱心—精神回报"的良性反馈机制，在奉献中获得成就感，实现人生价值，承担社会责任。

高校可以与有支教需求的中小学和特殊学校建立长期联系，开展支教活动，既可以为学生提供安全、稳定、持续的实践活动项目，又可以长期追踪支教服务成果，真正达到改善教育发展不平衡的目的，避免落入"形式主义"的窠臼。

高校学生参与社会公益活动，可以与自身专业相结合，找到适合自身性格特点及能力特长的公益活动，提高活动质量，学有所用。社会公益活动不仅是爱国主义教育实践，也是专业知识应用实践，可以从能力水平到思想品质提升青年学生的竞争力。

三、实践育人在爱国主义教育中的方法

实践育人理念应用到爱国主义教育，在落实过程中融合发展，各高校及组织团体应以爱国主义实践教育的基本途径为基础，结合自身特点，创新教育方式方法。

（一）化"灌输"式教育为"启发"式教育

一直以来，青年学生对"爱国主义"的印象多与"战争""奉献""牺牲""伟大事业"等看似遥不可及的词语有关，这种刻板的印象与接受爱国主义教育的方式有很大关系。爱国主义教育是严肃的，但也应该是活泼的、接地气的。

要改变这种低效的"灌输"式教育，使学生完成从"被动学习"到"主动探索"的转变。在进行爱国主义实践教育的过程中，应该多启发学生思考"我能做些什么"，而非仅仅知道"他们做了什么"。

可以鼓励青年学生通过电影、动画、漫画、短视频等多种形式进行爱国主义主题创作，以广大群众喜闻乐见的形式推广爱国主义精神。由我国军迷网友创作的爱国主义题材漫画《那年那兔那些事儿》，先后被改编为电影、动画作品，深受网友喜爱，成为爱国主义题材创作的成功典范之一。

新冠疫情期间，广大医护人员奋战前线。青年学生，虽无救死扶伤之力，却也可以通过自己的方式表达对坚守一线的医护人员崇高的敬意。他们通过手绘钟南山院士画像、创作抗疫歌曲、募集捐助物资，表达自己的"爱国主义"。

（二）化"平面"式教育为"沉浸"式教育

思政教育因其内容的理论性较强，往往无法避免课堂的枯燥与单一。仅依靠"讲述"这种"平面式"的教育，很难起到令人满意的效果。实践育人很大程度上解决了思政课堂单调乏味的问题。通过开展一系列实践活动，学生亲身参与、深度体验，在视、听、触等多种感官的刺激下进行"沉浸"式学习，收获更深刻的记忆和感悟。例如，将本土红色资源与志愿服务相结合，推出志愿讲解活动、情景剧表演、红色主题公开课等活动形式，深入了解爱国主义精神内核。这既是对爱国主义实践教育的创新，也为当地红色旅游景点吸引了流量，扩大影响范围。

依托网络新媒体技术开展爱国主义实践教育，具有其传播广泛及互动参与性强的独特优势。在官方社交账号发起接力活动、视频打卡、微视频、微电影创作大赛、爱国主义知识问答、纪念品抽奖等丰富多彩的活动形式，趣味性强，参与度高，实时互动性强，更有利于开展多角度多层面的"沉浸"式教育。

（三）化"言传"为"身教"

爱国主义精神的表层含义经过家庭、学校、社会的大力弘扬，在广大青年学生心中并不陌生。因此，突破"言传"的限制，到达爱国主义精神的深层含义，需要加强实践教育。

化"言传"为"身教"，其对象不仅仅局限于教师团体，应该广义地理解为"身边每个践行爱国主义者"。这种扩大解释，将爱国主义教育的主场地从课堂转移到生活，寻找身边的爱国典型，善用榜样的力量。向优秀爱国主义者学习，弥补自身不足，在实践中学习成长。

四、总结与展望

实践育人使爱国主义教育、德育教育、美育教育等有助于青年学生塑造世界观、人生观、价值观的文化思政教育能够以一种润物无声的方式，潜移默化地影响其性格品质，对习近平总书记提出的"培养什么样的人，怎样培养人，为谁培养人"这一事关教育工作之根本的问题作出解答，为新时代中国特色社会主义建设培养优秀接班人，传扬民族精神，贡献中国力量。

但在实践育人广泛开展的同时，与之配套的评价体系也应加快完善，避免不恰当的评价方式损害实践育人的公平性，违背实践育人初衷。期望逐步形成一个理论教育、实践锻炼、合理评价、现实应用的教育生态，让学习真正成为人类的终身事业。

参考文献

[1] 中华人民共和国教育部，中国共产党中央委员会宣传部，中华人民共和国财政部，等. 教育部等部门关于进一步加强高校实践育人工作的若干意见：教思政〔2012〕1号［A/OL］.（2012-01-10）［2024-10-12］. http://www.moe.gov.cn/srcsite/A12/moe_1407/s6870/201201/t20120110_142870.html.

[2] 中华人民共和国教育部党组. 深入学习贯彻习近平总书记关于青年学生成长成才重要思想 大力培养中国特色社会主义建设者和接班人［N］. 光明日报，2017-09-08（1）.

[3] 华东师范大学研究生会. 踏寻红色足迹，追忆峥嵘岁月——华东师范大学"红色文化之旅"活动圆满举办［EB/OL］.（2017-12-05）［2024-10-12］. https://www.sohu.com/a/208604852_651037.

[4] 袁慧，孙薇薇，云丹桑珠. 北京师范大学社会实践育人工作的探

索与实践［J］．北京教育（高教版），2017（10）：4.

［5］中华人民共和国国家互联网信息办公室．第44次《中国互联网络发展状况统计报告》［EB/OL］．（2019–08–30）［2024–10–12］．https://www.cac.gov.cn/2019–08/30/c_1124938750.htm.

［6］王潇．上海高校有效运用红色文化资源研究［D］．上海：华东师范大学，2016.

［7］袁力，姚志宏，纪建华，等．高等职业院校实践育人方法与途径研究［J］．湖北工业职业技术学院学报，2014，27（6）：16–19.

［8］苏中新．时代新媒体背景下大学生爱国教育探索［J］．计算机产品与流通，2020（6）：232.

［9］袁鑫．为党育人：高校共青团在实践育人中加强爱国主义教育的路径探析［J］．科教文汇（中旬刊），2020（4）：25–26.

［10］卢苑霞．新时代厚植大学生爱国主义情怀的路径探析——基于实践育人的视角［J］．法制与社会，2020（8）：191–192.

"共同缔造"理念对高校志愿服务育人工作的启示 ①

钟开炜

（法学院）

党的二十届三中全会通过的《中共中央关于进一步全面深化改革、推进中国式现代化的决定》中明确提出："完善立德树人机制，推进大中小学思政课一体化改革创新，健全德智体美劳全面培养体系。"育人的根本在于立德，坚持德育优先既是我们党领导教育工作的一条基本经验，也是新时代贯彻党的教育方针的基本要求。志愿服务育人工作是高校"立德树人"事业的重要抓手，鼓励学生结合专业所长开展志愿服务，提升志愿服务项目化管理能力，有助于引导学生提升对社会问题的思考力和尝试解决问题的创新力。学生在志愿服务的学习与实践中逐步厘清"小我"与"大我"之间的关系，并做出正确选择。"共同缔造"是为纾解新时代基层治理之困，是走深走实群众路线、积极构建基层治理体系的重要抓手。这一理念产生于云浮，成熟于厦门，推行于沈阳与全国建设系统，最终进入中央文件，在试点和推广过程中始终坚持以人民为中心这一重大原则、尊重人民主体地位和首创精神。[1]高校虽有其自身的独特性，但"共同缔造"理念却仍适用于高校的许多场景，特别是对改进和加强高校志愿服务育人工作具有重要意义。

一、学生参与是核心

高校青年志愿者协会是高校志愿服务团队中的主体力量，在校（院）共青团的指导下承担着志愿服务育人工作。在整体的运营过程中，不同年级的

---

① 本文系中南财经政法大学团委青年研究中心专项资金资助项目"大学生'专业＋志愿服务'体系构建与能力建设研究——以 VAL 法律志愿服务团为例"（项目编号：TW202306）的阶段性研究成果。

学生负责不同类型的工作内容，分工协作，逐渐形成了"纵向到底、横向到边"的组织体系。经过调研发现，高校青年志愿者协会大都由多个部门所构成，学生个体更多的是负责自身的工作，而对其他同学的工作或是其他部门的工作很难介入，具有较强的"边界感"。"共同缔造"理念强调要运用好"共谋、共建、共管、共评、共享"的"五共"工作法。[2] 对于高校志愿服务育人工作而言，即为鼓励发动学生志愿者参与志愿服务组织工作的全过程，变"你"和"我"为"我们"，变"要我干"为"一起干"，形成志愿服务工作"决策共谋、发展共建、建设共管、效果共评、成果共享"的良好局面。

根据调研得知，学生志愿者的时间精力、知识储备和综合能力都成为其"全过程参与"的限制性因素。W 同学在访谈调研中表示："我其实对咱们志愿服务团队特别向往，也希望能参加到更多的工作中去。但是因为刚加入，对很多工作也不熟悉，自己的能力和时间精力方面也不一定能跟得上，所以我选择服从组织安排。"① 而"共同缔造"理念还强调对组织成员进行培训赋能，耐心做好思想工作。高校青年志愿者协会可尝试将"培训赋能"课程化，对新加入的学生志愿者进行快速地体系化教学，使其更好地了解组织的发展历程、责任使命，鼓励成员通过"开放会议""头脑风暴"等活动对组织工作提出建议和意见，在充分的讨论中取得"最大公约数"。鼓励学生志愿者尽可能参与组织工作的全过程，可以帮助学生在短时间内形成"全局视野"和"系统观念"，同时结合"投入-产出"等经济学理论对实际效果进行多方面衡量，引导学生逐渐认识到资源的有限性以及提质增效的重要性。

二、培育精神是根本

近年来，高校学生的学业压力逐渐增大，注意力也从"考证""双学位""社会实践"逐渐转移到了"保研""考研"和"竞赛加分"。在"德"与"利"形成矛盾关系时，部分学生倾向于追求自身利益最大化，一定程度上造成了同学之间以及师生之间的关系紧张。中华优秀传统文化源远流长，对激活学生心灵深处的"向善"意识具有重要作用。应在重视传承和弘扬中华优秀传

---

① 由访谈记录整理而来，访谈编码：F20240706。

统文化、培育高校学生"奉献、友爱、互助、进步"的志愿精神的同时，大力培养学生的"公共精神"。例如在学生个体的视角中，到社区为老年人提供法律咨询志愿服务是"一件值得高兴的事，因为'我'能感受到来自他人的需要以及肯定"。这可以归属于在传承"奉献、友爱、互助、进步"的志愿精神，但此时仍局限于"小我"的感观世界之中，还远没有达到"公共精神"的层次。

通过民主议事活动等方式，引导学生继续思考"社区老人的共性需求和个性化需求如何分类""需求为什么会产生"，以及"如何在更高的层次调动资源，更好地来满足老人需求"，有助于推动学生将"小我"和"大我"放在一起思考，让学生逐渐聚焦社会问题及现实需要，跳出"小我"的思维方式，用"我们"的视角来分析解决这一问题，从而发挥"大我"的力量去解决相应的问题。当学生在此基础上将学业和志愿服务深度结合，全身心投入志愿服务，以主动承担"社会责任"为使命，将自身发展的选择与社会需要紧密结合，深刻理解并在实践中积极弘扬"公共精神"，对于"志愿服务育人工作"而言，学生也正在朝着"超我"的思想道德境界在进步，此时也理应成为高校志愿服务的典型人物。通过"点亮一盏灯，照亮一大片"的思路，可以进一步"志愿服务明星效应"，将培育学生志愿者本真的"志愿精神"与"公共精神"相结合，引导更多学生不断提升思想道德修养，将国家和社会需要作为自己人生的奋斗方向。

三、分类统筹是手段

高校志愿服务育人工作与其他学生工作不同之处在于，志愿服务既对"内"，又对"外"。志愿服务已发展成为大学生思政工作体系的主要抓手之一。在志愿服务项目化的发展趋势下，只有对项目进行精心培育并深耕才有助于打造品牌；而在第二课堂的工作要求下，也要尽可能开展适合更多同学参与的志愿服务活动。因此需要结合这两方面的实际情况，在志愿服务团队的运营上，不能"一刀切"地进行全盘"项目化"，而是结合团队的实际工作内容，进行有区别的定位分类，实现志愿服务"项目化"与"常规活动"并行的"双轮驱动"，从"专业志愿服务"的角度培育学生志愿者"结合专业做志愿服务"和"做专业的志愿服务"两大能力。[3]此外，在志愿服务工作仍主要来源于学校财政经费的背景下，也可引导学生志愿者直接着眼于学科建设发展的需要，对志愿服务工作进行系统谋划和思考，实现"决策共谋、发展共建、建设共管、效果共评、成果共享"。

根据访谈调研得知，Z大学法学院志愿者协会自2020年参与了中国青年志愿服务项目大赛以后，内设的志愿服务团队均为向项目化发展转变做出了尝试和努力，但因缺少赋能支持等原因，"一遇到瓶颈便开始横向扩展，很难向纵深推进，无法达到品牌创建的条件"。后在2021年运用"共同缔造"理念，对整体工作进行了重新定位、分类统筹，以《法治中国建设规划（2020—2025年）》为指引，聚焦学科发展主轴，设定"培育政法类院校中的标杆性志愿服务项目"为目标，四个内设团队分别定期浏览最高人民法院、最高人民检察院、公安部、司法部等有关部门官网上的新出台文件，检索汇总与"社会力量""志愿服务"有关的内容，用于指引项目发展的方向，在"法律类志愿服务项目"的创新和探索上寻找突破口，逐步在"普法反诈""社区助矫"等与专业相结合的志愿服务方向突破发展瓶颈，将过往的历史积淀形成此后项目化发展的助推器和品牌优势。同时，为了吸引更多志愿者同学的加入，该协会的另两个内设团队也将自身工作分别定位为乡村振兴和河湖环境保护，努力做好专业的志愿服务。①

四、项目活动是载体

"共同缔造"理念需要项目活动为载体进行实践和检验。高校志愿服务育人工作需要不断进行思维创新，学生志愿者思想的转变和提升不一定是在办公室或者会议室，也可以换一个场景，将其转变为一个有意思的"项目"或是一场有趣的"活动"。在项目活动的构思和设计上也可以发动所有成员"共同谋划"，让每一位参与者都可以较为顺畅地表达意见；"有意思"和"有趣"的评定主体是志愿服务团队的所有成员，鼓励大家对"下一次相聚"仍然充满期待，不断提升组织凝聚力和创新力。同时，通过社会工作专业知识赋能，

---

① 由访谈记录整理而来，访谈编码：F20240707。

让学生志愿者深度学习项目纵向推进的思维和技术，通过形式和内容的创新，充分发挥"我们"的力量，将所开展的志愿服务项目进行提炼总结、宣传推广，使得服务的范围更广、受众更多、成效更显著。

例如，多年前学生志愿者在社区开展普法宣传活动时，多是在一排长桌附近发传单、做宣传。在访谈调研中，志愿者 Y 同学表示："以前在看到居民转手将传单扔进前面路口的垃圾桶时，心里很不是滋味，我感受不到自身的价值。后来，我就回去跟团队的小伙伴们商量能不能通过表演情景剧的方式来进行普法。大家认为这个点子好，都愿意一起去尝试。没想到居民特别欢迎，男女老少都爱看。再后来，我们想能不能把情景剧的剧本用统一的格式排版整理，同时录制成视频，形成不同系列的产品包，通过更多的平台进行推广宣传；另外，面向更多高校志愿服务团队进行招募选拔，通过联合行动，让更多社区的普法宣传工作提档升级、让居民在欢声笑语中学习法律知识。"[1] Y 同学在志愿服务团队中能够提出建议，并受到团队成员的支持。在共同实践的过程中，不断发现纵深发展的新路径，同时运用"公益产品化"的思维将志愿服务的一线实践进行总结和记录，运用"公共传播"的思维倡导更多专业团队运用新技术、新方法开展社区普法宣传活动，在逐步开拓视野、增强能力的同时，也极大提升了志愿服务团队的影响力与核心竞争力。

五、奖励优秀是动力

志愿者激励是志愿服务育人工作的重要一环。高校志愿服务团队通常将志愿者激励分为精神奖励与物质奖励，且以精神奖励为主，近年来还在这一方面逐步发展，基本覆盖了第二课堂学分、志愿者星级评定、保研及奖学金加分等学生比较关心的重大事项。然而，"全面支持"的相关举措此前却并没有取得理想当中的激励效果。上文提到在高校志愿服务团队中"不同年级的学生负责不同类型的工作内容"。根据多所高校的调研反馈，高年级同学在做分析决策和项目设计的时间并不能在志愿服务信息系统上"打卡"获取工时已是"共识"。这看似合理的规定却在实际中不利于激发高年级同学的

---

[1]　由访谈记录整理而来，访谈编码：F20240708。

积极性，因此，形成了"从事志愿服务工作的时间越长并不代表着在志愿服务信息系统中所记录的时长越多"的悖论。《"L"平台志愿服务时长记录与管理规则》中关于"志愿者"的定义为"以自己的时间、知识、技能、体力等从事志愿服务的自然人"，但关于"志愿服务时长"的定义为"志愿者实际提供服务过程中记录的时间（不含活动前和活动后的时间，如路程往返时间等）"。[4]因此，高校志愿服务团队根据规定且从严审核的情况下，确实难以为做二线或三线志愿服务的志愿者记录志愿服务时长。

在志愿者星级评定过程中，可用数据衡量的最直接标准就是按志愿服务工时将学生评定为一星级至五星级志愿者，此外配套的"最美志愿者""十佳志愿者""优秀志愿者"等评比活动的条件之一也对"志愿服务时长"进行了明确要求。这意味着如果志愿者同学几乎没有从事一线志愿服务，专注于做二线或三线的志愿服务工作，就只能在幕后默默付出，很难参与相关的"评优"活动。另外在"金字塔式分布"的情况下，"一星级志愿者""二星级志愿者"甚至很难将其作为一种激励性荣誉来对待。在访谈调研中，R同学对此表示："主要是确实很难有时间去参加志愿服务活动。本来是一件很轻松、愉快的事情，在这么多评比的压力下变得稍微有些沉重。看到别人都去评，自己也只能随波逐流，但是估计毕业的时候最多也就是二星级志愿者了。我不准备填在简历中，担心成为一个扣分项。"①"共同缔造"的理念启示我们志愿服务激励制度要进一步从过程评价着手，全员全过程参与，引导团队成员面对面开诚布公进行评价，而不是只将"志愿服务时长"作为参评依据。通过进一步梳理和优化相关制度，促使高校星级志愿者成为"倒金字塔式分布"，让"奖励优秀成为动力"真正得以实现，进而为"立德树人"注入强劲动力。

参考文献

［1］黎恋. 深刻理解"共同缔造"的精髓要义［J］. 党政干部论坛，2022（12）：41-42.

---

① 由访谈记录整理而来，访谈编码：F20240709。

［2］徐红，王哲，陈梦瑜. 以共同缔造理念推进基层治理的创新路径［J］. 党政干部论坛，2024（6）：32–34.

［3］钟开炜. 将专业志愿服务教育融入大学生思想政治工作［N］. 湖南日报，2024-05-30（011）.

［4］孙源，米加宁，刘鲁宁. 志愿服务中算法透明度对感知可信度的影响——服务动机的调节效应［J］. 公共行政评论，2024，17（1）：66-83，197.

网络育人篇

行政法视角下对大学生网络言论自由的规制[①]
——基于智慧教育中"一站式"学生社区建设

王安琪

（信息工程学院）

党的二十大报告指出："健全网络综合治理体系，推动形成良好网络生态。"自党的十八大以来，习近平总书记高度重视网络文明建设，把网络文明作为社会主义精神文明建设和网络强国建设的重要内容，并取得显著成效。但互联网空间中仍广泛存在网络言论自由失范行为，其中不乏大学生的身影。青年大学生正处于世界观、人生观、价值观形成的关键时期。思想活跃的大学生也正是在网络中成长的一代人。如何在有效保证大学生网络言论自由权得以充分行使的前提下，处理好与其他权益之间的冲突，朝着正确健康的导向发展，引导大学生在法律限度内合理行使言论自由权，就成为一个值得思考的难题。

一、研究背景

（一）智慧教育系统的发展及特征

自进入 21 世纪以来，互联网技术的飞速发展，对于教育的变革和冲击可谓之巨大。智慧教育依托物联网、云计算、大数据等新一代信息技术，打造物联化、智能化、感知化、泛在化的新型教育形态，旨在通过信息技术满足教师、学生、管理者、家长以及社会公众的智慧教育需求。智慧教育推动教育平等由机会公平走向过程公平，通过构建线上学习平台，使用智能设备可

---

① 本文系湖北省 2023 年度省教育厅哲学社会科学研究项目（高校学生工作品牌）"华中地区高校'一站式'学生社区综合管理模式育人成效评价与优化路径研究"（项目编号：23Z434）的阶段性研究成果之一。

以随时随地访问优质教育资源，实现教育资源的优化配置和共享，有助于缩小城乡、区域、学校之间的教育差距，保障公民的公平受教育权，构建开放、共享、交互、协作的教育环境，让公民平等地享受到优质的教育资源和服务，增强了教育的多样性、全纳性和可持续性。[1]智慧教育在打破时空局限时也促进了学科交叉和融合，建构起全球共建、共享、共治的教育数字化基础设施，进一步推进教育系统的发展与开放。作为在互联网中成长起来的Z世代大学生，智慧教育的推广普及为他们提供了更多接入互联网的渠道。

（二）"一站式"学生社区建设概述

教育部自2019年以来推行"一站式"学生社区综合管理改革，历经4年的试点推广，当前已进入高校"一站式"学生社区建设由点及面、全面覆盖的战略实施关键阶段。高校"一站式"学生社区的综合模式改革对新时代高校思想政治教育有着非凡的意义。由于当前大学生主体意识高、学习生活需求个性强，打造更贴近学生需求的育人空间，不仅要结合学生宿舍区建设线下物理空间，也要从育人队伍入驻、管理服务力量下沉等方面入手，让思政教育走进学生社区，推动"五育"活动进社区。以大数据平台为载体，借助互联网信息技术搭建线上智慧思政矩阵，为学生提供便利的线上"一站式"办事服务，同时抓牢网络思政育人阵地，弥补传统思政教育的缺陷与不足，利用社区网络平台，引导学生树立积极向上的生活态度与价值观，正确看待网络舆论，合理利用网络平台。高校"一站式"学生社区建设有利于促进学校进一步了解当前大学生所思所想，拉近师生距离，促进资源整合，对推进高校治理体系和治理能力现代化具有重要意义。[2]

二、网络言论自由的内涵与特征

（一）网络言论自由的内涵

言论自由是宪法中规定的基本权利，是指任何人都可以自由地获取各种观点和事实并传播某种观点与事实。在法律所规定的范围内，每个公民享有平等的发言权，不得建立言论自由禁区。

随着网络出现，人们行使言论自由有了更广阔的空间。网络言论自由是言论自由在网络空间的延伸，在内涵上理应是一致的，在互联网空间同样拥有言论自由权与隐私权。但由于网络言论自由的特殊性，导致对于其是否应得到保护的判断标准难以确定。

网络言论自由可从两方面理解：一方面为面向大部分主体发布的公开性言论的自由；另一方面为面向少部分或仅面向其个人发表的较为私密性言论的自由。由于在互联网上发布的私密性言论影响不大，并非本文主要研究对象。本文主要探讨的是大学生通过互联网平台发表的具有一定传播力的言论内容。所谓"三人成虎"，在网络谣言的传播中信息被转发得越多，看起来越可信。"关键意见领袖"这一类在网络上具有较大影响力的自媒体用户则起到了"推波助澜"的作用。[3]

（二）网络言论自由的特征

随着互联网与智慧教育的日渐普及，网络信息爆炸的时代已然到来，个人用户对于互联网使用程度加深，越来越多的大学生在网络上发表个人观点，在社会舆论中单独个体的发声被更多人看见。网络言论的传播速度、范围、影响力相较于互联网初期都大大增加。因为网络言论自由的表现形式、传播手段更为丰富，所以网络言论自由具有与传统言论自由不同的特征。

首先，网络言论更具有时效性、交互性。网络空间突破了传统的时空限制，网络用户借助互联网发布的消息不仅能够快速传递给他人，还能够快速地收到回应。这一特点为人与人之间的交流提供了极大的便捷，也为观点的碰撞、矛盾的产生与激化埋下了隐患。

其次，互联网时代人人都可以在网络空间里发表个人观点、记录个人生活。进入门槛的降低为互联网的普及带来了便利，促进了传播主体的多元性，但也会导致网络用户发表在互联网上的言论良莠不齐。

最后，与现实生活反差明显，具有虚拟性。大学生们不再因自己的真实身份约束而畅快发言，在网络上的虚拟身份使得人们不必担心发声内容会影响到自己的现实生活。另外，"随心所欲"的发表内容使得其真实性难以考证，部分为了追求利益、流量的网络用户，时常以传播虚假消息的手段增加点击率。

三、大学生网络言论自由规制的现状与问题

（一）行政立法层级低，缺乏可操作性

我国关于网络言论自由行政法立法层级较低，数量庞大且参差不齐，目前大多是以行政法规和规章的形式出现。很多对于自媒体网络言论的规制的部门规章立法层级较低，影响了立法的严肃性、权威性、稳定性。并且，现有的立法还不足以全面有效地规制日益增多的网络言论失范行为。当出现发表明显不合理的网络言论但是并未违反法律相关规定的情形时，行政机关往往只能采取一些临时性措施，如给平台建议删除该不当言论。这些措施缺乏具体的行政法依据，且不能产生法律上的规制，无法从根本上解决问题。

（二）行政监管薄弱，执法权责不清

大学生网络用户数量庞大且身份特殊。传统观念认为大学生应当由高校统一管理。因此，行政机关往往会将未涉及违法犯罪的失范行为移交学校处置。另外，由于互联网言论监管对技术要求高，行政机关通过设置关键词来过滤筛选不当言论的手段较为单一，且技术不成熟，会出现监管不到位或是过度监管的情况。并且，现有规定对于行政法保障主体的权力责任划分的表述模糊不清，在实践中就会出现滥用权力、越权执法、无权执法等违法行政行为。在多个行政主体均有权力进行管理时，会存在执法尺度不一、对于某些案件重复处理或互相推诿无人去管的现象。

（三）缺乏对大学生的行政指导与教育

加强行政指导与高校教育，提升大学生网络素养才是有效治理网络的长远之计。行政指导虽然不具有强制性和法律约束力，但是在现代的市场经济条件下广泛运用于各个社会管理领域。由于行政立法周期、费用等多方局限，其不可能完全适应社会发展需要。此时，行政指导的多种功能可以互相配合，灵活多样且高效地作用于各社会管理领域。同时，高校作为教育的最重要主体，其学生管理部门与学生自我管理组织对于学生网络素养教育的措施和成果有待提高，应主动加强引导、教育、管理，以防止出现大学生在网络上造成舆论导向不正、发表言论失范种种现象。

四、大学生网络言论自由规制的完善路径

（一）完善相关法律法规，提升行政立法层级

针对网络言论自由的行政立法数量庞大且参差不齐，大多是以行政法规和规章的形式出现这一问题。在后续的行政立法过程中，应当由国务院颁布专门的行政法规作为统领，对于各部门以及各地方政府颁布规章文件等给予上位法的参照。此外，由于立法层级较低，许多部门规章的规定还有许多非规范性用语的使用，对于部分概念认定困难，使得其中很多条文难以在实践中操作，可执行性大打折扣。因此，在制定行政法规定时，应当出台准确性高、可操作性强的法律规定，避免由于缺乏规范性而造成的"暗箱操作"与滥用权力的现象。[4]针对目前行政法大多是对网络用户主体进行规制的现状，不仅需要对网络实名的主体、范围、方式等进行规定完善，还需要规定网络空间里个人信息和隐私权的保护机制，在真正实现"透明监管"作用的同时不会侵犯到个人权益，从而更高效地遏制可能会出现的各种网络失范言论，规制大学生在网络空间的言论自由权。[5]

（二）增加保障性规定，拓宽救济渠道

对于网络空间的治理既要给予大学生良性发展的空间，为其尽可能提供能够使网络言论自由流通的平台，又要规范和完善相关措施来对网络言论自由进行合理规制，这就要求在行政立法和执法期间均要坚持比例原则。在网络言论监管中难免出现"误伤"的情形。若学生在合法行使网络言论自由权时受到侵害后，为了能够使其合法权益切实得到救济，行政机关有关部门应当积极履行协助义务，不能不管不顾不闻不问，要积极帮助受害人实现权利救济。同时，行政机关可以结合并利用互联网特质，完善行政复议制度，设立专门的网站来处理由于其作出的违法行政行为造成的损害赔偿请求，以及撤销或变更行政行为的请求。

（三）发挥高校"一站式"学生社区育人作用

教育部思政司 2024 年 4 月发布的《高校"一站式"学生社区综合管理模

式建设提质增效指南》中明确指出，"注重社区网络文化空间建设，把握社区网络文化建设主动权，筑牢社区文化网络新阵地。"这为高校"一站式"学生社区着力培育和践行社会主义核心价值观，持续加强文化建设与网络空间建设指明了方向。

提高大学生网络素养，高校首先应加强教育，整合优质资源，利用社区网络平台开展多元化的教育活动，通过线上课程、在线讨论、网络竞赛等形式，让学生认识到网络素养的重要性，将网络素养教育融入学生的日常学习生活中，在实践中提升网络技能和信息处理能力。其次，营造良好的社区网络氛围，通过举办网络素养讲座、网络文化节等活动激发学生的学习兴趣，促进学生主动学习，引导学生树立正确的网络观念，增强网络安全意识，提升网络素养。最后，联动育人资源，推动全员参与、多方支持，尤其是调动高校信息技术部门、法律部门及相关专业师生参与，贡献专业力量，在网络言论自由的法律层面与技术层面给予专业指导。充分发挥"一站式"学生社区线上智慧思政矩阵的育人功能，激发社区最小单元的育人活力，在数字化时代培养更适应社会发展需求、具有创新精神和实践能力的高素质人才。

参考文献

［1］陈鹏，于茜兰. 教育数字化赋能受教育权：时代内涵、法律风险与规制［J］. 中国教育学刊，2024（4）：44-50.

［2］周远，张振. 高校"一站式"学生社区的空间建构逻辑与路向［J］. 思想理论教育，2022（7）：102-107.

［3］向长艳. 自媒体言论监管面临的挑战、问题及策略研究［J］. 新闻爱好者，2020（2）：48-52.

［4］姜涛. 网络谣言的刑法治理：从宪法的视角［J］. 中国法学，2021（3）：208-228.

［5］陈国飞，韩大元. 网络言论自由限制的宪法界限［J］. 中国宪法年刊，2018，13：250-251.

［6］喻国明. 社交网络时代的舆情管理［M］. 南京：江苏人民出版社，2015：78.

［7］周蔚华. 网络舆情概论［M］. 北京：中国人民大学出版社.
2015：184.

［8］林华. 网络谣言治理市场机制的构造［J］. 行政法学研究，2020
（1）：66-76.

［9］刘勃. 治理网络谣言，法律不能缺位［J］. 人民论坛，2018
（13）：114-115.

［10］秦小建. 言论自由、政治结构与民主协商程序的多元构造［J］.
法制与社会发展，2016，22（5）：84-98.

［11］曹文泽. "互联网+思想政治教育"模式的实践和创新——对高
校"易班"网络思政教育的探索和思考［J］. 社会科学家，2016（12）：
8-10.

［12］Persily N，Tucker J A. Social media and democracy：the state of the
field and prospects for reform［M］. Cambridge：Cambridge University Press，
2020：205.

［13］Coudray S. UNESCO：freedom of expression，information and the
media［M］. Cambridge：Cambridge University Press，2015：208-234.

论网络圈群视域下大学生政治认同的
优化路径 ①
——基于武汉市大学生问卷调查的实证分析

王　芹[1]　万　雯[2]

（1.教务部；2.哲学院）

　　政治认同是凝聚民心、汇聚民力，推进中国式现代化建设的重要前提。大学生作为社会主义的接班人，其政治认同状况关乎国家安全稳定与意识形态建构。在当今信息社会，互联网的迅猛发展为建构新的虚拟空间提供了契机，传统社群也突破时空限制，走向"技术化"蜕变。"以趣缘、业缘、血缘、地缘等为纽带组建起的网络聚合群"[1]，具有学习交流、信息传播、情感表达等功能和高度个性化、相对封闭化和强群体性的特征，日益成为新时代大学生政治活动的新场域。

　　当前学界聚焦网络圈群深度分析大学生政治认同的相关研究主要体现在三个方面：一是依托网络或新媒体特征，呈现大学生政治认同现状和提升策略；二是视政治认同为主流意识形态认同的构成部分，分析网络圈群对推进主流意识形态认同的消极作用并提出优化策略；三是关注政治认同的一个维度分析其与网络圈群的关系。已有文献在研究视角、研究内容和研究方法等方面主要涉及网络圈群对大学生政治认同建构的消极影响而非积极作用，且视网络圈群为人的社交产物。客观看待网络圈群中大学生政治认同现状，并分析影响大学生政治认同因素的成果更为少见。笔者认为，考察网络圈群中大学生政治认同的优化路径，既不能脱离整体的网络环境和大学生自身的特质，也不能忽视网络圈群影响大学生政治认同的传导机制，而应始终以大学生在网络圈群中的政治认同现状为参照，进而提出优化网络圈群中大学生政治认同的有效路径。

---

　　①　本文系教育部人文社会科学研究专项任务项目（高校辅导员研究）"'网络圈群'中大学生政治认同引导策略研究"（项目编号：23JDSZ3127）的阶段性研究成果。

一、网络圈群视域下大学生政治认同现状

网络圈群是大学生社会交往的产物，是其思想和行为建构的虚拟场域，同时也是政治认同建构的关键领域。"政治认同是公民对政治体系的认知、判断、认可、服从和参与。"[2]鉴于新媒体时代媒介与权力紧密连接，信息量过载和政治话语的渗透逐渐让社会交往的衍生物转变成社会权力斗争的平台。了解和掌握当代大学生在网络圈群中政治认同的现状便显得极为重要。

为更好牢固大学生政治认同"底座"，本文通过对武汉高校大学生的抽样问卷调查和实证分析呈现网络圈群中大学生政治认同现状。问卷设计围绕被调查者的基本信息 C［性别（C1）、年龄（C2）、所属大学生群体（C3）、政治面貌（C4）、所学专业（C5）、最常使用的网络社交圈群平台（C6）①、拥有活跃圈群个数（C7）、花费在网络圈群中的时间（C8）、网络圈群的主要用途（C9）］和政治认同的四个一级指标 Y［政治认知（Y1）、政治情感（Y2）、政治意志（Y3）和政治参与（Y4）］展开。按照李克特式五点计分制为各项赋值：根据从"完全不同意"到"非常同意"的强烈程度，分别以 1~5 赋分。分数越高表明态度或行为越强烈。在基本信息中，男和女的编码分别为 1 和 0；年龄段（18 岁及以下、19~22 岁、23~26 岁、27~30 岁、31~34 岁和 35 岁及以上）、大学生群体类别（大专、本科、硕士、博士、其他）、政治面貌（共产党员、共青团员、民主党派成员、无党派人士和群众）、拥有活跃圈群个数（5 个以内、6~10 个、11~15 个、16~20 个和 21 个以上）中各项分别以 1~5 编码；所学专业（人文、社科和理工类）以 1~3 编码；花费在网络圈群中的时间（少于 1 小时、1~3 小时、3~5 小时、5 小时以上）以 1~4 编码；网络圈群主要用途选中则编码为 1，未选中则编码为 0。问卷在武汉地区高校中共发放 1 345 份，最终回收有效问卷 1 272 份，有效回收率为 94.57%。

为了解网络圈群中影响大学生政治认同的因素，本文采用基准回归分析法验证相关变量之间的关系。文中的控制变量（C）、解释变量（X）和被解释变量（Y）分别为被调查者的基本信息、网络圈群和大学生的政治认同。其中，

---

① 最常使用的网络社交圈群平台（C6）作为权重（即选择网络圈群类型占所有类型的比重）已经包含在 X（X= $\sum$ X*1/9）中，并不以控制变量的形式单独呈现。

X 由"您通常通过哪些渠道获取政治信息？"中的"网络圈群"项和权重（C6）交乘所得；Y 由主成分分析法分析 Y1 ~ Y4 这四个一级指标下的二级指标，并选取特征根大于 1 的项合成所得。对 X、C 和 Y、Y1 ~ Y4 进行基准回归分析的结果（表 1）表明，X 对 Y 的系数为 0.908 0，且在 1% 的水平上显著为正；加入控制变量后，虽然系数大小有所降低，但是仍在 1% 的水平上显著为正。这说明网络圈群对大学生的政治认同有显著的正向影响。同理，由 C2、C4 和 C7 对 Y 的系数可知，大学生的政治认同与其自身特质密切相关。

表 1　基准回归结果

项目	Y	Y	Y1	Y2	Y3	Y4
X	0.908 0***	0.745 2***	0.433 9	0.176 9	0.879 9***	−0.207 9
	（0.283 7）	（0.282 6）	（0.267 9）	（0.162 9）	（0.228 8）	（0.169 9）
C1		−0.003 0	0.009 7	0.036 6	−0.031 4	0.080 5
		（0.082 7）	（0.078 4）	（0.047 6）	（0.066 9）	（0.049 7）
C2		0.141 2**	0.076 2	0.070 6*	0.127 9**	−0.024 7
		（0.063 2）	（0.059 9）	（0.036 4）	（0.051 2）	（0.038 0）
C3		0.070 5	0.059 2	0.017 0	0.028 7	−0.112 7***
		（0.061 3）	（0.058 1）	（0.035 3）	（0.049 7）	（0.036 9）
C4		−0.080 8***	−0.050 9**	−0.035 2**	−0.049 7**	0.072 9***
		（0.024 9）	（0.023 6）	（0.014 3）	（0.020 2）	（0.015 0）
C5		−0.019 8	−0.013 5	−0.021 0	0.019 1	0.051 1*
		（0.050 2）	（0.047 6）	（0.028 9）	（0.040 6）	（0.030 2）
C7		0.194 0***	0.248 9***	0.123 0***	0.074 1**	0.112 3***
		（0.036 4）	（0.034 5）	（0.021 0）	（0.029 5）	（0.021 9）
C8		−0.007 4	−0.005 3	0.009 7	−0.009 8	0.035 4
		（0.050 9）	（0.048 2）	（0.029 3）	（0.041 2）	（0.030 6）
C9		−0.120 6	−0.081 2	−0.007 4	−0.081 2	0.228 5***
		（0.073 8）	（0.070 0）	（0.042 5）	（0.059 7）	（0.044 4）
_cons	−0.154 1**	−0.406 4	−0.504 4*	−0.365 2**	−0.305 6	−0.918 3***
	（0.063 9）	（0.307 0）	（0.291 0）	（0.176 9）	（0.248 5）	（0.184 6）
r2_a	0.007 2	0.048 0	0.048 2	0.035 7	0.032 5	0.076 8
F	10.246 1***	8.113 5***	8.152 2***	6.229 6***	5.742 6***	12.743 2***
N	1 272	1 272	1 272	1 272	1 272	1 272

注：*、** 和 *** 分别表示在 10%、5% 和 1% 的水平上显著。

　　此外，政治认知、政治情感、政治意志和政治参与构成网络圈群影响大学生政治认同的传导路径。具体而言，"网络圈群激活了以用户为中心的信息生产和传播方式"[3]，极大地激发了大学生关注和传播政治信息的热情。由图 1 可知，已成为大学生获取政治信息主要阵地的网络圈群，可能会以影响大学生政治认知的形式影响他们的政治认同。而凭借整合音、像、图、文等元素的特质，网络圈群以更加多元的方式激活了大学生对党和国家的归属感，如在网络圈群中分享举国抗击新冠疫情的创作视频和以转发"九一八事变"推文等形式铭记历史等。同时，网络圈群还以匿名举报、匿名投票、匿名发言等功能为大学生与损害国家利益、形象的言论相抗衡提供"保护壳"。由图 2 可知，网络圈群极大地增强了大学生的政治情感。政治意志作为比政治情感更理性的表达，是意识能动性的体现。由图 3 可知，不考虑极少和从不转发的情况，大学生在网络圈群中主动转发政治内容的比例达 75%。这表明网络圈群有利于大学生坚定政治意志。由图 4 可知，网络圈群在激发参与热情和提供参与机会两个方面影响了大学生线下的政治参与。这意味着它拓宽了大学生政治参与的渠道，但需确保主流价值引导作用的发挥。

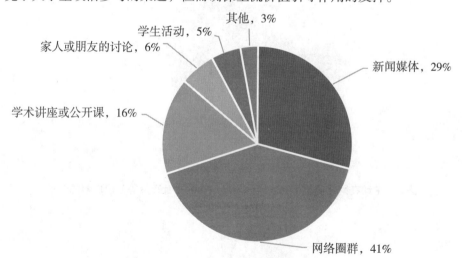

图 1　经常通过哪些渠道获取政治政息

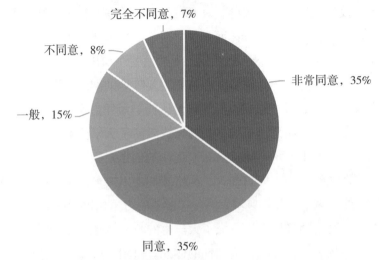

图 2　网络圈群增强了对民族、国家归属感这一观点的认同度

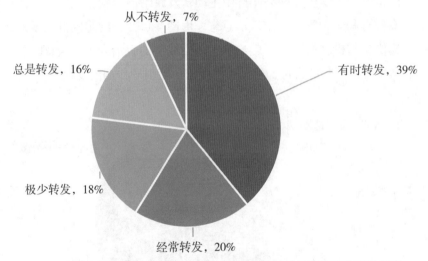

图 3　主动在网络圈群中转发政治热点、党的方针政策等政治内容的频率

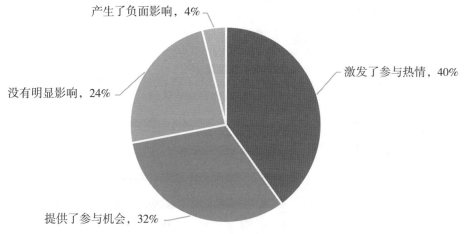

图4　网络圈群中的政治讨论对线下政治活动参与的影响

二、网络圈群视域下影响大学生政治认同的三重因素

政治主体、网络圈群与政治认同的四个维度共同构成影响大学生政治认同的主体、媒介和传导机制。因此，基于网络圈群分析影响大学生政治认同的因素，首先不能脱离主体，其次不能忽视网络圈群的双面性，最后还需立足网络圈群的消极面预防传导机制的断裂。

在主体方面，大学生政治素养欠缺和"被动"政治冷漠是影响其政治认同由理论转化为行为的重要因素。大学时期是"大学生政治观念养成、政治价值观确立、政治认同形成的重要时期"[4]。大学生综合政治素养还不足以支撑他们实现政治理论和政治行为的同频转化。在图5中自身政治素养缺失这一因素排在首位也证实了这一点。政治素养是"公民在政治生活中培养出来的和必须具备的个体特质"[5]，包括政治态度、政治立场、政治视野、政治思维等要素。而大学生政治素养的欠缺表现为政治知识不足，政治思维未定型，信息获取、辨别和价值评判能力不高。此外，政治素养的欠缺在一定程度上受现代性影响。从马克思的视野来看，"资本是推动现代性持续生成与不断发展的强大动力。"[6]而依靠工具理性不断追求增值的资本虽让现代社会彰显了理性的光辉，推动了文明的进步，却也造成了"内卷"现象。在此背景下，大学生越来越感觉步履维艰，因而无心也无力参与政治生活，表现出政治冷漠态势。

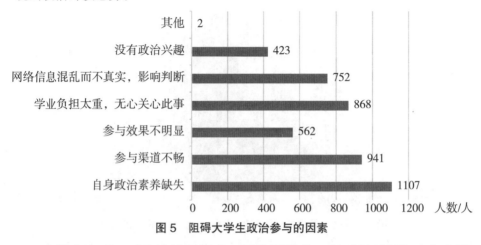

图5　阻碍大学生政治参与的因素

在媒介方面，对政治认同而言，网络圈群是一把"双刃剑"。在大学生看来，"网络圈群以更加自由、松散、开放的组织形式吸纳个体，形成聚合。"[7]这意味着趣味相投或目的相近的个体容易以自组织形式实现"圈群化"。一个圈群就是大学生社会交往的网络"单元"，而非圈群成员则不具备成为平等的圈群主体和获得参与交流的机会。同时，网络圈群以去中心化和提供隐私保护的特点，放大了圈群主体表达政治立场和观点的自由。这不仅让脱离主流意识形态的思潮有了可乘之机，也容易激化圈群主体之间的矛盾，致使"某种态度立场或意见倾向经过群体讨论交流后变得更为极端"[8]。而且，网络圈群的相对稳定性对大学生政治认同的影响具有长期性。如果大学生长时间在功能和目的集中的网络圈群中传播和获取信息、进行互动，容易陷入"信息茧房"，也会固化自身的思维方式。

在传导机制方面，在网络圈群中的大学生政治认同的传导机制存在断裂可能。大学生的政治认同是以形成关于政治体系的理解和认识为基础，以培育对政治体系的归属感和认同感为依托，以理性调节认知与情感为保障，以政治行为的落实为旨归的综合。但网络圈群可能会导致政治认知、政治情感、政治认同和政治参与传导链条断裂。具体而言，大学生的政治认知处于待完善阶段，他们在网络圈群中更易受到多元价值思潮和碎片化信息的影响，易陷入价值观模糊，情感错位的泥淖。同时，强主体性、高粘合性和弱差异性的网络圈群也带来了信息和行为同质化的难题。虽然"带节奏"和"跟风"

在一定程度上反映了圈群的凝聚力和组织力，但圈群主体个人的行为和话语若没有跟上群内节奏，他们便容易产生脱离群体的孤独感，甚至引发个人的群体身份认同危机。若群内思想未受到官方媒体监督，大学生的政治意志可能会受到消极影响。可见，网络圈群影响政治认同的传导机制只要发生一环断裂，大学生的政治认同都难以取得积极成效。

三、网络圈群视域下大学生政治认同的优化路径

网络圈群中大学生的政治认同既受多因素综合影响，其优化路径也需要多方发力。

强化网络圈群中大学生的政治认同，需要关注大学生的现实状况，进一步提升思政课培根铸魂的育人实效。"政治认同是落实立德树人根本任务的目标牵引"[9]，而思政课作为立德树人的重要载体，更应重视大学生的成长规律，发挥好政治和育人属性。由图6可知，在引导和提升在网络圈群中的大学生政治认同的有效举措中，思想政治类课程位居前列。这意味着结合大学生综合政治素养等仍有待发展的情况，继续发挥思政类课程的作用正当其时。高校思政课教师既要借助网络圈群的优势创新思想政治教育的话语；也要坚持将习近平新时代中国特色社会主义思想和党的创新理论融入课堂，实现政治理论的时效性、专业知识的理论性和思想政治教育育人功能的结合，推进思政课程和课程思政协同发展，增进大学生对马克思主义、中国共产党、中国特色社会主义道路和中华文化等的认同。

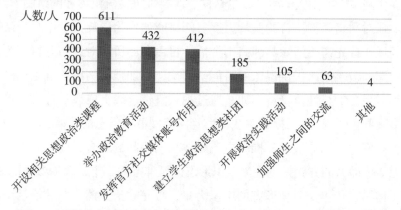

图6　对于提升和引导在网络圈群体中的大学生的政治认同是有效的举措

强化网络圈群中大学生的政治认同，需要"入圈"，也需要"出圈"。"入圈"既要求加强主流意识形态对网络圈群的渗透，持续让弘扬社会主义核心价值观的作品涌入网络圈群，也要求高校把握网络圈群这一有组织、有互动、相对稳定的信息传播场域。由图 7 可知，有 480 位被调查者将网络圈群视为获取党支部活动信息的资料，说明网络圈群有助于政治活动的开展。因此高校可以进一步通过党团班群宣传党的先进理论和思想，或以学生感兴趣的"破次元壁"类影视音像素材创新思想政治教育题材，充分发挥网络圈群信息传播短、频、快的特点，突破传统思想政治教育单一的传播途径。所谓"出圈"，即意味着超出网络圈群束缚大学生思想、淡化思想政治教育和消解大学生政治认同的消极影响。这既需要大学生提高信息辨别能力和自觉性，也需要高校利用好大数据和算法抓住大学生心理和调动其情绪的特点，将算法和大数据转变为进行思想政治教育的利器。

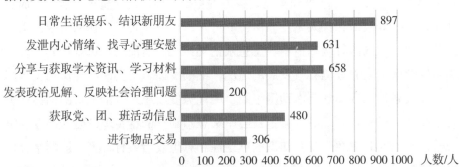

图 7   网络圈群的最主要的用途

强化网络圈群中大学生的政治认同，既要推进主流媒体和网络圈群结合，也要加强对网络圈群平台的监管力度。网络圈群作为影响大学生政治认同的虚拟场域，首先需要消除其因高扬个性、自由和场所相对封闭等特点为多元价值思潮和极端情绪提供温床的可能。其次，要加强对网络圈群主体的隐性引导和对平台的显性监管。例如，通过视频宣传、线上或线下宣讲等形式引导网络圈群主体言行；根据相关法律监管网络圈群中信息的传播、评论、转发，推进互联网实名制。最后，推动主流媒体与网络圈群结合，以壮大主流媒体影响力、传播力的方式拓宽主流意识形态的延伸空间、丰富政治参与的渠道。主流媒体是宣传主流意识形态的中坚力量，也是政治主体参与政治活动的重要中介。推进其与网络圈群的结合，既有利于树立网络圈群中主流意识形态的权威，瓦解非主流、多元意识形态思潮对大学生价值观、知识体系和情感体系的负面影响，也有助于大学生以官方渠道将政治参与落到实处。

参考文献

［1］杨美新，郭燕萍. 网络圈群中的主流意识形态认同：价值、藩篱与实现路径［J］. 湖南科技大学学报（社会科学版），2021，24（6）：154-161.

［2］常轶军. 政治认同与国家安全［M］. 北京：中国社会科学出版社，2023：4.

［3］孙旭红，顾琪. 高校思想政治教育话语传播的现实挑战及优化策略——大学生网络圈群视角［J］. 高校教育管理，2023，17（2）：35-43.

［4］程桂龙. 困境与突破：微传播视域下的高校政治认同教育优化［J］. 重庆邮电大学学报（社会科学版），2023，35（1）：181-189.

［5］时延春. 公民政治素质研究［M］. 郑州：郑州大学出版社，2005：13.

［6］郗戈. 超越资本主义现代性：马克思现代性思想与当代社会发展［M］. 北京：中国人民大学出版社，2013：107.

［7］毛卓尔. 网络圈群的舆情样态及其调适［J］. 思想教育研究，2022（8）：141-146.

［8］王楠. 网络舆情群体极化的形成机理与传播路径研究［J］. 思想教育研究，2021（9）：99-103.

［9］包丽颖，任宝龙. 政治认同：思想政治教育的根本价值取向［J］. 思想教育研究，2024（7）：33-40.

智媒时代，高校辅导员新质思想政治工作能力的提升路径 ①

王 沐

（中韩新媒体学院）

清华大学在 2016 年发布了《智媒来临和人机边界：中国新媒体趋势报告》，这一报告向学术界宣告了智媒时代的到来。[1] 近几年 ChatGPT 等 AI 智能软件将人工智能技术带进高校学生的日常学习生活。智能媒体的广泛应用深刻地改变了大学生的生活以及思维方式，也让高校思想政治教育迎来了新的机遇与挑战。目前已有的研究认为智能媒体使信息生成和传播速度剧增，远超人们的接收和处理能力。无处不在的信息传播使青年群体的注意力分散，影响了青年群体对于主流价值观的接收和理解，主流价值观的传播效果大打折扣。并且，随着信息传播模式的变革，社会舆论结构也发生了极大的改变，这种转变也对传统的主流价值观宣传模式构成了巨大的冲击。各种平台使用的算法推荐系统，导致了"信息茧房"的形成，使得青年群体圈层化，形成信息接收的恶性循环，影响青年人之间的相互理解和交流。

智能媒体的普及不仅改变了高校学生获取信息的方式，也对他们的思想观念和价值观产生了深远影响。高校辅导员作为高校思政教育的重要队伍，急需顺应智媒时代的发展趋势，掌握当下高校学生的思维特性以及信息接收特点，开拓思政工作新思路。

———————

① 本文获中南财经政法大学中央高校基本科研业务费专项资金项目"'一融双高'视域下高校学生党支部组织育人的实现路径研究"（项目编号：2722024DS014）资助。

一、高校辅导员新质思想政治工作能力提升的必要性和现状

（一）提高高校辅导员新质思想政治工作能力的必要性

智媒是以人工智能技术重构新闻信息生产和传播全流程的媒体，其主要特征之一是以万物为媒，以互联网为主导。[2]截至 2023 年，中国网络注册用户达到了 10 亿人次，互联网的普及率也达到了 76.4% 的比例，高校大学生更是全员在线。[3]在高校教育的大环境被网络信息技术覆盖的前提下，想要推进网络思政教育的健康发展，就必须勇于掌握主动权。[4]在高校给学生们进行思想政治教育这一工作应该是一项情感与温度并存的工作，可高校辅导员在工作期间还需承担很多上传下达的管理性事务工作，消耗了时间和精力，削弱了对于高校辅导员这一角色的认知。[5]辅导员树立正确的角色认知是提升其新质思政能力的必要前提，如何在这样的大环境下调整辅导员的角色认知也是一大难点。

（二）关于高校辅导员思想政治工作能力的提升研究

高校辅导员是各大高校对在校学生进行思政教育的重要力量。高校辅导员进行思想政治教育的工作能力几乎决定了高校思政教育的效果，因此目前很多国内学者都对高校辅导员思政工作能力的提升展开了研究。特别是现在，智能媒体时代的到来让高校辅导员的思想政治教育工作迎来了新的挑战，也提出了新的要求。现有的研究对于高校辅导员思政能力的提升主要集中在完善辅导员聘任、培训、考核制度，持续不断地提高辅导员对思政教育工作的认知，树立"智媒时代算法技术"教育的思维模式，构建辅导员思政教育能力提升体系，打造辅导员思想政治教育能力的提升平台。

（三）关于高校辅导员新质思想政治工作能力的研究

高校辅导员新质思想政治工作能力是在智媒时代下应运而生的产物。新质生产力具有高附加值和高知识密集度等特点，高校辅导员的新质思想政治工作能力具有强创新、高质量、高效能等特点。目前，对于高校辅导员新质思想政治工作能力的研究较少，已有的研究更多的关注点在高校辅导员的网络思政工作能力方面。

二、高校辅导员新质思想政治工作能力的内涵及提升困境

（一）高校辅导员新质思想政治工作能力的内涵

在讨论高校辅导员新质思想政治工作能力的内涵之前，需要弄清楚新质生产力的含义。新质生产力是党中央提出的新的经济、产业和科技相关的新发展概念。从已有的官方概念来看，新质生产力是指"创新起主导作用，摆脱传统经济增长方式、生产力发展路径，具有高科技、高效能、高质量特征，符合新发展理念的先进生产力质态。"其特点是创新，关键在质优，本质是先进生产力，是为了解决重大的新趋势新形势新问题而提出的。[6]

当前，智媒的应用已经覆盖日常生活的各个方面，万物互联和人工智能正在深刻地影响和改变着人们的生活方式、学习方法和工作途径。而当代高校学生更是由互联网伴随着成长的一代，他们的学习和生活更是离不开互联网。这样的时代新趋势给高校辅导员的思政工作能力提出了新的要求，要想在智媒时代做好高校思政教育工作，就必须积极拥抱新趋势，在传统思政教育的基础上融入人工智能技术，在现有的网络思政教育基础上融入智能技术和算法，既能够依靠算法推荐精准推送思政教育信息，又能够提高学生们对于思政内容的感知力，实现双赢的局面。因此，高校辅导员在智媒时代充分运用智能技术与算法，在原有的网络思政教育基础上进行创新思政工作的能力就是高校辅导员的新质思想政治工作能力。

（二）提升高校辅导员思想政治工作能力的困境

1.传统的工作方式使思政工作难以迎合学生需求

首先，高校辅导员未能使用多种网络思政平台的功能，这是一种普遍现象。就算高校辅导员尝试使用最新的网络工具，也只是将线下的思政课程内容直接复制到线上。传统的教学方式和未能及时更新的教学内容难以激发学生学习思政的兴趣。还有一些辅导员因缺乏对于主流平台和社交媒体的了解，也没有具备熟练的网络技术和信息处理能力，因此在参与网络思政工作的过程中遇到重重困难。

其次，本应在思政建设上发挥重要宣传功能的主流网络平台因不具备

成熟的网络平台选取策略而被高校忽视，潜在的网络资源与学生群体的兴趣点不能得到有效发掘。例如，抖音等自媒体平台的运营技术较少收到高校的关注。

2. 高校辅导员缺乏网络话语权

当代高校学生是伴随着互联网成长的一代，对于互联网使用信手拈来，也习惯于从网络获取信息、学习知识。在传统的高校思想政治教育过程中，授课教师掌握着思政课堂的主导权，而学生们通常扮演着聆听者的角色。可是随着网络思政的普及，平等成为师生之间的角色关系的主要状态。学生群体对于互联网等自媒体平台的使用比教师群体更具优势，他们从网络上获取知识与信息甚至超过教师，这让教师在网络思政的大环境下逐渐处于弱势。

3. 网络舆情引导能力有待提升

高校辅导员需结合学生们感兴趣的网络热点事件，以此来加强对学生们的网络舆情引导，并借此来传递正确的价值观，通过学生们喜闻乐见的方式进行思政教育，不断提升学生的综合素养。可根据目前的实际情况[7]来看，部分辅导员不能及时有效地进行网络舆情引导，造成其思想政治教育工作未能深入痛点，仅仅停留在表面[8]，无法真正融入实际工作。

4. 对网络内容分析不准确

当代高校学生几乎每天都要使用网络，但现实的网络环境掺杂有很多不良的社会思潮。在这种鱼龙混杂的网络环境下，高校辅导员需要及时分析其中的不良思潮，做到心中有数，强化对学生们的引导，保障思政教育工作顺利且有效地开展。可目前的实际情况是，部分高校辅导员无法及时对网络内容进行准确分析，对国家重大战略也缺乏理解，因此失去了及时掌握话语主导权的机会，从而影响了思政教育活动的开展。

三、高校辅导员新质思想政治工作能力的提升路径

（一）着力传播主流声音掌控宣传主动权

智能媒体可以通过调动大量的视觉、听觉符号，以及触觉、味觉、嗅觉

符号进行信息的"全觉传播"[9]，通过这样的传播创造出沉浸式的课堂场景，讲述党的光辉历史、国家的光荣发展史，普及社会主义核心价值观，可以大大加深大学生对思政内容学习的印象。大学生群体中意见领袖的作用不容小觑，尤其是在信息传播速度极其迅猛的智媒时代。因此，高校辅导员要积极培育思想正、底子红、同学喜爱的大学生"意见领袖"，使意见领袖在主流思想传播中的积极作用得到充分发挥。

（二）掌握前沿技术，加强阵地建设

1. 充分利用校园传播阵地

高校辅导员要充分利用好官方媒体这一重要渠道，着力校园网络平台建设；同时，也要积极发展各类大学生日常最常用的官方社交媒体平台账号，利用官方"话筒"传播先进思想，用学生们喜闻乐见的叙事风格吸引学生、感染学生。

2. 及时掌握算法前沿技术

智能媒体时代的信息传播给高校思政教育带来极大改变。如果不能及时顺应变化、掌控新技术，高校思政教育就会趋于被动，这就要求高校及时掌握、驾驭算法技术。

3. 提升专业素养，强化综合能力

具备扎实的理论素养和思想觉悟，全面、系统地掌握党的路线方针政策，不断增强自身的政治敏锐性和政治辨别力，是高校辅导员必须掌握的能力。高校辅导员应积极探索智媒时代下高校思政教育的新方式和手段，将现代科技手段和传统教育方式融合，使思政教育的实效性得到增强，教育质量和效果也随之得到提高。

4. 培育算法素养，强化认知模式

高校辅导员必须正确认识思政教育与智媒之间的关系，应客观理性地看待技术，既要看到其优势，也要看到其局限，从而提高自身运用技术的核心素养，确保技术始终为教学服务，防止技术主义对个体思想的僭越；应积极提升自身

能力，不断适应教育变革的需要，从而更好地在智媒时代中开展思想政治教育工作。

5.关注受教育者的心理和精神需求

思想政治教育的核心维度和价值坐标是人文关怀，同时这也是思想政治教育能够有效运行的重要支撑和逻辑遵循。在思想政治教育发展进程中，要重点关注受教育者的心理健康和精神需求，加强对学生情感和心理健康的关注，引导学生调动自己的主观能动性，减少过度数字化所带来的负面影响，如情感缺失、人际关系的淡化。

智媒时代，信息技术、传播技术、社交媒体等快速发展，正在深刻改变着信息创造、获取和传播的方式。以"算法推荐"为核心的一系列算法技术成为信息传播的主导力量，引起了信息传播领域的权力结构、流通过程的颠覆性变革。算法推荐技术的应用虽然增强了信息整合能力和智能推送能力，但是也导致了网络思政教育的多元化和碎片化，弱化了网络思政教育的影响力。新质生产力是党中央在这样的时代背景下所提出的新的发展概念，关键在于新和质，是以创新实现质优的先进生产力。高校思政教育需要与时俱进，紧跟时代的发展。高校辅导员作为高校思政教育的中坚力量，更需要不断提升思想政治教育能力，规避智媒时代信息技术传播方式带来的风险，将思政教育这一主阵地牢牢抓在手中。

本文分析智媒时代高校学生的信息接收特性以及高校思政教育现状，结合新质生产力特点，提出新质生产力融入高校辅导员思政教育的必要性和具体提升路径，从而打造高校思政育人新样态，完善数字化思政教育体系，为中国式高等教育现代化全面赋能[10]。

参考文献

［1］章晓英.中国话语建构：智媒时代国际传播教育反思［J］.青年记者，2018（34）：3

［2］李鹏飞.封面新闻APP智媒体化创新策略研究［D］.成都：成都理工大学，2021.

［3］黄楚新.新媒体：微传播与融媒发展［M］.北京：人民日报出版

社，2018.

［4］郑琼. 高校网络思政教育的途径研究［J］. 福建商业高等专科学校学报，2016（1）：52-55.

［5］汪恭敬. "三全育人"视阈下高校辅导员思想政治工作能力提升创新机制研究［J］. 广西青年干部学院学报，2021，31（4）：83-86.

［6］何哲. 新质生产力：概念本质、重点方向与关键机制［J］. 科学观察，2024，19（2）：8-13.

［7］李霞，陈志勇. 智媒时代思想政治教育叙事的新型样态、现实困境及实践路径［J］. 华侨大学学报（哲学社会科学版），2024（3）：5-14.

［8］许宝丰. 论高校辅导员网络思政教育能力提升策略［J］. 辽宁广播电视大学学报，2022（1）：39-41.

［9］巫俊，刘家玮，刘桐麟. 网络文明建设背景下高校网络思政育人平台建设的路径［J］. 贵州农机化，2024（1）：34-37.

［10］陈卓君，钟声. 智媒时代数字赋能高校网络思政教育的时代意蕴与实践路径［J］. 湖南社会科学，2024（1）：146-151.

社会网络对大学生主观幸福感的影响
——生命意义感与抑郁情绪的链式中介作用

包伦娜

（经济学院）

一、引言

中共二十届三中全会公报强调："在发展中保障和改善民生是中国式现代化的重大任务。"[1]在这一背景下，幸福感作为"民生三感"的核心要素之一[2]，直观地映射出新时代人民对于优质生活的渴望与追求。主观幸福感是个体对自己生活状况的全面评价，包括其在社会角色扮演和环境适应方面的表现，这一指标对于评估个体的心理健康状况至关重要。[3]尽管社会经济的快速进步显著提高了大学生的物质生活条件，但大学生的幸福感指数并没有因此得到相应的提升。疫情导致的社交活动受限、学习模式的快速转变以及社会竞争的加剧等问题，使得大学生群体的心理问题日益严重，他们的幸福感现状亟待关注。大学生目前正处于心理发展和自我意识形成的关键时期，他们在探索生命意义的同时，也承受着巨大的压力，长期的隔离和社交中断进一步加剧了抑郁等不良情绪的滋长。作为与大学生接触频繁、联系紧密的教育工作者，辅导员在帮助大学生提升主观幸福感、培养积极心理品质方面扮演着至关重要的角色，同时也是开展心理育人工作的应有之义。

二、文献综述与研究假设

（一）社会网络对主观幸福感的直接影响

作为社会成员，个体的心理状态是其日常社会行为的伴随产物。社会网络作为社会因素之一，能够为个体提供社会资源和情感支持，一定程度上有助于缓解压力和增强幸福感。目前已有部分研究探讨了社会网络与居民幸福感之间的关系。"益普索"的幸福感调查显示，"联结（社会与家庭纽带）"与幸福感密切相关，这与中国社会的传统价值观相契合[4]。中国人倾向于在血缘和社会关系中寻求幸福，在关系网络中体验"需要"和"被需要"，拥有互相支持的朋友，也能带来幸福感。并且社会交往的增多，有助于个体获得更多的物质和心理支持，从而影响幸福指数。[5]社会网络的扩展，有助于传递情感，激发积极情绪，从而提升幸福感。[6]"活动理论"也指出，持续的社会参与和交往对提升幸福水平具有重要作用。[7]从众多角度来看，社会网络满足了人们的情感需求，对主观幸福感产生积极影响。

据此，本文提出以下假设。

假设 H1：社会网络对大学生主观幸福感产生显著积极影响。

（二）社会网络、生命意义感、抑郁情绪与主观幸福感

社会网络作为一种关系架构，源于社会成员间的交流与互动，并逐渐发展成为一个相对稳定的系统，在日常生活中往往通过一些间接因素对人们的行为模式和对生活的主观感受产生影响。Zhang 等人[8]在 2018 年的研究中发现，农民的社会网络对其整体的主观幸福感起到了正面作用，这种作用主要是通过促进人际互动来实现的。郭小弦和王建[9]融合了社会支持和群体参照两种理论，提出社会网络的广泛性能够带来更多的社会支持，进而影响个体的幸福感；同时，社会网络中的群体地位比较，有助于社会成员更好地认识自我，形成心理预期，最终影响他们对幸福感的评估。众多研究表明，一个广泛而丰富的社会网络可能通过多种因素间接作用于个体的主观幸福感。

生命的意义感知是个体对生活意义与价值的主观评价与理解。大学时期是自我意识迅速发展和形成的关键阶段。在这一时期，许多青少年会对生命的意义进行深入的思考和探索。然而，在现今社会的快速节奏中，大学生往往承受着学业繁重与社交互动的双重压力，这使得他们在探索自我价值与生命真谛的过程中可能遭遇迷茫，从而滋生了焦虑与不安等情绪。加之新冠疫情所带来的社交隔离及心理负担加重，更是让抑郁情绪在青少年群体中悄然蔓延。

而且也有研究指出，青少年的生命意义感知与抑郁情绪之间存在密切联系[10]。

当个体对生命的意义有清晰的认识和满足感时，他们更有可能积极面对生活挑战，抑郁情绪的发生率相对较低。相反，当青少年对生命的意义感到模糊或缺失时，他们更容易体验到精神上的重负。这种压力若不加以适当管理，很可能逐步转化为抑郁症状。更进一步地，青少年的社会网络构建与他们的生命意义感知及抑郁情绪状态之间，也存在着不容忽视的关联。一个健康、积极的社会网络往往能为青少年提供情感支持、价值认同与归属感，从而有助于他们形成清晰的生命意义感，并减少抑郁情绪的发生。反之，若社会网络缺失或不良，则可能加剧青少年对生命意义的迷茫与抑郁情绪的滋生。

积极的社会联系能够显著增强生命意义感知[11]，在这个过程中，社会网络所赋予的支持系统和情感安全网，如同温暖的阳光，照亮了青少年的内心世界，促进了他们自信、自尊以及自我认同感的苗壮成长。而负面的生活事件可能诱发抑郁和焦虑症状[12]，缺乏社交的个体可能因缺少情感支持而经历更高水平的抑郁情绪。还有一些研究阐述了生命意义感、抑郁与个体的主观幸福感的相关关系。个体在追求幸福的过程中需要对生命的意义有深刻的理解情绪和探索[13]；而抑郁情绪是影响主观幸福感的关键因素，抑郁情绪越高涨，个体所感受到的幸福感便越发低迷。二者之间存在着紧密的负向关联。[14]

综上所述，社会网络会通过生命意义感、抑郁情绪提升大学生的主观幸福感。基于此，本文提出以下假设。

假设 H2：生命意义感和抑郁情绪能够分别作为中介变量，在社会网络对大学生主观幸福感的影响中发挥作用。

假设 H3：生命意义感和抑郁情绪也可以共同构成一种链式中介效应，在社会网络对大学生主观幸福感的影响中发挥作用。

三、数据来源与模型建构

（一）数据来源

本文的数据来源于中国人民大学中国调查与数据中心执行的"中国综合社会调查"（CGSS）2021 年的微观数据集。该调查涵盖了中国大陆的 28 个省、自治区、直辖市。本文的目标群体为 14 ~ 60 岁的个体，在剔除了无效数据和不确定回答后,最终纳入有效样本 509 个。

(二)变量选取与操作化

1. 自变量

本文选取社会网络作为核心自变量。从社会交往的角度出发,通过大学生与邻居、朋友和亲戚的社交频率来衡量社会网络的广度和深度。采用问卷中"您与邻居进行社交娱乐活动的频繁程度""您与其他朋友进行社交娱乐活动的频繁程度"和"您是否经常在空闲时间与不住在一起的亲戚聚会"三个题项作为社会网络的测量指标。为便于计算,本文对三个题项的得分进行了逆序处理,并按照 5 级量表的方式重新定义了部分选项。根据每一题项的特征,本文分别将其命名为"邻居关系""朋友关系"和"亲戚关系"。由于三个题项的关联度较低,本文通过计算三者的算术平均值来综合反映社会网络的规模和深度。该变量的得分范围为 1 ~ 5,得分越高,表明大学生的社交活动越频繁,社会网络的广度和深度越大。

2. 因变量

本文选取主观幸福感作为因变量。通过询问受访大学生"给您目前的幸福感评分"得到主观幸福感的具体数值。因此,本文的主观幸福感变量为连续变量,最大值为 10,最小值为 0,取值越大表示幸福感越强烈。

3. 中介变量

本文选取生命意义感和抑郁情绪作为中介变量。采用问卷中"我不清楚自己一生所做的事情有什么意义"这一题项作为生命意义感的测量指标并进行逆序处理,数值越大表示生命意义感越强烈。采用问卷中"在过去的四周中,您感到心情抑郁或沮丧的频繁程度"这一题项作为抑郁情绪的测量指标并进行逆序处理,数值越大表示抑郁情绪越强烈。

4. 控制变量

通过对以往文献的查阅,结合中国综合社会调查 2021 年的调查问卷的内容,本文选取年龄、性别、户口性质和政治面貌四个因素作为控制变量。关于年龄,因为问卷中没有直接标明实际年龄的选项,而此调查于 2021 年开展,所以本文将其操作为 2021 减去出生年份，得到年龄的连续变量；关于性别，设置女 =0，男 =1；关于户口性质，设置农业 =0，非农 =1；关于政治面貌，设置群众 =0，非群众 =1。

主要变量的描述性统计结果见表 1。

表 1　主要变量的描述性统计结果（N=509）

变量类型	变量名称	变量说明	均值	标准差
自变量	社会网络	与邻居、朋友、亲戚社会交往频繁程度的综合测度，从 1 ~ 5 逐渐增强	2.532	0.645
因变量	主观幸福感	从 0 ~ 10 逐渐增强	7.014	1.484
中介变量	生命意义感	从 0 ~ 5 逐渐增强	3.429	1.135
	抑郁情绪	从 0 ~ 4 逐渐增强	0.888	0.918
控制变量	年龄	年龄 =2021– 出生年份，剔除小于 14 岁、大于 60 岁的样本	29.466	11.557
	性别	女 =0，男 =1	0.469	0.499
	户口性质	农村 =0，非农 =1	0.504	0.500
	政治面貌	群众 =0，非群众 =1	0.946	1.179

（三）研究方法与模型建构

本文采用的是二次分析的研究方法，以 2021 年中国综合社会调查数据为支撑，通过 SPSS24.0 对数据进行整理和分析。鉴于因变量为连续变量，且 OLS 回归模型的系数的解释性更为直观，因此本文选用多元线性回归模型来评估社会网络对大学生主观幸福感的影响。该模型的表达式如下：

$$\left\{ \begin{array}{l} SW_i = \alpha + \beta_i SN_i + \gamma\ control_i + \varepsilon_i \\ SLM_j = \alpha + \beta_j SN_j + \gamma\ control_j + \varepsilon_j \\ DS_e = \alpha + \beta_e SN_e + \gamma\ control_e + \varepsilon_e \end{array} \right\} \qquad (1)$$

式中，SW_i 代表大学生的主观幸福感；SN_i 代表大学生社会网络的广度和深度；SLM_j 代表大学生对生命意义的感知；DS_e 代表大学生的抑郁情绪；$control_i$、$control_j$、$control_e$ 代表控制变量；β_i、β_j、β_e 是相应的回归系数；ε_i、ε_j、ε_e 为随机扰动项。

为了检验生命意义感和抑郁情绪在社会网络与大学生主观幸福感之间的链式中介作用，本文采用 SPSS 的 Process3.5 插件程序中的 Model 6，并运用 Bootstrap 方法进行 5 000 次重复抽样，构建 95% 的无偏校正置信区间，依次来检验链式中介效应的显著性水平[15]。图 1 为本文使用的链式中介效应检验模型。

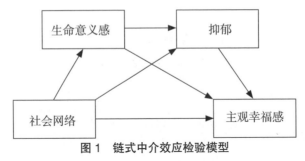

图 1　链式中介效应检验模型

四、实证分析

（一）共线性分析

由于本文的多元线性回归模型采用的是 OLS 最小二乘估计，因此需要检验各解释变量与控制变量之间是否存在多重共线性。结果表明，每个变量的方差膨胀因子（*VIF*）均小于 10，平均方差膨胀因子小于 10（1.061），且每个变量的容差（1/*VIF*）都大于 0.1，见表 2。因此，变量之间不存在多重共线性问题，可以使用多元线性回归模型。

表 2　多重共线性检验结果

变量类型	变量名称	方差膨胀因子	容差
控制变量	年龄	1.115	0.897
	性别	1.022	0.978
	户口性质	1.016	0.984
	政治面貌	1.092	0.916
自变量	社会网络	1.032	0.969
	生命意义感	1.08	0.926
	抑郁情绪	1.072	0.933

（二）多元线性回归分析

1. 大学生主观幸福感的影响因素分析

大学生的主观幸福感的得分为 0 ~ 10 分，分数越高表示感觉越幸福，可视为连续型变量。进行多元线性回归分析，各变量对大学生主观幸福感影响的多元线性回归结果见表 3。

表 3　大学生主观幸福感影响因素的多元回归分析结果

项目 变量类型	变量名称	模型 1	模型 2	模型 3	模型 4
控制变量	年龄	0.011^*（0.006）	0.013^{**}（0.006）	0.004（0.006）	0.016^{**}（0.006）
	性别（女 – 参照组）	0.048（0.132）	0.048（0.130）	0.050（0.120）	0.044（0.130）
	户口性质（农业 = 参照组）	0.075（0.131）	0.118（0.140）	0.113（0.120）	0.088（0.129）
	政治面貌（群众 = 参照组）	0.379^{**}（0.135）	0.394^{**}（0.134）	0.265^{**}（0.124）	0.372^{**}（0.133）
自变量	社会网络		0.360^{***}（0.102）	0.271^{**}（0.095）	
	生命意义感（非常同意 = 参照组）			0.296^{***}（0.054）	
	抑郁情绪（从不 = 参照组）			-0.425^{***}（0.065）	
	邻居关系				0.057（0.059）
	朋友关系				0.233^{**}（0.082）
	亲戚关系				0.089（0.097）
常数项		6.441^{***}（0.224）	5.448^{***}（0.358）	5.381^{***}（0.376）	5.269^{***}（0.382）
样本量		509	509	509	509
R^2		0.019	0.043	0.189	0.048

注：括号内数字为标准误；* 表示 $P<0.1$，** 表示 $P<0.05$，*** 表示 $P<0.001$。

模型 1 观测的是控制变量对于大学生主观幸福感的影响，显示年龄和政治面貌均通过了显著性检验，能够正向预测大学生的主观幸福感；性别和户口性质没有通过显著性检验，与大学生主观幸福感没有显著关系。通过模型 2 与模型 1 的对比发现，年龄和政治面貌依然显著，性别和户口性质依旧没有通过显著性检验。这说明"社会网络"对这些因素没有削弱或者增强作用，也能侧面证明社会网络与控制变量之间的各自独立性。由模型 3 与模型 2 的对比发现，当生命意义感和抑郁情绪进入回归方程作为主观幸福感的共同预测变量时，社会网络（$B=0.271$，$p<0.05$）对大学生主观幸福感的影响依然显著，并且生命意义感（$B=0.296$，$p<0.001$）、抑郁情绪（$B=-0.425$，$p<0.001$）都能对大学生的主观幸福感产生显著影响。模型 2、3 验证了假设 H1 和假设

H2。模型 4 是在模型 1 的基础上纳入了"邻居关系""朋友关系"和"亲戚关系"三个维度的社会网络。观察模型 4 可以发现，在社会网络中，"朋友关系"对大学生主观幸福感有显著正向影响作用，"邻居关系"和"亲戚关系"对大学生主观幸福感无显著影响作用。

2. 社会网络与大学生生命意义感、抑郁情绪的关系

大学生的社会网络的得分为 1 ~ 5 分，分数越高表示参与社会网络越积极，可视为连续型变量。进行多元线性回归分析，社会网络对大学生生命意义感和抑郁情绪的影响结果见表 4。

表 4　社会网络对生命意义感、抑郁情绪影响的多元回归分析结果

项目		因变量：生命意义感		因变量：抑郁情绪	
变量类型	变量名称	模型 1	模型 2	模型 3	模型 4
控制变量	年龄	0.014^{**}（0.005）	0.015^{**}（0.005）	-0.010^{**}（0.004）	-0.011^{**}（0.004）
	性别（女＝参照组）	-0.051（0.101）	-0.051（0.101）	-0.033（0.084）	-0.033（0.084）
	户口性质（农业＝参照组）	-0.009（0.101）	0.016（0.101）	0.008（0.083）	0.001（0.084）
	政治面貌（群众＝参照组）	0.098（0.104）	0.107（0.103）	-0.227^{**}（0.086）	-0.230^{**}（0.086）
解释变量	社会网络（0=参照组）		0.214^{**}（0.008）		-0.060（0.066）
常数项		3.001^{***}（0.172）	2.411^{***}（0.276）	1.359^{***}（0.142）	1.524^{***}（0.230）
样本量		509	509	509	509
R^2		0.018	0.033	0.024	0.026

注：括号内数字为标准误；* 表示 $P<0.1$，** 表示 $P<0.05$，*** 表示 $P<0.001$。

模型 1 为大学生"生命意义感"状况受到各控制变量的影响。模型 2 在控制变量的基础上，纳入了社会网络，研究社会网络和大学生"生命意义感"状况的相关性。根据表 4 显示，在控制了其他影响因素后，社会网络与大学生"生命意义感"呈显著正相关关系（$B=0.214$，$p<0.05$）。模型 4 的结果说明，在控制了其他影响因素后，社会网络与大学生"抑郁情绪"无显著相关性（$B=-0.060$，$p>0.1$）。

（三）中介效应检验

本文以社会网络为自变量，以大学生主观幸福感为因变量，对生命意义

感和抑郁情绪的链式中介效应进行检验，结果见表5。社会网络对大学生主观幸福感的总效应为 0.360 1（$t = 3.5314$，$p < 0.001$）。其中，直接效应值 0.2712（$t = 2.8624$，$p < 0.05$），说明社会网络对大学生的主观幸福感产生直接的正向影响；总间接效应为 0.0889，说明社会网络对大学生主观幸福感的正向影响存在中介路径。

表5　社会网络对主观幸福感的中介效应分析

中介路径	Effect	SE	Boot 95%CI	
			LLCL	ULCL
总效应	0.360 1***	0.102 0	0.159 8	0.560 5
直接效应：社会网络→主观幸福感	0.271 2**	0.094 7	0.085 1	0.457 4
总间接效应：Ind1+nd2+Ind3	0.088 9	0.045 3	0.005 4	0.185 9
Ind1：社会网络→生命意义感→主观幸福感	0.063 5	0.029 5	0.011 2	0.127 1
Ind2：社会网络→抑郁情绪→主观幸福感	0.009 8	0.028 4	−0.043 8	0.066 1
Ind3：社会网络→生命意义感→抑郁情绪→主观幸福感	0.015 6	0.008 4	0.002 5	0.035 2

注：* 表示 $P < 0.05$，*** 表示 $P < 0.001$。

对各条中介路径进行 Bootstrap 检验，发现路径1和路径3的95%置信区间均不包含0，路径2的95%置信区间包含了0。这说明路径1、路径3的中介效应显著，路径2的中介效应不显著。具体而言，主观社会阶层和幸福感的链式中介效应由以下两条路径组成：由"社会网络→生命意义感→主观幸福感"路径产生的间接效应（0.063 5）；由"社会网络→生命意义感→抑郁情绪→主观幸福感"路径产生的间接效应（0.015 6）。路径3说明，在社会网络和大学生主观幸福感之间，生命意义感和抑郁情绪发挥着链式中介作用。上述结果验证了假设 H3，部分验证了假设 H2。

（四）稳健性检验

上述结果表明，社会网络会对大学生主观幸福感产生显著性影响；同时，生命意义感、抑郁情绪会在其中产生中介效应。为了检验上述结果的稳健性，本文采用替换核心被解释变量的方式，将主观幸福感的连续变量设置为定序变量：0 ~ 2 赋值为1；3 ~ 4 赋值为2；5 ~ 6 赋值为3；7 ~ 8 赋值为4；9 ~ 10 赋值为5。并采用多元线性回归的方式进行重新回归。以大学生的社会网络为解释变量，模型1包含控制变量，模型2在模型1基础上纳入了社会网络，模型 3 在模型 2 基础上纳入了生命意义感、抑郁情绪，模型 4 在模型 1 基础上纳入了"邻居关系""朋友关系"和"亲戚关系"。表 6 显示，在控制了其他因素的影响后，社会网络通过了显著性检验，并呈现正向作用，说明社会网络能够显著影响大学生主观幸福感；生命意义感、抑郁情绪对主观幸福感均有显著影响；"朋友关系"与主观幸福感有显著相关性，"邻居关系"和"亲戚关系"对主观幸福感没有显著影响。这与之前分析结果是一致的，证实了前文结果的稳健性。

表 6　稳健性检验

项目		模型 1	模型 2	模型 3	模型 4
变量类型	变量名称				
控制变量	年龄	0.003（0.003）	0.004（0.003）	0.000（0.003）	0.005*（0.006）
	性别（女 = 参照组）	0.006（0.064）	0.005（0.063）	0.006（0.059）	0.004（0.063）
	户口性质（农业 = 参照组）	0.058（0.064）	0.080（0.063）	0.077（0.059）	0.073（0.064）
	政治面貌（群众 = 参照组）	0.164**（0.066）	0.172**（0.008）	0.113*（0.061）	0.167**（0.065）
自变量	社会网络		0.187***（0.050）	0.145**（0.046）	0.036（0.029）
	生命意义感（非常同意 = 参照组）			0.143***（0.027）	0.109**（0.040）
	抑郁情绪（从不 = 参照组）			−0.191***（0.032）	0.049（0.047）
	邻居关系				
	朋友关系				
	亲戚关系				
常数项		3.514***（0.109）	3.000***（0.174）	2.947***（0.184）	2.925***（0.186）
样本量		509	509	509	509
R^2		0.014	0.041	0.174	0.044

注：括号内数字为标准误；* 表示 $P<0.1$，** 表示 $P<0.05$，*** 表示 $P<0.001$。

五、结论与讨论

本文基于中国综合社会调查 2021 年数据，通过多元线性回归模型分析发现，社会网络对大学生的主观幸福感具有显著的正向影响。这表明，丰富的社会交往和联系能够提升大学生的幸福感。进一步对社会网络分类考察来看，

"朋友关系"显著正向影响大学生的主观幸福感,而"邻居关系"和"亲戚关系"对大学生主观幸福感无显著影响。这说明在社会网络中,朋友型社会网络更有助于提升大学生主观幸福感。

从中介效应检验结果来看,社会网络对主观幸福感的间接影响分别通过两条路径呈现:生命意义感的部分中介以及生命意义感和抑郁情绪共同的链式中介。这表明社会网络的拓展和深化促使大学生在人际交往中探索自我价值、寻找生活目标,进而提升生命意义感。这种深层的心理满足是提升主观幸福感的关键路径之一。然而,当生命意义感缺失或不足时,学生可能陷入抑郁情绪,从而削弱其主观幸福感。这一发现强调了社会网络在大学生心理健康和整体幸福感中的重要性。良好的社会支持系统不仅能够直接带来情感上的满足,还能通过增强生命意义感、减少抑郁症状等途径,间接提升大学生的幸福感水平。

本文的结果不仅丰富了社会网络、生命意义感、抑郁情绪与主观幸福感之间关系的理论框架,也为辅导员对心理育人工作提供了重要的实践指导。社会网络作为外部社会支持的重要来源,对于大学生心理健康和主观幸福感的提升具有不可忽视的作用。作为高校辅导员,我们应通过日常谈心、定期交流等方式深入了解每位学生的性格、社交状况、心理动态等个体差异。同时,对于那些性格较为内向和社交能力偏弱的学生,辅导员应当投入更多的关心和鼓励,协助他们更好地融入集体。及时发现学生的情感需求,对于出现抑郁情绪的学生,辅导员应及时提供干预措施,如心理辅导、情感支持以及将其转介至专业心理咨询机构等。此外,辅导员还应进行个性化辅导和心理教育,引导学生思考生命意义,比如组织学生参与一些具有挑战性和意义的活动,如志愿服务、社会实践等,让学生在团队实践中体验生命的价值和意义,帮助他们树立积极的生活目标。这不仅有助于减少学生的抑郁情绪,也能提升他们的主观幸福感,为学生的全面发展和健康成长提供支持。

参考文献

[1] 中国共产党第二十届中央委员会第三次全体会议公报 [J]. 党建, 2024 (8): 4-7.

[2] 段忠贤, 吴鹏. "民生三感"测评指标体系构建及检验 [J]. 统

计与决策，2021，37（24）：171-175.

［3］De Vries M，Emons W H M，Plantinga A，et al. Comprehensively Measuring Health-Related Subjective Well-Being：Dimensionality Analysis for Improved Outcome Assessment in Health Economics［J］. Value in Health，2016，19（2）：167-175.

［4］黄兰岚，张悦，纪双城. 从民调结果看中国人的幸福感［N］. 环球时报，2023-03-29（7）.

［5］杨诗彤，王玉洁，蒋俊佳，等. 老年人社会网络类型与主观幸福感相关性研究［J］. 中国健康教育，2024，40（6）：518-524.

［6］李东平，卢海阳，文晓丽. 劳动时间、社会交往与农民工身心健康——基于CGSS2013的实证数据［J］. 调研世界，2018（3）：40-45.

［7］Durkheim E. Le suicide：étude de sociologie［M］. Paris：Félix Alcan，1897.

［8］Zhang J，Xu Y，Hou Y. Mediating Role of Interpersonal Interactions between Chinese Farmers' Social Networks and Their Subjective Well-Being［J］. Social Behavior and Personality：an international journal，2018，46.

［9］郭小弦，王建. 社会支持还是参照群体？——社会网络对主观幸福感影响机制的考察［J］. 社会科学战线，2019（1）：240-248.

［10］赖雪芬，鲍振宙，王艳辉. 生命意义与青少年抑郁的关系：自尊的中介作用［J］. 心理研究，2016，9（2）：28-34.

［11］杨银苹，咸桂彩. 大学生手机依赖与生命意义感的关系：社会联结的中介作用［J］. 天津职业技术师范大学学报，2023，33（3）：73-78.

［12］张墨玉. 负性生活事件对中学生抑郁的影响：生命意义感的中介作用和认知偏向的调节作用［D］. 喀什：喀什大学，2024.

［13］沈清清，蒋索. 青少年的生命意义感与幸福感［J］. 中国心理卫生杂志，2013，27（8）：634-640.

［14］章琴，刘家僖，陈楚文，等. 抑郁情绪对主观幸福感的影响：心理弹性的中介作用［J］. 卫生职业教育，2020，38（7）：111-114.

［15］温忠麟，叶宝娟. 中介效应分析：方法和模型发展［J］. 心理科学进展，2014，22（5）：731-745.

高校网络育人的发展溯源、形态呈现及守正创新①

朱诚蕾

（金融学院）

2017 年 12 月教育部发布《高校思想政治工作质量提升工程实施纲要》，网络育人被明确为十大育人体系之一。2018 年 8 月，习近平总书记在全国宣传思想工作会上强调："我们必须科学认识网络传播规律，提高用网治网水平，使互联网这个最大变量变成事业发展的最大增量。"[1] 党的二十大报告对加快建设网络强国、数字中国作出部署。推动高校网络育人，需要系统梳理其发展历程，厘清高校网络育人是什么和有什么；同时，需要深入分析不同形态下育人功能的变化，注重思想政治教育与网络技术的深度融合和守正创新。推动高校网络育人有助于构建一体化育人体系，打通育人"最后一公里"。

一、因网而生：高校网络育人的发展溯源

互联网的迅猛发展给教育带来了根本性的变革。作为网络与思想政治教育深度融合之下产生的一种教育新形态，高校网络育人因网而生、因网络而发展。

（一）初步探索阶段

1994 年至 1999 年，是我国网络育人的初步探索阶段。这一时期，互联网在我国开始起步并有一定的发展，"信息高速公路"在紧锣密鼓地建设中。同期，我国上网计算机数和上网用户数都非常有限。受上网计算机数和上网

---

① 本文系教育部人文社会科学研究规划基金项目"数字化时代高校网络育人能力提升研究"（项目编号：24YJA710071）、湖北省教育科学规划"教育数字化转型与高校网络育人能力提升研究"（项目编号：2024GA188）成果。

人数的限制，网络空间的活动和网络育人的实践更是少之又少。教育工作者在面对网络环境中的新问题时，多采取"防""堵""管"等被动应对措施，育人的针对性和有效性更是无从谈起。此外，专门的网络育人网站也没有建立，也鲜见网络育人相关的研究成果出现。

（二）主动建设阶段

进入 2000 年，我国互联网基础建设逐步完善，网民数量猛增，网络成为广大民众尤其是青年生活的新场域、新空间。2000 年至 2006 年，以校园 BBS、学生网站为主要形式的"红色网站"，如"学生清华""自强学堂"等如雨后春笋一般，有组织有计划有目的建设起来。部分高校专门成立的网络工作领导小组，开设网上党校、网上团校、理论学习、心理咨询等网站。关于网络育人的研究也逐步开始，"掌握网络育人的主动权""网络育人"等概念逐渐被学者接受和传播。网上与网下教育逐步相互结合，初步形成协调联动的育人格局。

（三）主导发展阶段

2007—2011 年是高校网络育人的主导发展阶段。胡锦涛同志指出："我们必须以积极的态度、创新的精神，大力发展和传播健康向上的网络文化，切实把互联网建设好、利用好、管理好。"[2]这为高校网络文化建设指明了方向，网络育人力求主导网络"声音"，占领网络育人高地。以博客、聚合新闻和维客为代表的新技术为广大用户接受并为大批网络育人网站的建立提供了坚实的基础支撑。同时，思想政治教育网站与专业网站、商业网站结合起来，育人的实效性大大提高。学者们从不同角度、不同层面对网络育人展开论述，关于"网络思想教育""网络育人"相关学术论文多达 700 多篇，相关专著也有 80 多部，研究质量较前期普遍提升，学界对网络育人的研究也逐步向纵深发展。

（四）蓬勃繁荣阶段

党的十八大之后，网络发展突飞猛进，网络育人也开始了繁荣发展阶段。《中华人民共和国网络安全法》等一系列法律法规陆续发布，互联网走上有序规范的发展道路。2013 年习近平总书记在 8·19 讲话中说："互联网已经成为舆论斗争的主战场……"[1]网络在为思想政治教育带来系列新挑战的同时，也拓宽了思想政治教育的空间和渠道。传统媒体与新兴媒体高度融合、相互渗透。高校网络育人所依托的平台渐趋多样化，慕课、翻转课堂、智慧教室、"双师教育"等得到普遍推广。2017 年《高校思想政治工作质量提升工程实施纲要》出台，网络育人被明确为高校思想政治工作质量提升"十大育人"体系之一。关于网络育人的研究高达 2 000 余篇，相关专著 70 余部，网络育人成为社会共识。

二、形态呈现：高校网络育人的功能流变

网络育人的理论形态承担着网络育人的认知功能；制度形态是网络育人走向规范化、体系化的必然要求，承担着网络育人的保障功能；居于中间环节的舆论形态和文化形态则以其包含的丰富内容承担着网络育人的支撑功能。

（一）网络育人的理论形态

"这是一个需要理论而且一定能够产生理论的时代，这是一个需要思想而且一定能够产生思想的时代。"[2]首先，从学科范围上来看，从最初的技术应用类课程扩展到哲学社科类课程，网络课程范围广、学科多，囊括文理医法农艺等各个学科；从授课主体来看，从体制外教员到体制内教授授课和普通大众、"网红"授课，授课主体越来越多层次化；从授课平台来看，从官方的慕课、理论大讲堂扩展到各类个体化的网站和 APP 软件。其次，高校网络育人的总体目标决定了其理论形态建构的重点任务是"强基固本"，即加强总结过去我们赖以取得伟大建设奇迹的中国特色社会主义制度的优势，增强道路自信、理论自信；坚持以社会主义核心价值观引领的网络思想文化建设，增强理论自信和文化自信。最后，着力解决深层次问题。基于全球化趋势和中国实现现代化的战略目标，高校网络育人的理论形态研究既不能脱离世界视野，又要始终坚持以我国发展为出发点和落脚点。

（二）网络育人的舆论形态

网络育人的舆论形态是网络育人在网络社会实践活动中客观呈现出来的舆论样态，如网民和相关机构通过 QQ、微信、Facebook、Twitter、微博、贴吧等大众传播工具发出的各种舆论。但是，网络是一把双刃剑，我们在享用

着它给我们带来的诸多便利的同时，也要承受它给我们带来的"阵阵隐痛"。因此，我们需要重视网络舆论的特点，科学分析网络舆情现状，了解网络舆情的形成过程，加强网络舆情研判，预测网络舆情的走向。同时，要通过监管网络舆情，掌握网络舆论引导的主动权，加强网络"把关人"作用来强化网络舆论引导的正确方向，推动良好的网络舆论成为社会发展的"推进器"、反映社情民意的"晴雨表"、社会调度的"黏合剂"和道德风尚的"风向标"。

（三）网络育人的文化形态

网络育人的文化形态是以特定的文化观念、文化形态、文化结构、文化产品、文化活动等为表现形式的综合体，在网络空间中承担着育人的支撑功能。一方面，高校网络文化育人是在网络空间中运用网络文化来教育、引导、培育、感染、启迪和塑造人，实现化人、育人的思想政治教育活动；另一方面，创新发展网络文化是高校网络育人文化形态的内在要求。高校网络文化的培育、践行与创新性发展更是要坚持内容为王，在求新、求活和求实中实现创新理念在网络文化产品的供给，以实现高校网络文化建设的新发展。另外，创新开辟网络文化建设新阵地，打造网络文化精品项目。围绕大学生需求树立正确的网络文化育人观，把主流意识形态的内容进行细化，打造弘扬主旋律的高端品牌、培育见微知著的微品牌，增强网络文化教育的时效性。

（四）网络育人的制度形态

高校网络育人的制度形态是在党和政府的主导下，通过一系列整体性、系统性、长效性的网络制度体系的制定和实施，使得网络育人走向权威化、程序化、法治化的规范性样态。具体而言，网络制度建设在国家、政府、市场和个人四个层面上分别对价值引领行为、育人管理方面的网络治理行为、育人媒介方面的平台运营行为和网民的言论行为，发挥着重大的规范性功能。互联网自进入我国以来，我国就制定了一系列法律法规、部门规章和规范性文件，保护网络信息安全，维护国家安全和公共利益和个人安全，确保网络的良性发展和清朗网络空间。建立健全网络制度，还需进一步健全网络实名制度，健全准入、退出机制，打造健康的网络教育平台，建立健全网络信息安全制度、网络谣言治理制度、网络平台监管制度、网络反腐规范制度等，把网络不法分子关进制度的笼子里。

三、守正创新：高校网络育人的深度融合

（一）平台研发和资源拓展互通

一是加强高校网络育人平台研发。一方面，加强网络基础设施建设，提升育人平台运营机制。借助大数据、云计算、区块链等技术，根据大学生的需求、习惯及偏好，提供智能化、特色化、个性化的育人资源网络服务，建立网络育人平台模块化功能，满足用户个性化需求。另一方面，重点打造一批主题品牌育人平台，如思想政治理论课网络课程建设、各学校、单位主题网站建设等，为网络育人的推进提供前提条件。

二是拓展高校网络育人资源开发。高校网络育人资源的开发要坚持"质""量"并重原则，构建育人资源之间的立体网状联系，对网络育人资源进行分类、细化、整合，从而达到有序化、体系化的状态。同时，还应坚持挖掘与整合相结合，建立育人资源统筹机制，优化育人资源配置，在不同育人资源间互相融合、互相渗透、相互促进的同时，还能保持资源的完整性和联系性，从而更好地发挥育人资源的整体功能。

（二）角色互渗与素养提升互促

推进高校网络育人工作，关键在人，在于教育者和受教育者角色互渗与师生网络素养提升是关键。

一是促进主客体角色互渗。网络育人主客体在交往互动中，主体和客体之间相互转换、互相渗透，表现为主体客体化和客体主体化。网络育人的推进就要促进网络主客体角色互渗，实现主体客体化和客体主体化的有机统一，不断壮大网络育人队伍并在互动实践中提高网民思想水平。

二是师生网络素养提升。网络素养是个体素养在网络上的投射，高校师生的网络素养是其在纷繁复杂的互联网世界中依据自身的使用需求，对互联网媒体信息进行搜集、解析、理解、判断、应用、评价及再创造的综合能力，是在互联网全面渗透生活背景下"互联网居民"的基本素质和必备技能。应重视网络素养教育，完善网络素养课程，建立基于互联网的网络素养学习方式，把网

络素养教育与信息素养教育紧密结合起来，促进高校师生网络素养提升。

（三）传统优势与新兴技术互融

推动媒体融合发展，要统筹处理好传统媒体和新兴媒体的关系[3]，并且"要运用新媒体新技术使工作活起来，推动思想政治工作传统优势同信息技术高度融合，增强时代感和吸引力"[1]。

网上引导与网下教育各有优缺点。一方面，将网上引导的"键对键"式接触与线下教育的"面对面"式接触结合起来，同时注重发挥课堂教学、谈心谈话等传统方法优势，因时、因地、因人制宜地解决思想问题。另一方面，将传统的育人内容转换为数字化技术，以实现文字、图像、声音、视频的全媒体呈现传播，将传统渠道单一的平面传播介质向着渠道多样化的多媒体介质转化，以适应受众群体的个体化、特色化、差异化、分众化发展需求。另外，构造全方位的传播矩阵，协作互动，优势互补，推动育人内容、育人渠道、育人平台的深度融合，提供更全、更好、更快的优质育人资源，形成合力共建的网络育人生态环境和育人移动舆论场。

（四）信息服务与价值引导互连

网络信息服务与网络价值引导是密不可分的。网络信息服务要增强吸引力，网络价值引领增强导向性。

一是增强网络信息服务吸引力。网络信息服务在遵循信息传播规律的基础上，通过增强议题设置、话语表达、视觉感知等方面的吸引力，进而实现价值引导与思想引领，不断提高网络育人的实效。

二是增强网络价值引领导向性。要使网络"变量"变成网络育人的"增量"，就需要用主流价值来驾驭并不断规范技术发展和运用，紧紧把握价值导向的主控权，使中国特色社会主义核心价值体系相符的价值导向在网络领域入耳、入脑、入心、入行。

三是在信息服务中寓价值引领。没有正确的价值引领，信息服务就会偏离方向，缺乏吸引力的网络信息服务，就会失去"观众"或粉丝，网络价值引领就成了一句空话，更谈不上主导和引领网民的思想和行为。网络育人信息服务真理性和价值性相互融合的基础在于网络社会实践。

（五）传播正能量与消解亚文化互补

网络育人的深度融合不仅要在传播正能量的同时消解亚文化负能量，还要通过各种方式聚集网络新能量。

一是传播网络正能量。网络正能量的内容要以社会主义核心价值为引导，整合、加工、发布、传播网络中的主流价值内容，积极培育正能量充沛、健康向上的网络文化。

二是消解网络亚文化。网络上的负面新闻、不良甚至不实信息、阴暗心理、悲观情绪、网络戾气交叉传染等问题一定程度上消解了社会正气。高校应努力提高师生的事实判断能力、价值判断能力、政治判断能力。网民判断能力提高了，面对纷繁复杂的网络负能量，就能做出正确的选择，从而消解网络带来的负面影响。

三是聚集网络新能量。网络育人的深度融合，不仅要传递网络正能量消解网络负能量，还需要不断发现、挖掘隐藏网络社会中的新能量，为网络空间源源不断地注入新的正能量源泉。聚集网络新能量，要不断挖掘和传承中华优秀传统文化，讲好中国故事，从而使网络空间新能量聚集、正能量充沛。

参考文献

［1］习近平．习近平谈治国理政：第二卷［M］．北京：外文出版社，2017．

［2］中共中央宣传部．中国共产党宣传工作简史：下册［M］．北京：人民出版社，2022．

［3］习近平．习近平谈治国理政：第三卷［M］．北京：外文出版社，2020．

［4］《习近平新闻思想讲义》编写组．习近平新闻思想讲义［M］．北京：人民出版社，2018．

［5］习近平．在哲学社会科学工作座谈会上的讲话［M］．北京：人民出版社，2016．

［6］中共中央文献研究室．习近平关于全面建成小康社会论述摘编［M］．北京：中央文献出版社，2016．

论高校官方微博、微信公众号功能的异同与互补

余向阳

（外国语学院）

依据中国互联网络信息中心（CNNIC）发布的第 54 次《中国互联网络发展状况统计报告》，截至 2024 年 6 月，我国网民规模近 11 亿人（10.996 7 亿人），较 2023 年 12 月增长 742 万人，互联网普及率达 78.0%，移动网络 IPv6 流量占比达 64.56%，主要商业网站及移动互联网应用 IPv6 支持率达到 90%。

以上内容表明移动互联时代的蓬勃发展，随之而来的是各类新媒体的层出不穷，如微博、微信公众号、今日头条号、QQ 公众号、抖音等平台。各高校纷纷开通系列学校官方新媒体平台。在看似乱花迷人眼的各类平台中，微博、微信公众号的影响力显然高于其他类型的新媒体平台。"双微"是新媒体平台的代表。

各类新媒体平台功能有类似之处，也有不同。对于高校而言，新媒体平台除了媒体属性以外，更要承担坚持正确方向的育人功能、繁荣校园文化。因此，探究以"双微"为代表的高校新媒体平台（以下简称"高校微博微信"）间功能的异同，实现二者互补，对微观层面的高校媒体建设、宣传思想工作、校园文化建设等方面有重要意义，对宏观层面的社会媒体建设、舆论生态、意识形态安全等亦有正面意义。

一、高校微博微信的生存大环境——全媒体、新媒体时代

高校微博微信作为具体的媒介形态，必然存在于一个更大的舆论场和舆论生态、形态之中，即"新媒体"处在一个"全媒体"时代。那么何为全媒体，何为新媒体？

（一）何为全媒体

全媒体是一个很热门的名词，对之有诸多的解读，其英文对应名称为"omnimedia"。笔者认为以一种综合、全面的视角来理解这一概念更为可取。全媒体是一种在多媒体融合发展的理念支持下，通过对媒体内部组织架构的调整和业务流程的各环节再造，在多种媒体平台协调展示内容的一种媒体形式。全媒体为现存的纸媒、广播、电视、网络等各种媒体形式，尤其是前三者发展之所必需。

（二）何为新媒体

新媒体是当下的时髦词汇，联合国教科文组织将其定义为"新媒体就是网络媒体"。笔者认为"新媒体"更严谨的表述应该是"数字化互动式新媒体"；应泛指以国际标准为依据，通过计算机网络、无线通信网、卫星等渠道，以电脑、手机、数字电视机等终端，向用户提供信息和服务的传播形态。[1]

（三）高校微博微信是全媒体的组成部分，具备鲜明的新媒体特征

微博、微信已经是非常成型的媒介工具，其巨大的影响力广为人知。依托数字技术、鲜明的互动性特征又让它们成为新媒体的典型代表。高校作为知识高地，社会思潮的引领者，其媒体是社会媒体的重要组成部分。在全媒体、新媒体蓬勃发展的时代，各高校纷纷开通微博、微信，拓展学校媒体平台，延伸信息传递和服务触角。高校微博微信有着相同于校园外部微博、微信的功能，也有其作为高校媒体的独特性，它们极大地推动了高校媒体的全媒体化进程。强大的互动性、信息传递能力也让它们成为高校新媒体的典型代表。

二、高校微博微信的功能之同

人每天都会接收各种信息并受其影响，媒体的信息传播力、影响力自不待言。对高校而言，微博、微信相对于传统媒体具有更强的互动性，丰富了校园信息来源渠道，强化了信息传递效果，同时为高校更好地服务师生、校友、外界相关人士提供更多的平台。二者在高校的发展过程中，有诸多相同功能。

（一）延展媒体触角，增强发声能力

2009 年后，微博和微信相继问世，旋即受到热捧。各高校紧跟潮流，纷纷适时开通微博、微信，经过几年的发展，已经具备相当的实力。以武汉市的几所部属高校为例，至 2024 年 8 月，武汉大学微博粉丝数量为 330 万，微信关注量为 340 万；华中科技大学分别为 148.3 万、74 万；武汉理工大学为 37.7 万、33.4 万；中南财经政法大学为 61.7 万、27.3 万；华中师范大学分别为 59.1 万、48.7 万；华中农业大学为 56.3 万、22 万，中国地质大学（武汉）为 57.2 万、25 万。①

各高校微博微信数量巨大的粉丝加上微博、微信本身具有的传播能力，让学校在此平台上发出的每条信息以超快的速度进行传播，并且以粉丝转发、分享朋友圈等方式呈四散性传递，极大地扩大了高校信息的覆盖面、辐射力。正如习近平总书记在 2016 年 2 月 19 日党的新闻舆论工作座谈会上的讲话中强调的一样："阵地是意识形态工作的基本依托。人在哪里，新闻舆论阵地就应该在哪里。对新媒体，我们不能停留在管控上，必须参与进去、深入进去、运用起来，着力打造一批新型主流媒体。"这也是落实中宣部"要努力形成适应媒体融合发展的观念和意识，增强借力发展意识，别人的技术要尽量用，通过多种形式，充分利用别人成熟的技术、平台、渠道、手段等借力推进，实现更好更快发展，利用微博微信技术拓宽社会化传播渠道"[2] 指示的具体做法。

（二）拓展信息来源，优化服务，增强互动

传递信息、提供服务是高校媒体的两大重要任务。前者容易理解，后者主要表现为将学校的教科资源、图书信息、进修培训机会、对师生学习工作生活需求（如公交地铁、成绩、课堂、水电等数据）提供给相关群体。两者的良好运行，需要三个条件：媒体运营方的主动积极作为；相关群体的积极参与；合适的平台载体。于高校而言，其相关群体主要有教师、学生、校友、社会各界关注该校发展的人士四类。高校工作主要围绕这些人来开展，媒体工作亦是如此。如果要向上述人员传递信息，针对性地提供他们想要的服务，

---

① 本数据系询问相关高校双微运营人而来。

则要求校方在主动作为的同时，也要有更丰富的信息来源和对群体需求更好地了解。这就要求高校充分互动，微博、微信就是当前环境下很好的平台选择。

（三）增强学校的舆论引导能力，更好地维护学校形象

在全媒体时代和新媒体环境下，超低的媒体准入门槛、强大的传播工具带来了海量的信息。较之于传统媒体时代，恶意、有害、虚假等不良信息出现得更为频繁。一些虚假、负面的信息会在网上迅速生成、发酵、扩散，让信息所指方受到不利舆论的冲击。

高校作为高知人士的汇聚地、青年学生的成长地、知识的集散地、文化传承创新高地，容易处在舆论的漩涡中。高校在面对这些不利舆论时，过去往往是通过向主管部门请求帮助，召开媒体新闻发布会或学校网站发声，予以应对，这些方法现今依然有用。但面对外界汹涌的不利舆情，往往显得力量薄弱。

拥有微博、微信之后，高校增加了舆论引导的阵地和抓手，通过正面发声或解释等方式，使数以万计粉丝获得全面、客观认知。再加上这些粉丝的转发、分享等，高校舆论引导能力得以大大增强，能争取更多的舆论认同，维护形象。

（四）拓展新的育人平台

本文开始部分引用了中国互联网络信息中心的报告，从报告中能够看出我国网民数量的庞大。因此，通过网络，高校依托多类型媒体终端和媒介工具开展对学生的教育，无疑非常重要。

培养人才是大学的核心职能之一。学术的魅力和读书的激情是大学精神的重要部分。将既有的课堂教学、科研培养等方式与通过校园媒体的信息传递、互动等形式结合起来，为人才培养提供更多的路径选择，是全媒体时代高校的必由之路，也应内化为必然选择。"通过校园媒体的知识传递和对学生参与媒体建设机会的给予、能力的培养建构校园活动、教学科研、专业培养之间的联动机制，拓展育人空间，提升学生专业水准、人文素养显然大有可为。"[3]

而在大学生普遍将大量时间放在网络世界并高频率使用手机等移动终端，偏好新兴媒体、即时通讯工具的环境下，作为新兴媒体典型代表的学校微博微信自然成为强化人才培养的重要抓手。

三、高校微博微信的功能之异

高校微博微信的功能不同跟两个因素相关：本身属性、运作方式不同而导致的不同；在高校扮演不同的角色导致的不同。

（一）功能倾向不同

微信以文图声像等方式单一或组合发布内容，不同于微博主要以短文、图片为主发布的方式。微信改变了微博的电脑、移动终端并行或并重的模式，转而以移动终端为主、电脑终端为辅的网络接入模式。

微博主要在于信息传递，也具备社交网络的一对多、多对一、多对多的传播模式；而微信则主要在于即时通讯和人际关系维系，传播模式主要为一对多、多对一，多对多特征不明显。高校微博的功能主要在于传递校园信息、互动讨论、共同话题参与、收集博粉动态等方面；高校微信则主要是信息的大众化发布，提供成绩、课程、图书资源查询等服务功能，联系用户之间感情，互动性功能弱。

（二）辐射对象的范围具象不同

从辐射对象看，高校微博微信虽然都起着传递校园信息、联系教师、学生、校友、社会各界关注高校动态的人士（前三类人可以称为校园共同体）的作用，但侧重点还是有不同的。高校微博向包括但不限于校园共同体的粉丝传递信息；高校微信则主要是向校园共同体发声。

（三）服务学校发展的侧重点不同

高校微博的互动性很强、信息量大，发布的一个消息或主题常在短时间内获得数万以上的浏览量和数十条评论。通过这一平台，高校可以更多的了解师生、校友的愿望、诉求，思想动态，也可以了解到社会人士对学校的看法、认可度等，有助于学校找准问题、解决问题，更好地服务于师生、校友，回应社会关切，裨益学校民主治理，找准更好的发展方向。

高校微信更能够以丰富的形式对学校的发展历程、动态、校园风景、师生典型等予以展现，起到连接校园共同体的作用，激发校园共同体知校、爱校、奉献学校的情感，让高校获得自内而外强大的精神力。

四、高校微博微信功能的互补

高校微博微信可以相互借力，在中观层面的校园媒体建设、宏观层面的学校事业发展等方面均大有可为。

（一）联动运行，推动校园媒体的融合发展

当下传统媒体的空间受到影响是不争的事实，然而新兴媒体并没有也不能完全取代传统媒体，高校媒体亦是如此，共栖与融合都需要。在融合发展的过程中，高校媒体同外部媒体融合发展面临的管理体制不顺、业务流程不优、内容缺乏活力等同样的问题[2]，也有媒体工作队伍力量薄弱（专职的教师团队人数少，学生团队培养周期长流动性大）的突出问题。

校园媒体的融合发展具体可以从管理体制理顺、信息来源拓宽、业务流程优化、媒体布局科学合理四个方面入手。在具体运行过程中，微博、微信可以相互推介，以微博互动强化微信影响力，以微信更丰富的内容形式扩大微博影响力。

（二）优化内容布局，为校园媒体发展提供更强内生力

高校微博微信是校园媒体，亦是开放的平台。高校微博微信以大学的根本使命为工作指针，发布重要的中央、地方政策、信息的同时，原创的内容必不可少。内容为王是媒体共尊的信条。高校微博微信原创的内容则要鲜明体现出学校的本地化特色，吸引受众。诚如学者所言："与传播全球化的同时，出现了传播本土化趋势。对新闻传播而言，既要满足受众足不出户洞察全球的愿望，又要成全他们在心理上和地域上的接近性效应。从文化传播学的角度来说，人们往往对与自己的环境、地位、心理、利益和文化背景相近的信息更加关注。"[4]众多都市报、地方网站的良好发展态势也为这一观点提供了实践层面的佐证。因此，高校微博微信必须以本地化内容为主，兼顾外部信息，并且时刻关注受众们的反馈，以检验自身所发布内容的受欢迎程度，为校园媒体的整体发展提供动力。

（三）协同坚守主流文化和校园人文精神

高校微博微信的建设面临着诸多困难，主要在三个方面：①媒体的迅猛

发展，信息的铺天盖地，信息污染随之而来；②"网络新媒体催生出的高度社会化的庞大虚拟空间，发展出了一些现实世界不具备的功能，形成了同现实世界对人控制的竞争，社交媒体应用对人们的可支配时间形成了事实性占用"[5]；③网络传播存在系列人文困境。这些问题对高校为国家培养建设者和接班人、传承与创新文化的使命构成了威胁，不利于大学校园人文精神的培育。媒体引发的问题，可以从媒体本身来解决。高校微博微信应该充分利用广受欢迎的优势，协同以"精神高雅、内容丰富、形式多彩、内涵深刻"的原则为指引，结合各自传播特点，遵循传播规律，为受众提供更优质的信息；坚守主流文化方向、人文精神，对内培养校园共同体，对外辐射社会各界。

（四）联动推出外文版，辐射相关外籍人士

在经济全球化、高等教育国际化的背景下，国内高校的外籍教师、留学生、来访人员等逐渐增多，为使他们更好地接收学校的动态、增进了解、促进交流，建设有针对性的外文媒体十分重要。但据笔者观察，国内高校有针对性的外文媒体并不多，尤其是外文类的新媒体更少。高校应该考虑在既有的外文媒体基础上，适当开通以英文为主、搭配契合学校办学特色语种的微博和微信。通过摸索外文信息传递模式、服务方式，优化学校媒体格局，构建立体化传授体系；同时，促进中外文化交流，助力学校国际化办学水平提升。

参考文献

［1］匡文波．"新媒体"概念辨析［J］．国际新闻界，2008（6）：4．

［2］刘奇葆．加快推动传统媒体和新兴媒体融合发展［N］．人民日报，2014-04-23．

［3］刘萍．校园媒体：高校文化育人的重要途径［N］．光明日报，2009-06-03（7）．

［4］郜书锴．全媒体融合的辨证思考［J］．新闻前哨，2010（4）：3．

［5］刘备．新媒体的"为"与"不为"——我国社会转型中的网络新媒体行为规范［J］．今日中国论坛，2013（11）：23-27．

大数据时代大学生网络思想政治教育的
精细化研究 ①

侍夏芳

（就业指导服务中心）

在大数据时代，信息技术的迅猛发展和普及为大学生的生活、学习和社交方式带来了深刻的变化。大学生作为网络时代的"原住民"，其思想、观念和行为深受互联网和数字信息的影响。网络思想政治教育作为高校思想政治教育的重要组成部分，在面对新的机遇与挑战时，也需要进行相应的创新和改进，从而更好地适应时代发展的要求。随着大数据技术的广泛应用，高校可以通过数据挖掘、数据分析等技术手段，深入了解大学生的思想动态、价值观念和行为模式。这种基于大数据的精细化研究方法，能够为网络思想政治教育提供科学依据和有效策略，提升教育的针对性和实效性。同时，大数据技术的引入，还可以实现教育过程的动态监控和实时反馈，帮助教育者及时调整和优化教育内容和方法，增强教育的互动性和参与感。进行大数据时代大学生网络思想政治教育的精细化研究，不仅能够深化对大学生思想政治状况的认识，还可以探索出一条利用现代信息技术提升思想政治教育效果的新路径。本文的研究成果为高校思想政治教育提供新的理论支持和实践指导，推动思想政治教育的改革与创新，提高大学生的思想政治素质和综合素养。

---

①　本文获中南财经政法大学 2024 年度中央高校基本科研业务费项目（项目编号：2722024DS006）资助。

一、大数据时代大学生网络思政教育的理论基础

（一）大数据的内涵

大数据涵盖了海量、多样、快速和真实的数据特征，这些特征使得我们能够从前所未有的广度和深度上了解和分析大学生的思想动态和行为模式。

大数据的海量性使得我们能够处理和分析来自不同来源的大规模数据集，这些数据集包括社交媒体互动、在线学习记录、消费行为、心理测评等方面的信息，从而构建出全面的学生画像。

大数据的多样性使得数据不仅包含结构化的数据表，还包括文本、图像、音频、视频等多种形式，这为我们提供了多维度的分析视角。

大数据的快速性确保我们能够实时获取和处理数据，及时捕捉学生思想和行为的最新变化，做出迅速的教育响应。

大数据的真实性则保证了数据的准确性和可信度，为分析和决策提供了可靠的基础。

（二）高校思政教育的内涵

高校思想政治教育的内涵丰富而深刻，是高校教育工作的重要组成部分，涵盖了思想、政治、道德、文化等多个层面。它旨在引导学生树立正确的世界观、人生观和价值观，培养其政治素养、道德品质和文化素养。高校思政教育通过系统的理论学习和实践活动，帮助学生形成科学的思维方式和积极的人生态度，增强其政治敏锐性和责任感。高校思政教育还注重通过道德教育培养学生的社会公德、职业道德和个人品德，以及通过思想文化教育活动提升其文化自觉和文化自信。此外，高校思政教育关注学生的心理健康，提高其心理调适能力和抗压能力，促进身心健康全面发展。高校思政教育还通过各种社会实践活动，增强学生的社会责任感，培养其法治意识和法律素养，推动其全面发展，成为德智体美劳全面发展的社会主义建设者和接班人。同时，高校思政教育要与时俱进，培养学生的时代精神和创新意识，激发其创造力和创新精神，使其能够适应和引领社会发展的潮流，成为推动社会进步和科技创新的重要力量。

（三）大数据技术在大学生网络思政教育中的应用

高校思想政治教育的核心在于引导大学生树立正确的世界观、人生观和价值观，促进其全面发展。这一核心目标不仅关乎学生个人的成长成才，更关系到社会的和谐稳定和国家的长治久安。传统的高校思政教育主要依赖于课堂讲授和线下活动。这种模式虽然有历史和现实的基础，但在快速发展的信息化时代，存在教育内容单一、反馈渠道有限、互动性不足等问题，难以充分满足新时代大学生多样化的需求和期望。

大数据技术的应用，为高校思政教育注入了新的活力，带来了革命性的变化。首先，通过大数据技术，教育者可以实时监测学生的思想变化。大数据技术能够收集和分析来自多种渠道的数据，如社交媒体上的言论、在线学习平台上的互动记录、校园活动的参与数据等，从而全面了解学生的思想动态。通过对这些数据的综合分析，教育者可以发现学生群体中的共性问题和个体差异，及时捕捉思想上的波动和变化趋势。其次，大数据技术使得教育内容和方法的动态调整成为可能。教育者可以根据实时数据，灵活调整教学内容，增加学生感兴趣和需要的主题，删除或改进效果不佳的部分。例如，针对某些热点事件或社会问题，可以迅速组织专题讨论或开展相关活动，引导学生正确认识和思考。再次，基于数据的反馈机制，教育者可以及时了解学生的学习效果和反馈意见，迅速调整教育策略和方法，确保教育的针对性和实效性。最后，大数据技术能够增强教育的针对性和个性化。通过对学生数据的深入分析，可以为每个学生定制个性化的教育方案，满足其多样化的需求。例如，通过分析学生的兴趣爱好、学术表现和心理健康状态，教育者可以设计针对性的教育内容和活动，提供个性化的辅导和支持。这种基于大数据的个性化教育，不仅能够提高学生的参与度和满意度，还能更有效地促进其思想政治素质和综合能力的提升。

二、大数据时代下网络思政教育的优势

（一）提供个性化教育

在大数据时代，网络思政教育利用先进的数据分析技术，能够深入挖掘

和分析学生的多维数据，包括学习进度、知识掌握情况、学习偏好以及社交互动等方面。这些数据不仅限于课堂表现，还包括学生在网络平台上的活动和反馈，形成了全面的学习画像。

通过这些数据分析，网络思政教育可以实现以下三个方面的扩展和优化。

第一，大数据分析可以帮助教育者更准确地了解每位学生的学习状况和需求，从而实现精准诊断与个性化学习路径的设计，为每位学生量身定制学习路径和内容推荐，使其在个性化的学习环境中更有效地成长和学习。

第二，利用大数据技术，网络思政教育可以实现智能化的教学设计，动态调整教学内容和策略，及时提供个性化的学习建议和反馈，帮助学生克服学习难点，提升学习效果。

第三，大数据分析还使得教育者能够实时监测学生的学习进展和行为变化，通过实时数据分析，及时发现学习问题和潜在风险，进行个性化的干预和支持，有效预防学习困难的发生，进而提升学习者的整体学习体验和成就感。

综上所述，大数据支持下的网络思政教育不仅提升了教育个性化和效率，还深化了学生与教育资源之间的互动和优化，为思想政治教育注入了新的活力与可能性。

（二）实现跨时空传播

网络思政教育利用先进的数据分析技术，不仅能够深入挖掘和分析学生的多维数据，还通过跨时空传播优势进一步扩展了教育的影响力和效果。网络平台为思政教育提供了全天候、无时空限制的教学和学习环境。学生可以随时随地通过互联网获取到最新的思想政治教育资源，还能与老师和同学进行即时交流和深入讨论。这种无缝连接和互动不仅大大提高了学习的便捷性和实时性，还促进了思想政治观念的广泛传播和深入交流，有助于学生在开放、包容的网络空间中，更加全面地理解和内化思想政治理论，从而培养出符合时代要求的高素质人才。

（三）便于教学资源共享和更新

在大数据支持下，网络思政教育的教学资源共享和更新具有显著优势。

首先，大数据分析可以帮助教育机构更精确地了解学生的学习需求和反馈，从而优化教学内容和方法。通过实时监测和分析学生的学习数据，教育者能够及时调整教学策略，针对性地更新教材和课程。这种精准的教学资源更新不仅可以确保教育内容与时俱进，还能有效应对社会和学科发展的变化，提高教学质量和教育效果。

其次，网络思政教育通过教学资源的共享，使得优质教育资源可以更广泛地传播和应用。教育机构可以通过网络平台分享和交流教学资源，促进教育资源的互联互通，实现教育资源的共享化和整合化。这不仅有助于教育资源的高效利用，还能提升教育服务的广度和深度，为更多学生提供优质的思想政治教育。

最后，大数据支持的教学资源更新还可以促进教育创新和教学方法的改进。通过数据分析，教育者可以发现和借鉴优秀的教学实践，推动教育内容和教学方法的创新。这种基于数据驱动的教育创新，不仅能够提升学生的学习体验和成效，还能够培养学生的创新意识和实践能力，为他们未来的学习和职业发展奠定坚实的基础。

（四）通过数据驱动决策

大数据分析为教育者提供了更加精确和全面的数据支持。这些数据不仅限于学术成绩和课堂表现，还包括学生的学习行为模式、社交互动以及课外活动等多维信息。通过深入分析这些数据，教育者可以更准确地评估教育政策和课程设计的效果，了解学生在学习过程中的挑战和需求。例如，可以通过数据分析及时发现和解决学生学习上的困难，调整教学策略和资源配置，以提高学生的学习成效和满意度。此外，大数据分析还能帮助教育者预测教育趋势和学生发展方向，使基于数据驱动的决策更具科学性和前瞻性。还可以通过比较不同教学方法和课程设置的数据效果，优化教育系统的运行效率和管理水平，提升教育资源的利用率和教学质量，确保教育的公平性和有效性。综上所述，大数据分析在网络思政教育中的应用，不仅为教育者提供了前所未有的洞察力和决策依据，也为提升整体教育体系的管理水平和教育质量提供了强大的支持和推动力量。

三、大数据时代高校网络思政教育的发展要求

（一）教学服务的精细化

大数据技术支持下的网络思政教育致力于实现教学服务的精细化。通过收集和分析学生的学习数据，教育者可以更加精确地了解每位学生的学习状态和需求。这种个性化的数据分析可以帮助教育者优化教学资源的配置和课程设计，提升教学的针对性和效果。通过监测学生在网络平台上的学习活动，如在线课程的观看记录、作业完成情况以及参与讨论的频率和质量，教育者可以获取到学生学习的实时数据。这些数据不仅仅反映了学生的学术表现，还揭示了他们的学习偏好和能力发展的趋势。基于这些数据，教育者可以精准地分析每位学生的学习需求，为其量身定制个性化的学习路径和任务。

（二）教育决策的科学化

大数据分析使得教育决策更加科学和有效。通过收集和分析学生、教师以及课程数据，教育者可以基于事实和数据做出更加准确和及时的决策。例如，通过分析学生的学习表现和课程评价数据，可以评估教学质量，发现教学改进的空间，并优化资源配置。同时，大数据分析也有助于识别和预测教育趋势，提前调整教育策略，以应对未来可能出现的挑战和机遇。这种数据驱动的教育决策，不仅提高了教育管理效率，还促进了教育质量的持续提升。大数据分析能够帮助识别和预测教育趋势，从而及时调整教育策略应对未来的挑战和机遇。随着社会和技术的变化，教育需求和趋势也在不断变化。通过分析大数据，可以识别出当前和未来教育领域的重要发展趋势，如技术教育、跨学科学习等，从而及时调整教育方向和政策，为学生提供与时俱进的教育内容和方法。大数据分析在教育决策中的应用不仅提高了教育管理的科学性和效率，还促进了教育质量的持续提升和教育体系的现代化。

（三）教育成果的可视化

大数据技术使得教育成果的评估和展示更加透明和可视化。通过数据分析和可视化技术，可以清晰地展示学生在思想政治教育方面的学习成果和进步。例如，可以利用数据分析结果和学生评价反馈，生成可视化的教育报告

和学习成绩单，向学生、家长和社会各界展示学生在思想政治教育中的学习成效和个人成长。这种透明和可视化的教育成果展示，不仅增强了教育的信任度和公信力，还激励学生持续努力，促进其自我发展和价值实现。

四、结语

在大数据时代，大学生网络思想政治教育的精细化研究正展现出其巨大的潜力和价值。通过深入分析和利用大数据技术，我们能够更精确地了解每位学生的学习状态和需求，为其量身定制个性化的教育方案。这种精细化的研究不仅有助于优化教学资源的配置和课程设计，提升教学的针对性和效果，还能够推动教育方法和策略的创新和进步。大数据分析不仅能够帮助教育者更好地把握学生的学习行为模式和学术进展，还能够通过实时反馈和个性化指导，提升学生的学习动力和成就感。这种精细化研究不仅有助于解决传统教育中普遍存在的"一视同仁"和信息不对称问题，还能够为每位学生提供更多元化、个性化的学习机会和支持。

因此，大数据时代下的大学生网络思想政治教育的精细化研究，不仅是教育改革的重要方向，更是推动教育公平、提升教育质量的关键举措。在未来的发展中，我们应继续探索和应用先进的技术手段，不断完善和优化教育服务，为每一位学生的学习成长和个人发展创造更加有利的条件和环境。这不仅是教育现代化的要求，也是培养具有创新精神和国际竞争力的新时代人才的必然选择。

参考文献

［1］邱婷婷. 大数据时代大学生思想政治教育创新研究［J］. 互联网周刊，2024（1）：56-58.

［2］武昭阳，陈阳，贾红达. 大数据时代思想政治教育管理模式创新研究［J］. 教育教学论坛，2021（52）：13-16.

［3］莫敏燕. 大数据时代大学生思想政治教育个性化研究［J］. 湖北开放职业学院学报，2023，36（10）：161-162，165.

［4］杜乐. 大数据时代信息资源融入大学生思想政治教育的实践探索［J］. 数据，2021（12）：101-102.

新时代高校思想政治教育数字化的
实践路径研究 ①

周诗琪

（法律硕士教育中心）

党的二十大报告强调"推进教育数字化"，思想政治教育数字化转型已成为我国教育数字化改革发展的重要战略主题。思想政治教育数字化通过数字技术和数据要素的驱动引发思想政治教育的系统性变革，简单地将思想政治工作叠加数字技术面临诸多现实挑战[1]。数字技术是一把"双刃剑"，如何在防范和化解数字化发展带来的一系列风险挑战的同时，抓好数字化变革和科技赋能的新机遇，是新时代思想政治教育数字化的重要课题。国内学者从思想政治教育数字化的转型动因、转型障碍和实践路径等领域探究了思想政治教育数字化转型的理论框架，但多聚焦在对数字技术的应用与整合上。本文分析了当前数字化转型下思想政治工作的困境与优势，探究思想政治教育数字化实践路径育人实效，旨在形成转型发展共识，提升思想政治教育的育人实效，为系统性提升思想政治教育数字化水平提供一定基础。

一、数字化转型下思想政治工作的现实困境

导学式教育模式以导为主线、学为主体，强调教育者的主导作用。在数字技术和数字网络社会的快速发展下，传统导学式思想政治教育模式面临严峻挑战。师生关系出现由"主客"单向转变为"双向互动"的新趋势，教育者引导地位、主流价值引领力被消解削弱，思想引领难度进一步加剧。

① 本文系中南财经政法大学研究生教学教改项目专项资金资助项目（项目编号：YRTD202310、YRTD202414）、2024 年度党建理论研究项目（项目编号：DJYJ2024013）阶段性研究成果。

（一）网络噪声削弱教育者引导地位

网络噪声深刻重塑了传统的导学关系，使得师生关系逐渐异化。

一方面，被教育方主体间性复杂度更高。开放的网络空间打破了时空限制，个人和群体表达的影响力也得到显著提升。学生从被动接受变为主动搜寻，并在通过网上互动中不断加强自己的主体地位。此时，单纯的说教、说服方法不仅难以奏效，而且容易导致学生的逆反心理。学生经受网络多元侵袭，不再以老师"一家之言"是从，而是转投至碎片化的网络海洋中寻求答案[2]。

另一方面，教育者的言论行为受到限制。在现有评价体系中缺少思想政治教育的量化考核指标，使得教育者的重心放在大学生的学术实践成果上，而不愿意参与"充斥争议"、耗时耗力的网上舆情引导，甚至以沉默自我保护的方式规避风险。

（二）网络思潮消解主流价值引领力

主流价值观念是大学生意识形态塑造的重要源泉，却因网络思潮等非主流价值观念的侵袭而被消解。

一方面，西方发达国家凭借其经济和科技领先优势演变各类思潮，给国家主流意识形态安全带来巨大风险隐忧。这类虚假消息和谣言散布犹如流量密码，消解着主流价值观念的话语权和引领力[3]。历史虚无主义思潮通过歪曲历史、歪曲事实和对主人公的诋毁来创造"笑点"，试图以"反差"来达到歪曲历史、混淆是非的目的。网络民粹主义表面"以民为粹"，通过制造话题，制造舆论，蛊惑群众，挑起民众的极端情绪，获取经济利益。

另一方面，网络思潮以符号性、匿名性、虚拟性等新的形态存在加深了意识形态风险的隐匿性，企图游离于监管之外腐蚀大学生意识形态。

（三）网络碎片化加剧思想引领的难度

传统思想政治工作中面临的问题，如接受度不高、难以入脑入心等，在数字化时代进一步扩大。

一方面，短视频、网络直播、元宇宙、算法推荐等网络技术借助"过滤气泡"，使受众深陷同质化、唯我的信息茧房，圈层化现象层出不穷。圈内群体将自我或群体标签化、个性化，在网络圈群中固化思维与认知，造成大学生思想封闭、视野窄化。此外，人工智能实质上是按照所设计的程序和数字化模式进行运转，其更新速度不一定能与学生的发展及需求相匹配，因而限制大学生思考深度与知识储备，形成"网络依赖""信息壁垒"等现象。

另一方面，"快餐式"学习和网络沉浸体验的需求，加剧大学生对传统思想政治教育认知的倦怠，转而投向浅显的泛娱乐化内容。当前许多数字化思想政治工作流于单一形式，而没有全面传达其应具备的理论内涵及人文价值，数字技术应用于思想政治工作的深度有待加深[4]。

二、数字化技术赋能高校思想政治教育的价值优势

数字化转型对高校思想政治工作的影响是全方位的。数字技术在深化大学生精准画像、驱动教育评价综合评价改革、牵引教育载体突破创新等方面具有重要推动作用，促进高校思想政治工作内容、方式、主体等全方位创新。

（一）深化大学生精准画像

精准画像功能主要体现在海量育人数据提供和思想政治资源精准匹配两个方面。利用数据训练、模型挖掘，为思想政治教育精准画像提供技术支撑和海量研究数据。数字编码和数据模型衍生出离散化、自组织化的网络育人空间，窄化了思想政治教育的物理环境基础，也激活了大学生思想政治教育资源的精准分配[5]。大学生成长环境、个性特征的不同投射在网络空间上呈现为多元化、个性化、定制化的网络信息诉求，逐渐形成分众式传播效果。一旦思想政治教育数字资源充沛，分众式传播的功能可以实现数据资源、服务资源、公共资源的精准分配。由此，思想政治教育者在施教过程中能够更精准地感知，根据"精准画像"因材施教，为精准干预、指导、制定个性化教学方案。

（二）驱动教育评价综合改革

区块链等技术具有"去中心化""分布式""智能合约"等技术特征，能确保教育教学过程中所产生数据信息的完整性和安全性，促进信息资源共享，构建终身学习体系[6]。依托区块链技术，搭建一站式、一体化教育教学管理平台，集成数据采集优势，汇聚优质思政资源，形成全矩阵传播合力，

可以有效解决当前普遍存在的线上资源平台缺乏互通性、数字教育资源建设冗余、版权争议等问题，为学生行为路径收集、学习成果认证、学分兑换等难题提供解决方案，形成全社会育人合力，改变单一的教育评价模式，促进学生全面发展。

（三）引领教育载体突破创新

主流价值引领力的屹立不倒需要传播载体持续发力。虚拟技术以创造虚实混合、虚实互嵌的沉浸式体验为特点，以网络多向交互破除主体性思想政治教育单向运动，使得思想政治教育脱离理论和说教。通过教材内容与智能技术贯穿融合，营造极具氛围感的特定情境，强化课上课下双向情感沟通与交流，不断提升思想政治教育的悦纳感。将社会主义核心价值观、爱国精神、民族共同体等价值导向和党的创新理论内嵌在技术开发设计中，丰富大学生参与体验形式，提升思想政治教育的综合体验，增强思想政治教育的吸引力、趣味性和互动性。

三、新时代高校思想政治教育数字化的原则遵循

高校思想政治教育数字化转型已成为必然趋势，为进一步掌握高校思想政治教育的主动权，高校思想政治教育者应主动出击，准确识变、主动应变、科学求变，把握一个融合贯通，兼顾人文与科技、发展与安全两种关系。

（一）以立德树人为核心，坚持全要素融合贯通

数字化转型是一场技术迭代，也对思想政治教育提出更高要求。思想政治教育者需要切实关心学生的生命性、能动性和创新性，主动参与大学生的学习生活，真正实现全员、全程、全方位育人格局。

一是扩大思想政治工作范围。网络技术跨时空性要求高校大学生思想政治教育全时段覆盖，这就要求思想政治工作随时随地提供网络育人资源。同时，面对开放的网络空间，需要时刻保持育人警觉，在动机上为其揭开真相，在观点上为其理性分析，在立场上为其树明旗帜，时刻关切大学生思想动态，确保大学生思想政治教育的育人方向不偏离，育人主体不缺位。

二是充分吸纳所有可以转化为思想政治教育的元素。全员育人不再是停

留在教育者参与育人环节，而是进化为教育者的一个行为、一个视频、一个网评都可能转化为思想政治教育的潜在育人元素。思想政治教育的内容由课堂引向学习、生活、社会全领域，从一对一的学业"经师"迈向学业科研、思想品德、心理健康等同频共振的"人师"。

（二）以数智嵌入为优势，强调人文与科技

数智嵌入思想政治教育不是信息技术与高校思想教育要素的简单叠加，不是线下直接投射至线上从而落入技术形式主义陷阱，也不能过分强调技术的使用而忽略思想政治教育内容的精炼和育人的本质。

一是强调以人驾驭技术，以主流价值引领技术，防止数字化发展中的工具性思维，深入把握数字技术和高校思想政治教育的融合尺度，适度适当融入高校思想政治教育理论实践过程，通过思想政治教育各要素智能化转化构建全新的思想政治教育智联化场景。

二是在思想政治教育数字化建构过程中加强对整体格局的战略谋划。

（三）以数字治理为基石，统筹发展与安全

在数字时代，数据成为高校思想政治教育创新发展的关键要素和战略性资源。各高校在实施思想政治教育数字化的同时也需统筹好数字发展与安全。

一是实现数据的充分利用，统筹综合统一、链条完成的数字化教育基础建设，避免因平台差异、口径不同、填写规范等原因造成无序数据、失真数据的积聚，从而存在浪费大量数据资源、重复收集、利用率低等问题[7]。

二是加强数据共享战略布局，整合优质思想政治教育数字资源，精准推送、合理分配，避免数字资源流通性、共享性受阻而形成"平台壁垒""数字鸿沟"[8]。

三是注重数字信息安全和技术伦理风险。数字化使学生数据信息泄露、数字文化渗透、数字网络攻击风险大大增加。高校应健全完善数字监管机制、预防预警、危机处理、问责等相关机制，确保数据使用过程中的保密性。

四、新时代高校思想政治教育数字化的实践进路

高校思想政治教育数字化需要探索数字技术与思想政治教育教学有机融

合，筑牢思想政治教育教学数字基座的有效路径。本文从"大思政课"、数据平台、评价机制三个方面切入，构建了思想政治教育数字化实践路径（图1），并从思政课教学数字化生态、育人内容精准化供给体系、教育评价多元化协同机制、思政队伍数字素养提升工程四个方面激活思想政治工作创新发展新引擎，构建大思政育人格局，进一步推动思想政治教育现代化。

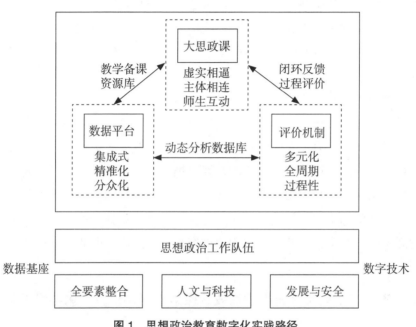

图1　思想政治教育数字化实践路径

（一）推进教育资源共享共建，形塑思政课教学数字化生态

利用翻转课堂、情景剧、辩论赛等形式推动线下课堂"活起来"，采取网络直播、弹幕教学、VR沉浸式体验等方式促进在线课堂"火起来"；开展探讨式、体验式教学活动，构建全新的思想政治教育智联化场景，带领学生以"第一人称"的视角建立构建知识谱系，构筑学生与外界的多层次、多向度联系，提升学生对思政课的"抬头率""满意度"，着力打造让更多学生爱听、能懂、愿行的新时代高质量思政课。规模化共享青年骨干、高校网络教育名师、百名网络正能量榜样、全国高校辅导员年度人物等名师优质资源，通过构建"思政线上备课"平台，运用AI知识引擎、知识图谱等智能工具，为思政课教师在理念、方法、资源、技术等方面提供可借鉴的案例和方向指

导。构建面向思政课老师和学生的课程资源库,包括课件、案例、书籍、答疑、网络资源等。

(二)强化平台数据互联互通,构建育人内容精准化供给体系

强化数据基础治理,推动校内数据资源集约集成,打破"信息孤岛",促进部门间网络数据共建共用,积极推动业务流程再造,以强大的数据应用体系推动学校数智化创新走深走实。努力以数据技术"新动能"打造精准化、科学化、便捷化、智能化的教育"新治理"模式,形成了真正掌控"全局"的数智化"智慧大脑"。以数字化推动业务融合,建立部门协同治理体系,实现相关业务工作全流程衔接。通过泛在化的生活介入,学生在日常生活中受到潜移默化的影响与引导。根据师生需求订单式创作涵盖心理健康、就业实习、科创指导等多个方向的育人内容,实现教育内容选择的同频共振。促进优质网络育人资源多维度供给、个性化推送和过程性反馈,以及内容供给由单向供给转为用户需求导向,形成常态化、持续化的优质内容供给机制。整合新媒体资源集群,构建全媒体矩阵传播格局,有针对性、分层次地推送思想政治教育内容,用基础数据构建内容丰富、层次分明的大数据精准供给体系。

(三)追求动态分析高质高效,探索教育评价多元化协同机制

利用大数据和人工智能技术,从散点式的成绩记录转向全景式的数据采集,通过学生学习、教师教学、社会生活等方面的大数据,实现对学生成长的横纵向追踪和全过程动态分析,对大学生基本行为特征、行为动向和思想需求预测等进行多维聚类分析,高效处理舆情信息,提前掌握风险点,在学生成长的关键时刻进行教育引导,建立健全思想政治教育网络预警处理机制,下好思想政治教育的"先手棋"。对采集来的多元异构的学生数据进行整合、清洗、加工和修复,并进行深度挖掘和关联分析,实现教育结果的预测和可视化展现。评价内容涵盖思想品德、职业发展、课程学习、科研探究、专业实践、毕业就业等各个方面;评价方式包括学生自评、教师互评及社会评价等。

(四)促进全员育人协同联动,实施思政队伍数字素养提升工程

建立全员育人的激励机制,充分调动全校教师参与学生管理的积极性,

将行为品格、治学态度、育人意识以及学术道德等要素纳入教职工选聘标准，增加思想政治教育成果在导师、行政管理人员在年度考核中的权重占比，建立健全师生双向评价与反馈机制，增强双向经验分享交流会，建立良好的师生互动关系，真正为研究生的发展提供全方位指导。优化教育资源配置，统筹资金与资源配给，加强数字技能培训，帮助思政课教师、辅导员提升师生网络素养，加强网络安全意识，熟悉数据采集工具、采集流程与清洗规则，精通数据分析模型与方法。鼓励思想政治教育者前往数字相关企事业单位挂职，参与有关数字化工程的研究和开发。在工作实践中提升思政队伍的数字能力。

参考文献

［1］卢岚. 思想政治教育数字化转型的逻辑意蕴与范式革命［J］. 思想教育研究，2024（6）：61-69.

［2］吴倩. 数字化时代思想政治工作体系建构的基础、逻辑与路径［J］. 思想政治教育研究，2023，39（3）：35-39.

［3］赵业成. "泛娱乐化"消解高校思想政治教育话语的问题审思［J］. 高校辅导员，2023（6）：49-55.

［4］盖逸馨. 以教育数字化推动思想政治教育现代化［J］. 思想政治工作研究，2023（6）：34-35.

［5］汪永安，孙增耀. 从导学一体到数智嵌入：研究生思想政治教育引导力的时代转向［J］. 学位与研究生教育，2024（7）：26-33.

［6］杨清. 人工智能时代学生主体性发展：机遇、挑战与对策［J］. 教育研究与实验，2023（1）：60-66.

［7］谷永鑫. 高校思想政治教育数字化建设及其价值意蕴、风险表征与实践进路［J］. 大学教育科学，2024（1）：58-65.

［8］周辉. 数字赋能高校精准思政的内在要求、现实困境与实践理路［J］. 学校党建与思想教育，2024（8）：66-68，90.

"互联网+"背景下课程思政教学改革研究

南天亮

（工商管理学院）

随着信息技术的飞速发展，互联网已深度融入人类社会的各个领域，成为公众获取信息、求学求知、休闲娱乐及社交活动不可或缺的重要渠道。作为社会主义法治事业建设的重要力量，21世纪出生的青年大学生自幼便沐浴在互联网的浪潮中，他们习惯于运用各类互联网平台汲取知识养分，并在网络世界中满足自身的社交需求。因此，借助互联网技术来革新与优化大学思政教学体系，进而提升思政教育的传播力与实效性，这一举措具有划时代的意义与深远价值。

一、"互联网+"背景下大学思政教学改革的意义

（一）充分满足学生多样化的学习需求

在"互联网+"背景下，对大学思政教学进行改革，旨在深度激发思政课堂教学的内在活力，彰显其开放性和综合性的特质。此举旨在拓宽学生自主学习思政的途径，实现线上思政教学的便捷化与多元化，以更好地适应当前高校学生的智能化学习需求。通过微课与慕课平台，大学生能灵活利用碎片时间，有效融入思政学习之中，对混合式学习模式展现出更高的接受度和理解力。这促使我们重新规划思政课程的学习时间与空间，确保学生成为教学活动的核心，充分激发他们的主观能动性。这一转变摆脱了传统思政课堂中教师主导的教学局限，有效激发了学生的学习热情和动力，全面满足了学生对思政课程多元化的学习需求。此外，此次改革还显著提升了学生对思政课堂的参与感与认可度，为他们的积极、正向成长与发展奠定了坚实基础。

（二）正确看待和学习多元文化

随着互联网的普及与发展，多元文化已深深嵌入大学生的日常学习与生活中，并逐渐融入思政教学活动中，这对思政教学的顺利推进产生了一定程度的影响。在新时代背景下，课程改革对大学思政教学提出了更高要求，即不仅要夯实学生的思政课程理论知识基础，还需进一步增强学生的核心素养与综合素质，以构建完善的多元文化知识体系。此举旨在助力大学生形成健全的思维认知结构，使其能够准确辨识多元文化，并强化其辩证思维能力。为此，思政教师需承担起正确、科学的引导职责，引导学生快速适应时代变迁下文化大融合的社会环境，塑造正面、积极进取的世界观、人生观和价值观。同时，教师应当倡导一种开放与包容的学习氛围，引领学生以理性与尊重的态度去理解和融合外来文化；培养其批判性思维能力，进行合理、客观的文化评判。

（三）丰富高校思想政治教育的教学资源内容

在"互联网+"背景下，对大学思政教学进行改革，不仅能够激励思政教师探索创新的教学方法，而且能够丰富教学内容。具体而言，教师可充分利用大数据信息资源库及搜索引擎的强大功能，对思政教学资源进行优化整合，以此来拓宽思政教学渠道和路径。这一举措促进了不同高校思政教师之间的实时交流与资源共享，有效解决了传统思政教学中存在的单一化和片面化问题。此外，通过结合"线上+线下"的思政教学资源，思政教师能够积极锻炼学生的自主学习能力，突破传统思政课堂教学在时间和空间上的限制，进而显著提升大学思政教学的效果和质量。

二、"互联网+"背景下大学思政教学改革的特点

（一）教学理念、方法和形式的创新发展

在"互联网+"背景下，对大学思政教学进行系统性改革显得尤为关键。思政教师作为改革的先驱，需精准把握改革的核心要点，即需在互联网技术的赋能下，全面推动思政教学的创新发展。

创新，作为互联网时代的主旋律，其思维导向深刻影响着教育领域的每

一个角落。随着互联网教育的蓬勃兴起，数据信息作为核心传输资源，正促进着各类教学课程的高度融合，构建起庞大的数据资源库，为综合教学方法的创新与精进提供了坚实支撑。将此理念融入大学思政教学之中，思政教师应从三个方面着手推进：一是更新教学理念，积极整合并挖掘互联网上的思政教学资源，突出学生在教育过程中的主体性和自主性，以学生视角为出发点，深入挖掘思政教学元素，并持续关注学生的兴趣点，以吸引并维持学生对思政课程的关注与投入；二是创新教学方法，通过构建先进的教学平台，实现与学生的即时互动，及时解决学习难题，进而提升学生的自主学习能力和意识；三是调整教学形式，充分利用互联网时代的便捷性，让学生在线上学习中减轻压力，对思政话题进行深入思考与自由讨论，进而全面提升其思政学科素养。

（二）思政教学改革与育人协同发展

在"互联网+"背景下，大学思政教学需特别强调教学与育人之间的深度融合，明确互联网技术的定位，并将其作为思政教学创新发展的有力支撑。思政教师在开展教学活动时，应敏锐捕捉时代变迁对思政专业人才需求的动态调整，深刻理解互联网从单一向多元、纸质化向电子化、宽泛向精确的演进趋势。在此基础上，教师应积极探索传统思政教学与互联网信息技术的有机融合路径，彰显融合教学的正面效应，尤其是在育人实践中。思政教学务必坚守其教育初心，避免沦为应试教育的附庸，而应充分挖掘并发挥其在塑造学生品格、提升综合素质方面的独特价值。随着互联网技术日新月异的发展，我们更应聚焦于学生核心素养与综合能力的全面提升，勇于创新教学手段，营造丰富多样的教学环境与情境，确保思政教学回归其本质，即促进学生全面成长。通过此种方式，学生深切体会到思政教学与时代脉搏的同步跳动，从而以更加积极、理性的态度投入思政课程的学习之中。

三、"互联网+"背景下大学思政教学改革面临的问题

（一）需要更新和确立新的思想政治教育理念

在"互联网+"背景下，大学思政教学改革面临诸多挑战。传统思政教

学模式中，教师往往作为课堂中心，以口述或板书方式传授思政教材中的理论知识。然而，这种单向传输的方式难以确保学生深入理解和有效吸收思政理论内容。随着互联网的迅猛发展，传统思政教学的影响力显著减弱。部分教师因缺乏主动运用智能化设备教学的意识，难以适应互联网教学的需求，其微课教学实际操作能力亦未能达到新课改对思政教师的要求标准。与此同时，学生的自主意识和认知能力不断增强，他们更易于接受并熟练掌握新技术，成为互联网技术的积极使用者和推动者，与教师之间形成了鲜明的对比。在此背景下，思政教师对思政课堂的控制力逐渐减弱。同时，各类新媒体和新教学平台的迅速崛起，进一步对传统大学思政教学构成了严峻的挑战，要求教育者不断创新教学方法，以适应时代发展的需要。

（二）未能提升思想政治教育的影响力

互联网的快速发展使得各类信息的传输速度与传播范围不断扩大，传统的思政教学形式因此遭受了前所未有的冲击。同时，网络媒体教学的蓬勃兴起，对思政课堂教学产生了显著的影响。不少学生因过度偏好线上思政教学平台，而对线下思政课堂的关注度有所降低，这一现象直接影响了大学思政教学的整体效果。此外，互联网空间充斥着大量的虚假信息与不当言论，这对尚未构建起成熟世界观、人生观、价值观的高校大学生而言，其思维养成与行为规范均可能受到不同程度的负面影响。亚文化的兴起亦在一定程度上削弱了思政教学在规范大学生思想与行为方面的本质作用，难以有效地将社会主义核心价值观深植于学生心中，难以充分实现高校思政教学的实际价值，进而导致了思政教学权威性与认可度的下降。这一现象使得学生易于沉溺于互联网的虚拟世界，难以清晰地区分现实与虚拟，不利于其健康、积极地成长与发展。

（三）未能丰富和完善思想政治教育的内容

随着互联网时代的迅猛发展，高校思政教学在内容上的丰富和完善尚显不足。当前，思政教学资源匮乏，难以与其他教学专业形成有效的协同效应。此外，思政教学元素过于分散，导致学生难以真切体会到思政课程的连贯性和系统性。而传统思政教材内容的枯燥与乏味，更是逐渐削弱了学生对于思政课程的学习兴趣与积极性。这些因素共同构成了当前高校思政课程在互联网时代下进行教学改革的挑战与障碍。

四、"互联网 +"背景下大学思政教学改革的策略

（一）构建先进的思政教学观念，深化思政教育的实践效果

在大学思政教育的互联网时代背景下，为切实推动思政教学的创新与改革，首要任务是确立并秉持先进的思政教学理念与意识。高校应高度重视思政师资队伍的培育与发展，积极引进并推广前沿的思政教学理论，致力于将正能量教学内容融入校园精神文明建设的每一个角落，使学生在无形中接受正面价值的熏陶与启迪。在教学方法上，思政教学亦需勇于创新，积极拥抱互联网技术，探索并实践符合时代特征的思政教学模式与手段。教师应主动学习最新的政治政策与思政教学指导方针，树立并践行积极正向的价值观，以身作则，为学生树立良好榜样，同时引导学生自我规范，深化思想认知。为彻底摒弃传统思政教学中不合时宜的理念，大学思政教师应主动贴近学生，深入了解其对于思政课程的学习需求与期望，全面细致地把握学生思想动态的变化趋势。在学生成长发展的关键阶段，教师应助力其构建完善的思想认知体系，实施个性化的思政教学规划，提供精准的教学指导。具体而言，教师应充分利用互联网与大数据分析技术，优化思政教学内容与方式，以科学的数据分析为支撑，增强思政教学的针对性和实效性。

（二）建立思想政治网络学习平台，提升思想政治教育效率。

互联网技术具备实时共享、云端传输、电子储存及迅速分发至思政学习平台的能力，此举有效拓宽了思政教学资源的传播渠道，确保在校师生能够便捷地获取并深入学习相关内容，实现了教学与现代科技发展的深度融合，构建了综合信息化的教学体系。高校思政教师依托互联网技术，能够量身打造富有院校特色的思政教学系统与平台，并邀请专业技术人员定期升级平台功能，妥善管理师生用户数据，以此提升用户体验，激发学生对线上思政课程的兴趣与积极性，进而提高微课思政的教学效果与质量。同时，高校思政教师应积极与新媒体及新型教学平台建立合作关系，广泛吸纳线上教学领域

专家的宝贵意见，持续优化和完善线上思政教学平台的操作流程。此外，高校亦需为思政教学在互联网时代的革新与发展提供坚实保障，投入必要的人力、物力与财力资源，尤其要关注 5G+ 网络覆盖工作，构建稳定的线上学习网络环境，确保学生能够高效检索与利用思政学习资源。高校应不断迭代与优化线上思政学习平台的功能，力求界面简洁、功能丰富，以更好地发挥思政教学的效能。

（三）贯彻"立德树人"教学原则，推动思政教学发展

在当前"互联网+"背景下，众多高等教育机构的学生群体呈现出显著的个体差异性，其思维方式亦更为灵活多变。这主要体现在他们对自我认知的强烈意识、对新兴技术与事物的浓厚兴趣以及勇于探索的勇气上。鉴于此，高等教育中的思想政治教育工作者若要在互联网视角下有效地推进教学改革，必须基于学生的实际情况，以学生的思想认知为指导，加强思想政治教育的人文关怀，并将"立德树人"的教育理念与思想政治教育深度融合。

首先，尽管互联网思想政治教育在形式和方法上与传统教育相比发生了显著变化，但其核心服务对象依然是学生。无论互联网环境如何演变，大学思想政治教育的根本宗旨和目标始终是培养出高素质的优秀人才。基于这一前提，思政教育工作者应当细致剖析学生心理需求的演变历程，以更好地满足其成长需求。采取多元化和多维度的策略促进学生的全面发展。在推进网络思想政治教育的过程中，应积极收集学生的实际想法和建议，不断优化教学体系和制度，正视并及时解决改革过程中出现的问题，定期进行教学反思，以期为学生提供更优质的教育服务。

其次，大学思想政治教育应明确其内容应围绕学生的实际情况展开，建立长效的教育机制，并贯彻"因材施教"的原则，为学生的思想成长提供积极的价值导向。同时，在学生们系统学习各类专业知识的同时，应不失时机地将思想政治教育的理念与内容融入其中，以丰富学生的思想认知结构。

最后，高等教育机构需加强对思想政治教育工作者的培育与发展，引导他们提升互联网教学技能、信息处理与整合能力以及综合素质，从而从根本上推动大学思想政治教育的创新与发展。

五、结语

综上所述，在"互联网+"的背景下推进高等教育中的思想政治教育改革，不仅完全符合新时代课程改革对思想政治教育人才需求的转变，而且是高等教育综合教学工作转型与升级过程中不可或缺的策略。高等教育机构中的思想政治教育工作者应充分利用互联网技术，构建优质的数字化思想政治教育学习环境和系统，结合多元化的教学主体，形成思想政治教育的合力，共同促进高等教育中大学生思想政治教育的全面进步。

参考文献

［1］付卓．互联网时代下大学思政教学改革路径研究［J］．公关世界，2024（15）：81–83．

［2］刘中元．数字化时代红色文化资源融入高校思政实践教学的路径研究［J］．湖北师范大学学报（哲学社会科学版），2024，44（4）：101–107．

［3］屈炳昱．基于"三全育人"理念的高校思政育人模式改革研究［J］．吉林教育，2024（20）：74–76．

［4］张潇．互联网视域下高校思政教育的改进路径［N］．山西科技报，2024–07–05（B07）．

［5］尚秋珂，袁晨．"三全育人"融入高校思政教育的策略研究［J］．中国军转民，2024（12）：147–149．

［6］甘荣丽．"数字思政"教学中的娱乐主义文化倾向及应对策略［J］．教育探索，2024（6）：75–79．

［7］田怡．"互联网+"背景下民办高校课程思政建设问题的探讨［J］．时代报告，2024（6）：125–127．

［8］申蔚竹．"互联网+"视域下思政教育模式与策略改革研究［J］．湖北开放职业学院学报，2024，37（10）：106–108．

［9］雒辛芃．融合"互联网+"的双线混合式课程思政教学改革实践研究［J］．品位·经典，2024（4）：134–136．

数字时代下高校思政教育创新路径研究
——基于生态系统理论

徐若冰

（工商管理学院）

一、引言

随着网络互联技术的发展与媒介技术的变革，当今社会各界联通不断密切，从"大数据是信息化发展的新阶段"到"数字时代的来临"，越来越多的行业开始进行数字化转型。党的十八大以来，党中央针对数字化提出各项战略（如数字中国、数字经济），也围绕教育强国、教育现代化作出一系列部署。2023 年 5 月，习近平总书记在中共中央政治局第五次集体学习中强调，教育数字化是我国开辟教育发展新赛道和塑造教育发展新优势的重要突破口。国务院总理李强作 2024 年政府工作报告时，在"深入实施科教兴国战略，强化高质量发展的基础支撑"部分中指出，要加强高质量教育体系建设，大力发展数字教育，推进思想政治教育一体化。教育部部长怀进鹏在 2024 世界数字教育大会上的演讲也提出，中国国家教育数字化战略行动从"3C"[①]走向"3I"[②]。由此可见，我国对于数字教育发展、教育信息化进程尤为重视。

当前，高校学生主体已由"90 后（Y 世代）"转变为"Z 世代"，他们生于网络信息技术蓬勃发展的时代，在数字信息技术、即时通信设备、智能手机产品的影响中成长发展。思想政治教育工作在面向这一代人时，亟须以其喜闻乐见、熟悉常用的方式、方法进行教育教学。新时代背景下，推进大学思政教育一体化建设是高校落实立德树人根本任务的客观需要，也是推动

---

① 3C 指联结为先、内容为本、合作为要。
② 3I 指集成化、智能化、国际化。

思想政治教育高质量发展的内在要求，是加快教育现代化、建设教育强国的必然之举[1]。在数字时代背景下，数字思政教育模式是数字时代赋能思政教育队伍的创新建设，将进一步拓宽高校思政教育路径，将思政内容融入优质数字教育资源中，改善教育教学方式方法，扩大资源覆盖面，推动教育现代化。

二、生态系统理论及应用层次

生态系统理论是美国人类学家和心理学家布朗芬布伦纳（Urie Bronfenbrenner）所提出的个体发展模型，被广泛应用于发展心理学、教育学、社会学领域。该理论强调一个发展的个体是不断嵌套在相互影响、相互作用的环境系统中的，并由此影响和推动个体的发展，即环境是一系列嵌套的系统，个人与所处环境相互作用[2]。

布朗芬布伦纳发展心理学生态系统理论的行为系统层次可分为微观系统，即个体活动交往的直接环境；中间系统，即各微观系统之间的相互关系；外层系统，即个体未直接参与但仍对其产生印象的环境系统；宏观系统，即对个体发展持续长远影响的环境。这一系统模型强调环境与人的相互影响和作用。虽有学者提出，该研究过分强调"环境"，但不可忽视的是，环境在人的成长与发展过程中起到至关重要的作用。除此之外，这一生态系统理论的模型还包括了时间维度及家庭生态系统，但本文着重以四层次的模型为基础，分析和探讨以下三方面的内容：影响高校思政教育数字化发展的因素是什么？各因素之间如何在相互作用下推动数字与思政教育的结合？各因素的相互影响能够催生哪些数字创新路径？

尽管近年来我国对于数字化尤为重视，大力推行数字教育，但在思政教育研究中，针对数字思政的仅占近2%，其中较少以生态系统理论作为理论基础。因此，将数字思政教育作为生态系统理论的研究对象，探讨高校思政教育在数字化时代下的创新路径，为数字化教育的研究提供新思路新方法，推动数字化信息化教育的可持续发展。

三、数字思政的四层次环境系统

探索数字时代下高校思政教育创新路径研究，首先是通过生态系统理论厘清其系统的构成要素，即数字思政教育过程中的影响因素。根据布朗芬布伦纳的生态系统理论所形成的四层次环境系统分析模型（图1），将数字思政作为模型的主体，研究构成要素间的动态关系，通过在各层次复杂环境中寻找影响因素，进一步明确动态关系的产生与交互作用的方式，剖析各层次之间复杂交互后的效果。

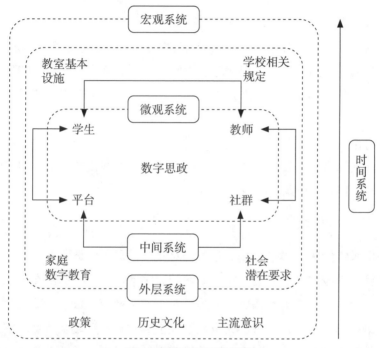

图1　生态系统理论模型

（一）微观系统：个人因素

微观系统是环境嵌套系统的最里层，是指在个体活动与交往中的直接环境。学生和教师是数字思政微观系统中的主要个体。高校思政教育面向的教育主体是习惯使用互联网络、处于人生观世界观价值观形成关键时期的青年学生。在学习环境方面，广大学生可以通过在线渠道直接获取数字思政课程，接受思想政治教育，如慕课、学堂在线、万门大学等。同时，各高校以线上线下结合的思政授课方式推动智慧校园的建立，促进思政课内容多元化。在交流模式方面，学生走进线上学习社群，在线上学习小组或群聊中展开讨论。

教师，作为教学主体，传授什么样的内容与如何传授内容与教育效果息息相关。数字化时代下，教学环境、交互模式、考核方式都影响着教育主体的学习动力和自主意识，影响着数字思政教育的传播路径和实践效果。

（二）中间系统：交互因素

各微观系统相互联系向外形成一层环境，这便是中间系统。就数字思政而言，教学主体与教育主体相互联系，教育主体与线上平台相互作用，线上平台与在线社区相互关联，在线社区与教学主体相互影响。教师在线上平台在线教学或录课播放，设计授课过程中问答、课后练习等环节，教师的这些授课方式与学生的知识接受方式相互联系；学生通过平台观看课程、完成作业、进行考核，这一系列行为是个体间相互作用的结果；线上平台为学生提供网页讨论区域，或提供其他应用中讨论的空间，与在线社区关联促进交互的完成；教师进入在线社区与学生进行交流，通过在线社区中群体的讨论更改、增减、创新思政课程的内容。

（三）外层系统：非直接因素

外层系统即为个体未直接参与但仍对其产生印象的环境系统，如教室的基本设施、学校的相关政策规定、家庭的数字素养、社会的潜在要求等。外层系统虽然由非直接因素构成，但是其对于数字教育、数字思政教育的影响不容小觑。思政教育是否可以完全从物理上的"教室"搬至数字教室，取决于教室的基本设施。校园网络速度及稳定性、教室内的硬件设备的可使用率都是其传播效果的影响因素。学校在数字时代下是否有针对性政策，能否通过多项规定充分调动师生的线上参与性，尤其是针对思想政治课程的主动参与性；家庭对于学生的教育和培养是否有考虑到数字时代的因素，是否有引导学生形成正确的世界观、人生观、价值观，这些构成了数字思政的外层系统。同时，社会对于新一代年轻人的要求也推动着学生对数字思政教育提出新的需求。

（四）宏观系统：政策因素

当下接受思政教育的群体主要由千禧年代出生的学生构成。千禧年代的开端也是 Web1.0 门户网站进入人们视野的时候，从那时起，我国便意识到信息化、数据化、数字化、数智化的重要性。从"校校通"工程的提出，到"推进教育数字化"，大概走了 20 年的时间，其间同步覆盖了农村中小学教育，陆续提出深入实施科教兴国战略，人才强国战略，加强高质量教育体系建设、构建数字教育资源体系、推动数字技术与教育深度融合等要求。

思政教育在近几年逐渐被重视起来，我国不断出台思想政治教育相关政策（表1），尤其是对大学生的思想政治教育加以组织和指导，明确高校思想教育的目标和要求，提出思政教育的发展目标和战略任务，也相应给出了一系列机制保障和实践措施，其中就包含数字思政教育。在数字化逐步渗透的未来，数字思政教育也将被放在重要位置。

表 1　思政教育相关政策性文件

发布时间	发布单位	政策文件名	数字教育相关内容
2004 年	国务院	《关于进一步加强和改进大学生思想政治教育的意见》	加强和改进大学生思想政治教育的具体措施和要求。
2022 年	教育部等十部门	《全面推进"大思政课"建设的工作方案》	深入贯彻落实习近平总书记关于"大思政课"的重要指示精神，推动高校思政课改革创新。
2023 年	教育部等八部门	《关于加快构建高校思想政治工作体系的意见》	提出构建高校思想政治工作体系的目标任务、主要内容和保障措施。
2024 年	共青团中央、教育部	《关于共建高校"大思政"体系 推动高校共青团工作高质量发展的实施意见》	推动共青团全面参与高校思想政治工作体系建设，促进高校共青团工作高质量发展。

四、数字思政的四层次创新路径

教育数字化是教育现代化的重要向度[3]，思政数字化是教育数字化的重要表现。高校在数字思政四层次环境系统的影响因素背景下，应当如何积极有效创新数字思政教育的路径，如何促进技术创新与思想政治教育发展精准契合[4]，推动中国式教育现代化的发展进程。

（一）紧扣立德树人，突出学生主体地位

生态系统理论的模型框架围绕"个人"。在高等学校场景中，个人即为高校学生，立德树人是高等学校教育的根本任务。

以受教育者为开展数字思政教育的中心，把握当代学生成长发展规律。运用大数据和人工智能技术，结合学生的思想政治教育新需求，打造具有针对性、个性化、吸引力、感染力的思想教育课程和活动，让每位学生在收获快乐和兴趣的同时，树立正确的世界观、人生观、价值观。在适应教育内容的基础上，引导带领学生将系列重要讲话精神和国家重要方针政策、社会主义核心价值观等融入自我探索和学习过程中。

以数字技术为传播渠道，为学生搭建沉浸式学习场景。运用虚拟现实技术、全息投影技术、元宇宙技术，搭建理论学习与思想领悟的场景，将历史事件、人物故事、社会文化现象等以数字形式嵌入其中，让学生在虚拟数字世界中亲身体验，走进历史、走入文化，加深对思想教育课程的理解，强化对英雄人物、劳动代表等先进英勇事迹的记忆。

提升学生视觉和场域思维能力，落实数字思政的效果。数字技术对内容的传递效果，也依赖于接收者对信息的处理与解读。培养学生视觉思维能力和场域思维能力，进一步提高数字技术加持思政教育的教学效果，多元化立德树人方式，运用现代技术培养担当民族复兴重任的新时代好青年。

（二）拓宽中间平台，促进教育交流共享

数字资源组成思政教育平台，即接收者平台。思政课要用好数字资源平台，推动优秀传统文化、历史文化更好进课堂、进教材、进学生头脑。当前，很多思政资源已存在于各类平台，这些平台大多都设置了思政专栏、思政微课等，各校需在此基础之上维护好已上传至校园数字平台中的课程资源，增加资源表现形式的多样性，方便学生随时学习，提高学生学习兴趣和课程的吸引力。同时，应当建设和完善专门的思想政治教育资源平台，整合校内外优质资源，建设专门的传播渠道，做好学生和教师的中介。基于资源平台的社群组建，有助于加强学生之间即时的交流互动，促进思想的传播。平台是数字思政教育的基础，学生通过分享学习体验、交流学习心得、交换思维观点，在线上也可以形成良好的学习氛围。

教师群体构成数字思政的另一平台，传授者平台。思政教师是思政教育传播的核心主体之一，教师所形成的群体构成了数字思政的另一大平台，即传授者平台，用数字技术赋能平台资源的整合与创新[5]。引入互动式的教学

工具，组织学生与教师进行线上讨论互动，丰富思政教育活动，促进知识的传播。思政教育的进行，不仅仅只依靠思政教师，同时也依靠其他专业教师将思政内容融入专业课中，尤其是哲学社会科学课程，其具有较强的意识形态塑造和引导功能，引导学生正确理解国内国际形势，正确认识中国发展大势，培养学生思辨能力等。除此之外，教师也可以引入新型互动技术，丰富学生表达方式，促进思维碰撞。

（三）完善体制机制，形成有效育人合力

学校作为数字思政教育的试验田，完善体制机制，制定一些具有前瞻性和可操作性的政策，促进数字思政教育的深入发展。设立专项基金，支持数字思政项目的研究及平台的搭建，形成数字思政研究的学术氛围；提供技术支持，鼓励教师更多使用新技术，丰富教学方式，提升教学效果；组织研讨活动，建立激励机制，激发师生数字创造力。数字基础设施是数字思政教育能够顺利进行的基础，不断提高网络稳定性、即时更新硬件设备、加强安全防护，为教师和学生提供无忧虑的数字使用环境和渠道，为数字思政教育提供有力支撑。

社会的潜在要求激励教师和学生群体提升数字素养和数字运用能力。社会对于人才和人才培养的需求，便是基于数字化与数智化发展，把握"数字"便能在自己的领域占有一席之地。除此之外，家庭、企业对于数字思维的培养、数字技术的使用也有潜移默化的影响。开放且共同开发数字资源的环境，更能够实现资源的共享。家校、校企联动，形成育人合力，有助于推动数字思政教育的持续发展。

（四）顺应时代趋势，与时俱进"同频共振"

新兴数字技术的产生意味着人们生活方式的转变，如人工智能、虚拟现实、元宇宙等，其推动着社会的转型与经济的发展，也推动着教育结构的重构。将"高校"作为一个整体来看，一所所高校组成了中国的高等教育网，关系着整个高等教育的发展，对中小学及学前教育也有着一定影响。

高校应结合社会热点，顺应当下时代趋势。时刻关注与高校紧密相关的社会发展趋势，引导学生关注社会、思考人生，密切关注数字技术、信息技

术等较为前沿的发展动向，如区块链、元宇宙技术等，积极引导师生探索思政教育的未来发展方向，投入推动思政教育的数字化转型与创新发展中，不断开创新时代思想政治教育新局面。

高校也应起到教育主体责任，与时代"同频共振"，与国家发展同向同行。主动带领师生解读国家各项方针政策，加强学生的民族精神和爱国主义精神教育，增强学生的文化认同感和社会责任感，担起历史重任，脚踏实地。

五、结语

在当前教育与技术融合紧密结合的时代，科学技术的发展推动教育教学形式与内容生产的革新，教育对青年一代思想的整体塑造会深刻影响其世界观、人生观、价值观的形成。教育数字化是实现教育现代化的重要途径，思政教育是立德树人的基础，思政教育数字化是思政教育的重要发展方向，有助于在以学生为教育中心主体的基础上，拓宽教育平台，促进交流共享；完善体制机制，形成育人合力；顺应数字趋势，做到与时俱进，让数字思政教育带动教育行业提质升级，促进国家教育事业的数字化转型发展。

参考文献

［1］杨润聪，洪向华．大力推进大中小学思想政治教育一体化建设［N］．中国城市报，2024-03-11（21）．

［2］丁芳．一种正在演进着的人类发展观——人的发展的生物生态学模型述评［J］．华东师范大学学报（教育科学版），2009，27（2）：58-63．

［3］王博文，唐好选．思政智脑：人工智能视域下思想政治教育的创新［J］．学校党建与思想教育，2023（24）：65-67．

［4］张磊．高校思政教育数智化发展的趋势、回应与把控［J］．黑龙江高教研究，2024，42（7）：146-152．

［5］蒋松．教育数字化背景下思想政治理论课教学资源库建设初探［J］．思想理论教育，2024（1）：77-82．

［6］王静．生态系统理论视域下高校"一站式"学生社区建设的功能定位与实践路径［J］．江苏高教，2024（6）：77-82．

［7］鲁士发．生态系统理论下"手机课堂"智慧助老策略［J］．天津电大学报，2024，28（1）：54-62．

［8］陈卓君，钟声．智媒时代数字赋能高校网络思政教育的时代意蕴与实践路径［J］．湖南社会科学，2024（1）：146-151．

［9］彭庆红．数字化推动"大思政课"建设的依据、原则与路径［J］．思想理论教育导刊，2023（11）：96-104．

［10］许秋璇，吴永和．教育数字化转型的驱动因素与逻辑框架——创新生态系统理论视角［J］．现代远程教育研究，2023，35（2）：31-39．

美育浸润视角下研究生网络思想政治教育的思考与实践

——以"中南大经院研会"微信公众平台为例

雷 菁

（经济学院）

党的十八大以来，我国研究生教育进入高速发展阶段，目前我国已经成为世界研究生教育大国。研究生群体作为高层次人才，是国家发展、社会建设的重要基石。2022 年，教育部等部门印发《教育部 国家发展改革委 财政部关于加快新时代研究生教育改革发展的意见》（教研〔2020〕9 号，以下简称《意见》），提出促进研究生德智体美劳全面发展，切实提升研究生教育支撑引领经济社会发展能力[1]。研究生的网络思想政治教育在研究生教育中是不可或缺的一部分。当前互联网流行的"审丑文化"以及层出不穷的虚假恶意信息不断对研究生的思想产生冲击，一定程度上削弱了研究生对于主流价值观的认同，对研究生的健康成长产生极大损害。

一、美育浸润与研究生网络思想政治教育的基本内涵

美育又称"审美教育"或者"美感教育"，即通过审美实践活动，运用美的事物对人进行关于审美和创造美的教育。在马克思主义美育观里，美育包括教益、净化、休闲等功能，而凭借这些功能达到的愿景就是马克思主义美育观不同于其他美育思想的主要标志[2]。高校的美育浸润通常包含硬性输出和软性渗透，硬性输出即开展文学、艺术等方面的通识教育，通过课堂教学向学生传授有关美学的知识，从而进一步提高审美素养。软性渗透则是在潜移默化、润物无声中通过对学生进行情操的陶冶、正向审美的培养和健康人格的塑造。新时代研究生的美育教育围绕立德树人的根本任务，以五育融合为基本范式，使学生在思想、道德、情操等方面得到涵养，改善学生内在

逻辑，从而促进学生道德水平的提高、智力发展的增强、健康体魄的养成、劳动能力的获得。

网络思想政治教育是思想政治教育的重要组成部分，是在互联网时代背景下的特定产物，是将新兴技术与传统思政教育相结合，通过网络空间的传播达到净化网络环境的成效，引导受教育方形成正确的价值体系、道德观念的实践活动。高校的网络思想政治教育就是高校思政教育工作者根据党的教育方针、国家的人才强国战略，积极占领网络思政工作阵地，针对当代学生的思想行为特点，将符合社会发展要求的思想观念、政治观点、道德规范以及网络素养传递给学生[3]。研究生的网络思想政治教育要结合研究生的特点开展。与本科生相比，研究生的思想观念更为成熟稳定，对于社会的思考和观察更为独立和自我，传统的"思政灌输"往往难以达到令人满意的教育效果。研究生的网络思政教育需要加强软性渗透，通过长期性、常态化的思想引导、价值浸润，方能发挥网络思想政治教育在研究生中的重要作用。

二、美育浸润研究生网络思想政治教育的必要性

（一）国家发展的需求

党的十八大以来，党中央对于新时代美育工作做了全面系统的部署，先后出台《关于全面加强和改进新时代学校美育工作的意见》《教育部关于全面实施学校美育浸润行动的通知》（教体艺〔2023〕5号）等指导性文件，指出通过深化美育教育的渗透，全面增强学生的文化认知力、审美鉴赏力、艺术表达力及创新思维与实践能力等核心素养，进而丰富其精神世界，促使学生身心愉悦、展现活力、人格健全完整[4]。高校的美育工作是落实立德根本任务的重要环节，美育不仅仅是审美教育，更是对于研究生的道德情操教育和理想信念教育。美好的事物通常与社会的主流价值观同性同行，通过将美育浸润研究生网络思想政治教育，运用中华优秀传统文化加强对于研究生的道德修养的教育，切实增强当代研究生对于中华传统美德的情感认同，增强文化自信。

（二）社会进步的要求

将美育浸润研究生网络思想政治教育是时代的要求、社会的要求，教育的目的不仅仅是让今天的人具备能力来应对未来的挑战，更是要求个体也能实现自我满足和自我愉悦，即通过美育的多样式发展，以美为媒，丰富精神、健全人格，不断激发研究生的创新创造能力，实现研究生的全面发展，更好地适应当今社会对于人才的要求。与此同时，互联网已经成为当代研究生生活和学习的重要帮手，然而当前社交媒体和互联网信息中存在大量假恶丑信息，"抽象"文化一度受到当代年轻人的追捧。"审丑文化"的盛行会影响到社会真善美的核心，也反映在社会快速进步的背景下，当代青年人的精神需求极度匮乏。美育能够以其独特的艺术魅力，利用艺术、文化、思想填补当代研究生课业之余的精神空白，引导研究生在网络空间中正确分辨信息、传播正能量，自觉抵制低俗、恶俗内容，共同营造积极健康的网络文化氛围。

（三）个人成长的诉求

一方面，研究生容易囿于封闭的单向度专业学习，对于自己除了专业以外的能力缺乏培养，难以满足日益变化的就业市场需求。美育不仅仅是艺术技能的培养，更是人文素养、创新思维和审美能力的综合提升。在研究生网络思想政治教育中融入美育元素，有助于研究生在学术研究之余，拓宽视野、丰富情感、提升创造力，更好地应对未来的机遇和挑战。另一方面，研究生阶段往往伴随着较大的学业压力和心理负担，研究生的心理问题往往更隐蔽，通常在毕业、重大变故等特殊节点才会爆发。因此，研究生的网络思政教育肩负着"润物细无声"的作用，通过网络思政平台将心理健康暗示常态化、长效化。美育的浸润能够为学生提供有效心灵上的慰藉和放松，通过美好事物，引导学生感知美、发现美、热爱美，延伸到热爱生活、热爱生命，帮助他们缓解压力、调节情绪，保持积极向上的阳光心态。

三、"中南大经院研会"微信公众平台的具体实践

（一）"中南大经院研会"微信公众平台的基本情况

"中南大经院研会"微信公众平台是中南财经政法大学经济学院开展研

究生网络思想政治教育的主要阵地。该平台主要面向中南大经济学院研究生，截至2024年7月，关注人数为1 265人，日常用于发布校园新闻、学生活动预告、学生活动总结、学生风采等内容。2023年以来，微信公众平台探索美育浸润实践，丰富公众号发布内容，增强推文阅读的趣味性和审美情趣。2023年平台发布推文214篇，总阅读量5.2万人次，相较于2022年，推文发布篇数上涨18.9%，总阅读量上涨108%。通过数据显示，在推文篇数上涨不足1/5的情况下，阅读总量实现了大额增加，平台的关注者对于发布内容的黏性上升。

（二）"中南大经院研会"微信公众平台美育浸润的实践

1. 实施逻辑

"中南大经院研会"微信公众平台美育浸润的实践，以立德树人为核心，以五育并举为基点，将美育作为其他四育的重要媒介，主要有直接浸润和间接浸润两种形式。

直接浸润也是狭义的美育浸润，即直接在平台上推送与美相关的事物或者开展美育相关活动：在国庆、中秋、端午等节日发布节日海报，充分利用中华传统节日文化弘扬和培育家国情怀；在校园初雪、中秋月圆、樱花盛开等重要节点发布等公众号图文，引导研究生关注校园生活中的美丽景色，发挥校园文化的育人力量；组织"毕业论文致谢与留影""我与录取通知书合影""75周年校庆经济学院'寻忆'"等文艺作品征集活动，通过美育活动培养研究生审美能力和艺术素养。

间接浸润是广义上的美育浸润，即挖掘报道研究生培养中的道德之美、智慧之美、体育之美、劳动之美，达到以美培德、以美哺智、以美健体、以美育劳的目的。

2. 以美培德

五育融合，以德美融合为首。审美是人的五感的融合，人们通过感官感知万事万物的样态并产生与之相连的情绪，蕴含着对真、善、美的深刻理解[5]。人的思维将感官反馈转化为道德思考，因此美育对于道德教育有较强的正面影响。"中南大经院研会"微信公众平台先后推出"党课几分钟"系列视频、红歌会系列视频和研究生党建主题演讲比赛、作品征集比赛视频展播，充分发挥研究生党员群体的模范带头作用，通过视频形式宣传道德之美，深挖党课资源、红歌资源、党员故事等内容的育人功能，尤其是通过身边人讲身边事的形式来引导研究生向榜样先进看齐，感召他们自觉提升自己的道德修养和思想水平。

3. 以美哺智

智育和美育是相互促进，相辅相成的关系。智育可以提升审美认知，强化对于事物发展规律的把握，而审美素养可以激发创造力，反哺智育。"中南大经院研会"微信公众平台，一方面积极通过网络新媒体平台分享学术讲座动态、定期举办线上读书会活动，通过分享讲座心得、阅读体会，领悟智慧之美，激发研究生的学术热情和探索精神；另一方面，推出学子风采板块（包括各类奖学金获得者专访、优秀毕业生寄语、招生季·师兄师姐说等子栏目），展示优秀学子的成功历程，推动学院内研究生经验交流分享，进一步强化对研究生的科研习惯和学术理念方面的引导。

4. 以美健体

体育和美育始终相伴相行，强健体魄可以塑造美，而对美的追求是体育最本质的内在。"中南大经院研会"微信公众平台主要是通过注重体育活动的后期宣传来宣扬运动之美，对于校院两级体育赛事，以及学院趣味运动会、特色飞盘活动、风筝 DIY 活动等特色活动进行深入细致的报道，以图文、视频等形式将运动场上的活力二次传播，鼓励研究生群体走下网络、走出宿舍、走向操场。

5. 以美育劳

马克思主义劳动观认为"劳动创造了美"，劳动教育和审美教育本质上都是为了促进人格完善、净化思想道德。"中南大经院研会"微信公众号宣传展示美丽校园创建活动、毕业季爱心捐助、中国经济学年会、迎新送毕等志愿活动成果与志愿者风采，对于志愿经历丰富的同学大力宣传，充分体现劳动之美，引导研究生尊重劳动、热爱劳动，积极参与社会实践活动和志愿服务，让研究生在此过程中掌握劳动技能，磨炼意志品质，增强社会责任感。

（三）"中南大经院研会"微信公众平台美育浸润存在不足以及改进路径

1. 存在不足

2023 年以来微信公众平台发布的前 10 阅读量的推文见表 1。从表 1 中可以看出，平台粉丝对于志愿服务（学术会议）、校园文体活动（飞盘、风采大赛）、毕业季（爱心捐助、拍照打卡）等较为感兴趣，数据所反映的关注点与研究生日常校园生活、成长成才需求一致。与此同时，数据也反映出平台关注人群对于思政教育内容（以美培德）兴趣度不高，通常思政、党建类的推文内容平均阅读量在 200 人次，说明该平台在思想政治教育方面的传播效果有待提升。

表 1   "中南大经院研会"微信公众平台 2023 年至今阅读量前 10 推文

标题	阅读量	类型
关于招募第二十三届中国经济学年会志愿者的通知	805	以美育劳
经济学院 2022-2023 学年研究生会工作总结与风采展示	759	研会风采
毕业季被褥爱心捐助活动来啦	712	以美育劳
七十五载正芳华奋楫笃行创新高 I 经济学院"寻忆"征集活动	709	直接浸润
关于招募第三十四届中国政治经济学学会志愿者的通知	616	以美育劳
活动预告 I 学术论坛第 90 期"阅启新程，读享芳菲"4 月读书会	592	以美哺智
经济学院在第十三届研究生学术节暨"研艺中南"风采大赛中荣获佳绩！	567	直接浸润
历经年·赴山海 I 经济学院毕业拍照打卡攻略！	541	直接浸润
青研经英 I 活动预告："砥砺奋进新征程，青春'飞'扬新时代"之飞盘 DIY 活动	481	以美健体
【喜报】我院研究生在第十研究生"文澜论坛"中喜获佳绩	480	以美哺智

2. 改进路径

1）增强宣传团队媒介素养，强化网络思想政治教育成效

平台的指导老师要进一步提升自我的媒介素养，甄选优质思想政治教育内容，与当代研究生所感兴趣的事物紧密结合，在提升自我的基础上，积极培养学生中的"意见领袖"，进而辐射影响其他同学，使研究生群体对于思政内容充分认可、切实信服、深入灵魂。

2）畅通平台意见收集渠道，增强美育浸润形式的创新

定期通过问卷、座谈、网络信箱等形式收集平台粉丝对于发布内容和形式的意见建议，保留反响较好的内容形式，对于用户黏性差的内容要进一步创新美育浸润的形式，通过视频、H5动画、文创设计、文艺作品征集等形式加强研究生对于思想政治教育内容的接受度。

3）推动美育融入研究生教育全过程，提高研究生群体的审美情趣

研究生网络思政教育作为研究生教育的一部分必须和其他教育同向同行、形成协同效应，才能充分发挥网络阵地的作用。通过在研究生教育中融入审美教育，可以有效帮助研究生增强文化自信、陶冶道德情操、提升人文素养。在这一基础上再借助网络思想政治平台以文学作品、音乐、视频等艺术手段展现先进典型的事迹，讲好党的故事，传播中国声音，才能推进研究生网络思想政治教育有效开展。

四、结语

美育浸润与研究生网络思想政治教育均是围绕立德树人的根本任务。在研究生网络思想政治教育中开展美育浸润，一方面有效提高了研究生群体的审美情趣，帮助研究生在人生道路上树立崇高理想、追求高尚情操，脱离生活中的低级趣味，成长为全面发展的综合型人才；另一方面，有效强化网络思想政治教育的育人实效，美育浸润带来的形式创新有效吸引研究生群体提高对于网络思想政治教育的关注。高校教育工作者应当在学生培养教育的过程中提高美育浸润的程度，充分利用艺术美、文学美、自然美等直接美和道德美、智慧美、运动美、劳动美等间接美来推动研究生培养高质量发展，充分发挥美育与网络思想政治教育的最大合力。

参考文献

［1］中华人民共和国教育部，中华人民共和国国家发展和改革委员会，中华人民共和国财政部．教育部 国家发展改革委 财政部关于加快新时代研究生教育改革发展的意见：教研［2020］9号［A/OL］．（2020-09-04）［2024-08-16］．https://www.gov.cn/zhengce/zhengceku/2020-09/22/content_5545939.htm.

［2］李瑞奇．马克思主义美育观基本问题探析［J］．湖北社会科学，2023（2）：148-155．

［3］肖亚鑫，郭昌荣．高校网络思想政治教育的现实困境及解决对策［J］．忻州师范学院学报，2024，40（3）：56-60．

［4］中华人民共和国教育部．教育部关于全面实施学校美育浸润行动的通知：教体艺［2023］5号［A/OL］．（2023-12-20）［2024-08-18］．https://www.gov.cn/zhengce/zhengceku/202401/content_6924205.htm.

［5］姜殿坤，李英嚣．论新时代研究生美育的价值、内涵与形态［J］．学位与研究生教育，2023（12）：27-32．

［6］何雅芹．微信公众号在大学生网络思想政治教育中的应用探究［J］．新闻研究导刊，2024，15（13）：167-169．

［7］速看！中南财经政法大学2023级研究生新生大数据来了！［EB/OL］．（2023-09-02）［2024-08-16］．https://mp.weixin.qq.com/s/RGGMI3WNgM7oOad6ARfH2g.

［8］王成．智媒时代开展青年研究生网络思政教育的启示与建议［J］．大学，2023（27）：3-6．

［9］王浩．高校研究生网络思想政治教育研究［J］．教育教学论坛，2022（40）：155-158．

［10］新华社．习近平在清华大学考察：坚持中国特色世界一流大学建设目标方向 为服务国家富强民族复兴人民幸福贡献力量［EB/OL］．（2021-04-19）［2024-08-18］．https://www.gov.cn/xinwen/2021-04/19/content_5600661.htm.

［11］杨戏戏．新时代研究生网络思想政治教育话语权构建的意义、挑战与对策［J］．理论观察，2023（8）：65-70．

［12］于雪梅．网络文化育人视角下大学生思想政治教育优化策略研究［J］．吉林工程技术师范学院学报，2023，39（9）：26-29．

［13］张欣宇，任寰，董成稳．新时代高校美育的价值特征、核心理念与实践进路［J］．林区教学，2024（8）：84-87．

［14］朱艳艳．网络思政平台开展大学生思想政治教育的实践与探索——以"中国大学生在线"为例［J］．传媒，2022（10）：88-90．

网络亚文化视域下高校思想政治教育策略探究

潘俊颐

（工商管理学院）

随着互联网技术的飞速发展，网络亚文化作为一种新兴的文化形态，在中国大学生群体中迅速崛起并产生深远影响。网络亚文化以其独特的魅力吸引着广大青年学生，不仅丰富了他们的课余生活，也在一定程度上改变了他们的思维方式和行为习惯。

然而，网络亚文化的两面性需要我们重视并予以应对。这种文化形式可以提供娱乐和消遣，并在一定程度上增强了大学生的社交能力和创造力。它也为高校思想政治教育提供了新的素材和视角，有助于丰富教育内容与形式，增强学生的参与感和认同感。但其消极影响也不容忽视。部分网络亚文化内容偏离主流价值观，对大学生树立正确的世界观、人生观和价值观构成挑战。此外，网络亚文化中的娱乐化、碎片化信息泛滥，导致大学生注意力分散，影响了他们的学习能力和综合素质提升。更为严重的是，网络亚文化中的极端言论和暴力倾向，容易引发大学生的情绪波动和心理问题。

因此，网络亚文化不仅挑战了传统的思想政治教育模式，也要求我们在高校思想政治教育中，深入研究和应对网络亚文化带来的新问题和新挑战。通过深入分析网络亚文化的发展缘由，可以更好地制定相应的教育策略，以应对其带来的挑战并发挥其积极作用。为了更好地引导大学生树立正确的价值观和社会责任感，在网络亚文化视域下探索高校思想政治教育的有效路径，具有重要的现实意义和紧迫性。

一、网络亚文化概述

随着信息技术的迅猛发展，网络不仅成为信息传播的主要渠道，也成为文化交流与形成的新平台。网络亚文化是指在互联网环境中形成的具有特定风格和价值观念的文化，具有鲜明身份认同、独特语言和词汇、强群体凝聚力及丰富艺术创作表现形式。网络亚文化通过特定的风格或方式，向外界宣示其存在，并传播其主张，获取网络用户之间的认同。与传统文化不同，网络亚文化往往是由特定的兴趣群体或亚文化圈层自发形成的，具有较强的自主性和创造性。在网络亚文化的构建过程中，网络用户不仅是文化的接受者，更是文化的创造者和传播者。网络空间提供了一个去中心化的平台，使得任何个体或群体都可以在这一平台上展示自己的文化产物和观点[1]，这更加吸引自主性骤增的大学生群体。网络亚文化体现了与主流文化不同的审美观和价值观，以其独特的渗透力和影响力，深刻影响着大学生群体的思想意识与行为方式。

二、网络亚文化在大学生群体中发展的成因分析

（一）社会与时代发展

近年来，中国经济的快速发展与科技的不断进步为网络亚文化的产生和传播提供了坚实基础。网络媒体平台具备开放性、即时性、匿名性等特点，使得每一个大学生在自主性剧增的大学时期能够自由表达和互动，满足其社交需求，同时也在适应的过程中通过网络平台搜集、询问海量信息。中国现代化进程加快带来了多元化的社会环境和文化需求。大学生作为社会的中坚力量，处于个人成长和社会角色转型的关键阶段，他们对新兴文化现象表现出极大的兴趣和接受度。网络亚文化在这一背景下应运而生，以其独特的风格和表达方式迅速在大学生群体中传播开来，成为他们表达个性和价值观的一种重要途径。

（二）学生发展规律与特征

大学生作为年轻、活跃且富有创造力的社会群体，其心理发展、认知模式及价值取向均处于形成与塑造的关键时期。他们渴望自我表达与个性彰显。恰好，网络亚文化以其多元、反叛、个性化的特点，满足了大学生追求独特性和差异化的心理需求。大学生群体具有较高的接受新事物能力和较强的学

习能力，能够快速掌握网络技术和社交媒体的使用方法，成为网络亚文化传播的主力军。此外，大学生面临的学业压力、就业竞争等现实问题，也促使他们通过网络亚文化寻求情感共鸣、压力释放和归属感。

（三）网络传播特征与监管

1. 网络传播特征

网络平台的传播机制对网络亚文化的发展起到了放大作用。网络平台基于用户行为分析的算法推荐模式，虽在一定程度上提升了信息推送的精准度，但也加剧了信息传播的片面性和极端性。在追求点击率、浏览量等商业指标的压力下，网络平台盛行"冲突性叙事""标题党"等传播风格，往往倾向于推送那些能够引发争议、刺激情绪的内容，网络亚文化中的某些极端、偏激观点或行为因此得以迅速放大和传播。这种传播机制，不仅扭曲了事实真相，也加剧了大学生对网络亚文化的盲目追捧和模仿，进一步推动了其在大学生群体中的扩散。

2. 网络空间监管

虽然我国在网络监管方面取得了显著成效，但由于网络环境的复杂性和动态性，现行的管理措施仍存在一定的局限性。一是网络内容的审查和管理往往滞后于网络文化的实际发展，导致一些不良内容和极端观点在网络空间中长期存在。二是网络平台的自律机制尚不完善。一些网络平台为了追求流量和利润，可能会对违规内容采取宽松态度，对于网络亚文化中存在的低俗、暴力、虚假等不良信息的监管力度不够，为这些内容的传播提供了可乘之机。三是公众对于网络亚文化的认知也存在偏差，缺乏正确的引导和教育，使得部分大学生在接触网络亚文化时缺乏批判性思维，容易被误导或陷入其中。

三、网络亚文化视域下高校思想政治教育的问题梳理

（一）"娱乐化"与主流文化冲突显著

随着网络亚文化的发展壮大，其"娱乐化"性质越发突出。网络亚文化

的娱乐化传播形式极易导致价值观念的模糊和责任意识的淡薄。在网络环境中，虚拟化的表达方式使得许多青年学生在网络中表现得更加肆无忌惮，容易忽视现实中的道德和法律约束。由于网络空间的"越轨与失控"特征，部分大学生在面对"娱乐化"的内容时，逐渐形成了对社会、集体及国家责任感的淡薄。部分网络内容将个人主义、享乐主义美化为自由与个性表达的正当形式，进一步引发了对主流社会价值观的抵触与排斥。许多网络亚文化内容呈现出对主流文化的讽刺与戏谑，甚至故意夸张与误导。这些内容通过自媒体和社交平台迅速传播，对大学生的价值观形成造成的负面影响难以估量。这种娱乐化的传播方式不仅模糊了正确信息的界限，还容易造成价值观的混乱，使得处在迷茫期的大学生在价值选择和社会认同上面临更多困惑。这种现象不仅削弱了青年学生对主流价值观的认同感，也使得高校教师在思想政治教育中对核心价值观的传授和教导变得更加困难。

（二）群体极化深化个体偏见

网络社群的圈层认同现象在亚文化环境中尤为突出。兴趣广泛、好奇心突出的大学生通过共同的兴趣和情感诉求在网络平台上形成紧密的情感共同体，彼此之间分享和交流信息，逐渐演变为一种文化自闭的圈层。此种圈层互动容易发展成信息茧房，加上网络平台的推荐算法，大学生在使用的过程中收获的内容会逐渐同质化，因而价值观念也逐渐片面化。利用这种群体认同效应，网络事件常因"花钱买热搜""水军带节奏"等操控手段而发生反转，使得不明真相的大学生容易在网民意见的裹挟下发表极端观点并采取行动[2]。这不仅导致个体偏见的深化，观念包容性的降低，更使得群体之间的隔阂加剧，对社会现象的评价变得更加极端化和片面化。

（三）弱化规矩意识

网络空间的匿名性给予使用者夸张表达的自由。博人眼球的"过度表演"不仅模糊了私人空间与公共空间的界限，也使得大学生的规矩意识逐渐弱化。在网络匿名性的掩护下，青年学生倾向于在网络平台塑造具有虚拟人设的"理想自我"。当这个形象在网络平台上被认可和传播，大学生则不断强化这种"虚拟形象"，其表达和行为不断映射到现实生活，容易忽视应有的社会责任和道德规范。

（四）影响心理健康

在网络亚文化的影响下，大学生容易混淆网络空间和现实社会。一方面，网络亚文化可能加剧大学生的孤独感和依赖性。一些大学生过度沉迷于网络亚文化，忽视现实生活中的人际交往和社会责任。这种现象不仅可能影响他们的学业和生活质量，还可能导致他们对网络虚拟世界产生过度依赖，从而削弱了他们的现实社会适应能力。另一方面，网络亚文化的"自由性"让大学生在现实社会中控制感降低。网络圈层文化带来的身份认同多元且混杂直接影响大学生自我同一性的发展与稳定。网络亚文化的情绪煽动还可能导致大学生的情绪调节策略有效性下降。这些对于心理健康都会有可能引起焦虑、抑郁等心理问题。

四、网络亚文化视域下高校思想政治教育的策略探究

在网络亚文化的影响下，高校辅导员开展思想政治教育工作，既要加深对新媒体时代大学生思想行为特点的了解，又要充分意识到利用新媒体开展思政工作的价值和意义，同时还要明确网络亚文化对辅导员开展思想政治教育工作的影响，从而为辅导员积极采取措施，应对网络亚文化对思想政治教育的影响提供基础支撑[3]。

（一）更新教育理念，打造网络思想政治教育阵地

高校思想政治教育工作需主动拥抱网络空间，与网络亚文化接洽，打造具有吸引力和影响力的网络思想政治教育阵地，以更加贴近学生、贴近实际的方式传播中国主流历史文化、思想观念。一是高校思想政治教育队伍要重视网络亚文化传播广泛背后蕴含的情感需求和价值诉求，加强主流文化对亚文化的收编、改造与征用，利用主流媒介巧妙地运用亚文化的表达模式[4]，摒弃传统灌输式教学的惯性思维，转而采用参与式、互动式的教育模式，使教育内容更加易于理解和接受，增强教育的吸引力和感染力。二是高校应构建集教育性、趣味性、互动性于一体的特色网络平台，通过运营官方微博、微信公众号、短视频账号等，定期发布结合系列文化价值观创意内容，如历

史人物的动漫形象解读等，让主流价值观在轻松愉快的氛围中深入人心。同时，设立在线讨论区、话题挑战赛等互动环节，鼓励学生主动参与、积极表达，形成正向的网络舆论场。

（二）强化网络素养，培养学生健康用网习惯

一是高校应将网络素养教育纳入课程体系，引入专业教师人才，开设专门的课程，系统讲授网络伦理、信息安全、信息甄别与批判性思维等内容。同时，利用线上线下相结合的方式，开展讲座、研讨会、工作坊等活动，增强学生的实践操作能力，使其在复杂多变的网络环境中能够理性判断、正确选择。

二是高校应引导学生树立正确的网络使用观，倡导合理安排上网时间，避免过度沉迷。通过举办"无手机课堂""网络文明月"等活动，营造积极向上的校园网络文化氛围，鼓励学生将更多精力投入学习、运动、社交等现实生活中，实现虚拟与现实的平衡发展。

三是高校应提高学生的媒介素养。通过系列宣传内容和教育活动，提升学生识别网络谣言、虚假信息的能力，学会从多渠道获取并验证信息，形成独立思考和判断的习惯。

四是高校应加强网络道德与法律教育，使学生明确网络不是法外之地，任何言行都应遵循社会公德和法律法规。通过案例分析、模拟法庭等形式，让学生深刻理解网络违法行为的严重后果，树立敬畏之心，自觉抵制网络暴力、网络诈骗等不法行为，共同维护清朗的网络空间。

（三）提升心理资本，激发学生自我意识发展

一是高校应构建线上、线下相结合的心理健康教育体系，引导学生正确认识并接纳自己的多重身份，通过参与主题讨论、角色扮演等活动，帮助学生在复杂网络环境中形成稳定而积极的自我同一性。同时，鼓励学生进行自我反思，明确个人价值观与人生目标，增强自我认同的坚定性。

二是高校应重视培养学生的社会适应能力，通过社会实践、志愿服务等活动，让学生在真实的社会环境中锻炼人际交往能力，学会处理复杂的社会关系。同时，加强网络伦理与道德教育，引导学生树立正确的网络观，使他

们在享受网络便利的同时，也能承担起相应的社会责任，成为有担当、有情怀的新时代青年。

（四）筑牢用网防线，加强网络空间管理与监督

一是高校应紧跟时代步伐，修订和完善现有的网络管理规定，确保其既符合国家法律法规要求，又能有效应对网络亚文化带来的新挑战。具体而言，管理规定应明确界定网络行为的边界，对于散布虚假信息、传播不良内容、侵犯他人权益等行为，应设定清晰的处罚条款，形成强有力的震慑力。同时，鼓励和支持积极健康、富有创意的网络亚文化创作与传播，为学生提供一个正面、多元的网络表达空间。

二是高校应加强网络监督，构建全方位监管体系，实现对学生网络行为的动态监测和及时干预。这包括组建专业的网络监管团队，利用大数据、人工智能等现代信息技术手段，建立成熟的舆论应急预案机制，保证响应迅速、回应及时，依法依规进行处理。畅通学生举报渠道，鼓励学生之间相互监督，形成"人人都是网络监督员"的良好氛围。

参考文献

［1］马中红. 国内网络青年亚文化研究现状及反思［J］. 青年探索，2011（4）：5–11.

［2］樊红霞. 网络亚文化盛行背景下大学生思想政治教育创新路径探析［J］. 新闻研究导刊，2024，15（13）：173–176.

［3］沈江凝. 新媒体视域下网络亚文化现象对高校辅导员思政工作的影响及对策研究［J］. 新闻研究导刊，2024，15（11）：196–198.

［4］李雅楠. 青年奋斗视域下"丧系"网络亚文化的审思与应对［J］. 合肥大学学报，2024，41（3）：99–106.

心理育人篇

本科生心理委员培训效果分析①

余金聪

（党委学生工作部、人民武装部）

一、研究背景

心理委员是班级内设立的专门负责开展班级心理健康教育工作的学生干部。2004 年，心理委员制度在天津大学率先诞生，随后在全国各高校推广[1]。2021 年，教育部办公厅发布的《教育部办公厅关于加强学生心理健康管理工作的通知》（教思政厅函〔2021〕10 号）中，强调"高校要健全完善'学校 – 院系 – 班级 – 宿舍 / 个人'四级预警网络，依托班级心理委员、学生党团骨干、学生寝室室长等群体，重点关注学生是否遭遇重大变故、重大挫折及出现明显异常等情况"。"心理委员"首次出现在国家的政策方针文件之中，得到空前的重视与肯定。他们作为班级心理健康服务工作的主要抓手，是大学生心理健康教育活动体系、危机预防与干预体系中不可或缺的力量。

心理委员不同于其他班干部，他们同时担任心理爱好者、心理观察员、心理关怀员、心理宣传员、心理活动员及心理示范员六重角色，承担着宣传心理健康知识、反馈班级同学心理动态、组织心理活动、初步心理陪伴、参与学习培训、协助心理危机排查、配合班级其他事务等多项职责[1]。心理委员不仅需要具备一定的专业知识基础，也需要具备扎实的组织协调能力和关爱生命的能力。他们绝大多数为非心理学专业学生，心理学相关的知识和技能储备有限，而组织培训是促进心理委员提高胜任能力的重要途径[2]。因此，本文拟开发一套培训课程，并面向中南财经政法大学 2020 级新生心理委员开展培训，采用自身对照试验研究设计评价效果，为心理委员的专业培训工作

① 本文系 2022 年度湖北省教育厅哲学社会科学研究专项任务项目（高校学生工作品牌）（项目编号：22Z412）阶段性研究成果。

提供参考依据。

二、研究对象

本研究共有 103 名心理委员参加前测，83 名心理委员参加后测，以学号作为匹配信息，前后测共有 80 人成功匹配。其中，年龄最小 17 岁，最大 21 岁，平均（18.2±0.7）岁；男生 26 人（32.5%），女生 54 人（67.5%）；汉族 63 人（78.8%），少数民族 17 人（21.3%）；独生子女 37 人（46.3%），非独生子女 43 人（53.8%）；56 人来自城市（70.0%），24 人来自农村（30.0%）。

三、培训方案

基于心理委员胜任特征理论[3]，笔者设计了一套线上与线下、课内与课外相结合的系统培训课程，包括课内活动、课外活动和慕课认证学习三大板块。课内活动 8 个主题，每周 1 次，每次 1.5 小时；课外活动 2 个主题，心理委员按要求利用课余时间完成；线上慕课认证课程共 14 个专题，心理委员利用课余时间学习。培训项目命名为"心理委员基础训练营"，课程采用体验式教学，包括团体游戏、案例分析、角色扮演、素质拓展等形式。此项目为笔者工作高校的心理委员初级培训课程。具体内容如下。

第一课——团队建设：热身游戏、训练营简介、拼图分组、相互认识、选组长、小组命名、小组口号、小组画报。

第二课——心理委员的基本职责：心委价值、心委角色、心委职责、心委胜任力、工作伦理、心理资源信息、慕课学习启动。

第三课——心理危机的识别与应对：案例导入、心理危机的概念、心理危机的识别、心理危机的特征、需要重点关注同学的特点、心委如何应对心理危机。

第四课——主题心理班会的策划与组织：心理班会活动的意义、班级凝聚力班会活动模拟体验（含猜猜我是谁、共唱组歌、为小组庆祝生日等环节）、启动"守护天使"活动。

第五课——素质拓展体验培训："贪吃蛇"热身活动、"花开花落"破冰游戏、小组团队展示、"鼓动人心"体验、活动体验分享、体验式培训原理讲解、常见素质拓展小活动体验。

第六课——常见心理问题的识别与应对：心理健康与不健康的区别、常见心理障碍（焦虑症、强迫症、抑郁症）的特征、抑郁症的识别与应对、闭眼调查、抑郁症患者感受体验与分享。

第七课——会谈技能训练：天使告白、心委会谈的目的、会谈的基本原则、会谈技术（含倾听、共情、具体化和解释技术）的讲解与案例探讨、两人情景模拟练习。

第八课——结营：全国百佳心委工作经验分享、天使表白、学习历程回顾、学习收获分享、集体宣誓。

线上慕课认证学习在培训的第 2 ~ 5 周组织开展，全体心理委员以小组为单位，每周学习全国高校心理委员研究协作组录制的慕课认证课程 2 ~ 3 个专题，全程实行打卡制管理。课外活动之一为"守护天使"游戏：包括秘密守护阶段、分享美好（3 件好事）互动阶段、共创幸福阶段、互赠小礼物和表白 3 个优点，在培训的第 5 ~ 8 周完成。课外活动之二为"组织一场班级主题心理班会"：在第 4 周主题心理班会模拟体验培训之后，心理委员按照心理中心提供的"班级凝聚力提升"主题心理班会标准策划方案在班级中开展活动，并接受培训者的定期督导。

四、研究结果及效果分析

（一）培训可以提升心理委员的胜任力水平

采用易思佳编制的《高校心理委员胜任力问卷》评估心理委员的胜任力情况。该量表共计 42 个题目，采用李克特 5 点计分法，包括组织能力、自我认知、工作动机、团队合作、性格特质、工作态度和专业知识七个维度，得分越高表示胜任力水平越高[3]。本文的培训前后心理委员的胜任力总分为 161.4 ± 21.8 和 172.3 ± 23.5，经配对设计资料的 t 检验显示前后测差值（d）有统计学意义（$d=10.9 ± 17.7$，$t=5.50$，$P<0.001$）。具体而言，差异有统计学意义的分量表包括组织能力（$d=2.5 ± 3.6$，$t=6.23$，$P<0.001$）、工作动机（$d=1.6 ± 3.1$，$t=4.53$，$P<0.001$）、性格特质（$d=0.8 ± 3.0$，$t=2.33$，$P=0.022$）、工作态度（$d=0.6 ± 2.7$，$t=2.06$，$P=0.042$）和专业知识（$d=4.4 ± 3.7$，

t=10.56，P<0.001）。说明培训能够有效地提升心理委员胜任力水平，为心理委员持续开展班级心理健康服务工作提供能力保障。

培训将所有心理委员模拟成同一班级的成员，授课教师在部分环节中模拟成心理委员角色，通过带领与讲解穿插的教学方式，达到示范效果。同时在诸如主题心理班会的策划与组织专题培训中，课程设置将体验与实践相结合，有力地促进心理委员学以致用，进而有效提升组织能力。在培训中，授课教师通过知识介绍和案例分享等途径，帮助心理委员了解其在岗位上可以发挥的价值和收获的成长，激发学生对岗位的兴趣，进而提高工作动机，端正工作态度。另外，培训课程中，每堂课几乎都包含了心理学各项基础知识的讲解与体验，也有利于提升他们的专业知识水平。

（二）培训可以提升心理委员的自我效能感和岗位认同度

心理委员的自我效能感是他们对自己能否利用所拥有的知识和技能去做好岗位工作的自信程度，是发挥心理委员岗位实效的重要保障[4]。本文采用王梦梦编制的《心理委员自我效能感问卷》作为评估工具。该量表共 10 个题目，采用李克特四点计分法，得分越高代表效能感水平越高[4]。培训前后心理委员的自我效能感总分为 27.1±5.3 和 29.3±6.0，经配对设计资料的 t 检验显示前后测差值有统计学意义（d=2.2±4.9，t=3.94，P<0.001），说明培训可以有效地提升心理委员的自我效能感。另外，问卷中还设置了"你认为心理委员工作的重要性如何？"一题，计分为 0 ~ 10 分，0 代表"完全不重要"，10 代表"非常重要"，得分越高代表心理委员的岗位认同度越高。该指标前后测的得分为 7.6±2.1 和 9.1±1.5，经配对设计资料的 t 检验显示前后测差值有统计学意义（d=1.5±2.0，t=6.48，P<0.001），说明培训可以有效地提升心理委员的岗位认同度。

在培训中，授课教师通过心理委员在危机干预、支持与帮助他人等方面的案例分享，以及全国百佳心理委员的经验分享示范，促进心理委员切身体会到"小心委，大作为"的理念，为其赋能。同时，培训中授课教师还会非常明晰地向心理委员介绍学校在心理委员队伍建设方面的努力和成效，包括管理机制、评优机制、培训机制、宣传机制和活动载体等方面，促进心理委员切身感受到学校对心理委员队伍的看见和重视，从而增强心理委员的自我效能感和岗位认同度。另外，随着培训进程的发展，心理委员储备的知识和技能均有所增加，加上结营中宣誓环节的仪式赋能，必然会助力其自我效能感的提升。

（三）培训可以提升心理委员的共情能力

共情是指个体对他人情绪状态的辨识和区分，设身处地理解他人的感受和需要，从而产生与他人相一致的情感反应和体验，并准确反馈给对方的能力[5]。共情是心理委员胜任陪伴者角色的基本能力，因此是培训中必不可少的内容。本文采用由Davis编制，张凤凤等人汉化的中文版《人际反应指针量表》作为评估工具。该量表共计22个题目，采用李克特五点计分法，包括观点采择、想象力、共情关心和个人痛苦四个维度[5]。培训前后心理委员的共情能力总分为54.9 ± 8.2和57.6 ± 9.3，经配对设计资料的t检验显示前后测差值有统计学意义（$d=2.7 \pm 7.3$，$t=3.29$，$P=0.001$），说明培训可以有效地提升心理委员的共情能力。具体而言，差异有统计学意义的分量表包括观点采集（$d=1.3 \pm 3.8$，$t=3.10$，$P=0.003$）和想象力（$d=0.8 \pm 3.6$，$t=2.04$，$P=0.045$）。

在培训中，授课教师通过知识讲解、视频观看、角色扮演、游戏体验等途径，助力心理委员共情能力的提升。例如，在常见心理问题的识别与应对课程中，设计了抑郁症患者的模拟体验环节；在会谈技能课程中，将共情能力作为核心的知识和技能进行讲解与训练，设置具体的情景，通过角色扮演、示范演练等方式，促进心理委员在听、看和做中学习，有力地促进心理委员共情能力的提升。另外，在守护天使活动中，规则设置强调匿名守护，以此促进心理委员真正用心、投入地去观察和关照另一个人，从而提升对生命的感知力，也有利于共情能力的提升。

（四）培训可以提升心理委员的求助意愿和助人意愿

专业性心理求助态度，即当个体不能解决自己的心理问题时，向从事心理工作的专业人士寻求帮助，如心理咨询师、健康专家等，摆脱困惑从而解决心理问题的一种心理过程[6]。对于心理委员而言，积极的专业性心理求助态度意味着他们对心理专业资源的认同度与使用意愿更高，在更利于他们积极解决自身心理困惑的同时，也利于他们在班级中传播心理专业求助资源，从而更好地发挥心理委员在心理中心与班级同学之间的桥梁作用。本文采用

Fischer 和 Farina 编制、孔雪燕和郝志红汉化修订的《寻求专业性心理帮助态度问卷简版》作为研究工具，该量表共 10 个条目，采用四点计分法，包括有效性、独立性和开放性三个维度[7]。培训前后心理委员寻求专业性心理帮助态度的总分为 18.4±3.5 和 19.8±4.1，经配对设计资料的 t 检验显示前后测差值有统计学意义（d=1.4±4.0，t=3.05，P=0.003），说明培训可以有效地提升心理委员寻求专业性心理帮助的态度。

另外，问卷中还设置了"在班级里开展心理健康教育活动（如组织主题心理班会）的意愿如何？""如果你发现班里同学有心理异常情况，你愿意报告给辅导员吗？""如果你发现班里同学有心理异常情况，你愿意报告给心理中心的老师吗？"3 个条目，计分为 0 ~ 10 分，得分越高代表心理委员的意愿度越高。3 个条目前后测的分数依次为 7.5±2.4 和 8.4±2.0、7.7±2.4 和 8.9±1.8、8.3±2.0 和 9.4±1.5，经配对设计资料的 t 检验显示三项指标前后测差值均有统计学意义［（d=0.9±2.7，t= 2.98，P=0.004）（d=1.2±2.2，t=4.91，P<0.001）和（d=1.1±1.9，t= 4.94，P<0.001）］，说明培训可以有效地提升心理委员的助人意愿。

在培训中，授课教师结合学校心理服务情况的统计数据，将心理咨询、常见的心理障碍和心理中心的资源作为重点知识向心理委员介绍，同时鼓励心理委员积极寻求专业帮助，解决自己心理困惑的同时，为班级同学提供良好的示范，进而提高了心理委员寻求专业性心理帮助的态度。另外，在主题心理班会的策划与组织中，授课教师首先向心理委员们详尽地介绍组织活动对他们自身和班级同学成长的意义所在，然后再分享具体的途径和实操案例；在心理危机的识别与应对课程中，授课教师通过知识讲解和案例分享等方式，详细地介绍了学校心理危机干预的工作流程，强调及时上报危机情况的必要性和紧迫性，并分析了如果不上报可能存在的潜在风险，充分肯定心理委员在危机识别环节的重要作用。通过培训，心理委员的知识和技能不断提升，工作不断被赋予价值，充分地调动了他们的主观能动性、责任感和使命感，进而提升了心理委员的助人意愿。

（五）培训课程具有较好的吸引力和可接受度

培训结束后，心理委员分别从对课程的总体满意度、活动参与度、对每堂课的喜欢程度及对课程的接受度四大方面对培训课程进行全面评价。

总体满意度采用 0 ~ 10 分评价（0 代表"非常不满意"，10 代表"非常满意"）。结果显示，最低 5 分，最高 10 分，平均得分为 9.0 ± 1.2，说明心理委员对课程的总体满意度非常高。

65 人（81.3%）报告在培训中大部分时间可以集中注意力听讲，70 人（87.5%）报告在培训中大部分活动都会积极参与，说明大部分心理委员在课程中的参与度均较高。

对课程的喜欢程度采用 0 ~ 10 分评价（0 代表"非常不喜欢"，10 代表"非常喜欢"）。结果显示，心理委员对 8 次课内培训课程的喜欢程度平均得分为团队建设 9.2 ± 1.2、心理委员的基本职责 9.0 ± 1.4、心理危机的识别与应对 9.0 ± 1.6、主题心理班会的策划与组织 9.0 ± 1.4、素质拓展体验培训 9.0 ± 1.6、常见心理问题的识别与应对 9.1 ± 1.1、会谈技能训练 8.8 ± 1.3 和结营 9.3 ± 1.2；对"慕课认证学习"的喜欢程度平均得分为 8.1 ± 1.8；对"守护天使游戏"课外活动的喜欢程度平均得分为 8.5 ± 1.6，说明心理委员对培训课程各个主题均有较高程度的喜欢。

分别从"可信的""有益的""令人愉快的""有趣的""重要的""组织很好的"六个方面评价课程的可接受度。每个方面采用五级评分，依次为"完全不同意""不同意""中立""同意"和"完全同意"。本文将选择"同意"和"完全同意"界定为认同态度。结果显示，98.8% 的心理委员认为培训课程是可信的、有益的，95.0% 认为是令人愉快的，93.8% 认为是有趣的、重要的，92.5% 认为组织得很好的，说明培训课程在心理委员中的可接受度非常高。

五、研究启示与未来展望

笔者设计的培训课程将理论与实践、线上与线下、日常工作与科学研究相结合，融合了知识、技能、成长和实践 4 个模块，采用体验式教学模式，通过自身对照试验研究设计，在自然工作环境中实施开展，取得较好的培训实效。

高校心理委员的角色身份首先是大学生，其次才是心理委员。因此，心理委员的培养首先是育人，其次才是知识和技能的训练。学校对心理委员工作的重视，营造积极向上的培育环境，投入时间与精力开展队伍建设专项工作，设计系统、科学的培训课程，都是培训工作能够发挥实际效果的重要保障性因素。

展望未来。从实务工作的角度出发，高校要注重心理委员队伍培养的科学化、规范化和标准化建设，可以结合本文中的理念与实践方案，发展出具有校本特色的系统化培训课程；同时还需要继续开发高阶段的培训课程。例如主题心理班会专题，初阶培训是让心理委员按标准方案体验后复制执行；高阶段的培训则可以指导学生自行设计，专业教师再督导，学生再完善后执行。从科学研究的角度出发，高校可以丰富心理委员培养工作的理论指导框架，如结合积极心理学理论设计培训课程，注重心理委员积极心理品质的培育，指导心理委员运用积极心理学干预技术开展班级服务工作；同时开展更大规模的干预试验，采用随机对照试验研究，追踪随访干预效果，为心理委员的培养提供更高质量的科学依据。

参考文献

［1］詹启生，刘正奎，吴捷，等. 心理委员标准化教程［M］. 北京：清华大学出版社，2020.

［2］陈瑜，桑志芹. 高校心理委员专业能力培训效果评价［J］. 中国学校卫生，2019（1）：76–78.

［3］易思佳. 高校心理委员胜任力模型构建与问卷编制［D］. 南昌：江西师范大学，2014.

［4］王梦梦. 心理委员的自我效能感的现状调查与对策研究［D］. 天津：天津大学，2010.

［5］张凤凤，董毅，汪凯，等. 中文版人际反应指针量表（IRI–C）的信度及效度研究［J］. 中国临床心理学杂志，2010（2）：155–157.

［6］吴梦希，刘朝莹，方晓义，等. 青少年心理行为问题与专业心理求助态度：父母知晓的中介作用［J］. 心理科学，2014（1）：94–100.

［7］孔雪燕，郝志红. 寻求专业性心理帮助态度问卷简版的修订［J］. 中华行为医学与脑科学杂志，2018（3）：281–284.

具身理论视域下高校体育
与心理健康教育融合路径研究 ①

张　迪[1]　潘　鸿[2]

（1. 中韩新媒体学院；2. 湖北商贸学院）

2023 年，《教育部等十七部门印发〈全面加强和改进新时代学生心理健康工作专项行动计划（2023—2025 年）〉的通知》（教体艺〔2023〕1 号，以下简称《通知》）提出，促进学生身心健康、全面发展，是党中央关心、人民群众关切、社会关注的重大课题[1]。心理健康教育是全面推进素质教育、培养高素质人才的重要环节，是加强和改进大学生思想政治工作的重要任务，对于促进学生健康成长、培养担当民族复兴大任的时代新人具有重要意义。同时《通知》还指出要"以体强心。发挥体育调节情绪、疏解压力作用，实施学校体育固本行动，开齐开足上好体育与健康课，支持学校全覆盖、高质量开展体育课后服务"。

体育作为高校"五育并举"的重要环节，既发挥着强身健体的重要作用，又在习惯养成、人格健全、品质培养，特别在情绪调节和心理疏导等方面起着促进作用。当前，学生在体育运动的参与程度上形成两极分化态势：喜欢体育锻炼的学生能够坚持每日自发开展体育运动；缺乏体育运动经历的学生对"体育"二字避而远之，除了应付学校开设的体育课，其他体育类活动一概不参加。除此之外，学生参与体育运动的动机也逐渐功利化，学生中不乏"唯分数论""唯绩点论""唯关注论"等，以获取利益为出发点而参与体育运动，这些负面的现象使高校体育失去教育的价值本原。大学生正处于"三观"形成和心智养成的关键阶段，体育运动天然的心理调节禀赋为大学心理健康

①　本文系中南财经政法大学中央高校基本科研业务费专项资金资助项目"'一融双高'视域下高校学生党支部组织育人的实现路径研究"（项目编号：2722024DS014）阶段性研究成果。

教育提供新思路和新方法。

具身理论作为心理学的重要观点，该理论强调认知是一个动态的过程，它与身体经验、环境互动有着不可分割的联系[2]。在教育学领域，具身理论更加强调学习的环境和体验过程与学习者的适切性，即通过身体活动和环境互动，可以更有效地促进学习，帮助学生形成更加全面和深入的理解，具有具身性、情境性、生成性等特征。将具身理论应用于大学生心理健康教育中，能够帮助大学生增强自我意识、促进情绪调节、提高社交技能、培养适应能力、促进心理健康。综上所述，探讨在具身理论视域下高校体育与心理健康教育的融合育人路径，充分发挥体育之于大学生在身体、情感和认知层面上全面发展的关键作用，形成从以体育心到以体强心，最终至以体育人的教育转向，为实现高校立德树人总目标提供有效指导与实践参考。

一、以体育心：具身理论视域下高校体育与心理健康教育融合的内涵特征

（一）具身性：感知与身体的交互

在具身理论的框架下，身体不再是简单的生理实体，而是成为认知过程中不可或缺的一部分。这一理论强调，认知活动并非仅发生在大脑中，而是通过身体与环境的互动形成的。具身理论认为，身体的各种感知和运动能力对思维方式和认知结构有着深远的影响。在体育运动中，学生不仅可以锻炼身体，还可以在无形中塑造和优化他们的认知能力。同时，具身理论还强调身体动作和主观体验的重要性。将心理健康教育与体育相结合，通过设计各种体育类体验活动，让学生在实践中感受和学习。例如，团队运动可以培养学生的合作意识和社交技能，比赛可以锻炼学生的目标设定和自我调节能力。在体育运动的过程中，体验各种情绪和冲突，从而更好地理解和管理自己的情绪。具身理论还提倡"他助－互助－自助"的教育模式。在这种模式下，教育者不仅是心理健康知识的传递者，也是学生成长的引导者。这种模式强调学生学习和成长的自主性与自发性，激发学生的主观能动性，品味感知与身体的交互关系。

（二）情境性：认知与环境的交织

认知并非孤立存在的，而是与特定环境紧密相连、相互作用的[3]。这种理念为心理育人实践提供了重要的指导原则。在高校体育与心理健康教育中，创设各种情境，能够有效地引导学生在感知过程中获得更深刻的情感体验，并促进其从感知到认同的转变。而体育恰恰是强调通过身体活动和实践，让学生在"做"中学习。这种学习方式与具身认知理论相契合，强调了身体在认知过程中的中心作用[4]。体育锻炼不仅能增强学生体质，还能通过身体活动影响心理状态，促进心理健康。同时，体育锻炼本身能够促使大脑释放内啡肽等"快乐激素"，有助于改善情绪状态，减轻焦虑和抑郁症状。体育与心理健康教育相结合的教育环境相较于传统的大学生心理健康教育课程更多的是在活动场域宽阔、活动类型丰富、活动主题多元，其氛围是更为开放、灵活和活跃的，有助于建立和谐的人际关系，促进心理发展。特别注意的是，具身理论的情境性要求教育者能充分把握主题教育的重要性和教育环节的连贯性，使学生的认知在教育者创设的情境下开展和发散，使学生的认知体验不偏离正确的教育轨道，让学生在教育情境中潜移默化地体会体育与心理健康教育主题背后蕴藏的教育价值。

（三）生成性：身体与心理的交融

在认知形成的过程中，感知和行动扮演着至关重要的角色。具身理论强调通过身体感知和运动同步来获取信息，这一过程不仅涉及发现和思考问题，还包括寻找解决办法，从而深化和提高知识。在高校体育与心理健康教育中，除了发挥身体活动和情绪调节的基础功能，通过实践活动，学生能够将理论层面的思想政治知识与实际行动结合起来，深挖道德和价值观的建构。体育活动为学生提供了一个平台，使他们能够在实践中践行思想政治观念，这些观念最终内化为学生自身的价值观念和行为准则。通过具身体验和互动，学生能够在活动中生成新的心理健康知识和理解，并将这些知识应用到实际生活中，解决实际问题，实现知识的实践转化。体育活动可以帮助学生形成正确的体育价值观，促进学生的身心健康发展，让他们在体育锻炼中享受乐趣、增强体质、健全人格、锤炼意志，这与习近平总书记关于体育的重要论述相呼应。体育能够培养健康体魄且塑造健全人格，不仅要解决学生的心理问题，还要在此基础上进行思想和价值层面的教育，引导学生正确看待自我与他人、与社会的关系，共同促进个体的生物性发展和社会性发展，并在个体从"生物人"转变为"社会人"的过程中发挥着重要作用。

综上所述，体育活动在高校中不仅是身体锻炼的手段，更是心理育人和思想政治教育的重要载体，通过体育活动，学生能够在实践中体验和学习，将理论知识转化为实际行动，同时促进个人全面发展。

二、以体强心：具身理论视域下高校体育与心理健康教育融合的实践路径

高校体育的形式一般分为3类：一是以课堂教育为主的大学体育课；二是以学生兴趣为主导的体育类社团；三是学校、学院组织的课外体育活动[5]。具身理论视域下高校体育与心理健康教育融合的实践路径，以高校体育为载体，注重身体活动与心理体验的相互作用，通过多元化的体育活动形式和情境体验教学，培养学生的心理素质，提高心理健康水平；同时，加强体育与心理健康教育的融合，建立完善的心理健康教育体系，为学生提供全方位的心理健康支持和服务。

（一）强调身心交互体验，提高体育课程参与

以《通知》为指导，做好高校体育的固本行动。在大学体育课中，强调以学生为主体，让学生在实际运动中感受，体会体育运动从最直接的分泌内啡肽、多巴胺等"快乐激素"调节情绪的基础作用，到在肢体活动中体验被动"肌肉记忆"的运动技术学习的心路历程，再到最后主动将掌握的体育技能作为日常锻炼、强健体魄的自律意识，实现"终身体育"的习惯养成。教师可采用体验式教学方法，例如在教授某一技术动作要点后，使学生进行分组练习，引导学生体会学习技术动作过程中从"不会"到"会"，从"掌握"到"熟练运用"的心路体验，实现心理满足和自我效能感的提升。在动作测验时创设比赛"关键球"的情境，让学生在压力环境中感悟运动员的拼搏精神，和领悟全力以赴之后无论输赢成败"也无风雨也无晴"的坦然处世。教师亦

可以将传统的体能训练与心理素质培养相结合，让学生在情境中体验和解决问题。教师还可以通过不同类型的体育运动如瑜伽、太极等项目增强学生的身体感知和心理放松能力，提高应对现实挑战的能力。

（二）设计多元主题活动，强化心理健康意识

开展一系列具有挑战性和娱乐性的体育主题活动，如趣味运动会、极限飞盘、攀岩等；还可以开展一些通过团队配合和策略部署增进学生间的交流与合作的拓展训练项目，如信任背摔、高空断桥等，从而有效提升学生的相互信任、勇气和应对挑战的能力。组织面向家庭的亲子运动会，邀请家长参与其中共同完成有趣的体育游戏，增进家庭成员间的情感交流，共筑心理健康家校共育阵营。除了高强度的体育活动外，搭配一些低强度的静心活动，如正念冥想，有助于提升学生的自我觉察能力和放松心理压力。

在体育活动中穿插心理健康互动工作坊，邀请心理学专家与咨询师带领学生在运动中进行引导与反思，为学生提供正向激励和情绪调适指导，帮助学生在面对挑战时能够认识和调整自己的心理状态，学会在压力下保持清晰判断和稳定情绪，学会如何处理竞技压力、如何在失败面前保持积极心态的技巧。构建线上线下结合的数字化心理健康支持平台，利用 APP 或网站发布心理健康小贴士、运动指导视频，鼓励学生通过线上打卡记录运动情况，通过数据分析呈现运动与心理健康之间的正向关联，激发学生的运动积极性，促进心理健康意识的提升。

（三）"校－院－社"三级联动，实现心理育人全覆盖

首先，学校以具身理论为指导，结合大学生心理发展顺序，制定整体的"体育＋心理"融合的校本体育课程、体育活动标准，出台积极政策鼓励学生主动参与到体育锻炼和活动中来，使学生能够切身在体育活动中体验到心理健康教育的益处。其次，学校还应积极推广数字化体育教育。例如，采用"步道乐跑"等 APP，引导学生养成运动软件线上打卡习惯，鼓励学生认识到体育活动对心理健康的积极影响，培养自主参与体育活动的习惯。最后，学校应构建"体育＋心理"育人团队，紧密联系体育教师与心理健康教育专职教师，形成专家团队，针对不同程度、不同情况的心理问题学生制定相应的运动干

预方案。

学院通过开展心理文化月等心理健康教育主题活动，引导学生在身体活动中实现心理成长。例如，通过举办院系足球赛、羽毛球赛等集体体育竞赛，强化学生团结互助的合作意识，提高学生心理自助、互助的能力素质。学院应鼓励学生在体育活动中表达情绪，通过运动释放压力，促进大学生身心健康发展。

体育类社团应提供支持和资源，为学生提供更广阔的体育运动平台，让他们在课程之余与一群志趣相投的同学共同参与体育锻炼。在日常训练中相互帮助，磨炼技术；在闲暇之余参与各级大众体育赛事，为个人荣誉、集体荣誉及学校荣誉增光添彩，在真正的赛事中体验体育运动魅力。

三、以体育人：实现高校立德树人总目标

高校体育与心理健康教育的融合是一种创新的教育模式，它以具身理论为基础，强调通过身体活动和心理体验的交互作用来促进学生的全面发展。这种模式不仅提升了学生对心理健康知识的理解，还增强了他们在日常生活中应用这些知识的实践能力。以高校体育与心理健康教育融合育人内涵特征为行动遵循，形成强调身心交互体验，提高体育课程参与、设计多元主题活动，强化心理健康意识、"校-院-社"三级联动，实现心理育人全覆盖的实践路径。充分发挥体育的固本强心、以体育人的关键性作用，将"终身体育"和"每天锻炼一小时，健康工作五十年，幸福生活一辈子"观念通过具体的体育与心理健康教育实践传播给大学生，提供了一个全面、动态和互动的心理健康教育环境，不仅有助于学生在心理健康理论知识上的成长，更重要的是，它促进了学生在实际生活中的心理健康实践，使他们能够更好地应对未来生活中的挑战和压力，为实现高校立德树人总目标，培养具有健康心理、强健体魄和社会责任感的现代公民，提供新的指导思路和实践指南。

参考文献

［1］中华人民共和国教育部，中华人民共和国最高人民检察院，中华人民共和国中央宣传部，等．教育部等十七部门关于印发《全面加强和改进

新时代学生心理健康工作专项行动计划（2023—2025年）》的通知：教体艺〔2023〕1号〔A/OL〕.（2023-04-20）〔2024-10-27〕. http://www.moe.gov.cn/srcsite/A17/moe_943/moe_946/202305/t20230511_1059219.html.

〔2〕叶浩生. 具身认知：认知心理学的新取向〔J〕. 心理科学进展，2010，18（5）：705-710.

〔3〕周锦锐，孙锋，李真鹏. 具身认知理论下高校体育课程思政的内涵特征、价值意蕴及实践路径〔J〕. 吉林体育学院学报，2024，40（3）：85-91.

〔4〕杨晓，毛秀荣. 从"离身"到"具身"：学生思维进阶的特征与路径〔J〕. 当代教育与文化，2020，12（6）：24-29.

〔5〕周生旺，程传银. 身体本体视域下学校体育的认识论框架及其实践理路〔J〕. 沈阳体育学院学报，2024，43（2）：31-37.

朋辈互助在高校学生心理健康建设中的
挑战与完善路径探索

柯希鹏

（刑事司法学院）

经济下行与社会竞争的加剧，新世代高校学生面临着前所未有的心理压力和挑战，心理危机发生率显著增加，需要构建完善的高校心理危机干预体系。在"三全育人"思想的指引和高校专业心理工作压力下，朋辈互助作为一种独特而有效的方式，在高校学生心理健康建设中的重要性愈发凸显。高校实践中，朋辈互助也面临着专业度不足、活动内容单薄、活动载体欠缺等挑战，需要针对性完善。

一、高校朋辈互助的内涵及其重要性

（一）朋辈互助的内涵

朋辈互助，作为一种心理支持方式，核心在于"朋辈"二字，即指年龄相仿、生活经历相似、具有共同价值观念和生活方式的个体之间，通过非专业的形式，相互提供心理支持、安慰与辅导。这一模式最早在美国兴起，作为高校心理健康教育的重要补充，后被广泛应用于世界各地，特别是在中国大陆。随着心理健康教育的逐步深入，朋辈互助逐渐在高校中得到了广泛的推广与实践。

朋辈互助的内涵丰富，它不仅是一种基于友谊和信任的情感交流，更是一种利用同龄人的共同语言和生活经验，为彼此提供心理支持的有效途径。

（二）朋辈互助在高校学生心理健康建设中的具体作用

1.早期识别与干预

朋辈间相处时间长、关系亲密，能够更敏锐地察觉到同学的情绪变化和心理困扰。通过及时的交流和关心，朋辈互助者能够在心理危机发生的早期阶段进行干预，避免危机进一步恶化。

2. 情感支持与陪伴

心理危机往往伴随着强烈的情感波动和孤独感。朋辈互助者能够提供情感上的支持和陪伴，让受助者感受到来自同龄人的温暖和力量。这种情感支持对于缓解受助者的心理压力、增强其应对能力具有重要作用。

3. 信息共享与资源链接

朋辈互助者之间可以相互分享心理健康知识和资源，共同学习和成长。在面临心理困扰时，他们还能够相互帮助、共同寻找解决问题的途径和方法。这种信息共享和资源链接的方式有助于扩大心理危机干预的覆盖面和实效性。

（三）朋辈互助的重要性

1. 朋辈互助与心理危机干预体系具有互补性

弥补专业队伍不足。当前，高校心理健康专业队伍相对不足，难以全面覆盖和及时响应每一位学生的需求。而朋辈互助作为一种自发性、即时性的支持方式，能够有效填补这一空白。同学间相互倾听、相互支持，不仅能够提供情感上的慰藉，还能在第一时间发现并干预潜在的心理危机。

增强干预体系的灵活性。传统的心理危机干预体系往往依赖于专业的心理咨询师或辅导员，其干预过程相对规范但缺乏灵活性。而朋辈互助则具有高度的灵活性和即时性，能够在日常学习生活中随时随地进行，为学生提供更加贴近实际、更加个性化的心理支持。

2. 朋辈互助与新生代追求独立个性的契合性

满足个性化需求。新生代高校学生追求独立和个性，对传统权威式的心理干预方式可能产生抵触情绪。而朋辈互助基于平等、互助的原则，更容易被学生所接受。通过朋辈间的相互理解和支持，大学生能够更好地表达自己的情感和困惑，获得更加符合自己需求的心理支持。

促进自我成长。朋辈互助不仅是一种心理支持方式，更是一种自我成长的过程。在帮助他人的过程中，朋辈互助者不仅能够提升自身的心理健康水平，还能增强责任感和同理心。这种积极的心理体验有助于大学生形成更加健康、积极的人格特质。

二、当前高校朋辈互助实施现状与面临的挑战

（一）高校朋辈互助的实施现状

近年来，高校对于心理危机干预体系的建设的重视度不断提高，作为危机干预体系重要环节的朋辈互助也有所发展。主要表现为以下形式。

1.心理委员制度

设立班级心理委员。班级心理委员经过专业培训，成为同学间心理健康的"守护者"。心理委员通过日常观察、定期交流，及时发现并上报学生心理困惑，搭建起学生与教学管理团队中心之间的桥梁，形成朋辈间的互助网络。

2.党团班制度下的互助小组

依托党团班组织，成立学习、生活、心理等多方面的互助小组。小组成员间相互监督、鼓励，共同面对学习挑战和生活困难，特别是心理困惑时，能够第一时间获得同伴的支持和帮助。

3.团体辅导活动

组织多种形式的团体辅导，如团队建设、心理游戏、情绪管理工作坊等，让学生在轻松的氛围中增强自我认知、提升社交技能、缓解心理压力。这些活动促进了同学间的相互理解和支持，形成积极向上的朋辈氛围。

4.一站式社区服务平台

构建集学习咨询、生活服务、心理健康等多功能于一体的一站式社区服务平台。该平台不仅提供线上线下的心理咨询服务，还鼓励学生自主组织心理健康主题活动，增强朋辈间的交流与互助，形成全方位、多层次的朋辈支

持体系。

5. 网络互助平台

利用社交媒体、校园论坛等网络平台，建立心理健康交流群或专栏。学生可以在这里匿名分享自己的心理困扰，寻求同伴的理解和建议，实现远程的朋辈互助。网络平台的匿名性和即时性，使得求助更加便捷，互助更加高效。

（二）高校朋辈互助面临的挑战

1. 朋辈互助专业的督导有待提升

朋辈互助团队的专业性存在不足。当前，高校中的朋辈互助团队，如心理委员、班团小组等，在专业性上普遍存在不足。这些团队多由学生自愿加入或由教师推荐组成，缺乏系统的心理学专业知识培训。在面对复杂的心理问题时，他们往往难以提供有效的支持和帮助，甚至可能因为处理不当而加重学生的心理困扰。

督导机制不健全。朋辈互助团队缺乏有效的督导机制，导致他们在工作过程中缺乏指导和反馈。学校和教师应承担起对朋辈互助团队的培训、监督和评估责任，但现实中，这些工作往往被忽视或简化处理。缺乏有效的督导，不仅影响了朋辈互助的效果，还可能对求助学生造成二次伤害。

2. 朋辈互助内容有待丰富

心理健康相关活动内容匮乏。当前，高校的心理健康活动往往形式单一、内容匮乏，难以满足学生的多样化需求。许多活动仅限于讲座、宣传海报等形式，缺乏互动性和针对性，难以引起学生的兴趣和共鸣。

活动形式与内容缺乏创新。部分高校在举办心理健康活动时，缺乏创新意识，沿用传统的活动形式和内容，导致学生参与度低、效果差。同时，这些活动往往未能充分结合学生的实际需求和心理特点，难以达到预期的教育效果。

3. 朋辈互助运行载体有待提升

一站式社区服务流于形式。部分高校为了提升心理健康服务的便捷性和实效性，建立了一站式社区服务模式。然而，在实际运行过程中，这些服务模式往往流于形式，未能充分发挥其应有的作用。一站式社区服务往往存在资源分散、设施欠缺、服务效率低下等问题，导致学生难以及时获得有效的心理支持。

信息化平台建设不足。当前，高校在信息化平台建设方面还存在不足，特别是针对心理健康服务的信息化平台更是少之又少。学生难以通过信息化平台获取心理健康知识、预约心理咨询等服务，影响了心理健康服务的普及和效果。

三、高校朋辈互助完善路径探索

（一）提升高校朋辈互助团队专业素养

1.加强专业培训是提升朋辈互助团队专业素养的基石

定期为心理委员、班团小组等朋辈互助团队举办系统的心理学专业知识培训至关重要。培训内容应涵盖心理健康基础理论、常见心理问题的识别与评估、基本的心理干预技巧及伦理原则等。通过邀请校内外心理学专家、心理咨询师授课，采用讲座、工作坊、案例分析等多种形式，使培训内容既具有理论深度又具备实践指导意义。同时，利用线上学习平台，提供丰富的课程资源和学习资料，鼓励团队成员自主学习，不断充实自我。

2.建立全面的督导体系是保障朋辈互助工作规范、有效的关键

构建由专业教师、心理咨询师等组成的督导团队，对朋辈互助团队进行一对一或小组式的定期督导和评估。督导内容应包括团队成员的工作态度、技能水平、干预效果等多个方面，确保他们在工作中能够遵循专业标准，科学有效地开展心理支持活动。此外，督导团队还应提供即时反馈与指导，帮助团队成员解决在实际工作中遇到的问题和困惑，促进其专业成长。

3.强化实践锻炼是提升朋辈互助团队实战能力的重要途径

鼓励并引导朋辈互助团队积极参与实际案例处理，通过模拟演练、角色扮演、案例分析等方式，让他们在接近真实的情境中学习和应用心理学知识，

提高其应对复杂心理问题的能力。同时，高校可设立"朋辈心理辅导日""心理健康月"等活动，为朋辈互助团队提供展示和交流的平台，增强他们的实践经验和团队协作能力。

（二）丰富高校朋辈互助活动内容与形式

1. 丰富活动内容，强化参与体验

定期举办心理沙龙，邀请心理学专家、校内外心理咨询师或经验丰富的朋辈辅导员进行专题讲座和分享。这些活动旨在为学生普及心理健康知识，解答他们在生活和学习中遇到的心理困惑，并提供有效的应对策略和建议。

根据心理问题的不同类型和严重程度，组织多样化的团体辅导活动。例如，针对学业困难的学生，可以开展学习小组或学习策略分享会；对于人际交往有困扰的学生，则可以进行团队合作游戏和沟通技巧培训。在小组讨论中，学生能够在轻松的氛围中表达自己的想法和感受，得到同龄人的理解和建议。

鼓励学生围绕大学生活中的常见问题，如人际关系、学业压力、就业迷茫等，自编自导心理剧。通过角色扮演和情景模拟，让学生在实际操作中学会面对和处理心理问题，同时也为观众提供直观的心理健康教育素材。这种形式不仅能激发学生的创造力和表现力，还能增强朋辈间的相互理解和支持。

2. 创新活动形式，增强互动性

充分利用新媒体和网络平台，如微信公众号、抖音短视频、线上直播等，开展线上线下相结合的心理健康活动。通过线上直播心理讲座、线上心理咨询、线上心理测试等形式，打破时间和空间的限制，让学生随时随地都能获得心理支持。同时，线上平台也为学生提供了更多的自我表达和交流的空间。

鼓励学生根据自己的兴趣和需求，自主设计并组织心理健康活动，如举办心理健康知识竞赛、心理微电影创作比赛、心理健康海报设计展等。这种形式能够激发学生的创造力和想象力，同时也能让他们更加深入地了解和理解心理健康问题。

3. 结合实际需求，提供精准支持

根据大学生的实际心理需求和问题，提供有针对性的心理辅导和支持。

例如，针对就业压力大的学生，可以联合就业指导中心开展职业规划辅导和就业心理咨询活动；对于家庭经济困难的学生，则可以进行心理扶贫和关爱行动。通过精准施策，为学生提供更加有效和贴心的心理支持。

为每位学生建立心理健康档案，记录他们的心理状况、参与心理活动的表现和效果等信息。这样不仅能够帮助学生及时了解自己的心理变化，还能为后续的朋辈支持和心理干预提供重要的参考依据。

（三）完善高校朋辈互助载体

1. 优化一站式社区服务

在优化一站式社区服务方面，增加一站式社区服务建设投入，为高校朋辈互助提供更多的硬件空间。加强宣传，使用管理流程，提高一站式社区空间利用效率。建立朋辈互助资源库，包括心理健康书籍、在线课程、案例分享，打造朋辈互助优良设施。积极听取学生反馈意见，并不断优化。

2. 加强信息化平台建设

在信息化平台建设方面，充分利用现代科技手段，开发集心理健康知识普及、心理咨询预约、心理测试及朋辈互助论坛等功能于一体的综合平台。通过平台提供丰富的心理健康教育资源，推送心理支持内容。此外，平台应设置便捷的预约系统，使学生能够轻松预约到专业的心理咨询或朋辈支持服务，提高服务的可及性和效率。

3. 促进线上线下融合

促进线上线下融合，进一步提升服务效率。一是开展线上心理健康讲座和研讨会，邀请心理学专家或经验丰富的朋辈辅导员进行分享，同时设置互动环节，鼓励学生提问和交流；二是建立线上朋辈互助小组，通过微信群、QQ群等社交平台，为学生提供日常的心理支持和情感倾诉渠道；三是定期组织线下活动，如心理健康月、朋辈互助工作坊等，通过角色扮演、匿名互动、心理暗示等多样化的方法，增强学生的参与感和体验感，进一步加深朋辈之间的理解和支持。

4.建立完善反馈机制

在建立完善的反馈机制方面，我们应设立专门的意见箱或在线反馈系统，鼓励学生积极提出对朋辈互助服务的意见和建议。同时，建立定期的学生满意度调查制度，通过问卷调查、访谈等方式收集学生的反馈信息，并及时进行分析和处理。对于发现的问题和不足，应及时制定改进措施并付诸实施，确保朋辈互助服务能够持续满足学生的需求并不断提升服务质量。

高校朋辈互助在学生心理健康建设中发挥着独特的作用，高校应高度重视这一机制，并积极加强团队建设、丰富互助形式、完善互助平台载体，为高校学生身心健康全面发展，保驾护航。

参考文献

［1］王建国．大学生心理危机干预的理论探源和策略研究［J］．西南大学学报（社会科学版），2007（3）：88-91.

［2］蔡哲，赵冬梅．大学生心理危机的干预与调解［J］．河南师范大学学报（哲学社会科学版），2001（4）：106-107.

［3］俞国良．发挥朋辈咨询在大学生心理健康教育中的作用［J］．中国高等教育，2023（10）：42-45.

［3］张元洪．高校开展大学生朋辈心理辅导工作的理论与实践探讨［J］．思想政治教育研究，2015，31（6）：121-123.

［4］王鑫．朋辈支持在大学生心理问题干预中的应用［C］//中国武汉决策信息研究开发中心，决策与信息杂志社，北京大学经济管理学院．决策论坛——基于公共管理学视角的决策研讨会论文集：上．南京工程学院，2015：2.

［6］高垠．大学生心理危机干预体系构建的若干思考［J］．高等理科教育，2009（2）：144-147.

［7］姚斌，刘茹．高校朋辈心理咨询实践中的问题与对策［J］．教育探索，2008（9）：126-127.

"互联网+"时代下高校心理教师职业道德修养的新要求及提升路径

都城安

（党委学生工作部、人民武装部）

在当今数字化时代，"互联网+"正以其独特的创新动力和跨界融合特性，深刻地改变着传统的教育模式和学习方式。特别是在高等教育领域，互联网技术的广泛应用不仅为教学提供了丰富的资源和便捷的工具，也为高校教师的职业道德修养带来了新的挑战和机遇。高校教师是学校改革与发展的生力军和中坚力量，不仅承载着传道授业的重大责任，更担当立德树人的历史使命。其职业道德修养将直接影响育人成果的好坏，影响国家教育事业的发展[1]。《教育部 中国教科文卫体工会全国委员会关于印发〈高等学校教师职业道德规范〉的通知》（教人〔2011〕1号）明确了教师应遵循的职业道德规范。教师在提升职业道德修养过程中，应不断加深对教师职业理想、职业责任和职业道德的认识，提升教师职业道德修养及职业认可度，引导高校教师争做"四有"好老师，全面提升思想政治素质和育德育人能力。

随着互联网技术的不断进步，我们也必须认识到这一变革对教师，尤其是高校心理教师的职业道德修养提出了更高的要求。如何在网络环境中维护学生隐私、如何运用信息技术提高教学质量、如何在虚拟空间中建立信任和专业的师生关系，这些都是高校心理教师需要面对的新课题。师德需要教育培养，更需要教师自我修养，高校教师作为培育德才兼备高等人才的主力军，需要不断提升自身的职业道德修养。提升高校心理教师"互联网+"时代的职业道德修养，能够帮助促进高校心理教师的专业成长，提高高校教育的整体质量，为培养适应新时代要求的高素质人才做出贡献。

一、"互联网 +"时代高校教育的机遇与挑战

（一）"互联网 +"时代下的新形势

"互联网 +"是指将互联网技术与各行各业深度融合的一种新型发展模式。这个概念最早由中国政府提出，并在 2015 年的《政府工作报告》中被正式使用，旨在推动传统产业升级和新兴产业发展，促进经济结构的转型和升级。"互联网 +"并非单纯的互联网技术的运用，而是一种全新的经济形态。它强调互联网与各行各业的深度融合，推动传统行业的转型升级。这一概念的核心在于创新和连接，通过技术手段实现资源的优化配置，提高效率和生产力。

"互联网 +"时代的特点表现在多个方面：一是便捷性。人们可以随时随地通过智能设备接入网络，获取信息和服务。二是互动性。网络环境促进了用户之间以及用户与服务提供者之间的实时互动。三是智能化。大数据、人工智能等技术的应用使得服务更加个性化和精准。四是平台化。各种在线平台成为资源聚集和分发的中心。

（二）"互联网 +"推动高校教育变革

2015 年，国务院印发的《国务院关于积极推进"互联网 +"行动的指导意见》（国发〔2015〕40 号）指出："'互联网 +'是把互联网的创新成果与经济社会各领域深度融合，推动技术进步、效率提升和组织变革。""互联网 +"高速发展背景下，"互联网 + 技术""互联网 + 教育""互联网 + 思政"使当今高校在开展育人工作的方式方法上愈加多元的同时，亦使得教育形式与内容愈加复杂[2]。当"互联网 +"遇到高校教育，它所带来的影响是全面而深刻的。教育模式经历了从传统的面对面教学到线上线下相结合的混合式教学的变革。这种模式突破了时间和空间的限制，为学生提供了更加灵活多样的学习方式。同时，互联网技术的应用也极大地丰富了教学资源，使得优质的教育资源得以广泛共享。

此外，"互联网 +"还推动了教育评价方式的创新，如通过在线测试和大数据分析来评估学生的学习成效。在教学管理上，高校开始利用智能化的

教务系统来提高管理效率和服务质量。然而，这些变革也带来了新的挑战，如对教师信息技术能力的要求提高，对学生自主学习能力的考验，以及对教育公平性的新思考。

"互联网＋"时代为高校教育带来了前所未有的机遇和挑战，要求教师不断适应新的教育环境，创新教学方法，提升教育质量，以培养适应新时代要求的高素质人才。

二、高校心理教师职业道德修养的现状

（一）高校心理教师职业道德修养的要求

教师道德教育是指社会机构按照一定社会对教师职业道德的要求，有目的、有计划、有组织地对教师施加系统道德影响的实践活动，也是教师主体人格和品德的建构过程，是教师内在道德需要与社会道德原则的互动对话过程。这种活动和过程能够使教师自觉地履行教师道德义务，形成良好的道德品质，从而对教师的职业生活乃至对整个社会道德风尚产生深刻的影响。教师道德教育是教师教育的重要组成部分[3]。在高校教育领域，心理教师扮演着至关重要的角色，他们不仅要传授心理学知识，更要在学生心理健康和个人成长方面提供专业指导。高校心理教师职业道德修养的传统要求集中在保护学生隐私、尊重学生个性、维护专业边界以及持续自我提升等方面。这些要求体现了教师在专业知识、教学态度和个人行为上的高标准。

高校心理教师的职业道德修养不仅关系到个人职业发展，更直接影响到学生的心理福祉和教育环境的建设。因此，高校心理教师在职业道德修养方面具有其特殊性：在保密性上，高校心理教师在与学生进行心理咨询时，必须严格遵守保密原则，保护学生隐私，这是高校心理教师职业道德的首要要求；在专业边界层面，高校心理教师需要明确自己的专业角色和边界，避免与学生产生不适当的关系，确保专业服务的纯洁性；在涉及情感管理，如处理学生心理问题时，高校心理教师需要具备高度的情感管理能力，既要表现出同理心，又要保持专业客观性；在需要做出伦理决策时，面对复杂的心理辅导情境，高校心理教师需依据伦理准则做出合理决策，平衡学生利益与专

业责任。另外，高校心理教师需要终身学习、具备文化敏感性和技术适应性，保证心理专业知识更新迅速，理解和尊重不同文化背景下学生的心理需求，适应在线心理咨询等新兴服务模式，掌握相应的技术工具和沟通技巧，以提供高质量的服务。高校心理教师常常需要处理紧急和危机情况，这要求他们具备快速反应和有效干预的能力，也要求他们关注自身的心理健康，实现自我关怀和自我调节。此外，除了提供心理咨询服务，高校心理教师还需承担教学任务，必须在教育和咨询等其余工作之间找到平衡。

（二）高校心理教师职业道德修养在"互联网+"新形势下的特殊性

新时代我国高等教育对于高校教师的职业道德修养有了更高层次的要求。然而，对于高校心理教师等心理方面从业人员的职业道德建设还存在着理论与实践不匹配、角色冲突、管理职能不明等相关问题[4]。

在"互联网+"时代，高校心理教师的职业道德修养面临着新的挑战和影响。首先，随着心理咨询和教学活动逐渐向线上转移，高校心理教师需要适应新的技术手段，同时确保学生数据的安全和隐私保护。其次，网络环境的匿名性和开放性要求高校心理教师在线上交流中更加谨慎，避免可能的不当行为或误解，这增加了职业道德修养的复杂性。最后，"互联网+"时代强调了教师的终身学习能力。高校心理教师需要不断更新自己的知识体系，掌握最新的心理学理论和技术发展，以适应数字化教育的需求。同时，线上教学的普及也要求教师具备良好的网络素养，包括有效利用在线资源、进行在线教学设计和评估等。

在这一背景下，高校心理教师的职业道德修养不再局限于传统的面对面教学环境，而是扩展到了网络空间。这要求高校心理教师在虚拟环境中同样展现出专业和伦理的高标准。这不仅关乎高校心理教师个人的职业发展，更直接影响到学生的心理福祉和教育质量。因此，高校心理教师必须对职业道德修养有更深层次的认识和实践，以适应"互联网+"时代教育的新要求。

三、"互联网+"时代对高校心理教师职业道德修养的新要求

在"互联网+"时代，高校心理教师的职业道德素质面临着一系列新的

要求。这些要求不仅反映了技术发展对教育职业的新挑战，也体现了对学生权益保护的深化和拓展。教师需要不断学习和适应，提升自身的信息素养、伦理意识和指导能力，以更好地服务于学生的成长和发展。

（一）信息素养与技术应用能力

信息素养与技术应用能力成为高校心理教师必备的职业素养。随着信息技术的快速发展，高校心理教师需要掌握在线教学、心理咨询和数据处理的相关技能。这不仅包括熟练使用各种在线教育平台和工具，还涉及对新兴技术如虚拟现实、增强现实在心理教学和咨询中应用的探索。教师应利用技术手段提高教学互动性，增强学生的学习体验，并通过数据分析来更好地理解学生需求。此外，高校心理教师还须具备筛选和评估网络信息的能力，确保教学内容的科学性和准确性。

（二）网络环境下的隐私保护与伦理责任

网络环境下的隐私保护与伦理责任对心理教师提出了更高标准。在线心理咨询和教学活动涉及大量敏感数据，高校心理教师必须严格遵守相关法律法规，采取有效措施保护学生隐私，防止数据泄露和滥用。同时，高校心理教师应不断提升网络伦理意识，确保在虚拟空间中的行为同样符合职业道德规范。

（三）线上互动与学生指导的新策略

线上互动与学生指导的新策略也是"互联网+"时代对高校心理教师的新要求。在"互联网+"新时代，传统的教学管理模式和教学方法已不能满足当下学生的学习需求。高校心理教师需要不断地提升自己的知识技能，及时将新事物新知识融入教学中，在教学方式和方法上做出大胆的探索和革新，从各个方面提升自身"教书育人"的能力[5]。高校心理教师需要适应线上交流的特点，运用多样化的沟通方式，如即时消息、视频会议、在线论坛等，以增强与学生的互动和联系。在指导学生时，高校心理教师应充分利用网络资源，提供个性化的学习建议和心理支持，帮助学生克服在线学习中可能遇到的困难和挑战。

四、多措并举提升"互联网+"时代下高校心理教师的职业道德修养

（一）高校心理教师职业道德修养提升路径

在"互联网+"时代背景下，探索高校心理教师职业道德修养的提升路径显得尤为关键。通过这些路径的探索与实践，高校心理教师的职业道德修养将得到全面提升，更好地适应"互联网+"时代的教育需求，为学生的心理健康和全面发展提供有力保障。

1.加强高校心理教师的信息技术培训

加强高校心理教师的信息技术培训是基础性工作。高校应定期组织专业培训，帮助高校心理教师掌握必要的网络技术知识和应用技能，如在线教学平台操作、数据分析工具使用、网络安全防护等。这不仅能增强高校心理教师的信息化教学能力，还能提升他们在网络环境中进行心理辅导和咨询的专业水平。

2.构建网络伦理教育体系

构建网络伦理教育体系是维护网络教育健康生态的关键。高校需要明确网络伦理的规范和要求，将网络伦理教育纳入心理教师的继续教育体系中。通过讲座、研讨会等形式，强化高校心理教师的网络伦理意识，教育他们如何在网络环境中维护学生隐私、处理网络互动中的伦理问题，以及如何识别和防范网络风险。

3.创新心理辅导与咨询模式

创新心理辅导与咨询模式是适应时代发展的必然选择。高校心理教师应积极探索线上与线下相结合的辅导方式，利用网络技术提供更加灵活多样的心理咨询服务。例如，通过建立在线咨询平台、开展网络心理健康教育活动、开发心理健康应用程序等，以满足学生多样化的心理需求。同时，高校心理教师还应学习如何运用社交媒体等新兴工具，建立与学生的新型互动关系，提供及时有效的心理支持。

（二）高校心理教师职业道德修养提升策略的具体措施

为有效提升高校心理教师的职业道德修养，需采取一系列具体措施，这些措施涉及政策层面的指导、个人发展计划的制定，以及高校与专业机构之间的合作，以便为高校心理教师职业道德修养的提升提供坚实的支撑，帮助他们更好地适应教育发展的新趋势，为学生的心理健康和个人成长做出更大的贡献。

1. 规范政策建议与制度设计

政策建议与制度设计是提升职业道德修养的基础。高校管理层应制定明确的政策指导和职业道德规范，确立心理教师在教学、咨询和科研活动中的行为准则。这些政策应涵盖信息技术使用、学生隐私保护、网络互动伦理等方面，为心理教师提供清晰的职业行为框架。同时，高校应建立监督和评价机制，确保这些政策得到有效执行，并根据时代发展和技术进步不断更新完善。

2. 促进高校心理教师个人发展与自我提升

高校心理教师个人发展计划与自我提升是职业道德修养提升的核心。每位高校心理教师都应制定个人职业发展计划，包括参加专业培训、获取新的资格证书、参与学术研讨计划等，以不断更新专业知识和技能。此外，高校心理教师应主动学习网络伦理知识，提升自身的信息素养，并通过反思实践、同行交流等方式，不断提高自身的职业道德意识和行为标准。

3. 建立与专业机构的合作模式

高校与专业机构的合作模式是实现资源共享和专业发展的重要途径。高校可以与医院、心理咨询机构、专业协会、在线教育平台等建立合作关系，共同开发培训项目、研究课题和实践机会。这种合作不仅能为心理教师提供更多的学习和成长平台，还能促进高校心理健康教育服务的专业化和多元化。通过这些合作项目，高校心理教师能够接触到行业最新动态，学习先进的咨询技术和方法，从而在职业道德修养上获得全面提升。

在"互联网+"时代背景下，高校心理教师职业道德修养面临的新要求，面对这样的新形势，探索高校心理教师职业道德修养新的提升路径刻不容缓。高校心理教师职业道德修养的提升是一个系统工程，需要通过高校、教师、专业机构以及政策层面的共同努力和支持，帮助高校心理教师适应新时代的教育环境，提高专业素养，更好地服务于学生的心理健康和个人发展。

参考文献

［1］刘晓．新时代高校青年教师职业道德修养提升路径探究［J］．知识文库，2020（19）：189-190.

［2］杨妍旻．"互联网+"时代下高职院校青年辅导员职业道德修养提升路径探究［J］．青年与社会，2020（26）：85-86.

［3］彭化杰．教师道德与心理健康教育［M］．郑州：河南大学出版社，2005.

［4］王虹旭，刘飞．新时代高校心理教师的职业道德修养建设初探［J］．中外交流，2020（12）：132-133.

［5］郑喜娟．新时代高校教师职业道德修养的提升路径［J］．现代商贸工业，2023，44（8）：94-96.

发挥主渠道作用：大学生心理健康课程与心理免疫力提升

何红娟

（党委学生工作部、人民武装部）

早在 2018 年教育部党组发布的《高等学校学生心理健康教育指导纲要》（教党〔2018〕41 号）中就指出要建设教育教学、实践活动、咨询服务、预防干预"四位一体"的心理健康教育工作格局，要"健全心理健康教育课程体系，结合实际，把心理健康教育课程纳入学校整体教学计划，规范课程设置，对新生开设心理健康教育公共必修课，大力倡导面向全体学生开设心理健康教育选修和辅修课程，实现大学生心理健康教育全覆盖。"《教育部等十七部门关于印发〈全面加强和改进新时代学生心理健康工作专项行动计划（2023—2025 年）〉的通知》（教体艺〔2023〕1 号）中进一步强调："普通高校要开设心理健康必修课，原则上应设置 2 个学分（32 ～ 36 学时），有条件的高校可开设更多样、更有针对性的心理健康选修课。"响应政策，高校应在传统心理健康教育模式下进行课程建设，完善心理健康教育课程体系，通过标准化课程研发，落实立德树人根本任务、促进学生全面发展，助力实现"到 2030 年全民心理健康素养普遍提升"的战略目标。

一、传统心理健康教育模式的局限性

危机干预是中国高校心理健康教育与咨询中心的重要工作之一，几乎每个高校都有一套规范的危机干预流程。从发现学生异常行为到启动紧急预案，从心理评估到转介治疗，每一步都标注着严谨的操作规范。这项工作有着重要的意义，是心理安全体系中不可或缺的"最后防线"。其重要性可类比于城市消防系统：虽然期望其使用频率越低越好，但在危机发生时，其反应速度、处置精准度及专业水平将直接影响危机处置效果，甚至关系到生命救援与事态控制。但是这种"灭火式急救"机制存在局限，主要体现在以下 3 个方面。

（1）时间滞后性：心理危机的形成往往经历"压力积累—认知扭曲—行为异常"的漫长过程。大学生从出现心理困扰到主动求助因人而异会有不同程度的延迟。世界卫生组织（WHO）国际大学生调查（2021）的数据表明，全球 28 国大学生中，求助延迟平均为 7.1 个月。传统干预机制只能在问题显性化后介入，因此错过了最佳干预期。

（2）污名化效应：当心理健康服务长期与危机干预、疾病治疗绑定，社会认知中悄然形成一道无形的认知屏障——走进咨询室是被异化为"心理脆弱"的病态标签，这种病耻感导致预防性求助意愿持续低迷。

（3）资源配置失衡：教育部《中国大学生心理健康发展报告（2021）》指出，8.3% 的中重度心理问题学生消耗了 57.6% 的咨询资源，高频用户（前15%）占总咨询时段的 63.4%。根据帕累托法则（二八定律），而处于亚健康状态的"沉默大多数"因未达诊断标准而被忽视。

二、在大一新生中开设心理健康必修课的优势

世界卫生组织在 2022 年更新的定义中，首次将心理健康明确定义为"动态平衡过程"，这一认知革命彻底打破了"正常"与"异常"的割裂式判断，揭示出心理状态的本质特征——它如同昼夜交替的渐变过程。每个人都在连续谱系中不断位移。所以将心理健康工作前置，高校在新生入学的第一、二学期开设心理健康必修课，是对传统心理健康教育模式的极大优化，将高校心理工作从"抢救危重病人的急诊室"升级为"全民健身的免疫力训练场"。这种转变不仅大幅降低危机干预的被动成本，更通过赋予每个学生"心理健身技能"，培养出能主动适应压力、在逆境中进化的"心理反脆弱体质"。正如积极心理学之父塞利格曼所言："预防心理疾病的最佳方式，不是治疗创伤，而是提前培育蓬勃生命的力量。"心理健康课程模式极大地推进了高校的心理健康教育工作，其优势主要体现在以下几个方面。

（一）干预定位：从"灭火式急救"到"疫苗式防控"转变

1. 全员免疫：从"高危筛查"到"普遍接种"

传统模式依赖"问题识别—定向干预"的精准打击，而疫苗模式强调全人群覆盖。例如，中南财经政法大学在大一新生中开设必修课——大学生心理健康，从而覆盖到全体本科生。学生通过16学时的理论学习与16学时的实践学习，掌握压力与情绪管理的技巧，用心理学知识与技能面对学习、时间管理、人际关系、恋爱与性安全、常见心理障碍的识别、心理自助与助人等主题，全面提高心理健康素养，掌握自助与助人的正确方法。

2. 多价保护：复合型心理技能构建

一个完整且优秀的心理健康课程需设计"多价抗原"：①认知疫苗。通过认知行为训练纠正"灾难化思维"，建立理性归因模式。②情绪疫苗。教授正念冥想、躯体化调节等技术，提高情绪自觉管理能力；③社会疫苗。通过嵌入团体辅导、多人合作实践作业等，构建同伴支持网络。

（二）能力培养：从"被动修复"到"主动赋能"

（1）传统模式依赖外部支持（如咨询师介入），而课程通过心理技能工具包赋予学生自主应对能力。

（2）认知重构：教会学生用CBT技术识别自动化负面思维（如"全有全无"思维），减少认知扭曲。

（3）情绪调节工具箱：正念呼吸、情绪日记等技能让学生掌握即时情绪管理能力。

（4）社会支持系统建设：通过课程设计的同伴互助任务，构建"寝室—班级—社团"三级支持网络

（三）问题识别：从"冰山可见部分"到"水下隐患探测"

相对传统模式，课程模式从发现渠道、时效性、覆盖盲区等方面具有优势，见表1。

表1　传统模式与课程模式的对比

识别方式	传统模式	课程模式
发现渠道	学生主动求助、危机事件暴露	课程嵌入式筛查（如课堂 SDS 测评）
时效性	滞后（平均求助延迟 6 ~ 8 个月）	早期预警（课程第 1 学期即完成筛查）
覆盖盲区	忽略"高功能抑郁"等隐蔽问题	通过常态化学业表现监测发现异常

心理健康课堂可在深度识别机制上进行创新，具体如下。

（1）嵌入式筛查工具：在课程中整合 PHQ-9 抑郁量表、GAD-7 焦虑量表的测评，可发现相当比例的"高功能抑郁"学生，即表面学业优异但情绪耗竭的学生。

（2）学业行为分析：通过学习管理系统监测学生登录频率、作业提交延迟等痕迹，AI 模型可提前 14 天预警心理风险。

（3）生态瞬时评估：利用课程 APP 推送每日或每周情绪打卡，捕捉短期情绪波动规律，发现学生情绪低谷。

（四）文化建构：从"病态标签"到"健康常态"

传统模式无形中强化了"重视心理健康等于治疗疾病"的认知，而通过心理健康必修课程，可实现三大范式转变。

（1）去污名化：将心理健康常识纳入通识教育，类比生理健康教育，破解"看心理医生＝有病"的误解，减少大众对心理疾病的污名化，增加求助意愿，提供更多求助手段。

（2）预防常识普及：教授"心理亚健康""心理健康连续谱"等概念，让学生了解心理健康绝非非黑即白的二元状态，而是流动在"完全健康"与"心理疾病"之间的光谱。例如，让学生了解到持续两周的情绪低落即需干预，提升自我觉察。

（3）集体认知升级：通过课堂讨论解构"内卷合理""压抑情绪是成熟"等存在不合理性的认知，如某高校在大学课程中设置"脆弱辩论赛"，重新定义脆弱，改变学生对心理求助的态度。

（五）工作机制：从"单点突破"到"生态构建"

传统模式依赖心理咨询中心单点运作，课程则推动全校心理健康生态系

统的形成:

(1)教师角色延伸:中南财经政法大学培训辅导员成为心理健康课的授课教师,不仅可以将课堂讲授内容更多和本学院学生的实际生态环境相连接,而且推动辅导员老师将心理技术融入日常管理。例如,有教师反映用"成长型思维"反馈学生报告的日常挫折,大大提升了日常学生谈话的效率。

(2)同伴支持制度化:通过课程认证"心理委员",将心理委员队伍管理和课程联系起来,建立覆盖每个班级的"心理健康哨兵"体系。

(3)家校协同:设计亲子沟通实践作业,减少家庭不当期待导致的压力,如"家书重构"练习,将代际创伤转化为可操作的沟通技能训练。

总之,"大学生心理健康"课程作为大一新生必修课,本质是为学生提供一套"心理生存工具包",通过科学化、系统化的干预,帮助其在认知、情感、行为层面构建韧性。这种早期投资不仅能降低大学期间的危机事件,更将赋能学生形成终身受益的心理免疫力,为其个人发展与社会适应奠定基础。完善高校心理健康教育课程体系,既是应对当代青年心理发展需求的必然选择,更是构建高质量教育体系、推进社会治理现代化的重要抓手。通过课程体系创新,可实现从"补救性干预"向"发展性教育"、从"个体矫正"向"生态优化"、从"校园行动"向"社会工程"的转型升级,为培育堪当民族复兴重任的时代新人提供坚实保障。

参考文献

[1] Eisenberg D. Unmet need for mental health care among U.S. college students [J]. Psychiatric Services, 2019.

[2] 刘小珍. 心理免疫养成教育提升大学生幸福指数的路径探析 [J]. 大学, 2021(13): 104-106.

[3] 寇冬泉. 心理免疫力:涵义、结构及其影响因素 [J]. 高教论坛, 2008(5): 218-220.

就业育人篇

高校院系团组织促进高校毕业生
高质量就业研究

——基于中南财经政法大学财政税务学院实践的思考

木拉提·依不拉音木江

（财政税务学院）

党的二十届三中全会审议通过的《中共中央关于进一步全面深化改革、推进中国式现代化的决定》指出，要"完善高校毕业生、农民工、退役军人等重点群体就业支持体系，健全终身职业技能培训制度。"高校毕业生是党和国家宝贵的人才资源，是全面建设社会主义现代化国家、实现第二个百年奋斗目标新征程的参与者和奋斗者。近年来，随着就业市场竞争的日益激烈，高校毕业生就业日益成为社会关注的焦点。财政税务学院作为培养财税专业人才的重要基地，其院系团组织在促进学生职业生涯规划与高质量就业方面发挥着不可替代的作用。

本文基于财政税务学院分团委的工作实践，将梳理当今社会条件下青年就业观与就业状况的特点、变化与差异，深入分析基层团组织在促进青年择业、就业过程中存在的问题，遵循价值引领 – 自我分析 – 目标确定 – 能力建立的思路，提出"1234"就业工作计划，从而为院系团组织如何缓解当今青年就业难题、推动青年择业、就业提供具体参考。

一、当前高校毕业生就业出现的困境

当前高校毕业生就业质量参差不齐，多数毕业生坦言感受到"就业难"的状况和形势。由于社会供需矛盾、高校教学模式理论化、毕业生体制内就业偏好增强等多重原因，当前社会就业形势严峻，亟须高校和社会对此采取有效措施缓解现状。

（一）就业理念误区

在市场导向的作用下，就业机会和就业结果的优势成为高校毕业生关注的重点，加上疫情影响，"铁饭碗"理论受到极大推崇，越来越多的高校毕业生将视野局限于机关事业单位、国有企业等相对稳定的行业。同时，必须成功的主流价值观和太多的社会期待，让"孔乙己们"脱不掉长衫，盲目跟风，热衷于一些热门岗位或高薪职位，并没有结合自身实际能力进行对岗位的深度分析和思考。

（二）现实就业困境

1. 当前社会求职人员数量增加，岗位减少

当前高等教育扩张的背景下，高校毕业生数量呈现逐年增加的趋势，每年千万名毕业生面临就业。但后疫情时代企业复苏需要一定时间，疫情三年导致很多中小微企业面临倒闭，大型企业遭受重创，就业市场需求缩减，提供给毕业生的岗位大幅减少。同时，在当前时代背景下，国际环境动荡，全球经济疲软、增长乏力，大型民营企业为求自保，进行结构改革大幅裁员，社会人士加入求职大军，毕业生就业压力增大。

2. 高校人才培养与社会需求之间存在差异

许多高校在教育培养模式上仍沿用较传统的方式，学生在校期间学习的专业技能和知识较为理论化，大多只停留在"三尺讲台"的教学层面上，与企业所需的实际操作存在一定差异，导致很多企业不招应届生。同时，社会企业的管理制度相对更为严格，在上下班时间、请假制度、工作绩效等方面都有严格的考核和约束，与学校鼓励的自由与个性化发展之间存在差异。

3. 招聘单位和求职毕业生信息不对称

各类招聘单位和求职者之间存在严重的信息不对称问题。由于招聘渠道不畅，各类招聘网站就业信息鱼龙混杂，线下招聘会又耗时耗力，导致招聘单位与求职者之间信息错配的现象频发。

4. 就业歧视有所加剧

平等就业权是每个公民的基本权利。当前，高校毕业生就业歧视主要表现为以女性角色排斥为特征的"性别歧视"、以学历层次与学校身份为中心的"学缘歧视"、以健康与相貌排斥为显性条件的"先赋歧视"。

综上所述，由于毕业生自身就业观念的误区，就业意识混乱、眼高手低的情况层出不穷；而现实就业困境的存在，使得多数毕业生对于就业持消极态度，慢就业、懒就业现象普遍。高校院系团组织积极采取有效措施，帮助毕业生高质量就业就显得尤为必要。

二、高校院系团组织在高校毕业生成长过程中的作用

（一）思想引领与观念转变

高校院系团组织应发挥思想政治工作的优势，引导大学生树立正确的职业发展观念。通过主题团课、专题讲座、青马班等形式，加强对学生的就业政策宣讲和职业规划教育，帮助学生了解当前就业形势，明确职业规划的重要性，利用新媒体平台，如微信公众号、抖音直播等，推出系列就业指导和榜样宣传报道，激发学生到基层、到祖国最需要的地方建功立业的热情。同时，高校院系团组织应鼓励学生树立先就业后择业的观念，实现多渠道、多方式、主动灵活就业。

（二）提供职业生涯规划教育与指导

高校院系团组织应依托自身优势，开设职业生涯规划课程，邀请专业人士进行授课，帮助学生掌握职业生涯规划的基本方法和技巧；同时利用社团、学生会等学生组织，开展模拟面试、职业生涯规划大赛等活动，提高学生的择业能力和适应能力。另外，高校院系团组织还应为学生提供一对一的职业生涯规划咨询，帮助学生制定个性化的职业规划方案。

（三）搭建实践平台与就业渠道

高校院系团组织应积极搭建实践平台，为学生提供更多的实习和就业机

会。通过校企合作、社会实践、实习等形式，让学生接触真实的工作环境，了解财税行业的现状和发展趋势。同时，高校院系团组织应与用人单位建立紧密联系，定期举办招聘会、宣讲会等活动，为学生提供更多的就业信息和岗位选择。

三、实践探索情况

财政税务学院分团委以"贡献财税新知，培养业界精英，推动社会发展"为使命，坚持以培养具有"国际视野、科学素养、创新实践"三位一体综合素质的学生为目标，努力打造中国最具竞争力的国际化财税学院。财税团委根据就业工作实践，运用系统论观点，实施青年"1234"就业工作计划，即打造一个体系，围绕两个理念，建设三个载体，聚焦四个服务。

（一）"一个体系"

"一个体系"即就业工作体系。通过领导小组构建、结对帮扶计划及宣传机制，全面促进青年大学生就业工作。财税团委成立以党委书记、院长为主要领导，学院中青年教授、讲师主要参与，学院思政辅导员直接负责的就业工作领导小组，明确各成员职责及工作流程，确保就业工作的高层支持和资源配置。小组积极实施团干部与学生结对帮扶计划，提供个性化就业指导；建立动态跟踪系统，评估帮扶效果，优化帮扶策略；同时建立宣传机制，利用团属媒体宣传就业政策、成功案例和就业指导活动，提高学生对就业市场的认识。

（二）"两个基本理念"

"两个基本理念"即以可持续发展、高质量就业为导向，以培养"融通性、创新型和开放式"人才为主线。以实现青年高质量就业和可持续发展为目标，提供针对性的就业服务和指导。

在就业指导过程中，财税团委始终注重塑造学生完整人格、激发学生个性特色，始终注重培养应对不确定性问题的核心竞争力、不断开拓发挥学生潜力，始终注重搭建高校–企业合作交流桥梁，关注学术科技前沿问题、提升学生解决实际问题的能力；强调培养学生的融通性思维、创新能力和开放视野，以适应快速变化的就业市场；建立人才培养合作与交流机制，积极做好人才供给侧改革，更好对接社会就业需求，将业界的选人用人需求融入学生的全过程培养，为社会输送优秀人才。

（三）"三个载体"

"三个载体"即系列就业活动体系、就业信息平台体系、校企合作就业计划。围绕青年就业信息获取途径，探究高质量就业新方式，力图打破校内外信息壁垒，建立健全三个重点就业工作体系。

财税团委聚焦特色学科建设，针对青年就业规划和职业选择，联合企业共创"财税杯"税务精英挑战赛、"济世杯"公务员面试挑战赛、企业面试挑战赛等一系列就业活动，考察青年个人专业素养，提供情景模拟感受；对青年创新创业项目进行针对性"一对多"帮扶，提升青年创新创业的主观能动性；配合学院"行业导师进课堂计划"开展正确就业宣讲会，引导青年关注个人职业能力的培养与发展，推动青年补齐专业知识和能力的短板，提高个人能力，培养专业优秀人才。

财税团委致力于抓牢宣传工作阵地，重视就业信息标准化，优化就业信息平台，利用学院官网及团委公众号定期及时分享前沿企业校招信息，力图打破校企信息差，打通校园、机关、企业三者的沟通途径，做青年就业的引导者。

财税团委聚焦职业能力提升，开拓就业指导方向，助力青年职业规划，通过创新多元化的就业实习、就业育人项目基地，提升青年团员对企业及机关等就业单位的认知，扩大就业选择范围，提高就业力量。

为促进学院"产教融合"模式的进一步细化，配合开展企业成果展示、大咖面对面会谈、职业规划讲座、一对一简历诊断等活动，拓宽青年职业认知广度并精准达到企业要求；与市团委县团委等机关单位合作，推动优秀团员青年进社区、去机关任职，拓展青年就业路径，保障青年高质量就业。多年来，财政税务学院与全国各地财政系统、税务系统、海通恒信国际融资租赁股份有限公司等政府机关与企事业单位，与普华永道会计师事务所、德勤华永会计师事务所等专业机构均保持着密切的联系与合作，方便针对不同类型学生开展就业活动，提供多样的就业岗位。

（四）"四个服务"

"四个服务"即就业指导服务、校企对接服务、信息畅通服务、事务办理服务。财税团委开拓新路径、作出新尝试，力求构建贯穿财税青年学子的就业指导体系。就业指导理念从"大而全"向"小而精"转变，财税团委面向青年发展、围绕专业核心、结合现实情况，就业指导服务因材施教、因人而异，针对学院青年个人发展规划，从公务员考试、市场就业、创新创业等多维度，通过简历制作、名师指导、实战演练等多手段，真正解决学院青年就业中实际问题，着力打造贯穿青年发展全过程的就业指导服务机制。

财税团委深入落实"访企拓岗"专项计划，"走出去"与"请进来"相结合，搭好、建好、用好校企沟通桥梁，校企协同联动，创造机会、共解难题。同时，财税团委瞄准时机，与75周年校庆工作相结合，创新性搭建"校友＋就业"平台，邀请原中原证券董事长菅明军校友等人，以师兄师姐"传帮带"，齐抓共管构建就业育人新格局。

财税团委围绕学校发展大局、用好学校就业资源，对接学校就业信息网站，坚持信息共享、政策发布、网上招聘、指导咨询"四位一体"，线上线下同频共振；利用信息技术手段，分析就业数据、做好问卷调查，更好为青年就业工作"把脉"。同时，财税团委发挥融媒体优势，以团属媒体宣传学院青年就业相关内容，为学院青年在就业方面领航助力。

财税团委在就业方面始终坚持为青年做实事、解难题，定期面向各班级进行情况摸排，以学生需求开展就业工作。财税团委优化事务办理服务，及时完成校就业指导服务中心各项毕业生相关工作安排，推动毕业生团组织关系转接等工作有序开展，送青年走完就业路上"最后一公里"。

四、结论与展望

高校院系团组织在促进大学生职业生涯规划与高质量就业方面发挥着重要作用。财政税务学院通过加强组织领导、开展多样化的职业生涯规划活动、强化校企合作与实习实训以及实施精准帮扶计划等措施，有效提高了学生的就业竞争力和就业质量。未来，随着就业市场的不断变化和高等教育的持续发展，高校院系团组织应继续创新工作思路和方法，为大学生提供更加全面、精准、有效的职业生涯规划与就业服务。

参考文献

［1］杨东，李建华，徐子文．数字经济背景下大学生就业问题研究［J］．中国就业，2023（4）：43-45．

［2］路涵清．"00后"大学毕业生就业问题及对策研究［J］．中国就业，2024（2）：50-51．

［3］孙蕊，王阳．促进高校毕业生就业对策研究观点述评［J］．中国劳动关系学院学报，2023，37（3）：63-74．

［4］陈竞宇．新形势下高校毕业生就业现状及对策探究［J］．教育教学论坛，2023（35）：9-12．

［5］杜飞轮，魏国学．2023年上半年就业形势分析与展望［J］．中国物价，2023（8）：6-8．

［6］杨勇．后疫情时代高校毕业生就业形势及对策［J］．合作经济与科技，2023（17）：86-87．

高校重点群体毕业生就业帮扶机制研究

水晶晶

（工商管理学院）

就业是最大的民生。近年来，随着高等教育从大众化进入普及化阶段，高校毕业生的人数也在逐年增多。2023 年 12 月 5 日，教育部、人力资源和社会保障部召开 2024 届全国普通高校就业创业工作视频会议，会议提出 2024 届高校毕业生规模预计达 1 179 万人，同比增加 21 万人[1]。大学生"考研热""就业难"的问题也日渐突出，成为全社会关注的热点问题。2020 年，教育部发布《教育部关于应对新冠肺炎疫情做好 2020 届全国普通高等学校毕业生就业创业工作的通知》（教学〔2020〕2 号），强调"强化湖北等重点地区和重点群体就业帮扶"，这是教育部首次在就业创业工作通知文件中提到"重点群体就业帮扶"[2]。教育部在每年发布的毕业生就业创业工作通知的文件中，以专门的篇幅部署重点群体就业帮扶工作。高校毕业生重点群体的就业帮扶也成为新时代中国特色社会主义教育亟待解决的重要任务。

一、高校重点群体毕业生就业帮扶的对象的类型及特点

要做好高校重点群体毕业生的就业帮扶工作，首先要明确哪些人属于重点群体。2022 年 6 月 8 日，习近平总书记在四川宜宾学院考察时提出，要把脱贫家庭、低保家庭、零就业家庭以及有残疾的、较长时间未就业的高校毕业生作为重点帮扶对象。习近平总书记的重要指示充分体现了对高校毕业生就业工作的高度重视、对高校毕业生的亲切关怀，为我们做好高校毕业生就业工作提供了根本遵循。做实做细高校毕业生就业工作，要在重点对象帮扶上下功夫。

（一）脱贫家庭及低保家庭高校毕业生

脱贫家庭高校毕业生即原建档立卡高校毕业生。建档立卡高校毕业生指

根据国务院扶贫办发布的《扶贫开发建档立卡工作方案》相关规定，在全国扶贫开发信息系统中建立电子信息档案的持有《扶贫手册》的一类高校毕业生。低保家庭高校毕业生指本人或法定监护人是低保对象，持民政部门发放的有效证件或证明，在民政"最低生活保障（含特困供养人员）信息系统"中具有电子信息档案的高校毕业生。这类高校毕业生由于家庭经济状况较差，易产生自卑、焦虑等心理问题，受家庭生活经历、经济状况的影响，在求知过程中处于不利地位，在应对困难时易产生依赖心理。

（二）零就业家庭高校毕业生

零就业家庭是指同一城镇户籍家庭中，在法定劳动年龄内具备劳动能力且有就业愿望的成员均未实现就业，且无经营性、投资性收入的家庭。零就业家庭一般存在生活困难，由于缺乏稳定的收入来源，这些家庭的毕业生在物质和精神上都面临巨大的压力。和脱贫家庭及低保家庭高校毕业生一样，零就业家庭高校毕业生受家庭经济状况的影响，在就业过程中既有来自经济上的压力也有心理方面的困难。

（三）残疾的高校毕业生

残疾的高校毕业生指高校毕业生本人持残联部门认定发放的有效中华人民共和国残疾人证，在"残疾人人口基础数据库"具有电子信息档案的高校毕业生。由于存在生理缺陷，残疾高校毕业生在就业时容易遭受障碍，受到就业歧视以至于无法顺利就业。

（四）较长时间未就业的高校毕业生

较长时间未就业的高校毕业生往往存在就业能力方面的短板。一方面专业学习成绩不高，实践能力较弱，专业素养缺乏，无法达到用人单位要求；另一方面，在求职能力方面欠缺，如人际沟通能力较差、不善于表达、在残酷的就业形势下准备不充分等。

二、国内外相关研究的学术史梳理及研究进展

（一）国内研究进展

目前，国内学者关于高校毕业生就业帮扶的理论研究集中于引导就业观念、提升就业能力、纾解就业焦虑、制定就业对策等方面，精准帮扶理念成为学者的共识。部分学者研究就业帮扶的对象侧重于高校经济困难学生和少数民族学生。徐鸿宇、孙干[3]提出要构建帮扶队伍专业化、帮扶工作全程化、帮扶活动精准化、帮扶管理信息化、帮扶力量多元化的"五化协同"高校困难生就业帮扶长效机制，提高就业帮扶实效。王伟[4]认为，要从提升少数民族大学生的自我成才意识，注重少数民族大学生的学习帮扶，做好少数民族大学生的就业心理疏导，完善少数民族大学生的就业创业指导体系四个方面构建适配少数民族毕业生的就业援助体系。

在实践方面，国务院提出深化产教融合，促进教育链、人才链与产业链、创新链有机衔接。企业与学校通过人才培养、教育教学活动，共同开展人才培养工作。国内高校通过专门的就业指导部门统筹大学生的生涯规划、就业指导和就业帮扶，将大学生职业生涯教育课程纳入必修课程，创新活动模式，面向大学生开展高质量、针对性的职业生涯教育。

（二）国外研究进展

国外高等教育的结构和规模长期保持稳定。国外发达国家在高中阶段就开始推行职业生涯教育，大学阶段的就业指导和职业规划体系更加普及和成熟。从政府和社会的角度看，国外健全而且不断完善的社会保障体系为毕业生就业提供了强大的后援力量。高校毕业生未顺利就业可以申请失业补贴，保障最基本的生存权利，享受学校继续提供的教育培训和实习机会，帮助其就业。

例如，美国在对就业困难大学生帮扶措施上，强调要协同"政府、社会、高校、中介机构"等各方面的力量。英国的就业援助模式包括职业指导体系和再就业培训保障机制。在对就业困难大学生帮扶方面，与美国类似，英国政府多方协同，充分发挥政府、高校、社会、中介组织等各组织的作用。日

本在解决大学生就业难的问题上，由文部科学省、厚生劳动省、大学生就业指导部门、企业共同参与，实行就业考试保障政策，动员大学生积极参与到就业援助体系中。我国的国情与这些国家的差异较大，因而不能照搬它们的高校毕业生就业帮扶策略。

三、开展高校重点群体毕业生就业帮扶的价值意蕴

在"两个一百年"的重要交汇点，世界变局加快演变、国际经济下行，影响高校毕业生的就业因素交织，形势复杂严峻。同时，大数据、云计算、物联网、区块链、人工智能等数字新技术成为经济和社会高质量发展的新动力。就业领域、技术手段、就业组织方式和大学生的就业观念在面临挑战的同时也出现了新的特点。

（1）开展高校重点群体毕业生就业帮扶有助于落实就业优先战略，巩固拓展脱贫攻坚成果，夯实共同富裕的基础就业是民生之基、财富之源。开展高校重点群体毕业生就业帮扶既是经济社会稳定发展的前提，也是保障困难家庭持续稳定增收的基本盘。高校毕业生作为最庞大的就业群体，拥有较高的科学文化素质，是优质的人力资源。因此，保持青年大学生的就业稳定，蕴含着巨大的创造力。2020年11月23日，国务院扶贫办确定的全国832个贫困县全部脱贫摘帽，全国脱贫攻坚目标任务已经完成。《中共中央 国务院关于做好2023年全面推进乡村振兴重点工作的意见》强调，要巩固拓展脱贫攻坚成果，坚决守住不发生规模性返贫底线，增强脱贫地区和脱贫群众内生发展动力，稳定完善帮扶政策[5]。在家庭脱贫与防止返贫的实践中，高校毕业生既是需要扶助的群体，更是值得关注的帮扶对象。从近期目标来看，高校重点群体毕业生帮扶事关脱贫攻坚成果的巩固拓展和规模性返贫的预防；从长远目标来讲，围绕促进脱贫家庭、零就业家庭增收抓好大学生就业帮扶，帮助困难家庭实现经济增长，保障残疾人参加就业能够提高社会文明程度，促进实现共同富裕。

（2）开展高校重点群体毕业生就业帮扶健全和完善高校的就业服务体系，有利于高校自身的可持续发展。高校毕业生充分高质量就业是评价一所高校办学水平的重要指标，对高校专业结构调整、办学质量提高和学生就业

工作提高都起着积极的促进作用。就业质量的高低，也是高考后家长和学生选择高校和专业的重要参考依据。相较于普通毕业生，重点群体在就业过程中，处于弱势地位，面临更多的资源约束和结果的不确定性[6]。这类毕业生的就业情况是影响高校毕业生就业落实率的关键因素之一。高校重视毕业生的就业扶助工作，调动校内外优势资源、通过健全和完善高校的就业服务体系，不断改进教学模式和教学方法，完善学生的培养方案，提升学生的就业能力和综合素质。毕业生更加充分、更高质量就业有利于高校的良性循环，进而促进高校自身的可持续发展。

（3）开展高校重点群体毕业生就业帮扶有利于破解大学生就业难困境，促进重点群体大学生的全面成长成才，阻断贫困在家庭内的代际传递。青年是祖国的未来、民族的希望。大学阶段是大学生进入社会的过渡期，能够顺利就业才能够顺利融入社会，参与到社会建设中。据估计，2024届高校毕业生人数达到1 179万，大学生就业难问题更加凸显。从新时代的就业市场环境、大学生就业现状等入手，全面剖析就业形势，帮助重点群体大学生转变观念、提高技能，解决大学生"无业可就""有业不就""有业难就"等社会痛点问题。教育是拔穷根，阻止贫困代际传递的重要途径。对于脱贫家庭、零就业家庭来说，子女就业是改善经济条件的最好方式。一名高校毕业生高质量充分就业能够带动一个家庭脱贫、致富。然而，在庞大的就业市场中，受家庭出身及经济基础的影响，困难学生很容易成为弱势群体。2017年，由在线教育平台网易云课堂联合前程无忧、微博职场共同发布的《中国大学生就业难人群画像报告》显示，专业、性格与自信、出身家庭三个因素是影响学生就业的主要因素。这在现实中体现为困难家庭的学生就业质量偏低。在我国经济社会转型的关键时期，帮助重点群体大学生提升技能，更快就业是最有效最直接的脱贫方式，是家庭幸福和大学生全面发展的重要保障。

四、高校重点群体毕业生就业帮扶的机制构建

目前，我国开展高校重点群体的就业帮扶工作已经取得了积极进展，但仍然面临诸多问题。尤其是在"世界百年未有之大变局"的时代背景之下，我国就业总量压力和就业结构性矛盾并存。构建高校重点群体毕业生的就业

帮扶机制，可以对高校脱贫家庭、低保家庭、零就业家庭、残疾等就业困难毕业生群体的就业能力进行帮助、提高，保障就业市场中重点群体毕业生能够有就业质的提升和量的增长，使重点群体毕业生也能获得人生出彩的机会。

（一）构建精准有效的重点群体毕业生人口认定机制，摸清重点群体底数

高校重点群体毕业生人口认定机制，是重点群体毕业生就业帮扶工作机制的基础。可以通过高校内部的贫困生档案库、社会人口信息搜集与分析，为开展就业帮扶工作提供基础数据支持。一是明确界定重点群体的人口概念。按照习近平总书记的讲话精神和教育部相关文件，确定重点群体为"脱贫家庭、低保家庭、零就业家庭以及有残疾的、较长时间未就业的高校毕业生"。二是探索多维度的重点群体人口识别办法，精准识别帮扶对象。利用好高校的数据平台，结合学院掌握的毕业生信息，建立重点群体大学生信息电子化数据库，及时将符合条件的重点群体人口纳入帮扶范围，做到应帮尽帮。此外，开辟重点群体尤其是零就业家庭和较长时间未就业的大学生主动申请帮扶的渠道。

（二）构建重点群体毕业生分类帮扶机制

每一名重点群体毕业生都是一个活生生的个体，成长环境、家庭状况、思维方式、价值观念各不相同，因而要充分调研脱贫家庭、低保家庭、零就业家庭以及有残疾的、较长时间未就业的高校毕业生就业的现实情况，挖掘高校重点群体毕业生的基本特征，了解重点群体毕业生的就业意向行业、单位性质、意向职位、意向月薪等，充分掌握数据后建立"一生一档"的毕业生就业档案库及"一生一策"的就业状况动态管理数据台账。精准帮扶、分类施策，确保每位毕业生都能够得到最适合的帮助。辅导员、班主任、就业工作人员要深入到毕业生当中，加强与困难群体的交流，做好就业指导、心理引导与政策宣传，帮助毕业生树立良好的心态，接受合理的帮扶。

（三）畅通重点群体毕业生就业帮扶共同体的运行机制

畅通重点群体毕业生就业帮扶共同体的运行机制，以提高重点群体毕业生就业效率为出发点，以推动职业指导、物质支援、心理疏导、信息支持、

技能培训精准化为导向，多方联动为基础的帮扶机制。长期以来，我国高校毕业生就业帮扶工作主要是政府通过经济补助、政策倾斜、就业培训等帮助困难毕业生。高校作为毕业生就业工作的责任主体，通过提供在校就业指导、能力训练及推荐工作等帮助重点群体毕业生。与此同时，用人单位提供紧缺岗位，开展实际职场能力训练，重点群体毕业生及其家庭也是参与主体，以上多主体协同联动，合理配置帮扶资源，提供职业指导、信息支持和能力培训等，共同参与到就业帮扶工作中，是促进重点群体充分就业的强有力保障。

（四）互联网技术赋能高校精准开展重点群体毕业生就业帮扶工作

在信息化高级阶段，大数据、云计算、物联网、区块链、人工智能等数字新技术成为经济和社会高质量发展的新动力。在2024年世界数字教育大会上，教育部部长怀进鹏提出，更智能化发展数字技术，服务人的全面发展。我们将实施人工智能赋能行动，促进智能技术与教育教学、科学研究、社会的深度融合。高校应紧紧抓住人工智能赋能的战略机遇，推进精准帮扶重点群体大学生就业。人工智能赋能不仅仅是将就业工作从线下转为线上的工具，更应让互联网技术的发展与运用契合于大学生的信息获取方式和思维习惯。可以充分借用大数据技术，建立重点群体信息数据库，建设就业信息精准推送系统、就业行为监测预警系统、就业困难帮扶反馈系统，对毕业生分层分类指导，制定"私人订制式"的就业扶持方案。就业信息精准推送系统实现人岗匹配，减少毕业生择业的盲目性，优化学生就业结构和取向；就业行为监测预警系统自动分析学生求职网络轨迹，发现懒就业、慢就业、不就业的苗头，协助辅导员定位就业重点关注群体。重点群体就业帮扶反馈系统显示对重点群体的帮扶转化情况，最后以成功帮扶学生落实就业去向作为工作考核，实现就业工作的闭环。搭建好求职学生和招聘单位之间的桥梁、利用网络助力毕业生就业。开展精准就业服务，搭建校际的就业大数据平台。

参考文献

［1］曹建．教育部 人力资源社会保障部共同部署做好2024届全国普通

高校毕业生就业创业工作［EB/OL］．（2023-12-05）［2024-10-05］．http://www.moe.gov.cn/jyb_zzjg/huodong/202312/t20231205_1093287.html．

［2］中华人民共和国教育部．教育部关于应对新冠肺炎疫情做好2020届全国普通高等学校毕业生就业创业工作的通知：教学［2020］2号［A/OL］．（2020-03-05）［2024-10-05］．https://www.gov.cn/zhengce/zhengceku/2020-03/07/content_5488414.htm．

［3］徐鸿宇，孙干．"五化协同"高校困难生就业帮扶长效机制探析［J］．教育与职业，2020（4）：103-108．

［4］王伟．少数民族大学生就业状况及就业援助体系研究［J］．黑龙江民族丛刊，2017（3）：189-193．

［5］新华社．中共中央 国务院关于做好2023年全面推进乡村振兴重点工作的意见［EB/OL］．（2023-02-13）［2024-10-05］．https://www.gov.cn/zhengce/2023-02/13/content_5741370.htm．

［6］王伟．少数民族大学生就业状况及就业援助体系研究［J］．黑龙江民族丛刊，2017（3）：189-193．

论大学生生涯发展中的主体性培养

兰玉娟

（就业指导服务中心）

一、主体性的含义和结构

（一）主体性的含义

主体性是一个哲学概念。吉登斯（Anthony Giddens）[1]的主体性理论强调个体在社会结构中的能动性和自主性。根据中国学者[2]研究，本文将大学生主体性界定为，自觉要求自身在地位、能力、生活方式、知识水平、人格塑造、心理健康等方面的不断提高和完善，体现在社会生活实践活动中的一种自觉能动性。主体性是实践改造性与意识能动性的统一，也是主观性与客观性的统一。它涵盖了个体的自我认知、动机和行为表现等多个方面。在个人成长的过程中，主体性是一种重要的心理特质，使个体能够主动思考、自我驱动，并积极参与自身发展和环境互动。主体性决定了人对自我和世界的认识、评价和选择，影响了人的价值取向、行为方式和发展方向。它是人的成长中不可或缺的因素，体现了个体在认知、情感和行为方面的主动性和自主性；同时也是个人的自由意志和自我实现的基础。

（二）主体性的构成要素

主体性的构成要素包括目标、内驱力和执行力，如图1所示。这些要素是一个人成为主体的基础，也是实现自身价值的关键。

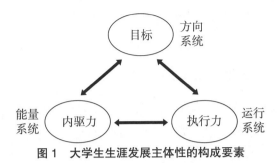

图1　大学生生涯发展主体性的构成要素

目标是主体性的方向系统。目标的制定要具备可行性、明确性、主体性等特点，这样才能更好地推动个人的发展，实现自我价值。假设大学生的生涯发展目标是成为一名成功的企业家，创办一家具有影响力和盈利能力的公司。这个目标可以激发他去学习商业知识、培养领导力和创新能力，有针对性地提升自己的能力，以及建立人际关系网络。因此，目标是主体性的方向系统，它决定了主体活动的意义、效率和水平。

内驱力是主体性的能量系统。源于对内心需求的追求，是主体自身不断发展的能量来源。以一个追求艺术的人为例，他内心深处对于艺术的热爱成了他的内驱力。无论在什么环境下，他都会不断追求艺术的创造和表达。即使面对挫折和困难，他依然坚持不懈地学习、探索和创作，因为他的内心驱使着他不断追寻艺术的美好。因此，内驱力是主体性的能量系统，它驱动个体积极主动地参与学习、成长和实现目标。

执行力是主体性的运行系统。良好的执行力可以帮助个人有效利用时间和资源，使得自我成长的效果更加显著。假设大学生有提升健康体质的目标，并制定了科学的饮食和锻炼计划。只有当他拥有良好的执行力，遵循计划，坚持规定的饮食和锻炼方式，通过坚持不懈的努力，才能达到自己的健康目标。因此，执行力是主体性的运行系统，它决定了主体活动的效率、质量和水平。

二、大学生主体性的四种主要表现形式

（一）自主学习和探索能力

大学生主体性的表现之一是他们能够自主学习和探索知识。他们具备主

动获取学习资源的能力，积极参与课堂讨论，主动寻求深入学习的机会。他们有探索未知领域的勇气和兴趣，不断追求新的知识和经验。

（二）目标设定和自我管理能力

大学生主体性还表现在他们能够设定明确的目标，并具备自我管理的能力。他们了解自己的兴趣和优势，并能够将其与长期目标相匹配。他们制定合理的学习计划，有效地分配时间和资源，并能够自我监控和调整，以实现自身的成长和发展。

（三）创新思维和问题解决能力

主体性使大学生有勇于质疑和挑战现状的精神，能够独立思考问题，并提出新颖的观点和解决方案。他们善于分析和整合信息，寻找创新的方法和途径。很多大学期间创业的学生都是主动和自律的同学，他们有独立的思考和想法，积极寻求资源，遇到困难不退缩，想办法解决问题，不断学习成长。

（四）社会参与和领导能力

主体性还使大学生积极参与社会活动，并展现出领导才能。他们投身于社团组织、志愿者服务和社会实践项目，发挥自己的影响力，推动社会变革和个人成长。他们具备团队合作和领导能力，能够激发他人的潜力，并促进集体的发展。

三、大学生主体性培养的主要方法

在生涯发展过程中，培养主体性是一项复杂而重要的任务，需要个体在思维、情感和行为层面上发展自我认知、自主性和自律性。以下从主体性的三要素解析大学生主体性培养的方法。

（一）设定目标的方法

1. 从价值追求中寻找目标

大学生可以通过深入思考自己的价值观，明确追求的核心价值，进而从中寻找与之相符的发展目标。价值追求是一个人对生活中各种事物或现象所赋予的意义或重要性。例如，如果一个人重视社会公益和环保，他们可以设定以保护环境为目标，并从事相关的志愿工作或职业。根据个人的价值追求寻找相应的目标，能够使大学生找到行动的意义和价值，从而在行动中更加自主和积极。

2. 从兴趣中发现目标

兴趣是个体对某种事物或活动所表现出的喜爱和倾向，是内在的动机和激励因素。大学生应该根据自己的兴趣，发现那些自己喜欢做或擅长做的事情，并将它们作为自己的目标，以赋予自己的活动更多的乐趣和动力。有的大学生兴趣十分广泛，很容易设定非常丰富的兴趣培养目标。但对于个体生涯发展而言，大学生更应关注的是"职业兴趣"，即既是自己喜欢做的事情，在现实劳动力市场上又有可能的就业机会，且自己通过目标设定和努力积累有机会去实现的事情。例如，一名会计专业的同学对明星经纪人这类职业很感兴趣，但她从没做过经纪人方面的实习，甚至在学校连相关的宣传、运营、协调、组织等实践都没有做过。在职业生涯规划师的共同工作下，她逐渐发现也许可以进入文娱行业从事会计工作，先获得一份实习。这样，既可以了解文娱行业的这些经纪人相关工作内容和性质，又可以发挥自己的专业专长，未来可能还有机会找到新的赛道。

3. 从个人擅长中发现目标

通过认识自己在某个领域的优势和擅长，大学生可以将其转化为具体的发展目标，从而充分发挥自身的潜力。例如，其大学生在数学方面具有出色的能力，他可以设定在数学领域深入研究或参加数学竞赛等目标，以进一步挖掘和发展自己的数学潜力。

善于发现自己的能力优势和潜力对大学生的职业发展非常重要。一方面，绝大部分的用人单位都是根据工作能力或潜力来招人的，如果对自己的能力优势都不了解，无法找到合适的岗位，也无法让用人单位信服你可以胜任工作；另一方面，天赋、能力或潜力分别代表了天生就有的、后天培养的和有待开发的个人能力，他们会让一个人在某个领域做事更有信心，继而迁移到其他的领域。心理学把这种对自己能力的相信称为"自我效能感"。有了自我效能感，大学生在遇到困难或挑战时不会轻易退缩，而是积极想办法、主动协调资源，甚至不断提升和突破能力范围去解决问题。这又能进一步提升其自我效能感，形成正向、积极的循环，最终实现更多、更大的目标。

4. 从社会实践中确立目标

通过参与社会实践，大学生能够了解社会的需求、学会与人相处、掌握职业能力。现实中，有小部分大学生十分回避社会实践，认为他们最重要的事情就是学习，其他事情不能干扰其学习，而且过早的设定了以学习为主的职业目标，如"高校教师"。但实际上，并不是所有重视学习的大学生都适合做高校教师，也不是搞好了学习就只能当高校教师。职业生涯发展把这种未经实践探索就设定目标的现象称之为"生涯早闭"，即过早地关闭了生涯规划的大门，将自己封锁在比较局限的生涯目标之中。正值青春年少的大学生的生活本该丰富多彩，有非常多的可能性和机会，不要让自我封闭限制了人生的可能性。

（二）内驱力激发的方法

1. 学习内驱力的激发

一是将学习目标与个人的兴趣和职业发展目标相结合，寻找学习中的乐趣和意义，从而增强对专业学习的动力和投入。二是设定具体的学习计划，明确每个阶段的学习任务和目标，以此来提高学习的效率和自律性。三是与同学或导师进行交流和合作。通过分享和互动，个体可以获得更多的学习动力和支持。四是了解所学专业的知识结构、就业方向、职业发展等信息，并有针对性地参与各种有利于专业学习的活动。

2. 就业主体内驱力的激发

一是要明确自己的职业目标和发展路径。通过深入了解自己的兴趣、价值观和能力，个体可以确定适合自己的职业方向，并设定明确的目标。二是应积极寻求学习和成长的机会。可以通过参加培训课程、行业研讨会、职业交流活动等，不断扩展自己的知识和人脉资源，促进内驱力的激发。三是关注个人职业发展的长远价值。通过思考自己的职业目标与个人成长、价值实现的关系，个体可以找到动力和意义，保持积极的发展态度。

3. 创业主体内驱力的激发

一是要明确自己的创业理想和愿景。二是寻找创业机会。个体可以积极关注市场需求、行业趋势和创业机会，寻找适合自己的创业项目。与创业导师或成功创业者进行交流和学习，了解他们的经验和故事。要认识到创业是一个充满挑战、风险和机遇的过程，保持良好的心态。三是积极参与各种有利于创业的活动。

（三）执行力强化的方法

1. 提升综合能力

大学生应该树立终身学习观，明确自己想要学习或掌握的知识和技能，制定合理的学习计划，采用有效的学习方法；同时定期检验和评价自己的学习成果，以此提高自己的学习效率和效果，反馈和改进自己的学习过程。对于学习能力之外的职业能力，大学生可以通过参与各种活动、承担任务、解决问题和创造价值等方式来不断地锻炼和应用个人能力。能力只有在实践中养成和展现，它也是每个人职业发展和成功的坚实基础。

2. 做好时间管理

大学时间看似充裕、实则短暂，大家都有了许多可以自己自由支配的时间。为了避免这些时间在刷短视频、玩游戏、网络闲逛上消耗，大学生有必要加强时间管理，促进个人主观时间感知的发展。具体操作时，可以通过制定时间表、确定优先级、消除干扰和保持专注等，以此来充分利用时间资源，避免时间的浪费。还可以不断监督和评估自己的时间管理情况。例如，采用记录时间日志、分析时间分配、总结时间利用经验、改进时间管理方法等，以此来给予自己反馈并优化时间管理过程。通过有效的时间管理，大学生才能更好地组织和安排自己的工作和生活，提高工作效率，减少压力，并创造更多有意义和有成效的时间。

3. 增强社会责任

如今，大学生的"空心病""丧文化""社恐""躺平"和"做自己"氛围盛行，其根源是个体价值感的缺失，也就是漠视他人、淡出社会的态度和意识高涨，觉得诸事与自己无关，更懒得关心他人或参与社会生活。近年来的研究表明，"90后"和"00后"的青年一代，在职场中更倾向于追随内心的声音，拒绝从事他们认为无意义的工作任务[3]。这种倾向不仅反映了社会价值观的转变，也彰显了青年群体在职场中日益增强的主体性[4]。在这种情况下，增强社会责任感，让大学生参与团体活动、为他人服务，甚至创造社会价值，可以将大学生从漠然漠视的风气中找回。人本主义心理学家先驱阿尔弗雷德·阿德勒（Alfred Adler）指出，每个人都有价值感和归属感的深层心理需求[5]。价值感对应的是"我能行"，归属感对应的是"被认可"，反映了自我认同和社会认同两方面。个人价值只有在社会参与中才能得到完整的展现。所以，大学生的能力素质应该应用于回馈国家、满足社会需求、帮助身边人的点滴之中。这样会让自己的价值最大化，实现人与环境的积极融合，也是生涯发展和适应的终极目标。

四、大学生主体性培养的典型案例

小 C 同学是中南财经政法大学某学院一名普通本科生。刚进校时，他听老师和同学们说本专业就业面比较广泛，要做好职业定位，需要搜集广泛信息，明确市场需求，积极提升能力才能接近职业目标。小 C 同学有点为难，这么广泛的工作去向，他要怎么入手呢？

小 C 开始了广泛探索，从学校提供的丰富资源入手，包括讲座、活动、竞赛、师兄师姐等。通过探索，他锻炼自己的能力，也拓展自己对职业世界的了解。同时，他对自己感兴趣的几个就业方向积极争取了实习机会，进一步明确了职业目标：到互联网行业从事产品相关的工作。

"在校期间主动参加全国性的比赛并获奖，在校内学生组织也担任学生干部，同时在金融、咨询、快消行业实习过，并且在校招前有过一次互联网创业经验。广泛阅读拓展了我的知识面，能做到触类旁通，能把积累的知识用到实际情况的分析中。我的思维能力在求职中获得众多企业面试官的认可。比如我面试互联网公司的时候，我会针对每家待面试的企业做好充分的准备，每家公司我都做了厚厚的一本产品体验报告等，跟面试官探讨其企业产品与同业竞品的对比，有理有据，这种勤奋认真的态度以及专业的分析深深地打动了面试官。"

小 C 最终获得腾讯、阿里、百度、小米、yy 语音、酷派等 10 家公司的录用。

"对我来说，大学就没有停下来的一天，珍惜这种不断成长、实现目标的感觉。"

正如小 C 同学的总结一样，自己的主体性使他对所学专业的职业目标产生了迷茫，引导他开展广泛行动与实践，明确生涯发展目标以后又进一步强化了求职的主体性，在面试中本着"多做一点"的态度和专业素养获得心仪工作。小 C 的主体性要素整体协同、缺一不可，而这些要素都是在点滴日常的大学生活中积累的，最终对其求职成功和生涯发展产生了积极影响。

参考文献

［1］Giddens A. The Constitution of Society：Outline of the Theory of Structuration［M］. Oakland：University of California Press，1984：36-45.

［2］方义勇，薛熙明. 流动中的青年女性主体性——基于云南吊草村的道路人类学研究［J］. 中国青年研究，2024（7）：76-82，75.

［3］耿锐. 对"躺平"现象的主体性反思［J］. 内蒙古社会科学，2023（5）：175-181.

［4］张煜婕. 青年主体性与职场文化重塑的社会学探析［J］. 中国青年研究，2024（8）：60-68，111.

［5］Marjorie Taggart White，Marcella Bakur Weiner. 自体心理学的理论与实践［M］. 吉莉，译. 北京：中国轻工业出版社，2013.

高校研究生就业困境与指导路径的研究

——以新闻传播类研究生为例

邹贤帅

（新闻与文化传播学院）

习近平总书记强调，就业是最基本的民生。新闻传播类研究生是未来党和国家新闻宣传的主力军，承载着推动科技创新、促进产业升级、引领社会进步的重要使命。他们在科研、教育、文化等领域发挥着关键作用，其就业质量和去向直接影响着国家的创新能力和竞争力。研究生的良好就业不仅能够实现个人的价值和梦想，还为其提供了进一步发展和提升的平台，有助于个人在职业生涯中取得更高的成就和满足感。

近年来，随着高等教育逐渐普及化，研究生教育规模也在不断扩张，招生数量逐年增加。然而，就业市场的需求增长速度并未与研究生规模的扩张保持同步，从而使得研究生就业竞争日益激烈。当前研究生就业面临诸多困难，如就业机会不足、专业匹配度低、就业质量不高等。这些问题不仅给研究生个人带来了巨大的压力和困扰，也对社会稳定和发展产生了一定的影响。妥善解决研究生就业问题有助于优化人力资源配置，提高社会生产效率，能够促进教育与就业的良性循环，激励更多的人追求更高层次的教育，为社会的持续发展提供源源不断的智力支持，有助于缓解社会矛盾，维护社会的和谐与稳定。

一、新闻传播类研究生当前就业困境的影响因素

（一）教育层面

1. 培养目标不够优化

培养目标是教育的方向标，直接影响着学生的知识结构和能力发展。当

前，高校新闻传播专业研究生的培养目标存在部分与市场需求脱节的问题。一些高校在制定培养目标时，未能充分调研和预测行业的发展趋势和实际需求，导致培养出的研究生无法很好地适应市场变化。同时，一些高校的培养目标仍侧重于传统的新闻理论和业务能力，对新技术、新手段的关注和培养不足。

培养目标的偏差使得研究生在就业市场上缺乏竞争力。部分研究生可能在理论知识方面较为扎实，但在实际工作中所需的创新思维、技术应用和跨领域合作能力等方面存在明显短板。当面对新兴的就业岗位和工作要求时，如社交媒体运营、大数据新闻分析等，部分研究生往往难以胜任，从而限制就业选择范围，增加了就业难度。

2. 课程设置不够完善

在新闻传播专业研究生的课程设置方面，存在一些不合理之处。

一方面，课程内容陈旧，更新速度慢。新闻传播行业发展迅速，新媒体、融媒体、智媒体等新兴业态不断涌现，但部分课程未能及时跟上行业发展的步伐，仍然围绕传统的新闻采编、传播理论等内容展开，对前沿的技术和理念涉及较少。这导致学生所学知识与实际工作需求存在差距，难以在就业中展现出足够的专业优势。

另一方面，课程结构失衡。理论课程占比较大，实践课程相对较少。新闻传播是一门实践性很强的学科，学生需要通过大量的实践操作来提高自己的业务能力。但由于实践课程的不足，学生缺乏实际的项目经验和动手能力，在求职时难以向用人单位充分展示专业技能和解决实际问题的能力。在当今数字化时代，学科的交叉融合越来越紧密。课程的跨学科融合不够导致学生的知识视野相对狭窄，难以应对复杂多变的就业环境和工作需求。

3. 教学方法不够创新

教学方法是影响教学效果和学生能力培养的关键因素之一。在新闻传播专业研究生的教学中，传统的教学方法仍占据主导地位。以教师为中心的单向传授式教学方法较为常见，学生在课堂上的参与度和主动性不足，这种教学方法不利于培养学生的独立思考能力、创新能力和团队协作能力。由于教学资源、师资水平等因素的限制，多元化的教学方法未能得到充分有效的应用。实习实训等实践教学往往缺乏有效的指导和评估机制，学生在实践过程中可能无法得到针对性的指导和反馈，难以达到预期的实践效果，从而影响其就业能力的提升。

（二）学生自身层面

1. 职业规划不清晰

部分研究生在攻读学位期间没有充分思考自己的职业目标和发展方向。他们可能只是盲目地跟随大流选择了读研，却没有深入了解新闻传播行业的各种细分领域和职业路径。这导致他们在学习过程中缺乏重点，无法有针对性地提升自己在特定领域的知识和技能。他们可能会盲目投递各种类型的岗位，而没有根据自己的兴趣、优势和职业愿景进行筛选。这样不仅浪费了大量的时间和精力，还降低了求职的成功率。没有清晰的职业规划容易让研究生在面对就业压力和挫折时感到迷茫和无助。他们可能会因为缺乏坚定的职业信念而轻易放弃原本有潜力的机会，或者在不同的职业选择之间犹豫不决，错过最佳的就业时机。

2. 实践经验欠缺

实践经验在新闻传播领域的就业中起着关键作用，但不少新闻传播专业的研究生在这方面存在欠缺。部分研究生在学习期间过于注重理论知识的学习，而忽视了实践的重要性。新闻传播行业变化迅速，新的媒体形式和传播手段不断涌现，如果研究生不能通过实践及时了解和掌握这些新动态，就很难适应行业的需求。实践经验的不足还体现在研究生对实际工作流程和环境的不熟悉。在新闻报道中，如何与采访对象沟通、如何在紧迫的时间内完成高质量的稿件、如何应对突发情况等，都需要通过实践来积累经验。实践经验不足使他们在就业市场上的竞争力较弱。

3. 综合素质不足

综合素质是新闻传播专业研究生在就业市场中脱颖而出的重要因素。新闻传播工作需要与各种人群进行有效的交流和合作。然而，一些研究生在表达能力、倾听技巧和人际沟通方面存在欠缺，这会影响他们在采访、报道、团队协作等工作中的表现。新闻报道往往需要团队成员之间的密切配合，但部分研究生习惯于独立完成任务，缺乏团队合作的意识和能力，难以适应团队工作的要求。一些研究生思维定式较为严重，缺乏创新意识和创新能力，难以在内容创作、传播方式等方面提出新颖的想法和方案。新闻传播工作常常面临时间紧、任务重、压力大的情况，如果研究生缺乏良好的抗压能力，在面对工作中的困难和挑战时容易产生消极情绪，影响工作质量和效率。

（三）行业层面

1. 行业竞争激烈

传统媒体与新媒体之间的竞争不断加剧。传统媒体如报纸、广播和电视，在数字化时代面临着受众流失和广告收入下降的困境。为了应对这一局面，传统媒体纷纷进行数字化转型，对人才的需求也发生了变化，更倾向于招聘既懂传统新闻采编又熟悉新媒体技术和运营的复合型人才。与此同时，新媒体平台如各类新闻资讯 APP、短视频平台等迅速崛起，吸引了大量用户和广告资源。这些新媒体平台在内容创作、传播方式和商业模式上与传统媒体有很大不同，对人才的需求也更加多样化和专业化。这使得新闻传播专业研究生不仅要面对来自传统媒体同行的竞争，还要与具备新媒体技能和思维的其他专业人才竞争就业机会。

2. 行业门槛提高

随着行业的发展和成熟，用人单位对新闻传播专业研究生的专业知识和技能要求越来越高。不仅要求他们具备扎实的新闻传播学理论基础，还需要熟练掌握新闻采访、写作、编辑、摄影、摄像、后期制作等多种实践技能。同时，对于新媒体技术的应用，如数据分析、社交媒体运营、网络直播技术等也有了更高的要求。这意味着研究生在学习期间需要不断充实自己的知识和技能储备，以满足用人单位的期望。一些知名的媒体机构和大型企业的新闻宣传部门往往对学历背景和毕业院校有着较高的要求。他们更倾向于招聘来自重点高校、具有较高学术水平和研究能力的研究生。这对于一些普通院校的新闻传播专业研究生来说，无疑增加了就业的难度。

3.行业发展的不稳定性

新闻传播行业受到技术变革的冲击较大。随着互联网、移动互联网、人工智能等技术的不断发展，新闻传播的方式和渠道发生了巨大的变化。传统的新闻媒体面临着转型和升级的压力，一些未能及时适应技术变革的媒体机构可能会面临生存困境，从而导致裁员或减少招聘。这使得新闻传播专业研究生在选择就业单位时面临较大的不确定性。新闻传播行业的市场需求波动较大。受到经济形势、社会热点事件、政策法规等因素的影响，新闻传播行业的市场需求会出现起伏。在经济繁荣时期，企业对广告宣传和品牌推广的需求增加，从而带动了相关就业机会的增长；而在经济衰退时期，企业可能会削减营销预算，导致新闻传播相关岗位的减少。

二、新闻传播类研究生就业指导路径

（一）推进专业教育与市场需求相融合，提升教学水平

1.精准化培养目标

培养目标应当紧密结合行业发展趋势和市场需求，既要注重学术研究能力的培养，也要强化实践应用能力的塑造。要确立以培养具有创新精神和实践能力的复合型人才为核心目标。这意味着研究生不仅要掌握扎实的新闻传播理论知识，还要能够熟练运用各种新媒体技术和工具，具备敏锐的社会洞察力和跨学科的思维方式。教育者需要深入了解行业动态和市场需求；定期开展行业调研，与新闻传播领域的企业、机构建立紧密的合作关系，了解他们对人才的具体要求和期望；同时邀请行业专家参与制定培养方案，确保培养目标与实际需求高度契合。

培养目标还应注重培养研究生的社会责任感和职业道德。新闻传播行业肩负着传递真实信息、引导社会舆论的重要使命，因此培养具有高度社会责任感和良好职业道德的人才是教育的重要任务。

2. 优化课程设置

为了提高研究生的就业竞争力，课程设置应当注重多元化、实用性和前沿性。

要打破传统的课程体系，增加跨学科的课程内容。随着新闻传播行业与其他领域的融合不断加深，如与计算机科学、社会学、心理学等学科的交叉，开设相关的跨学科课程将有助于拓宽研究生的知识面和视野。

强化实践教学环节，提高课程的实用性。增加实践课程的比例，让研究生有更多机会参与实际项目的策划、执行和评估。

课程内容要紧跟行业前沿。及时更新教材和教学内容，引入最新的研究成果和行业案例，让研究生了解行业的最新动态和发展方向，培养他们的创新意识和创新能力；设置选修课程模块，让研究生根据自己的兴趣和职业规划选择相应的课程；设置"新闻传播理论研究""媒体经营与管理""影视制作与传播"等不同的选修模块，满足研究生个性化的发展需求。

3. 创新教学方法

传统的以教师讲授为主的教学方法已经难以满足培养创新型和实践型人才的需求，因此需要引入多元化的教学方法。

通过实际的新闻传播案例分析，让研究生深入了解行业的运作机制和问题解决思路。教师可以选取具有代表性的案例，如热点新闻事件的报道、成功的广告营销案例等，引导研究生进行分析和讨论，培养他们的批判性思维和解决实际问题的能力；组织研究生参与学校或社会机构的宣传策划、新媒体平台的建设与运营等项目，让他们在实践中积累经验，提高实际操作能力。

利用现代信息技术开展线上线下混合式教学教师可以通过在线课程、网络教学平台等手段，让研究生可以自主学习和拓展知识。线下教学则注重互动和实践，加强教师与学生之间的面对面交流和指导。

鼓励研究生参与学术交流和竞赛活动。教师可以组织研究生参加国内外的学术会议、研讨会和专业竞赛，让他们有机会与同行交流和竞争，拓宽视野，提高自身的综合素质和竞争力。

（二）推进思政教育与生涯教育相融合，提升综合能力

1. 加强思想引领，培养研究生正确就业观

对于新闻传播专业的研究生来说，树立正确的就业观至关重要。

学校和导师应积极引导学生认识到就业不仅仅是为了追求高薪和稳定，更是实现个人价值和社会贡献的途径。通过开展主题讲座、座谈会等形式，邀请行业内的资深人士分享他们的职业经历和感悟，让学生明白新闻传播行业的多样性和广阔发展空间。

加强对学生的职业规划教育，帮助他们清晰地认识自己的兴趣、优势和职业目标。可以通过心理测试、职业咨询等方式，协助学生了解自己适合的就业方向，如传统媒体、新媒体、公关公司、广告公司等。

要培养学生的社会责任感和使命感。新闻传播行业肩负着传递真实信息、引导社会舆论的重要责任，鼓励学生将个人职业发展与社会需求相结合，积极投身到有意义的新闻传播工作中。

2. 加强就业培训，提升研究生创业就业能力

为提升新闻传播专业研究生的就业创业能力，学校应建立完善的就业培训体系。一是开设实用的课程，如新闻采访与写作技巧、新媒体运营策略、数据分析与应用、公关策划与执行等，使学生在理论学习的基础上掌握实际工作中所需的技能。二是组织模拟面试、简历制作指导等活动，让学生提前熟悉求职流程，提高应对面试的能力。三是邀请企业人力资源专家进行就业指导，传授面试技巧、职场礼仪和沟通技巧等实用知识。

加强实践教学环节，与新闻传播相关企业建立紧密的合作关系，为学生提供实习和实践机会。通过实际工作的锻炼，学生能够更好地了解行业动态和企业需求，积累工作经验，提升自己的就业竞争力。鼓励学生参加各类创新创业比赛和项目，培养创新思维和创业能力。学校可以提供创业培训、资金支持和政策指导，帮助有创业意向的学生实现创业梦想。

（三）推进市场拓展与就业服务相融合，加强帮扶力度

1.深化校企合作，多维访企拓岗促就业

学校应积极与各类新闻传播相关单位、企业建立长期稳定的合作关系。通过签订合作协议，明确双方在人才培养、实习实训、就业推荐等方面的责任和义务，为研究生提供更多的实践机会和就业渠道。定期组织教师深入企业进行调研和走访，了解企业的最新需求和行业动态。这不仅有助于学校及时调整教学内容和培养方案，使其更符合市场需求，还能加强与企业的沟通和联系，为学生就业创造有利条件。

创建校企联合培养模式，共同制定培养计划和课程设置。企业派遣资深员工到学校开设讲座，分享实际工作中的经验和案例，让学生在学习阶段就接触到真实的工作场景和业务要求。同时，学校可以安排学生到企业进行实习，让他们在实践中提升专业技能和综合素质。

举办校企合作的项目和竞赛，鼓励研究生积极参与。这既能锻炼学生的团队协作和创新能力，又能让企业在活动中发现优秀人才，提前进行人才储备。

2.压实一生一策，精准推送招聘信息

学校要建立完善的学生就业信息数据库，详细记录每位研究生的个人情况、专业特长、职业意向等。通过对这些数据的分析，为每位学生制定个性化的就业策略和指导方案。针对不同学生的特点和需求，安排专门的就业指导教师进行一对一的辅导。帮助学生明确职业目标，提升求职技巧，包括简历制作、面试技巧等。

根据学生的就业意愿和能力，为其推荐适合的实习和就业机会。精准推送招聘信息是落实一生一策的关键。利用大数据和人工智能技术，对海量的招聘信息进行筛选和分类，将与新闻传播专业相关、符合学生个人条件和意向的岗位信息及时推送给学生。并且，要确保信息的准确性和及时性，让学生能够第一时间获取最新的就业机会。

建立就业反馈机制，及时了解学生在求职过程中的问题和困难，对就业策略进行调整和优化。对于就业困难的学生，要给予更多的关注和支持，帮

助其克服困难，实现就业。

参考文献

［1］张青松，代伟. 青年高质量充分就业的现实差距与提升路径［J］. 青年探索，2024（4）：82-92.

［2］许琛，唐琳，舒茗溪. 中国式现代化进程中高质量就业的路径探析［J］. 重庆社会科学，2024（5）：107-121.

［3］李玲玲，梁晶晶，许洋. 大学生就业价值取向形成机理及优化机制［J］. 教育发展研究，2024，44（7）：17-25.

［4］郝汉，赵彬，朱志勇. 时间社会学视角下"双一流"高校硕士研究生就业焦虑研究［J］. 大学教育科学，2023（6）：75-84.

［5］李永刚，窦静雯. 疫情冲击下高水平大学研究生就业的整体表现与选择变化研究——以教育部直属高校为例［J］. 学位与研究生教育，2023（5）：35-43.

［6］王彬，郭尚武. 硕士研究生就业困境及政策出路［J］. 现代大学教育，2015（1）：85-87.

人力资源管理视野下大学生职业生涯规划的发展路径探析

沈鹏飞

（经济学院）

党的二十届三中全会提出，教育、科技、人才是中国式现代化的基础性、战略性支撑[1]。科技创新靠人才，人才培养靠教育。大学生职业生涯规划的意义在于推动学生明晰职业发展、适应时代要求、满足就业需求。大学生职业生涯规划是高校人才培养体系中的重要一环。

在数字技术与人工智能不断发展，且个性化、独立意识强烈的"00后"成为主流大学生群体的当下，大学生职业生涯规划也应回应时代发展，更新教育指导理念，以提升人才培养质量。无论是培养高素质人才，还是紧密联系时代规划未来，归根结底，大学生职业生涯规划的落脚点在"人"，即大学生本身。人力资源管理是一门以"人"为中心的学科，在一定程度上与高校的"以生为本"教育理念同频共振。本文聚焦大学生职业生涯规划，结合人力资源管理的学科视野，旨在为大学生职业生涯规划的发展提出可行性建议。

一、人力资源管理六大模块的内涵

在人力资源管理学科体系中，人力资源规划、招聘与录用、培训与开发、薪酬管理、绩效管理、员工关系管理是重要组成部分，也是理论发展的源头和出发点，因而被称为人力资源管理六大模块。若要整体认识人力资源管理，则有必要对以上六大模块的内涵进行明晰。

（一）人力资源规划

人力资源规划是组织制定的发展计划；是在战略发展目标的指引下，通过对未来可能发生的环境变动进行预测，并根据预测结果合理设计的人力资源提供方案。当前，国内经济快速转型，新业态不断涌现，云网智能运维员、智能网联汽车测试员、生成式人工智能系统应用员等新职业层出不穷。数字产业化和产业数字化的发展为大学生提供了多元化的就业选择，同时也带来新的挑战，即如何在时代变革的浪潮中准确定位自身的位置，科学合理地规划自身的发展方向。引入人力资源规划模块中的相关知识，有利于大学生从宏观层面认知外部环境。

（二）招聘与录用

招聘与录用是组织根据职位空缺情况，通过一定的方法吸引、筛选和聘用合格人才以填补职位空缺、满足组织发展需求的过程。如果从组织的需求出发，结合整体的经济形势和社会发展，那么对于大学生，即准职场人而言，如何选择与自身能力相匹配的岗位，成为组织所需的"合格人才"，做到"人尽其用"，就成为职业生涯规划中的重要一环。

（三）培训与开发

培训与开发是指组织通过有计划地培养、训练活动，向员工提供工作岗位所需的知识和技能的过程，该过程不仅包含显性知识的传授，也包含隐性知识的教学。对于组织而言，培训与开发的目的在于提高员工的工作能力，帮助员工掌握工作必备知识、技能，助力其未来的发展[2]；对于大学生而言，则应当从职业生涯规划的课程中建立对选定职业的认同感，掌握职业发展的核心竞争力。

（四）薪酬管理

薪酬管理即组织管理者根据发展目标，确立合理的薪酬政策和体系，以支撑起发展目标的达成。现代人力资源管理思想强调"以人为本，战略性激励"[3]，因此薪酬的覆盖范围不仅包括直接薪酬，也包含间接薪酬，目的在于留住人才、激励人才。大学生应当避免只注重直接薪酬，而应结合附加的间接薪酬，对职位有一个综合的考量。

（五）绩效管理

绩效是组织及个人的履职表现和工作任务完成情况[4]，不仅是一种行为，也是一种结果。从组织的角度而言，绩效与组织的战略目标高度相关；从员工的角度而言，绩效是员工在工作过程中表现出的与工作相关的行为及结果。在知识经济时代，大学生的就业观念也相应发生改变，"交易型"的契约关系逐渐形成，短期性、有限性成为劳资双方的合作倾向[5]。短期和有限的契约关系的另一层含义即为个人成长机遇方面的短视与限制。由此而言，职业生涯规划的课程应推动如下理念的形成——摒弃"绩效至上"观念，通过稳定的雇佣关系促进个人能力的长足发展。

（六）员工关系管理

组织与员工、员工与员工间的关系均属于员工关系的范畴。如果从组织的角度而言，无论是传统雇佣关系中的"家长式"领导，抑或新时代背景下的"服务型"领导，均是以组织战略目标为指引的员工关系管理战略。如果将视角转向微观，对于员工而言，良好的员工关系则包含平等、互惠、人文关怀的理念。特别是伴随着"00后整顿职场"等话题和事件的不断兴起，则更加凸显上述理念在当下大学生群体中的重要性。合作共赢的员工关系不仅是企业管理的核心，也同样有赖于员工个体的通力合作。因此，职业生涯规划课程应当向大学生传授工作过程中的沟通交流技巧，推动以不卑不亢、平等互惠为基础的员工关系的形成。

二、人力资源管理视野在大学生职业生涯规划中的应用价值

人力资源管理强调"以人为本"，是与经济条件、社会环境等时代背景的发展高度相关的一门学科。借由人力资源管理的学科视野，可将大学生职业生涯规划视作适应和联系时代发展，合理制定学习、生活、职业规划的系统性课程。若从课程本身、教师和学生的主体视角出发，则人力资源管理在大学生职业生涯规划中包含如下应用价值。

（一）推动大学生职业生涯规划课程回应时代需求

随着大数据、物联网等技术的兴起及不断融合，人类社会的生活方式、生产方式等发生深刻改变。根据《全球数字经济白皮书（2024 年）》公布的数据显示，2023 年中国数字经济核心产业增加值占 GDP 的比重为 10% 左右[6]，以人工智能为代表的新兴产业将成为未来经济发展的动力源，当今时代也因而被称为"数智时代"。随着政府、企业数字化转型的不断深化，关于"人才"的定义也随之发生改变，单一、专业的技能型人才不再是主流，取而代之的是近年来反复提及的"复合型人才"。这也因而对大学生职业生涯规划课程的育人目标、育人模式提出新的要求。

据研究，职业生涯知识来源于学校的比通过其他途径获得规划知识的具有更明确的职业生涯规划[7]。这表明大学生职业生涯规划课程应更具针对性、指导性，符合时代和社会需求。具体而言，大学生职业生涯规划课程首先应当引导学生认知当前的数字化趋势，并结合职业生涯规划的基础知识、职业测评帮助学生深度认知自身的能力，这一过程中可以引入智慧教学平台、AI 大模型等新技术、新工具。在引导学生接触新兴技术产物的同时，也可以利用精准算法、海量数据实现个性化推荐，为大学生的生活、学习、职业规划赋能[8]。同时，课程也应针对不同年级的大学生展开阶段性指导。例如，大一新生以了解职业生涯规划基础知识为主，大二学生以认知自我、建立职业认知为目标，大三、大四学生以规划发展路径、传授面试技巧、指导就业实践为核心。结合人力资源管理学科中的职业选择、职业发展理论，将课程从课堂推向社会实践中，推动大学生职业生涯规划课程符合时代发展趋势，以新知识、新理念帮助学生积极参与课程学习，满足其个性化的成长需求。

（二）为大学生职业生涯规划课程提供理论指导

目前高校的职业生涯规划的师资力量相对缺乏，且大学生职业生涯规划课程的任课老师多为辅导员或思政类教师兼任[9]。辅导员或思政类教师对于职业生涯规划的理论知识掌握程度有限，课程的专业性、针对性随之受到影响，无法通过较高质量的教学帮助学生建立职业生涯规划的科学认知。

职业生涯规划贯穿于个体的整个生命历程，基础的理论知识和认知是制定职业目标、行动方案的前提。对于暂未进入职场的大学生而言，职业生涯规划课程所讲授的内容是其认识职业生涯的首要途径，也是其提升职业选择、职业规划能力的重要抓手。换言之，教师在这一教育过程中占据主导地位，其专业的理论知识结构、从业经历等有助于深化职业生涯规划的教育内容，以更易于接受的教学方法帮助学生适应当下正在发生巨大变化的社会和职场环境。如前所述，目前大学生职业生涯规划课程的任课教师多为辅导员或思政类老师，在职场认知、学生管理工作等方面虽然拥有丰富的经验，但是职业生涯规划课程的推行需要依靠专业的理论知识、有效的教学方法，而非单纯依赖于经验。

人力资源管理学科将人作为管理的基本单位，将人的才能视作独特的资源，这与当下大学生的个性化发展需求相呼应，且六个模块中的案例、理论等均可为职业生涯规划课程提供指导。更重要的是，人力资源管理学科研究的新主题彰显着如下理念：在知识经济时代，应树立终身学习的观念，摒弃"薪酬至上"与"绩效至上"论，在职业生涯发展的过程中不断提升维持就业的个人能力，在与组织的合作共赢中达成职业目标。这也正是大学生职业生涯规划课程中应当向学生传达的理念，人力资源管理学科正是为此提供了帮助学生看待职业生涯的视角。

（三）帮助大学生合理认识职业生涯规划

根据教育部、人力资源社会保障部公布的数据，2024届高校毕业生规模预计达1 179万人[10]。作为就业市场中的"主力军"，大学生所掌握的技能、自身的综合素质、职业目标是决定其能否就业、实现自我价值的重要因素。对于大学生而言，制定职业目标的过程即为就业与择业价值观的体现，也是明确未来发展方向的重要一步，决定了其在校期间应当针对性学习哪些专业知识、提升哪些方面的竞争力。由此而言，包含职业目标的制定在内的职业生涯规划是大学生"扣好在校期间第一粒扣子"的"压舱石"，也是步入职场、走向社会的"必修课"，决定了其未来较长时间段乃至终生的发展动力。

目前，大学生职业生涯规划课程以传统的规划理论讲授为主要方式，而较少涉及实践内容的教学。虽然课程在一定程度上能够帮助大学生理解职业生涯及其规划的相关知识，但总体而言内容难以与当前快速发展变化的社会环境、职场氛围等相匹配，难以引起"00后"学生的学习兴趣，也难以通过理论有效指导其面对未来职业生涯发展中的实际问题。同时，侧重理论而缺乏实践的单一教学模式导致学生难以将所学知识应用于实际情境中，不仅降低了其学习的积极性和参与感，也忽略了这一学生群体的个性化特征和多元的发展需求。

人力资源管理学科包含时新性理论与实践性环节，引入该学科视野对于大学生职业生涯规划课程而言是一种有益补充。在具体的教学模式中，教师在传授理论知识的基础上，通过互动性强、形式多样的学习方式，如案例分析、小组讨论、角色模拟等环节，创新教学方法，提升学生的积极性和参与感，在实践中引导其正确地认识职业生涯规划，并用理论知识解决职业生涯发展中的问题，增添其对于大学生职业生涯规划课程的兴趣与动力。

三、人力资源管理视野对大学生职业生涯规划发展的启示

职业生涯规划作为大学生对于职业发展目标的预期及制定的行动规划，应遵循、指导性、清晰性可行性、一致与连贯性及弹性原则[11]，即通过职业生涯的规划指导，推动职业发展目标及行动规划在整个生命历程中的清晰可行，并根据内部、外部环境的变化予以动态调整。这也应成为大学生职业生涯规划课程的教学目标。人力资源管理视野具有一定的应用价值，结合前文的认识，该视野对于大学生职业生涯规划的发展具有如下启示。

（一）更新知识结构，符合时代趋势

随着"互联网+"时代的不断发展和变化，紧跟时代步伐、帮助学生了解未来就业市场的动态和前景，成为大学生职业生涯规划发展的应有之义。

传统的大学生职业生涯规划课程以西方的生涯理论作为基础课程内容。一方面，这些理论与"互联网+"的时代环境距离较远，难以有效指导大学生在复杂多变的就业环境中做出合理决策；另一方面，西方的职业生涯理论与当下中国就业市场的社会文化存在一定差异，无法适应日新月异的时代发展趋势。因此，更新大学生职业生涯规划课程的知识结构，对于提升大学生的综合素养、促进人才的有效配置具有重要意义。

人力资源管理强调人才的长期发展规划，注重内外部环境的平衡下人才与组织的匹配度。在市场经济时代，中国的本土企业已经做出许多人力资源管理方面的有益探索。例如，"华为立宪"将以人为本的管理理念融入华

为"DNA"；腾讯借助大数据，将 SSC 升级为 SDC，自上而下实现"一个腾讯"[12]；小米公司通过粉丝参与实现产品快速迭代的"粉丝人力资本"模式[13]。这些本土案例体现了对于中国就业市场和社会文化的深入理解，同时也是对中国本土元素和行业新兴趋势的重要解读。大学生职业生涯规划应当改变以西方生涯理论为主的课程内容，更新知识结构，将中国最前沿的行业动态、技术趋势、职业发展路径等内容纳入教学范畴，帮助学生以更加准确的方式评估自我、定位职业方向，进而增强其对于未来就业市场的认知。

（二）融入思政元素，重视价值塑造

"互联网+"时代下，"间隔年""慢就业"等现象的流行反映了当下大学生群体的多元就业价值观。在人力资源管理视角下，大学生职业生涯规划教育应当承担起引导学生树立正确就业观和择业观的重要使命。

人力资源管理的核心在于"人"，在课程中融入思政元素，有利于帮助学生树立正确的世界观、人生观、价值观，明确个人发展目标与社会责任担当之间的内在联系。思想政治教育强调思想引领作用，理想信念则是大学生职业生涯规划的内在动力[14]。目前，大学生职业生涯规划课程以辅导员和思政类老师为主，在思想政治教育方面具有独特优势。在具体的授课过程中，任课教师应当通过引入中国特色社会主义的职业生涯范例，结合"中华民族伟大复兴中国梦""小我融入大我"等理念，向学生阐释新时代背景下关于"优秀职业生涯"的定义：无论身处何种行业，只要能够扎根人民、奉献国家、以真才实学服务社会，就是个人不断升华和闪光的职业生涯。将思政元素与大学生职业生涯规划课程相融合，不仅能够增强学生对于国家和社会的认同感，落实"立德树人"的根本任务，也能够帮助学生对职业生涯拥有更为深入的思考，做出合理的职业选择，为培养出"有理想、有本领、有担当"的青年学生提供有力支撑。

（三）健全实践机制，感知职涯规划

从人力资源管理的角度来看，完善的职业生涯规划教育体系有利于增强大学生提升自身的职业竞争力，促进其从校园到职场的顺利过渡；也有利于组织获取高质量人才，实现可持续发展。

对于目前大学生职业生涯规划课程中存在的"重理论而轻实践"的问题，应加强对于实习项目的管理，健全实践机制，将"第一课堂"与"第二课堂"融合，确保学生在真实的工作环境中获得宝贵的职业经验。例如，加强与企业的沟通合作，建立实习导师制度，校内的职业咨询导师和校外的业界导师共同为学生的实习提供指导和建议；推动学生积极参加与职业生涯规划有关的社会实践，引导其在实践过程中感知职业生涯规划的重要性，充分锻炼自身的职业能力和素养，为未来的职业发展奠定坚实的基础。

参考文献

［1］新华社．中国共产党第二十届中央委员会第三次全体会议公报［EB/OL］．（2024-07-18）［2024-10-18］．https://www.gov.cn/yaowen/liebiao/202407/content_6963409.htm.

［2］诺伊．雇员培训与开发［M］．北京：中国人民大学出版社，2015.

［3］李宝元．现代组织薪酬管理演化的历史脉络及前沿走势——基于历史与逻辑相统一的文献梳理及理论透视［J］．财经问题研究，2012（7）：3-10.

［4］方振邦．公共部门人力资源管理［M］．北京：中国人民大学出版社，2014：234.

［5］凌玲．新型雇佣关系背景下雇佣关系稳定性研究——基于可雇佣能力视角［J］．经济管理，2013，35（5）：63-71.

［6］新华网．数字经济将迎来多重政策利好［EB/OL］．（2024-07-03）［2024-10-18］．http://www.xinhuanet.com/fortune/20240703/9b6ca4dc657f4f698856bcc503129640/c.html.

［7］孟祥敏．大学生职业生涯规划影响因素研究——基于长三角9所高校的调研数据［J］．中国青年社会科学，2020，39（4）：94-102.

［8］应好，蔡飞扬，杨雪倩．人工智能赋能大学生职业生涯规划教育的路径探索［J］．中国高等教育，2023（Z3）：35-38.

［9］赵梓丞，曹迎．大学生职业生涯规划指导存在的问题与对策

〔J〕．高等工程教育研究，2019（6）：114-117.

〔10〕新华社．2024届高校毕业生规模预计达1179万人〔EB/OL〕．（2023-12-06）〔2024-10-18〕．http://www.news.cn/2023-12/06/c_1130010772.htm.

〔11〕董克用．人力资源管理概论〔M〕．北京：中国人民大学出版社，2015：240.

〔12〕马海刚．移动互联网时代腾讯HR SDC的新生态〔J〕．中国人力资源开发，2015（18）：6-10，19.

〔13〕杨学成，陶晓波．从实体价值链、价值矩阵到柔性价值网——以小米公司的社会化价值共创为例〔J〕．管理评论，2015，27（7）：232-240.

〔14〕高加加．课程思政视域下职业生涯规划课程价值与建构〔J〕．中学政治教学参考，2023（35）：81-84.

大学生职业生涯规划教育
与人才培养质量研究 [①]

易　育　姚　尧

（法律硕士教育中心）

一、大学生职业生涯规划教育的发展现状

随着社会的快速发展和就业市场的竞争加剧，大学生职业生涯规划教育日益受到社会、高校和学生的重视。大学生职业生涯规划教育在政策支持、实践环节、学生意识等方面取得了显著进展。

（一）政策引领与支持

近年来，政府高度重视大学生职业生涯规划教育，先后出台了《教育部办公厅关于推荐全国普通高校毕业生就业创业指导委员会委员的通知》（教学厅函〔2021〕2 号）、《中共中央办公厅 国务院办公厅印发〈关于推动现代职业教育高质量发展的意见〉》等政策性文件。这些文件高度强调职业生涯规划教育对于保障大学生就业的重要性，并提出应当提升高校毕业生就业创业能力的人才培养目标。在教育部的引领下，各高校积极响应开设"生涯教育"课程，构建实践平台，努力帮助高校毕业生走好迈向社会的第一步，为社会主义现代化国家输送高质量的人才后备军。

（二）高校教育实践与深化

高校是大学生职业生涯规划教育的摇篮，也是大学生了解就业创业知识的重要场所。随着大学生职业生涯教育体系的深化改革，部分高校正逐步加

---

① 本文系湖北省教育科学规划 2022 年度专项资助一般课题"高校毕业生就业创业专项：以人才培养质量为导向的湖北省高校生涯教育研究"（课题编号：2022ZB05）的阶段性研究成果。

强相关课程建设和实践活动，如高校就业服务从线下转为线上[1]、开设职业发展与就业指导的选修课、举办职业规划大赛、鼓励学生参与实习和社会实践，以提高学生的职业技能和就业竞争力。

（三）大学生求职需求与意识提升

高校毕业生人数的不断增加，就业市场竞争的不断加剧，越来越多的大学生开始加入职业生涯规划的队伍，主动向学校与老师寻求就业方法与创业渠道。此种"双向发力"的现象，让高校的大学生职业生涯规划教育更加关注课程的务实性与针对性。"授人以鱼不如授人以渔"，高校要以切实解决大学生在职业生涯规划方面的困惑难题，为其制定清晰的职业定位与生涯规划为终极目标。

二、大学生职业生涯规划教育面临的困境

尽管目前大学生职业生涯规划教育得到了一定程度的发展，但仍然面临一些不足与困境。高校应当进一步转变教育观念，完善职业生涯教育的体系化建设，充分结合大学生就业的实际情况，提供职业规划方面的专业指导和实践平台。

（一）观念困境：缺乏对生涯教育的系统认识

高质量充分就业是经济社会发展的优先目标，尽管国家重视职业生涯发展，并有一些地区尝试生涯规划教育，但高校生涯教育长期被边缘化。调查显示，生涯教育课程多为通识选修课，学分少，必修课形式的高校少，时空安排紧张，影响课程质量[2]。部分高校误将生涯规划视为就业管理部门职责，与专业院系等部门脱节，使生涯教育处境艰难。课程多安排在大一或大四，且集中在学期初或末，学生易受专业课程压力影响，难以充分参与。中年级这一"黄金时期"常被忽视，大二、大三学生缺乏职业规划教育，影响低年级学生规划后劲和高年级学生应对就业压力的能力。

（二）实践困境：生涯教育教学方式缺乏多样性

高质量充分就业是经济社会发展的优先目标，生涯教育内容与大学生发展契合度低，缺乏贴近青年生活的话语和鲜活案例引导。高校在生涯教育中

未充分融入新时代价值理念，体系薄弱，缺乏目标愿景、支撑保障等，难以激发全校育人积极性。"以赛促学""以学提能"是大学生积极参与职业生涯教育的重要契机。高校不应仅限于理论教学，而应通过职业规划大赛等活动激发学生规划意识，鼓励师生创新实践活动，并加强宣传动员。此外，生涯教育课程与专业教育、实践活动脱节，缺乏针对性指导。职业生涯规划教育课程内容滞后，高校不重视就业数据智能化平台建设，未能利用数字工具提供个性化建议，这导致学生对未来职业市场判断不准，不利于融入数字经济发展。

（三）师资困境：生涯教育教师培训评估体系

职业规划导师对大学生职业规划至关重要，但高校未给予职业规划教育与专业课程同等重视。资源投入不足导致专业人才匮乏，教学团队单一，多由思政教师或辅导员兼任，他们专业背景和行业联系有限，难以提供多元化指导。同时，指导教师专业化程度低，缺乏实操经验，且培训机会少，难以适应就业市场变化。生涯教育课程师资专业化不足，主要由辅导员等兼任，教学效果不佳[3]。此外，评价手段缺乏，指标流于形式，无法有效反馈人才培养和专业调整。

三、大学生职业生涯规划教育在提升人才培养质量中的重要性

（一）有效引领大学生全面发展与成长成才

高等教育不仅承载着传授知识的重任，更肩负着培育德智体美劳全面发展的社会主义建设者和未来接班人的崇高使命[4]。在高等教育的全过程中，毕业生的就业工作是连接教育输入与输出的关键环节，必须深刻认识到生涯规划在学生成长成才的道路上扮演着至关重要的角色，引导学生科学合理地规划职业生涯，推动他们的全面发展。生涯规划并非单纯的知识传授，而是引导学生认识自我，思考为何而出发、将抵达何方，为他们成长成才明确方向[5]。借助生涯规划教育，学生们将更加自信坚定地迈向未来，并勇敢地追求自己的人生目标。

（二）协同促进创新型应用型人才培养

高校欲精准化培养兼具创新精神和实践技能的人才，优良的职业生涯规

划教育显得举足轻重。在多方协调促进创新型应用型人才培养这一过程中，高校与产业能实现教学、产出和创新的交叉促进。目前国内众多的创新创业赛事均体现"创新驱动、赋能就业"这一理念，高校配合采用"理论学习＋实践训练＋竞赛参与"的教育模式，可以加深学生对专业知识的掌握，实现理论与实践的有效融合。高校积极激励学生参与高层次的学科实践竞赛和创新就业活动，不仅能够提升学生的思维格局和实践技能，还能在竞争与合作的环境中激发学生的领导力和团队合作能力。这些经验将成为大学生未来职业生涯中的宝贵资产，帮助他们在职场竞争中崭露头角，成为具有创新思维和实际操作能力的实用型人才。因此，将生涯规划与创新创业教育紧密结合，是培养创新型应用型人才的有效策略，对于提高高等教育的整体质量具有深远影响。

（三）提升国家战略人才驱动力

职业生涯规划教育通过专业的性格测评、兴趣分析、能力评估等工具，有助于学生自我认知的提升[6]。在职业生涯规划的教育过程中，大学生主动参与并认识到学习不仅仅是为了应付考试或者获得文凭，而是为了满足职业发展的需求和实现个人价值。这种终身学习的观念有助于高校学生在毕业后，迈入职场时继续学习和成长，不断提升自己的综合竞争力。职业生涯规划教育能够使大学生树立起明确的职业目标，这是大学生摆脱"大学迷茫期"的一剂精准良药，促进其有针对性地规划在高校生活期间的学习和实践安排，提高学习效率和职业技能发展的速度。同时，在专业的老师指导下，学生可以根据自己的兴趣和能力，结合职业市场的需求，有序制定短期和长期的职业目标，不断调整学习方向，适应不断变化的就业环境。

四、创新大学生职业生涯规划教育的路径探索

（一）高校层面

1. 在设计生涯规划就业课程时贯彻思政教育

贯通式教育模式的目的在于培养具有社会责任感、创新精神和实际操作

技能的高素质人才，为社会经济高速发展和国家的繁荣兴盛贡献积极力量。根据教育部发布的《高等学校课程思政建设指导纲要》，高校应将思政教育贯穿于整个人才培养体系之中，构建科学合理的课程思政教学体系。这样做的目的是确保高校课程思政的理念在大学生职业教育中形成广泛共识。高校应当将学科特色和本校学生的专业特色与课程思政相结合，从而使大学生职业生涯规划教育通过公共基础课程、专业教育课程和实践类课程的形式，覆盖到每个年级、每个阶段的大学生，全面提高学生的综合素质。此外，督促高校围绕思政理念实施职业生涯规划教育的体系构建，加强政策、协调配套、统筹各类资源，支持课程发展也是必不可少的。在职业生涯规划课程中强化社会主义核心价值观的教育，能有效地引导学生树立正确的职业观和人生观。以特色社会主义新时代经济发展为导向，培养大学生主动担当时代重任，兼顾个人发展与国家需求。构建创业教学、创业培训、创业竞赛、创业实践、创业研究"五位一体"的创新创业教育工作体系，健全"院—校—省—国"四级竞赛体系，引导更多学生参与高水平学科竞赛与科创活动，以赛促教、以赛促学、以赛促创[7]。

2. 完善教学团队的建设

高校组建专业完备的大学生职业生涯教育团队是一个系统工程，应确保有足够的资源和政策支持，促进职业生涯课程教师团队的建设和发展。针对不同的就业专业领域，要吸收多元化学科背景的教师参与课程教学与实践就业指导，必要时，组织校外创业就业导师与校内专职教师交流培训，提升校内就业指导教师的教学能力和专业水平。另外，高校可以利用现代信息技术建立生涯规划虚拟教研室，促进教师之间的教研交流与合作，建立有效的评估和反馈机制，于年中与年末时调查各年级学生实习率与学生就业率，定期检查就业指导团队的工作成效，确保教学质量和内容的更新，并根据反馈进行调整和改进课程内容。

3. 搭建数字化与实体化紧密结合的职业生涯规划平台

新质生产力背景之下，搭建精准的"数智化"的职业生涯规划教育平台是多元价值的选择，其重点在于要为大学生创建一个综合性的动态就业生态系统，让学生充分了解行业动态和未来趋势。在平台中可以搭配多种职业测评工具，方便学生更好地了解自己的兴趣、能力、价值观以及职业倾向，随时评估自己的职业优劣势和技能长短处。"数智化"线上平台中包含实时更新可供调用的职业信息数据库，让学生能够了解不同职业的工作内容、所需技能、发展前景等，帮助学生做出更明智的职业选择。高校还可以利用平台大数据分析学生的就业情况和职业规划行为，挑选指导老师为学生提供一对一的职业规划辅导服务，包括个性化建议和线下指导，帮助学生解决职业发展中遇到的难题。

4. 打造校企合作品牌，贯彻产教融合机制

高校与企业双方遵循互利共赢的原则进行优势互补，将高校的理论教育和企业的实践机会相结合，达到高等院校和企业协调对接、资源整合的效果。"产业"能够让学生感受到实际的工作环境，获得宝贵的工作经验和专业技能。学生在产业环境中不仅能够锻炼专业知识，还能提升职场沟通、团队协作等职业交流技巧。这些技能都是大学生打好职业生涯基础的必备因素，有利于大学生未来的就业和职业发展。企业与高等院校之间的联合培养还可以让企业提前发现和选拔校内优秀人才，为学生提供更多实习和就业机会，实现校园到职场的零距离式"校企双赢"。产教融合机制的最大优势体现在产学合作的实践活动研发，高校理应善用产教融合机制，引导学生积极参与企业策划的创新项目，再通过项目验收检验高校学子社会职业化适应水平，培植其创新思维和解决问题的能力。产教融合机制既能增强职业生涯教育的实用性和前瞻性，又能帮助学生更好地理解行业需求，掌握未来职场所需的关键技能。这些经验将为学生未来的职业生涯打下坚实的基础，提高他们在就业市场中的竞争力。

（二）社会层面

1. 利用政府和社会公益资源，提供大学生职业发展指导

在大学生就业工作中，政府与社会不应当缺位，而应当主动补位。一方面，高校应当呼吁民政部门加强对大学生就业的政策指导和决策部署；另一方面，

高校应当倡导社会组织扩宽就业路径，面向大学生开放就业绿色通道。例如，政府可以出台相关激励方案，鼓励社会企业团体支持和帮助高校教师进行职业生涯规划课题研究，或向应届就业生提供就业补贴、创业基金等资金援助；还可以联合社会公益团体组织举办职业技能大赛、就业嘉年华等活动，吸引广大高校学子参与，提升大学生的就业兴趣，打造好口碑、高质量的社会组织就业品牌。

2.借助行业协会和就业辅导专业机构的力量，拓宽大学生的职业视野

行业协会和专业机构拥有丰富的行业资源和就业专业知识，可以为大学生职业生涯规划教育提供有力的支持。由行业协会牵头，建立良好的职业发展网络，连接学生、高校、就业实训基地，形成一个互助合作的职业发展互动网格，定向为学生提供行业发展趋势预测分析，帮助高校毕业生了解行业内部的发展前景和职业机会。就业辅导专业机构则可以提供专业认证和经验分享交流，帮助学生实施创业项目和培训技能证书。在行业协会和就业辅导专业机构的合作中，高校毕业生会拥有更加广泛的实习就业机会、行业资源和行业人脉。

五、结语

新就业形态下，大学生职业生涯规划教育类课程亦始终不断地更新。职业生涯规划课程不仅仅有利于学生自身的个人发展，也有助于高等院校储备人才、服务社会。为此，高校应当不断地精炼大学生职业生涯教育的理论课程，扩宽大学生就业创业的实践路径。"改革发展是关键破局之力"，高校理应继续深化职业生涯规划教育课程的改革，积极致力于与社会各行业搭建合作平台，构建大学生多元化的职业发展体系，为大学生的职业生涯规划提供有力支撑。高校要始终坚持为国家培养更多具备清晰职业规划和高就业竞争力的毕业生，为大学生铺设更加坚实的职业发展之路，为国家繁荣和民族复兴贡献力量。

参考文献

［1］陈勇，经晓峰.高校精准就业的实施机理和路径选择［J］.思想

理论教育，2020（9）：108–111.

［2］胡昌翠．青年向何方：党的青年工作重要论述融入生涯教育的多维阐述［J］．中国大学生就业，2024（8）：21–30.

［3］姜维，卢鹏．大学生职业生涯规划教育在提高人才培养质量中的作用及路径探索［C］//中国武汉决策信息研究开发中心，决策与信息杂志社，北京大学经济管理学院，决策论坛：系统科学在工程决策中的应用学术研讨会论文集．黄河科技学院信息工程学院，2015：2.

［4］梁伟，马俊，梅旭成．高校"三全育人"理念的内涵与实践［J］．学校党建与思想教育，2020（4）：36–38.

［5］陈衡．加强生涯规划指导促进学生成长成才［J］．湖南教育（A版），2023（4）：23–24.

［6］陈媛媛．就业指导与职业生涯规划共同助力高校学生高质量就业的建议［J］．中国就业，2024（5）：77–78.

［7］国务院办公厅．国务院办公厅关于进一步支持大学生创新创业的指导意见［J］．中华人民共和国教育部公报，2022（Z1）：2–5.

新质生产力发展背景下复合型人才培养与大学生就业

周　琼　巩震鲁

（经济学院）

习近平总书记在 2023 年 12 月的中央经济工作会议上首次提出了"新质生产力"的概念和发展新质生产力任务，在 2024 年 1 月的中共中央政治局集体学习时对新质生产力进行系统阐释，在同年 3 月的全国两会期间为发展新质生产力指明行动路径。习近平总书记不断拓展和深化新质生产力的理论内涵和实践要求，为高校在培养复合型人才推动大学生就业高质量发展方面提供了科学指引。

马克思指出，劳动过程的简单要素是劳动工具、劳动对象和劳动资料[1]。生产力在三大要素协同作用下不断发展，新质生产力与传统生产力不同，其劳动者要求也具有显著差异。新质生产力中的劳动者是具备高知识储备、高专业技能、高创新能力的高素质劳动者[2]。因此，新质生产力的发展迫切需要培育复合型人才，发挥高人力资本的知识效应。另外，根据世界经济论坛发布的《2023 年未来就业报告》测算，在未来 5 年全球企业预计创造的 6 900 万个新的工作岗位中，增长最快的工作类型与人工智能和数字化驱动相关，高技能复合型人才需求较旺，但目前我国此类人才比较稀缺。

就业作为最大的民生工程，关系到人民福祉和社会稳定，而大学生就业问题往往引发社会公众关注。党的二十届三中全会明确强调"完善就业优先政策"，构建更加完善且高效的高质量充分就业促进体系。新质生产力的提出和深入发展，为大学生群体就业带来了挑战和机遇，带来了就业增长的促进效应、结构优化效应和创新引领效应[3]。培养复合型人才不仅要依托新质生产力发展的机遇，拉动人才培养，更好发挥人力资本优势，促进就业；还要通过人力资本的提升，进一步推动新质生产力的发展，形成人才培养、促进就业和经济发展的"三赢"局面。因此，探究新质生产力发展背景下复合型人才的培养对促进大学生就业具有十分重要的意义。

一、新质生产力发展下大学生就业新机遇和新挑战

（一）新机遇：新质生产力带来就业契机

中共中央、国务院发布的《扩大内需战略规划纲要（2022—2035 年）》（以下简称《纲要》）指出，要发挥"三新"即新产业、新业态和新模式在挖掘就业潜力中的重要作用。纲要提倡依托知识与创新平台的发展，进一步拓宽就业渠道。新质生产力以其灵活多样的用工需求，弥补了传统行业低迷所导致的就业萎缩，激发了数字人才和信息人才的创业活力，从而进一步促进了高质量的自主就业[4]。新质生产力发展给大学生就业带来新的机遇。

首先，新质生产力发展增加大学生就业收入提升的可能性。就业收入的提升源于宏观经济高质量发展，新质生产力赋能社会经济发展，优化资源配置效率，产生规模效应，促进高附加值产品生产，拉动经济增长，改善就业人员最低工资水准。高技能就业人员要求高工资，由于人力资本市场的差异性，附加工资刚性，拉动整体社会工资增长，出现福利扩大现象，技能溢价给高质量就业人员尤其是复合型、创新型人才带来薪酬优势。

其次，新质生产力发展促进大学生就业环境的持续优化。当前宏观经济发展波动起伏，但整体向好态势没有变，新质生产力发展助力宏观经济环境优化的同时，也助力宏观就业环境的改善，更多的就业岗位提供了更多的就业机会。从新质生产力的内涵来看，"新"涵盖了新技术、新产业和新业态的三大核心内容，而"质"则体现了通过颠覆性和创新性技术推动高质量发展的深刻内涵[5]。新质生产力发展下以平台经济、零工经济和共享经济为代表的新经济业态，催生新兴业态新型职业和新兴职业，高质量就业岗位需求增加，岗位供给的增多，缓解部分大学生就业压力，为综合素质和技能型大学生群体提供了更多岗位和机遇。

最后，新质生产力发展促进大学生就业能力的不断提高。面对新质生产力下的经济环境变革，大学生部分群体主动应变，学习和培育新技能以满足

新岗位需求；同时，大学生部分群体对外部环境的被动性感知，被动性学习新的工作技能，满足岗位要求。这种内生主动性和外部被动性促进大学生群体就业技能和应变能力的不断提升。加之数字技术广泛应用，扩展就业信息渠道，提升信息感知能力，一定程度增强劳动力 – 岗位动态匹配程度。

（二）新挑战：传统就业市场竞争激烈，但高质量岗位人才短缺

新质生产力发展下，大学生的就业问题呈现出新旧交织的复杂局面。一方面，大学生就业市场竞争激烈，导致就业压力不断增加，同时摩擦性失业和就业脆弱性问题也日益显著，尤其在经济周期波动的背景下更为突出。据相关调查显示，近八成大学生认为就业难。另一方面，中国正处在高质量发展关键时期，工业化发展也已进入中后期阶段，新一轮产业革命正在兴起。这意味着技能单一、创新能力低下及融通能力不足的传统劳动者，已无法满足新时期的生产力需求；企业招工难问题突出，一线普工常年短缺，技能人才的求人倍率多年来处于 1.5 以上[6]；高质量人才的就业岗位存在明显的供给不足，难以适应新质生产力发展的需求。当前社会更需要知识型、智能型和创新型的劳动者，这就不可避免地产生就业的结构性矛盾，即劳动力结构和经济结构不匹配，就业者专业技术水平与工作岗位要求不适应，出现"有人无岗"和"有岗无人"的新旧就业问题交织情况[7]。这种传统就业压力问题与新的劳动力需求之间的矛盾不断加剧。更值得注意的是，随着新质生产力而来的新业态、新服务、新制造，为青年人提供更多就业机会的同时，也带来了就业的不稳定性和替代效应，部分技能缺乏者被劳动力市场淘汰。

二、复合型人才培养打通就业和需求"堵点"

为了应对就业的新旧挑战，抢抓新时代就业机遇，在快速变化的时代背景下，具备多学科知识和跨领域能力的人更能占据竞争优势。复合型人才的培养在提升大学生个人竞争力方面起着至关重要的作用，也为解决新旧就业难题提供了新的途径。培养复合型人才是应对时代发展需求的必然选择。

复合型人才是指具有两个或两个以上专业或学科领域的基本知识和基本能力的人才[8]。复合型人才不仅在某一领域具有深厚的知识基础和专业技能，

同时又具备跨学科、跨领域的知识和能力，涵盖知识复合、能力复合、思维复合等多种具体含义，能够适应不同环境和挑战，"多才多艺"，大展身手。复合型人才的培养能够提升大学生在就业市场优势，满足新质生产力发展较高的人力资本诉求和社会对高质量就业的需求，实现个人职业发展与社会经济进步的双赢局面。2021 年，教育部设置集成电路科学与工程等"交叉学科"门类。2023 年，北京大学、中国人民大学、南开大学、中南财经政法大学等，立足时代发展，设立数字经济学学科，以数字经济人才培养带动新质生产力人力资本的提升。越来越多的高校以新文科、新工科等交叉学科建设促进人才培养，"AI+""智能 +"学科建设如火如荼。

与单一技能人才相比，复合型人才具有两大显著特征：融通性和创新性。以两大特征为出发点，探究在新质生产力发展背景下复合型人才培养与大学生就业的互动关系，更清晰地明确打通"堵点"两大逻辑链：其一，通过复合人才培养，促进新质生产力发展，进而促进大学生就业打通传统就业问题"堵点"；其二，新质生产力发展和复合人才培养，促进个人能力提升，进而满足新时期岗位诉求打通新就业问题"堵点"。通过两大逻辑链，我们能够更清晰地了解复合型人才培养在新发展情景下助力大学生群体实现高质量就业的重要作用。

融通培养复合型人才，为大学生带来更多就业选择。不同学科的融通、理论和实践的融通为复合型人才未来就业打下丰厚的多元化知识和技能基础。第一，新时期下就业竞争加剧，多学科组合使得大学生具备适应就业岗位知识与技能。复合型人才更广泛的知识结构和综合能力，能够更好地应对复杂多变的工作需求，从事更为复杂的劳动，尤其是脑力劳动，增强个人在就业市场上的竞争力。第二，新质生产力发展下，信息技术与产业发展紧密融合，数字信息技术的掌握不仅需要单一性学科知识，还需有一定特定技能尤其数字技能。复合型人才培养融通不同知识，能够提升大学生知识学习能力，形成持续学习的优势，增强环境适应性，能够更快适应岗位提出的新要求。第三，在科技迅速发展的今天，劳动力市场面临着由人工智能带来的劳动力替代危机。复合型人才具备更强的适应性和竞争力，降低被替代的风险，成为 AI 等技术的掌控者，而非数字技术之下的失业者，增强新质生产力发展背景下就业稳定性。

复合型人才培养带来知识效应，人力资本创新水平提升培育新质生产力发展。新质生产力突出特征在于"新"，新质生产力的发展把创新放至重要地位。复合型人才创新特点能够满足这一特征需求，适应新质生产力发展的宏观就业环境。第一，复合型人才的创新以其融通性为基础。复合型人才培育的融通性特征加大了创新的可能，满足新质生产力下高质量岗位需求。第二，复合型人才培养增强更多创新空间。创新能力不仅是个人职业发展的重要驱动力，也是社会整体进步的重要引擎。系统性的多学科教育，使得大学生能够形成广泛的知识网络，从而提升综合素质和创新能力，在岗位遇到的问题能够寻求更多创新性解决方式。第三，复合型人才的创新特征，提升了人力资本的整体创新水平，从而产生更多创新生产力，促进新质生产力的发展，进而形成"复合型人才培养—促新质生产力发展—提供更多高质量岗位—促进高质量就业"的良性就业的逻辑循环。

三、多举措推进复合型人才培养，助力大学生高质量就业

（一）推动人才培养：高校动态培育复合人才，改善人才供给侧结构

2021 年，习近平总书记在中央人才工作会议上强调，高校特别是"双一流"大学要发挥培养基础研究人才主力军作用，着力培养一批具有高水平知识复合型人才。高校不仅要成为大学生接受高等教育的"站台"，也要成为大学生就业的"出发站"，为新质生产力输送更多适岗就业人才，推动人才供给侧结构性改革。

第一，高校应注重交叉学科建设，打牢就业人才知识基础。在人才培养方案的制定上，发挥基础学科支撑和引领方面发挥关键作用，并将行业战略需求与人才培养紧密结合促进人才培养与就业需求的同步发展，因时因势调整。高校还应充分发挥学科建设的作用，完善学科建设体系，并科学设置学科交叉研究机构；要重视数字素养的培养，以科学精神和创新意识为核心，提升融通和创新能力。

第二，实践教学是培养复合型人才的重要手段。高校应鼓励学生通过实习、项目实践等方式，将理论知识应用于实际工作中，以提升实践能力和应变能力，在实践经验积累中逐步灵活运用交叉知识，达到就业要求，积累就业经验。

第三，高校还应发挥校企合作的桥梁作用，积极开展访企拓岗，密切关注就业市场的变化，定期开展就业帮扶。在完善市场主体、科研机构与高等院校之间的协同创新机制的基础上，探索建立资源共享、人才共用、利益互惠和风险共担的合作创新模式，推动人才培养与行业发展的良性互动，实现复合型人才的动态培育，及时满足就业需求，有效解决就业问题。

（二）促进企业发展：促进科研成果转化，增强复合人才岗位供需衔接

企业应建立有效的科技成果转化机制，促进科研成果转化为实际生产力。

首先，以企业布局推动新质生产力发展，通过供给侧结构性改革，加快淘汰落后产能，并推动传统产业的转型升级，支持高新技术产业和战略性新兴产业的发展，提升产业附加值，从而创造更多高质量的就业机会。

其次，以新质生产力发展赋能企业变革，充分发挥新质生产力赋能作用。尤其是高端制造业领域，应该重点促进高质量就业，提前布局数字产业、信息产业等未来产业，打造现代化企业和数字经济的新就业领域，为数字化与知识化复合人才提供有为机遇。在金融等服务行业，发挥新质生产力赋能作用，不仅为复合型人才培养提供合适的岗位，也要通过这些人才推动服务业内部的变革，加快新质生产力的企业变革作用，发挥新质生产力和复合型人才在就业方面的互动促进作用。

最后，构建良好的劳动力供需对接系统，利用信息技术，构建动态匹配的复合型人才与岗位的机制，确保人才的合理分配，使得"人尽其用"，保证岗位技能需求与劳动力综合素质的高度匹配，从而提高整体就业质量。

（三）优化就业服务：社会健全公共服务体系，优化复合型人才就业环境

第一，构建覆盖广泛的公共就业服务网络，为复合型人才就业提供良

好保障。通过合理配置就业服务机构和人员，打造覆盖广泛、贯穿全程、便捷高效的公共就业服务体系。发挥该体系在扩大就业规模、优化就业结构的作用。

第二，搭建数字平台促进复合型人才的有效就业。通过搭建跨领域、跨行业的交流平台，拓宽职业发展路径，实现个人价值与社会贡献的双重提升。例如，贵州安顺近日推出"安心干"平台小程序，搭建平台以实现"人-岗"的精准匹配，成为数字民生省级典型样本，建立精准识别、精细分类和专业指导的就业服务模式是促进高质量充分就业的重要途径，提高劳动市场的供需匹配效率。

第三，应该加大对复合型人才的补助和扶持力度，在合理范围在政策制定上应有所倾斜，减少复合型人才在就业过程中的"后顾之忧"激发创新创造活力，深度推动新质生产力发展和复合人才就业的互动。

参考文献

［1］马克思恩格斯文集：第5卷［M］．北京：人民出版社，2009．

［2］胡莹，方太坤．再论新质生产力的内涵特征与形成路径——以马克思生产力理论为视角［J］．浙江工商大学学报，2024（2）：39-51．

［3］陈刚．以新质生产力赋能毕业生就业质量提升［J］．中国大学生就业，2024（6）：19-25．

［4］沈坤荣，周铃铃．以量质协调发展促进高质量充分就业研究［J］．经济纵横，2023（10）：41-52．

［5］周文，许凌云．论新质生产力：内涵特征与重要着力点［J］．改革，2023（10）：1-13．

［6］庄西真．建设"技能友好型"社会［J］．职教通讯，2022（10）：1．

［7］付培凯．保就业背景下大学生就业的挑战、机遇与对策［J］．科教文汇，2024（1）：24-27．

［8］范云六．人才之我见——浅谈专业型与复合型人才［J］．科学与社会，2013，3（3）：15-17．

精准分类培养促研究生高质量就业 [①]
——一名专业硕士研究生的生涯指导案例

赵元元

（工商管理学院）

一、案例背景

小倩是一名两年制专业型硕士，本科就读于一所浙江一本院校，研究生保送到中南财经政法大学资产评估专业。她来自温州，父母在外省从事服装生意。上大学之前，她和爷爷奶奶一起生活，父母给她提供一切经济支持，她一个月的生活费基本在 3 000 ~ 4 000 元。小倩学习成绩不错，一路顺风顺水地步入了研究生阶段。但研一一入校她就与室友发生了人际关系冲突，显现出适应问题，她自己也发现自身在人际交往、生活能力、实践经历各方面都显得尤为"失败"，同时她还对华中地区感到失望，认为这里实习机会十分有限。摆在她面前的还有专业型研究生学制短的现实问题：一年紧锣密鼓地上课，一年就开始马不停蹄地找工作了。她意识到时间的紧迫性，加上对自己能力的不自信，常被焦虑情绪压得她喘不上气来，由于向辅导员寻求帮助，她表示看不到自身价值，找不到要走的路，更不知道该如何在 1 年时间内快速提升自身综合能力与职业素养去应对社会的挑战。

二、指导思路

对于成功保送研究生的小倩来说，她本科期间已经通过不断的努力获取了较好的学习能力，虽然今后的职业发展虽然没有明确的规划，但也有过一

① 本文系湖北省教育科学规划 2022 年度专项资助一般课题"高校毕业生就业创业专项：以人才培养质量为导向的湖北省高校生涯教育研究"（课题编号：2022ZB05）的阶段性研究成果。

定的思考。而研究生阶段求职迫在眉睫，更是需要日夜兼程，少走弯路。避免走弯路的最好方法就是提前考虑清楚职业方向和路线，以便在必要的路口能及时转弯，从而不浪费过多的时间在无谓的折返上。这个时候，方向比努力更重要。因此，辅导员应该帮助她进一步认识和了解自己，发挥自身优势，重拾自信。同时，她需要专注一个方向，抓好职业主线，尽量避免过多的试错。摸清职业主线，就是要清楚自己未来究竟想要做什么，包括选择什么样的行业和岗位，从事什么样的主线业务，确定了目标之后再去有针对性地围绕职业主线规划自己的经历、提升自己的素养，关注目标行业的发展走势和变化，了解行业最新动态，积累业务经验，增加知识储备，实现职业成长。

三、指导过程

（一）调整认知，重拾自信

生涯规划最基本的任务是基于自我认识来设计自己的人生。一个人自我的各个方面是否和谐统一，能否对自己的价值观、兴趣及能力倾向等有一个全面而正确的认识，这些自我概念的状况直接影响到个人对职业生涯的规划和判断。

辅导员和小倩一起梳理了她在大学本科四年所取得的种种成绩。她有比较好的学习能力和任务执行力，做一件事情也非常执着，愿意付出努力。辅导员肯定了她这些优秀的品质。她本科期间虽然缺乏实习经历和学生工作经历，但通过沟通辅导员发现她有丰富的项目获奖经历，如她所在的团队曾在中国"互联网＋"大学生创新创业竞赛中取得了国家级银奖的好成绩。项目合作在一定程度上锻炼了她的团队协作和人际交往能力，她并非像她自己想的那样一无是处，刚入学的不适应和困难只是阶段性问题。

通过指导，她的焦虑情绪得到了缓解，思考问题更为理性，认识到在大学期间缺乏实习经历和学生工作经历，不是她一个保研生和考研生的问题，是可以在研究生阶段"查漏补缺"的。研究生阶段完全成为步入职场的蓄力期。辅导员建议她通过后续的各种经历，不断"照镜子"对标自己，不断进行完善自己的认知，明确目标。

（二）积极引导，探索资源

1. 主动进行家校沟通，获取情感支持

我们发现小倩虽然衣食无忧，但是父母长期在外地经营生意。小倩和她父母之间缺乏情感交流。为了帮助她尽快融入研究生学习生活，解决适应问题，辅导员和她的父母保持了沟通，希望他们在小倩的成长过程中，不仅仅是予以金钱方便的帮助，更要关注孩子的心理成长和发展。在此过程中，小倩感受到了来自家庭的关爱，情绪逐渐稳定，对在校学习生活的自信心也增强了。她的父母在小倩后期求职过程中也表现出了良好的包容心态，并没有对女儿求职选择进行地域限制，相反体现出了对小倩的极大的支持与信任。这也为作为浙江籍学生的小倩最终能放开心态选择外省就业埋下了伏笔。

2. 引导学生获取导师指导，提升个人素养

从专业上来说，小倩所在的资产评估专业充分利用产学研协同育人平台资源，按照"厚基础、宽口径、重实践"的专业建设原则，着力培养"专业技能与职业精神并重，经法管融通"的资产评估领域高层次、应用型人才。

辅导员引导小倩可以与导师多多交流，将自己的想法和未来打算告知导师，主动在学习和就业方面获取导师的帮助。经过指导，小倩寻求研究生导师对她的思想、学习、科研工作进行了全面指导，小倩也在导师的帮助下认真提升她的专业学术水平和综合素质方面。在导师的帮助下，小倩不仅参加了其专业所在的行业会议，同时也继续发挥优势参加专业竞赛，夯实了自身的专业能力。

同时，小倩所在的专业已形成了完备的研究生暑期社会实践、研究生创新项目、院企"产学研基地"三位一体的实践平台，立足当前社会发展需求，注重学生实践能力的培养。学院为每一位专业硕士同学配备了行业导师，借着平台优势，行业导师不仅能从行业发展的现实层面为小倩指导论文，还为她积极推荐了武汉的企业实习，在专业教育、实践指导、职业素养等方面提供了全面的帮助，弥补了本科期间实习实践经历的不足。

3. 提供朋辈帮助渠道，传递成长力量

针对小倩等诸如此类对于未来求职有困惑的同学，我们专门组织开展了"就业先锋""榜样力量"优秀毕业生就业经验分享活动，加强就业典型宣传，

利用身边鲜活事例为学生提供求职经验参考，引领学生高质量就业，同时为低年级同学提供就业经验和指导。

小倩告诉辅导员，在秋招开始后跟同专业的同学交流也能很好地缓解求职焦虑。跟师兄师姐交流，就会知道去年他们投了哪些公司是收到过面试通知的，再对应投这些公司进面的概率就会显著增加，加强了投简历的效率。总而言之，在朋辈力量的支持下，小倩在求职之路上获得了快速的成长。

（三）锚定目标，持续发力

随着专业能力的提升，行业经历的丰富，小倩已经对自身职业兴趣有了一定的了解，她认为自己的专业能力和个人成长经历可能会在企业价值评估和财务管理方面更具优势。随之她也产生了新的疑问：如何把对职业的期待落实到一份具体的工作上呢？

辅导员给她的建议是，从研一开始就有意识地去拥抱就业，去用人单位宣讲会现场了解岗位需求，去双选会现场观摩实战，主动去把握身边一切可以抓住的学习和练习的机会。例如，参与学校和学院组织的求职技能提升类讲座、模拟面试演练等；或是约三五好友一起无领导小组讨论并互相点评，一起做常见面试问题的问答演练等。唯有将理论和实践最大化结合才能更精准地发挥出自己的优势，最大限度提升求职效率，不会因为没有做好准备而与心仪的岗位擦肩而过。提高求职技能的储备需要思考、研究再加练习，形成自己的语言体系、逻辑框架和答题思路，知道目标岗位需要什么、了解面试官要考什么、抓住自己要表达什么。

在此过程中，小倩的职业目标不断明晰，她还发现复合型人才在就业市场备受青睐。随着数字经济时代的到来，除了自身的专业外，用人单位在考察时更关注跨界能力和跨界思维，如是否会用主流的数据分析软件、编程能力如何等。因此，她继续发力备考专业资格证、学习 Python 等信息处理工具。

四、指导成效

（一）自我认知的显著提升

通过帮助小倩合理正确认识自身使学生重拾自信，为研究生期间不断完善自身能力打下基础；小倩对自己也有了更为全面和深入地认识。她能够清晰地描绘出自己的职业兴趣、优势以及价值观，这使得她在职业定位上更加明确和自信。她不再因为缺乏方向而感到迷茫，而是有了明确的目标和追求。

小倩不再是一个对未来迷茫的学生，而是一个有着清晰职业兴趣和优势定位的青年。她明确了自己对资产评估领域的浓厚兴趣，并认识到自己在数据处理和逻辑分析方面的突出能力。在最近一次的学术研讨会上，小倩主动承担了数据整理和分析的任务，并凭借其出色的分析能力，为团队提供了关键的数据支持，得到了导师和同学们的赞誉。

此外，小倩也深入剖析了自己的价值观。她发现，自己追求的是稳定的工作环境和持续的学习机会。因此，在制定职业规划时，她更加注重选择那些能够提供稳定成长空间和丰富学习资源的企业。这种自我认知的提升，让小倩在职业道路上更加坚定和自信。

（二）情绪管理能力的大幅增强

通过构建支持体系，小倩获得来自家庭、学校、朋辈的情感支持、专业支持、信息资源，为其探寻职业画像做好了充分准备；更学会了有效的情绪调节技巧。她能够更好地控制自己的情绪，不再轻易被焦虑和压力所困扰。她学会了通过深呼吸、冥想等方式来放松自己，使自己在面对挑战时能够保持冷静和理智。

总之，小倩的情绪管理能力得到了显著的提升。她学会了在面对压力和挑战时保持冷静和理智。在求职季准备一场重要的面试时，小倩感到有些紧张，但她没有因此而慌乱，而是利用所学的深呼吸和冥想技巧，平复了自己的情绪，最终成功通过了面试。

此外，小倩还学会了积极面对生活中的挫折和困难。当她遇到不如意的事情时，她会告诉自己："这只是一次暂时的挫折，我可以从中学习和成长。"这种积极的心态让她能够更好地应对生活中的各种挑战。

（三）人际关系与沟通技巧的明显改善

在我们的指导下，小倩在人际关系和沟通技巧方面取得了显著的进步。她学会了倾听他人的意见和想法，并能够以更加开放和包容的态度与他人交流。例如，在与室友的相处中，小倩不再因为一些小事而斤斤计较，而是学会了换位思考和理解包容，这使得她们之间的关系更加融洽。同时，小倩在团队中也展现出了更强的协作和配合能力。她能够积极参与团队讨论，提出建设性的意见，并主动承担任务。在最近一次的项目合作中，小倩凭借出色的沟通能力和团队合作精神，成功协调了团队成员之间的分歧，推动了项目的顺利进行。

（四）时间管理与效率提升的显著效果

小倩在时间管理和效率提升方面取得了明显的进步。她学会了合理安排时间，将学习和生活平衡得恰到好处。例如，她会利用碎片时间（如等车时、午休前等）进行阅读或复习，这让她能够充分利用时间，提高学习效率。

此外，小倩还学会了通过优先级排序和任务分解等技巧来高效完成学业和求职准备。她会根据任务的紧急程度和重要程度来安排自己的时间和精力，确保重要任务得到及时完成。这种高效的工作方式让她在学业和求职过程中都取得了优异的成绩，也让她有更多的时间去关注自己的兴趣和发展。

（五）职业规划与技能提升的有序进行

在辅导员和导师的合力指导下，小倩制定了详细的职业规划和技能提升计划。她通过市场调研和行业分析，明确了资产评估专业的就业前景和行业需求，并据此确定了自己的职业方向。例如，她了解到资产评估行业对数据分析能力和实践经验有较高的要求，于是她积极参加了相关的课程学习和实习项目，不断提升自己的专业素养和实践能力。

在实习期间，小倩凭借扎实的专业知识和出色的工作能力，得到了实习导师的高度评价。她不仅顺利完成了实习任务，还积累了丰富的实践经验。这些经历不仅提升了她的专业素养，也为她未来的职业发展打下了坚实的基础。最终，在毕业季时，小倩凭借出色的表现成功获得了多家知名企业的青睐，最终签约了一家世界 500 强企业的财务岗位，实现了从学生到职业人的华丽转身。

五、案例启示

（一）倾听和提问是辅导员需要具备的重要技能

相信学生身上藏着自己问题的答案。在指导过程中，每位学生所面临的问题都是独特的，他们的性格、背景和成长经历千差万别。因此，我们在倾听和提问时，需要紧密对应学生的特点，针对性地提出问题，引导他们自我反思。

只有真正了解学生，才能找到问题的根源，帮助他们找到适合自己的解决之道。

在这个案例中一个关键点就是提出问题："有没有什么令你印象深刻的事情"。其实当时只是想给来询者赋能，使她从低落和消极的情绪中走出来，而没想到小倩在对自己过去学习生活的叙述中找到了答案。所以面对带着问题来的学生，不要急于给建议或评价，而是尽可能多地倾听和了解来询者。

（二）持续关注学生的成长

每位学生在成长的过程中都会遇到各种各样的问题，这些问题往往具有异质性，需要个性化的解决方案。辅导员需要持续关注学生的成长过程，深入了解他们所面临的问题和困惑，并根据学生的性格、兴趣和需求，提供个性化的指导建议。通过个性化的解决方案，学生可以更加有效地解决问题，实现自我成长。

指导效果的产生不可能是一蹴而就的。人的成长是分阶段的，尤其是研究生，影响他们成长的因素很多，每个学习阶段所面临的问题也不一样，学生思想很容易产生波动，只有持续地关注和及时的引导才能帮助学生坚定自己的目标并持续努力。

（三）构建支持系统为学生赋能

帮助学生建立支撑系统非常重要。在构建支持系统的过程中，我们需要充分考虑学生的特点和需求。通过了解学生的背景与特点，我们可以引导学生利用适合自己的资源和方式解决问题。在研究生的成长过程中，导师为第一责任人，学生能获得研究生导师的助力尤为关键。另外，借助专业平台、学生组织、同学、校友的人际网，从多个角度支持学生实施自己的成长计划，也将达到事半功倍的效果。

参考文献

［1］张笑慈.研究生职业生涯规划"加减乘除"［EB/OL］.（2023-01-26）［2024-07-03］.https://mp.weixin.qq.com/s?__biz=MzAxMzUxMzI3Nw==&mid=2650774001&idx=1&sn=cfc9424179d965067bf528909abcec54&chksm=83aa5ea3b4ddd7b50c5f10a75e0b2cad40e7e4f6653ad1564a721bb0b563eb0f89b96d216091&scene=27.

校企合作背景下高校学生实习权益保护问题研究

胡牧孜

（会计学院）

一、引言

据教育部数据显示，截至 2023 年底，我国高等教育在学总规模达到 4 763.19 万人[1]。大规模的学生数量决定了每年走上实习岗位的人数众多，而近年来随着校企合作进一步加深、就业市场竞争加剧，越来越多的高校和企业更加重视实习环节，为学生提供更多实习机会与选择，实习实训已成为高校学生的必修课之一[2]，参与学生数量仍保持着逐年增加的态势。

在党的二十大报告中，着重阐述了"统筹职业教育、高等教育、继续教育协同创新，推进职普融通、产教融合、科教融汇，优化职业教育类型定位"。基于这一战略导向，国务院办公厅相继发布了《国务院办公厅关于深化产教融合的若干意见》（国办发〔2017〕95 号）、《建设产教融合型企业实施办法（试行）》及《国家产教融合建设试点实施方案》等一系列重要文件[3]，这些文件共同构筑了系统性推动校企合作、深化产教融合发展的政策框架与行动指南。这些纲领性文件普遍聚焦于人才培养模式的革新、教育改革的深化推进、企业主体作用的充分发挥以及产业结构的优化升级等核心战略议题，为校企合作机制的建立健全奠定了坚实基础。

随着政策的深入实施与持续推动，校企合作已逐步向制度化、系统化、理论化的方向发展，形成了较为完善的制度体系。在这一进程中，构建稳固且高效的校企合作机制成为关键所在，它强调高校与企业之间需建立更加紧密的合作关系，共同探索与实践人才培养的新路径。同时，鉴于高校学生实习实践活动的独特价值与重要性，必须高度重视并切实保障学生的实习权益，通过系统构建并不断完善高校学生实习权益保障制度，确保实习过程的安全、有序与高效，实习内容的针对性与实用性，以及实习成果的有效转化与应用，进而促进学生全面发展、高校教育质量提升与企业创新能力增强的良性循环。

　　鉴于当前中国高等教育领域，特别是本科层次毕业生面临的供需失衡状况，学生群体在劳动力市场中处于相对被动的"买方市场"地位[4]；加之部分学生因专业能力尚待提升、社会经验相对匮乏这双重因素共同作用下，使得高校学生在实习阶段常处于权益保护的弱势一方。据相关调研显示，我国实习市场中约有 30% 的学生其权益遭受了不同程度的侵害。遗憾的是，当前针对高校学生实习权益的法律保障体系显得"力不从心"，具体表现为法条力度不足、救济途径单一、执行难度大[2]。部分问题甚至长期悬而未决，这不仅对学生个人的学业完成与就业前景构成阻碍，从长远看，亦可能对社会整体的和谐稳定造成一定的负面影响。因此，加速完善国家层面的高校学生实习法律法规体系，并勇于创新，构建一套契合我国实际情况与时代需求的高校学生实习权益综合保障机制，已成为法律界与高等教育界亟待解决且极具挑战性的重要课题。

二、校企合作与实习实训概念界定

（一）校企合作

　　校企合作是实施产学合作教育的前提[5, 6]。其意义是指学校（包括大学、高等职业院校等）与企业之间建立的一种深度合作模式，内涵是产学合作、双向参与[7]。在这种模式下，高校与企业基于共同的目标和利益，遵循资源共享、优势互补、责任共担、利益共享的原则，共同开展人才培养、科学研究、技术开发、生产经营等活动，旨在提高教育质量、培养符合社会需求的高素质人才，并推动企业的技术创新和产业升级。深化校企合作与产教融合是中国高等教育领域进行深层次结构改革的重要手段[8]，高校应建立实践教学基地，加强与企业的合作，提高学生的综合素质。

（二）实习权益

　　我国现行法律体系中未有"实习权"的确切概念[9]。根据相关学者研究总结，实习权益是指高校学生在实习期间参与劳动过程应享有的合理权益总和[10, 11]，其核心内容涵盖权利与利益两大层面。其一，鉴于实习生仍保留着学生身份，其核心权利聚焦于学习权，即确保在实习期间接受教育的正当权利。其二，尽管实习生在法律上不被视为传统劳动者，但他们在实习期间确实参与了劳动过程，为实习单位贡献了价值。依据马克思的劳动价值论，若实习生的劳动价值未获得应有认可，或其实习成果被实习单位不合理地占有，这违背了理论中"尊重劳动、以人为本"的基本原则。因此，维护实习生在劳动过程中的合理利益显得尤为重要。

从权利属性上看，实习权是一种权利束，包含了受教育权、劳动权、社会保障权等[12, 13]。因此，既不能过多关切实习报酬等劳动权益，忽视或偏离了学生实习的目的本身，导致实习效果无法保证，实习目的无法实现；也不能过度强调实习的教育目的性，而忽视实习的劳动性质，致使实习学生变成免费或廉价的劳动力。

三、高校学生实习主要侵权类型

高校学生实习实训期间权益受损的社会问题长期存在。在我国校企合作进一步深化的大背景下，这些实习权益受损情形亟待梳理。根据已有研究，高校学生实习权益受损的类型主要可分为人身权益受损、劳动权益受损、学习权益受损和社会保障缺失四个方面。

（一）人身权益受损

《中华人民共和国宪法》规定了公民依法享有的基本权利范畴，其中涵盖了生命健康权与人身自由权等核心权利，并赋予公民在这些权利遭受侵害时，享有依法请求损害赔偿的法定权益。鉴于此法律框架，高校学生在实习期间不幸遭遇意外伤害，面临人身权益受损的情境时，高校与实习单位之间往往出现责任推诿现象，极大阻碍了受害学生获得应有的损害赔偿，使得这一过程的复杂性与挑战性显著增加[14]。

而在司法实践中，不乏大学生因实习期间人身权益受损而未能获得及时有效赔偿，进而寻求司法救济的案例。然而，由于现行法律体系对于"学生实习"这一特殊身份的法律地位界定模糊，法院在审理此类案件时，不得不依赖于《中华人民共和国民法典》中关于人身侵权责任的一般性条款，以及"公平责任原则"与"过错责任原则"等基本原则，来综合判定并确认各责任主体应承担的赔偿责任。

这一现象从根本上反映了我国立法体系在应对新型社会关系及权利保护需求方面的不足，具体表现为针对学生实习期间权益保护的法律规范尚不健全，存在法律条款缺失或不够细化的问题，亟待通过立法完善来加以解决。

（二）学习权益受损

学习知识技能是学生参与实习的最主要目的。当前，高校与实习单位在深化校企合作、共同推动教育与实践融合发展的过程中，往往忽视了实习学生群体的直接参与与意见反馈，这一缺失导致了决策过程的不完整与片面性[15]。具体表现为部分实习项目的工作安排缺乏合理性与前瞻性，未能充分考虑学生的专业需求与个人发展规划；实习实训中课程的设计未能科学对接行业需求与前沿理论知识，影响了实习效果与学生的学习成效；实习环境的不达标、质量参差不齐，也直接损害了学生的学习权益，阻碍了其专业技能与综合素质的全面提升。因此，建立健全大学生实习权益保障体系，确保实习项目的合理性、实习课程的科学性以及实习环境的优质性，是当前亟待解决的重要问题。

（三）劳动权益受损

在校企合作背景下，大学生参与实习活动理应被赋予作为"准劳动者"的系列权益，包括但不限于实习单位自主选择权、合理劳动报酬请求权及劳动休息保障权等，这些均属于其应享有的劳动权益范畴。然而，在实际操作中，部分地方高校存在管理失范现象，将实习学生视为"无偿劳动力"资源，向实习单位输送，并从中谋取不正当利益，导致原本旨在保障三方权益的"实习协议"，异化为仅对校企双方有利的"剥削性协议"[16]。

面对严峻的就业形势，实习生群体往往处于弱势地位。他们可能出于对未来就业或继续实习机会的渴望，而不得不妥协放弃实习期间本应享有的各项权益。这种情境下，企业方可能继续利用实习生的这种心理，侵犯其应得的劳动报酬权及劳动休息权，使得实习过程成为对学生劳动权益的剥夺而非培养与锻炼。因此，构建更加公平、透明的校企合作机制，强化对学生实习权益的法律保护，成为当前亟待解决的问题。

（四）社会保障缺失

依据当前法律框架，实习生未被纳入劳动法所界定的具备就业身份的劳动者范畴之内。因此，当面临维权问题时，他们往往需依赖民事法律途径寻求救济，而无法直接诉诸劳动监察部门的执法程序或劳动仲裁机制来保障自身权益。此外，高校制定的实习实训章程普遍存在着表述不明晰的问题，未能为实习生提供明确且有效的权益保护机制。多数情况下，实习生遭遇权益侵害只能依赖于与实习单位之间的协商谈判以求解决。高校学生普遍缺乏社会经验及法律意识，他们在维权过程中常遭遇证据收集不充分、举证难度大的困境。法律诉讼所需的高额费用及时间消耗，也对学生群体而言构成了巨大的经济和心理负担，严重阻碍了其通过法律手段维护自身权益的意愿和行动[17, 18]。

四、高校学生实习权益保障建议

（一）国家政策制定

首先，需要清晰界定高校实习生的法律地位，依据其实习岗位的具体职责与内容，认可其"准劳动者"的身份，从而在学生与实习单位之间构建起一种"准劳动关系"的框架。在此基础上，明确实习生的各项权益范畴。作为"准劳动者"，高校实习生应享有与正式雇员相似或相同的劳动基准待遇，包括合理的劳动报酬、劳动时间、工作环境以及工伤保险等核心劳动权益。

其次，鉴于我国当前劳动基准法律体系尚缺乏针对实习生的专门立法，现有规范多体现"行政主导"特征，主要聚焦于传统职工群体，并依赖于劳动行政部门的监管执行。鉴于劳动基准的强制性特质，即任何劳动条件均不得低于法定基准，可以在现行劳动基准框架内针对实习生打造专门的劳动基准体系，如制定合理的工资支付标准、明确工时与休息休假制度、强化工作场所的安全卫生管理及构建实习生适用的保险机制等。同时，应严格要求实习协议的签订必须遵循这些基准规范，以此作为解决非典型劳动关系下实习生权益保护不足问题的有效途径。

（二）政府监管创新

在政府监管方面，劳动行政主管部门应当切实履行职责进行管理与监督，坚决查处实习单位侵害实习权益等违法行为，保障权益保护措施严格实行，维护实习生作为"准劳动者"的合法权益以维护社会稳定。

在市场方面，政府要通过适当的政策干预，加强实习生劳动力市场的建设与管理，通过实习单位、中介机构、社会媒体机构等社会力量营造良好的实习市场环境；在高校方面，在校企合作过程中，政府应减少对实习劳动力市场的过度干预，充分发挥市场在资源分配中的作用，但需及时解决高校面临的实习督导、实习基地巩固等管理方面的困境；在企业方面，政府要依靠政策或各种杠杆发挥适度调控指导作用，进一步拓宽企业提供实习机会的供给渠道。政府可通过中央财政或地方不同层级财政教育支出的调节，为实习单位和实习生分别提供合理有效的财政补贴，在现行税基减免的优惠形式之外，尝试增加税收抵免等直接减少应纳税额的优惠形式，或者增加增值税或社保缴费等方面的激励政策，缓解企业接纳实习生的压力，并激发实习生参与实习的积极性，从而在高校实习学生群体和企业经营者之间形成良好平衡。

（三）高校学生培养

作为学生培养的主体，高校应当切实履行育人责任，在学生参加实习实训前做好相关引导和培训工作。

作为培养学生核心素养的主要阵地，高校须深刻践行其教育使命，尤其是在学生踏入实习实训环节前，精心策划并实施必要的引导与培训举措。

首先，确保每位学生在踏入企业实习门槛之前，均已接受系统化的培训，涵盖基础法律素养与安全意识的培养。高校应依托辅导员、班主任等教育力量，提前向学生详尽阐述实习期间的纪律准则、潜在风险及应对措施，并依据学生的专业特性，量身定制强化训练方案，以提升学生的专业适应性与实战能力。

其次，构建并持续优化学生实习安全管理体系。这不仅要求高校增强学生的自我保护意识；在学生实习期间，学院还应安排校方指导教师或企业实习导师进行紧密跟踪，及时掌握学生实习动态。同时，高校应积极为学生投保实习责任保险，并鼓励、协助学生与企业就意外伤害保险、工伤保险等达成投保协议，全方位构建学生的安全保障网，确保在意外发生时，学生能获得及时有效的医疗救治与合理的经济补偿。

再者，高校应与实习单位携手，不断修订和完善学生实习的相关规章制度，实现对学生指导的精细化分类与个性化定制，以更好地满足不同专业、不同岗位学生的实际需求。

最后，构建与实习安全制度紧密衔接的风险管理机制，是保障学生实习权益的关键一环。高校应致力于形成一套全面而细致的实习安全保障体系，通过风险识别、评估、监控与应对等环节的紧密配合，最大限度地保障学生在实习过程中的合法权益与安全健康。

（四）外部社会支持

鉴于非法学背景的大学生在日常学业中鲜少触及《中华人民共和国劳动法》等法律知识的教育，这导致他们在企业实习期间往往难以有效运用法律工具来捍卫自己的合法权益。加之他们社会经验尚浅，法律维权意识普遍较为淡薄，因此在学生正式步入实习岗位之前，学校应当扮演积极角色，主动协调举办一系列以《中华人民共和国劳动法》等为核心的专题讲座。通过邀请法律界的专家及从业者，借助社会力量的支持，开展面向大学生的普法教育活动，旨在增强学生的法律意识，促进其法律素养的提升，进而使学生能够更加自信地运用法律手段保护自我，强化其自我保障与权益维护的意识。

此外，学校还应注重提升学生的职场辨别能力，帮助他们识别潜在的风险与陷阱，以降低在实习过程中遭遇欺诈的可能性。为此，可以组织经验交流分享会，邀请已经历过实习的学长学姐，以亲身经历为即将踏上实习征途的学生提供宝贵的经验与教训，助力他们少走弯路，更加顺利地完成实习任务。

同时，为了确保实习生的权益得到切实保障，学校应当致力于构建一套高效、合理的实习维权机制，确保实习生的维权渠道畅通无阻。这一机制应涵盖投诉受理、调查处理、反馈跟踪等多个环节，确保实习生在遭遇不公时能够及时获得帮助与支持，从而营造一个更加公正、安全的实习环境。

参考文献

［1］中华人民共和国教育部发展规划司. 2023年全国教育事业发展基本情况［EB/OL］.（2024-03-01）［2024-10-20］. http://www.moe.gov.cn/fbh/live/2024/55831/sfcl/202403/t20240301_1117517.html.

［2］金劲彪，韩玮. 大学生实习权益的保障机制研究［J］. 黑龙江高教研究，2019，37（1）：54-57.

［3］侯嘉淳，金劲彪. 产教融合视阈下大学生实习权益保障的制度构建［J］. 江苏高教，2021（11）：112-117.

［4］张辉. 普通本科高校学生实习权益保护研究——以山东财经大学为例［J］. 山东高等教育，2022，10（5）：47-54.

［5］樊恭烋. 产学合作教育是高校培养人才的有效模式［J］. 中国高等教育，1992（10）：37-39.

［6］管庆智，陈锡章，王思敬. 试论中国特色的产学合作教育［J］. 中国高等教育，1993（11）：31-33.

［7］孙伟宏. 探索校企合作模式培养优秀技能人才［J］. 教育发展研究，2006（7）：23-25.

［8］张栋良. 会计本科产教融合实践教育基地建设模式和运行机制研究［J］. 会计师，2023（15）：103-105.

［9］徐银香. 基于实习权的实习生权益及其制度保障研究［J］. 苏州科技大学学报（社会科学版），2021，38（2）：101-106.

［10］肖鹏燕，王飞鹏. 美国大学实习生权益保护制度体系与启示［J］. 中国人事科学，2019（7）：89-95.

［11］顾子晨. 辽宁省高校学生实习权益保护问题研究［D］. 沈阳：沈阳师范大学，2023.

［12］韦嘉燕，乐永兴. 实习权的权利价值与保护［J］. 合肥学院学报（综合版），2018，35（4）：9-13.

［13］黄芳. 论大学生的实习权［J］. 高教探索，2011（3）：38-42.

［14］葛建义．大学生劳动权益保护问题三论［J］．中国劳动，2015（6）：63-65．

［15］劳凯声．中国教育法制评论（第5辑）［M］．北京：教育科学出版社，2007：207．

［16］吴喆华，孙杰．大学生被"卖给"工厂？学校遭疑将实习变捞钱项目［EB/OL］．（2018-01-24）．［2024-10-20］．http://www.cnr.cn/jy/list/20180124/t20180124_524110305.shtml．

［17］孙长坪．学生顶岗实习劳动伤害法律关系性质主要观点辨析——基于对顶岗实习劳动伤害学生救济的思考［J］．教育科学，2016，32（4）：85-89．

［18］张友连．高校学生实习法律保障体系的构建——类型化视角的分析［J］．中国高教研究，2019（2）：82-85．

大学生创新创业在高校教育管理中的
定位与发展①

熊　灯¹　刘大山²

（1. 团委；2. 会计学院）

大学生创新创业教育是高等教育的重要内容，是统筹推进教育、科技、人才"三位一体"工作的题中之义，不能单纯从创新创业的角度来理解和谋划。习近平总书记在给第三届中国"互联网＋"大学生创新创业大赛"青年红色筑梦之旅"的大学生回信中就特别强调，大学生要"扎根中国大地了解国情民情，在创新创业中增长智慧才干，在艰苦奋斗中锤炼意志品质，在亿万人民为实现中国梦而进行的伟大奋斗中实现人生价值，用青春书写无愧于时代、无愧于历史的华彩篇章"。在培育新质生产力发展新动能的号召下，要充分激发大学生的创新创业意识，培养大学生的创新创业能力，将拔尖创新人才培养与创新创业教育有机融合，赋能教育强国、科技强国、人才强国战略。

一、创新创业教育是国家、学校和大学生共同的需要和责任

创新是人类文明发展的不竭动力，发展是国家和社会不可逆转的趋势。创新创业是当前我国基于构建人类命运共同体的倡议与行动，立足世界和我国经济社会发展形势，明确的重要努力方向；同时也是高校为中国式现代化建设贡献智慧和力量的重要举措，直接提供人才第一资源的重要法宝。于大学生而言，创新创业能力培养更是个人成长发展内在要求和国家社会期望外

①　本文系湖北省共青团和青少年工作研究课题"青年奋斗精神培育研究——基于党建引领、团委桥梁、榜样力量的路径"（项目编号：2024TSWSKL145）阶段性研究成果；获中南财经政法大学中央高校基本科研业务费专项"网络文化视域下青年大学生的教育与引导路径探索"（项目编号：2722024DS016）资助。

在要求的统一。

（一）大学生创新创业教育是全面深化改革、推进中国式现代化的必然要求

创新创业是中国改革开放以来经济社会飞速发展的秘诀之一，从理念、模式、形态、人才和具体举措等不同角度为党和国家的改革发展提供了强劲动力。这一点充分得到了改革开放和中国特色社会主义发展历史的印证，也成为当今党和国家高度重视的宝贵经验。通过大学和大学生的创新创业，我们解决了一大批"卡脖子"的技术难题，打破了相当大一部分改革发展过程中的思想禁锢，培养了一大批具有创新、创意、创造、创业意识和能力的后备军、担当者。

大学生作为思想活跃、具备一定的专业知识和即将步入社会成为改革发展主力的群体，其创新创业能力与国家的命运休戚与共。当今时代的发展，创新创业是活力源头，也是科学技术发展加速迭代的助力剂。我国处于经济社会发展转型的关键时期，在全面深化改革、推进中国式现代化发展的进程中对创新创业的需求更加强烈和迫切，能否从不同方面打破封锁、实现真正的突破在一定程度上是需要大力依靠创新创业的。因此，党和国家对大学生创新创业寄予了厚望。

（二）大学生创新创业教育是高校落实为党育人、为国育才初心使命的基本路径

教育、科技、人才的"三位一体"谋划正是表明教育与科技和人才的密不可分，也体现了党和国家对教育有了更多更高期待。高校作为开展科学研究的重要阵地和教育系统向社会输送人才的最后一站，承担着更为重要的责任和使命。科技发展需要更快更高质量地创新创业，创新创业精神和能力也成为评价人才的重要指标。因此，大学生创新创业教育是高校的职责所在，是高校对党和国家需求的针对性回应。

同时，大学生创新创业成效已经纳入高校的评价指标体系当中。大学生创新创业教育不仅是学校"双一流"建设成效评估的重要指标，也是大学教育教学评价和学科发展评价的重要内容，并且也作为国家级重大人才工程评选的重要条件。在深化新时代教育评价改革的背景下，大力倡导大学生创新

创业教育也是破"五唯"后确立新评价标准的必然。

（三）大学生创新创业教育是大学生实现自我发展、成长成才的有力支撑

近年来，越来越多的大学生关心关注创新创业，并积极投身创新创业实践，通过创新创业让自己对所学的知识、所需要的能力以及未来的职业规划有了更为全面、客观、清晰和直接的认知。随着大学生通过创新创业抢抓到了机遇和风口，以及取得一系列不同形式的成功后，他们更为直接地感受到创新创业可以帮助自身实现职业理想，是将兴趣爱好与学习和职业相结合的重要形式。因此，他们对创新创业的认可度更高了。

同时，在党和国家越来越重视创新创业的形势下，大学生也主动认识到要与社会需求相匹配。创新创业能力是大学毕业生理应具备的基本能力。社会和市场的肯定性反馈，让大学生也充分认识到创新创业能力的强弱在一定程度上决定着自己进入社会后的职业发展。虽然有一些大学生在创新创业过程中并没有实现一般意义上的财富积累，但通过就业和毕业后的发展情况来看，那些具有创新创业经历的大学生能更好地适应向职场人士转变的过程，并能迅速脱颖而出。这让大学生更加认可创新创业这条促进自我成长的路径，大学生创新创业的内生动力也由此而出。

二、当前高校大学生创新创业工作存在的问题

在国家创新驱动发展战略深入实施背景下，高校作为大众创业万众创新的重要主体发挥了重要作用，以大学生为主体的"挑战杯"全国大学生系列科技学术竞赛、中国国际大学生创新大赛等重大赛事规模和影响力越来越大，党和国家也先后发布了《教育部关于大力推进高等学校创新创业教育和大学生自主创业工作的意见》（教办〔2010〕3号）、《国务院办公厅关于进一步支持大学生创新创业的指导意见》（国办发〔2021〕35号）等一系列政策性文件。随着国家对创新创业工作的重视和社会各界对创新创业的需求程度不断提升，大学生创新创业工作也在高校中越来越受重视。同时我们也要看到，当前高校中大学生创新创业工作从大学生实践育人效果和回应社会各界

需求方面都还存在较大可以改进和完善的空间。

认识还存在误区。高校对创新创业的整体认识还存在差异。一方面是不同高校的重视程度不一；另一方面是高校内部不同主体对创新创业工作的认识不一。认识的主要问题集中在对创新创业工作的育人作用理解不到位，对党和国家从政策层面做的引导了解不全面，片面地认为大学生不是创新创业的主力、难以成功且对专业知识的学习助益不大，觉得创新创业可有可无。高校内部不同主体的认知不一，导致创新创业工作只是具体业务负责部门的事情，二级学院和专任教师参与度不高，参与意愿不强烈。支持的氛围和环境跟不上大学生创新创业的基本需求，在很大程度上使学生个体的创新创业想法得不到科学引导和应有的鼓励。大学生创新创业工作一定程度上处于自由生长的状态。

高校创新创业资源配备还存在短板。从组织上来看，高校创新创业存在校院合力尚未形成的问题，主要表现在学校创新创业工作的统一管理和谋划上还存在不一致的地方、工作职能划分和权限归属有待科学优化、校院两级在互动配合上固定的模式尚未有效形成、学院缺乏有力的抓手来谋划推进相关工作、学院之间也存在投入保障差异较大等方面。从人员配备上来看，专职从事创新创业工作的人员和从事创新创业教育教学及懂创新创业工作的专业教师较少，在教育引导和管理服务大学生创新创业工作方面难以形成有效合力。从经费保障上来看，高校创新创业也存在难以专项保障的问题，高校往往需要根据不同的情况采用不同的方式来满足基本的工作运行需求，缺乏稳定可持续的模式。

以创促学、以创促教、以创促改的作用还未得到充分体现。大学生创新创业教育与专业教育是相结合的，二者可以形成有效的相互促进作用。但受传统模式影响，大学生专业学习立足基本知识居多，围绕专业前沿开展教育教学和实践探索不足，这导致创新创业难以发挥促进学生开展深入领先的专业知识学习和摸索的作用。高校的教育教学始终肩负着育人育才的使命，创新创业始终瞄准的是解决国家经济社会中痛点难点前沿问题。聚焦问题来寻求解决方案和办法可以促进高校的教育教学聚焦社会实际需求提高针对性和前沿性，从教学理念、方式方法和成效上进一步优化完善，从而更好地履行为党和国家培养人才的职责。创新创业是社会进步发展的第一动力，也是高等教育改革发展的不竭动力，创新创业也是高校教育评价综合改革的重要方向，但当前高校在将创新创业落实到自身评估的重要维度方面重视程度还不够。一方面表现在对创新创业作为综合评价重要指标的认识还不全面甚至还缺乏基本的了解；另一方面表现在没有把创新创业成果作为"双一流"建设成效评估、高校本科教育教学评估改革、学科评估、国家重要人才工程评选等的重要内容落实到具体工作当中。

高校创新创业工作与社会的衔接还不顺畅。高校的创新创业工作当前还是以参加创新创业比赛为主要努力方向，中国青年创业就业基金会发布的《中国青年创业发展报告 2023》中提出，48.6% 的大学生创业者认为创业大赛对他们帮助较大。一方面，大学生创新创业教育因为有政策的指挥棒，比赛获奖成了高校和大学生最关注的问题。这也就导致除了比赛需要外，高校在组织和引导大学生与社会紧密对接方面主动性不够，大学生创新创业工作在后期能否转化为实际的生产力方面动力不足。另一方面，在开展大学生创新创业教育教学的过程中与社会各界结合度不够，特别是在创意的提出、创新创业项目的设计与推进过程中，受资源、积极性和有效机制不足等限制，相关工作还局限于校园里的现象较为普遍。作为大学生创新创业工作主体的大学生、教师和相关教辅人员与社会实务部门的接触十分有限，一定程度上还存在与社会衔接脱节的问题。

三、充分发挥大学生创新创业推动高校教育管理改革发展的作用

新的发展阶段，需要树立新发展理念；构建新发展格局，需要不断发展新质生产力。这需要的是源源不断的创新动力。大学生是创新创业的生力军，也是高校教育管理服务的对象。立足党和国家的期待及需求，高校要将大学生创新创业作为重要的工作内容来抓，以创新创业的深入提高人才培养质量，回应社会需求；同时也推动教育管理改革发展，服务教育强国、科技强国、人才强国建设。

将大学生创新创业能力培养纳入高校人才培养的日常。要统一大学生创新创业能力培养的认识与理念。创新创业能力和意识绝不只是一部分将创业作为未来职业发展路径的学生所需要具备的，而是每一个学生作为社会主义

建设者和接班人所应该具备的基本能力和素质。要将创新创业工作与高校人才培养中关键的课堂教学、第二课堂以及课外实践活动紧密结合起来，特别是将大学生的创新创业与专业学习、"大思政课"建设有机结合，与专业实习实践、寒暑期社会实践、志愿服务活动有机联系，实现将大学生创新创业的意识与理念融入大学生的日常学习实践当中。在课程建设上要进一步跟进，通过建立从上到下的创新创业课程体系，将创新精神和创业能力的培养真正纳入人才培养方案当中，确保从目标、过程、考核评价全流程落到人才培养的各个环节当中。

推动大学生创新创业与高等教育评价改革有机结合。高等教育评价改革最终的目标是要为党和国家培养出符合社会发展要求的人才，对应的也就更加注重大学生的能力和素质培养。当前针对创新创业已经制定了一系列的高等教育评价改革的政策导向和具体内容，这需要高校将关于"双一流"、本科教育教学评估、学科评估、综合评价中关于创新创业的指标内容以及重大的创新创业比赛的导向和目标，落实到高等教育管理服务的各个环节，以使其真正成为高校中各个主体努力的方向，从而达到高等教育评价改革所想要达到的培养合格的人才的最终目标。这既要有从思想上高度统一的对创新创业工作的重视，又要建立引导、教育、支持、肯定学生创新创业的完整机制，还要让高校的教师、行政教辅人员和学生全面了解创新创业并广泛参与创新创业，将氛围和行动统筹起来，形成有利于创新创业和评价改革的良好环境。

建立高校创新创业常态化保障机制。作为育人工作中的重要部分，创新创业工作的常态化开展是必然的，这就需要高校做好相应的育人保障。从纵向来看，要确保有学校领导高度的重视，明确的职能部门负责创新创业工作，学校与各二级学院同频共振，师生齐心协力。从横向来看，要从经费、人员保障、考核评价等多方入手。在经费上，创新创业需要有一定的投入，建立创业场地、组织创新创业训练、打磨项目和保证项目孵化的基本资金等都需要有相应的保障机制。在人员上，要培养一批具有创新创业视野的专任教师为大学生创新创业提供全面指导，同时也应该培养一部分专门从事创新创业教育的专任教师，此外还要提高辅导员等教辅人员指导和参与大学生创新创业工作的能力。在考核评价上，要将国家对高校重要考核评价体系中对于创新创业工作的考核评价落实到学校对各二级单位的考核当中去，形成目标要求明确、过程环节抓实、考核评价跟上的完整闭环。

推动高校创新创业与社会实务界的有机互动。创新创业是将人才培养与社会有机衔接的重要路径，做好大学生创新创业工作绝不能关起校门来探索，而要与创新创业成功人士保持密切的互动与交流。首先，在大学生创业的萌芽阶段，要通过聘请校外兼职创业导师、邀请创新创业成功人士典型代表来校做报告等方式让学生的创意想法更加贴近社会实际需求，同时也让大学生们感受到创新创业可以给自己带来的能力提升和实际收获。其次，在大学生创新创业实践中，要坚持将走出去和引进来相结合，特别要着重注意的是将具有创新创业浓厚兴趣的同学带到各行各业创新创业典型代表实践的一线去观摩、调研、座谈，以及将具有创新创业经验的成功代表请到创新创业课堂、比赛现场和项目当中来对大学生进行针对性的指导。最后，还要将大学生创新创业的好项目与政府、企业等社会各界对接好，实现市场转化，让好的创意创业项目变成实际的社会生产力，确保产学研用在大学生创新创业中落地落实。

参考文献

［1］张利娟. 大学生创新创业困境及策略探究［J］. 投资与创业，2024，35（11）：16-18.

［2］缪玉雯. 新时代高校大学生创新创业人才培养模式的优化路径［J］. 产业创新研究，2023（21）：187-189.

［3］轩照振，石彦辉，徐增勇. 产教融合视角下大学生创新创业能力培养探究［J］. 科教导刊（电子版），2023（12）：55-57.

［4］金秋. 数字经济视角下的大学生创新创业教育路径研究［J］. 辽宁经济，2022（2）：52-55.

［5］韦齐齐. 产教融合背景下高校创新创业教育创新发展实践——评《新时代高校创新创业教育理论与实践》［J］. 科技管理研究，2021（41）：18.

［6］沈雪梅. 高校大学生创业就业教育存在的问题及对策探究［J］. 投资与创业，2023，34（19）：16-18.